A.広告(　　　　)を見て　B.店頭で見て　C.知人・友人の薦め
D.著者ファン　　　E.図書館で借りて　　　F.教科書として
G.ミネルヴァ書房図書目録　　　　　　H.ミネルヴァ通信
I.書評(　　　　)をみて　J.講演会など　K.テレビ・ラジオ
L.出版ダイジェスト　M.これから出る本　N.他の本を読んで
O.DM　P.ホームページ(　　　　　　　　　　　)をみて
Q.書店の案内で　R.その他(　　　　　　　　　　　　)

論点体系

# 判例憲法 1

～裁判に憲法を活かすために～

前文、天皇、戦争の放棄、
国民の権利及び義務Ⅰ
【前文～第21条】

編著　戸松秀典　今井功

第一法規

## はしがき

　日本国憲法の制定後60余年を経た今日、憲法判例は、かなり多数の蓄積をみせている。例えば、第一法規の『判例体系　憲法』で各条文の項目に配されている判例は、延べの概算で5,000件を超えており、最高裁判例に限っても同じく概算で1,500件ほどであり、その全容を把握するには、何らかの整理情報の助けが必要である。また、憲法判例が生み出している法秩序は、広範囲の法分野において複雑に展開しており、裁判官、検察官、弁護士や公務員等の法実務家にとって、自己の出会う法的問題の解決との関係でそれを的確にとらえようとすると、かなりの労力を強いられるし、憲法の研究者や学習者にとっては、憲法条文の単純な解釈論を展開するだけでは到底憲法の実体を把握できないことを思い知らされる。本書は、こうした憲法判例にかかわる実情を背景にして、法実務家にとっては他に類書のない実務書であり、また憲法の研究者や学習者にとっては、憲法の様相を正確にとらえることを可能とする資料となることを狙いとしている。

　この編纂作業において心掛けたことは、とりわけ、広範囲の実定法分野にまたがる憲法上の論点を網羅的に採り上げ、判例、特に最高裁の判例の見解を簡潔に解説するようにしたことである。憲法上の論点といっても、学説上のそれを基礎とせず、判例にみられる現実の論議から拾い上げている。このようなことは、本書の姉妹書である『論点体系　判例民法』（全10巻）や『論点体系　会社法』（全6巻）と共通の構想であるといってよい。ただし、憲法は、いうまでもなく国の基本法であり、その下に、縦横無隅とでもいうべき法令の制定がなされていることから、本書特有の工夫を凝らした。それは、憲法判例が生み出している法秩序が憲法の内容を具体的に実現していることに着目したことから生まれたものである。すなわち、憲法は、概して一般的、抽象的文言により規定されているから、その定めているところを具体的に実現しようとするとき、求める意味内容が論理必然的に導かれるようなものでなく、下位法規の制定によって達成されることが少なくない。憲法規定自身が必要的法律事項とし

てうたっている場合はもちろん、そのような明示的命令がなくても、現実には法令の制定に委ねざるを得ない場合が常態化しているといってよい。このことを意識して、本書では、各条の論点の群ごとに、【関連法令】の項を設け、判例で扱われている法令を列記し、いかなる法秩序が論議の対象となっているかが一見して分かるようにしている。

　憲法判例においては、個別具体の事件における適用法令について、憲法適合性が争点となっており、本書は、その場面をありのままにまとめた様式となっている。それ故、本書は、生きた憲法の書だともいえる。また、憲法訴訟のための単なる解説書ではなく、憲法判例の理論を実定法の解釈に生かすことにより、具体的な事案において憲法上の問題が生じたときに説得力ある裁判上の主張・立証をする上での助けとなるものである。このような本書の効用は、大量の憲法判例をありのままに整理することによって生み出されるのであるが、ありのままの整理ということは、評価を加えることを抑制することであり、憲法判例が対象であるが故に、言うに易しいが行うのは難しい作業である。不十分なところは、読者のご批判、ご指摘を受けながら、今後、改良を重ねていければ幸いである。

　本書は、このように、利用者には従来の解説書では得られなかった便宜を提供するものであるが、これを作成する過程では、執筆者に多大のご苦労をおかけした。企画の趣旨を理解していただいた上で、大量の判例を限られた時間内で整理し、叙述していただけたことには、編者として、感謝の気持ちを表し切れないほどの感慨を抱いている。

　最後に、本書の刊行に当たって、企画の段階での度重なる議論に加わっていただいた第一法規の大橋鉄雄さんと萩原有人さんに、さらに、執筆依頼の段階から原稿の受領や整理の編集過程でご尽力いただいた田中信行さんと草壁岳志さんをはじめとする同出版編集局編集第一部の皆さんに、厚くお礼を申し上げる。

平成25年5月3日憲法記念日に

戸松秀典

今井　功

## 編集・執筆者一覧

**編 著**

| | |
|---|---|
| 戸松　秀典（とまつ　ひでのり） | 学習院大学名誉教授 |
| 今井　　功（いまい　いさお） | 元最高裁判所判事、弁護士 |

**執筆者** (五十音順)

| | |
|---|---|
| 青井　未帆（あおい　みほ） | 学習院大学法科大学院教授 |
| 市川　正人（いちかわ　まさと） | 立命館大学法科大学院教授 |
| 君塚　正臣（きみづか　まさおみ） | 横浜国立大学大学院国際社会科学研究院教授 |
| 工藤　達朗（くどう　たつろう） | 中央大学法科大学院教授 |
| 佐々木弘通（ささき　ひろみち） | 東北大学大学院法学研究科教授 |
| 宍戸　常寿（ししど　じょうじ） | 東京大学大学院法学政治学研究科准教授 |
| 高畑英一郎（たかはた　えいいちろう） | 日本大学法学部教授 |
| 福井　康佐（ふくい　こうすけ） | 桐蔭法科大学院教授 |
| 柳瀬　　昇（やなせ　のぼる） | 日本大学法学部准教授 |

# 凡　例

1. 法令名等の表示について
　本文では原則として「憲法」を省略した。条文の数字はアラビア数字に改めた。
　関連法令及び法令索引では、当時の法令名、条名を表示した。
2. 判例の書誌事項の表示について
　判例には、原則として判例情報データベース「D1-Law.com判例体系」（https://www.d1-law.com）の検索項目となる判例IDを〔　〕で記載した。
　例：最二小判平成24・12・7裁判所時報1569号2頁〔28182621〕

## 法令名略語

| | |
|---|---|
| イラク特措法 | イラクにおける人道復興支援活動及び安全確保支援活動の実施に関する特別措置法 |
| 学教法 | 学校教育法 |
| 監獄法 | 刑事施設ニ於ケル刑事被告人ノ収容等ニ関スル法律 |
| 監獄法施行規則 | 刑事施設ニ於ケル刑事被告人ノ収容等ニ関スル法律施行規則 |
| 教基法 | 教育基本法 |
| 行訴法 | 行政事件訴訟法 |
| 区画審設置法 | 衆議院議員選挙区画定審議会設置法 |
| 刑訴法 | 刑事訴訟法 |
| 公選法 | 公職選挙法 |
| 国公法 | 国家公務員法 |
| 国賠法 | 国家賠償法 |
| 裁判員法 | 裁判員の参加する刑事裁判に関する法律 |
| 参規 | 参議院規則 |
| 自治法 | 地方自治法 |
| 自治法令 | 地方自治法施行令 |
| 衆規 | 衆議院規則 |
| 少年補償法 | 少年の保護事件に係る補償に関する法律 |
| 男女雇用機会均等法 | 雇用の分野における男女の均等な機会及び待遇の確保 |

(6) 凡例

| | |
|---|---|
| | 等に関する法律 |
| 地公法 | 地方公務員法 |
| 駐留軍用地特措法 | 日本国とアメリカ合衆国との間の相互協力及び安全保障条約第六条に基づく施設及び区域並びに日本国における合衆国軍隊の地位に関する協定の実施に伴う土地等の使用等に関する特別措置法 |
| 独禁法 | 私的独占の禁止及び公正取引の確保に関する法律 |
| 日韓請求権協定 | 財産及び請求権に関する問題の解決並びに経済協力に関する日本国と大韓民国との間の協定 |
| 日米安保条約 | 日本国とアメリカ合衆国との間の相互協力及び安全保障条約 |
| 風営法 | 風俗営業等の規制及び業務の適正化等に関する法律 |
| 労基法 | 労働基準法 |
| 労契法 | 労働契約法 |
| 労組法 | 労働組合法 |
| 民訴法 | 民事訴訟法 |

## 判例出典略語

| | |
|---|---|
| 民録 | 大審院民事判決録 |
| 刑録 | 大審院刑事判決録 |
| 民集 | 大審院民事判例集、最高裁判所民事判例集 |
| 刑集 | 大審院刑事判例集、最高裁判所刑事判例集 |
| 裁判集民 | 最高裁判所裁判集民事 |
| 裁判集刑 | 最高裁判所裁判集刑事 |
| 高裁民集 | 高等裁判所民事判例集 |
| 高裁刑集 | 高等裁判所刑事判例集 |
| 行裁月報 | 行政裁判月報 |
| 行集 | 行政事件裁判例集 |
| 高裁刑特報 | 高等裁判所刑事判決特報　高等裁判所刑事裁判特報 |
| 下級民集 | 下級裁判所民事裁判例集 |
| 下級刑集 | 下級裁判所刑事裁判例集 |
| 刑裁月報 | 刑事裁判月報 |
| 労働民例集 | 労働関係民事裁判例集 |
| 新聞 | 法律新聞 |

| | |
|---|---|
| 評論 | 法律学説判例評論全集 |
| 法学 | 法学 |
| 判決全集 | 大審院判決全集 |
| 家裁月報 | 家庭裁判月報 |
| 訟務月報 | 訟務月報 |
| 裁判所時報 | 裁判所時報 |
| 判タ | 判例タイムズ |
| 判時 | 判例時報 |
| 金融法務 | 旬刊金融法務事情 |
| 商事法務 | 旬刊商事法務 |
| 金融商事 | 金融・商事判例 |
| 労働判例 | 労働判例 |
| 労経速報 | 労働経済判例速報 |
| 東高民時報 | 東京高等裁判所判決時報（民事） |
| 東高刑時報 | 東京高等裁判所判決時報（刑事） |
| ジュリスト | ジュリスト |
| 法曹時報 | 法曹時報 |
| 高刑速報 | 高等裁判所刑事裁判速報集 |
| 刑事裁判資料 | 刑事手続法規に関する通達・質疑応答集 |
| 教職員人事関係裁判例集 | 教職員人事関係裁判例集 |
| 判例地方自治 | 判例地方自治 |
| 消費者法ニュース | 消費者法ニュース |
| 裁判所HP | 裁判所ホームページ |

# 目　次

はしがき
編集・執筆者一覧
凡　例

前　文 ………………………………………………（戸松秀典）… 1

第1章　天　皇
　第1条〔天皇の地位と国民主権〕………………………（青井未帆）… 13
　第2条〔皇位の世襲と継承〕………………………………（同）… 19
　第3条〔天皇の国事行為に対する内閣の助言と承認〕……（同）… 20
　第4条〔天皇の権能と権能行使の委任〕…………………（同）… 21
　第5条〔摂政〕………………………………………………（同）… 22
　第6条〔天皇の任命権〕……………………………………（同）… 23
　第7条〔天皇の国事行為〕…………………………………（同）… 24
　第8条〔財産授受の制限〕…………………………………（同）… 29

第2章　戦争の放棄
　第9条〔戦争の放棄と戦力及び交戦権の否認〕……………（同）… 31

第3章　国民の権利及び義務
　基本的人権一般 ……………………………………（戸松秀典）… 47
　　Ⅰ　基本的人権保障の意義 ……………………………………… 48
　　Ⅱ　基本的人権の制限 …………………………………………… 55
　　Ⅲ　基本的人権保障の範囲と限界 ……………………………… 61
　　Ⅳ　私人間の法関係と基本的人権の保障 ……………………… 64
　第10条〔国民の要件〕………………………………（工藤達朗）… 69
　第11条〔基本的人権の享有〕………………………（戸松秀典）… 78
　第12条〔自由及び権利の保持責任と濫用の禁止〕………（同）… 79
　第13条〔個人の尊重、生命・自由・幸福追求権と公共の福祉〕
　　　　　………………………………………………（宍戸常寿）… 80
　　Ⅰ　個人の尊重 …………………………………………………… 81

Ⅱ　生命・自由・幸福追求の権利（幸福追求権） ……………… 85
　　Ⅲ　公共の福祉による制限 ………………………………………… 112
第14条〔法の下の平等、貴族制度の否認及び栄典〕
　　　　　　……………………………………（戸松秀典・君塚正臣）…118
　　Ⅰ　「法の下の平等」の意義 ………………………………………… 119
　　Ⅱ　本条に列挙の差別禁止事由 …………………………………… 125
　　Ⅲ　本条に明示的に例示されていない差別事由 ………………… 165
　　Ⅳ　行政法規による差別的扱い …………………………………… 176
第15条〔公務員の選定罷免権、公務員の本質、普通選挙の保障
　　　　及び投票秘密の保障〕 ………………………（福井康佐）…192
　　Ⅰ　公務員の選定罷免権 …………………………………………… 193
　　Ⅱ　全体の奉仕者 …………………………………………………… 225
　　Ⅲ　選挙 ……………………………………………………………… 242
　　Ⅳ　投票の秘密 ……………………………………………………… 273
第16条〔請願権〕 ……………………………………（柳瀬昇）…281
第17条〔公務員の不法行為による損害の賠償〕 ………（工藤達朗）…290
第18条〔奴隷的拘束及び苦役からの自由〕 ……………（柳瀬昇）…304
　　Ⅰ　奴隷的拘束 ……………………………………………………… 304
　　Ⅱ　苦役 ……………………………………………………………… 310
第19条〔思想及び良心の自由〕 …………………（佐々木弘通）…318
　　Ⅰ　内心の自由の直接的制約・間接的制約——〈特定思想の
　　　　強制の禁止〉法理 ……………………………………………… 319
　　Ⅱ　謝罪にかかる内心の自由の問題——〈特定思想の強制の
　　　　禁止〉法理 ……………………………………………………… 340
　　Ⅲ　〈内心に基づく不利益処遇の禁止〉法理 ……………………… 344
　　Ⅳ　内心の自由のいかなる法理によるのかが不分明な先例 …… 365
第20条〔信教の自由、政教分離〕 ……………………（高畑英一郎）…377
　　Ⅰ　信教の自由 ……………………………………………………… 378
　　　1　信仰の自由とその限界 ……………………………………… 379
　　　2　宗教活動の自由とその限界 ………………………………… 394
　　　3　宗教結社の自由とその限界 ………………………………… 399
　　　4　宗教に対する配慮 …………………………………………… 408
　　Ⅱ　政教分離原則 …………………………………………………… 412
　　　1　政教分離原則の性質 ………………………………………… 412

2　宗教団体に対する特権付与 …………………………………416
　　　3　政府の宗教活動と判断基準 …………………………………419
　　　4　宗教教育 ………………………………………………………432
　　Ⅲ　宗教団体の自律権と司法審査 …………………………………434
第21条〔集会、結社及び表現の自由、通信秘密の保護〕
　　　　…………………………………………………（市川正人）…442
　　Ⅰ　表現の自由の意義と範囲 ………………………………………443
　　Ⅱ　集会・結社の自由 ………………………………………………449
　　　1　集会の自由の保障の意義・限界 ……………………………449
　　　2　集会の自由を制限する法令 …………………………………455
　　　3　結社の自由 ……………………………………………………459
　　Ⅲ　言論・出版・その他の表現の自由 ……………………………462
　　　1　不明確な表現規制 ……………………………………………463
　　　2　表現内容の規制 ………………………………………………465
　　　3　表現の時、場所、方法の規制 ………………………………477
　　　4　表現行為の主体 ………………………………………………489
　　　5　取材の自由 ……………………………………………………494
　　Ⅳ　事前抑制・検閲の禁止 …………………………………………501
　　Ⅴ　通信の秘密 ………………………………………………………505

事項索引 ……………………………………………………………………509
判例索引 ……………………………………………………………………523
法令索引 ……………………………………………………………………557

　　第2巻【第22条〜第40条】
　　　国民の権利及び義務Ⅱ
　　第3巻【第41条〜第103条】
　　　国会、内閣、司法、財政、地方自治、改正、最高法規、補則

## ◆前文

　日本国民は、正当に選挙された国会における代表者を通じて行動し、われらとわれらの子孫のために、諸国民との協和による成果と、わが国全土にわたつて自由のもたらす恵沢を確保し、政府の行為によつて再び戦争の惨禍が起ることのないやうにすることを決意し、ここに主権が国民に存することを宣言し、この憲法を確定する。そもそも国政は、国民の厳粛な信託によるものであつて、その権威は国民に由来し、その権力は国民の代表者がこれを行使し、その福利は国民がこれを享受する。これは人類普遍の原理であり、この憲法は、かかる原理に基くものである。われらは、これに反する一切の憲法、法令及び詔勅を排除する。

　日本国民は、恒久の平和を念願し、人間相互の関係を支配する崇高な理想を深く自覚するのであつて、平和を愛する諸国民の公正と信義に信頼して、われらの安全と生存を保持しようと決意した。われらは、平和を維持し、専制と隷従、圧迫と偏狭を地上から永遠に除去しようと努めてゐる国際社会において、名誉ある地位を占めたいと思ふ。われらは、全世界の国民が、ひとしく恐怖と欠乏から免かれ、平和のうちに生存する権利を有することを確認する。

　われらは、いづれの国家も、自国のことのみに専念して他国を無視してはならないのであつて、政治道徳の法則は、普遍的なものであり、この法則に従ふことは、自国の主権を維持し、他国と対等関係に立たうとする各国の責務であると信ずる。

　日本国民は、国家の名誉にかけ、全力をあげてこの崇高な理想と目的を達成することを誓ふ。

### 【前文の概要】

　この前文は、1条から103条までの条文とともに日本国憲法を構成している。その内容は、1項の国民主権・基本的人権尊重主義、2項の平和主義、3項の国際協調主義のように、日本国憲法の基盤ともいうべき基本理念ないし原則をうたうものであり、全体としては、4項に示されているように、日本国憲法に定めたことの実現をその制定権者である国民が誓うという趣旨である。実際の訴訟では、他の個別条文とともに、あるいは、単独で、この前文が違憲の主張の根拠に引用されることが少なくない。そこで、前文の法的性質が問われ、また、裁判規範としての性質を持つことを前提とした法的権利や国の法的義務の導出がなされ、それに関わる判例が存在する。

###### 論　点 ######

1　前文は、法的性質を有するか
2　前文は、裁判規範としての性質を有し、平和的生存権を法的権利として保障しているか
3　前文は、国に対して法的義務を課しているか
4　法制度や法規定の違憲の根拠として、前文を主張することが適切か

【関連法令】
イラク特措法、刑事特別法（日本国とアメリカ合衆国との間の相互協力及び安全保障条約第六条に基づく施設及び区域並びに日本国における合衆国軍隊の地位に関する協定の実施に伴う刑事特別法）、軽犯罪法、公選法、国際人権B規約（市民的及び政治的権利に関する国際規約）、国民年金法、国公法、財産及び請求権に関する問題の解決並びに経済協力に関する日本国と大韓民国との間の協定第2条の実施に伴う大韓民国等の財産権に対する措置に関する法律、出入国管理令、森林法、世界人権宣言、駐留軍用地特措法、難民の地位に関する条約等への加入に伴う出入国管理令その他関係法律の整備に関する法律、日米安保条約、日韓請求権協定、日本国と中華民国との間の平和条約

## 論点 ❶　前文は、法的性質を有するか

　訴訟において前文に違反するとの主張がなされることに対して、そもそも前文が法的性質を有しているか否かが問われる。
　北海道夕張郡長沼町にいわゆるナイキ基地を設けることにした防衛庁（当時）が農林省から国有林の所管替えを受けて、保安林の指定処分解除の手続を進めたところ、地元住民らは、農林大臣の行った森林法26条2項に基づく保安林指定処分の解除について、その執行停止と取消しを求める訴訟（長沼ナイキ基地訴訟）を提起したが、その際、違法・違憲の主張の根拠として前文や9条等を挙げた。これに対し、第1審裁判所は、前文は、憲法制定の由来、動機、目的あるいは基本原則等を明記し、これを宣言したものであると判示し、そこに法的性質を認めた（札幌地判昭和48・9・7民集36巻9号1791頁〔27200135〕）。その控訴審においても、前文は、その形式上憲法典の一部であって、その内容は主権の所在、政体の形態ならびに国政の運用に関する平和主義、自由主義、人権尊重主義等を定めているのであるから、法的性質を有するものといわなければな

らない、と判示された（札幌高判昭和51・8・5民集36巻9号1890頁〔27200136〕）。最高裁判所の裁判では、この論点について正面から説いた例が存在しないが、論点2以下にみるように、裁判規範性を否定する判決においても、その前提として、法的性質は認めているとみることができる。

\コメント

　長沼ナイキ基地訴訟の上告審は、原告適格を欠くことを理由に、また原告適格を有する者についても訴えの利益を喪失したことを理由に、憲法判断を示すことなく、訴えを不適法として却下した（最一小判昭57・9・9民集36巻9号1679頁〔27000070〕）。その結果、前文の法的性質を認めた下級審判決について、最高裁判所の見解は示されないままに終わり、その後も、本論点について正面から判断を下した最高裁判決はない。しかし、上記本文で指摘したように、裁判規範性を否定する判決をみると、前文の法的性質までも否認していないと受け取ってよいようである。

### 論点❷　前文は、裁判規範としての性質を有し、平和的生存権を法的権利として保障しているか

　平和主義の原則をうたう2項の第3文の最後部分には、「平和のうちに生存する権利を有することを確認する」とあり、ここから平和的生存権という法的権利ないし人権が保障されていると解釈し、この権利の侵害を違憲の主張の根拠とする例がある。その代表が論点1でも触れている長沼ナイキ基地訴訟である。その第1審判決（札幌地判昭48・9・7民集36巻9号1791頁〔27200135〕）において、森林法上の保安林制度は、同法25条所定の目的に限られず、憲法の基本原理である民主主義、基本的人権尊重主義、平和主義実現のための地域住民の平和的生存権の保護をも目的としていると解すべきと説かれたが、その控訴審判決（札幌高判昭51・8・5民集36巻9号1890頁〔27200136〕）では、前文は、国の政治的運営の指針として平和主義を定めるにとどまり、裁判規範として平和的生存権を現実的個別的内容を持つ法的権利として保障しているものではない、と否定的判断が示された。これの上告審では実体判断がなされず（論点1コメント参照）、最高裁判所の判断は示されていない。

　次に、茨城県小川町（当時）にある航空自衛隊百里基地の予定地内の土地を

売買する契約をめぐって争われた百里基地訴訟において、平和的生存権の主張がなされた例が登場している。これに対して第1審裁判所は、前文2項にいう「平和のうちに生存する権利」は、その内容が抽象的なものであって、具体的、個別的に定立されたところの裁判規範と認めることはできないから、これを根拠にして平和的生存権なる権利を認めることはできない、と消極の判断を下している（水戸地判昭和52・2・17民集43巻6号506頁〔27441813〕）。その控訴審も、次のように判示した（東京高判昭和56・7・7民集43巻6号590頁〔27431916〕）。前文は、それ自体裁判規範としての性格を有しないから、いわゆる「平和的生存権」をもって、個々の国民が国に対して戦争や戦争準備行為の中止等の具体的措置を請求しうるそれ自体独立の権利であるとか、具体的訴訟における違法性の判断基準になりうるものと解することは許されない、と。なお、この百里基地訴訟の最高裁判所判決（最三小判平成元・6・20民集43巻6号385頁〔27804472〕）は、前文の裁判規範性に言及することなく請求を棄却している。

このように、平和的生存権の主張に対しては、最高裁判所による正面からの判示はない。

その他下級審判例に、湾岸危機に伴い海上自衛隊をペルシャ湾に派遣したこと等を争った訴訟があるが、裁判所は、請求を斥けている（大阪地判平成7・10・25訟務月報42巻11号2653頁〔28010176〕、大阪地判平成8・3・27判タ927号94頁〔28011360〕）。また、国連平和維持活動に協力するために行ったカンボジアへの自衛隊派遣及びそのための財政支出についての国家賠償請求を棄却した判決（大阪地判平成8・5・20訟務月報44巻2号125頁〔28020641〕、東京地判平成9・3・12判時1619号45頁〔28030102〕）がある。さらに、自衛隊のイラク派遣を違憲であるとして争った事件がある。その1つで、イラク特措法に基づく自衛隊のイラクへの派遣によって、平和的生存権、人格権等を侵害されたとする主張がなされたが、甲府地裁は、原告らの具体的権利又は保護に値する利益が侵害されたとは認められない等と判示し請求を斥けている（甲府地判平成17・10・25判タ1194号117頁〔28102277〕）。他方、同様の事件で、平和的生存権の法規範性や裁判規範性を積極的に認めた判決（岡山地判平成21・2・24判時2046号124頁〔28152643〕）もある。

自衛隊機の離着陸差止等請求及び損害賠償請求に対して、人格権の侵害の問

題として把握することができるから、平和的生存権について判断する必要がないとした判決（金沢地判平成3・3・13訟務月報37巻10号1789頁〔27808655〕、名古屋高金沢支判平成6・12・26訟務月報42巻1号97頁〔27826961〕）がある。また、平和的生存権の具体的権利性を正面から否定した判決（東京高判平成3・9・17判タ771号116頁〔22004601〕、金沢地判平成14・3・6訟務月報49巻1号1頁〔28071790〕）もある。

　内閣総理大臣や都知事が靖国神社に参拝したことを違憲・違法だとして争う訴訟においても、平和的生存権侵害が根拠の1つに挙げられているが、いずれの裁判でも消極の判断が示されている（福岡地判平成16・4・7訟務月報51巻2号412頁〔28092058〕、千葉地判平成16・11・25訟務月報52巻9号2801頁〔28100204〕、那覇地判平成17・1・28訟務月報52巻9号2851頁〔28100378〕、東京地判平成17・4・26訟務月報52巻9号2895頁〔28112019〕、東京高判平成17・5・13訟務月報53巻1号75頁〔28112051〕）。

### 論点 ❸　前文は、国に対して法的義務を課しているか

　国の戦争遂行行為責任を問う一連の訴訟において、前文を根拠に国家賠償や国家補償の請求がなされている。

　韓国・朝鮮人BC級戦犯者の国家賠償等請求事件に対して、最高裁判所は、次のように主張の根拠を否定している（最一小判平成11・12・20訟務月報47巻7号1787頁〔28061997〕）。連合国の裁判によりBC級戦犯として刑の執行を受けた朝鮮半島出身者が、その刑の執行を受けたという戦争犠牲ないし損害について、立法を待たずに当然に、戦争遂行主体であった国に対して国家補償を請求できるという条理はいまだ存在せず、憲法の諸規定からこのような条理が導き出されるものでもない、と。これは、その原審判決（東京高判平成10・7・13訟務月報45巻10号1803頁〔28033069〕）において、前文は、具体的な権利を国民その他の者に賦与あるいは保障したものでなく、また、9条あるいは13条等の規定が具体的な戦争犠牲・被害に対する補償請求権を保障しているものとも解することができないから、戦争遂行主体であった国家は自らの責任により当該戦争犠牲・被害を補償すべきであるとする条理が憲法上承認されているとの主張を認めることができない、と判示されたところを容認するものである。

　また、他の同じような訴訟において、前文や9条等から「道義的国家たるべ

き義務」が導かれるとの主張がなされているが、裁判所は、その義務を認めることなく、上掲の諸判決と同趣旨の判断を下している。韓国併合・元従軍慰安婦訴訟の東京高裁判決（東京高判平成11・8・30訟務月報46巻8号3449頁〔28051205〕）、女子挺身隊として多数の朝鮮人少女を動員したことへの公式謝罪と損害賠償を請求した事件に対する静岡地裁判決（静岡地判平成12・1・27判タ1067号173頁〔28062128〕）、関釜元慰安婦訴訟に対する広島高裁判決（広島高判平成13・3・29訟務月報49巻4号1101頁〔28062612〕）、強制徴用等に対する補償、遺骨引渡等請求事件に対する東京地裁判決（東京地判平成15・3・26訟務月報51巻7号1669頁〔28081785〕）等がそれである。

**論点 4  法制度や法規定の違憲の根拠として、前文を主張することが適切か**

法制度や法律の規定について、前文だけではなく他の個別条文を挙げてではあるが、違憲の主張をする例がある。その場合、前文のうたう国民主権、平和主義、及国際協調主義の原則を明示してその違反を主張する例やそのように原則に触れることなく違憲を主張する例がみられる。しかし、いずれについても、裁判所は、その主張に対して消極の判断をしている。

1 国民主権

公選法の選挙運動を制限、禁止する規定の合憲性について、前文を他の条文とともに挙げて争う訴訟が存在する。これに対して、公選法（昭和57年法律81号改正前）138条1項、239条3号の戸別訪問禁止規定、142条1項、243条3号の文書等頒布制限規定、146条1項、243条の脱法文書制限規定は、前文、13、15、21、31条に違反しない、と判示した例（最三小判昭和60・11・12裁判集刑241号79頁〔27761222〕）に代表されるように、最高裁判所は、一貫して合憲の判断を下している（最二小判昭和61・7・7裁判集刑241号79頁〔27761230〕、最三小判平成14・9・10判タ1104号147頁〔28075744〕も同様）。そこでは、1項の国民主権原理の意味について立ち入って論じているわけではない。このことは、以下に挙げる判例でも同様である（なお、下級審の例として、東京高判昭和55・7・29高裁刑集33巻3号270頁〔27761132〕がある）。

他の公選法の規定を争う訴訟として、拡大連座制を定めた公選法251条の3第1項について、また、比例代表制に関する規定についてのものがあるが、最高裁判所は、いずれも合憲の判断を下している（それぞれ、最一小判平成9・3・13民集51巻3号1453頁〔28020797〕、最三小判平成16・12・7裁判所時報1377号3頁〔28100083〕）。下級審の例として、公民権の停止を規定する公選法252条は、前文、15条に違反しないとしたもの（大阪高判平成3・7・12判タ827号56頁〔27816701〕）や、小選挙区制の導入について国会の裁量権の濫用がみられないとし、また、比例代表選出議員選挙において政党名を記載する投票方法を定めた公選法46条2項が前文、43条1項に違反しないとした例（東京高判平成10・10・9民集53巻8号1523頁〔28042165〕）がある。これらにおいても、前文の意義についての立ち入った判示はみられない。

公選法関係以外のものとして、37条及び前文は、陪審による裁判を保障するものでないとした初期の頃の判決（最大判昭和25・10・25刑集4巻10号2166頁〔27760247〕）や、地方税の賦課徴収権が納税者訴訟の対象となるべき財産に含まれないと解しても、主権在民を宣言した前文に違反しないとした判決（最三小判昭和38・3・12民集17巻2号318頁〔21017231〕）がある。下級審の例として、市が天皇の病気見舞いの記帳のための記帳所を設置したことは、社会通念上相当な範囲内のものであり、市が行う公共業務ということができるから、前文、14、19、20、92条に違反するとはいえないとしたもの（千葉地判平成2・4・23判タ756号185頁〔27808825〕）や、県知事が大嘗祭の悠紀殿供饌の儀に出席し、参列したのは、憲法の定める天皇の日本国の象徴、日本国民統合の象徴たる地位に配慮して、儀礼を尽くし、祝意を表す目的のためであって、右行為は、憲法の定める国民主権原理、政教分離原則、憲法尊重擁護義務に違反するものではないとした判決（鹿児島地判平成4・10・2民集56巻6号1287頁〔27813865〕）がある。

2　平和主義

平和主義の原則をうたう前文2項に違反するとの主張は、すでに論点2でみた平和的生存権侵害の主張と重なるところがあり、ここではすでに挙げたもの以外を示す。

まず、日米安保条約関連の判例がある。砂川事件の最高裁判決（最大判昭和

34・12・16刑集13巻13号3225頁〔27660683〕）では、日米安保条約によるアメリカ合衆国軍隊の駐留は、9条、98条2項及び前文の趣旨に適合すると判示された。その10年後にも、最高裁大法廷は、日米安保条約につき、9条、98条2項及び前文の趣旨に反して違憲であることが明白であるとは認められないと判決している（最大判昭和44・4・2刑集23巻5号685頁〔27670505〕）。下級審においては、日米安保条約に基づくアメリカ合衆国軍隊の駐留が9条に違反すると判決した砂川事件第1審判決（東京地判昭和34・3・30刑集13巻13号3305頁〔27760641〕）が前文2項等を根拠に9条の解釈をしているが、他の下級審判決は、最高裁判決と同趣旨の判示をしている（東京地判昭和40・8・9下級刑集7巻8号1603頁〔27681335〕、東京地判昭和42・12・12行集18巻12号1592頁〔27603121〕、横浜地判昭和62・1・29刑事裁判資料263号1062頁〔28019022〕、長崎地佐世保支判昭和62・3・11刑事裁判資料263号163頁〔28019023〕、那覇地判平成2・5・29行集41巻5号947頁〔27806665〕）。また、沖縄における駐留米軍基地との関係で、最高裁は、駐留軍用地特措法は、前文、9、13条、29条3項、31条に違反せず、また、内閣総理大臣の適法な裁量判断の下に沖縄県内の土地に同法を適用することがすべて許されないとまでいうことはできず、同法の同県内での適用が前文、9、13、14条、29条3項、92条に違反するということはできないと判決している（最大判平成8・8・28民集50巻7号1952頁〔28011109〕、その原審の福岡高那覇支判平成8・3・25民集50巻7号2157頁〔28010640〕も参照）。さらに、刑事特別法（日本国とアメリカ合衆国との間の相互協力及び安全保障条約第6条に基づく施設及び区域並びに日本国における合衆国軍隊の地位に関する協定の実施に伴う刑事特別法）2条が軽犯罪法1条32号より重い刑罰を定めていることにつき、前文、9、31条に違反しないと判示した例もある（横浜地判昭和62・1・29刑事裁判資料263号1062頁〔28019022〕）。

　法規定等についても違憲の主張を斥ける次のような判決がある。国民年金法81条1項の障害福祉年金が同法56条1項ただし書により日本国民でない者に支給されないこと、「難民の地位に関する条約等への加入に伴う出入国管理令その他関係法律の整備に関する法律」による国民年金法の国籍要件に関する規定の削除の効力が右整備法の施行期日より前に遡及しない旨を明記した国民年金法附則4、5項の規定が置かれたこと、右障害福祉年金が元からの日本国民に

は支給されるが、廃疾認定日である昭和34年11月1日より後に帰化によって日本国民となった者に支給されないことは、それぞれ合理的理由があり、いずれも前文2項第2、第3文及び11、13条、14条1項、25条に違反しないとした判決（大阪高判昭和59・12・19行集35巻12号2220頁〔27604186〕）及び、東京拘置所刑場跡地の公園の記念碑等は、戦犯の処刑を含めた戦争裁判という歴史的事実を肯定的評価あるいは否定的評価のいずれも示すことなく、ただ事実として記念する目的の下に、社会的客観的効果を有する施設として設置され、維持管理されているものと認めることができ、前文、9、13、99条に違反しないとした判決（東京地判平成元・6・23行集40巻6号603頁〔27805041〕）がその例。

第2次世界大戦中に、旧日本軍等が行った行為について国家賠償請求がなされた一連の訴訟があり、そこでも違憲の主張の根拠として9条等の条文とともにこの前文が挙げられているが、裁判所は、消極の判断を下している（東京地判平成13・5・30判タ1138号167頁〔28090353〕、東京地判平成14・3・29判時1804号50頁〔28070778〕、東京地判平成14・6・28訟務月報49巻11号3015頁〔28090293〕、東京地判平成14・10・15判タ1162号154頁〔28092921〕、東京地判平成15・3・11訟務月報50巻2号439頁〔28081449〕、東京高判平成17・7・19訟務月報53巻1号138頁〔28130859〕）。また、第2次世界大戦中に、国が閣議決定で中国人労働者を移入する方針を決定し、その決定に基づく行為についての国家賠償請求訴訟に対する判決（東京地判平成15・3・11訟務月報50巻2号439頁〔28081449〕）も同様。

最後に、前文の平和主義が明示的ではないが関係している判決を挙げる。高等学校学習指導要領（平成元年文部省告示26号）3章3の3の「国旗」とは日の丸を指しており、そう解することが憲法の平和主義や国民主権に抵触するとはいえず、また、入学式や卒業式に日の丸を掲揚しても、その式典が国旗に対する一定の思想に賛同を表するために開催されることにならず、出席者がそのような思想に賛同を表することにもならないから、右規定が13、19、23、25、26条に反するとはいえない（大津地判平成13・5・7判タ1087号117頁〔28061344〕）。

3　国際協調主義

前文3項がうたう国際協調主義についても、憲法の他の規定とともに、合憲判断がなされ、その意味についての立ち入った論述がなされることがない。そ

の代表例として、原告は日本国籍を失ったとする原審の判断が、10、14、31条、98条2項及び前文に違反しないと判示した最高裁判決（最二小判昭和58・11・25裁判集民140号527頁〔27682477〕）がある。そこでは、日本の国内法上台湾人としての法的地位を有した者は、昭和28年8月5日の日本国と中華民国との間の平和条約及び関係文書の発効により日本国籍を喪失したものと解すべきであり、日本国政府と中華人民共和国政府の共同声明によっても右解釈に変更を生ずべきものでないとの見解を肯認している。また、いわゆる日韓請求権協定及び財産及び請求権に関する問題の解決並びに経済協力に関する日本国と大韓民国との間の協定第2条の実施に伴う大韓民国等の財産権に対する措置に関する法律をめぐる訴訟においても、その協定及び法律が前文、13、14、29条に違反するとはいえないとした東京地裁判決（東京地判平成16・10・15訟務月報52巻2号405頁〔28092909〕）がある（さらに、東京地判平成18・5・25訟務月報54巻3号591頁〔28111614〕も参照）。

　出入国管理行政を争う訴訟でも、前文3項が登場する。法務大臣のした在留外国人に対する在留期間更新不許可処分が、国際協調主義及び基本的人権保障の理念に反し、裁量権の範囲を逸脱する違法な処分であるとした判決（東京地判昭和48・3・27民集32巻7号1276頁〔27200448〕）や、不法入国者に対する退去強制令書による送還処分は、世界人権宣言9条、国際人権B規約（市民的及び政治的権利に関する国際規約）9、13条、憲法前文、13、14、31条に違反しないとした決定（大阪高決昭和61・7・18訟務月報33巻4号1016頁〔27803920〕）がそれである。また、出入国管理令3条の外国人の入国規制の規定は、前文、22条に違反しないとした判決（福岡高判昭和29・1・27高裁刑集7巻1号29頁〔27680514〕）（同趣旨の東京高判昭和35・9・19東高刑時報11巻9号243頁〔27681071〕も参照）や、日本人の出国を制限する出入国管理令60条2項は、前文、22条と抵触しないとした判決（松山地判昭和33・11・6第一審刑集1巻11号1800頁〔27660596〕）（同趣旨の青森地判昭和33・12・24高裁刑集12巻4号452頁〔27660607〕も参照）がある。

4　その他

　全司法仙台事件においては、国家公務員に対して争議行為を禁止し、その違反者に刑罰を科す国公法（昭和40年法律69号改正前）98条5項、110条1項17号

が前文、11、18、28、97条に違反すると主張されたが、最高裁大法廷は、この主張を排斥している（最大判昭和44・4・2刑集23巻5号685頁〔27670505〕）。

下級審判例として、捜査官憲によるおとり捜査が前文、13、14条、及び31条に違反しない（高松高判昭和35・9・20高裁刑集13巻7号523頁〔27681072〕）、東京都選挙管理委員会による3党首演説会開催は、公選法に基づくものであり、前文、14、15条、及び44条に違反するとの主張には理由がない（東京高判昭和37・4・18行集13巻4号514頁〔27602538〕）、死刑制度は、前文、13、31、36条に違反しない（東京高判昭和61・9・26判夕623号229頁〔27761233〕）といった例がある。

このように、判例は、違憲の根拠として前文を挙げること自体を否認していないが、前文とともに挙げる個別の条文に違反しないことと併せて、違憲の主張を斥けている。

【参考文献】
清宮四郎「憲法の法的性質」田中二郎編集代表『宮沢俊義先生還暦記念・日本国憲法体系第1巻総論Ⅰ』有斐閣（1961年）1-48頁、大西芳雄「前文の内容と効力」清宮四郎＝佐藤功編『憲法講座第1巻』有斐閣（1963年）161-176頁、樋口陽一＝佐藤幸治＝中村睦男＝浦部法穂『注解法律学全集1・憲法1』青林書院（1994年）〔樋口陽一〕19-45頁

（戸松秀典）

# 第1章 天　皇

## ◆第1条

> 〔天皇の地位と国民主権〕
> 第1条　天皇は、日本国の象徴であり日本国民統合の象徴であつて、この地位は、主権の存する日本国民の総意に基く。

**【条文の概要】**

　本章表題が「天皇」であるのは、日本国憲法が大日本帝国憲法の改正という形式において制定されたことに起因する。旧憲法第1章は17か条からなり、天皇は「国ノ元首ニシテ統治権ヲ総攬」（4条）する「萬世一系ノ天皇」（1条）という位置付けであった。天皇の地位と絡めて国民主権をうたう現憲法1条は、かかるありようとの対比において、最もよく理解される。「象徴」とは、法的に特定的な意味を持たない言葉であり、憲法制定時の議論からは、国民が天皇の権力性を「必要以上に」考えるおそれがないよう、あえてそのような言葉が選択されたことがうかがわれる（貴族院帝国憲法改正案特別委員会9・11（国務大臣・金森徳次郎））。

　本条文も含め、天皇に関する条項は、その性質上、裁判で争われることにはなじみにくく、判例による法理の展開はあまりみられない。そのため政府解釈が天皇条項の現実態をつくっているといえる。学説もかかるありように大きな異論を唱えてこなかったところが、本条と同じく政府解釈主導で展開されてきた9条をめぐる状況との違いとして、指摘されよう。

###### ・・・・・・論　点・・・・・・

1　天皇は憲法第3章の人権保障の主体となるか
2　天皇に対する名誉棄損罪は成立するか
3　天皇に民事裁判権が及ぶか
4　本条の国民主権原理は国の行為に対する制約として働くか
5　司法府の判断になじまず主権者に判断が委ねられる事柄は何か

**【関連法令】**
刑法74、232条、自治法、日米安保条約

### 論点 ❶　天皇は憲法第3章の人権保障の主体となるか

　本条が、天皇の地位を「主権の存する日本国民」の総意に基づくものとしていることから、そこにいう「日本国民」には天皇が含まれないと解される。では、第3章の保障する「国民」の権利について、天皇はこれを享有するか。政府解釈・学説多数説はともに肯定的に解しつつ、天皇の「象徴」性に鑑みた制約を認めてきているが、正面から論じた判例はない。

　下級審判決で、傍論ながらこの点につき言及した例として、いわゆる天皇コラージュ事件が挙げられる。昭和天皇の肖像と東西の名画、解剖図、家具、裸婦などを組み合わせて構成されたコラージュ作品が昭和天皇のプライバシーの権利や肖像権を侵害するおそれがあるとの主張に対し、富山地判平成10・12・16判タ995号76頁〔28040878〕は、天皇が第3章の「国民」に含まれ、憲法の保障する基本的人権の享有主体であって、プライバシーの権利や肖像権が保障されるとしたうえで、「天皇の象徴としての地位、天皇の職務からすると、天皇についてはプライバシーの権利や肖像権の保障は制約を受けることになるものと解するのが相当である」とし、当該事件での作品について肖像権及びプライバシー権の侵害性を否定した（名古屋高金沢支判平成12・2・16判タ1056号188頁〔28052649〕も支持している）。

### 論点 ❷　天皇に対する名誉棄損罪は成立するか

　戦前にあっては、天皇の尊厳を保護法益とする不敬罪規定により、皇室の尊厳を害する一切の行為が処罰の対象とされていた（旧刑法74条等）。ポツダム宣言を受諾し（昭和20年8月15日）、降伏文書に調印（昭和20年9月2日）した後である昭和21年5月19日に、「ヒロヒト　詔書　日ク　国体はゴジされたぞ　朕はタラフク　食つてるぞ　ナンジ人民　飢えて死ね　ギョメイギョジ　日本共産党　田中精機細胞」と書かれたプラカードを掲げて「飯米獲得人民大会」（食糧メーデー）に参加したところ、天皇に対する不敬行為の罪に当たるとし

て起訴された、いわゆる天皇プラカード事件がある。現憲法が公布（昭和21年11月3日）される前日に下された第1審判決（東京刑事地昭和21・11・2刑集2巻6号603頁〔24000167〕）は不敬罪について、天皇の「特殊的地位は完全に変革し」たことをもって適用し得ないとし、名誉棄損罪を適用した。同事件控訴審判決では、「新憲法の下に於ても天皇は（中略）一般人民とは全く異つた特別の地位と職能とが正当に保持せられ」ることから、不敬罪が名誉毀損の特別罪として存続していると解すべきとしたうえで、新憲法公布と同時に公布された大赦令（昭和21年11月3日）を受けて、免訴とした（東京高判昭和22・6・28刑集2巻6号607頁〔24000168〕）。控訴審判決は、「象徴」という地位に着目して、かかる国家的法益を名誉棄損罪の保護法益として理解したものと思われる。最高裁は、大赦令により公訴権が消滅したとし、実体的審理をして有罪判決を下した原判決はこの点において違法であるとしたものの、結論は維持した（最大判昭和23・5・26刑集2巻6号529頁〔24000166〕）。最高裁判決が、天皇に対する名誉棄損罪の保護法益を、控訴審判決と同様に解しているかどうかは、判文から定かなことはいえない。

なお不敬罪規定が廃止されたのは、昭和22年の刑法改正（昭和22年法律124号）による。その際、名誉毀損罪（刑法230条）について、告訴をすることができる者が天皇、皇后、太皇太后、皇太后又は皇嗣であるときは、内閣総理大臣が代わって告訴を行うこととされ（刑法232条2項）、法定刑の下限が引き上げられた。

### 論点 3　天皇に民事裁判権が及ぶか

千葉県知事が昭和天皇の病気快癒のために記帳所を設け、これに公金を支出したことについて提起された、天皇を被告とする住民訴訟において、最二小判平成元・11・20民集43巻10号1160頁〔27805172〕は、「天皇は日本国の象徴であり日本国民統合の象徴であることにかんがみ、天皇には民事裁判権が及ばないものと解するのが相当である」とし、「訴状を却下すべきもの」であったとした。

なお下級審裁判例であるが、皇后について、「民事裁判権は、原則としてわ

が国内にいるすべての人に及ぶのであり、皇后が日本国の象徴であり、日本国民総合の象徴である天皇の配偶者であることは、皇后に対する民事裁判権を否定すべき理由とな」らない（東京高決昭和51・9・28東高民時報27巻9号217頁〔27761069〕）としたものがある。これは、「象徴である天皇の配偶者」という点から民事裁判権を否定したわけではない点が注目される。

**論点 4** 本条の国民主権原理は国の行為に対する制約として働くか

1 他の条文とともに本条の国民主権原理を根拠として、国家行為の憲法違反性を主張する例がある。しかし前文の国民主権原理についての判断と同様、裁判所は消極的である（前文論点4参照）。

(1) 公選法関係で、公選法（平成6年法律2号改正前）138条1項、239条1項3号の戸別訪問禁止規定、129条、239条1項の事前運動禁止規定は、憲法前文、1条、15条1項、21条1項、31条に違反しないとした例（最三小判平成14・9・10判タ1104号147頁〔28075744〕）など、国民主権原理について立ち入った議論はなされていない。また、拡大連座制を定めた公選法251条の3第1項の合憲性、衆議院議員選挙の仕組みの合憲性について、いずれも合憲の判断を下している
（それぞれ、最一小判平成9・3・13民集51巻3号1453頁〔28020797〕、最三小判平成16・12・7裁判所時報1377号3頁〔28100083〕）。

(2) 外国人の公務就任権や参政権をめぐる訴訟の判決では、国民主権原理が、国家行為に対する制約ではなく、むしろ権利の主張を制約する理由として用いられている。

外国人の公務就任権に関し、韓国籍の特別永住者であり、東京都の保健婦（保健師）であった者が、日本国籍がないことを理由として課長級の管理職選考試験の受験を拒否されたことについて、受験資格確認と損害賠償を求めた事件で最高裁は、「地方公務員のうち、住民の権利義務を直接形成し、その範囲を確定するなどの公権力の行使に当たる行為を行い、若しくは普通地方公共団体の重要な施策に関する決定を行い、又はこれらに参画することを職務とするもの」を、「公権力行使等地方公務員」とし、「国民主権の原理に基づき、国及び普通地方公共団体による統治の在り方については日本国の統治者としての国

民が最終的な責任を負うべきものであること（憲法1条、15条1項参照）に照らし、原則として日本の国籍を有する者が公権力行使等地方公務員に就任することが想定されているとみるべき」と判示している（最大判平成17・1・26民集59巻1号128頁（管理職選考受験資格事件）〔28100274〕）。

また外国人の地方参政権に関して、地方公共団体の長及びその議会の議員の選挙を日本国民たる住民に限っている自治法11、18条、公選法9条2項の各規定の憲法適合性が争われた事件において、最三小判平成7・2・28民集49巻2号639頁〔27826692〕は、「主権が『日本国民』に存するものとする憲法前文及び1条の規定に照らせば、憲法の国民主権の原理における国民とは、日本国民すなわち我が国の国籍を有する者を意味することは明らか」として、公務員選定罷免権は「我が国に在留する外国人には及ばないものと解するのが相当」と判示した。

2　下級審判決では、次のような例がある。

(1)　いわゆるピアノ伴奏拒否事件で、天皇を礼賛する「君が代」が本条に違反するかという論点に対し、東京高判平成16・7・7民集61巻1号457頁〔28100618〕、そしてその原審判決である東京地判平成15・12・3民集61巻1号425頁〔28090736〕はいずれも、天皇が日本及び日本国民統合の象徴であり（本条）、「『君が代』の『君』が天皇を指すからといって、直ちにその歌詞が憲法1条を否定することには結び付かないというべきである」としている。

(2)　即位礼正殿の儀について、国民統合の象徴たる天皇の即位を宣明する儀式である以上、そのことは国民主権原理にも沿うことになり、国民主権原理に違反しないとした例として、横浜地判平成11・9・27判時1741号53頁〔28060117〕がある。

(3)　県費により皇太子御成婚記念庭園を設置したことが、19条違反とともに本条に反するとの主張がなされた事例で、大分地判平成9・12・16判例地方自治174号62頁〔28031572〕は、かかる主張は「独自の見解であり、採用できない」とした。

(4)　本条のうたう国民主権原理を根拠として情報公開請求権を導出せんとする主張について、東京地判平成15・9・16訟務月報50巻5号1580頁〔28091742〕は、

「憲法1条又は21条1項から行政機関に対する具体的な情報公開請求権を導き出すことはできない」、「公的情報に対する国民の具体的な公開請求権を認めるには、あくまでも実定法上の根拠が必要と解すべきである」と判示している。

### 論点 5　司法府の判断になじまず主権者に判断が委ねられる事柄は何か

　国民主権原理を根拠に、司法府が自ら判断を下すことになじまない旨を示す判例がある。日米安保条約の合憲性の判断が「第一次的には、右条約の締結権を有する内閣およびこれに対して承認権を有する国会の判断に従うべく、終局的には、主権を有する国民の政治的批判に委ねらるべきものであると解するを相当とする」としたもの（最大判昭和34・12・16刑集13巻13号3225頁（砂川事件）〔27660683〕）、そして衆議院解散の合憲性について「その判断は主権者たる国民に対して政治的責任を負うところの政府、国会等の政治部門の判断に委され、最終的には国民の政治判断に委ねられているものと解すべきである」としたもの（最大判昭和35・6・8民集14巻7号1206頁（苫米地事件）〔27002449〕）がその例である（司法制度一般の論点5を参照）。

（青井未帆）

## ◆第2条

〔皇位の世襲と継承〕
第2条　皇位は、世襲のものであつて、国会の議決した皇室典範の定めるところにより、これを継承する。

【条文の概要】
　本条は、皇位についての世襲制を定め、明治憲法下にあっては強度の皇室自律主義を支えていた「皇室ノ家法」たる皇室典範を、同名称ではあるが法律化したものである。明治憲法と異なり、日本国憲法は皇位継承者を皇男子孫としてはいないが、皇室典範1条により、「皇統に属する男系の男子」たる皇族が皇位継承資格を有するものとされている。

【コメント】
　女性が天皇であることを意味する「女性天皇」や、母方だけが天皇の血筋を引く天皇を意味する「女系天皇」については、現行制度上、認められていない。この点について、女子に対するあらゆる形態の差別の撤廃に関する条約の対象とする差別に該当しないとの政府解釈が示されている（第118回国会平成2・4・17衆議院法務委員会・外務省国際連合局社会協力課長）。

【関連法令】
皇室典範

（青井未帆）

## ◆第3条

〔天皇の国事行為に対する内閣の助言と承認〕
第3条　天皇の国事に関するすべての行為には、内閣の助言と承認を必要とし、内閣が、その責任を負ふ。

【条文の概要】
　本条は4条とともに、天皇の権能に関する基本原則として、すべての国事行為に内閣の助言と承認を要することと、内閣のそのことに対する責任を示している。この意味について、これまでの立憲君主制の歴史的展開に照らし、極限形態と位置づける理解と、そうではなく独自の天皇制度が日本国憲法によって定められたとの理解とがある。「助言と承認」における事前の「助言」とは、天皇の発意を禁ずるものと解され、天皇からの積極的発意は本条の予想するところではない。また、天皇が内閣の助言と承認を拒否するということもまた、憲法の予想するところではない。内閣の責任とは、政治責任を意味する。それは内閣自身の責任であって、天皇の責任を代位するものではない。

(青井未帆)

## ◆第4条

〔天皇の権能と権能行使の委任〕
第4条　天皇は、この憲法の定める国事に関する行為のみを行ひ、国政に関する権能を有しない。
②　天皇は、法律の定めるところにより、その国事に関する行為を委任することができる。

【条文の概要】
　明治憲法下で、天皇は統治権の総攬者として強大な権力を有していたところ、本条1項はそれらの権力を徹底して否定し、天皇を非政治化している。憲法が限定的に認めている国事に関する行為（計13：4条2項、6条1、2項、7条1号ないし10号）は、さらに内閣の助言と承認を必要とする（3条）。本条2項は臨時代行について規定するものであり、これに基づき「国事行為の臨時代行に関する法律」が定められている。同法2条1項によると、委任の原因は、天皇に「精神若しくは身体の疾患又は事故があるとき」であり、ただし摂政を置くべき場合を除く。
　問題とされてきたのは、国会開会式における「おことば」、国内巡幸、海外親善旅行、外国元首の接受といった、純粋な私的行為ではない行為をどのように位置づけるのかであるが、政府解釈及び学説多数説は、これらを象徴としての地位を反映しての「公的行為」と解している（第75回国会昭和50・3・14衆議院内閣委員会・内閣法制局第一部長・角田礼次郎など）。公的行為には、国事行為に必要な内閣の助言と承認は必要ではないが、国政に関する権能が含まれてはならず、また象徴たる性格に反するものであってはならないのであり、内閣がその行為について責任を負う（第118回国会平成2・5・17衆議院予算委員会・内閣法制局長官・工藤敦夫など）。なお学説では、国事行為と私的行為の間に、かかる公的行為という類型を認めるべきではないとする説も有力である。

【関連法令】
国事行為の臨時代行に関する法律

（青井未帆）

## ◆第5条

〔摂政〕
第5条　皇室典範の定めるところにより摂政を置くときは、摂政は、天皇の名でその国事に関する行為を行ふ。この場合には、前条第1項の規定を準用する。

【条文の概要】
　4条2項に定める、委任に基づく臨時代行と違い、本条は天皇が自ら国事行為を行い得ないような状態のときに、法定代行機関として摂政を置くことを規定する。また、その要件等については、皇室典範の定めるところによることを明らかにしている。本条は、4条1項のみを準用するが、4条2項及び3条も実質的に準用されているものと解される。

　皇室典範16条は、天皇が成年に達しないときと、「天皇が、精神若しくは身体の重患又は重大な事故により、国事に関する行為をみずからすることができない」と皇室会議が認めたときの2つの場合を定める。海外旅行については、国事行為の臨時代行に関する法律にいう「事故」の場合と解されており、「重大な事故」については、「解釈的には、天皇の失踪あるいは戦時中の捕虜というようなことが一応考えられる」とする政府答弁がある（第68回国会衆議院内閣委員会昭和39・3・19・宮内庁長官）。

【関連法令】
皇室典範

（青井未帆）

## ◆第6条

〔天皇の任命権〕
第6条　天皇は、国会の指名に基いて、内閣総理大臣を任命する。
②　天皇は、内閣の指名に基いて、最高裁判所の長たる裁判官を任命する。

【条文の概要】
　本条では7条とは別に2つの国事行為が規定されている。規定ぶりから、1項では国会、そして2項では内閣という実質的決定権の所在が明らかである。これにより明治憲法下で天皇の有していた官吏の任免に関する大権の喪失が際立ち、本条の規定する2つの国事行為の形式性が明らかとなっている。

（青井未帆）

## ◆第7条

〔天皇の国事行為〕
第7条　天皇は、内閣の助言と承認により、国民のために、左の国事に関する行為を行ふ。
一　憲法改正、法律、政令及び条約を公布すること。
二　国会を召集すること。
三　衆議院を解散すること。
四　国会議員の総選挙の施行を公示すること。
五　国務大臣及び法律の定めるその他の官吏の任免並びに全権委任状及び大使及び公使の信任状を認証すること。
六　大赦、特赦、減刑、刑の執行の免除及び復権を認証すること。
七　栄典を授与すること。
八　批准書及び法律の定めるその他の外交文書を認証すること。
九　外国の大使及び公使を接受すること。
十　儀式を行ふこと。

【条文の概要】
　本条は個別に国事行為を列挙しているが、いずれの行為についても天皇に実質的決定権はない。また国事行為に当たっては内閣の助言と承認を要することが、ここでも強調されている。もっとも、例えば全権委任状その他外交文書の認証及び外国の大使等の接受の運用実態において、あたかも天皇が対外代表として扱われる傾向にあるなど、天皇の国事行為が限定的な列挙事項に必ずしもとどまらない現実があることは否定できない。なお、政府解釈では国会の開会式の出席や、そこでの「おことば」を「公的行為」として正当化するため、それらは本条10号には含まれていない。

・・・・・・　論　　点　・・・・・・
1　内閣の「助言」と「承認」はいかなる行為か
2　法令の公布の方法や公布の時点はいつか
3　衆議院の解散は69条の場合以外に本条の下でなしうるか
4　政教分離原則の下で、天皇の代替わりにおける国事行為としての儀式は、いかなるものか

### 論点 ❶ 内閣の「助言」と「承認」はいかなる行為か

1　内閣による「助言」と「承認」が両者ともに必要であるか

　内閣による「助言」と「承認」が両者ともに必要であるかが争点となり、かつ、肯定の判断が示された下級審裁判例として、衆議院の解散の効力が争われたいわゆる苫米地事件の第1審判決（東京地判昭和28・10・19民集14巻7号1251頁〔27203765〕）と控訴審判決（東京高判昭和29・9・22民集14巻7号1265頁〔27203766〕）がある。

　いずれも内閣の事前の同意を「助言」、事後の同意を「承認」として区別し、両方とも必要であると解した。第1審判決は、当該事件において「助言」がなかったとして解散を違憲無効と判断し、控訴審判決は両方ともあったと判断したものである。なお、上告審判決は、「衆議院の解散は、極めて政治性の高い国家統治の基本に関する行為であつて、かくのごとき行為について、その法律上の有効無効を審査することは司法裁判所の権限の外にあ」るとし、この論点には立ち入らなかった（最大判昭和35・6・8民集14巻7号1206頁〔27002449〕）。

2　解散の有効性は選挙の有効性に関係するか

　解散の有効性と選挙の有効性との関係について、「仮に所論解散が無効であるとしても、本件選挙がそれ自体非合法な無効な選挙であるといえない」ことを述べた決定として、最一小決昭和29・3・25裁判集刑93号805頁〔27760450〕がある。また、「解放の詔書は内閣の適法なる助言なくして発布せられたものであるから、当該選挙は無効であって、その選挙に関して公職選挙法違反はありえない」と主張された事案において、最一小判昭和29・4・22刑集8巻4号526頁〔27760458〕は、内閣の助言の適否いかんにかかわらず現実に、施行せられた選挙に関して公選法違反の事実が存する以上、同法の罰則による処罰を免れないと判断している（同様の判示に、名古屋高金沢支判昭和29・5・1高裁刑特報33号183頁〔27760461〕がある）。

### 論点 ❷ 法令の公布の方法や公布の時点はいつか

　戦前においては法令の公布の方法につき、公布令という勅令が「官報ヲ以テス」と定めていたが、これが戦後に廃止されてからは、方法につき定める法律

は制定されていない。実際には、法令の公布は官報によって行われており、判例においても正式な方法と認められている（最大判昭和32・12・28刑集11巻14号3461頁〔27660548〕）。

公布の時点について、最大判昭和33・10・15刑集12巻14号3313頁〔27660591〕は、一般の国民の中の誰かがその官報をみうるに至った最初の時点としている。なお同判決は、公布を国法の効力発生要件と解しており、また学説通説も同様の解釈をとる。

### 論点 3　衆議院の解散は69条の場合以外に本条の下でなしうるか

衆議院の解散が69条の場合以外に本条の下でなしうるかを直接に判示した最高裁判決はない。69条の場合に解散が限定されることを前提に、最高裁大法廷に直接、衆議院解散無効確認請求がなされた事件に対し、最大判昭和28・4・15民集7巻4号305頁〔27003329〕は、訴えを不適法として却下している。また69条に該当する場合でないのに単に本条に依拠して行われた解散について、条章の適用が誤っており、そのゆえに無効であると主張されたいわゆる苫米地事件において最高裁は、「現実に行われた衆議院の解散が、その依拠する憲法の条章について適用を誤つたが故に、法律上無効であるかどうか」は、「裁判所の審査権に服しないものと解すべきである」としている（最大判昭和35・6・8民集14巻7号1206頁〔27002449〕）。

この苫米地事件で下級審はいずれも、衆議院の解散は69条に限定されないとの立場に立っていた（69条非限定説）（東京高判昭和29・9・22民集14巻7号1265頁〔27203766〕、東京地判昭和28・10・19民集14巻7号1251頁〔27203765〕）。

政府解釈・学説通説は69条非限定説に立ち、本条3号にいう「衆議院を解散すること」の実質的決定権が内閣にあるとの解釈をとっている（政府解釈として、第87回国会衆議院法務委員会昭和54・5・2・内閣法制局長官（真田秀夫）など）。なお第2回目以降の衆議院解散詔書には「日本国憲法第7条により、衆議院を解散する」と書かれている。

**論点 ❹　政教分離原則の下で、天皇の代替わりにおける国事行為としての儀式は、いかなるものか**

　政教分離原則（20条2、3項）の下で、天皇の国事行為である「儀式」は、全国民的性格のものでなくてはならず、かつ宗教的性格を持ってはならないことは当然であるが、昭和天皇逝去に伴う事例などについて、同原則違反が問題とされてきた。

　昭和天皇の逝去を例にとれば、昭和64年1月7日に天皇が逝去し、葬儀として皇室の宗教儀式である「葬場殿の儀」と、国事行為である「大喪の礼」が行われ（平成元年2月24日）、また今上天皇の皇位継承を祝う国事行為として「即位の礼」（平成2年11月12日）と皇室儀式である「大嘗祭」が行われた（平成2年11月22日、23日）。

　これら諸儀式・諸行事は、政教分離原則とともに国民主権主義との適合性についても、訴訟により争われたが、いずれの訴えも斥けられている（最二小判平成16・6・28裁判所時報1366号4頁〔28091849〕）など）。地方公共団体の長及び議会議長が公金をもって即位の礼に参列したことについて、違憲・違法として損害賠償ないし不当利得返還を求めた事案において、第1審判決である横浜地判平成11・9・27判時1741号53頁〔28060117〕は、即位の礼は「国民統合の象徴たる天皇の即位を公に宣明する儀式である以上、そのことは国民主権原理にも沿うことになる」とした。

　もっとも、宗教的儀式である大嘗祭へ宮廷費から費用が支出されたことについて、大阪高判平成7・3・9行集46巻2=3号250頁〔27828893〕は、「大嘗祭が神道儀式としての性格を有することは明白であり、これを公的な皇室行事として宮廷費をもって執行したことは、前記最高裁大法廷昭和52年7月13日判決が示したいわゆる目的効果基準に照らしても、少なくとも国家神道に対する助長、促進になるような行為として、政教分離規定に違反するのではないかとの疑義は一概には否定できない」としている。

**コメント**

　大嘗祭は、天皇が皇祖及び天神地祇に対して安寧と五穀豊穣などを感謝するととも

に、国家・国民のために安寧と五穀豊穣を祈念する儀式であり、宗教上の儀式としての性格を有する。したがって、本条10号の儀式としては行い得ない。政府は今上天皇即位の際に大嘗祭を「公的行事」とし、その費用を宮廷費から支出した。政府見解「『即位の礼』の挙行について」（平成元年12月21日）は大嘗祭を、皇位が世襲であることに伴う一世に一度のきわめて重要な伝統的皇位継承儀式であり、公的性格がある。したがって、その費用を宮廷費から支出することが相当である、と説明したのであった。

（青井未帆）

## ◆第8条

> （財産授受の制限）
> 第8条　皇室に財産を譲り渡し、又は皇室が、財産を譲り受け、若しくは賜与することは、国会の議決に基かなければならない。

【条文の概要】

　本条は88条とともに、明治憲法下の皇室財政制度（皇室自律主義）を国会中心主義に変更する条文である。天皇及び皇族と国民との間の財産授受を国会の監視下に置くことで、再び膨大な皇室財産が蓄積されたり、財産授受を通して好ましくない影響力が行使されたりすることを防止することを目的としている。皇室経済法2条により、一定の場合について国会の議決を経る必要のない場合が定められており、それ以外については内閣により「日本国憲法第8条の規定による議決案」として国会に付議される。

【関連法令】

皇室経済法

【参考文献】

樋口陽一=佐藤幸治=中村睦男=浦部法穂『注解法律学全集1・憲法1』青林書院（1994年）〔樋口陽一〕47-135頁、佐藤達夫=佐藤功補訂『日本国憲法成立史第3巻』有斐閣（1994年）

　　　　　　　　　　　　　　　　　　　　　　　　　　　　　　（青井未帆）

## 第2章　戦争の放棄

### ◆第9条

〔戦争の放棄と戦力及び交戦権の否認〕
第9条　日本国民は、正義と秩序を基調とする国際平和を誠実に希求し、国権の発動たる戦争と、武力による威嚇又は武力の行使は、国際紛争を解決する手段としては、永久にこれを放棄する。
②　前項の目的を達するため、陸海空軍その他の戦力は、これを保持しない。国の交戦権は、これを認めない。

【条文の概要】

　本条は、前文に示された「平和主義」を具体化した条文であり、第2章はこの1か条で構成されている。本条の下でとりうる政策をめぐり、戦後政治において一大論争が繰り広げられた。世界的な安全保障環境の変化の中で、自衛隊の合憲性は少なくとも政治的争点ではなくなっているが、現在においても依然として社会の中には、憲法に鑑みた安保政策の限界について深い理解の対立がある。本条に関する裁判の多くにおいて、政治過程で敗れた側は、自らの考えるところの本条の価値を実現させんとしてきたものといえる。もっとも本条は国の統治権力のありようを定める客観法規定であるために、刑事事件は別としても、裁判過程で国家行為の本条適合性を争うこと自体がそもそも容易ではない。したがって不適法な訴えとして斥けられる例も多い。総じて裁判所はこれまでのところ、国家行為の実体的な本条適合性判断を示すことには消極的であった。そこで本条の意味の具体化にあっては、これまで積み重ねられてきた政府解釈が重要性を有している。それは、以下のような論理であり、学説の多数と鋭い緊張関係に立ってきた。

\コメント／

　本条に関する政府解釈の骨子を述べれば次のとおりである。本条1項は国際紛争を解決する手段としての「戦争」、「武力による威嚇」、及び「武力の行使」を放棄しているが、独立国家に固有の自衛権は否定されていない。2項にいう「戦力」とは、自衛のための必要最小限度の実力を超える実力をいう（以上について、昭和55・12・5

政府答弁書など）。我が国の行為による「戦争」、そして我が国を防衛するための必要最小限度の自衛権を行使すること以外の「武力の行使」及び「武力による威嚇」が放棄されている（平成6・6・8衆議院予算委員会・大出内閣法制局長官）。「武力の行使」とは、我が国の物的・人的組織体による国際的な武力紛争の一環としての戦闘行為をいう（平成3・9・27衆議院PKO特別委員会提出）。武力行使目的による「海外派兵」は禁じられているが、武力行使目的ではない「海外派遣」は許される（昭和55・10・28政府答弁書）。国連軍等による武力の行使への「参加」に至らない各種の支援を含む「協力」については、それらによる武力行使と一体とならない限り、憲法上許される（平成2・10・24衆議院国連平和協力特別委員会・工藤内閣法制局長官、平成2・10・26衆議院国連平和協力特別委員会・中山外務大臣）。一体化する場合であるかどうかは、①戦闘活動が行われている、又は行われようとしている地点と当該行動がなされる場所との地理的関係、②当該行動等の具体的内容、③他国の武力行使の任に当たる者との関係の密接性、④協力しようとする相手の活動の現況等の諸般の事情を総合的に勘案して、個々的に判断される（平成9・2・13衆議院予算委員会・大森内閣法制局長官）。また、集団的自衛権について、我が国はこれを有してはいるが、その行使は自衛のための必要最小限度を超えるものであって、認められない（昭和56・5・29政府答弁書など）。

●●●●●● 論　　点 ●●●●●●

1　駐留米軍は、本条2項の禁ずる「戦力」に当たるか。日米安保条約及び地位協定は、本条に違反するか
2　自衛隊は、本条2項にいう「戦力」に該当するか
3　自衛隊基地建設用の土地購入行為は、本条に違反するか
4　自衛隊の海外派遣行為は、本条に違反するか
5　本条は、人権保障の根拠規定となるか

【関連法令】
イラク特措法、刑事特別法、国際連合平和維持活動等に対する協力に関する法律、自衛隊法、森林法、地位協定、駐留軍用地特措法、日米安保条約、防衛省設置法、民法90条

論点 ❶　駐留米軍は、本条2項の禁ずる「戦力」に当たるか。日米安保条約及び地位協定は、本条に違反するか

1　我が国に駐留している米軍は、本条に違反するか

改定前の日本国とアメリカ合衆国との間の安全保障条約（旧安保条約）下で生じた事件であるが、この論点が争われた事件がいわゆる砂川事件である。これは、米軍立川飛行場拡張集団抗議行動において、飛行場境界柵を引き抜き境界内に立ち入った行為が、旧安保条約3条に基づく行政協定に伴う刑事特別法2条違反に問われた事件であった。

　第1審は次のように示した。米軍駐留は「単にわが国に加えられる武力攻撃に対する防禦（中略）の援助にのみ使用されるものではなく（中略）わが国が自国と直接関係のない武力紛争の渦中に巻き込まれ、戦争の惨禍がわが国に及ぶ虞は必ずしも絶無ではな」いので、「合衆国軍隊の駐留を許容したわが国政府の行為は（中略）日本国憲法の精神に悖るのではないかとする疑念も生ずる」。米軍駐留は、「わが国政府の要請と、合衆国政府の承諾という意思の合致があつたからであつて（中略）一面わが国政府の行為によるものということを妨げない」。駐留米軍は、指揮権や出動義務の有無にかかわらず、本条の禁止する「戦力」に該当する、と（東京地判昭和34・3・30刑集13巻13号3305頁〔27760641〕）。

　これに対し、検察側の跳躍上告を受けて最高裁は、「戦力」を「わが国がその主体となつてこれに指揮権、管理権を行使し得る戦力」と解釈したうえで、「外国の軍隊は、たとえそれがわが国に駐留するとしても、ここにいう戦力には該当しない」とした（最大判昭和34・12・16刑集13巻13号3225頁〔27660683〕）。

2　日米安保条約及び地位協定は、本条に違反するか

　1で挙げた砂川事件で最高裁は、旧安保条約につき、「わが国の存立の基礎に極めて重大な関係をもつ高度の政治性を有するもの」としたうえで、その合憲性は「純司法的機能をその使命とする司法裁判所の審査には、原則としてなじまない性質のものであり、従つて、一見極めて明白に違憲無効であると認められない限りは、裁判所の司法審査権の範囲外のもの」であるという。そして、米軍の駐留は、「憲法9条、98条2項および前文の趣旨に適合こそすれ、これらの条章に反して違憲無効であることが一見極めて明白であるとは、到底認められない」と判示した。

　これは「高度の政治性を有する」としながら、「一見極めて明白に違憲無効」

であるかどうかを問い、一定の実体判断をなしたものである。すなわち、衆議院解散の合憲性が争われた苫米地事件最大判（最大判昭和35・6・8民集14巻7号1206頁〔27002449〕）が、砂川事件の約6か月後に下されたのであるが、そこで最高裁が示した統治行為論とは異なり、砂川事件で用いられたのは裁量論が混在した議論であった。以下、砂川事件最大判で示された統治行為論を、変型的統治行為論と呼ぶ（「第2章　戦争の放棄」樋口陽一=佐藤幸治=中村睦男=浦部法穂『注解法律学全集1・憲法1』青林書院（1994年）169頁）。

　日米安保条約あるいは地位協定（日本国とアメリカ合衆国との間の相互協力及び安全保障条約第6条に基づく施設及び区域並びに日本国における合衆国軍隊の地位に関する協定）の合憲性に関わり、それらが本条、98条2項及び前文等の趣旨に徴して「一見極めて明白に違憲」と認められないなどとした判例として、最大判昭和44・4・2刑集23巻5号685頁（安保6・4仙台高裁事件）〔27670505〕（ただし本判決は、砂川事件最大判の趣旨に徴しつつ、「一見極めて」という言葉を用いていない）及び最二小決昭和38・12・25裁判集刑149号517頁（砂川事件再上告審決定）〔27760754〕がある。また下級審裁判例としては、東京高判昭和42・6・20判タ214号249頁〔27700293〕、横浜地判昭和62・1・29刑事裁判資料263号1062頁（カールビンソン寄港阻止事件）〔28019022〕（ただし本判決は、砂川事件最大判、安保6・4仙台高裁事件最大判等を参照しつつ、「極めて」という言葉を用いていない）、那覇地判平成2・5・29行集41巻5号947頁（那覇市軍用地訴訟）〔27806665〕、東京地判昭和40・8・9下級刑集7巻8号1603頁（全学連6・15国会侵入事件）〔27681335〕）、東京地判昭和38・3・28行集14巻3号562頁（砂川基地収用事件）〔27602675〕、東京地判昭和38・3・28判タ144号73頁（砂川土地収用職務執行命令訴訟）〔27660953〕、大阪地判昭和37・5・31行集13巻5号954頁〔27602545〕などがある。

　また関連して駐留軍用地特措法の本条等への適合性について、沖縄県知事署名等代行職務執行命令訴訟最大判（最大判平成8・8・28民集50巻7号1952頁〔28011109〕）は、「日米安全保障条約及び日米地位協定が違憲無効であることが一見極めて明白でない以上、（中略）これが合憲であることを前提として」審査をすべきであるとし、「所論も、日米安全保障条約及び日米地位協定の違憲を主張するものではないことを明示している」以上、「駐留軍用地特措法は、

憲法前文、9条、13条、29条3項に違反するものということはできない」と判示した。原審判決も、日米安保条約及び地位協定が違憲無効と判断できない以上は、これを「実施するために制定された特措法が違憲であるということはできない」としていた（福岡高那覇支判平成8・3・25民集50巻7号2157頁〔28010640〕）。

### 論点 ❷ 自衛隊は、本条2項にいう「戦力」に該当するか

#### 1 国家の自衛権は軍事力を前提とするか

判例は、本条が自衛権を否定しているものではないと解している。論点1で挙げた砂川事件で最高裁は、自衛権について、「わが国が主権国として持つ固有の自衛権は何ら否定されたものではな」いとして、「わが国が、自国の平和と安全を維持しその存立を全うするために必要な自衛のための措置をとりうることは、国家固有の権能の行使として当然」であるという。そして「わが国の平和と安全を維持するための安全保障であれば、その目的を達するにふさわしい方式又は手段である限り、国際情勢の実情に即応して適当と認められるものを選ぶことができる」とした（最大判昭和34・12・16刑集13巻13号3225頁〔27660683〕）。

本判決は、「わが国の平和と安全を維持するための安全保障」という「目的を達するにふさわしい方式又は手段」が、軍事力を意味するものであるかにつき、その立場は必ずしも明快ではなかった。なお同事件第1審判決は、本条は「自衛権を否定するものではない」とし、「侵略的戦争は勿論のこと、自衛のための戦力を用いる戦争及び自衛のための戦力の保持をも許さないとするもの」としていた（東京地判昭和34・3・30刑集13巻13号3305頁〔27760641〕）。その後に出された下級審判例には、この点について、2つの立場を見いだすことができる。

1つは、自衛権が軍事力と直接に結びつくことを否定するものである。その例はいわゆる長沼ナイキ基地事件の第1審判決にみられる（札幌地判昭和48・9・7民集36巻9号1791頁〔27200135〕）。本件は、北海道夕張郡長沼町に航空自衛隊ナイキ基地を建設するに当たって、防衛庁からの要請を受けた農林水産大臣が森林法26条2項に基づき同町の国有保安林の指定を解除する処分を行ったことに対

し、地域住民が、本条が存在する以上は自衛隊の基地建設に同項の「公益上の理由」はないとして、当該処分の取消しを求めた事件であった。札幌地裁は砂川事件最大判を参照して、「わが国が、独立の主権国として、その固有の自衛権自体までも放棄したものと解すべきでないことは当然である」と述べつつ、それは「軍事力による自衛に直結しなければならないものではない」とした。

　もう1つは、自衛権を自衛権行使のための防衛措置組織と結びつける立場である。百里基地訴訟第1審（論点3参照）は、本条の解釈についての基本的見解として、「わが国が、外部から武力攻撃を受けた場合に、自衛のため必要な限度においてこれを阻止し排除するため自衛権を行使することおよびこの自衛権行使のため有効適切な防衛措置を予め組織、整備することは、憲法前文、第9条に違反するものではないというべきである」と示している（水戸地判昭和52・2・17民集43巻6号506頁〔27441813〕）。

　同様の見解は、湾岸危機において湾岸協力会議に設けられた湾岸平和基金への支出90億ドルの差止め等が請求された事件の大阪地裁判決でも示されている（大阪地判平成8・3・27判タ927号94頁（90億ドル支出差止等請求事件）〔28011360〕）。いわく、「わが国が外部からの不法な侵害に対し、自国を防衛するため実力をもってこれを阻止し排除する機能をも放棄したものとは解されず、また、そのため憲法9条第2項は、侵略戦争を遂行するための軍備ないし戦力、すなわち、侵略を企図し、その準備行為であると客観的に認められる実体を有する軍備ないし戦力の保持を禁じたものであることは明らかではあっても、自衛権行使のために有効適切な防衛措置を予め組織・編成・整備することまでも禁じているとはにわかに解し難いところである」。

2　自衛隊は、本条2項にいう「戦力」に該当するか

　自衛隊が本条2項にいう「戦力」に該当するかを裁判過程で争うことは容易ではない。古くは、昭和26年に設置された警察予備隊が本条に違反するとして、直接に最高裁判所に無効確認が求められた警察予備隊違憲訴訟最大判（最大判昭和27・10・8民集6巻9号783頁〔27003388〕）がそうであるように、訴えが不適法として斥けられる例も多い。

　裁判所は実体判断をなすことに消極的であり、前掲砂川事件最大判は本論点

について、「同条2項がいわゆる自衛のための戦力をも禁じたものであるか否かは別として」と述べ、正面から答えることがなかった。

例外的に、本論点に関して積極的に憲法適合性の判断に踏み込み、かつ違憲の判断を下した例としては、上に挙げた長沼ナイキ基地訴訟第1審判決がある（前掲昭和48年札幌地判）。「日本国民は（中略）憲法において全世界に先駆けていっさいの軍事力を放棄して、永久平和主義を国の基本方針として定立した」。自衛隊の編成、規模、装備、能力からして自衛隊は、明らかに「外敵に対する実力的な戦闘行動を目的とする人的、物的手段としての組織体」と認められ、違憲であり、またそのような自衛隊について規定する旧防衛庁設置法及び自衛隊法、その他これに関連する法規はいずれも違憲である、と判断した。

同事件で控訴審判決（札幌高判昭和51・8・5民集36巻9号1890頁〔27200136〕）は、原審原告の一部について原告適格を欠いていること、そして原告適格を有する者についても、その生命、身体の安全を侵害される不利益は、「洪水防止施設により補填、代替されるに至り」、「本件解除処分を争う具体的な利益を失った」ものとして、訴えを不適法としたのだが、第1審判決の判断等に鑑みて、自衛隊等の憲法適合性について叙述を進めた。そして前掲苫米地事件最大判を明示的に参照しつつ、かつ変型的統治行為論を用いて、憲法判断を回避したものである。いわく、旧防衛庁設置法及び自衛隊法の制定並びにこれらに基づく自衛隊の設置、運営等とは、「統治事項に関する行為であつて、一見極めて明白に違憲、違法と認められるものでない限り、司法審査の対象ではない」。本条2項は、「一義的に明確な規定と解することができ」ず、またその組織、編成等が「一見極めて明白に侵略的なものであるとはいい得ない」ので、「国会及び内閣の政治行為として窮極的には国民全体の政治的批判に委ねられるべきものであり、これを裁判所が判断すべきものではないと解すべき」と。なお本件上告審判決は、原判決の「訴えの利益」に関する判示部分のみを支持し、自衛隊等の憲法適合性判断には一切立ち入ることがなかった（最一小判昭和57・9・9民集36巻9号1679頁〔27000070〕）。

長沼ナイキ基地事件控訴審判決と同じような統治行為論を用いた例として、上に挙げた百里基地訴訟第1審判決も、「昭和33年当時の自衛隊は、（中略）憲

法第9条第2項にいう『戦力』、すなわち侵略的戦争遂行能力を有する人的、物的組織体に該当することが、一見明白であると断ずることはでき」ず、したがって旧防衛庁設置法並びに当時の自衛隊法が、「憲法前文、第9条に違反するかどうかの判断は、統治行為に関する判断であり、裁判所の司法審査の対象とはなりえない」としている。なお、同事件控訴審判決（東京高判昭和56・7・7民集43巻6号590頁〔27431916〕）と同事件上告審判決（最三小判平成元・6・20民集43巻6号385頁〔27804472〕）は、そもそも憲法判断に立ち入らなかった。

　本論点について、法律解釈により憲法判断を回避した例として、演習射撃着弾地点等の連絡用電話線を数か所切断したことが自衛隊法121条違反に問われ起訴された事件において、同法解釈により被告人を構成要件に該当しないとして無罪とした札幌地判昭和42・3・29下級刑集9巻3号359頁（恵庭事件）〔27681462〕がある。また、先に述べた百里基地訴訟で控訴審判決（前掲昭和56年東京高判）は、当該事件での問題とは、自衛隊の存在が社会の存立、発展を脅かすほど反社会的であるとの社会一般認識が確立されているかどうかであるため、裁判所は、本条に関する諸見解について、「いずれの見解が妥当な解釈であるかということについては、あえて、それを決定する必要がない」とした。

　また不適法として斥けられた判例として、自衛隊が本条2項に違反し違憲である等の理由により、軍備不保持の義務の確認や軍備費不使用の義務の確認等が求められた、いわゆる戦争公害訴訟につき、具体的な権利義務に関する争訟ではないとされている（最三小判昭和52・4・19税務訴訟資料94号138頁〔21057680〕、原審として名古屋高判昭和50・7・16判時791号71頁〔21051201〕、原原審として名古屋地判昭和49・10・3判タ320号237頁〔21047931〕）。

### 論点 3　自衛隊基地建設用の土地購入行為は、本条に違反するか

　この論点に関する事件として百里基地訴訟（水戸地判昭和52・2・17民集43巻6号506頁〔27441813〕、東京高判昭和56・7・7民集43巻6号590頁〔27431916〕、最三小判平成元・6・20民集43巻6号385頁〔27804472〕）がある。これは、茨城県にある航空自衛隊基地の用地買収をめぐる民事事件であった。建設予定地内に土地を所有してい

たXが、基地建設反対派のYとの間で本件土地の売買契約を結んだところ、売買代金の一部が不払であるとして、XはYに対し債務不履行を理由として売買契約を解除し、本件土地を国に売却した。そしてX及び国が原告となって、Yらを相手に、本件土地の所有権確認、所有権移転仮登記の抹消等を求める訴えを提起し、これに対しYによる反訴請求等がなされたものである。

　論点2で挙げた点を除く、本条に関する主な争点としては、①国の本件土地取得（売買契約）は、98条1項の「国務に関するその他の行為」に当たり、本条に違反して無効であるか、②本条は私法上の行為の効力を否定しうるか、③本件土地売買契約解除の意思表示及び国とXの間の本件土地売買契約の締結が、民法90条の公序良俗違反で無効であるか、であった。

　①の論点について、第1審、控訴審、上告審いずれも同様の理由で否定している。上告審判決を例にとれば、こうである。「『国務に関するその他の行為』とは、同条項に列挙された法律、命令、詔勅と同一の性質を有する国の行為、言い換えれば、公権力を行使して法規範を定立する国の行為を意味し、(中略)国の行為であっても、私人と対等の立場で行う国の行為は、(中略)憲法98条1項にいう『国務に関するその他の行為』に該当しないものと解すべき」と。

　また②について第1審は、「憲法第9条が、これと法域を異にする私法上の行為を直接規律しその効力を決するものでないことは明らか」としており、控訴審は三菱樹脂事件最大判（最大判昭和48・12・12民集27巻11号1536頁〔27000458〕）を参照しつつ、「伝統的な自由権や平等権に関するものは、特段の事情がない限り、私人間の法律関係には直接適用されることなく、ただ、私的自治の制限規定たる民法1条や90条等の一般条項を通じ、それが憲法の人権規定に従って解釈されることによって、間接的に、その適用をみるにすぎないものであり、ここで解釈され、適用されるのは、あくまでも、私法の規定そのものであって、憲法の条規自体ではない、と解するのが相当である」とした。上告審判決も同様であるが、「特段の事情」について、「行政活動上必要となる物品を調達する契約、公共施設に必要な土地の取得又は国有財産の売払いのためにする契約などのように、国が行政の主体としてでなく私人と対等の立場に立って、私人との間で個々的に締結する私法上の契約は、当該契約がその成立の経緯及び内容

において実質的にみて公権力の発動たる行為となんら変わりがないといえるような」と敷えんしている。

　そして③について第1審判決は、自衛隊が憲法に違反すると一見極めて明白であるとはいえないこと、そして前文にいう「平和のうちに生存する権利」は、「その内容が抽象的なものであつて具体的、個別的に定立されたところの裁判規範と認めることはできない」ことから、前示本件各法律行為が公序良俗違反であるとの主張を斥けている。控訴審判決は上述のとおり、憲法実体判断については回避したうえで、自衛隊が反社会的であるとは、「少くとも社会一般の認識として確立されていたものといえない」ため、基地設置のための土地売買契約は公序に反しないとした。上告審判決も控訴審判決と同様の理由により、「私法的な価値秩序のもとにおいて、社会的に許容されない反社会的な行為であるとの認識が、社会の一般的な観念として確立しているか否かが、私法上の行為の効力の有無を判断する基準になるもの」としたうえで、本件売買契約が、「私法上の契約としての効力を否定されるような行為であつたとはいえない」とした。また、上告人らが主張した平和主義ないし平和的生存権にいう平和とは「理念ないし目的としての抽象的概念であるから、憲法9条をはなれてこれとは別に、民法90条にいう『公ノ秩序』の内容の一部を形成することはなく、したがつて私法上の行為の効力の判断基準とはならない」としている。

　なお最高裁の②についての判示について、伊藤正己裁判官補足意見は、「国の行為は、たとえそれが私法上の行為であつても、少なくとも一定の行政目的の達成を直接的に目的とするものであるときには、（中略）私法上の行為であることを理由として憲法上の拘束を免れることができない場合もありうるものと思われる」とする。同裁判官の指摘するように、私法的な行為と解される地方公共団体による地鎮祭等に際しての公金支出が憲法適合性判断の対象であることは、最高裁判例にあっても前提とされている（最大判昭和52・7・13民集31巻4号533頁（津地鎮祭事件）〔27000278〕）。また、政府は防衛装備品調達について、大陸間弾道ミサイルのような、性能上専ら相手国の国土の壊滅的破壊のためにのみ用いられる「攻撃的兵器」については、自衛のための必要最小限度の範囲を超えて許されないとするなど（昭和53・2・14衆議院予算委員会提出政府見解）、

憲法に起因した限界があると解してきた。これらに鑑みれば、むしろ百里基地訴訟最三小判は、自衛隊の憲法適合性判断を回避するために、私法上の行為であったことを強調したという側面があったものと評しうるだろう。

### 論点 4　自衛隊の海外派遣行為は、本条に違反するか

　東西冷戦の終えんに関連した国際政治環境の劇的な変化に伴い、自衛隊をめぐる状況は大きく変わった。「国際社会の平和及び安全の維持に資する活動」が自衛隊の本来任務とされるに至っており（自衛隊法3条2項2号（平成18年法律118号））、今日、本条に関わる裁判例には、本論点をめぐるものが多くなっている。訴訟形式としては主として、差止請求訴訟、違憲確認請求訴訟、そして国家賠償請求訴訟が用いられてきた。裁判所は、本論点についても、実体的な憲法判断に消極的な態度を示している。したがってこれまでのところ、政府解釈が自衛隊の活動範囲の限界を画してきている。

　これまで争われた自衛隊の国際平和活動としては、自衛隊掃海艇のペルシャ湾派遣（大阪地判平成7・10・25訟務月報42巻11号2653頁〔28010176〕）、論点2で挙げた湾岸戦争の際の湾岸平和基金に対する90億ドル支出（大阪地判平成8・3・27判タ927号94頁〔28011360〕）、国連平和維持活動に協力するために日本が行ったカンボジアへの自衛隊派遣（大阪地判平成8・5・20訟務月報44巻2号125頁（関西PKO訴訟）〔28020641〕、東京地判平成9・3・12判時1619号45頁〔28030102〕）、イラク特措法に基づく自衛隊イラク派遣（甲府地判平成17・10・25判タ1194号117頁〔28102277〕、名古屋地判平成19・3・23判時1997号93頁〔28140906〕、名古屋高判平成20・4・17判タ1313号137頁〔28141138〕及びその原審判決である名古屋地判平成18・4・14平成16年(ワ)695号等公刊物未登載〔28111181〕、岡山地判平成21・2・24判時2046号124頁〔28152643〕）などがある。

　なお上で挙げた前掲平成17年甲府地判は、イラク派遣差止めの訴え及び違憲確認の訴えの実質を、「単に国民ないし市民一般の地位に基づき、本件派遣の差止め及びその違憲の確認を求めるものであるというべき」とし、民衆訴訟（行訴法5条）に該当するため、民事訴訟としては不適法とし、かかる訴えに類する訴訟が現行法上認められていないから、行政訴訟としても不適法という判断をなしている（前掲平成20年名古屋高判も同じ）。また自衛隊掃海艇派遣行為

が違憲として提起された抗告訴訟を不適法とした裁判例として、前掲平成 7 年大阪地判がある。

　上に挙げた90億ドル支出差止等請求事件で大阪地裁は、訴えを斥けつつ、本条について次のような憲法実体判断もなしている。自衛隊掃海艇部隊の派遣が「イラクによって遺棄された機雷の除去・処理、すなわち、危険物の除去・処理を目的とするものであって、武力の行使を目的とするものではなく」、湾岸戦争の際の多国籍軍に対する90億ドルの財政支援について、本条の禁ずる「武力による威嚇でもなければ武力の行使にも当たらないと解される」、と。

　同じく訴え自体は斥けつつも憲法適合性判断を示した例として、上に挙げた前掲平成20年名古屋高判は、自衛隊イラク派遣を違憲としている。同判決は、イラクの状況と航空自衛隊の空輸活動の内容を詳細に検討し、バグダッドは「まさに国際的な武力紛争の一環として行われる人を殺傷し又は物を破壊する行為が現に行われている地域というべきであって、イラク特措法にいう『戦闘地域』に該当する」と認定した。そのうえで、「安全確保支援活動」として実施されている空輸活動は、「多国籍軍の戦闘行為にとって必要不可欠な軍事上の後方支援を行っているもの」であり、「少なくとも多国籍軍の武装兵員をバグダッドへ空輸するもの」について、「他国による武力行使と一体化した行動であって、自らも武力の行使を行ったと評価を受けざるを得ない行動」であるとした。つまり、「政府と同じ憲法解釈に立ち、イラク特措法を合憲とした場合であっても」、自衛隊イラク派遣が本条 1 項違反であると判断したのである。この判断方法は自衛隊による国際平和協力活動の合憲性統制手法として、注目されよう。

**論点 5**　**本条は、人権保障の根拠規定となるか**

　本条は、人権保障の根拠規定として主張されることもあるが、判例はいずれも基本的に、消極に解してきている。

1　平和的生存権との関係（前文参照）

　本条との関わりを中心に、平和的生存権に関する裁判例を概観する。具体的な事案において平和的生存権につき、法律上保護された具体的権利性が承認さ

れた事例は、これまで存在しない。しかしながら事案によっては本条違反の国家行為等により具体的権利性が認められる場合があるとの判断が、近時、下級審裁判例において示されたことが注目される。

　まずは具体的権利性が否定された裁判例として、自衛隊掃海艇をペルシャ湾へ派遣する旨の閣議決定及び内閣総理大臣等の指揮命令が、前文及び本条が国民に対して保障する平和的生存権を侵害し、また、本条を中心とする憲法秩序を破壊したために、それが保障する原告らの権利ないし法律上の利益が侵害されたと主張された事例（最二小判平成10・11・20平成10年（行ツ）143号公刊物未登載〔28172646〕、原審判決・大阪高判平成10・2・3平成7年（行コ）69号公刊物未登載〔28172647〕、原原審判決・大阪地判平成7・10・25訟務月報42巻11号2653頁〔28010176〕）や、イラク特措法に基づく自衛隊のイラク派遣につき、前文を根拠とする「平和的生存権」、前文及び13条を根拠とする「平和追求権」、前文及び本条を根拠とする「戦争や武力行使をしない日本に生きる権利」への違反が主張された事例（甲府地判平成17・10・25判タ1194号117頁〔28102277〕）、また前文、本条、13条に根拠を有する平和的生存権違反として自衛隊機の離発着等の差止請求及び損害賠償請求がなされた事例（名古屋高金沢支判平成6・12・26訟務月報42巻1号97頁（小松基地騒音公害訴訟）〔27826961〕）などがある。

　次に具体的権利性の認められる場合があるとした裁判例として、論点4で挙げた名古屋高判平成20・4・17判タ1313号137頁〔28141138〕は、多国籍軍の武装兵士の空輸活動を違憲とするとともに、平和的生存権について次のように述べた。これは「全ての基本的人権の基礎にあってその享有を可能ならしめる基底的権利」であり、憲法が「平和のうちに生存する権利」を明言し（前文）、また戦争放棄・戦力不保持を客観的制度として保障し（本条）、さらに個別的な基本的人権を規定している（第3章）ことから、「憲法上の法的な権利」として、「裁判所に対してその保護・救済を求め法的強制措置の発動を請求し得るという意味における具体的権利性が肯定される場合がある」。そして、かかる場合として、本条違反の国家行為により個人の生命、自由が侵害され又は侵害の危機にさらされるような場合や、本条違反の国家行為に加担を強制されるような場合を挙げている。もっとも当該事案については、本件派遣は控訴人に直接向

けられたものではなく、具体的権利が侵害されたとはいえないのであり、損害賠償を認めるに足る被侵害利益はないとして請求を斥けている。

　また論点4で挙げた岡山地判平成21・2・24判時2046号124頁〔28152643〕も、平和的生存権について、「法規範性、裁判規範性を有する国民の基本的人権として承認すべきであり（中略）すべての基本的人権の基底的権利であり、憲法9条はその制度規定、憲法第3章の各条項はその個別人権規定とみることができ」るとしている。これが具体的に侵害される場合としては、徴兵拒絶権、良心的兵役拒絶権、軍需労働拒絶権等の自由権的基本権が侵害される場合を挙げ、不法行為法における被侵害法益として適格性があるとした。また、平和的生存権に基づく差止請求について「認められるべき場合があり得ないわけではない」としつつ、イラク派遣禁止を求める本件差止請求は、「必然的に、防衛庁長官等の（中略）行政権の行使の取消変更又はその発動を求める請求を包含する」ところ、私人が行政権の行使に対し民事上の給付請求権を有するものではないため、不適法と判断した。また、本件における損害賠償請求について、「本件派遣は、原告らに向けられたものではないし、これによって原告らが直接にイラク戦争への参戦を迫られ、現実にその生命、身体の安全等が侵害される危険にさらされたわけでもない」ため、「原告らの主張する精神的苦痛は、未だ平和的生存権により保護されるべき被侵害法益性を有しないというべき」とした。

## 2　戦後補償救済立法

　第2次世界大戦中に生じた人権問題について、救済措置の立法義務あるいは条理の根拠として本条を、前文、13、14、17条、29条1、3項、98条2項などとともに用い、国賠請求をなす例がみられる。いずれも裁判例は、これら条文は立法措置を講ずるべき義務を一義的に定めていない、あるいはこれらの条文から立法措置を講ずべき条理が発生しないと、判断している。

　裁判所に救済の求められた事例としては、BC級戦犯として刑の執行を受けた朝鮮半島出身者に対する戦後補償（最一小判平成11・12・20訟務月報47巻7号1787頁〔28061997〕、原審判決・東京高判平成10・7・13訟務月報45巻10号1803頁〔28033069〕、原原審判決・東京地判平成8・9・9訟務月報44巻4号462頁〔28021067〕）、昭和15年から

17年にかけて旧日本軍731部隊や1644部隊等が細菌兵器を実戦使用した結果、多数の者が死亡した事件（東京高判平成17・7・19訟務月報53巻1号138頁〔28130859〕）、昭和7年に旧日本軍が中華民国（当時）において住民を無差別虐殺した事件（平頂山事件）（東京高判平成17・5・13訟務月報53巻1号75頁〔28112051〕、原審判決・東京地判平成14・6・28訟務月報49巻11号3015頁〔28090293〕）、第2次世界大戦中に、国の中国人労働者移入方針に基づき、その意思に反して日本に移入させられ、企業の事務所において過酷な労働条件の下で労働に従事させられた件（東京地判平成15・3・11訟務月報50巻2号439頁〔28081449〕）、第2次世界大戦中に、旧日本軍兵士らに強制的に連行・監禁されて継続的に暴行、強姦された中国人女性等に被害者救済立法を講じなかった件（最一小判平成19・4・27訟務月報54巻7号1511頁〔28131153〕）、原審判決・東京高判平成17・3・18訟務月報51巻11号2858頁〔28102028〕、原原審判決・東京地判平成14・3・29判時1804号50頁〔28070778〕。東京高判平成16・12・15訟務月報51巻11号2813頁〔28101863〕、原審判決・東京地判平成13・5・30判タ1138号167頁〔28090353〕。広島高判平成13・3・29訟務月報49巻4号1101頁（関釜元慰安婦訴訟）〔28062612〕。静岡地判平成12・1・27判タ1067号173頁〔28062128〕）などがある。

3 その他

(1) 納税者が国に対し、憲法に適合するところに従って租税を徴収し、使用することを国に要求する権利（「納税者基本権」）が主張され、あるいは本条違反の国家行為への支出のために所得税を強制的に徴収することは思想良心の自由に違反するとして争われた例がある。納税者基本権につき、裁判所は被侵害利益としての法益性を否定してきている（東京高判平成3・9・17判タ771号116頁〔22004601〕、原審判決・東京地判昭和63・6・13判タ681号133頁〔27802616〕。なお上告は棄却されている（最二小判平成5・10・22平成4年（行ツ）17号公刊物未登載〔22007784〕）。大阪地判平成8・3・27判タ927号94頁〔28011360〕）。そして思想良心の自由については、国税徴収法による所得税の徴収は国民の政治的信条に中立的に行われていることから、その侵害とならないことが示されている（東京地判平成15・12・2税務訴訟資料253号9480順号〔28130751〕）。

(2) 本条は、内閣総理大臣等の靖国神社参拝に対する損害賠償等請求訴訟でも、人権保障の根拠規定として主張されてきたが、これらについても裁判所の

斥けるところである（20条3項参照）。前文、本条から導かれる平和的生存権や、前文第2段、本条、13条及び19条に求められる「平和への思いを巡らす権利、自由」が主張された事例として、千葉地判平成16・11・25訟務月報52巻9号2801頁〔28100204〕、東京地判平成17・4・26訟務月報52巻9号2895頁〔28112019〕がある。また参拝が「原告らに戦争被害を再体験、想起させ、原告らの平和を希求する思いを蹂躙するものであって」、前文及び本条によって保障された平和的生存権を侵害したと主張された福岡地判平成16・4・7訟務月報51巻2号412頁〔28092058〕がある（なお本判決は、平和的生存権については具体的な権利性を否定しつつも、公式参拝が20条3項に違反することを述べた）。

(3) 死刑制度の違憲性についても、他の憲法条項（13、14、36条）とともに本条が根拠として用いられる例がみられるが、これについても裁判所は消極に解してきた。判例として、最大判昭和26・4・18刑集5巻5号923頁〔27760280〕、最二小判昭和33・6・27刑集12巻10号2332頁〔27760623〕、最三小判平成2・4・17裁判集刑254号357頁〔27809456〕がある。

(4) また破壊活動防止法39、40条の扇動を処罰する規定は、本条、19条、21条1項、31条に違反しないとした判例（最二小判平成2・9・28刑集44巻6号463頁（渋谷暴動事件）〔27809319〕）や、任用期間を2年と定める自衛隊法36条1項の規定は、本条、14、27条に違反しないとした下級審裁判例がある（東京地判平成元・1・26行集40巻1=2号36頁〔27804289〕）。

【参考文献】

樋口陽一=佐藤幸治=中村睦男=浦部法穂『注解法律学全集1・憲法1』青林書院（1994年）〔樋口陽一〕137-176頁

（青井未帆）

# 第3章　国民の権利及び義務

## ◆基本的人権一般

【概要】

　憲法第3章は、「国民の権利及び義務」という表題の下に、10条から40条の規定において基本的人権の保障に関する定めをしている。ただし、国民たる要件を法律で定めるように命じた規定（10条）や、3つの義務、すなわち、教育を受けさせる義務（26条）、勤労の義務（27条）、及び納税の義務（30条）は、基本的人権（以下、単に「人権」ということもある）の定めそのものとはいえないが、人権の実現や民主制国家の維持に密接なものとして、ここにうたわれている。

　第3章全体は、基本的人権の保障のための総則としての内容を持つ11、12条、及び13条の下に、近代国家の人権宣言に由来する人権の原則や権利・自由をはじめ、現代国家になって登場した社会権をも取り込んで、比較的簡潔な文言による規定を配列する内容となっている。人権の類型として、包括的人権（13、14、24条、さらに31条を含める見解がある）、精神的自由（19、20、21、23条）、経済的自由（22、29条）、人身の自由（18、31、33～39条）、社会権（25～28条）、国務請求権（15、16、17、32、40条）とするのが代表例であるが、他にも類型化の例がみられる。これらの規定の中には、明治憲法時代の体験に基づく反省や戒めの意味を込めて、簡潔な規定にとどまらない定めをしている条文もある（20、31～40条など）。また、今日では、プライバシーの権利、環境権、知る権利ないし情報公開請求権、個人情報の権利など、伝統的な権利・自由の概念ではとらえきれない人権の登場がある。

　このように、人権保障規定は、時の経過とともに生じる新たな人権問題に対処せねばならないが、それにとどまらず伝統的な権利・自由の保護においても、人権規定の解釈上の工夫や具体的実現に向けた法令の制定が求められている。その様相を視野に入れることにより、基本的人権の保障の実態を把握することができ、その実態を反映している判例の動向を観察することは、重要な意義を持っている。

　なお、この項では、人権保障全体に関わる論点や、各条文の下では扱いきれない論点を取り上げ、それに関わる判例の状況を示すことにし、各条での解説と重複する論点については、各条の方の参照に委ねている。

〔細目次〕
I　基本的人権保障の意義
II　基本的人権の制限
III　基本的人権保障の範囲と限界
IV　私人間の法関係と基本的人権の保障

# I　基本的人権保障の意義

●●●●●● 論　点 ●●●●●●

1　人権侵害に対する11条違反の主張は、いかなる意義があるか
2　外国人は、人権の享有主体か。また、人権の享有主体であるとして、外国人に日本国民と同様の人権保障が及ぶのか
3　法人は、人権の享有主体か。また、人権の享有主体であるとしても、法人に自然人と同様の人権保障が及ぶといえるか
4　天皇は、人権保障の享有主体か

【関連法令】
警察法、司法書士法、出入国管理令、出入国管理及び難民認定法、税理士法、利息制限法

## 論点 ❶　人権侵害に対する11条違反の主張は、いかなる意義があるか

　11条は、その条文の概要で示すように、人権保障の原則を内容とする総則的規定であって、具体的な権利・自由を定めたものではないと理解されている。それゆえ、多くの訴訟例では、他の人権規定と併せて11条違反の主張がなされているが、裁判所は、これに対して同条に焦点を当てた積極的な対応をしていない。例えば、シベリア抑留者は、長期にわたる抑留と強制労働により受けた損害につき、11、13、14、17、18条、29条3項及び40条に基づく補償請求を国に対してした訴訟があるが、これに対して、最高裁判所は、11条に関する個別の判断をすることなく、請求を斥けている（最一小判平成9・3・13民集51巻3号1233頁〔28020796〕）。ただし、初期の頃の判例に、加重的逃走罪を定めた刑法98、

102条は囚人が拘束からの離脱を求める天賦の人権を侵害するものであって11条に違反すると主張した事件に対して、それを排斥した判決（最大判昭和26・7・11刑集5巻8号1419頁〔27760293〕）がある。しかし、それは、憲法は理由があれば被疑者が拘禁され抑留されうることを認め、かつ犯罪による処罰の場合には犯人に肉体的拘束が加えられることを是認しており（31、34条）、所論未決若しくは既決の囚人が拘禁の苦痛を免れようとする衝動から逃走するのは、憲法が保障する自由を回復する行為ではない、と判示しているように、11条の意義を検討するまでもなく、違憲の主張が不適切であることを説いているものとみることができる。

下級審判例においても、11、13条、22条1項、25、26条、27条1項、29条3項は、帰国した中国残留邦人ら主張の自立支援策を講ずべきことを請求できる権利を国民に認めた規定とは解されず、国に自立支援策を講ずべきことを定めた規定とも解されないから、国会議員による国賠法上の違法があるとはいえないと判示した例（東京高判平成19・6・21訟務月報53巻11号2995頁〔28140605〕）や、猟銃による行きずりの殺人事件につき、国及び公共団体は、国民各個人に対しすべての犯罪行為からその生命、身体等の基本的人権を擁護すべき義務を無条件に負うものではないから、遺族は11、13条及び警察法2条1項を根拠として損害賠償を請求することはできないと判示した例（大阪地判昭和55・3・24訟務月報26巻8号1301頁〔27662325〕）がある。特に、後者では、「日本国憲法11条、13条は、基本的人権の保障に関する基本的原則を（中略）定めたものであつて、（中略）国民の国又は公共団体に対する具体的請求権を定立したものでない」と説いている。

このように、11条違反の主張が直接人権保護に関する具体的判断を導くことはないといえる。

**論点 2** 外国人は、人権の享有主体か。また、人権の享有主体であるとして、外国人に日本国民と同様の人権保障が及ぶのか

人権保障の享有主体が日本人であることは、11条や12条をはじめとする人権保障規定の各所で、「国民」を対象とした定めとなっていることから明らかで

ある。しかし、それゆえに外国人には日本国憲法の人権保障が及ばないと直ちにいうことはできず、判例において、この論点に対する答えは単純ではない。

マクリーン事件に対する最高裁判決（最大判昭和53・10・4民集32巻7号1223頁〔27000227〕）は、この論点についての先例として注目しなければならない。この事件は、法務大臣による在留期間更新不許可処分を外国人が争ったものであるが、最高裁判所は、まず、22条1項は、日本国内における居住・移転の自由を保障する旨を規定するにとどまり、外国人が我が国に入国することについては何ら規定しておらず、このことは、国際慣習法上、国家は外国人を受け入れる義務を負うものではなく、特別の条約がない限り、外国人を自国内に受け入れるかどうか、また、これを受け入れる場合にいかなる条件を付するかを、当該国家が自由に決定することができるものとされている、と説いて、憲法上、外国人は、我が国に入国する自由を保障されているものでないことはもちろん、在留の権利ないし引き続き在留することを要求しうる権利を保障されているものでもない、と判示した。さらに、「憲法第3章の諸規定による基本的人権の保障は、権利の性質上日本国民のみをその対象としていると解されるものを除き、わが国に在留する外国人に対しても等しく及ぶものと解すべきであり、政治活動の自由についても、わが国の政治的意思決定又はその実施に影響を及ぼす活動等外国人の地位にかんがみこれを認めることが相当でないと解されるものを除き、その保障が及ぶものと解するのが、相当である」と、外国人の人権享有主体性については、いわゆる性質説によることを示した。しかし、前述のように、外国人の在留する権利ないし引き続き在留することを要求しうる権利が保障されているものではなく、法務大臣の裁量により更新を適当と認めるに足りる相当の理由があると判断する場合に限り在留期間の更新を受けることができる地位を与えられているにすぎないものであるから、外国人に対する憲法の基本的人権の保障は、上記のような外国人在留制度の枠内で与えられているにすぎないものと解するのが相当である、と判示した。なお、この最高裁判決は、上記の法務大臣による在留期間更新不許可処分を、国際協調主義及び基本的人権保障の理念に反するもので、裁量権の範囲を逸脱する違法な処分であると判決した第1審の判断（東京地判昭48・3・27民集32巻7号1276頁〔27200448〕）を

覆したものである。

この先例のもとに、外国人の入国ビザの不交付を正当とした下級審判決として東京地判平成10・12・25判タ1006号146頁〔28042195〕などがある（22条Ⅰ論点2参照）。また、この先例によれば、国が日本国内において外国人に対して特定のスポーツをすることを禁止したとすれば、その措置が憲法に違反することはいうまでもないが、国民体育大会や県民大会を開催する場合、その参加資格を日本国民に限っても11、13、14条に違反しないとした判決（福岡地判平成5・8・31判タ854号195頁〔27825557〕）がある。

\コメント

　在留する外国人の人権がいかに保護されるかは、このマクリーン判決に基づき、各人権の性質と個別の事情により判断されることになっており、その様相は、各人権の判例動向解説への参照に委ねる。外国人の平等処遇について14条Ⅱ論点1、外国人の選挙権等について15条Ⅰ論点10～13、外国人の生存権について25条論点7。

論点 ❸　法人は、人権の享有主体か。また、人権の享有主体であるとしても、法人に自然人と同様の人権保障が及ぶといえるか

　本論点の先例は、八幡製鉄所政治献金事件に対する最高裁判決（最大判昭和45・6・24民集24巻6号625頁〔27000715〕）である。これは、八幡製鉄株式会社が政党に政治献金したことにつき、同社の株主が同社の取締役の損害賠償責任を追及した訴訟に対するものであるが、最高裁判所は、憲法の下での議会制民主主義における政党の役割の重要性を説いたうえで、会社の人権享有主体性について、次のように判示した。

　「憲法上の選挙権その他のいわゆる参政権が自然人たる国民にのみ認められたものであることは、所論のとおりである。しかし、会社が、納税の義務を有し自然人たる国民とひとしく国税等の負担に任ずるものである以上、納税者たる立場において、国や地方公共団体の施策に対し、意見の表明その他の行動に出たとしても、これを禁圧すべき理由はない。のみならず、憲法第3章に定める国民の権利および義務の各条項は、性質上可能なかぎり、内国の法人にも適

用されるものと解すべきであるから、会社は、自然人たる国民と同様、国や政党の特定の政策を支持、推進しまたは反対するなどの政治的行為をなす自由を有するのである。政治資金の寄附もまさにその自由の一環であり、会社によってそれがなされた場合、政治の動向に影響を与えることがあつたとしても、これを自然人たる国民による寄附と別異に扱うべき憲法上の要請があるものではない。論旨は、会社が政党に寄附をすることは国民の参政権の侵犯であるとするのであるが、政党への寄附は、事の性質上、国民個々の選挙権その他の参政権の行使そのものに直接影響を及ぼすものではないばかりでなく、政党の資金の一部が選挙人の買収にあてられることがあるにしても、それはたまたま生ずる病理的現象に過ぎず、しかも、かかる非違行為を抑制するための制度は厳として存在するのであつて、いずれにしても政治資金の寄附が、選挙権の自由なる行使を直接に侵害するものとはなしがたい。会社が政治資金寄附の自由を有することは既に説示したとおりであり、それが国民の政治意思の形成に作用することがあつても、あながち異とするには足りないのである。所論は大企業による巨額の寄附は金権政治の弊を産むべく、また、もし有力株主が外国人であるときは外国による政治干渉となる危険もあり、さらに豊富潤沢な政治資金は政治の腐敗を醸成するというのであるが、その指摘するような弊害に対処する方途は、さしあたり、立法政策にまつべきことであつて、憲法上は、公共の福祉に反しないかぎり、会社といえども政治資金の寄附の自由を有するといわざるを得ず、これをもつて国民の参政権を侵害するとなす論旨は採用のかぎりでない」。

　この判示は、法人の人権享有主体性を基本的に認めつつ、自然人のそれと同様の保障を受けるか否かは人権の性質によって決定されるとする。その後、会社の政治献金について社会的に問題とされ、株主代表訴訟が提起されている。その1つで、裁判所は、次のように判決している（名古屋高金沢支判平成18・1・11判時1937号143頁〔28110282〕）。会社による政治資金の寄附は、第1に、立法により相当程度の規制がなされており、憲法が国民に保障する選挙権等の参政権を実質的に侵害するような違憲な状態にあるとはいえず、また、会社からの脱退の自由を制度的に担保されている株主の思想・信条の自由を侵害するともいえ

ないから、公序良俗に違反するとはいえず、第2に、客観的、抽象的に観察して、会社の社会的役割を果たすためにされたものと認められる限りにおいては、会社の定款所定の目的の範囲内の行為というべきである。これと同様の判例として、大阪地判平成13・7・18金融商事1145号36頁〔28061974〕、大阪高判平成14・4・11判夕1120号115頁〔28081673〕がある。

　同じく法人であっても、会社とは異なり、法律によりその設立目的が定められ、強制加入団体としての組織である場合には、上記の会社とは異なる判断を受けることになる。その1つが、南九州税理士会事件の判例にみられる。それは、同税理士会が税理士法改正運動に要する特別資金の調達を特別会費として徴収したところ、それを納入しなかった会員が特別会費納入義務の不存在確認と、受けた処遇についての慰謝料の支払等を求めた訴訟に対する判決であるが、最高裁判所は、政党など規正法上の政治団体に対して金員の寄附をするかどうかは、選挙における投票の自由と表裏をなすものとして、会員各人が市民としての個人的な思想、見解、判断等に基づいて自主的に決定すべき事柄である、と説き、南九州税理士会が政党などに金員の寄附をすることは、税理士法所定の税理士会の目的の範囲外の行為であると結論した。他方、群馬司法書士会事件においては、同司法書士会が阪神・淡路大震災復興支援のための拠出金を定め寄附することとし、そのための負担金徴収を会員に求めたところ、会員がその支払義務のないことや同会の決議に基づく債務の不存在の確認を求めた訴えに対して、最高裁判所は、当該決議が同司法書士会の権利能力の範囲内にあるとして、請求を斥けた（最一小判平成14・4・25裁判所時報1314号1頁〔28070836〕）。

　このように、法人といっても、会社の場合と、法律に基づく強制加入団体とは同列に扱うことができない。また、宗教法人については、20条との関係が考慮の対象となる（20条Ⅰ論点14〜19参照）。

## 論点 ④　天皇は、人権保障の享有主体か

　判例において、天皇が人権の享有主体といえるか否かについて正面から論じられた例はなく、次にみる判例における傍論として言及されたところに照らすと、通常の日本国民（天皇も日本国民だとする見解によれば、天皇以外の日本国民と

いう意味）と同等の人権享有主体とはいえないということができる。

　最高裁判例としては、天皇への不当利得返還請求事件に対する判決（最二小判平成元・11・20民集43巻10号1160頁〔27805172〕）において、「天皇は日本国の象徴であり日本国民統合の象徴であることにかんがみ、天皇には民事裁判権が及ばないものと解するのが相当である」と判示して請求を斥けたのが唯一の例である。これによれば、天皇が名誉棄損の損害賠償訴訟を提起したり、精神的自由の侵害を理由に訴訟を起こしたりすることは想定されないことになる。したがって、いわゆる天皇コラージュ事件で、天皇の象徴としての地位や天皇の職務からすると、天皇についてはプライバシーの権利や肖像権の保障は制約を受けることになると傍論で説いた判決（富山地判平成10・12・16判タ995号76頁〔28040878〕）は、最高裁判所の見解に沿うものである。なお、日本国憲法の公布前の昭和21年5月19日の飯米獲得人民大会（食糧メーデー）におけるプラカードの文言について、不敬罪として起訴された事件について、天皇一身に対する誹毀侮辱であるとして、第1審は、刑法230条1項の名誉毀損罪に当たり有罪だとしたが（東京刑事地判昭和21・11・2刑集2巻6号603頁〔24000167〕）、控訴審は、不敬罪について昭和23年11月3日に大赦があったとして、免訴とし（東京高判昭和22・6・28刑集2巻6号607頁〔24000168〕）、最高裁判所もその結論を支持したので（最大判昭和23・5・26刑集2巻6号529頁〔24000166〕）、本論点に示唆するところはない。

## II 基本的人権の制限

●●●●●● 論　点 ●●●●●●
1　人権の制限根拠としての公共の福祉とは何を意味するか
2　公法上の特別な関係における人権制限はいかに正当化できるか
3　私法上の特別な関係における人権制限はいかに正当化できるか

【関連法令】
「あん摩師、はり師、きゆう師及び柔道整復師法」、「あん摩マツサージ指圧師、はり師、きゆう師等に関する法律」、大阪市屋外広告物条例、屋外広告物法、監獄法、刑事収容施設及び被収容者等の処遇に関する法律、刑法175条、柔道整復師法、成田国際空港の安全確保に関する緊急措置法、風営法

### 論点 ❶　人権の制限根拠としての公共の福祉とは何を意味するか

　憲法は、人権の制限根拠として、総則的規定の12条や13条のほかに22条や29条において公共の福祉を挙げている。そこで、この公共の福祉とは何を意味しているかが問われる。また、公共の福祉を明示していない規定との関係でも、すなわち精神的自由（19〜21条）や社会権（25〜28条）の保障においても、同様の制限根拠となるのか、ということが問題とされる。

　最高裁判所は、D.H.ローレンスの「チャタレー夫人の恋人」の翻訳本が刑法175条のわいせつ文書に当たるか否かについて争われた事件の判決（最大判昭和32・3・13刑集11巻3号997頁〔27760577〕）で、「憲法の保障する各種の基本的人権についてそれぞれに関する各条文に制限の可能性を示していると否とにかかわりなく、憲法12条、13条の規定からしてその濫用が禁止せられ、公共の福祉の制限の下に立つものであり、絶対無制限のものでない」と判示しており、判例上、公共の福祉は、およそすべての人権の制限根拠であることが明確に説かれている。このチャタレー事件で、最高裁判所は、上述の判示に続けて、21条の表現の自由も絶対無制限でなく、公共の福祉による制限を受けるところ、刑法175条の規制が公共の福祉に該当し、違憲とはいえない、との判断を下してい

る。これによると、公共の福祉とは、刑法175条に取り込まれている保護利益のこととなる。その後も、例えば、成田新法訴訟の判決において、最高裁判所は、「憲法21条1項の保障する集会の自由は、民主主義社会における重要な基本的人権の一つとして特に尊重されなければならないものである。(中略) しかしながら、集会の自由といえどもあらゆる場合に無制限に保障されなければならないものではなく、公共の福祉による必要かつ合理的な制限を受けることがあるのはいうまでもない」と説いて (最大判平成4・7・1民集46巻5号437頁〔25000011〕)、成田国際空港の安全確保に関する緊急措置法の規定を適用して集会などの規制を合憲と判断している。そこで、その事件との関係では、公共の福祉とは、成田国際空港の安全確保に関する緊急措置法が対象としている保護利益のことであるとみることができる。

　このように、判例上、公共の福祉による制限が明示されている経済的自由に対する制限の場合 (22条や29条参照) だけでなく、その明示のない精神的自由等に対する制限についても、公共の福祉が制限根拠とされていることについては疑問の余地はない。そこで、12条や13条の公共の福祉は、人権制限の根拠としての総則的意味が込められていると受け取ることができる。もっとも、13条の保障するいわゆる幸福追求権は、包括的人権として、他の憲法が明示的に示す個別の人権制限とは異なる存在であるとみると、その制限根拠の公共の福祉の意味もそれなりの内容を読み取れるかもしれない (この点については、13条Ⅲ論点1～3参照)。

　また、上記の若干の最高裁判例から、人権制限根拠としての公共の福祉とは、個別具体の制限立法に盛り込まれている保護利益のことであるということができる。例えば、屋外広告物法に基づき制定された大阪市屋外広告物条例に違反したビラ貼り行為につき起訴された事件において、最高裁判所は、同条例による規制が「大阪市における美観風致を維持し、および公衆に対する危害を防止するために、屋外広告物の表示の場所および方法ならびに屋外広告物を掲出する物件の設置および維持について必要な規制をしている」と説いて、都市の美観風致の維持と公衆に対する危害防止が公共の福祉の保持に当たると判示している (最大判昭和43・12・18刑集22巻13号1549頁〔27670489〕)。また、灸の適応症・

効能記載のビラを配布したため、あん摩師、はり師、きゅう師及び柔道整復師法7条に違反するとして起訴された事件において、最高裁判所は、同法が「あん摩、はり、きゅう等の業務又は施術所に関し（中略）制限を設け、いわゆる適応症の広告をも許さないゆえんのものは、もしこれを無制限に許容するときは、患者を吸引しようとするためややもすれば虚偽誇大に流れ、一般大衆を惑わす虞があり、その結果適時適切な医療を受ける機会を失わせるような結果を招来することをおそれたためであつて、このような弊害を未然に防止するため一定事項以外の広告を禁止することは、国民の保健衛生上の見地から、公共の福祉を維持するためやむをえない措置として是認されなければならない」と判示したが（最大判昭和36・2・15刑集15巻2号347頁〔27681102〕）、ここでも規制法律における保護法益が公共の福祉に当たるとしている。

　このように、本論点の答えは、各人権制限立法に認められる保護法益を解明することによって得られることとなる。そして、そのような保護法益を保持するための人権制限が違憲であるか否かの判断は、上述の最高裁の判示でも指摘しているように、当該法律による人権の制限が必要か、また、合理的かについて問うことである。この司法審査が説得力あるものとなるように司法審査基準の構築が求められている。

　なお、学説では、公共の福祉の内容を追究して、人権の内在的制約と外在的制約とに区分し、それぞれに応じた司法審査のあり方を論ずるなど、多様な議論が展開されてきた。最高裁判例においては、全逓東京中郵事件判決において、労働基本権は、「何らの制約も許されない絶対的なものではないのであつて、国民生活全体の利益の保障という見地からの制約を当然の内在的制約として内包」するとし、労働基本権が公共の福祉による制約を受けることを説いている（最大判昭和41・10・26刑集20巻8号901頁〔27670400〕）。下級審判例にも次の例がある。すなわち、愛知県の自治体である町が風営法の規制の対象外となっているラブホテルの対策のために条例を制定し、それに基づきホテルの建築中止命令を町長が発したところ、同命令の無効確認ないし取消しを求める訴訟が提起された。これに対して、名古屋地裁は、次のように条例の規制を論じて、中止命令が違法でないとして請求を斥けている（名古屋地判平成17・5・26判タ1275号144頁

〔28101446〕)。すなわち、職業選択の自由が公共の福祉による制約を受け得ることは、22条が規定するとおりであるところ、「憲法12条、13条の『公共の福祉』が、権利自体の内在的制約ないし人権相互間の調整原理として理解されるのに対し、憲法22条、29条のそれは、社会国家的見地から、その理念を実現するための政策的制約をも内容とすると考えられる。そうすると、本件で問題となっているホテル経営についても、公共の福祉の実現という観点から一定の制約を受けると解することは、憲法22条に何ら反するものとはいえない上、その制約の程度についても、必ずしも内在的制約ないし人権相互間の調整の範囲にとどまることが求められているわけではなく、社会国家的見地からする積極的、政策的なものであっても、その規制の程度が、その目的を達成するために合理的な関連性を有する範囲内である限り、許容されると解することができる」と。同様な判示はほかにもみられるが、ここでは以上の若干の例にとどめる（22条Ⅱ論点1や29条Ⅰ論点2参照）。

以上から、判例おいては、公共の福祉の意味について、何か定義付けに当たるような判示がなされているわけでないといってよい。何が公共の福祉であるかといことは、個別具体の事例ごとに、人権を制限している法律の内容を読み取らなければならないのでああある。

\コメント
ちなみに、『判例体系・憲法』（第一法規、現在は「D1-Law.com 判例体系」）では、人権規定のそれぞれにおいて、「公共の福祉による制限」という項目を設け、そこに人権の制限に係る判例を配列している。このことは、公共の福祉の意味内容の多様さを物語っている。

**論点 2** 公法上の特別な関係における人権制限はいかに正当化できるか

本論点の対象となる代表例は、公務員に対する人権制限の場合である。これについては、15条Ⅱ論点1～9、21条Ⅲ論点19、20、28条論点11を参照。
また、在監関係もその代表例である。ただし、在監関係といっても、例えば、

基本的人権一般　59

在監者の信書の発受に関する制限を定めた監獄法50条及び同法施行規則130条の規定が21、34条、37条3項に違反しないことは、先例の趣旨に徴して明らかであるとして、勾留されている被告人と弁護人との間の信書の授受を前記規定に基づいて拘置所長が検閲したことに違法はないとされた事例（最二小判平成15・9・5判タ1146号218頁〔28082412〕）にみるように、様々な人権の制限について争われるのが通例であり、制限の正当化は、その事例で問われている個別の人権ごとに検討せねばならない。そのことは、この判決が引用している3つの大法廷判決に照らしても明らかである。すなわち、それは、公選法違反で刑務所に収容された未決拘禁者に対してなされた禁煙処分を13条違反として争った事件に対する判決（最大判昭和45・9・16民集24巻10号1410頁〔27000690〕）、凶器準備集合罪、公務執行妨害罪等で起訴され、拘置所に収容されていた被告人らに、墨塗りされた新聞を配布したため、知る権利の侵害を理由に提起されたいわゆるよど号ハイジャック記事墨塗り事件に対する判決（最大判昭和58・6・22民集37巻5号793頁〔27000042〕）及び、恐喝未遂の嫌疑で逮捕、勾留された被疑者の弁護人が受けた接見交通権の妨害を争った事件に対する判決（最大判平成11・3・24民集53巻3号514頁〔28040615〕）においては、問題とされている人権の制限について、公権力の権限行使に係る裁量を裁判所が尊重するという共通の傾向がみられるとはいえ、人権制限の正当化理由は、それぞれの事例における個別的性格をみなければならない。

▎コメント

　公法・私法の二分論については、学説上論議があるが、行訴法4条が「公法上の法律関係」を当事者訴訟の要件としているように、実際の法秩序においてはその区別の存在意義があるといえる。また、特別な関係というとらえ方は、憲法制定後の初期の頃から存在し展開された学説上の特別権力関係論に由来している。ただし、その特別権力関係論は、盛んな議論が交わされたものの、最高裁判例には取り入れられず、学説においても、公法上の特別な関係という表現を用いるように変化しており、本論点は、そのことに基づいている。しかし、これに関する判例の動向の実情においては、何か1つのルールの下に人権制限の様相が語られるわけでなく、関連する各条文における論議をみた方がよいといえるので、上記のように、それぞれの該当箇所への参照に

委ねることとした。

## 論点 3　私法上の特別な関係における人権制限はいかに正当化できるか

この論点もかつては、論点2との対比で議論の対象となっていたが、今日では、私人間の人権保障の問題として論じられている。そこで、後述のⅣを参照。

## Ⅲ 基本的人権保障の範囲と限界

••••••  論　　点  ••••••

1　人権保障と権利・自由の濫用との関係は何か
2　抵抗権は認められるか

【関連法令】
貸金業等の取締に関する法律、利息制限法、臨時金利調整法

### 論点 ❶　人権保障と権利・自由の濫用との関係は何か

　12条は、権利行使の濫用を戒める規定をしているが、これを根拠とした訴訟が多くはないが存在している。

　初期の例として、弁済期後に利息制限法所定の制限利率を超える遅延損害金を支払うべき特約をすることは、利息制限法、貸金業等の取締に関する法律、臨時金利調整法等の所定の制限を免れる目的をもってなされた脱法行為であり、他面12条に違反する権利濫用行為であって、公序良俗に反するものであるから無効であると主張した訴訟において、裁判所は、その特約の内容とひっ迫した戦後の金融界その他経済界一般の実情とに照らし、「本件のように弁済期後の遅延損害金を月1割2分と定めたことは、必ずしも『損害ノ補償ニ不当ナリト思料ス』べきほど高額に失するものということはできず、これによつて直ちに脱法行為であり、権利の濫用であり、公序良俗に反するものとはいうことができ」ないと判示した判決がある（東京高判昭和28・5・13下級民集4巻5号695頁〔27400403〕）。また、豊岡市大開通においてタンスその他家具類の販売業を営む者であるが、原判示の期間中、録音機に拡声機を取り付け、連日長時間連続して屋外に向け、自家の商業宣伝をはじめ雑多の内容を、異常に大きな高音で放送して、静穏を害し近隣に迷惑をかけた行為について起訴された事件において、裁判所は、「表現の自由は憲法の保障するところであつて、国民は商業宣伝の自由を有するけれども、これを濫用してはならないのであつて、常に公共

の福祉のためにこれを利用する責任を負うておる」と説いて、被告人の主張を斥けた例がある（大阪高判昭和28・6・8高裁刑特報28号37頁〔27680430〕）。

他に、著作権仲介人と使用許諾需要者との間の著作物利用契約を書面行為に限定している著作物使用料規程が12、22条に違反し、営業権を侵害すると主張した事件に対して、裁判所は、当該規定の趣旨が権利行使の適正を期し権利濫用を防止することにあるから12、22条に違反しないとした例がある（神戸地判昭和45・7・18判夕253号153頁〔27441308〕）。

## 論点 ❷　抵抗権は認められるか

抵抗権という人権は、憲法上明示されていないが、学説上は、外国の憲法の中にその規定があることや、12、97条、あるいは、98条を根拠にそれを導くことができるとする立場があり、このことを背景にして訴訟で主張される例がある。ただし、抵抗権の行使を容認した判決はない。以下は、いずれも下級審の裁判例である。

札幌市公安条例違反で起訴された被告人が、自己の行為は抵抗権の行使であり超法規的違法阻却事由に当たると主張したことに対し、裁判所は、抵抗権が成立するのは、民主主義の基本秩序に対する重大な侵害が行われ、憲法の存在自体が否認されようとする場合であり、かつ不法であることが客観的に明白な場合であることを要すると説いて、それに該当しない当該行為についての主張を斥けている（札幌地判昭37・1・18下級刑集4巻1=2号69頁〔27670254〕）。愛知県公安条例違反事件での抵抗権行使の主張についても、同様に排斥されている（名古屋高判昭47・12・5刑裁月報4巻12号1920頁〔27661635〕）。また、警察官職務執行法改正法案に対する統一的な反対運動の一環としてなされた集団行為が住居侵入罪等に問われた事件において、なされた行為は憲法の保障する抵抗権の法理に基づく抵抗運動として正当である旨の主張がなされたが、実質的に違法性が阻却される抵抗権の行使に該当しないとして認められなかった事例もある（福島地判昭和36・11・4下級刑集3巻11=12号105頁〔27670244〕）。さらに、教育委員会の実施する学力調査に反対してなした行為について、99条の「憲法を擁護する義務」に基づく抵抗権の行使だとの主張が否認された例がある（福岡地小倉支判昭

和39・3・16下級刑集6巻3=4号241頁〔27670314〕)。その他、名古屋高金沢支判昭和35・2・23下級刑集2巻2号144頁〔27670197〕、奈良地判昭和36・3・13下級刑集3巻3=4号245頁〔27681107〕、東京地判昭和36・3・27裁判所時報326号4頁〔27660762〕、大阪地判昭和37・5・31行集13巻5号954頁〔27602545〕を参照。

特異な例として、参議院の本会議中、傍聴席から演壇に向かって靴を投げ、大声で叫ぶなどして議場を一時混乱状態に陥れた行為は、抵抗権の行使に当たるとは認められないとした判決（東京高判平成5・2・1判時1476号163頁〔27828176〕、その1審の東京地判平成4・5・21判夕833号265頁〔27828171〕) がある。

さらに、新東京国際空港建設及び開港に反対する行為について、抵抗権の行使だとしてその正当性を主張したいくつかの刑事事件があるが、いずれもその主張は否認されている（東京地判昭和55・5・15刑事裁判資料246号6頁〔27761127〕、千葉地判平成元・10・24刑事裁判資料263号237頁〔28019576〕、千葉地判平成2・3・22刑事裁判資料263号473頁〔28019577〕)。

## IV 私人間の法関係と基本的人権の保障

•••••• 論　点 ••••••
1　国が当事者でない私人間の法関係において、人権保障は及ぶか
2　国の行為が私法上の行為であると認められるときの人権保障は、国が当事者でないときの人権保障と同じか

【関連法令】
民法90条、労基法

### 論点 1　国が当事者でない私人間の法関係において、人権保障は及ぶか

　人権保障は、人（自然人も法人も）に対する憲法上の権利・自由への公権力による侵害を対象としているが、実際の訴訟においては、私人間の法的紛争においても、人権侵害だと主張される例が少なくない。そこで、ここでは、私人間への人権保障規定の適用に係る学説上の議論とは別に、その実際の訴訟及びそれに対する裁判例を挙げることとする。なお、国が公権力行使の主体としてではない立場で法的紛争の当事者となっているときも、私人間の法的関係として裁判上は扱われるが、この場合を論点2で別に扱うこととする。
　まず、最高裁判例の先例として、三菱樹脂事件に対する大法廷判決（最大判昭和48・12・12民集27巻11号1536頁〔27000458〕）がある。そこでは、14条や19条の規定は、直接私人相互間の関係に適用されるものではないから、企業者が特定の思想・信条を有する労働者をその故をもって雇い入れることを拒んでも、それを当然に違法とすることはできず、労働者を雇い入れようとする企業者が、その採否決定に当たり、労働者の思想・信条を調査し、そのためその者からこれに関連する事項についての申告を求めることは、当然に違法とはいえないと判示された。ただし、この判決では、「当然に違法とすることはできず」との留保を付し、これを受けて、その事件における留保解約権の行使について、それは、当該事件に係る留保解約権の趣旨、目的に照らして、客観的に合理的な

理由が存し社会通念上相当として是認されうる場合にのみ許されうるものと解するのが相当であるとして、そうした事情の審査のため事件が差し戻されている。このように、企業が試用期間中に行った雇用の拒否については、雇入れ後におけるような労基法の適用がなく、合理的な理由が存在するか、さらに社会通念上相当として是認されるか否かの判断が加えられることになる。その判断に人権保障の趣旨がどのように取り入れられるのかにつき関心が及ぶが、三菱樹脂事件は、差戻し審の過程で和解となったので、決着がつけられないままとなっている。

　最高裁判所は、その後、この三菱樹脂事件判決を先例として、私人間の紛争を処理している。例えば、私立高校でバイクに関する「三ない原則」（免許をとらない、乗らない、買わない）の校則に反した生徒が自主退学させられたため、学校を相手に起こした損害賠償請求訴訟に対して、最高裁判所は、三菱樹脂事件判決を引用し、「本件自主退学勧告について、それが直接憲法の右（引用者注：13、29、31条の）基本権保障規定に違反するかどうかを論ずる余地はない」と判示している（最三小判平成3・9・3判タ770号157頁〔27814314〕）。なお、校則によるバイク規制については、上記の下級審判決（千葉地判昭和62・10・30判時1266号81頁〔27801472〕、東京高判平成元・3・1公刊物未登載）のほか請求を斥ける同様の判決（高知地判昭和63・6・6行集39巻5=6号469頁〔27801985〕、高松高判平成2・2・19判時1362号44頁〔27807447〕）がみられるが、退学処分を違法とした例もある（東京地判平成3・5・27高裁民集45巻1号68頁〔27811183〕）。また、最高裁判所は、私立高校の女子部の生徒が普通自動車運転免許の取得を制限し、パーマをかけることを禁止する旨の校則について、13、21、22、26条に違反すると主張した訴訟に対しても、上記先例を引用して、「憲法上のいわゆる自由権的基本権の保障規定は、国又は公共団体と個人との関係を規律するものであって、私人相互間の関係について当然に適用ないし類推適用されるものではない」から、当該校則について、それが直接憲法の上記の基本的保障規定に違反するかどうかを論ずる余地はないと判示している（最一小判平成8・7・18裁判所時報1176号1頁〔28010883〕）。

　なお、前掲の先例以前にも、「憲法20条が同19条と相まつて保障する信教の自由は、何人も自己の欲するところに従い、特定の宗教を信じまたは信じな

自由を有し、この自由は国家その他の権力によつて不当に侵害されないということで、本件のように特定の場所で布教または祭祀を行なわないことを私人間で約束することを禁ずるものではない」と判示した例がある（最一小判昭和42・5・25民集21巻4号937頁〔27001077〕）。ただし、この判決は、宗教法人令（昭和20年勅令719号）の下での宗派規則が宗教法人とその所属寺院との間に適用されることを問題とした判決（最大判昭和30・6・8民集9巻7号888頁〔27003034〕）を引用していることに注目させられる。私人間の信教の自由の問題については、20条Ⅰ論点2を参照。

　それでは、三菱樹脂事件判決は、私人間訴訟に対する先例としての働きを一貫してなしているのであろうか。このことに関心を向けてみると、次のような動向が存在し、それを素直に肯定することができないといえる。

　まず、昭和女子大事件に対する判決（最三小判昭和49・7・19民集28巻5号790頁〔27000427〕）がある。それは、昭和女子大学の学生が同大学の学則に反して政治活動等をしたため退学処分を受け、それを争って、学則及び退学処分が19、21、23条に違反すると主張した事件に対するものであるが、最高裁判所は、三菱樹脂事件判決の先例を援用して、学則の規定について直接憲法の人権保障規定に違反するかどうか論ずる余地はないというべきであるとした。ところが、それに続けて、「大学は、国公立であると私立であるとを問わず、学生の教育と学術の研究を目的とする公共的な施設であり、法律に格別の規定がない場合でも、その設置目的を達成するために必要な事項を学則等により一方的に制定し、これによつて在学する学生を規律する包括的権能を有するものと解すべきである」と説いて、その大学の包括的権能の行使について、社会通念上合理性が認められるか否かの判断を行って、当該退学処分が違法といえないと判示している。したがって、大学の学生に対する規律の問題は、他の社会における私人間問題と異なる見地からの考察がなされることになっている。

　次に、14条の平等処遇に関わる問題については、私人間の紛争であっても人権保障規定の意義を取り込む判示が認められる。そのことが顕著に表れているのが入会権者資格差別事件に対する判決である（最二小判平成18・3・17民集60巻3号773頁〔28110762〕）。その事件では、沖縄の一部落における入会地への入会権

者資格について女子に対する差別的定めがなされていたことが争われたのであるが、その差別について、「男女の本質的平等を定める日本国憲法の基本理念に照らし、入会権を別異に取り扱うべき合理的理由を見いだすことはできない」と説き、差別を正当化することができないと判決している。このような14条1項に関わる男女平等の問題については、すでに日産自動車事件判決（最三小判昭和56・3・24民集35巻2号300頁〔27000144〕）において、「会社の就業規則中女子の定年年齢を男子より低く定めた部分は、専ら女子であることのみを理由として差別したことに帰着するものであり、性別のみによる不合理な差別を定めたものとして民法90条の規定により無効であると解するのが相当である（憲法14条1項、民法1条ノ2参照）」と判示した例がある。このかっこ書内の14条1項の記載は、少なくとも私人間での取極め（その事件では就業規則）の効力に、憲法の人権保障規定が及んでいて、それと無関係でないことを示しているとみることができる（さらに14条Ⅱ論点3参照）。

このように、判例では、私人間の法的争いで人権保障規定違反の主張がなされるとき、直接それに関わる判断を加えることはないが、人権保障の理念を基礎にして、社会通念上合理的な理由が認められ得るか否かの審査をすることになっている（論点2コメント参照）。

**論点 ②　国の行為が私法上の行為であると認められるときの人権保障は、国が当事者でないときの人権保障と同じか**

国の行為が私法上の行為であると認められる場合として、百里基地訴訟の例がある。その訴訟は、国が私人とともに原告となって、航空自衛隊百里基地拡張用の土地をめぐって他方の私人の被告との間で、所有権確認、所有権移転仮登記の抹消等を求める訴えを提起したものであるが、その上告審判決において、最高裁判所は、国の行為であっても、私人と対等の立場で行う国の行為について、公権力を行使して法規範を定立する行為、すなわち、98条1項にいう「国務に関するその他の行為」に該当しないとして、当該土地売買契約が9条違反で無効であるとの被告の主張を容認しなかった（最三小判平成元・6・20民集43巻6号385頁〔27804472〕）。その訴訟では、9条の適用が問われ、人権保障規定適用

の問題ではなかったが、国の行為が私人と対等の立場の行為であるときは、論点1と同様に扱われることになると受け取ることができそうである。実際に、この判決で、最高裁判所は、前述の三菱樹脂事件の先例を引用している。

そこで、さらに関心を向けるべきは、百里基地訴訟で争点となっている土地売買契約の効力について、民法90条の公序良俗違反か否かを問う中で、その売買契約の目的ないし動機について判断を加えている理由中で次のように述べている箇所である。すなわち、「憲法9条は、人権規定と同様、国の基本的な法秩序を宣示した規定であるから、憲法より下位の法形式によるすべての法規の解釈適用に当たつて、その指導原理となりうるものであることはいうまでもない」と述べているところである。これによれば、国の行為が私法上の行為と認められるときでも、論点1の場合と同様に、人権保障規定の趣旨が導入されることとなる。もっとも、百里基地訴訟については、それに続けて、9条が私法上の行為を直接規律することを目的とした規定ではないから、当該土地売買契約の効力について公序良俗違反と決することができないとしている。

### コメント

私人間での人権問題について、判例では、適用・不適用、あるいは直接適用・間接適用などといった学説上の類型では説明しきれない様相をみせているといってよい。少なくとも、最高裁判所は、私人間の法関係に、憲法規範を導入することを拒否しておらず、むしろ憲法規定の趣旨を取り込むことをしている場合もある（性差別問題はその典型）。上記は、その動向の概要にすぎず、詳細は、各人権規定との関係で登場している判例の参照に委ねる。それは、13条Ⅱ論点3、5・2、14条Ⅱ論点3・3、20条Ⅰ論点2、22条Ⅱ論点3、25条論点4、76条論点4等である。

### 【参考文献】

宍戸常寿「公共の福祉」宍戸常寿『憲法解釈論の応用と展開』日本評論社（2011年）第1章1、工藤達朗「内在的制約説の解釈論上の意義」工藤達朗『憲法学研究』尚学社（2009年）78頁、松本和彦「公共の福祉の概念」公法研究67号（2005年）136頁、君塚正臣『憲法の私人間効力論』悠々社（2008年）、宍戸常寿「私人間効力論の現在と未来」長谷部恭男編『人権の射程』法律文化社（2010年）25頁以下

（戸松秀典）

## ◆第10条

〔国民の要件〕
第10条　日本国民たる要件は、法律でこれを定める。

【条文の概要】
　「国民」の概念は多義的であるが、本条の「日本国民」は、日本国を構成する個々人を指し、「日本国民たる要件」とは、日本国の構成員たる資格を有する要件を意味する。国家構成員たる資格は「国籍」であるから、本条は、日本国籍の得喪（取得と喪失）に関する事項は法律で定めることにしたのである。この法律が国籍法である。
　この意味の国民は、国家統治の客体であるにとどまらず、憲法上の権利義務の主体でもあるから、本条は、第3章「国民の権利及び義務」の冒頭に置かれている。

・・・・・・　論　　点　・・・・・・

1　本条の趣旨は何か。本条はなぜ国籍の得喪に関する要件を法律で定めることにしたのか
2　国籍法に関する国会の立法裁量には限界があるか
3　本条の法的性格は何か。国籍立法が本条違反として無効になることはあるか
4　本条は国籍取得権を保障しているか
5　日本国籍の有無によって権利の享有にどのような差が生じるか
6　国籍法（昭和59年法律45号改正前）2条1号が父系優先血統主義を採用していたことは、14条1項に違反しないか
7　国籍法（昭和59年法律45号改正後）2条1号の適用において認知の遡及効を否定することは、14条1項に違反しないか
8　国籍法（昭和59年法律45号改正後、平成20年法律88号改正前）3条1項は14条1項に違反しないか

【関連法令】
国籍法、女子に対するあらゆる形態の差別の撤廃に関する条約、日本国との平和条約及び関係文書、民法784条

**論点 ❶** 本条の趣旨は何か。本条はなぜ国籍の得喪に関する要件を法律で定めることにしたのか

　国籍は、憲法上の一定の権利を享有する基礎となるものであるから、法律で規定すべきことは41条からも当然である。国会を国の唯一の立法機関と定める41条は、国民の権利義務に関する事項は国会が法律で規定すべきことを要請しているからである。最高裁も、「憲法10条は、『日本国民たる要件は、法律でこれを定める。』と規定し、これを受けて、国籍法は、日本国籍の得喪に関する要件を規定している。憲法10条の規定は、国籍は国家の構成員としての資格であり、国籍の得喪に関する要件を定めるに当たってはそれぞれの国の歴史的事情、伝統、政治的、社会的及び経済的環境等、種々の要因を考慮する必要があることから、これをどのように定めるかについて、立法府の裁量判断にゆだねる趣旨のものであると解される」と述べている（最大判平成20・6・4民集62巻6号1367頁（国籍法違憲判決）〔28141352〕）。

　したがって、国籍の得喪については「法律」で定めなければならず、「命令」で定めることはできない。しかし、「条約」で定めることは禁じられていない。「元来、何人が自国の国籍を有する国民であるかを決定することは、国家の固有の権限に属する」（最二小判平成14・11・22裁判集民208号495頁〔28073012〕）が、「国籍法は、領土の変更に伴う国籍の変更について規定していない。しかも、領土の変更に伴つて国籍の変更を生ずることは、疑いを入れないところである。この変更に関しては、国際法上で確定した原則がなく、各場合に条約によって明示的または黙示的に定められるのを通例とする。したがつて、憲法は、領土の変更に伴う国籍の変更について条約で定めることを認めた趣旨と解するのが相当である」（最大判昭和36・4・5民集15巻4号657頁〔27002322〕）。1952（昭和27）年、日本国との平和条約（サンフランシスコ講和条約）2条において、日本は、朝鮮の独立を承認し、朝鮮に属すべき領土及び人に対する主権を放棄したから、それに伴って、これらの人々は日本国籍を喪失する。朝鮮人男性と婚姻した元内地人女性は、法律上朝鮮人としての法的地位を取得したものであるから、平和条約によって日本国籍を喪失した（前掲昭和36年最大判）。台湾人男性と結婚した元内地人女性の国籍については、最大判昭和37・12・5刑集16巻12号1661頁

〔27770584〕。

> **論点 ❷** 国籍法に関する国会の立法裁量には限界があるか

　国籍立法が憲法上の制約を受けることは当然である。新国籍法（昭和25年制定）は、22条2項に基づき、旧国籍法（明治32年制定）における国籍離脱の制約（旧24条）を撤廃し、また24条に基づき、夫婦同一国籍主義を夫婦独立国籍主義に改めた。さらに、最高裁は14条1項について次のように述べた。「日本国籍の取得に関する法律の要件によって生じた区別が、合理的理由のない差別的取扱いとなるときは、憲法14条1項違反の問題を生ずることはいうまでもない。すなわち、立法府に与えられた上記のような裁量権を考慮しても、なおそのような区別をすることの立法目的に合理的な根拠が認められない場合、又はその具体的区別と上記の立法目的との間に合理的関連性が認められない場合には、当該区別は、合理的な理由のない差別として、同項に違反するものと解されることになる」（最大判平成20・6・4民集62巻6号1367頁（国籍法違憲判決）〔28141352〕）。それゆえ、国籍立法に関する立法裁量にも憲法上限界がある。

> **論点 ❸** 本条の法的性格は何か。国籍立法が本条違反として無効になることはあるか

　本条は、国会に対して立法義務を課した規定である。国籍立法が憲法上の制約を受けることは論点2でみたが、それでは、国籍立法が、本条に違反し無効となることはあるか。父系優先血統主義違憲訴訟において、被告は、本条は日本国籍の得喪について国会の立法政策に全面的に委ねているため、国籍法の規定について憲法問題は生じないとした。これに対して、第1審判決（東京地判昭和56・3・30行集33巻6号1374頁〔27770527〕）はこう述べた。本条は、国籍の得喪について法律で定めると規定するだけであるが、「国籍の得喪すなわち国民たる資格の決定の問題は、国家構成の基本に関するものとして、本来国の最上位法たる憲法をもつて規定すべき事項である。また、国籍は、国と個人との間の個々の権利義務の集合体のごときものではないにしても、具体的内容を伴わない単なる抽象的記号のごときものではなく、国籍の有無によつて基本的人権の

保障が直接左右されることもあり得るという意味で個人の憲法的利益に必然的に関わりを有するものであり、恣意的な国籍得喪の定めの故に本来受けられるはずの右基本的人権の保障を受けられないという事態を招くことは、もとより憲法の許容するところではないと考えられる。このような見地からすると、憲法10条の前記規定は、国籍の得喪についていかなる基準も法律で自由に定めることができるとしているものではなく、国籍の得喪に関する事項が憲法事項であるとの前提に立つたうえで、その内容の具体化を法律に委任したものであり、右立法による具体化にあたつては、憲法の各条項及びそれらを支える基本原理に従いこれと調和するように定めるべきことを要求しているものと理解すべきである。したがつて、国籍法の規定が右の趣旨に違反するときは、違憲の問題が生じることは当然というべきである」。これが、憲法の各条項のほか、本条違反で無効となることがあるという趣旨かどうか、はっきりしない。この点、本条が国民の権利（例えば、次にみる国籍取得権）を保障するものと解さない限り、法律が本条違反で無効になるとは考えにくいように思われる。

## 論点 4　本条は国籍取得権を保障しているか

　学説ではかねてから憲法上の権利として国籍取得権の存在を承認する見解が一部で有力に主張されている。父系優先血統主義違憲訴訟において、原告は、子にとっての生来的国籍取得権と親にとっての日本国籍継承権を主張したが、第1審判決（東京地判昭和56・3・30行集33巻6号1374頁〔27770527〕）は、「このように憲法の精神に反する国籍得喪の定めをすることは許されないが、このことは、国籍の得喪につき個人が国籍法の規定をまつことなく当然に一定の内容の具体的権利をもつことまでを意味するものではない。憲法の前文その他の規定をみても、日本人たる親がその子に日本国籍を継承させ、また、その子が親の日本国籍を取得することをそれぞれの権利として憲法が直接保障しているものと解すべき十分な根拠は認め難い」とし、控訴審判決（東京高判昭和57・6・23行集33巻6号1367頁〔27604039〕）も、前文（日本国民は、（中略）われらとわれらの子孫のために、（中略）この憲法を確定する）を根拠とする生来的国籍取得権の主張に対して、「日本国民を親として出生した子が右の憲法前文によつて日本国籍を生来的に

取得する権利を有するということはできない」として、いずれも国籍取得権の存在を否定している。国籍法違憲訴訟最高裁判決（最大判平成20・6・4民集62巻6号1367頁〔28141352〕）も、このような権利の存在について触れていない。

**論点 5** 日本国籍の有無によって権利の享有にどのような差が生じるか

本条は、第3章「国民の権利及び義務」の冒頭に置かれており、大日本国憲法第2章の最初に「日本臣民タルノ要件ハ法律ノ定ムル所ニ依ル」（18条）とあったのと同じ体裁である。ただし、大日本帝国憲法の権利規定の保障が日本臣民にしか及ばなかったのに対して、日本国「憲法第3章の諸規定による基本的人権の保障は、権利の性質上日本国民のみをその対象としていると解されるものを除き、わが国に在留する外国人に対しても等しく及ぶものと解すべきであり、政治活動の自由についても、わが国の政治的意思決定又はその実施に影響を及ぼす活動等外国人の地位にかんがみこれを認めることが相当でないと解されるものを除き、その保障が及ぶものと解するのが、相当である」（最大判昭和53・10・4民集32巻7号1223頁（マクリーン事件）〔27000227〕）とされている。

判例で「権利の性質上」外国人に及ばないとされた権利としては、入国の自由、在留権（上記マクリーン事件）、再入国の自由（最一小判平成4・11・16裁判集民166号575頁（森川キャサリーン事件）〔25000029〕）、国会議員の選挙権（最二小判平成5・2・26判タ812号166頁（ヒッグス・アラン事件）〔27814922〕）、地方議会議員の選挙権（最三小判平成7・2・28民集49巻2号639頁〔27826692〕）、公権力行使等地方公務員（管理職）への就任権（最大判平成17・1・26民集59巻1号128頁〔28100274〕）などがある。

また、国籍法違憲訴訟（最大判平成20・6・4民集62巻6号1367頁〔28141352〕）において、最高裁は、「日本国籍は、我が国の構成員としての資格であるとともに、我が国において基本的人権の保障、公的資格の付与、公的給付等を受ける上で意味を持つ重要な法的地位でもある」とか、日本国籍の取得は「我が国において基本的人権の保障等を受ける上で重大な意味を持つ」と述べており、同判決の田原睦夫裁判官の補足意見は、「日本国籍を取得することができるか否かにより、教育や社会保障の側面において、その権利を享受できるか否かという点

で、大きな差異が存する」ことを詳述している。

**論点 6** 国籍法（昭和59年法律45号改正前）2条1号が父系優先血統主義を採用していたことは、14条1項に違反しないか

　出生による国籍の取得についての立法上の原則に、血統主義と生地主義がある。日本の国籍立法は、明治32年の国籍法以来現在まで、一貫して血統主義を基本としてきた。昭和25年の国籍法（昭和59年法律45号改正前）は、父系優先血統主義を採用し、子が「出生の時に父が日本国民であるとき」（同法2条1号）に日本国籍の取得を認めていた。母が日本人であっても、父が外国人の場合には、その子は日本国籍を取得できないのである。

　原告は、アメリカ人父と日本人母の長女として東京都に出生したが、国籍法2条1号により日本国籍を取得することができず、他方では、アメリカ法は国外で外国人との間に生まれた子がアメリカ国籍を取得するために当該アメリカ人が一定期間アメリカに居住することを要件としているが、父がこの居住要件を満たさないため、アメリカ国籍も取得できなかったため、無国籍者となった。そこで、国籍法2条1号は違憲であるとして、日本国籍の確認を求めて出訴した。第1審判決（東京地判昭和56・3・30行集33巻6号1374頁〔27770527〕）は、国籍法2条1号が父系優先血統主義を採用した主たる目的は重国籍の防止にあり、国籍立法上、重国籍を防止する必要性は否定できず、父系優先血統主義は目的達成手段として必要かつ有用であるが、両性平等原則の意義と価値に照らせば、父母の不平等取扱いを正当化する根拠としては不十分であるとした。しかし、国籍法は、父系優先血統主義のため日本人母の子で日本国籍を取得できない者に簡易帰化の制度を設けており、この制度を併せ伴う限りにおいて、立法目的との実質的均衡を欠き、著しく不合理な差別であるとまではいえない、として14条、24条2項に違反しないとした。

　控訴審判決（東京高判昭和57・6・23行集33巻6号1367頁〔27604039〕）は、国籍法2条1号の「父が日本国民であるとき」という規定の存在が違憲なのではなく、「母が日本国民であるとき」という規定の不存在が違憲なのであり、裁判所はいまだ存在しない規定を存在するものとして適用する権限を与えられていない、

とした。確かに、裁判所は、法の欠缺を条理によって補うことが許される場合があるが、国籍付与の基準としていかなる主義をとるべきかを憲法は指示していないから、生地主義であれ、両親血統主義であれ、父母両系血統主義であれ、いずれの主義を採用することも立法者の自由である。そのような場合、裁判所は、条理の名によって、特定の基準（＝父母両系血統主義）を採用してこれを実在の法として適用することはできない、として控訴を棄却した。

その後、女子に対するあらゆる形態の差別の撤廃に関する条約（女子差別撤廃条約）を批准するために、昭和59年、国籍法は大きく改正された（翌年1月1日施行）。同法2条1号も、「出生の時に父又は母が日本国民であるとき」と父母両系血統主義に改められた。これにより、日本国民たる母の子も日本国籍を取得できることになったが、二重国籍の可能性が出てきた。そこで、新しい3条1項は、「父母の婚姻及びその認知により嫡出子たる身分を取得した子で20歳未満のもの（日本国民であつた者を除く。）は、認知をした父又は母が子の出生の時に日本国民であつた場合において、その父又は母が現に日本国民であるとき、又はその死亡の時に日本国民であつたときは、法務大臣に届け出ることによって、日本の国籍を取得することができる」と規定した。

**論点 7**　国籍法（昭和59年法律45号改正後）2条1号の適用において認知の遡及効を否定することは、14条1項に違反しないか

「出生の時に父又は母が日本国民であるとき」（国籍法2条1号）にいう「父又は母」は法律上の「父又は母」を意味し、事実上の「父又は母」を含まない。日本人父と外国人母の間に生まれた子について、出生後に日本人父によって認知され、法律上の父子関係が発生した場合、その子は出生の時に遡って日本国籍を取得するかどうか問題となる。民法784条は、「認知は、出生の時にさかのぼってその効力を生ずる」と定めるが、国籍法上は、父による生後認知は遡及効を有せず、その子は日本国籍を取得しないと解されている。最高裁は、国籍法3条の規定に照らせば、「同法においては認知の遡及効は認められていないと解すべきであるから、出生後に認知がされたというだけでは、子の出生の時に父との間に法律上の親子関係が存在していたということはできず、認知され

た子が同法2条1号に当然に該当するということにはならない」(最二小判平成9・10・17民集51巻9号3925頁〔28022227〕)と述べた(ただし、この判決は、特段の事情がある場合には、例外的に、子の出生後の認知によって子が生来的に日本国籍を取得することを認めた)。そうすると、嫡出子と非嫡出子との間で日本国籍の取得について異なる取扱いが生じる。これは14条1項に違反しないか。最高裁は、14条違反かどうかは、その区別が合理的な根拠に基づくものかどうかによって判断すべきだとしたうえで、国籍「法2条1号は、日本国籍の生来的な取得についていわゆる父母両系血統主義を採用したものであるが、単なる人間の生物学的出自を示す血統を絶対視するものではなく、子の出生時に日本人の父又は母と法律上の親子関係があることをもって我が国と密接な関係があるとして国籍を付与しようとするものである。そして、生来的な国籍の取得はできる限り子の出生時に確定的に決定されることが望ましいところ、出生後に認知されるか否かは出生の時点では未確定であるから、法2条1号が、子が日本人の父から出生後に認知されたことにより出生時にさかのぼって法律上の父子関係が存在するものとは認めず、出生後の認知だけでは日本国籍の生来的な取得を認めないものとしていることには、合理的根拠があるというべきである」から、「法2条1号は憲法14条1項に違反するものではない」とした(最二小判平成14・11・22裁判集民208号495頁〔28073012〕)。

**論点 8** 国籍法(昭和59年法律45号改正後、平成20年法律88号改正前)3条1項は14条1項に違反しないか

　昭和59年改正によって国籍法2条1号が「出生の時に父又は母が日本国民であるとき」に改められるとともに、国籍法3条1項が設けられた(論点6参照)。このため、日本人父と外国人母の間の非嫡出子で、父がその子を生後認知した場合、国籍法上は認知の遡及効が認められないから、子は出生による日本国籍の取得は認められないが、父母の婚姻により嫡出子たる身分を取得した準正子は届出により日本国籍を取得できるのに対して、非準正子(父母が法律上の婚姻をしていない非嫡出子)には届出による国籍取得は認められない。このような区別が14条1項に反しないか問題とされた。

国籍法違憲判決（最大判平成20・6・4民集62巻6号1367頁〔28141352〕）は、14条1項違反の判断基準として「論点2」でみた一般論を述べたうえで、「日本国籍は、我が国の構成員としての資格であるとともに、我が国において基本的人権の保障、公的資格の付与、公的給付等を受ける上で意味を持つ重要な法的地位である。一方、父母の婚姻により嫡出子たる身分を取得するか否かということは、子にとっては自らの意思や努力によっては変えることのできない父母の身分行為に係る事柄である。したがって、このような事柄をもって日本国籍取得の要件に関して区別を生じさせることに合理的な理由があるか否かについては、慎重に検討することが必要である」とした。

そうして、国籍法3条1項の「立法目的自体には合理的根拠」があり、その区別も同項制定当時には「立法目的との間に一定の合理的関連性があった」けれども、この「合理的関連性は、我が国の内外における社会的環境の変化等によって失われており、今日において、国籍法3条1項の規定は、日本国籍の取得につき合理性を欠いた過剰な要件を課するものとなって」おり、14条1項に違反するとした。しかし、同項全体を無効とし、準正子の届出による国籍取得まで否定することはできない。そこで、「日本国民である父と日本国民でない母との間に出生し、父から出生後に認知された子は、父母の婚姻により嫡出子たる身分を取得したという部分を除いた国籍法3条1項の所定の要件が満たされるときは、同項に基づいて日本国籍を取得することが認められる」として、国籍の取得を認めた。

国籍法3条1項は、平成20年法律88号により、この判決の趣旨に沿うように改正された。

【参考文献】
樋口陽一=佐藤幸治=中村睦男=浦部法穂『注解法律学全集1・憲法Ⅰ』青林書院（1994年）〔佐藤幸治〕198-213頁、江川英文=山田鐐一=早田芳郎『法律学全集59—Ⅱ・国籍法〈第3版〉』有斐閣（1997年）

（工藤達朗）

## ◆第11条

〔基本的人権の享有〕
第11条　国民は、すべての基本的人権の享有を妨げられない。この憲法が国民に保障する基本的人権は、侵すことのできない永久の権利として、現在及び将来の国民に与へられる。

【条文の概要】
　本条は、基本的人権の享有主体と、基本的人権の保障の意義についてうたっている。すなわち、基本的人権の享有主体は、国民であり、日本国憲法の下で、常に国民がどの基本的人権についても保障を受けるのであり、そのことを、基本的人権が「侵すことのできない永久の権利」であるとか、人権の享有主体が「現在及び将来の国民」であると表現している。このように、本条は、人権保障の総則的規定とみることができ、ここから何か具体的な権利・自由の保障が導かれるわけではない。

●●●●●●　論　　点　●●●●●●
　論点については、基本的人権一般を参照。

(戸松秀典)

## ◆第12条

〔自由及び権利の保持責任と濫用の禁止〕
第12条　この憲法が国民に保障する自由及び権利は、国民の不断の努力によつて、これを保持しなければならない。又、国民は、これを濫用してはならないのであつて、常に公共の福祉のためにこれを利用する責任を負ふ。

【条文の概要】
　本条は、この憲法で保障されている基本的人権を国民自らが常に努力して保持していかなければならないことをうたって、人権保障における国民の主体的責任の存在を確認している。また、人権行使の濫用を戒め、公共の福祉による制約が前提となっていることをうたっている。このように、人権享受の主体が国民であることを定める前条を受けて、本条では、主体である国民が負うべき人権保障に係る責任を確認している。したがって、前条と同様、本条から何か具体的な権利・自由の保障が導かれるわけでなく、本条は、人権保障の総則的規定である。

•••••• 論　点 ••••••
論点については、基本的人権一般を参照。

(戸松秀典)

## ◆第13条

> 〔個人の尊重、生命・自由・幸福追求権と公共の福祉〕
> 第13条　すべて国民は、個人として尊重される。生命、自由及び幸福追求に対する国民の権利については、公共の福祉に反しない限り、立法その他の国政の上で、最大の尊重を必要とする。

【条文の概要】

　本条は、基本的人権を保障する第3章、さらには日本国憲法全体の核心をなす規定と考えられている。第1に、本条は、憲法が基本的人権を保障する根拠が「個人の尊重」にあることを示している（本条Ⅰ）。第2に、本条は基本的人権に関する諸規定、とりわけ自由権規定の総則的規定である。つまり、本条の保障する「生命、自由及び幸福追求に対する国民の権利」には基本的人権が概括的に含まれており、したがって他の人権規定により保障されていない人権（いわゆる「新しい人権」）を補充的に保障するものと解される（本条Ⅱ）。さらに本条はまた、12条と並んで、基本的人権一般が「公共の福祉」による制約に服することを示すものとされている（本条Ⅲ、22、29条も参照）。

　こうした人権保障の体系における位置付けから、本条は裁判において頻繁に援用される。もっともその相当数は、他の人権規定と並んで補充的に参照・言及されているにすぎない。ここでは、本条固有の解釈問題に限って、検討することにする。

〔細目次〕
Ⅰ　個人の尊重
Ⅱ　生命・自由・幸福追求の権利（幸福追求権）
Ⅲ　公共の福祉による制限

## I 個人の尊重

•••••• 論　　点 ••••••
1 「すべて国民は、個人として尊重される」とする本条前段はどのような趣旨の規定であり、どのような法的意義を有するか
2 個人の尊重という憲法秩序の根幹的価値の侵害があったことを理由として、国家補償を求めることはできるか

【関連法令】
個人情報の保護に関する法律、民法2条

### 論点 ❶ 「すべて国民は、個人として尊重される」とする本条前段はどのような趣旨の規定であり、どのような法的意義を有するか

　最高裁判所は早くから、本条が「個人の尊厳と人格の尊重を宣言したものである」と判示している（最大判昭和23・3・24裁判集刑1号535頁〔27760013〕）。

　次に、本条前段の個人の尊重が理念的な宣言にとどまらず、個人の尊厳ないし人格を侵害する国家行為が違憲の問題を生じうることも、判例上承認されている。例えば、最高裁判所は、宅地建物取引業法の一部を改正する法律（昭和32年法律131号）附則7項及び8項が既存の宅地建物取引業者に営業保証金の供託義務を課すことは「業者の人格を無視するものでない」として、本条違反の主張を斥けている（最大判昭和37・10・24民集16巻10号2143頁〔27002086〕）。

　恩給法の一部を改正する法律（昭和28年法律155号）附則10条1項2号が扶助料を受けるべき「遺族」の範囲の決定に際して「家」の制度を前提とした旧恩給法72条1項の規定によるべきものとしたことの合憲性が争われた事例でも、最高裁判所は、本条、14条及び24条が「戸主を中心とする旧民法時代の『家』の制度を認めない立場に立つものである」と認めつつも、過去の法律関係まで遡及的に否定する趣旨とは解されない旨を判示している（最大判昭和44・12・24民集23巻12号2595頁〔27000748〕）。

また堀木訴訟最高裁判決は、25条の要請に応えて制定された法令が個人の尊厳を毀損する内容を定めている場合には別に本条違反の問題を生じうる旨を認めたうえで、児童扶養手当と障害福祉年金の併給を禁止する児童扶養手当法（昭和48年法律93号改正前）4条3項3号が「児童の個人としての尊厳を害し、憲法13条に違反する恣意的かつ不合理な立法であるといえない」と判示している（最大判昭和57・7・7民集36巻7号1235頁〔27000077〕）。

　さらに最高裁判所は、本条と国家の教育権能の関係について、「個人の基本的自由を認め、その人格の独立を国政上尊重すべきものとしている憲法の下においては、子どもが自由かつ独立の人格として成長することを妨げるような国家的介入、例えば、誤つた知識や一方的な観念を子どもに植えつけるような内容の教育を施すことを強制するようなことは、憲法26条、13条の規定上からも許されない」旨を判示している（最大判昭和51・5・21刑集30巻5号615頁〔旭川学テ事件〕〔27661956〕、最三小判平成9・8・29民集51巻7号2921頁〔第三次家永教科書訴訟〕〔28021646〕。26条参照）。

　なお最近の下級審裁判例では、都市公園内に設置したテント等を起居の場所とするいわゆるホームレス等が、市長による都市公園法27条1項に基づく除却命令の執行停止を求めた事例で、「個人の尊厳を確保し、健康で文化的な最低限度の生活を営むための相当な住居についての権利が憲法上尊重に値するものとして」も、「その趣旨を実現するために具体的にどのような立法措置等を講ずるかの選択決定は、それが個人の尊厳を損ない、又は25条1項において健康で文化的な最低限度の生活を営む権利を保障した趣旨に反するなど、著しく合理性を欠き明らかに裁量の逸脱・濫用とみざるを得ないような場合を除き、立法府等の広い裁量にゆだねられている」として、本条及び25条違反の主張を斥けたものがある（大阪地決平成18・1・25判タ1221号229頁〔28112363〕）。さらに同じ事案の本案訴訟では、本件代執行が原告らを人権享有主体である個人として尊重していない等の主張が、その前提を欠くものとして排斥されている（大阪地判平成21・3・25判例地方自治324号10頁〔28153591〕）。

　このように、本条前段違反は他の基本的人権の侵害と並んでしばしば主張されるものの、特定の国家行為を本条前段に反し違憲と判断した裁判例は見当た

らない。また、幼児引渡請求の本条適合性が争われた事例（最三小判昭和38・9・17民集17巻8号968頁〔27002006〕）のように、当事者の主張が個人の尊重と関係なく、前提を欠くとして排斥される例もみられる。これは、個人の尊重が基本的人権ひいては我が法秩序の中核的価値として14条以下の個別の基本的人権規定によってすでに具体的な形で実現されていることが多く、さらに本条後段にいう「生命、自由及び幸福追求の権利」と結びついて、人格権やプライバシー権などの形でその保護が図られてきているためである。換言すれば、個人の尊重を保障する本条前段の実際的意義は、個別の基本的人権の解釈や「新しい人権」の具体化を嚮導するところにあるものと考えられる（なお、19、21条の派生原理として新聞等の閲読の自由を導く際に、それが本条前段の趣旨にも沿うものと指摘した最大判昭和58・6・22民集37巻5号793頁（よど号ハイジャック記事抹消事件）〔27000042〕参照）。

### コメント

　私法秩序における個人の尊重は、24条のほか、「この法律は、個人の尊厳と両性の本質的平等を旨として、解釈しなければならない」とする民法2条を通じて、保護が図られている。さらに個人情報の保護に関する法律3条は、「個人情報は、個人の人格尊重の理念の下に慎重に取り扱われるべきものであることにかんがみ、その適正な取扱いが図られなければならない」として、本条との結びつきを示している。

### 論点 ❷　個人の尊重という憲法秩序の根幹的価値の侵害があったことを理由として、国家補償を求めることはできるか

　下級審裁判例には、本条を参照して、日本国憲法が「個人の尊重、個人の人格の尊厳に根幹的価値を置いている」との前提から、遅くとも従軍慰安婦に関する内閣官房長官談話が出された平成5年以降、国会は従軍慰安婦らの被った損害を回復するための立法措置を講じる作為義務を負っており、平成8年以降は合理的期間を経過したといえ、当該立法不作為が国賠法上違法となった旨を判示したものがある（山口地下関支判平成10・4・27判タ1081号137頁〔28033107〕）。しかし、同事件の控訴審判決は、本条が「積極的に特定の具体的な立法をなすべき義務を導く根拠となるものではな」いと判示して、国家賠償請求を棄却して

いる（広島高判平成13・3・29訟務月報49巻4号1101頁〔28062612〕）。さらに別の従軍慰安婦の賠償請求に関する事案では、東京高等裁判所は、「既存法規の憲法適合性の審査ではなく、憲法秩序の根幹的価値に関わる基本的人権の侵害があり、かつ、これを救済する立法をすべきであるとの司法判断を、民事訴訟等の場において裁判所が行うことを憲法が予定していると解することはできない」と判示している（東京高判平成11・8・30訟務月報46巻8号3449頁〔28051205〕）。

## II 生命・自由・幸福追求の権利（幸福追求権）

•••••• 論　点 ••••••

1　本条後段の「生命、自由及び幸福追求に対する国民の権利」はどのような内容のものであり、どのような法的意義を有するか
2　人格権とはどのような権利か
3　裁判で争われた人格権ないし人格的利益としての法的保護には、どのようなものがあるか
4　環境権とはどのような権利か
5　肖像権とはどのような権利か
6　プライバシー権とはどのような権利か
7　自己決定権とはどのような権利か
8　人格的生存にとって重要でないとされる行為の自由は本条によって保護されるか
9　上記以外に本条後段の幸福追求権による保障が争われた自由・利益にはどのようなものがあるか

【関連法令】
環境基本法、行政機関の保有する個人情報の保護に関する法律、景観法、刑法230条、国賠法、個人情報の保護に関する法律、民法710、723条

### 論点 ❶　本条後段の「生命、自由及び幸福追求に対する国民の権利」はどのような内容のものであり、どのような法的意義を有するか

　本条後段の「生命、自由及び幸福追求に対する国民の権利」（以下、「幸福追求権」という）は、アメリカ独立宣言に直接的な起源を有し、「この憲法が国民に保障する基本的人権」（11条）、「この憲法が国民に保障する自由及び権利」（12条）と同じく基本的人権を包括的にとらえ、それを本条前段の個人の尊重の観点から言い換えたものと解されている。

　幸福追求権の保障が宣言的なものにとどまるのか、それとも具体的な法的権利性を有するものであるかについて、初期の判例は明確な立場を示しておらず、

最高裁判所の内部でも、幸福追求権が第3章に列挙された個別的な基本的人権に限られるとの主張（最大判昭和25・11・22刑集4巻11号2380頁〔27760254〕の栗山茂裁判官意見）、逆に、憲法の人権と自由の保障リストは網羅的ではなく、それ以外の名称が付されていない権利や自由があり、それらは一般的な自由又は幸福追求の権利の一部分をなすとの主張（最大判昭和33・9・10民集12巻13号1969頁〔27002632〕の田中耕太郎裁判官等の補足意見）がみられた。

　その後、下級審裁判例において、憲法の自由保障規定は制限列挙的なものではなく、本来国民が享有する一般的な自由のうち、個別的な明文の規定に記載されていないものも一般的に保障する趣旨を含むと解すべきであり、そのことが本条の規定からもうかがえるとする旨を判示するもの（東京地判昭和38・7・29行集14巻7号1316頁〔27602713〕）や、私事をみだりに公開されないというプライバシー権を「個人の尊厳を保ち幸福の追求を保障するうえにおいて必要不可欠なもの」として承認した「宴のあと」事件第1審判決（東京地判昭和39・9・28下級民集15巻9号2317頁〔27421273〕）等が現れるに至った。

　そして警察官による集団行進の写真撮影の適法性が争われた京都府学連事件最高裁判決は、本条が「国民の私生活上の自由が、警察権等の国家権力の行使に対しても保護されるべきことを規定しているものということができる」と判示した（最大判昭和44・12・24刑集23巻12号1625頁〔27681653〕）。この判示は、本条後段の幸福追求権が「新しい人権」の根拠となることを示したものと理解されている。

### コメント

　現在の学説では、幸福追求権が他の基本的人権すべてを含む包括的基本権であり、かつ他の基本的人権条項によって保障されない人権に補充的かつ直接的に法的効力を認めるものであるとの理解が、広く確立している。しかし、幸福追求権の範囲について、個人の人格的生存に不可欠な利益に限定する立場（人格的利益説）と一般的行為の自由に広く及ぶとする立場（一般的自由権説）が対立するほか、具体的にどのような「新しい人権」が本条によって保障されるか、またそれらの権利をどのように分類整序するかについて、判例・学説における明確なコンセンサスは存在していない。

**論点 2** 人格権とはどのような権利か

　人格権とは、生命・身体・健康・名誉・氏名・肖像・プライバシー・自由・生活など、個人の人格に本質的な諸利益に対する個々の私法上の権利（個別的人格権）又は広くその総称（一般的人格権）である。

　北方ジャーナル事件最高裁判決は、名誉毀損を理由とする出版物の仮差止めの合憲性及びその要件を論ずるに当たって、「人格権としての個人の名誉の保護（憲法13条）」について言及している（最大判昭和61・6・11民集40巻4号872頁〔27100045〕）。この説示は、本条が一般的人格権の根拠であることまで認めたとはいえないものの、名誉権を含む人格権ないし人格的利益の法的保護が、国民を個人として尊重し幸福追求権を保障する本条と密接な関連を有することを示すものと解される。

　同判決は、名誉が生命・身体とともに重大な保護法益であり、人格権としての名誉権が物権と同様に排他性を有する権利であるとして、人格権の侵害に対する救済として、損害賠償のほか侵害の排除及び侵害の予防のための侵害行為の差止めが認められる旨を判示している。その他、名誉・プライバシー・名誉感情の侵害に基づきモデル小説の差止めを認めた例（最三小判平成14・9・24裁判所時報1324号5頁（「石に泳ぐ魚」事件）〔28072521〕）、生命・身体・財産等を侵されることなく平穏に生活する人格権を根拠として街頭宣伝車及び拡声器等を使用したしつような街頭宣伝活動の差止めを認めた例（東京地判平成11・8・27判タ1060号228頁〔28061557〕）等がある。

　このような人格権は、私法上の権利にとどまらず、本条により対国家的な基本的人権の１つとしても保障されると解される。例えば、大阪国際空港公害訴訟第２審判決は、「およそ、個人の生命・身体の安全、精神的自由は、人間の存在に最も基本的なことがらであつて、法律上絶対的に保護されるべきものであることは疑いがなく、また、人間として生存する以上、平穏、自由で人間たる尊厳にふさわしい生活を営むことも、最大限度尊重されるべきものであつて、憲法13条はその趣旨に立脚するものであり、同25条も反面からこれを裏付けているものと解することができる。このような、個人の生命、身体、精神および生活に関する利益は、各人の人格に本質的なものであつて、その総体を人格権

ということができ、このような人格権は何人もみだりにこれを侵害することは許されず、その侵害に対してはこれを排除する権能が認められなければならない」と判示している（大阪高判昭和50・11・27民集35巻10号1881頁〔27200218〕。論点4参照）。このように、私人及び公権力による人格権ないし人格的利益の侵害の成否及び救済が争われた裁判例は、以下でみるとおり数多い（最高裁判所が人格権侵害を肯定したものとして、最三小判平成12・2・29民集54巻2号582頁（エホバの証人輸血拒否訴訟）〔28050437〕、最一小判平成17・7・14民集59巻6号1569頁〔28101470〕、最一小判平成24・2・2民集66巻2号89頁〔28180258〕等）。

**論点 ③　裁判で争われた人格権ないし人格的利益としての法的保護には、どのようなものがあるか**

以下で取り上げる肖像・プライバシー・自己決定（論点5～7参照）のほか、判例上議論された人格権ないし人格的利益としては、次のようなものがある。

1　名誉

事実を摘示して名誉を毀損する行為は刑法によって処罰されるほか（刑法230条）、不法行為法上の被侵害利益として明文で認められている（民法710、723条）。最高裁判所は、「民法723条にいう名誉とは、人がその品性、徳行、名声、信用等の人格的価値について社会から受ける客観的な評価、すなわち社会的名誉を指すものであつて、人が自己自身の人格的価値について有する主観的な評価、すなわち名誉感情は含まない」と判示している（最二小判昭和45・12・18民集24巻13号2151頁〔27000660〕）。もっとも最高裁判所は、名誉感情も人格権の1つをなすものとして、その侵害が不法行為に当たることを認めている（最三小判平成14・9・24裁判所時報1324号5頁（「石に泳ぐ魚」事件）〔28072521〕、最一小判平成17・11・10民集59巻9号2428頁〔28102344〕）。また、すでに論点2でみたとおり、北方ジャーナル事件最高裁判決は、名誉毀損を理由とする出版物の仮差止めの合憲性及びその要件を論ずるに当たって、「人格権としての個人の名誉の保護（憲法13条）」について言及している（最大判昭和61・6・11民集40巻4号872頁〔27100045〕）。

憲法は表現の自由を保障するところから（21条1項）、名誉の保護と表現の自由の保障の調整が問題となる。この点は21条参照。

2 氏名

　テレビ放送において韓国人の氏名を日本語読みすることの違法性が争われた事例で、最高裁判所は、氏名が「人が個人として尊重される基礎であり、その個人の人格の象徴であつて、人格権の一内容を構成する」から「人は、他人からその氏名を正確に呼称されることについて、不法行為法上の保護を受けうる人格的な利益を有する」と述べたうえで、不正確な呼称も特段の事情がない限り違法性のない行為として容認される旨を判示している（最三小判昭和63・2・16民集42巻2号27頁〔27801465〕）。また最高裁判所は、同じく人格権から、人は「その氏名を他人に冒用されない権利」を有し、また違法な侵害に対して侵害行為の差止めを求めることもできるほか、この権利の保障が宗教法人にも及ぶ旨を判示している（最二小判平成18・1・20民集60巻1号137頁〔28110343〕）。

　他方で最高裁判所は、戸籍法の規定に関わりなく氏名を選択し、戸籍上それを公示すべきことを要求しうる一般的な自由ないし権利は国民各自に存在しないとして、戸籍法50条が子の名につき制限を課していることが個人の氏名選択の自由を制限し本条に違反するとの主張は、前提を欠くとしている（最一小決昭和58・10・13裁判集民140号109頁（27483714））。また、下級審裁判例では、夫婦同氏の原則を定めた民法750条は現在においてもなお合理性を有しており、本条及び24条1項に違反しないとした例（岐阜家審平成元・6・23家裁月報41巻9号116頁〔27809227〕）、大学教授である公務員の服務及び勤務関係において、婚姻届出に伴う変動前の氏名を通称名として使用する権利は本条によって保障されていると断定できないとした例がある（東京地判平成5・11・19訟務月報40巻12号2879頁〔27818001〕）。さらに、郵政職員に氏名の表示したネームプレートの着用を義務づけることは、一般的な行動の自由以上に、氏名権として独自の保護に値する要素はなく、本件で氏名の表示によって侵害されるべき個人的なプライバシーも存在しない旨を判示した例がある（仙台高判平成9・8・29労働判例729号76頁〔28030354〕）。

3 宗教上の人格権

　殉職自衛官の妻が、その意に反して国及び自衛隊外郭団体が護國神社への夫の合祀を申請し、同神社が合祀を行ったことにより、自らの宗教上の人格権な

いし宗教上のプライバシーが侵害されたと主張した事例で、最高裁判所は、合祀申請が神社に対して事実上の強制とみられる何らかの影響力を有したとすべき特段の事情のない本件では、法的利益の侵害の成否は同神社と原告の間の私法上の関係として合祀それ自体が法的利益を侵害したか否かによって検討すべきとしたうえで、「信教の自由の保障は、何人も自己の信仰と相容れない信仰をもつ者の信仰に基づく行為に対して、それが強制や不利益の付与を伴うことにより自己の信教の自由を妨害するものでない限り寛容であることを要請しているものというべきである。このことは死去した配偶者の追慕、慰霊等に関する場合においても同様である。何人かをその信仰の対象とし、あるいは自己の信仰する宗教により何人かを追慕し、その魂の安らぎを求めるなどの宗教的行為をする自由は、誰にでも保障されているからである」と述べ、「宗教上の人格権であるとする静謐な宗教的環境の下で信仰生活を送るべき利益なるものは、これを直ちに法的利益として認めることができない」と判示した（最大判昭和63・6・1民集42巻5号277頁（殉職自衛官合祀訴訟）〔27801761〕）。なお、同判決の伊藤正己裁判官反対意見が、「現代社会において、他者から自己の欲しない刺激によつて心を乱されない利益、いわば心の静穏の利益もまた、不法行為法上、被侵害利益となりうる」と述べたうえで、合祀申請に関与した自衛隊職員の行為が20条3項に違反するとの判断を前提に、原告の請求を認容すべきとしたことが注目される（20条参照）。

また最高裁判所は、内閣総理大臣の靖國神社参拝によって精神的苦痛を受けたと主張された事例で、「人が神社に参拝する行為自体は、他人の信仰生活等に対して圧迫、干渉を加えるような性質のものではないから、他人が特定の神社に参拝することによって、自己の心情ないし宗教上の感情が害されたとし、不快の念を抱いたとしても、これを被侵害利益として、直ちに損害賠償を求めることはできない」と判示した（最二小判平成18・6・23訟務月報53巻5号1615頁〔28111345〕）。なお、同判決の滝井繁男裁判官補足意見が、「例えば緊密な生活を共に過ごした人への敬慕の念から、その人の意思を尊重したり、その人の霊をどのように祀るかについて各人の抱く感情などは法的に保護されるべき利益となり得る」と指摘したことが注目される。

4 個人が他者から自己の欲しない刺戟によって心の静穏を乱されない利益
（静謐のプライバシー）

　市が経営する地下鉄の車内広告放送の聴取を乗客として拘束された状態で一方的に強制されることが人格権の侵害に当たるかが争われた事例で、最高裁判所は、本件事実関係の下では同放送が違法とはいえない旨を判示した（最三小判昭和63・12・20裁判民集155号377頁〔27806085〕）。同判決の伊藤正己裁判官補足意見が、「個人が他者から自己の欲しない刺戟によって心の静穏を乱されない利益」を「広い意味でのプライバシーと呼ぶことができ」、それを「包括的な人権としての幸福追求権（憲法13条）に含まれると解することもできないものではない」としつつも、「本来、プライバシーは公共の場所においてはその保護が希薄とならざるをえず、受忍すべき範囲が広くなることを免れない」と指摘したことが注目される。

　さらに、葬儀場近隣に居住する者が、「日常的な居住生活の場における宗教的感情の平穏に関する人格権ないし人格的利益」に基づき、業者に対して葬儀場の様子がみえないようにするための目隠しを設置する措置をさらに講ずるよう請求した事例で、最高裁判所は、「本件葬儀場の営業が、社会生活上受忍すべき程度を超えて被上告人の平穏に日常生活を送るという利益を侵害しているということはできない」と判示した（最三小判平成22・6・29裁判所時報1510号4頁〔28161754〕）。

5 著作者が著作物によってその思想、意見等を公衆に伝達する利益

　市立図書館司書が蔵書のうち原告の執筆した書籍等を独断で廃棄したことにより人格的利益が侵害されたことを理由に、市に対して損害賠償が請求された事例で、最高裁判所は、「公立図書館の図書館職員が閲覧に供されている図書を著作者の思想や信条を理由とするなど不公正な取扱いによって廃棄することは、当該著作者が著作物によってその思想、意見等を公衆に伝達する利益を不当に損なうもの」であり、「著作者の思想の自由、表現の自由が憲法により保障された基本的人権であることにもかんがみると、公立図書館において、その著作物が閲覧に供されている著作者が有する上記利益は、法的保護に値する人格的利益である」から、公務員が図書の廃棄について基本的な職務上の義務に

反し独断的な評価や個人的な好みによって不公正な取扱いをすることは国賠法上違法となる旨を判示した（最一小判平成17・7・14民集59巻6号1569頁〔28101470〕）。

6　嫌煙権

日本国有鉄道に対して禁煙車両の設置が請求された事例で、東京地方裁判所は、人格権に対する侵害を根拠として差止めないし予防措置を請求するには、現実に侵害を受ける危険がある場合であることを要するとしたうえで、国鉄客車内における受動喫煙による被害は受忍限度内であると判示した（東京地判昭和62・3・27判タ630号234頁〔27801515〕）。

7　民族固有の文化を享有する権利

ダム建設工事に伴う権利取得裁決及び収用裁決の取消訴訟において、各裁決並びにそれらに先立つ事業認定の際、ダム建設によるアイヌ民族及びアイヌ文化に対する影響が考慮されなかった違法があると主張された事例で、札幌地方裁判所は、本条が各個人の置かれた条件の多様性ないし相異を前提に、「相異する個人を、形式的な意味ではなく実質的に尊重し、社会の一場面において弱い立場にある者に対して、その場面において強い立場にある者がおごることなく謙虚にその弱者をいたわり、多様な社会を構成し維持して全体として発展し、幸福等を追求しようとしたもの」であり、さらに国連社会権規約等を参照しつつ、「少数民族にとって民族固有の文化は、多数民族に同化せず、その民族性を維持する本質的なものであるから、その民族に属する個人にとって、民族固有の文化を享有する権利は、自己の人格的生存に必要な権利ともいい得る重要なものであって、これを保障することは、個人を実質的に尊重することに当たるとともに、多数者が社会的弱者についてその立場を理解し尊重しようとする民主主義の理念にかなう」と述べて、本条が「少数民族たるアイヌ民族固有の文化を享有する権利」を保障している旨を判示した（札幌地判平成9・3・27訟務月報44巻10号1798頁（二風谷ダム訴訟）〔28020976〕）。

8　人生の発展可能性を損なわれない権利

らい予防法の下で国立療養所に入所していた患者が、厚生大臣（当時）が策定・遂行したハンセン病患者の隔離政策の違法、国会議員が同法を改廃しなかった立法不作為の違法等を理由に国家賠償を請求した事例で、熊本地方裁判

所は、同法の規定による隔離が「当該患者の人生に決定的に重大な影響を与え」、「人として当然に持っているはずの人生のありとあらゆる発展可能性が大きく損なわれるのであり、その人権の制限は、人としての社会生活全般にわたる」として、「このような人権制限の実態は、単に居住・移転の自由の制限ということで正当には評価し尽くせず、より広く憲法13条に根拠を有する人格権そのものに対するものととらえるのが相当である」と述べ、さらにかかる人権制限は「最大限の慎重さをもって臨むべきであり、伝染予防のために患者の隔離以外に適当な方法がない場合でなければならず、しかも、極めて限られた特殊な疾病にのみ許されるべきもの」と判示した（熊本地判平成13・5・11訟務月報48巻4号881頁（熊本ハンセン病訴訟）〔28061048〕）。

## 論点 4  環境権とはどのような権利か

### 1 環境権

環境権は、高度成長に伴う公害や環境被害に対する環境裁判の中で「新しい人権」の1つとして提唱されてきたものであり、一般に「健康で快適な生活を維持する条件としての良い環境を享受し、これを支配する権利」と定義されている。良い環境の享受を妨げられないという消極的側面については本条後段の幸福追求権が、積極的な環境の保全・改善を公権力に求めるという積極的側面については25条が、その憲法上の根拠となると主張されている。

大阪国際空港近隣の住民が、同空港の設置・管理者である国に対して、人格権及び環境権を根拠として、午後9時から翌朝7時までの空港の使用差止め、過去及び将来の損害賠償を請求した事例（大阪国際空港公害訴訟）において、大阪高等裁判所は、人格権を根拠に、「人は、疾病をもたらす等の身体侵害行為に対してはもとより、著しい精神的苦痛を被らせあるいは著しい生活上の妨害を来す行為に対しても、その侵害行為の排除を求めることができ、また、その被害が現実化していなくともその危険が切迫している場合には、あらかじめ侵害行為の禁止を求めることができるものと解すべきであつて、このような人格権に基づく妨害排除および妨害予防請求権が私法上の差止請求の根拠となりうるものということができる」と述べて差止請求を認容するとともに、「原告ら

の主張の環境権理論の当否については判断しない」と判示した（大阪高判昭和50・11・27民集35巻10号1881頁〔27200218〕）。

しかし同事件最高裁判決は、基幹国営空港の管理作用が公権力の行使としての側面を有することを理由に、国が設置管理者である空港の使用差止めを求める本件訴えが不可避的に航空行政権の行使の取消変更ないしその発動を求める請求を包含するものであるから民事訴訟として不適法である旨を判示するにとどまり、環境権の法的権利性については判断していない（最大判昭和56・12・16民集35巻10号1369頁〔27000111〕）。

その後の環境裁判においても、人格権から独立のものとして正面から環境権を承認した裁判例はみられない。例えば最高裁判所は、人格権及び環境権に基づき空港ないし自衛隊基地の供用差止めが請求された事例で、大阪国際空港公害訴訟判決の法理によって民事差止めを認めておらず（最一小判平成5・2・25民集47巻2号643頁〔27814477〕、最一小判平成6・1・20訟務月報41巻4号523頁〔27825612〕）、さらに国に対しアメリカ合衆国軍隊の使用する航空機の離着陸等の差止めが請求された事例では、同請求が支配の及ばない第三者の行為の差止めを国に対して求めるものであり主張自体失当である旨を判示した（前掲平成5年最一小判、最一小判平成5・2・25裁判集民167号下359頁〔27814478〕）。

さらに下級審裁判例では、環境権を正面から否定するものがある。例えば、「環境権なるものを法的根拠としてなす本件差止め等の請求は、環境権が現行の実定法上具体的権利として是認しえない」として、火力発電所の操業停止及び埋立水面の原状回復の訴えを不適法としたものがある（福岡地小倉支判昭和54・8・31判タ395号45頁〔27423338〕）。これに対して、火力発電所の建設の差止めが求められた事例で、札幌地方裁判所は差止請求の適法性は認めつつ、本条及び25条１項は「いずれも綱領的規定」であり、「個々の国民に、国に対する具体的な内容の請求権を賦与したものではないというべきであるとともに、国以外のものに対する私法上のなんらかの具体的な請求権を直接定めたものではない」、また立法のない現況で環境が「直ちに私権の対象となりうるだけの明確かつ強固な内容及び範囲をもつたものであるかどうか、また、裁判所において法を適用するにあたり、国民の承認を得た私法上の権利として現に存してい

るものと認識解釈すべきものかどうか甚だ疑問なしとしない」反面、「環境破壊行為が住民個人の具体的な権利、すなわち、生命、固有の健康、財産の侵害のおそれにまで達したときには、(中略)個々人の人格権、財産権の妨害予防ないし排除として発動されるのであるから、これをもつて足る」と判示した（札幌地判昭和55・10・14判夕428号145頁〔27405391〕）。騒音被害等を理由とする新幹線列車の減速走行が請求された事例で、名古屋高等裁判所も差止請求の適法性を認めつつ、「実定法上何らの根拠もなく、権利の主体、客体及び内容の不明確な環境権なるものを排他的効力を有する私法上の権利であるとすることは法的安定性を害し許されない」と判示した（名古屋高判昭和60・4・12下級民集34巻1=4号461頁〔27425899〕）。他方、「人格権の一種としての平穏生活権」の侵害を根拠に、産業廃棄物最終処分場の使用操業差止仮処分申請を認容したものがある（仙台地決平成4・2・28判夕789号107頁〔27811813〕）。

このように環境裁判においては、憲法上の根拠に基づく環境権の法的権利性を否定し、人格権をはじめ私法上確立した権利の侵害の成否を検討すれば十分とするのが、判例の確立された傾向である。

2　景観権

なお、ここで述べた環境権とは別に、景観権ないし良好な景観の恵沢を享受する法的利益が認められるか否かが、争われたことがある。最高裁判所は、早くから居宅の日照・通風が快適で健康な生活に必要な生活利益として法的保護に値することを認めている（最三小判昭和47・6・27民集26巻5号1067頁〔27000552〕）。さらに、日照、景観等の侵害を理由に建築物のうち高さ20メートルを超える部分の撤去が請求された事例で、最高裁判所は、景観法及び都景観条例を参照しながら、「良好な景観に近接する地域内に居住し、その恵沢を日常的に享受している者（中略）が有する良好な景観の恵沢を享受する利益（以下「景観利益」という。）は、法律上保護に値する」反面、「この景観利益の内容は、景観の性質、態様等によって異なり得るものであるし、社会の変化に伴って変化する可能性のあるものでもあるところ、現時点においては、私法上の権利といい得るような明確な実体を有するものとは認められず、景観利益を超えて『景観権』という権利性を有するものを認めることはできない」と判示した（最一小判平

成18・3・30民集60巻3号948頁（国立市マンション訴訟）〔28110839〕）。

> **コメント**

上記のような判例の傾向が示すとおり、司法による環境権の実現には限界がある。実際には、環境基本法（平成5年法律91号）、循環型社会形成推進基本法（平成12年法律110号）、生物多様性基本法（平成20年法律58号）の3基本法及び多くの個別立法により、環境権の実現が図られてきている。

### 論点 5  肖像権とはどのような権利か

1　みだりにその容貌等を撮影・録画されない自由

京都府学連事件最高裁判決は、本条が「個人の私生活上の自由」を国家権力から保護するものと述べたうえで、「個人の私生活上の自由の一つとして、何人も、その承諾なしに、みだりにその容ぼう・姿態（以下「容ぼう等」という。）を撮影されない自由を有するものというべきである。これを肖像権と称するかどうかは別として、少なくとも、警察官が、正当な理由もないのに、個人の容ぼう等を撮影することは、憲法13条の趣旨に反し、許されないものといわなければならない」と判示した。さらに「個人の有する右自由も、国家権力の行使から無制限に保護されるわけでなく、公共の福祉のため必要のある場合には相当の制限を受けることは同条の規定に照らして明らかである」として、犯罪捜査が公共の福祉のため警察に与えられた国家作用であることから、「警察官が犯罪捜査の必要上写真を撮影する際、その対象の中に犯人のみならず第三者である個人の容ぼう等が含まれても、これが許容される場合がありうる」と述べ、現行犯的状況における警察官による被疑者の写真撮影の適法性を認めた（最大判昭和44・12・24刑集23巻12号1625頁〔27681653〕）。

その後も、警察による撮影・録画の適法性に関する裁判例は数多くみられる。例えば最高裁判所は、速度違反車両の自動撮影装置（オービス）による運転者の容貌の写真撮影が適法であることは、京都府学連事件判決の趣旨に徴して明らかだとした（最二小判昭和61・2・14刑集40巻1号48頁〔27803409〕）。これに対して、警察署派出所前にあらかじめ設置されたテレビカメラによる撮影・録画の適法

性が争われた事例において、東京高等裁判所は、京都府学連事件判決は「その具体的事案に即して警察官の写真撮影が許容されるための要件を判示したものにすぎず、この要件を具備しないかぎり、いかなる場合においても、犯罪捜査のための写真撮影が許容されないとする趣旨まで包含するものではない」として、「現に犯罪が行われる時点以前から犯罪の発生が予測される場所を継続的、自動的に撮影、録画することも許される」と判示した（東京高判昭和63・4・1判タ681号228頁〔27804918〕）。最高裁判所も、京都府学連事件判決及び昭和61年最高裁判決は「警察官による人の容ぼう等の撮影が、現に犯罪が行われ又は行われた後間がないと認められる場合のほかは許されないという趣旨まで判示したものではない」としてその射程を限定したうえで、公道上あるいはパチンコ店内が「人が他人から容ぼう等を観察されること自体は受忍せざるを得ない場所」であると述べて、これらの場所における容疑者の容貌等のビデオ撮影を適法とした（最二小決平成20・4・15刑集62巻5号1398頁〔28145280〕）。さらに、国が道路上に設置・管理している自動車ナンバー自動読み取りシステム（Nシステム）について、容貌等が写っている画像そのものが記録・保存されることはないという仕組みを前提に、「Nシステム端末によって、承諾なしに、みだりにその容ぼう等を撮影されない自由が侵害されるものとは認められない」と判示した下級審裁判例がある。なお同判決は、Nシステムが本条を根拠とする情報プライバシー権ないし自由に移動する権利を侵害するとの主張をも斥けている（東京地判平成13・2・6判時1748号144頁〔28061593〕。論点6参照）。

　なお、これらの事件のように犯罪捜査目的ではなく、犯罪予防目的での撮影・録画については、情報活動の一環としてテレビカメラを利用することは基本的には警察の裁量によるが、国民の多種多様な権利・利益との関係で限界があり、テレビカメラによる監視の特質にも配慮すべきであるから、①目的の正当性、②客観的・具体的な必要性、③設置状況の妥当性、④設置・使用の効果の存在、⑤使用方法の相当性といった要件を満たすべきであるとしたうえで、京都府学連事件判決の趣旨から特段の事情のない限り犯罪予防目的での録画は許されないと判示した下級審裁判例がある（大阪地判平成6・4・27判タ861号160頁〔27826141〕）。さらに、「私人相互の関係については憲法13条が直接適用される

ものではないが、個人の有する肖像権は、私人相互の間においても、同条に基礎を求めることのできる重要な権利として尊重されなければならない」が、「個人の有する肖像権等も一定の場合に制限される」としたうえで、コンビニエンスストア経営者が買物客の姿を防犯カメラによって撮影し、その画像をビデオテープに録画し一定期間保存したこと及び犯罪捜査への協力要請に応じて同テープを警察官に提出したことは違法とはいえないとした裁判例がある（名古屋地判平成16・7・16判タ1195号191頁〔28092612〕）。

2　私人間におけるみだりに容貌等を撮影・公表されない利益

　私人間における肖像に関する利益の保護に関して、最高裁判所は、京都府学連事件判決を参照しながら、人が「みだりに自己の容ぼう等を撮影されないということについて法律上保護されるべき人格的利益」を有する一方、「人の容ぼう等の撮影が正当な取材行為等として許されるべき場合もあるのであって、ある者の容ぼう等をその承諾なく撮影することが不法行為法上違法となるかどうかは、被撮影者の社会的地位、撮影された被撮影者の活動内容、撮影の場所、撮影の目的、撮影の態様、撮影の必要性等を総合考慮して、被撮影者の上記人格的利益の侵害が社会生活上受忍の限度を超えるものといえるかどうかを判断して決すべきである」とし、さらに「人は、自己の容ぼう等を撮影された写真をみだりに公表されない人格的利益も有する」が、「人の容ぼう等の撮影が違法と評価される場合には、その容ぼう等が撮影された写真を公表する行為は、被撮影者の上記人格的利益を侵害するものとして、違法性を有する」と述べて、法廷において手錠をされ腰縄をつけられた状態の被疑者の容貌等をその承諾なく撮影し、公表した写真週刊誌の行為の違法性を認めた（最一小判平成17・11・10民集59巻9号2428頁〔28102344〕）。

3　パブリシティ権

　さらに最高裁判所は、「人の氏名、肖像等（以下、併せて「肖像等」という。）は、個人の人格の象徴であるから、当該個人は、人格権に由来するものとして、これをみだりに利用されない権利を有すると解される」と述べたうえで、「肖像等は、商品の販売等を促進する顧客吸引力を有する場合があり、このような顧客吸引力を排他的に利用する権利（以下「パブリシティ権」という。）は、肖像

等それ自体の商業的価値に基づくものであるから、上記の人格権に由来する権利の一内容を構成する」一方、肖像等に顧客吸引力を有する者は「その使用を正当な表現行為等として受忍すべき場合もある」から、「肖像等を無断で使用する行為は、〈1〉肖像等それ自体を独立して鑑賞の対象となる商品等として使用し、〈2〉商品等の差別化を図る目的で肖像等を商品等に付し、〈3〉肖像等を商品等の広告として使用するなど、専ら肖像等の有する顧客吸引力の利用を目的とするといえる場合に、パブリシティ権を侵害するものとして、不法行為法上違法となる」と判示した（最一小判平成24・2・2民集66巻2号89頁〔28180258〕）。

このように、判例は「肖像権」をいまだ正面から認めてはいないものの、本条の保障する「私生活上の自由」の1つ、さらには人格権に含まれる「肖像をみだりに利用されない権利」を公法・私法ともに承認して、その保護を図っているといえる。

## 論点 6　プライバシー権とはどのような権利か

### 1　総説

プライバシー権はもともとアメリカで、「ひとりで放っておいてもらう権利」として発展したものである。その核心である私生活の保護は、通信の秘密（21条2項。なお電話傍受の合憲性に関する最三小決平成11・12・16刑集53巻9号1327頁〔28045259〕も参照）、住居の不可侵（35条）によって直接的に、さらには思想良心の自由（19条。なお共産党又はその同調者である従業員を監視し孤立させるなどした会社の行為が、思想信条の自由及びプライバシーなどの人格的利益を侵害する不法行為に当たるとした最三小判平成7・9・5裁判所時報1154号1頁〔27827852〕も参照）、結社の自由（21条1項）及び不利益供述強要の禁止（38条1項）からも間接的に導かれるものであるが、今日では、プライバシー権は、本条の幸福追求権から導かれる独立の確立した権利であると考えられている。プライバシー権は、最広義では人格権（論点2参照）や自己決定権（論点7参照）をも包含する概念として用いられることもあるが、ここでは学説一般の理解に従い、自己の人格的生存に関わる重要な情報をコントロールする権利として、より限定的に理解することとする。このようにプライバシー権を理解する場合には、それは私法上、人

格権の一内容をなすものと扱われると同時に、すでに扱った氏名（論点3参照）・肖像（論点5参照）の保護をも含むものと整理されることになるが、後者の点を明言した判例は現在のところ見当たらず、また記述の重複を避けるために、この項目では扱わないこととする。なお、プライバシーは名誉（論点3参照）とも重なるところがあるが、社会的評価に関わらない私的な領域ないし情報を保護する点で、名誉とは区別される。

2　「私生活をみだりに公開されない権利」としての私法上のプライバシー

　裁判例においてはまず、私法上の権利としてのプライバシー権が承認された。「宴のあと」事件第1審判決は、「近代法の根本理念の一つであり、また日本国憲法のよつて立つところでもある個人の尊厳という思想は、相互の人格が尊重され、不当な干渉から自我が保護されることによつてはじめて確実なものとなるのであつて、そのためには、正当な理由がなく他人の私事を公開することが許されてはならない」ことから、プライバシーの「尊重はもはや単に倫理的に要請されるにとどまらず、不法な侵害に対しては法的救済が与えられるまでに高められた人格的な利益であると考えるのが正当であり、それはいわゆる人格権に包摂されるものではあるけれども、なおこれを一つの権利と呼ぶことを妨げるものではない」として、「私生活をみだりに公開されないという法的保障ないし権利」としてのプライバシー権を認めた。そしてプライバシー侵害に対する救済の要件として、「公開された内容が(イ)私生活上の事実または私生活上の事実らしく受け取られるおそれのあることがらであること、(ロ)一般人の感受性を基準にして当該私人の立場に立つた場合公開を欲しないであろうと認められることがらであること、換言すれば一般人の感覚を基準として公開されることによつて心理的な負担、不安を覚えるであろうと認められることがらであること、(ハ)一般の人々に未だ知られていないことがらであることを必要とし、このような公開によつて当該私人が実際に不快、不安の念を覚えたことを必要とする」と判示した（東京地判昭和39・9・28下級民集15巻9号2317頁〔27421273〕）。

　最高裁判所も、ノンフィクション作品によって前科が実名を用いて公表されたことに対する損害賠償が請求された事例で、「みだりに（中略）前科等にかかわる事実を公表されないことにつき、法的保護に値する利益」を認める一方、

前科の公表が許されるべき場合もあるとして、「ある者の前科等にかかわる事実を実名を使用して著作物で公表したことが不法行為を構成するか否かは、その者のその後の生活状況のみならず、事件それ自体の歴史的又は社会的な意義、その当事者の重要性、その者の社会的活動及びその影響力について、その著作物の目的、性格等に照らした実名使用の意義及び必要性をも併せて判断すべきもので、その結果、前科等にかかわる事実を公表されない法的利益が優越するとされる場合には、その公表によって被った精神的苦痛の賠償を求めることができるものといわなければならない」と判示した（最三小判平成6・2・8民集48巻2号149頁（ノンフィクション「逆転」事件）〔27817761〕）。犯行時少年であった者の犯行態様、経歴等を記載した記事を実名類似の仮名を用いて週刊誌に掲載したことに対する損害賠償が請求された事例で、最高裁判所は、先の前科に関する説示をさらにプライバシー一般に及ぼして、「プライバシーの侵害については、その事実を公表されない法的利益とこれを公表する理由とを比較衡量し、前者が後者に優越する場合に不法行為が成立する」と判示している（最二小判平成15・3・14民集57巻3号229頁（長良川事件）〔28080936〕）。なお、プライバシーの侵害に基づく表現行為の差止めも認められるが（最三小判平成14・9・24裁判所時報1324号5頁（「石に泳ぐ魚」事件）〔28072521〕）、その可否の判断については下級審裁判例において、総合比較衡量によるべきとするもの（東京高決昭和45・4・13高裁民集23巻2号172頁（「エロス＋虐殺」事件）〔27422153〕）と、①公共の利害に関する事項に係るものといえないこと、②専ら公益を図る目的のものでないことが明白であること、③被害者が重大にして著しく回復困難な損害を被るおそれがあることを要件とするもの（東京高決平成16・3・31判タ1157号138頁（週刊文春事件）〔28092468〕）があり、いまだ一致をみていない。

3　公法上の関係におけるプライバシー

　公権力によるプライバシー侵害については、肖像に関する京都府学連事件最高裁判決（最大判昭和44・12・24刑集23巻12号1625頁〔27681653〕。論点5参照）に続いて、最高裁判所は、「前科及び犯罪経歴（以下「前科等」という。）は人の名誉、信用に直接にかかわる事項であり、前科等のある者もこれをみだりに公開されないという法律上の保護に値する利益を有するのであつて、市区町村長が、本

来選挙資格の調査のために作成保管する犯罪人名簿に記載されている前科等をみだりに漏えいしてはならない」として、政令指定都市の区長が漫然と弁護士法23条の2に基づき前科及び犯罪経歴の照会に応じたことが国賠法上違法であるとした（最三小判昭和56・4・14民集35巻3号620頁〔27000139〕）。さらに最高裁判所は、「憲法13条により、国民が自己の意思に反してプライバシーに属する情報を公権力により明らかにされることはないという利益が憲法上尊重されるべきものとされているとしても、右のようなプライバシーの利益も絶対無制限なものではなく、公共の福祉による制約の下にある」として、郵便物中の信書以外の物が税関検査の対象となることは「公共の福祉の要請に基づくやむを得ない措置であり、プライバシーの利益もその限りにおいて制約を受ける」と判示した（最一小判平成元・4・13裁判集民156号549頁〔21090182〕）。

　また、外国人登録法（昭和57年法律75号改正前）14条1項、18条1項8号の合憲性が争われた事例において、最高裁判所は、「指紋は、指先の紋様であり、それ自体では個人の私生活や人格、思想、信条、良心等個人の内心に関する情報となるものではないが、性質上万人不同性、終生不変性をもつので、採取された指紋の利用方法次第では個人の私生活あるいはプライバシーが侵害される危険性がある」としたうえで、「憲法13条は、国民の私生活上の自由が国家権力の行使に対して保護されるべきことを規定していると解されるので、個人の私生活上の自由の一つとして、何人もみだりに指紋の押なつを強制されない自由を有する」と述べつつ、同法の定める在留外国人の指紋押なつ制度は立法目的には十分な合理性・必要性がありまた一般的に許容される限度を超えない相当な方法によるものだったとして、本条違反の主張を斥けた（最三小判平成7・12・15刑集49巻10号842頁〔27828552〕。最一小判平成8・2・22訟務月報43巻2号754頁〔28010232〕、最三小判平成10・11・10判例地方自治187号96頁〔28041194〕も同旨）。さらに最高裁判所は、本条により「個人の意思に反してみだりにプライバシーに属する情報の開示を公権力により強制されることはないという利益」が尊重されるべきだとしても、外国人に対し外国人登録原票に登録した事項の確認の申請を義務づける制度を定めた外国人登録法18条1項1号及び昭和62年法律102号改正前の外国人登録法11条1項は、立法目的の合理性・必要性があるほか、

職業、勤務所等の情報を含む確認事項は「いずれも人の人格、思想、信条、良心等の内心に関わる情報とはいえず」相当な方法によるものであるとして、本条に違反しない旨を判示した（最一小判平成9・11・17刑集51巻10号855頁〔28035007〕）。

他方、市長が住民票に非嫡出子の世帯主との続柄を「子」と記載した行為が本条及び14条に違反するとして国家賠償が請求された事例において、最高裁判所は、住民票においても戸籍と同様に嫡出子と非嫡出子とを区別して続柄の記載をすることとした住民基本台帳事務処理要領の定めが明らかに住民基本台帳法の解釈を誤ったものということはできないとして、プライバシー権侵害の成否を検討しないまま、請求を棄却した（最一小判平成11・1・21裁判集民191号127頁〔28040189〕）。

その他、公権力によるプライバシー権の侵害について扱った下級審裁判例としては、犯罪捜査に当たった警察官が被疑者の弁護士の所属する団体・政党を調査し捜査報告書に記載した行為等がプライバシーを侵害するとしたもの（東京高判平成12・10・25訟務月報49巻7号1895頁〔28052393〕）、無差別大量殺人行為を行った団体の規制に関する法律に基づく観察処分が、「プライバシーの干渉を正当化するに必要な事前手続及び事後の救済手続を欠くとまではいえない」ことも併せれば、プライバシーに関する憲法上の保障に反しないとしたもの（東京地判平成13・6・13訟務月報48巻12号2916頁〔28062000〕）、警視庁が警察病院に委託して、警察官として採用された者に対して無断でHIV抗体検査を行ったことが、本人の同意なしに行われかつその合理的必要性も認められないため、プライバシーを侵害するとしたもの（東京地判平成15・5・28判タ1136号114頁〔28082310〕）、公安調査庁が元職員の動向を把握するため、居宅を24時間体制で監視し外出時に尾行する等したことが、プライバシー侵害の程度の大きい一方、その目的は上記侵害を正当化する根拠としては薄弱であったことなどを総合し、プライバシー侵害の被害が受忍限度を超え違法であるとしたもの（東京高判平成16・2・25判時1860号70頁〔28091898〕）等がある。

4　自己情報コントロールとしてのプライバシー

ここまで取り上げたプライバシーの保護は、個人の私的領域に他者を立ち入

らせないという消極的な側面が強いものであった。しかし、情報化社会の進展に伴い、自己情報の流通を積極的にコントロールする権利（自己情報コントロール権）としてプライバシー権を理解すべきだとする傾向が強まり、1970年代以降、多くの地方公共団体が個人情報保護条例を制定するに至った。

　下級審裁判例においても、他人の保有する個人の情報が真実に反して不当であって、その程度が社会的受忍限度を超え、個人が社会的受忍限度を超えて損害を被るときには、個人は名誉権ないし人格権に基づき当該他人に対し当該情報の訂正・抹消を請求しうる場合がある旨を説示したもの（東京高判昭和63・3・24判タ664号260頁〔27801488〕）をはじめ、本条の理念に照らし、他人に知られたくない個人の私的事柄をみだりに不特定又は多数人に対して公表されることや第三者に漏えいされることが許されないとの要請は、国民と国家との間の関係にとどまらず私法上の法律関係においても保護に値する旨を説示したもの（東京地判平成3・3・28判タ766号232頁〔27808736〕）、何人も、個人の私生活上の自由の1つとして「その承諾なしに、公権力によってみだりに私生活に関する情報を収集、管理されることのない自由」を有するが、公権力による国民の私生活に関する情報の収集・管理が本条の趣旨に反するかは、①公権力によって取得・保有・利用される情報の性質、②公権力による情報の取得・保有・利用の目的の正当性、③公権力による情報の取得・保有・利用の方法の正当性を総合して判断すべきだとするもの（東京地判平成13・2・6判時1748号144頁〔28061593〕）等が現れた。

　そして最高裁判所も、私立大学が中華人民共和国国家主席の講演会の主催者として学生から参加者を募る際に収集した学籍番号、氏名、住所及び電話番号に係る情報を参加申込者に無断で警察に開示した行為に対して損害賠償が請求された事例で、これらの情報は大学が「個人識別等を行うための単純な情報であって、その限りにおいては、秘匿されるべき必要性が必ずしも高いものではない」が、「このような個人情報についても、本人が、自己が欲しない他者にはみだりにこれを開示されたくないと考えることは自然なことであり、そのことへの期待は保護されるべきものであるから、本件個人情報は、上告人らのプライバシーに係る情報として法的保護の対象となる」、「このようなプライバ

シーに係る情報は、取扱い方によっては、個人の人格的な権利利益を損なうおそれのあるものであるから、慎重に取り扱われる必要がある」と判示した（最二小判平成15・9・12民集57巻8号973頁〔28082416〕）。この説示は、自己情報コントロール権的な理解を示したものと受け止められている。

　また、平成11年法律133号による住民基本台帳法の改正により、市町村が保有する住民基本台帳上の本人確認情報（氏名、生年月日、性別、住所、住民票コード及び変更情報）が全国サーバに伝達・保存され、行政機関による管理・利用を可能にする住民基本台帳ネットワークシステム（住基ネット）については、プライバシー権を侵害し本条に違反するとして、数多くの訴訟が提起された。そのうち大阪高等裁判所は、住基ネット制度には、住民個々人の多くのプライバシー情報が本人の予期しない時・範囲で行政機関に保有・利用される危険があり、行政目的実現手段として合理性を有しておらず、人格的自律を著しく脅かすものでプライバシー権を著しく侵害するとして、住民基本台帳からの住民票コードの削除請求を認容した（大阪高判平成18・11・30民集62巻3号777頁〔28130405〕）。これに対して同事件最高裁判決は、本条の保障する「個人の私生活上の自由の一つとして、何人も、個人に関する情報をみだりに第三者に開示又は公表されない自由を有する」が、住基ネット上の本人確認情報は「人が社会生活を営む上で一定の範囲の他者には当然開示されることが予定されている個人識別情報」である等、個人の内面に関わる秘匿性の高い情報ではないこと、住基ネットにシステム技術上又は法制度上の不備があるために本人確認情報が法令等の根拠に基づかずに又は正当な行政目的の範囲を逸脱して第三者に開示・公表される具体的な危険が生じているとはいえないとして、住基ネットが本条に違反しない旨を判示した（最一小判平成20・3・6民集62巻3号665頁（住基ネット訴訟）〔28140650〕）。同判決は「個人の私生活上の自由」の1つとして、個人情報をみだりに開示・公表されない自由が憲法上の自由であることを承認したにとどまり、正面から自己情報コントロール権説を承認したものではないが、個人情報の漏えい等の具体的危険がある場合には情報の取得・管理・利用が違憲となり得るとの前提を採用している点は、注目に値する。

　このように、「私生活をみだりに公開されない権利」としてのプライバシー

権はすでに確立しており、積極的な情報コントロール権としての側面も次第に承認されつつあるというのが、判例の現状であると思われる。

**コメント**

　プライバシー権が自己情報コントロール権として理解されるとしても、私人間の関係を含むその実効的な保障や行使のためには、立法措置が必要である。地方公共団体の個人情報保護条例のほか、個人情報の保護に関する法律（平成15年法律57号）、行政機関の保有する個人情報の保護に関する法律（平成15年法律58号）が制定され、その下で個人情報の保護が図られている。しかし、情報の自由な流通が必要以上に損なわれていないか、またインターネット等の進展に十分対応できているか等、個人情報保護法制には不断の見直しが必要であり、憲法上のプライバシー権は、そのような見直しの指針ともなり得るものである。

## 論点 7　自己決定権とはどのような権利か

　自己決定権とは、個人の人格的自律に関わる事項を各人が自律的に決定できる自由であり、本条の幸福追求権によって保障されると考えられている。

　「エホバの証人」の信者である患者が手術に先立ち、信仰上の理由から絶対に輸血しないでほしい旨の意思を表明していたにもかかわらず、医師は「できる限り輸血しないが、輸血以外に救命手段がない事態になれば輸血する」との治療方針を説明せず、手術中に輸血をしたことに対して損害賠償が請求された事例で、東京高等裁判所は、「各個人が有する自己の人生のあり方（ライフスタイル）は自らが決定することができるという自己決定権」から、本件のような手術を行うについて患者の同意が必要であり、医師は必要な情報を開示して患者に説明すべき義務を負う旨を判示した（東京高判平成10・2・9高裁民集51巻1号1頁〔28030706〕）。同判決が正面から自己決定権を承認した点、また傍論で「いわゆる尊厳死を選択する自由は認められるべきである」と述べた点が注目される。これに対して同事件最高裁判決は、「患者が、輸血を受けることは自己の宗教上の信念に反するとして、輸血を伴う医療行為を拒否するとの明確な意思を有している場合、このような意思決定をする権利は、人格権の一内容として尊重されなければならない」として、医師の説明義務違反を認めた（最三小判平成

12・2・29民集54巻2号582頁（エホバの証人輸血拒否訴訟）〔28050437〕)。このように判例は自己決定権一般を正面から認めてはおらず、医療関係でインフォームド・コンセントの法理により医師の説明義務が認められるにとどまっている（最三小判平成13・11・27民集55巻6号1154頁〔28062420〕も参照)。なおいわゆる混合診療保険給付外の原則を内容とする健康保険法の解釈は「患者の治療選択の自由を不当に侵害するものともいえ」ないとして本条違反の主張を斥けた最高裁判決（最三小判平成23・10・25民集65巻7号2923頁〔28174475〕）も、自己決定権に関わる説示として理解すべきものと思われる。

　また性同一性障害者の性別の取扱いの特例に関する法律3条1項3号（平成20年法律70号改正前）が、性同一性障害者につき性別の取扱いの変更が認められるための要件として「現に子がいないこと」を求めることの合憲性が争われた事例で、大阪高等裁判所は、「性別が人格的生存あるいは人格的自律と関わるものであり、憲法13条が一般的に保障する範疇に含まれると解する余地があるとしても、性別の変更の取扱いについて、法が3号要件を設けたことが、それに合理的な根拠があると認められる」以上本条に反しない旨を判示し（大阪高決平成19・6・6平成19年(ラ)346号公刊物未登載〔28140802〕）、同事件最高裁決定も本条違反の主張を斥けている（最三小決平成19・10・19家裁月報60巻3号36頁〔28132476〕）。

　さらに学説上は、髪型・服装等のライフスタイルの決定が自己決定権に含まれると解する見解が有力であるが、裁判例はこの点を正面から認めていない。例えば、下級審裁判例においては、公立中学校長が制定した男子生徒の髪形を「丸刈、長髪禁止」と定める校則の無効確認が請求された事例で、熊本地方裁判所は、本件校則が14、21条及び31条に反するとの主張を斥けるとともに、著しく不合理であるとは断定できず違法とはいえないとした（熊本地判昭和60・11・13行集36巻11=12号1875頁〔27803367〕）。また最高裁判所は、本条が私人間に当然に適用ないし類推適用されるものでないことを理由に、いわゆるバイク3ない原則を定める私立高校の校則及びパーマをかけることを禁止する私立高校の校則が本条違反であるとの主張を、それぞれ斥けている（最三小判平成3・9・3判タ770号157頁〔27814314〕、最一小判平成8・7・18裁判所時報1176号1頁〔28010883〕）。

**論点 ⑧** 人格的生存にとって重要でないとされる行為の自由は本条によって保護されるか

　初期の最高裁判所は、爆発物又は有毒物を使用して採捕した水産動植物の所持を禁止した旧漁業法及び同法施行規則（明治43年農商務省令25号）47条が公共の福祉のために必要なものであるとして、本条違反の主張を斥け（最大判昭和25・10・11刑集4巻10号2029頁〔27760242〕）、また賭博行為は「各人に任かされた自由行為」に属するようにもみえるが、健康で文化的な社会の基礎をなす勤労の美風を害し、その他の副次的犯罪を誘発し又は国民経済の機能に重大な障害を与えるおそれすらあって「公共の福祉に反する」ものとして、刑法186条2項が本条に違反するとの主張を斥けた（最大判昭和25・11・22刑集4巻11号2380頁〔27760254〕）。

　これに対して監獄法施行規則96条中未決勾留により拘禁された者に対し喫煙を禁止する規定が本条に反するかが争われた事例では、最高裁判所は、「喫煙の自由は、憲法13条の保障する基本的人権の一に含まれるとしても、あらゆる時、所において保障されなければならないものではな」く、「拘禁の目的と制限される基本的人権の内容、制限の必要性などの関係を総合考察すると、前記の喫煙禁止という程度の自由の制限は、必要かつ合理的なものである」としている（最大判昭和45・9・16民集24巻10号1410頁〔27000690〕）。免許を受けずに自己消費を目的とする酒類を製造する行為を酒税法7条1項、54条1項により処罰することが本条に違反するかが争われた事例で、最高裁判所は、「自己消費目的の酒類製造の自由が制約されるとしても、そのような規制が立法府の裁量権を逸脱し、著しく不合理であることが明白であるとはいえ」ないと判示している（最一小判平成元・12・14刑集43巻13号841頁〔22003501〕）。また最高裁判所は、「憲法13条により保障される国民の私生活上の自由も、公共の福祉による合理的な制約に服すべきものであるところ」、自動車の運転者に座席ベルトの装着を義務づける道路交通法71条の2の規定は合理的な規制であるとして、本条違反の主張を斥けている（最三小判平成2・6・5裁判集民160号135頁〔28211149〕）。さらに「ストーカー規制法の目的の正当性、規制の内容の合理性、相当性にかんがみれば、同法2条1項、2項、13条1項は、憲法13条、21条1項に違反しない」

と判示したものもある（最一小判平成15・12・11刑集57巻11号1147頁〔28095042〕）。

　さらに、人格的生存にとって重要でないとされる自由の侵害を理由とした本条違反の主張が、その前提を欠くとして排斥された例も多い。近時の最高裁判所がこうした処理を行った例として、刑法186条1項（平成7年法律91号改正前）が本条に反するとの主張を排斥したもの（最三小決平成7・9・26裁判集刑266号1009頁〔28211151〕）、東京都特別区のリサイクル条例の規制が本条の権利とは直接関連を有するものではないとして本条違反の主張を排斥したもの（最一小決平成20・7・17判タ1302号114頁〔28155803〕）、「輸入豚肉について差額関税を含むいかなる関税制度を採用するかは立法政策の問題であって憲法適否の問題ではない」として豚肉の差額関税制度が本条に反するとの主張を排斥したもの（最二小決平成24・9・4平成22年（あ）1591号裁判所HP〔28182252〕）等がある。

　以上でみたように、人格的生存にとって不可欠な人格権、プライバシー権及び自己決定権以外の自由・利益について、判例が、そもそも本条の保護範囲外と考えているのか、本条の保護を受けることを前提にその制約が公共の福祉に適合しているとする趣旨か、あるいは規制と公共の福祉の適合性を判断すれば足りるものとしているのかは、現時点でもなお明確とはいえない。

## 論点 9　上記以外に本条後段の幸福追求権による保障が争われた自由・利益にはどのようなものがあるか

　上記のほか、本条後段が憲法上の保障根拠として挙げられた自由・利益の主張例としては、次のようなものがある。

### 1　平和的生存権

　駐留軍用地特措法の合憲性が争われた事例で、最高裁判所は、裁判所としては日米安全保障条約及び日米地位協定が合憲であることを前提として同法の合憲性を審査すべきであり、所論も同条約及び同協定の違憲を主張するものでないとして、同法が前文、9条及び本条に基づき保障された平和的生存権を侵害するとの主張を斥けている（最大判平成8・8・28民集50巻7号1952頁〔沖縄代理署名訴訟〕〔28011109〕）。

### 2　国家補償を求める権利

予防接種による健康被害に対する国家補償が求められた事例で、東京地方裁判所は、本条後段及び25条1項の趣旨に照らし、財産上特別の犠牲が課せられた場合と生命・身体に対し特別の犠牲が課せられた場合とで後者を不利に扱う合理的理由はないとして、29条3項を直接の根拠とする補償請求を認めたが（東京地判昭和59・5・18訟務月報30巻11号2011頁〔27490027〕）、同事件第2審判決（東京高判平成4・12・18高裁民集45巻3号212頁〔27814481〕）をはじめ、その後の同種の訴訟では、29条3項に基づく補償請求ではなく、国家賠償請求によるものとされている。

また、戦争犠牲ないし戦争損害に対して、本条、29条3項等を根拠とした補償請求について、最高裁判所は、戦争犠牲ないし戦争損害に対する補償は憲法の予想しないところであるとする判例（最大判昭和43・11・27民集22巻12号2808頁〔27000883〕）を引用して、主張は前提を欠く旨を繰り返し判示している（最二小判昭和62・6・26裁判集民151号147頁〔27801192〕、最三小判平成4・4・28訟務月報38巻12号2579頁〔27811622〕、最一小判平成9・3・13民集51巻3号1233頁〔28020796〕等）。

3　適正手続を受ける権利

下級審裁判例には、「国民の権利、自由の保障は、これを主張し擁護する手続の保障と相いまつて初めて完全、実質的なものとなり得るのであつて、憲法第13条、第31条は、国民の権利、自由が実体的のみならず手続的にも尊重さるべきことを要請する趣旨を含むものと解すべきである」と判示したものがある（東京地判昭和38・9・18民集25巻7号1053頁〔27201276〕）。

最高裁判所は、質問検査権について定める所得税法63条（昭和40年法律33号改正前）が本条等に反するとの主張が前提を欠くとして排斥したほか（最一小判昭和58・7・14訟務月報30巻1号151頁〔21078441〕）、行政手続にも31条の保障が及ぶ場合があり得るとの判例（最大判平成4・7・1民集46巻5号437頁（成田新法事件）〔25000011〕）を参照して、行政手続が本条に反するとの主張を斥けている（最一小判平成4・9・10税務訴訟資料192号442頁〔22007000〕、最一小判平成15・12・4訟務月報50巻10号2952頁〔28090090〕）。

4　生命

最高裁判所は、本条を参照しつつ、「公共の福祉という基本的原則に反する

場合には、生命に対する国民の権利といえども立法上制限乃至剥奪されることを当然予想しているものといわねばならぬ」と判示しており（最大判昭和23・3・12刑集2巻3号191頁〔27760012〕）、さらに死刑が本条の趣旨に反しない旨を繰り返し判示している（最三小判昭和23・11・9裁判集刑5号179頁〔28211152〕等）。

### コメント

学説では、公務就任権も本条後段から導かれるとの見解があるが、この点は15条参照。

## III　公共の福祉による制限

●●●●●● 論　　点 ●●●●●●

1　本条後段にいう「公共の福祉」はどのような法的意義を有するか
2　公共の福祉による基本的人権の制限の程度はどのように判断すべきか
3　基本的人権の制限の合憲性は具体的にどのように判断すべきか

**論点 ❶　本条後段にいう「公共の福祉」はどのような法的意義を有するか**

　初期の最高裁判所は、本条について「個人の尊厳と人格の尊重を宣言したものであることは勿論であるが、個人の生命、自由、権利も、社会生活の正しい秩序、共同の幸福が保持されない限り、所詮それは砂上の楼閣に終るしかないのである。されば同条には『公共の福祉に反しない限り』との大きな枠をつけて」いると判示している（最大判昭和23・3・24裁判集刑1号535頁〔27760013〕）。

　また最高裁判所は、「新憲法の保障する言論の自由は、旧憲法の下において、日本臣民が『法律ノ範囲内ニ於テ』有した言論の自由とは異なり、立法によっても妄りに制限されないものであることは言うまでもない。しかしながら、国民はまた、新憲法が国民に保障する基本的人権を濫用してはならないのであつて、常に公共の福祉のためにこれを利用する責任を負うのである（憲法12条）。それ故、新憲法の下における言論の自由といえども、国民の無制約な恣意のまゝに許されるものではなく、常に公共の福祉によつて調整されなければならぬ」と述べ（最大判昭和24・5・18刑集3巻6号839頁〔27680028〕。最大決昭和26・4・4民集5巻5号214頁〔27003475〕も参照）、あるいは公務員を含む労働基本権（28条）が「公共の福祉のために制限を受けるのは已を得ない」（最大判昭和28・4・8刑集7巻4号775頁〔27660329〕。なお公務員の政治活動の制限について最大判昭和33・4・16刑集12巻6号942頁〔27670150〕）として、本条以外の個別の基本的人権もまた12条及び本条にいう公共の福祉の制限に服することを、早くから明確にした。チャタレイ事件最高裁判決は、こうした立場を明確に、「憲法の保障する各種の基本的

人権についてそれぞれに関する各条文に制限の可能性を明示していると否とにかかわりなく、憲法12条、13条の規定からしてその濫用が禁止せられ、公共の福祉の制限の下に立つものであり、(中略)表現の自由に適用すれば、この種の自由は極めて重要なものではあるが、しかしやはり公共の福祉によって制限される」ものと判示した（最大判昭和32・3・13刑集11巻3号997頁〔27760577〕）。

このように、本条後段にいう公共の福祉は基本的人権を制約する一般的な根拠であると考えられている。

### コメント

学説では、公共の福祉は人権の外にあってそれを制約する一般的原理であるとする見解（一元的外在制約説）、本条は訓示的・倫理的規定にとどまるため本条にいう「公共の福祉」は人権制約の根拠とはなり得ず、公共の福祉による制約（外在的制約）が認められるのは経済的自由権（22、29条）だけであり、それ以外の基本的人権はそれに内在する制約にのみ服するとの見解（内在・外在二元的制約説）も説かれたが、その後、公共の福祉とは人権相互の矛盾・衝突を調整する実質的公平の原理であり、すべての人権に内在するものであるとの見解（一元的内在制約説）が広く支持されるに至った。

### 論点 ❷ 公共の福祉による基本的人権の制限の程度はどのように判断すべきか

基本的人権が公共の福祉の制限の下にあるとすれば、「公共の福祉」が事の性質上多種多様な要請を包含しうる不確定概念であることから、抽象的に当該規制が公共の福祉に基づくものであるとさえいえれば、基本的人権の制限はおよそ合憲であるということにもなりかねない。この点について、最高裁判所は、「日本国憲法の下において、裁判所は、個々の具体的事件に関し、表現の自由を擁護するとともに、その濫用を防止し、これと公共の福祉との調和をはかり、自由と公共の福祉との間に正当な限界を劃することを任務として」いると述べ、市の公安条例の合憲性について「本条例によって憲法の保障する表現の自由が、憲法の定める濫用の禁止と公共の福祉の保持の要請を越えて不当に制限されているかどうかの判断に帰着する」と判示した（最大判昭和35・7・20刑集14巻9号

1197頁〔27681062〕）。この説示は、公共の福祉の要請を超える人権制限が違憲となること、換言すれば、基本的人権に限界があるだけでなく、公共の福祉の要請もまた限界を有することを前提としている。さらに最高裁判所は、公務員の団結権が公共の福祉によって受ける「制限の程度は、勤労者の団結権等を尊重すべき必要と公共の福祉を確保する必要とを比較考量し、両者が適正な均衡を保つことを目的として決定されるべき」と述べ、人権制限の合憲性を比較衡量（比較考量、利益較量）によって判断するとしつつ、他方で「具体的に制限の程度を決定することは立法府の裁量権に属するものというべく、その制限の程度がいちじるしく右の適正な均衡を破り、明らかに不合理であつて、立法府がその裁量権の範囲を逸脱したと認められるものでないかぎり、その判断は、合憲、適法なものと解するのが相当である」として、立法府の判断を尊重する姿勢を示した（最大判昭和40・7・14民集19巻5号1198頁（和教組事件）〔27001285〕）。

これに対して、全遞東京中郵事件最高裁判決は、勤労者の労働基本権は、「国民生活全体の利益の保障という見地からの制約を当然の内在的制約として内包している」と述べ、さらに「労働基本権の制限は、労働基本権を尊重確保する必要と国民生活全体の利益を維持増進する必要とを比較衡量して、両者が適正な均衡を保つことを目途として決定すべきであるが、労働基本権が勤労者の生存権に直結し、それを保障するための重要な手段である点を考慮すれば、その制限は、合理性の認められる必要最小限度のものにとどめなければならない」と判示した（最大判昭和41・10・26刑集20巻8号901頁〔27670400〕）。この説示は、従来の抽象的な公共の福祉論から一歩進んで、人権の制限が当該基本的人権に内在する制約であって、合理的かつ必要最小限度にとどめられるべきことを示したものと考えられる。

同判決の後にも、個別具体的な比較衡量によって人権制限の可否を判断した判例が現れた。例えば博多駅事件最高裁決定は、「公正な刑事裁判の実現を保障するために、報道機関の取材活動によつて得られたものが、証拠として必要と認められるような場合には、取材の自由がある程度の制約を蒙ることとなつてもやむを得ない」と述べつつ、「このような場合においても、一面において、審判の対象とされている犯罪の性質、態様、軽重および取材したものの証拠と

しての価値、ひいては、公正な刑事裁判を実現するにあたつての必要性の有無を考慮するとともに、他面において取材したものを証拠として提出させられることによつて報道機関の取材の自由が妨げられる程度およびこれが報道の自由に及ぼす影響の度合その他諸般の事情を比較衡量して決せられるべきであり、これを刑事裁判の証拠として使用することがやむを得ないと認められる場合においても、それによつて受ける報道機関の不利益が必要な限度をこえないように配慮されなければならない」と判示した（最大決昭和44・11・26刑集23巻11号1490頁〔27760891〕。なお、未決勾留者の新聞閲読の自由の制限に関する最大判昭和58・6・22民集37巻5号793頁（よど号ハイジャック記事抹消事件）〔27000042〕も参照）。また、第1次家永教科書訴訟最高裁判決は、「憲法21条1項にいう表現の自由といえども無制限に保障されるものではなく、公共の福祉による合理的で必要やむを得ない限度の制限を受けることがあり、その制限が右のような限度のものとして容認されるかどうかは、制限が必要とされる程度と、制限される自由の内容及び性質、これに加えられる具体的制限の態様及び程度等を較量して決せられるべきものである」と判示している（最三小判平成5・3・16民集47巻5号3483頁〔27814781〕）。このように、公共の福祉による人権制限の可否を比較衡量によって判断するという立場は、現在の判例において確立したものといえる。

## 論点 ③ 基本的人権の制限の合憲性は具体的にどのように判断すべきか

上記の比較衡量によって、公共の福祉による人権制限の可否が抽象的・名目的に判断される場合には、やはり初期の判例の抽象的な公共の福祉論と同様の危険をはらむものといえる。そこで、判例における人権制限の合憲性の判断は、そのまま個別的な比較衡量によってなされる場合もあれば、衡量のための具体的な基準・準則を定立してその下で行われる場合もみられる。

例えば、薬事法事件最高裁判決は、「職業の自由は、それ以外の憲法の保障する自由、殊にいわゆる精神的自由に比較して、公権力による規制の要請がつよ」いと述べ、さらに職業の自由に対する「規制措置が憲法22条1項にいう公共の福祉のために要求されるものとして是認されるかどうかは、これを一律に

論ずることができず、具体的な規制措置について、規制の目的、必要性、内容、これによって制限される職業の自由の性質、内容及び制限の程度を検討し、これらを比較考量したうえで慎重に決定されなければならない」と述べて、比較衡量の枠組みを採用するとともに、その検討と考量は第1次的には立法府の権限と責務であるとして、立法裁量を認める旨を判示している（最大判昭和50・4・30民集29巻4号572頁〔27000373〕）。

　これに対して、泉佐野市民会館事件最高裁判決は、集会の自由の「制限が必要かつ合理的なものとして肯認されるかどうかは、基本的には、基本的人権としての集会の自由の重要性と、当該集会が開かれることによって侵害されることのある他の基本的人権の内容や侵害の発生の危険性の程度等を較量して決せられるべき」と述べるとともに、「このような較量をするに当たっては、集会の自由の制約は、基本的人権のうち精神的自由を制約するものであるから、経済的自由の制約における以上に厳格な基準の下にされなければならない」と判示している（最三小判平成7・3・7民集49巻3号687頁〔27826693〕）。もっとも、①規制目的の正当性、②禁止と目的達成手段の合理的関連性、③禁止によって得られる利益と失われる利益の均衡によって公務員の政治的行為の制限の合憲性を判断すべきだとした猿払事件最高裁判決（最大判昭和49・11・6刑集28巻9号393頁〔27670762〕）をはじめ、判例が精神的自由の分野で実際には厳格な基準を採用していないとする学説の批判が強い。しかし最高裁判所は、学説のいう厳格な基準やその精神を考慮してはいるものの、その選択及び内容に関しては、「基準を定立して自らこれに縛られることなく、柔軟に対処している」との立場を崩していない、とされる（最二小判平成24・12・7裁判所時報1569号2頁（社会保険庁職員事件）〔28182621〕の千葉勝美裁判官補足意見）。

　他方、立法裁量が認められる分野においても、先の薬事法事件最高裁判決は「合理的裁量の範囲については、事の性質上おのずから広狭がありうる」と述べており、また平等違反の有無を判断するという形で、実際には精神的自由の分野と同様、立法事実に基づき、立法目的の正当性と目的達成手段の合理性・必要性の双方が審査されることが多くなっている（目的・手段審査）。

### コメント

　学説では、裁判所が人権制限の合憲性を判断する基準を準則化する立場（二重の基準論、違憲審査基準論）が広く支持されている。他方、最近では、各人権条項がいかなる自由・利益を保護するか、憲法上保護された権利の制約があるか、その制約は憲法上正当化されるかという3段階の審査により人権制限の合憲性を判断すべきであり、特に最後の正当化の審査段階では、比例原則を中心に判断すべきだとの立場も、説かれるようになっている。もっとも、両者の立場は実際には相当程度重なり合っているとの指摘もみられる。

### 【参考文献】

芦部信喜『憲法学Ⅱ人権総論』有斐閣（1994年）第7章、樋口陽一=佐藤幸治=中村睦男=浦部法穂『注解法律学全集1・憲法Ⅰ』青林書院（1994年）〔佐藤幸治〕245-308頁、種谷春洋「生命・自由および幸福追求権」芦部信喜編『憲法Ⅱ　人権1』有斐閣（1978年）130-193頁、山本龍彦「幸福追求権」憲法判例研究会編『判例プラクティス憲法』信山社（2012年）33-58頁、「幸福追求権」公法研究58号（1996年）

　　　　　　　　　　　　　　　　　　　　　　　　　　　　　（宍戸常寿）

## ◆第14条

> (法の下の平等、貴族制度の否認及び栄典)
> 第14条　すべて国民は、法の下に平等であつて、人種、信条、性別、社会的身分又は門地により、政治的、経済的又は社会的関係において、差別されない。
> ② 華族その他の貴族の制度は、これを認めない。
> ③ 栄誉、勲章その他の栄典の授与は、いかなる特権も伴はない。栄典の授与は、現にこれを有し、又は将来これを受ける者の一代に限り、その効力を有する。

【条文の概要】

　本条は、1項で「法の下の平等」をうたい、それを受けて、2項で、貴族制度の否認を宣言し、3項で栄典の授与に特権を伴わないことを定めている。

　1項が保障する平等は、近代立憲主義において、自由を基幹とする基本権と並ぶ人権宣言の中核をなす規範価値であるが、明治憲法には存在しなかったがゆえに、この規定の下での具体的実現をめぐって多大の関心が向けられた。その条文の体裁も、具体的に歴史上の代表的差別禁止事由を列挙して、その意義の重要性を示すものとなっている。また、これを反映して、立法、行政、及び司法の場面でも平等実現をめぐる議論が盛んに展開されてきた。したがって、以下にみるように多くの論点をめぐって多数の判例が登場している。

　2項と3項は、明治憲法の下での体験に基づき、1項の「法の下の平等」に反する制度の存在を否定して、1項の平等の理念の浸透を徹底させている。


〔細目次〕
Ⅰ　「法の下の平等」の意義
Ⅱ　本条に列挙の差別禁止事由
Ⅲ　本条に明示的に例示されていない差別事由
Ⅳ　行政法規による差別的扱い

## I 「法の下の平等」の意義

••••••  論　　点  ••••••

1　本条1項の「法の下の平等」は、法令の適用についてだけでなく、その内容も平等であることを求めているか
2　本条の「平等」は、相対的平等を意味すると理解すべきか。また、形式的平等にとどまらない平等の実現を求めているか
3　本条が容認するとされる合理的差別とは何か

【関連法令】
刑法18、200条（現在は削除）、205条2項（現在は削除）、国籍法、男女雇用機会均等法、日本国とアメリカ合衆国との間の安全保障条約第3条に基づく行政協定の実施に伴う関税法等の臨時特例に関する法律、無差別大量殺人行為を行った団体の規制に関する法律

### 論点 ❶　本条1項の「法の下の平等」は、法令の適用についてだけでなく、その内容も平等であることを求めているか

　この論点については、次にみるように、判例上、肯定の結論が日本国憲法施行以来維持されているといってよく、取り上げるまでもないといえるほどである。ただ、憲法概説書においてはよく言及されているので、確認のために取り上げておく。

　最高裁判所が初めて法令違憲の判断を下した尊属殺重罰規定違憲判決（最大判昭和48・4・4刑集27巻3号265頁〔27760999〕）は、刑法200条（平成7年法律91号で削除）の法定刑が死刑又は無期懲役刑に限定されている点においてあまりに厳しいものというべきで、合理的根拠に基づく差別的取扱いとして正当化することは到底できない、と判示しており、法令内容が平等であることを求めた判断であることは明らかである。また、そのことは、この判決をもって初めて明らかとなったわけでなく、後述の論点2で言及する判例で示されているように、当初から一貫して維持されているといってよい。さらに、Ⅱ以下で扱う論点で登場する判例においても、法令の規定する内容が本条に違反するか否かの審査が

なされている。

### コメント

　なお、本条が定めているのは、平等原則か平等権かということも、学説上は議論されている論点である。しかし、判例においてはどちらかに統一して用いられているわけではなく、また、どちらかであると「法の下の平等」の保障の効果に違いが生じるというわけでもないといえるので、ここでは論点として取り上げない。ちなみに、次の論点２で取り上げる初期の最高裁判例では、「平等の原則」といっており、また、最高裁裁判官についてみると、「平等権」と「平等原則」の両者を用いた論述例として、平成５年議員定数不均衡判決（最大判平成5・1・20民集47巻1号67頁〔25000033〕）における木崎良平裁判官反対意見や、「平等原則」の語を用いた論述例として、国籍法違憲判決（最大判平成20・6・4民集62巻6号1367頁〔28141352〕）における泉徳治裁判官補足意見、平成21年の議員定数不均衡判決（最大判平成21・9・30民集63巻7号1520頁〔28153141〕）における金築誠志裁判官補足意見などがみられる。

### 論点 ❷　本条の「平等」は、相対的平等を意味すると理解すべきか。また、形式的平等にとどまらない平等の実現を求めているか

　この論点についても肯定的に理解すべきことは、当初の最高裁判例以来確立しているといってよい。

１　相対的平等

　まず、尊属傷害致死に関する刑法205条２項（平成７年法律91号で削除）の規定は本条に違反しないとした昭和25年の判決（最大判昭和25・10・11刑集4巻10号2037頁〔27760245〕）をみると、本条の意味について次のように相対的平等であると論じられている。「おもうに憲法14条が法の下における国民平等の原則を宣明し、すべて国民が人種、信条、性別、社会的身分又は門地により、政治的、経済的又は社会的関係上差別的取扱を受けない旨を規定したのは、人格の価値がすべての人間について同等であり、従つて人種、宗教、男女の性、職業、社会的身分等の差異にもとづいて、あるいは特権を有し、あるいは特別に不利益な待遇を与えられてはならぬという大原則を示したものに外ならない。奴隷制や貴族等の特権が認められず、又新民法において、妻の無能力制、戸主の特権

的地位が廃止せられたごときは、畢竟するにこの原則に基くものである。しかしながら、このことは法が、国民の基本的平等の原則の範囲内において、各人の年令、自然的素質、職業、人と人との間の特別の関係等の各事情を考慮して、道徳、正義、合目的性等の要請より適当な具体的規定をすることを妨げるものではない」。

　このように、日本国憲法の要求する平等は、能力、年齢、財産、職業などが互いに異なることを前提に、同一条件の者は同一に、異なる条件の者は異なって扱うこと、つまり、相対的平等を意味するとされる。目的からみて区別の徴表が過度に狭い（過少包摂）、あるいは過度に広い（過大包摂）ものは平等とはいえないことになろう。とはいえ、人には個人差があり、ＡとＢを平等に扱うとはいかなることかを具体的事案で考えようとすると難しいことになる。最高裁判所は、上掲の判決及びそれ以前にも、性格、年齢、境遇、情状の異なる犯情の類似した被告の科刑が異なることを当然として（最大判昭和23・10・6刑集2巻11号1275頁〔27760060〕）、早々にこの相対的平等の見解を明示した（さらに、最大判昭和33・3・12刑集12巻3号501頁〔27760605〕、最大判昭和39・5・27民集18巻4号676頁〔27001913〕、最大判昭和39・11・18刑集18巻9号579頁〔21020111〕も同様）。論点１で触れた尊属殺重罰規定違憲判決（最大判昭和48・4・4刑集27巻3号265頁〔27760999〕）でもこの立場は貫かれている。他に、県知事が天皇の病気見舞いのため記帳及び記帳所設置等を行ったことは、県知事の裁量の範囲を超えるものといえず、社会通念上他の一般国民を不当に差別するものともいえないので、本条に違反しないとした判決（福岡地判平成2・3・23行集41巻3号748頁〔27807271〕、福岡高判平成3・9・30行集42巻8=9号1547頁〔27811513〕）や、無差別大量殺人行為を行った団体の規制に関する法律は、一般的・抽象的法規範としての性格を有しており、宗教団体オウム真理教を唯一の適用対象とする措置法であるということができないから、同法が本条の保障する平等原則に違反するという主張は、その前提において採用できないとした判決（東京地判平成13・6・13訟務月報48巻12号2916頁〔28062000〕）がある。近年でも、先進医療であり療養の給付に当たらない診療（自由診療）である療法と保険診療を併用する混合診療部分について、保険給付を行わないことには一定の合理性が認められ、本条及び13、25条に違反しな

いとする判断（最三小判平成23・10・25民集65巻7号2923頁〔28174475〕）がある。

2　形式的平等

次に、本条が相対的平等を保障していると理解すれば、それは、形式的平等の保障のことであり、本条から何かの請求権や実質的平等を実現する施策が導かれるものでないといえる。これに関連する判例としては次のものがみられる。

まず、部落差別の被差別者が行う「糾弾」は、本条の平等の原理を実質的に実効あらしめる一種の自救行為として是認できる余地があるが、当該具体的事案においては、被告人らの行為は、許容限度を超え違法性を有するとした判決（大阪高判昭和63・3・29判時1309号43頁〔27809173〕）がある（同趣旨の大阪高判平成2・3・22判タ734号180頁〔27807131〕も参照）。この判示には、本条が実質的平等を要請しているとまではいっておらず、形式的平等にとどまっていることに注意しなければならない。また、鉄道会社が車両に車椅子対応トイレを設置していないことは、旅行の自由を保障する22条の趣旨に違背しているといえず、また、私人間の行為であることを考慮してもなお社会的に許容される限度を超えているともいえず、さらに、一義的には形式的平等を保障する本条の趣旨にも反しないから、不法行為等を構成しないとした判決（東京地判平成13・7・23判タ1131号142頁〔28082884〕、東京高判平成14・3・28判タ1131号139頁〔28082883〕）も形式的平等を維持している。さらに、請求権的性格を根拠とした訴訟例として、本条は、国政の指導理念としての人間平等の原則を宣明する規定にとどまり、国に対する請求権を基礎づける実体法規ではないから、同条を根拠として、ソ連から帰国した日本人捕虜に対する労働賃金支払請求権が成立することはないとした判決（東京地判平成元・4・18訟務月報36巻11号1973頁〔27804711〕）がある（また、東京地判平成11・3・24訟務月報45巻10号1842頁〔28050813〕も参照）。

### コメント

関連して、形式的には差別的とは受け取れない中立的規定が大きな差別効果を生むことがある。このようなものを間接差別（不利益効果の法理）として問題視する見解も近時有力である（自らの肉声で発言することが困難な市議会議員に対して、市議会が第三者の代読による発言を認めなかったことにつき、市への損害賠償を認めた事案で、市議会の措置は「間接差別」であると言及した判決がある。名古屋高判平成24・

5・11判時2163号10頁〔28182514〕）。

　男女雇用機会均等法7条は間接差別を定義し、厚生労働省令は3つのケースを挙げて、合理的理由がない限り禁じられるとしている。また、差別を解消するため、過去に差別を受けてきた集団を優遇する施策を、積極的差別是正策（アファーマティヴ・アクション、ポジティヴ・アクション）というが、日本国憲法がこれをどの程度求めているかは、論争となっている。男女雇用機会均等法8条は、男女の均等な機会・待遇を実質的に確保するために、事業主が、女性のみを対象とする又は女性を有利に取り扱う措置は、同法違反とならないと定めている。

### 論点 ３　本条が容認するとされる合理的差別とは何か

　以上の2つの論点でもすでに明らかとなっているように、本条違反か否か、あるいは、本条が許容することかについて判断するに当たり、裁判所は、不均等な法的扱いが合理的か否かを問うている。それゆえ、本条は、合理的差別を容認しているということができる。そのことは、次にみるように、初期の最高裁判例において示されていた。

　まず、日本国とアメリカ合衆国との間の安全保障条約第3条に基づく行政協定の実施に伴う関税法等の臨時特例に関する法律（昭和33年法律68号改正前の昭和27年法律112号）6、11、12条は本条に違反しないと判断した判決（最大判昭和39・11・18刑集18巻9号579頁〔21020111〕）をみると、次のように判示している。「憲法14条は法の下の平等の原則を認めているが、各人には経済的、社会的その他種々の事実関係上の差異が存するものであるから、法規の制定またはその適用の面において、（中略）事実関係上の差異から生ずる不均等が各人の間にあることは免れ難いところであり、その不均等が一般社会観念上合理的な根拠に基づき必要と認められるものである場合には、これをもって憲法14条の法の下の平等の原則に反するものといえないことは、当裁判所の判例とするところである〔最大判昭和25・6・7刑集4巻6号956頁〔27660155〕、最大判昭和33・3・12刑集12巻3号501頁〔27760605〕等〕」（〔　〕内は、引用者注）。

　このように、本条が合理的な根拠に基づく差別を許容していることは、先例において示されていたこととされている。そこで、挙げられている昭和25年の先例に当たり確認してみると、それは、換刑処分の規定である刑法18条につい

て、本条違反ではないとした判決であるが、次のように説いていることを知ることができる。「憲法14条の規定する平等の原則は（中略）法的平等の原則を示しているのであるが各人には経済的、社会的その他種々な事実的差異が現存するものであるから一般法規の制定又はその適用においてその事実的差異から生ずる不均等があることは免れ難いところである。そしてその不均等が一般社会観念上合理的な根拠のある場合には平等の原則に違反するものとはいえないのである」。最高裁判所は、これに続けて、元来刑罰は財産刑に限らず自由刑でも受刑者の受ける苦痛の程度は具体的には各人によって異なるのであること、罰金刑ではその差異が貧富の程度いかんによって顕著であるにすぎないことに言及したうえで、一定の違反行為に対し罰金刑を定めた法規及び換刑処分を定めた法規は各人を法律上平等に取り扱っているのであって刑罰によって受刑者の受ける苦痛の差異はその法規から必然的に生ずる避け難い差異というほかはないなどと説いて、「罰金刑が受刑者の貧富の程度如何によってその受刑者に与える苦痛に差異があることは貧富という各人の事実的差異から生ずる必然的な差異であり、刑罰法規の制定による社会秩序維持という大局からみて已むを得ない差異であって一般社会観念上合理的な根拠あるものとして是認さるべきものと認められるのであるからこれをもって平等の原則に反するものとはいいえない」と結論している。

　このように、本条違反か否かは、当該法規定による処遇に合理的根拠があるか否かの判断を加えることを基本としている。そこで、何が本条の容認する合理的差別に当たるのか、さらに、裁判所はその審査を行うときにいかなる姿勢をとっているのかといったことに関心を呼ぶ。その関心への答えは、上記の若干の判例をみても、単純でないことが明らかである。個別具体の事案との関連でそれを語るしかない。以下での判例動向の観察は、それにかかる作業である。

## II 本条に列挙の差別禁止事由

•••••• 論　　点 ••••••

1　本条にいう人種による差別とは何か。また、外国人への差別との関係は、どのようなものか
2　本条にいう信条による差別とは何か
3　本条にいう性別による差別とは何か
4　本条にいう社会的身分による差別とは何か
5　本条にいう門地による差別とは何か

【関連法令】
アイヌ文化の振興並びにアイヌの伝統等に関する知識の普及及び啓発に関する法律、恩給法、会計法、外国人登録法、外国人登録令、教基法、行政機関職員定員法、共通法、勤労婦人福祉法、刑法25、56、95、156、158、161、197、199、200（現在は削除）、205条2項（現在は削除）、220、253条、原子爆弾被害者に対する援護に関する法律、公衆浴場法、公選法、国際人権B規約（市民的及び政治的権利に関する国際規約）、国籍法、国賠法、国民金融公庫法、国民徴用令、国民年金法、国有農地等の売払いに関する特別措置法、戸籍法、国家総動員法、国公法、自衛隊法、自作農創設特別措置法、自治法、児童扶養手当法、衆議院議員選挙法、出入国管理令、所得税法、人事訴訟手続法、生活保護法、性同一性障害者の性別の取扱いの特例に関する法律、戦傷病者戦没者遺族等援護法、戦没者等の遺族に対する特別弔慰金支給法、相続税法、男女雇用機会均等法、地公法、盗犯等の防止及び処分に関する法律、独禁法、日韓請求権協定、日本国とアメリカ合衆国との間の安全保障条約第3条に基づく行政協定の実施に伴う関税法等の臨時特例に関する法律、日本国と中華民国との間の平和条約及び関係文書、農地法、農林漁業金融公庫法、廃棄物の処理及び清掃に関する法律、売春防止法、兵役法、弁護士法、暴力団員による不当な行為の防止等に関する法律、北海道旧土人保護法、民法1条ノ2（現2条）、90、733、787、900条、薬事法、労基法、労組法

**論点❶**　本条にいう人種による差別とは何か。また、外国人への差別との関係は、どのようなものか

1　外国人
　(1)　意義

日本では、アイヌ及び在日朝鮮・中国人への差別のような、民族差別やナショナル・オリジン（祖先の出身国）による差別が本条の下で問題とされている。判例においても、本条での差別禁止事由としての人種による差別の領域を、外国人に対する差別問題をも取り込んで形成しているので、まず、その動向に目を向けることとする。

　最高裁判所は、日本国とアメリカ合衆国との間の安全保障条約第3条に基づく行政協定の実施に伴う関税法等の臨時特例に関する法律（昭和33年法律68号改正前の昭和27年法律112号）6、11、12条違反で起訴された事件において、それらの規定が本条1項に違反しないと判示する論述の中で、外国人である被告人との関連で、「憲法14条の趣旨は、特段の事情の認められない限り、外国人に対しても類推さるべきものと解するのが相当である」と説いた（最大判昭和39・11・18刑集18巻9号579頁〔21020111〕）。このように、判例上は、人種による差別は、特段の事情がない限り、外国人差別と同視されるようになっている。

(2)　出入国管理

　この判例傾向は、初期の頃からみられた。例えば、「外国人登録令は、外国人に対する諸般の取扱の適正を期することを目的として立法されたもので、人種の如何を問わず、わが国に入国する外国人のすべてに対し、取扱上必要な手続を定めたものであり、そしてこのような規制は、諸外国においても行はれていることであつて何等人種的に差別待遇をする趣旨に出たものでないから論旨は理由がない」とした判決（最大判昭和30・12・14刑集9巻13号2756頁〔27680714〕）がその代表例である（さらに、外国人登録法に対する最二小判昭和34・7・24刑集13巻8号1212頁〔27680997〕、出入国管理令に対する東京高判昭和35・9・19東高刑時報11巻9号243頁〔27681071〕などを参照）。

　これらの先例の下で、外国人登録法や出入国管理令に関する判例が多く登場しているが、いずれも本条違反の主張を斥けている。特に多くの判例の登場をみせたのが外国人に対する指紋押なつ制度に対する訴訟に関するものである。これについて、最高裁判所は、我が国に在留する外国人について指紋押なつ制度を定めた外国人登録法（昭和57年法律75号改正前）14条1項、18条1項8号は、13条、本条、19条に違反しないと判示していた（最三小判平成7・12・15刑集49巻10

号842頁〔27828552〕、最一小判平成8・2・22訟務月報43巻2号754頁〔28010232〕)。さらに、外国人登録法(昭和62年法律102号改正前)14条1項に基づく指紋押なつを拒否していることを理由としてしたいわゆる協定永住許可者に対する再入国不許可処分は、当時の社会情勢や指紋押なつ制度の維持による在留外国人及びその出入国の公正な管理の必要性などの諸事情に加えて、再入国の許否の判断に関する法務大臣の裁量権の範囲が広範なものとされている趣旨にも鑑みると、右不許可処分が右の者に与えた不利益の大きさ等を考慮してもなお違法であるとまでいうことはできない、との微妙な判示をしたが(最二小判平成10・4・10民集52巻3号776頁〔28030786〕)、違憲の主張を容認せず(その後の最三小判平成10・11・10判例地方自治187号96頁〔28041194〕)、下級審においても同様の判決がみられた。しかし、その後、この外国人に対する指紋押なつ制度は、外国人登録法の改正により平成5年1月に廃止されている。

　指紋押なつ制度とは別に、外国人登録原票の登録事項の確認制度を定めた外国人登録法11条1項(昭和62年法律102号改正前)及びその罰則規定である同法18条1項1号(平成4年法律66号改正前)は、13条、本条に違反しないとした判決(最一小判平成9・11・17刑集51巻10号855頁〔28035007〕)もある。

(3)　社会福祉立法

　社会福祉立法においては、国籍条項を設けるなどして、外国人と日本国民との間に差別的扱いをする例が少なくない。判例は、その法領域で立法府の裁量判断を広く尊重した審査をしており(後述のIV論点2及び25条論点5参照)、外国人との関係でもその審査姿勢は変わりがない。

　まず、年金関係について、国民年金法(昭和56年法律86号改正前)81条1項が受ける同法56条1項ただし書の規定及び昭和34年11月1日より後に帰化によって日本国籍を取得した者に対し、同法81条1項の障害福祉年金の支給をしないことは、立法府の裁量の範囲に属する事柄で、その合理性を否定することができず、25条及び本条に違反しないとした判決(最一小判平成元・3・2裁判集民156号271頁〔27805367〕)がある。国民年金法の国籍要件については、元韓国籍全盲女性の訴えを斥けた判断(最三小判平成13・3・13訟務月報48巻8号1961頁〔28060887〕)もある。

また、恩給の受給をめぐって、恩給法9条1項3号の国籍条項は、昭和27年4月28日の平和条約の発効によって日本国籍を喪失した在日韓国人である旧軍人に、普通恩給を受ける権利を認めないが、日韓請求権協定（昭和40年条約27号）締結後、彼らが日本国からも大韓民国からも何らの補償もされないまま推移したとしても、同条項を存置したことは、いまだ立法府の裁量の範囲を逸脱したとはいえず、本件処分当時においても同条項が本条に違反するに至っていたとはいえないとした判決（最一小判平成14・7・18裁判所時報1319号6頁〔28071920〕）がある（また、最二小判平成13・11・16裁判所時報1303号2頁〔28062384〕も参照）。

　さらに、戦後補償などの措置について、日韓請求権協定の締結後、旧日本軍の軍人軍属又はその遺族であったが日本国との平和条約により日本国籍を喪失した大韓民国に在住する韓国人に対して、何らかの措置を講ずることなく、戦傷病者戦没者遺族等援護法附則2項、恩給法9条1項3号の各規定を存置したことは、本条1項に違反しないとした判決（最二小判平成16・11・29裁判集民215号789頁〔28092957〕）もある。また、戦傷病者戦没者遺族等援護法附則2項の戸籍条項は、それまで日本の国内法上で朝鮮人としての法的地位を有していた軍人軍属を、同法の援護対象者から除外するが、そのことには十分な合理的根拠があり、また、いわゆる日韓請求権協定の締結後も、在日韓国人の軍人軍属は日本国からも大韓民国からも何の補償も受けられないままだったが、同項を存置したことが立法府の裁量を逸脱したとはいえず、同項が本条1項に違反するとはいえないとした判決（最三小判平成13・4・13訟務月報49巻5号1490頁〔28081559〕及び最三小判平成13・4・13訟務月報49巻5号1497頁〔28081560〕）も立法裁量論による処理である（さらに、東京韓国人従軍慰安婦等訴訟上告審判決の前掲平成16年最二小判、BC級戦犯公式陳謝等請求訴訟上告審判決の最一小判平成13・11・22裁判集民203号613頁〔28062424〕も参照）。

　外国人被爆者に対する補償問題については、いわゆる原爆二法と原子爆弾被害者に対する援護に関する法律は、日本国内に居住も現在もしていない者を適用対象とする規定を持たず、またそういう者が各種給付を受けるための手続規定も持たないから、被爆者であっても外国に居住する者に対する適用を予定していないと認めるのが相当であり、原爆被爆による損害のような戦争損害に対

する補償の要否及びあり方が立法府の裁量に委ねられていることからすると、在韓被爆者を適用対象としない原爆二法等が本条に違反するとはいえないとした判決（広島地判平成11・3・25訟務月報47巻7号1677頁〔28061996〕）がある。

　生活保護法との関係では、同法が不法残留外国人を保護の対象としないことは、その規定と趣旨に照らして明らかであり、そのことは、25条、本条1項に違反しないとの判決（最三小判平成13・9・25訟務月報49巻4号1273頁〔28062089〕）があるが、正当な在留外国人の扱いについては別である（25条論点7参照）。

(4)　参政権、公務就任権など

　参政権については、日本国民にのみ認め、外国人にはその保障が及ばないことを判例は一貫して容認しているが（最二小判平成5・2・26判タ812号166頁〔27814922〕などについて、詳細は、15条Ⅰ論点10〜13参照）、それに関連した次の例がある。

　住民投票は、公選法の対象外であるが、最高裁判所は、「御嵩町における産業廃棄物処理施設の設置についての住民投票に関する条例」（平成9年御嵩町条例1号）が投票資格者を日本国民たる住民に限定したことが本条1項、21条1項に違反しないと判決（最二小判平成14・9・27裁判所時報1324号12頁〔28072525〕）している。

　公務員職については、外国人公務員東京都管理職選考受験訴訟の上告審判決（最大判平成17・1・26民集59巻1号128頁〔28100274〕）が注目される。最高裁判所は、普通地方公共団体が、原則として日本国籍保有者の就任を想定する「公権力行使等地方公務員」の職と、これに昇任するに必要な職務経験を積むために経るべき職とを包含する一体的な管理職の任用制度を構築したうえで、日本国民たる職員に限り管理職に昇任できるとする措置をとることは、合理的な理由に基づいて日本国民たる職員と在留外国人たる職員とを区別するもので、労基法3条にも本条1項にも違反しないと判示している（その下級審判決の東京高判平成9・11・26高裁民集50巻3号459頁〔28030236〕、東京地判平成8・5・16民集59巻1号184頁〔28010785〕を参照）。

　国家賠償請求権の制限についても、ここに挙げておく。すなわち、外国人による国家賠償請求について相互主義を定めた国賠法6条は、日本国民に対して

国家賠償による救済を認めない国の国民に対し、日本国が積極的に救済を与える必要がないという衡平の観念に基づいており、また、外国における日本国民の救済拡充にも資するものであり、その趣旨及び内容に一定の合理性が認められるから、17条、本条1項、98条2項に違反しないとした判決（東京地判平成14・6・28判タ1117号235頁〔28072162〕）がある。

(5) 社会生活

社会生活上、外国人が差別を受ける例が種々登場し注目されるが、裁判で争われた例として、次のものがある。

本条1項、国際人権B規約（市民的及び政治的権利に関する国際規約）及びあらゆる形態の人種差別の撤廃に関する国際条約は、私法の諸規定の解釈の基準となりうるところ、私人が経営する公衆浴場が外国人一律入浴拒否の方法で行った入浴拒否は、不合理な差別であり社会的に許容しうる限度を超えた人種差別であり不法行為に当たると判断したが、市が、入浴に対する差別撤廃条例を制定するなど当該差別を禁止し終了させる強制力を持った措置をとらなかったことについては、国賠法上の違法性はないとされた事例（札幌地判平成14・11・11判タ1150号185頁〔28080559〕）がある。

また、福岡国体実施要項中の参加資格の国籍条項が11、13条、本条に違反しないとした判決（福岡地判平成5・8・31判タ854号195頁〔27825557〕）や、ゴルフクラブの会員から日本国籍を有していないことを理由に締め出したことが本条の趣旨に照らし、社会的に許容しうる限界を超えるもので、違法であるとした判決（東京地判平成7・3・23判タ874号298頁〔27827080〕）がある。

さらに、逸失利益の計算上被害者の収入源にいかなる数値を用いるかは、専ら事実認定の問題であって、被害者の国籍等に関わりない問題であるから、日本の大学院に留学するために来日し交通事故で死亡した韓国人男性の逸失利益の算定の基礎として韓国の賃金センサスによったことは、本条に違反しないとした判決（東京高判平成7・1・19判タ886号244頁〔27828126〕）や、外国人からの住宅ローン融資の申込みを、その人に永住者の在留資格がないことを理由に銀行が拒絶したことには合理性があるから、本条に違反しないとした判決（東京高判平成14・8・29金融商事1155号20頁〔28072997〕）がある。

これらの例のように、私生活上の差別問題は、私人間の法的紛争であって、本条が直接適用されるわけではない。しかし、裁判所は、すでにみているように（基本的人権一般Ⅳ論点１参照）、本条の趣旨をそこに浸透させる判断をしており、上掲の判例でも「憲法14条の趣旨に照らし」た判断が下されている。

２　旧共通法における内地人・朝鮮人・台湾人等

　明治憲法の下では、共通法が制定され、日本国民の中に内地人・朝鮮人・台湾人の区別を設けていた。これに関連する判例としては、次の若干のものが存在する。

　まず、共通法が日本国憲法施行後には無効となっていると主張した訴訟に対して、最高裁判所は、本条に違反しないことは先例の趣旨に照らして明らかであるとして斥けた例がある（最二小判昭和38・4・5裁判集民65号437頁〔27770366〕）。そこでいう先例とは、平和条約により日本国籍を失う者は、それまで日本の国内法上台湾人としての法的地位を持っていた人と解するのであり、そのことは、右条約の趣旨に反するとはいえないと判示した最大判昭和36・4・5民集15巻4号657頁〔27002322〕及び最大判昭和37・12・5刑集16巻12号1661頁〔27770584〕のことである。後にも、日本の国内法上台湾人としての法的地位を有した者は、昭和28年8月5日の日本国と中華民国との間の平和条約及び関係文書の発効により日本国籍を喪失したものと解すべきであり、日本国政府と中華人民共和国政府の共同声明によっても右解釈に変更を生ずべきものでなく、この見解に立って、原告は日本国籍を失ったとする原審の判断が、10条、本条、31条、98条2項及び前文に違反しないと判決している（最二小判昭和58・11・25裁判集民140号527頁〔27682477〕）。

　次に、戦傷病者戦没者遺族等援護法附則2項及び恩給法9条1項3号の下で、第2次大戦下において戦死傷し、日本国と中華民国との間の平和条約の発効により日本国籍を喪失した台湾人及びその遺族らが右各法による給付を受けることができないことは、合理的な根拠があり、本条に違反しないとした判決（最三小判平成4・4・28訟務月報38巻12号2579頁〔27811622〕）もある。

　さらに、共通法の下での強制徴兵徴用等について補償請求等した訴訟がある。これに対して、裁判所は、戦後補償立法に当たり、自国民のみを援護の対象と

する趣旨で、国籍要件を規定するという立法政策をとったことには合理性があり、また、第２次世界大戦中、国家総動員法、国民徴用令あるいは兵役法に基づき強制的に軍人、軍属、企業労働者として連行され、稼動させられたとする大韓民国民及びその遺族からの右連行・稼動に伴う損失の補償義務を定める法律を立法していないことを理由とする損害賠償請求は、その立法の不作為が本条、17、40、98条に違反するとはいえないと判示し、斥けている（東京地判平成8・11・22訟務月報44巻4号507頁〔28032467〕、東京高判平成14・3・28訟務月報49巻12号3041頁〔28090536〕）。

3　その他

北海道旧土人保護法２条２項の定める土地売買の制限は、規定における呼称やその取扱いについては多少の問題はあるが、これをもって直ちに本条違反ということはできないとした判決（札幌地判昭和50・12・26判タ336号307頁〔27661925〕）がある。

また、アイヌ民族に属する者に、国際人権B規約（市民的及び政治的権利に関する国際規約）27条に基づく少数民族の文化享有権を認めつつ、ダム用地収用裁決の取消請求を斥けた二風谷ダム事件の判決（札幌地判平成9・3・27訟務月報44巻10号1798頁〔28020976〕）もある。

**コメント**

平成９年に「アイヌ文化の振興並びにアイヌの伝統等に関する知識の普及及び啓発に関する法律」（平成９年法律52号）が成立し、明治32年制定の北海道旧土人保護法は廃された。

**論点 2　本条にいう信条による差別とは何か**

1　信条の意味

本条の信条とは何を意味するかについては、判例上明確となっているとはいえない。とりわけ、本条の信条は、19条との関係で、そこで保障される思想・良心とどのような異同があるのかということについて、学説上の論議はともかく、判例では確立していないといえる。ちなみに、19条については、謝罪広告

事件の最高裁判決（最大判昭和31・7・4民集10巻7号785頁〔27002906〕）が先例として存在し、そこでは、裁判官の間で見解が分かれ、栗山茂裁判官の補足意見のように、良心の自由は、信仰の自由のことで、倫理的な内心の自由ではないとする見解もあるし、田中耕太郎裁判官のように、今日では、宗教上の信仰に限らず広く世界観や主義や主張を持つことにも及ぶとする見解もある。いずれも良心と思想とを重ね合わせてとらえており、本条の信条についても、思想や信条という言い方がなされ、19条の思想・良心と同じことのように受け取ることができそうである。

　このことは、実際に、三菱樹脂事件の判決（最大判昭和48・12・12民集27巻11号1536頁〔27000458〕）で、最高裁判所が次のように判示しているところからも認められる。すなわち、その事件では、身上書に学生運動歴等についての虚偽申告や入社試験時での虚偽回答を理由に試用期間満了の際、本採用拒否の告知を受けたため、その告知を本条や19条に違反するとして争われたのであるが、最高裁判所は、本条や19条の規定は、直接私人相互間の関係に適用されるものではないから、企業者が特定の思想・信条を有する労働者をその故をもって雇い入れることを拒んでも、それを当然に違法とすることはできず、労働者を雇い入れようとする企業者が、その採否決定に当たり、労働者の思想・信条を調査し、そのためその者からこれに関連する事項についての申告を求めることは、違法とはいえないと判示している。したがって、この判決では、信条による差別の意味が正面から説かれたわけでなく、信条による差別のことを、思想による差別と区別することなく扱っていることが明らかとなっているだけである。また、下級審判決においても、次に若干例を列挙するように、初期の頃から思想・信条による差別という表現がなされており、判例上は、信条による差別とは、思想による差別と同じことであるとされていると結論してもよさそうである。

　内心の思想や信条に基づく差別待遇は憲法に違反するが、この思想が外部に表現され、又は行動に移された場合は、その行為者に対し相応する処遇を与えることは妨げないと判示した名古屋地決昭和25・12・28裁判所時報75号7頁〔27760264〕。私立大学の学則違反を理由とする退学処分が、思想・信条によ

る差別扱いに当たるものとして、公序良俗に反し無効とはいえないとした東京高判昭和42・4・10民集28巻5号868頁〔27200841〕。労働者の雇入れに当たって思想・信条によって差別することは、本条に照らして許されないとした東京地判昭和42・4・24労働民例集18巻2号366頁〔27441028〕。いわゆる三里塚事件について、被告人らに対する公訴提起そのものが、その政治的思想信条を理由として一般の場合に比べ不当に不利益に扱われてなされたものでなく、本条に違反しないとした千葉地判平成元・10・24刑事裁判資料263号237頁〔28019576〕。

2 雇用関係

　労基法3条は、使用者に対して、労働者の労働条件における信条を理由とした差別的取扱いを禁じている。これは、いうまでもなく、本条の信条による差別を雇用関係に浸透させているのであるが、裁判でも、本条と労基法3条とを挙げて、違法な差別か否かについての判断の根拠としている。

　代表例として、日中旅行社事件の判決（大阪地判昭和44・12・26労働民例集20巻6号1806頁〔27612060〕）がある。この事件は、日本と中国との間の交流を目的とする日中旅行社において、その会社の友好交流の相手国である中国の路線と対立する日本共産党及び日中友好協会に所属する従業員らが会社の幹部の説得に応じず、その党及び団体から脱退しなかったため解雇され、これを争ったものであるが、裁判所は、政治的信条を理由とする解雇が本条、労基法3条に違反し、したがって公序良俗違反として無効と判決した。そこでは、本条にいう信条は、政治的信条を含むものであるが、それは政治的基本信念にとどまらず国の具体的な政治の方向についての実践的な志向を有する政治的意見をも含むと説かれている（なお、大阪地判昭和43・5・23判時537号82頁〔27611896〕も参照）。

　この事件のように、会社の従業員が日本共産党員であることを理由として解雇などの不利益処分がなされたことを争った訴訟はいくつか存在する。最高裁判例としては、連合軍占領下における紡績会社の共産党員である従業員の解雇が、その従業員の企業の生産を阻害すべき具体的言動を根拠とするものであって、解雇当時の事情の下でこれを単なる抽象的危惧に基づく解雇として非難することができないものと認められる場合には、このような解雇を共産党員であること若しくは単に共産主義を信奉すること自体を理由とするものということ

はできないから、本条違反の問題とはなり得ないとした判決がある（最三小判昭和30・11・22民集9巻12号1793頁〔27002975〕）。

　下級審判決としては、次に列記するものが存在している。

　共産党員である労働者が債務の本旨に適合する労務をなすべき義務に違反した場合には、会社がやむを得ない業務上の都合によるものとして解雇しても、本条に違反しないとした大阪高判昭和29・3・10高裁刑特報28号102頁〔27610591〕。単に労働者が共産主義者であることを理由とする解雇の意思表示は、法の下の平等を明定した本条、思想の自由を保障した19条の精神に違反し公序良俗に反するものとして無効であるが、信条に基づく外部的言動において破壊的なものがある場合は、この限りでないとした金沢地判昭和31・2・24労働民例集7巻1号58頁〔27620693〕。共産主義者及びその同調者で、常に扇動的言動をし、他の従業員に悪影響を及ぼす者、円滑な事業経営に支障を及ぼす者又はそのおそれある者及び事業経営に協力しない者の行動を解雇基準とすることは、本条、労基法3条、民法90条に違反しないとした佐賀地判昭和33・4・2民集15巻12号3167頁〔27203645〕。共産党員又はその同調者であることだけの理由でした解雇は、日本共産党が合法政党であること並びに本条、労組法5条2項4号及び労基法3条の規定から、無効と解すべきであるとした山口地判昭和34・3・5労働民例集10巻2号316頁〔27401431〕。共産党員等に対する条件付解雇の意思表示が本条に違反するとした福岡地直方支判昭和40・4・14労働民例集16巻2号220頁〔27621772〕。政治的思想・信条による差別待遇の企図に基づく約定解約の合意は、本条、19条の趣旨に反し、被用者が雇用契約において自己の政治的思想・信条を秘匿することは、本条、19条の保障の範囲内にあるとした前掲昭和42年東京地判。社内における政治活動を禁止した就業規則が本条、19条、及び21条に違反しないとした東京地判昭和42・7・28労働民例集18巻4号846頁〔27611811〕（また、東京地判昭和45・5・29判タ256号170頁〔27612109〕も同趣旨）。労働者の信条の表現が単に抽象的に企業の特殊性と矛盾しているとか、経営者の信条と異なるとか、両者の属する宗教的・政治的・経済的団体が異なるからというような事由では、使用者が労働者に対し解雇その他の差別待遇をすることは違法であり、公序に反するものとして無効であるとした東京地判昭和45・

1・30労働民例集21巻1号127頁〔27612066〕。代表取締役を辞任すべき旨の命令が、日本共産党を脱党すべき旨の要求に応じなかったことを理由とするもので、本条、労基法3条に違反し無効であるとした大阪地判昭和45・10・22労働民例集21巻5号1381頁〔27612143〕。石炭産業の従業員に対してなされたレッド・パージとしての解雇が、「重要産業」の「共産党員もしくはその同調者」に対してされたものとして有効であるとし、本条、労基法3条違反の主張を斥けた札幌高判昭和57・4・13判タ471号197頁〔27613117〕。原告らが共産党員ないしその同調者であることを理由に、毎年の人事考課・査定において、低位に評価する等の差別的考課・査定を行い、標準的な従業員より低額な賃金を支払った被告の行為につき、思想・信条を理由とする差別的取扱いであったと認定し、不法行為の成立を認めた名古屋地判平成8・3・13判タ926号120頁〔28011480〕。会社の人事考課において従業員が思想信条を理由とする差別的扱いを受けたか否かの判断に当たっては、その従業員の賃金査定が同期従業員に比して著しく低いこと及び日本共産党員であるその従業員の、労働組合の大会や職場集会での言動等を、使用者側が嫌忌している事実が認められれば、差別の事実が推定され、その人事考課が使用者の裁量を逸脱していないとする合理的理由が認められない限り、差別の事実があったと認められるが、労働者に対する思想信条を理由とする差別的扱いの禁止は、本条、19条、労基法3条によって公序を形成しているから、そうした扱いは民法90条に違反し、不法行為となるとした松阪鉄工所事件の津地判平成12・9・28労働判例800号61頁〔28060940〕。企業は人事考課により従業員の処遇を決定するにつき裁量権を有するが、基本的には職能制度を前提とするものの実際にはある程度年功序列的な運用を行う人事制度の下で、共産党員に対する差別意思を持った人事考課の結果として同期同学歴者の平均的な者との間に処遇及び賃金の格差が生じている場合には、労基法3条の禁止する信条を理由とした差別的な処遇としてその裁量権の逸脱が認められ、企業は不法行為責任を負うとした倉敷紡績思想差別事件の大阪地判平成15・5・14労働判例859号69頁〔28082020〕。企業ではないが、アメリカ合衆国軍隊が、基本労務契約附属の細目書F節1項Cにより間接雇用労務者の解雇を要求することができることを定めた制度は、思想・信条等による差別待遇を許容しようとす

るものではないとした東京地判昭和35・9・19労働民例集11巻5号949頁〔27611220〕。

なお、上掲の三菱樹脂事件と同様に試用者を本採用としなかったことを争った事件の決定として、東京地決昭和32・7・20労働民例集8巻4号390頁〔27440324〕(違法判断)や、東京地決昭和39・4・27労働民例集15巻2号383頁〔27611517〕(無効判断)がある。

学校関係では、次の下級審例がある。小学校教諭に対する免職処分が思想・信条並びに組合活動を理由とする差別的取扱いに当たり、本条に違反するとした静岡地判昭和41・9・20行集17巻9号1060頁〔27603031〕。教育委員会が教員の思想信条を理由にいわゆる僻地校へ転任させたのは本条、19条、教基法の精神に反するとした札幌地判昭和46・11・19行集22巻11=12号1842頁〔27603381〕。公立中学校教諭に対する転任処分が、いわゆる同和教育をめぐって生じた学校教育の混乱を収拾するためにとられたやむを得ない処置であり、23、19条、本条に違反しないとした大阪地判昭和51・6・21行集27巻6号875頁〔27603572〕。大学の学生規則違反等の行為をした学生に対する無期停学処分は、21条1項、23条、本条、19条に違反しないとした水戸地判昭和59・6・19判タ528号143頁〔27662792〕。

公務員との関係で、アカハタを職場で配布した公務員に対してされた免職処分が、「秩序をみだし又はみだす虞があると認められる」具体的活動があったと認めることができず、共産主義者であることのみを理由とするもので、本条1項、労基法3条に違反し無効とした東京地判昭和44・6・5労働民例集20巻3号504頁〔27612015〕や、行政機関職員定員法附則3項、国公法78条4号に基づく免職処分が、本条、19条、労基法3条に違反するものでなく、有効とした東京地判昭和44・11・15訟務月報16巻2号180頁〔27441234〕された事例がある。

納税者との関係で、青色申告承認取消処分は、民商の構成員である納税者を差別し、かつ民商を破壊する目的のためになされたものであるから、本条、21条に反し違法であり、また、納税者が修正申告に応じなかったことに対する報復措置であるから違法であるとの納税者の主張が、そのような事実は認められないとして排斥された東京高判平成4・9・24税務訴訟資料192号554頁

〔22007006〕がある。

3 宗教上の信仰

　本条の信条の概念が、宗教上の信仰といかなる関係にあるかについては、上述（本論点の「1　信条の意味」）で触れたように、判例上明確になっているわけではない。20条においても扱われるが、ここでは、次の例があることを挙げておく。

　奈良県文化観光税条例が特定の寺院に入場する者についてのみ文化観光税を課することは、不合理な差別課税あるいは信条を理由とする差別課税といえず、本条に違反しないとした奈良地判昭和43・7・17行集19巻7号1221頁〔21028431〕。公立小学校における日曜参観授業の実施が校長の裁量権の範囲内であって、出席しなかった児童を欠席扱いにしたことに、キリスト教徒を差別的に扱ったり、信仰の自由を侵害するなどの違法はないとした東京地判昭和61・3・20行集37巻3号347頁〔27803442〕。

　市立神戸高等工業専門学校の学生がその信仰上の信条を理由に、必修とされている体育科目中の剣道実技を受講しなかったため、体育科目が不認定となったことを根拠に、同校校長が学則により右学生に対してした原級留置の処分は、本条、20、26条、教基法9条に違反しないとした大阪高決平成3・8・2判タ764号279頁〔27811681〕（なお、この神戸高専剣道授実技履修事件の本案訴訟は、最二小判平成8・3・8民集50巻3号469頁〔28010410〕において、校長の裁量権についてその範囲を超える違法なものと判決されている）。

4 その他

　以上の他に、同和地区の不良住宅の改修、住宅の新築などについて必要な資金の貸付けを行うことを定めた福山市住宅資金貸付条例（昭和43年福山市条例15号）、同施行規則（昭和43年同市規則16号）に基づく住宅資金借入申込みに際し、同和団体の役員又は生活相談員の意見の付された借入希望調書を要するとした同市資金借入希望調書取扱要領は、信条による差別を生む不合理な制度であるとして、違法とされた事例（広島地判昭和52・7・29行集28巻6=7号764頁〔27603620〕）がある。

**論点 3** 本条にいう性別による差別とは何か

1　性差別の意味

　男女の肉体的・生理的差異に基づく差別は合理的なものとして容認される。伝統的には、本条の下での性差別についてこのように説明されていた。しかし、時の経過とともに、男女の肉体的・生理的差異を根拠にしたとされる扱いについて再検討がなされ、そのような差異の一般化が疑問とされるようになっている。また、現在では、社会学的な意味での文化的性差を示す「ジェンダー」概念が提唱されている。さらに、生物学的にも性別は単純に二分されるものではなく、遺伝子や性器の形状で判別できるとは限らないことも指摘されている。

　本条の禁ずる性差別については、このような進展を看過することができなく、判例もそのことを反映して展開している。最高裁判所が日産自動車事件の判決（最三小判昭和56・3・24民集35巻2号300頁〔27000144〕）において、「就業規則中女子の定年年齢を男子より低く定めた部分は、専ら女子であることのみを理由として差別したことに帰着するものであり、性別のみによる不合理な差別を定めたものとして民法90条の規定により無効であると解するのが相当である（憲法14条1項、民法1条ノ2（引用者注：現2条）参照）」と判示しているところがその代表例である。また、入会権者資格差別事件に対して、最高裁判所が、「男女の本質的平等を定める日本国憲法の基本理念に照らし」、社会での女性に対する差別的扱いを公序良俗に反する無効なものとした判決（最二小判平成18・3・17民集60巻3号773頁〔28110762〕）も、判例の発展の到達状況を表している。なお、これら2つの例は、いずれも私人間の法的紛争に本条の性差別禁止の理念を浸透させており、このこと自体が性差別論議の進展を物語っている（この2つの最高裁判決については、後に再度触れる）。

　以下は、性差別の多様な問題領域における判例の様相である。

2　夫婦間の差別

　法令の扱いが夫婦間で異なるとき、それは、性差別の問題であるが、24条にも関係する（24条参照）。

　まず、民法733条の再婚制限規定の再検討を迫る訴訟がある。それは、同規定が女性に対してのみ再婚を制限することにつき、今日では合理的根拠が失わ

れており、その規定の改廃を怠っている国会の責任を問うというものであったが、最高裁判所は、その元来の立法趣旨が、父性の推定の重複を回避し、父子関係をめぐる紛争の発生を未然に防ぐことにあると解され、合理的根拠に基づくもので、本条1項に違反せず、同規定を改廃しない国会ないし国会議員の行為が国賠法1条1項の適用上、違法の評価を受けるものではないと判決し（最三小判平成7・12・5裁判所時報1160号2頁〔27828502〕）、その下級審判決（広島地判平成3・1・28訟務月報37巻7号1166頁〔27808271〕、広島高判平成3・11・28訟務月報38巻6号1013頁〔27811193〕）を肯認した。

また、現在は廃止されている人事訴訟手続法について、その1条1項の規定は、離婚事件の管轄に関し、夫と妻との間に何らの差別を設けていないことが明らかであり、かつ、同条項が妻の居住、移転の自由に制限を加えたものとは認められないから、本条1項、22条、24条2項、32条に違反しないとした決定（最一小決昭和59・1・30裁判民集141号135頁〔27740066〕）もある。

他に、下級審判例として、妻の特有財産である妻名義の土地を実質的には夫の特有財産であるとして樹立された買収計画は、本条、24条に違反して無効であるとした判決（千葉地判昭和31・2・21行集7巻2号238頁〔27450248〕）や、夫だけが住居権を持つと解することは男女の本質的平等を保障する憲法の基本原理と矛盾するから、夫の不在中妻との情交の目的で居宅に立ち入ったとしても、同女の承認を得ている場合には住居侵入罪に当たらないとした判決（尼崎簡判昭和43・2・29下級刑集10巻2号211頁〔27760844〕）がある。

3　雇用関係

(1)　定年・退職

本論点の冒頭に挙げた日産自動車事件の判決（前掲昭和56年最三小判）は、その判決時までに下級審裁判所において、女子若年定年制が公序良俗に違反し無効であるとする判決がいくつか登場しており、そのことを基盤としたものであることを看過できない。すなわち、男子より25歳早い女子30歳定年の定めを無効とした東急機関工業事件判決（東京地判昭和44・7・1労働民例集20巻4号715頁〔27441208〕）、事務雇用の定年を31歳とする就業規則が実質的に女子若年定年制で無効と判断した判決（盛岡地判昭和46・3・18労働民例集22巻2号291頁

〔27441367〕)、男子より5歳早い定年制を無効とした判決（東京高判昭和48・3・12労働民例集24巻1=2号84頁〔27441538〕、東京地判昭和48・3・23民集35巻2号325頁〔27200282〕、名古屋地判昭和48・4・27労働民例集25巻6号476頁〔27441549〕)、男子より10歳早い定年制を無効とした判決（静岡地沼津支判昭和48・12・11労働民例集26巻1号77頁〔27441590〕、東京高判昭和50・2・26労働民例集26巻1号57頁〔27441661〕)、女子従業員の30歳退職制を無効とした名古屋放送事件判決（名古屋高判昭和49・9・30労働民例集25巻6号461頁〔27441635〕)、女子が男子より10歳早い退職制を無効とした伊豆シャボテン公園事件判決（東京高判昭和50・2・26労働民例集26巻1号57頁〔27441661〕)などがそれである。また、日産自動車事件判決後には、定年年齢を男子55歳、女子45歳と定めた就業規則を無効とした判決（仙台地判昭和58・12・28判タ516号195頁〔27490701〕)がある。

　こうした動向において、最高裁判所は、定年を男子62歳に対し女子57歳と定めた就業規則、及び右就業規則の定年を男女とも60歳と改定するに当たり、女子は3年、男子は13年かけて徐々に格差を解消する旨定めた経過措置は、ともに女子に対する不合理な差別であり、民法90条により無効であると判決し（最一小判平成2・5・28労経速報1394号3頁〔27809458〕、その控訴審判決・広島高判昭和62・6・15判時1236号52頁〔27805281〕も同趣旨)、日産自動車事件の判決を浸透させている。

　地方自治体が定める退職勧奨制度で、行政職の女子の退職勧奨年齢を男子のそれより10歳も低くしているのは、その区別について合理的な理由があると認めるに足りる証拠がない場合、専ら女子であることのみを理由として差別的取扱いをするものであり、地公法13条に反し違法であるとした判決（金沢地判平成13・1・15労働判例805号82頁〔28060915〕)は、上記の傾向の反映といってよい。

　(2)　結婚

　私企業における結婚退職制は、性別による差別であり、公の秩序に違反し無効であるとした住友セメント事件の判決（東京地判昭和41・12・20労働民例集17巻6号1407頁〔27440993〕)のように、結婚退職制、結婚を理由とする解雇や休職処分、結婚を要素とする希望退職基準などと関連する訴訟に対しては、無効の判決が出されている（神戸地判昭和42・9・26労働民例集18巻5号915頁〔27441056〕、神戸

地判昭和43・3・29労働民例集19巻2号507頁〔27681547〕、盛岡地一関支判昭和43・4・10労働民例集19巻2号522頁〔27441089〕、千葉地判昭和43・5・20行集19巻5号860頁〔27441100〕、名古屋地判昭和45・8・26労働民例集21巻4号1205頁〔27441316〕、大阪地判昭和46・12・10労働民例集22巻6号1163頁〔27441438〕）。

これらに対し、既婚女子工員の解雇につき、右工員を企業合理化のための人員整理対象者に選定する合理的な理由が存在していたもので、憲法、労基法に違反するものではないとされた事例（前橋地判昭和45・11・5労働民例集21巻6号1475頁〔27612147〕、東京高判昭和51・8・30労働民例集27巻3=4号445頁〔27612649〕）もある。

(3) 賃金

男子と女子の職員にそれぞれ異なる本人給表を適用したことが労基法4条に違反するとされた秋田相互銀行事件の判決（秋田地判昭和50・4・10労働民例集26巻2号388頁〔27612549〕）に代表されるように、判例において、労基法4条が「男女同一価値労働同一賃金」と解釈されるようになった。そこには、本条による性差別禁止の趣旨が具体化されていることはいうまでもない。しかし、その具体化の程度、範囲については、次に挙げる例のように、単純な説明を許さない。

まず、産休・育休の女性労働者への賞与不払いは無効ではないとした東朋学園事件の最高裁判決（最一小判平成15・12・4裁判所時報1353号3頁〔28090091〕）がある。下級審判決には、家族手当受給者を世帯主とする規程、並びに右規程の世帯主を実質上の世帯主すなわち一家の生計の主たる担い手とする被告会社の解釈及び運用は、合理性を有し、女子従業員を不当に差別したものでないとした判決（東京地判平成元・1・26労働民例集40巻1号1頁〔27803642〕）や、労基法4条は、本条1項の理念に基づき、これを賃金について具体的に規律具現した強行規定であり、公序に関する規定であると解されるから、労基法4条に違反する就業規則及びこれによる労働契約の賃金条項は、民法90条（1条の2）により無効であるとの前提の下に、家族手当の世帯主条項をめぐる性差別を認定した岩手銀行事件の判決（仙台高判平成4・1・10労働民例集43巻1号1頁〔27810971〕）がある。

比較的近年の下級審判例として、女性であることのみを理由として男女間に格差のある昭和56年賃金表を会社が定め、これを是正することなく維持してきたことは、労基法4条に照らして違法であり、同会社はこの不法行為により女

性従業員に生じた損害を賠償すべき義務を負うところ、女性従業員には、勤続年数・年齢において同等の男性従業員との賃金等との差額相当の財産的損害が生じたと認められる、とされた内山工業事件の判決（広島高岡山支判平成16・10・28労働判例884号13頁〔28100315〕）があり、また、昭和シェル女性賃金差別事件の控訴審判決（東京高判平成19・6・28判タ1285号103頁〔28132417〕）は、男女雇用機会均等法（平成9年法律92号改正前）8条は、男女の均等取扱いについて事業者に対して努力義務を法律上課しており、その趣旨を満たしていない状況について労働大臣は助言・指導等の行政的措置をとることができるのであるから、同条は単なる訓示規定ではなく、雇用差別に係る不法行為の成否についての違法性判断の基準とすべき雇用関係についての私法秩序には、同条の趣旨が含まれるとの前提の下に、企業の不行為責任を認定している。

(4) 昇格・昇進

昇進については、事件それぞれの個別の事情との関係で差別の認定が難しく、裁判所の判断は分かれる。

鈴鹿市女子職員差別事件に対しては、第1審裁判所は、地方公務員である女子職員に対する昇格につき、合理性を欠く性別による差別があったとして、国賠法1条による損害賠償請求を認めた（津地判昭和55・2・21労働民例集31巻1号222頁〔27662312〕）のに対し、控訴審裁判所は、地方公務員である女子職員を昇格させなかったことにつき、任命権者が性別による差別を行うなど、裁量権を逸脱し又は濫用した違法は認められず、本条に違反しないと判示している（名古屋高判昭和58・4・28労働民例集34巻2号267頁〔27662656〕）。

男子職員を勤務成績や能力に基づく選考をすることなく、勤続年数を唯一の基準として一律に昇格させる措置をとりながら、同一の昇格要件を満たしていた女子職員について右昇格措置を講じなかったことは、性別による差別であるとした判決（東京地判平成2・7・4労働民例集41巻4号513頁〔27806864〕）がある。

これに対し、本条及び男女雇用機会均等法は、一般的効力を有するにすぎないから、私企業において差別された女性職員による昇格・昇進請求権行使の根拠規定となり得ないとした判決（東京地判平成8・11・27判時1588号3頁〔28020042〕）もある。

(5)　その他の労働条件

　以上の他にも、労働条件などに関する性差別問題は、次のように多様である。

　既婚女子社員で子どもが2人以上の者を解雇するとする一般的な人員整理基準は、本条、労基法3、4条の精神に反し民法90条により無効であるとした株式会社コパル事件の決定（東京地決昭和50・9・12判時789号18頁〔27441702〕）がある。

　男女別コース制の下で職員の採用、処遇をする企業において、使用者が労働者の募集、採用に当たり女子に男子と均等の機会を与えなかったことは、少なくとも昭和44年ないし49年当時においては、性別のみを理由として何らの合理的な理由もなく男女を差別して取り扱ってはならないという本条を基盤とする民法90条にいう公の秩序に違反するとはいえない（東京地判昭和61・12・4労働民例集37巻6号512頁〔27802173〕）。

　さらに、職場の内外で部下の女性の異性関係に関する行状についての悪評を流布する等した上司の行為が人格権を侵害するもので不法行為責任を負うとともに、使用者の会社についても、職場環境を調整するよう配慮する義務を怠り、また、憲法や関係法令上、雇用関係において男女を平等に取り扱うべきであるにもかかわらず、主として右女性の譲歩、犠牲において職場関係を調整しようとした点において不法行為性が認められ、会社は使用者責任を負うとされた事例（福岡地判平成4・4・16判タ783号60頁〔25000004〕）がある。

　男女雇用機会均等法が制定され平成11年に施行されると、裁判でもこれに対応した判断が下されるようになった。まず、野村證券事件の判決（東京地判平成14・2・20判タ1089号78頁〔28070909〕）では、性別を前提に男女をコース別に採用し処遇する仕方は、本条の趣旨に反するが、私人間関係ではその差別が不合理なものであって民法90条の定める公序に反する場合に違法・無効となる、としたうえで、原告従業員が入社した昭和32年ないし40年当時はそれが公序に反していたとまではいえないが、男女雇用機会均等法が施行された平成11年以後は、その処遇が公序に反することになったとして、企業に対する慰謝料請求を認めている。また、住友金属工業事件の判決（大阪地判平成17・3・28判タ1189号98頁〔28100796〕）も、男女雇用機会均等法の平成11年の施行以前に被告会社が高卒事務職の募集・採用時に男女間でコース別取扱いをしたことは、本条の理念に

は沿わないものの直ちに公序良俗に違反したとはいえないが、採用後の高卒事務職の男女間の別異取扱いが採用時のコース別取扱いの差異に基づかないか、基づくとしても合理性を有しない場合には、公序に反して違法であるとしたうえで、本件格差を民法90条の公序に反する違法なものであると判示している。

これらに対し、企業が行った職分制度、厚生給及び系列転換制度について、いずれも違法な男女差別に当たらないとされた住友化学工業事件の判決（大阪地判平成13・3・28判タ1101号121頁〔28061885〕）もある。

### コメント

昭和60年に男女雇用機会均等法（当時の名称は、「雇用の分野における男女の均等な機会及び待遇の確保等女性労働者の福祉の増進に関する法律」）が、勤労婦人福祉法（昭和47年法律113号）の全面改正（昭和60年法律45号）という形で制定されたが、当初は多くの規定が努力義務であり、改善は漸進的なものとされた。だが、同法は平成11年に改正され（平成11年法律87号、104号）、例えば、男女いずれかのみの求人募集が禁止されたほか、アファーマティヴ・アクション（積極的差別是正）による女性の優先雇用は認められる場合があることが明文化された。

### 4　社会的関係

始めに触れた入会権に関する女性差別は、社会的関係に関する代表例である。すなわち、最高裁判所は、次のように判示した（前掲平成18年最二小判）。本件入会地の入会権の得喪についての本件部落の慣習のうち、各世帯の代表者にのみ入会権者の地位を認めるという世帯主要件は、入会団体の団体としての統制の維持という点からも、入会権行使における各世帯間の平等という点からも、不合理ということはできないが、入会権者の資格を原則として男子孫に限り、本件部落民以外の男性と婚姻した女子孫は離婚して旧姓に復しない限り入会権者の資格を認めないとする男子孫要件は、前記2点のいずれからも何ら合理性を有さず、男女の本質的平等を定める日本国憲法の基本的理念に照らし、遅くとも本件で補償金の請求がなされている平成4年以降においては、性別のみによる不合理な差別として民法90条の規定により無効である（なお、同訴訟の下級審判決は、那覇地判平成15・11・19民集60巻3号819頁〔28090397〕、福岡高那覇支判平成

16・9・7民集60巻3号842頁〔28092852〕である）。

また、財団法人「阪神・淡路大震災復興基金」が平成7年の大震災の復興事業の1つとして平成10年に創設した被災者自立支援金制度は、きわめて公共性の強い法人による高度の公益目的を有する制度であるところ、同制度実施要綱が定める「世帯主が被災していること」という、同支援金支給のための要件は、世帯間差別及び男女間差別を招来し不合理な差別に当たるから、本条1項の平等原則ないし公序良俗に違反し無効であるとした判決（大阪高判平成14・7・3判時1801号38頁〔28080136〕）もある。なお、その判決の対象は、阪神・淡路大震災後被災女性Aと結婚したXが阪神・淡路大震災復興基金に対して、自立支援金の支給申請をしたところ、同財団が「世帯主が被災していること」という支給要件（世帯主被災要件）が満たされていないとして申請を却下したので、X（同財団の控訴後死亡したのでAがXの地位を承継している）が同財団を相手に被災者自立支援金の請求をしたという事案である。

さらに、漁業協同組合が、第三者から影響補償として交付された海砂利採取等による漁業補償金を正組合員に分配するにつき、女性にはこれを分配しない旨の決定を行ったことは、男女の不合理な性差別を禁止する憲法の趣旨に反するとして、補償金支払請求と慰謝料請求及び女性正組合員がその配分を受ける地位にあることの確認請求を認容した判決（高松地判平成13・8・29判タ1116号175頁〔28081232〕、高松高判平成14・2・26判タ1116号172頁〔28081231〕）がある。また、町立中学校長が制定した男子生徒の髪形を「丸刈、長髪禁止」と定める校則は、本条、21、31条に違反しないとした判決（熊本地判昭和60・11・13行集36巻11=12号1875頁〔27803367〕）もある。

5　刑罰法規関係

刑罰法規について性差別だとして争われた例は、多くはない。

まず、刑法177条の強姦罪の規定について、女性のみを被害者としていることが本条違反だと争われた事件があり、これに対して最高裁判所は、次のように判示して、違憲の主張を斥けている（最大判昭和28・6・24刑集7巻6号1366頁〔27760403〕）。刑法177条が女性を被害者とする規定を設けたのは、「男女両性の体質、構造、機能などの生理的、肉体的等の事実的差異に基き且つ実際上強

姦が男性により行われることを普通とする事態に鑑み、社会的、道徳的見地から被害者たる『婦女』を特に保護せんがためであつて、これがため『婦女』に対し法律上の特権を与え又は犯罪主体を男性に限定し男性たるの故を以て刑法上男性を不利益に待遇せんとしたものでないことはいうまでもないところであり、しかも、かゝる事実的差異に基く婦女のみの不均等な保護が一般社会的、道徳的観念上合理的なものであることも多言を要しないところである。されば、刑法177条の規定は、憲法14条に反するものとはいえない」。

これと同じ趣旨を基盤として、尼崎市売春等取締条例(昭和27年条例4号)3条は、報酬を受け、若しくは受ける約束で性交又はこれと類似の行為をするものを処罰するのであり、女性のみを処罰の対象とするものではないから、本条に違反しないとした決定(最二小決昭和32・6・8刑集11巻6号1638頁〔27670130〕)や、売春防止法5条は、女性のみを処罰の対象とするものでないから、本条に違反しないとした決定(最三小決昭和37・12・18刑集16巻12号1713頁〔27660923〕)がある。

6 その他

同性愛者は選択的な性的指向の結果ではなく、より生来的な問題であることが判明しつつある。このため、性的指向による差別は「性別」若しくは「社会的身分」に基づく差別と観念しうるものと考えられる。東京都が設置・管理する府中青年の家における同性愛者の同室での宿泊を拒否した事件で、裁判所は、その利用権を不当に制限したものと認定した(東京高判平成9・9・16判タ986号206頁〔28030702〕)。

性同一性障害者に関する判例として、性同一性障害者につき性別の取扱いの変更の審判が認められるための要件として「現に子がいないこと」を求める性同一性障害者の性別の取扱いの特例に関する法律3条1項3号の規定は、現に子のある者について性別の取扱いの変更を認めた場合、家族秩序に混乱を生じさせ、子の福祉の観点からも問題を生じかねない等の配慮に基づくものとして、合理性を欠くものとはいえないから、国会の裁量権の範囲を逸脱するものということはできず、13条、本条1項に違反しないとした決定(最三小決平成19・10・19家裁月報60巻3号36頁〔28132476〕)がある(また、最一小決平成19・10・22家裁月報60巻3号37頁〔28132477〕)。

また、東京都知事が取材に応じて週刊誌に掲載された発言につき、女性の存在価値を生殖能力面のみで評価する見解であるなどとの批判がなされたが、裁判所は、都知事個人の不法行為責任としている（東京地判平成17・2・24判タ1186号175頁〔28101931〕）。これは、本条の性差別問題の最近の状況を反映するものである。このほか、交通事故の未成年犠牲者の逸失利益の男女別算定を否定する判決（東京高判平成13・8・20判タ1092号241頁〔28062156〕など）もある。

関連して、昭和59年の国籍法改正前に、米国籍の父と日本国籍の母の間に生まれ、無国籍となった原告が、日本国籍の確認を求めた訴訟で、裁判所は、父系優先血統主義は合憲であるとともに、仮にこれが違憲だとしても、これを脱するどのような立法を行うかは立法府の裁量であるので、特定の立場に立って原告を救済することはできないとした（東京高判昭和57・6・23行集33巻6号1367頁〔27604039〕。その後、法改正に伴い、原告には日本国籍取得の途が生まれ、上告を取り下げた）。

さらに、外貌醜状の労災認定につき労働者災害補償保険法施行規則別表第1に定める障害等級表の男女差を、本条1項に違反する男性差別と判断した判決（京都地判平成22・5・27判タ1331号107頁〔28161654〕）がある。逆に、交通事故の傷害につき、自動車損害賠償保障法施行令の後遺障害別等級表の男女別の取扱いに準拠した例（秋田地判平成22・12・14平成21年(ワ)354号裁判所HP〔28170369〕）もある。

## 論点 4　本条にいう社会的身分による差別とは何か

### 1　社会的身分の意味

本条にいう社会的身分とは何を指すかについて、最高裁判所が町長の行った職員への待命処分を争う訴訟への判決（最大判昭和39・5・27民集18巻4号676頁〔27001913〕）で、次のように判示したところは、その答えとなっている。本条1項及び地公法13条にいう社会的身分とは、人が社会において占める継続的な地位をいうものと解されるから、高齢であるということは右の社会的身分に当らないとの原審の判断は相当と思われるが町長が町条例に基づき、過員整理の目的で行った町職員に対する待命処分は、55歳以上の高齢者であることを一応

の基準としたうえ、その該当者につきさらに勤務成績等を考慮してなされたものであるときは、13条、本条1項及び地公法13条に違反しない。

　ここで示された「人が社会において占める継続的な地位」とは、広い意味内容であり、後述の「2　親族上の身分」の項以下に挙げるように、判例は、多様である。なお、広い意味であるにしても、次の最高裁判決が説くように、一定の限界がある。判決中に「被告人は土木請負業関根組の最高幹部であつた」と判示したからといって、それは本人の経歴を示したものにすぎず、直ちに被告人に対してその社会的身分又は門地によって差別的取扱いをしたものと解することはできない（最一小判昭和24・6・16刑集3巻7号1077頁〔27760123〕）。刑法186条の賭博常習者は、本条にいわゆる「社会的身分」ではない（最大判昭和26・8・1刑集5巻9号1709頁〔27760299〕）。刑法253条の業務上他人の物を占有するということは、犯罪者の属性による刑法上の身分であるが、本条のいわゆる社会的身分と解することができない（最一小判昭和30・8・18刑集9巻9号2031頁〔27760530〕）。盗犯等ノ防止及処分ニ関スル法律3条所定の常習累犯者は、本条にいう「社会的身分」に当たらない（最二小判昭和43・6・14刑集22巻6号477頁〔27760850〕）。

　また、最高裁判所裁判集に登載の判例であるが、裁判所が賭博開帳図利等の事件で、被告人がいわゆる博徒であるかどうか、博徒仲間においてどのような地位を占めているかを認定したことは犯意の強弱や情状の認定に必要だったためであり、博徒社会における地位による差別的処遇をしたものではないとした最三小決昭和43・4・23裁判集刑166号765頁〔28200291〕、「被告人はいわゆるてき屋あるいは露店商人の団体であるA会の総代の地位にあり、かねてから露店商人の仲間などとカブ賭博をするうち本引賭博を覚え」と判示しているのは、被告人が、賭博を覚えるに至った経過を示したものにすぎず、被告人に対し、社会的身分又は門地により差別的取扱いをしたものではないとした最二小決昭和47・2・16裁判集刑183号147頁〔28200943〕、業務上過失傷害事件における「自動車運転者」は「社会的身分」ではないとした最二小判昭和38・12・6裁判集刑149号209頁〔28210117〕がある。

　さらに、下級審判決においても、本条にいう「社会的身分」とは、広く人が社会において有するある程度継続的な地位を指称し、人の生長に従って生ず

人の自然的状態である55歳以上の者ということは、社会的身分に当たらないとした判示がある（富山地判昭和35・4・15行集11巻4号1146頁〔27602286〕）。

2　親族上の身分

(1)　尊属に対する犯罪の刑罰加重規定

　平成7年の刑法改正前には、尊属に対する殺人、傷害致死、遺棄、及び逮捕監禁の犯罪については、刑罰を加重する規定が置かれていた。これについて、本条違反の主張をして争われていたが、昭和48年に、刑法200条は、尊属殺の法定刑を死刑又は無期懲役のみに限っている点で、普通殺に関する刑法199条の法定刑に比し著しく不合理な差別扱いをするものであり、本条1項に違反すると最高裁判所は判決し（最大判昭和48・4・4刑集27巻3号265頁〔27760999〕）、先例（最大判昭和25・10・25刑集4巻10号2126頁〔27760248〕）を変更した（下級審の合憲判決として、高松高判昭和27・12・23高裁刑特報17号65頁〔27760378〕、大阪高判昭和28・3・31高裁刑特報28号14頁〔27760386〕がある）。しかし、この違憲判決後も、尊属傷害致死に関する刑法205条2項については、その法定刑が極端に重いものではなく、かつ同条1項に比しても著しい差異はなく合理的根拠に基づく差別の域を出ないから、本条に違反しないと判示して（最二小判昭和51・2・6刑集30巻1号1頁〔27761059〕）、先例（最三小判昭和50・11・28裁判集刑198号707頁〔27761057〕、最一小判昭和50・11・20裁判集刑198号491頁〔27761056〕、最一小判昭和49・9・26刑集28巻6号329頁〔27761038〕、最大判昭和29・1・20刑集8巻1号52頁〔27760438〕、及び最大判昭和25・10・11刑集4巻10号2037頁〔27760245〕）が維持された。

　なお、昭和25年の先例の第1審判決（福岡地飯塚支判昭和25・1・9刑集4巻10号2070頁〔24001094〕）のほか、下級審判決には、刑法205条2項を本条違反とする判断が存在した（宇都宮地判昭和44・5・29判タ237号266頁〔27760870〕、京都地判昭和48・6・7判タ298号351頁〔27761007〕、千葉地八日市場支判昭和48・6・26判時714号239頁〔27761008〕、佐賀地判昭和48・9・20判タ304号116頁〔27761015〕、宮崎地判昭和48・12・13判タ304号118頁〔27921794〕、和歌山地判昭和48・12・20判タ304号120頁〔27761021〕、東京高判昭和49・7・16東高刑時報25巻7号59頁〔27761036〕）。また、尊属逮捕監禁罪を規定する刑法220条2項についても本条に違反しないとの判決（最二小判昭和33・10・24刑集12巻14号3392頁〔27760631〕）や、尊属逮捕監禁致死傷罪を規定する

刑法220条2項、221条、205条2項は、本条に違反しないとした判決（福岡高判昭和49・5・14刑裁月報6巻5号545頁〔27761032〕）があった。

こうした判例の展開を経て、冒頭に記したように、平成7年の刑法改正により、尊属に対する殺人、傷害致死、遺棄、及び逮捕監禁の犯罪についての刑罰加重規定が削除されて、尊属に対する犯罪を差別的に取り扱うこと自体が本条に違反するとの昭和48年大法廷判決における意見の趣旨が実現することとなった。

(2) 扶助料・軍人恩給等

この分野では、特別弔慰金の支給につき、軍人恩給停止の対象となった遺族であるか否かにより支給の有無を区別している戦没者等の遺族に対する特別弔慰金支給法（昭和54年法律29号改正前）2、3条の各規定は、本条1項に違反しないとした判決（大阪高判昭和55・3・18行集31巻3号460頁〔27603814〕、その第1審・神戸地判昭和54・1・31行集30巻1号122頁〔27603717〕）のほか、老齢年金における夫婦受給制限を規定する国民年金法79条の2第5項（昭和44年法律86号削除前）は、本条1項に違反しないとした判決（神戸地判昭和49・10・11行集25巻11号1395頁〔27603487〕）、恩給法の一部を改正する法律（昭和28年法律155号）附則10条1項2号は、13条、本条及び24条に違反しないとした判決（東京地判昭和36・8・24民集23巻12号2615頁〔27201947〕）、旧軍人の戦死後に分家したその軍人の父に扶助料請求権を与えないことは、本条、24条に違反しないとした判決（東京地判昭和31・8・8行集7巻8号2034頁〔27601401〕）がある。

軍人恩給に関して、恩給法の一部を改正する法律（昭和28年法律155号）附則10条1項2号は、13条、本条及び24条に違反しないとした（最大判昭和44・12・24民集23巻12号2595頁〔27000748〕）がある。

(3) 非嫡出子

ア　相続分

非嫡出子に対する差別については、法定相続分を規定した民法900条4号ただし書の合憲性が大きな議論を呼んでいる。最高裁判所は、平成7年の大法廷決定（最大決平成7・7・5民集49巻7号1789頁〔27827501〕）で、「現行民法は法律婚主義を採用しているのであるから、（中略）本件規定の立法理由にも合理的な根

拠があるというべきであり、本件規定が非嫡出子の法定相続分を嫡出子の2分の1としたことが、右立法理由との関連において著しく不合理であり、立法府に与えられた合理的な裁量判断の限界を超えたものということはできないのであって、本件規定は、合理的理由のない差別とはいえず、憲法14条1項に反するものとはいえない」と判示している。ただし、半数以上の裁判官が同規定に係る立法事実の変化を指摘し、6人の裁判官の補足意見と5人の裁判官の反対意見が付されていて、問題の難しさを表している。この大法廷決定の原決定（東京高決平成3・3・29民集49巻7号1822頁〔27811679〕）も合憲判断であるが、別に、非嫡出子の相続分を嫡出子の相続分の2分の1と定めた民法900条4号ただし書前段は、適法な婚姻に基づく家族関係を保護するという立法目的を達成するうえで事実上の実質的関連性を有するか疑わしく、このような差別的取扱いが合理的な根拠に基づくものとは言い難いから、本条1項に違反するとした高裁決定（東京高決平成5・6・23高裁民集46巻2号43頁〔25000045〕）もある。

しかし、最高裁判所は、その後も合憲判断を維持しており（最一小判平成12・1・27家裁月報52巻7号78頁〔28051715〕、最一小判平成12・1・27裁判集民196号251頁〔28050200〕、最二小判平成15・3・28家裁月報55巻9号51頁〔28080944〕、最一小判平成15・3・31家裁月報55巻9号53頁〔28081128〕、最一小判平成16・10・14裁判集民215号253頁〔28092631〕、最二小決平成21・9・30家裁月報61巻12号55頁〔28153415〕）、平成22年には、この問題が大法廷に回付されることが報じられ、違憲判断も予想されたが、和解が成立し、特別抗告が斥けられた（最三小決平成23・3・9民集65巻2号723頁〔28170500〕）。他方、東京高判平成22・3・10判夕1324号210頁〔28161930〕、大阪高決平成23・8・24判時2140号19頁〔28174138〕、名古屋高判平成23・12・21判時2150号41頁〔28180218〕など、下級審には違憲判決もある。

なお、両親が3親等以内の傍系血族であるため婚姻が取り消された場合において、その嫡出子に対してなされた非嫡出子からの遺留分減殺請求について、民法900条4号ただし書前段の規定を適用しても本条に違反しないとした判決（東京地判平成9・10・31判夕1008号230頁〔28042477〕）がある。

　　イ　認知・国籍

民法787条ただし書が非嫡出子の父子関係に認知を求めていることは、13条

とともに本条にも反しないと判決されている（最大判昭和30・7・20民集9巻9号1122頁〔27003019〕、最一小判昭和54・6・21裁判集民127号117頁〔27452397〕）。

　昭和59年改正以降の国籍法2条は「出生の時に父又は母が日本国民であるとき」に、また、3条1項は「父母の婚姻及びその認知により嫡出子たる身分を取得した子」（準正による）について日本国籍取得を定めてきたが、この結果、外国人母の非嫡出子で、日本人父から胎児認知ではなく生後認知がされたときは、日本国籍が出生取得できなかった。この状況にある子は、嫡出子や、準正による場合、父が日本人で母が外国人の非嫡出子と比べても不利益を受けていた。最高裁は、国籍法2条は本条に反しないとする判決を下したこともあったが（最二小判平成14・11・22裁判集民208号495頁〔28073012〕、その下級審判決・大阪地判平成8・6・28訟務月報43巻7号1591頁〔28020469〕）、これに続いて、同法3条1項は違憲であり、残る要件を満たした上記例の子らに国籍を付与するとの大法廷判決（最大判平成20・6・4民集62巻6号1367頁〔28141352〕）が登場した。そこでは、我が国を取り巻く国内的、国際的な社会的環境等の変化が判断要素として強く働き、準正を出生後における届出による日本国籍取得の要件としておくことについて、立法目的との間に合理的関連性を見いだすことがもはや難しくなっていると判示されている。また、この平成20年判決は、立法裁量に委ねず、差別の直接的救済を図った点でも注目されている。なお、この判決に至るまでの下級審判決として、東京地判平成17・4・13民集62巻6号1449頁〔28100832〕、東京高判平成18・2・28民集62巻6号1479頁〔28110679〕、東京地判平成18・3・29判タ1221号87頁〔28111669〕がある。関連して、認知による児童扶養手当受給資格喪失処分を取り消した判決（最一小判平成14・1・31民集56巻1号246頁〔28070264〕など）もある。

### コメント

　平成20年の大法廷判決を受けて、国会は、同年12月、国籍法3条1項の前記部分を「父又は母が認知した子」と、生後認知でも国籍取得を可能とするように改正し、同条の表題も「（認知された子の国籍の取得）」と変更された（平成20年法律88号）。併せて、虚偽の国籍取得届提出者を罰する規定も挿入された。

ウ 続柄記載

戸籍法が嫡出子と非嫡出子を区別する戸籍の記載をしていたため、住民票の記載も区別されていたことが争われた事件で、最高裁は、市町村長の職務上の注意義務違反を認めず、国家賠償請求を斥けた（最一小判平成11・1・21裁判集民191号127頁〔28040189〕）。下級審においても、記載の区別についての違憲の主張が斥けられていた（東京地判平成3・5・23行集42巻5号688頁〔27811062〕や東京高判平成7・3・22判タ874号82頁〔27827061〕、さらに、東京高判平成17・3・24判時1899号101頁〔28101709〕とその原審の東京地判平成16・3・2訟務月報51巻3号549頁〔28092213〕）。しかし、平成16年11月の戸籍法施行規則改正により、以後出生の非嫡出子の戸籍の続柄の記載も「長男」「三女」等と変更された（ただし、非嫡出子は母との関係でのみ記載される点で、父母夫婦を単位とする嫡出子の場合と異なる）。「嫡出子」「非嫡出子」の記載も出生届には残る。この欄を空白とした出生届の不受理を争った事件で、損害賠償請求などが斥けられた例もある（東京高判平成24・9・27公刊物未登載）。

3 職業

社会的身分中の職業による差別も、公務員に対するもの、農地改革に伴う地主・小作人に関係するもの、営業者に対するものなど多様である。

(1) 公務員

公務員については、その地位に関連した法制上の特別な扱いや、規律違反に対する刑罰などに対して訴訟が提起されていて、その判例数は少なくない。

まず、最高裁判所は、公務員は全体の奉仕者であり、政治的に中正の立場を堅持すべきであって、公務員の政治的行為を制限禁止した国公法102条は、本条に違反しないとした判決（最大判昭和33・3・12刑集12巻3号501頁〔27760605〕、同趣旨の最大判昭和33・4・16刑集12巻6号942頁〔27670150〕）。もっとも、国公法102条については、人事院規則14-7とともに、21条違反か否かの議論として展開されているので、下級審判決を含めた動向についてはそこへの参照に委ねる（21条Ⅲ論点19参照）。

また、いわゆる自動失職制度を定める地公法28条4項、16条2号は、本条1項、13、31条に違反しないとした判決（最三小判平成元・1・17判タ693号54頁

〔27804073〕）や、禁錮以上の刑に処せられたため地公法の規定により失職した地方公務員に対して、一般の退職手当を支給しない旨を定めた条例規定は、13条、本条1項、29条1項に違反しないとした判決（最三小判平成12・12・19裁判所時報1282号3頁〔28052609〕）がある（国家公務員についても同趣旨の最一小判平成19・12・13裁判所時報1450号6頁〔28140153〕）。

　次に、農林漁業金融公庫法17条及び19条2項の各規定は、同公庫の役職員又は同公庫の委託業務に従事する金融機関の役職員に対して刑事責任を問う場合に限り公務員とみなすものであって、不合理であり、本条1項に違反し無効であると争われた事件に対して、農林漁業金融公庫は、その性格上、行政機関に準ずるものといえるのであって、役職員の職務の威信と公正を確保すべき必要も一般の公務員と比してさしたる径庭があるものとは考えられないとして、そのような差別的扱いには合理的根拠が認められ、違憲とはいえないとした判決（最三小判昭和36・7・25刑集15巻7号1216頁〔27670236〕）がある（国民金融公庫法17条についての東京高判昭和30・11・10高裁刑集8巻10号1202頁〔27486588〕も参照）。

　他に、公務員法上の扱いに関する下級審判決として、次のものがある。

　心身の故障のため国家公務員としての職務の遂行ができない者や、官職に必要な適格性を欠く者を降任したり免職することは、職務の能率及びその適正な運営の確保という公益目的から必要なことであり、合理性があるから、これを定めた国公法78条2、3号は、本条、25、27条に違反しないとした判決（大阪高判平成12・3・22訟務月報47巻7号1964頁〔28060182〕）。在職中に禁錮以上の刑に処せられたことのみを市長に対する退職手当の不支給事由として定める特別職の職員の給与に関する条例（昭和31年静岡市条例33号、平成6年静岡市条例60号改正前）9条等の規定は、市職員と市長との間には、その身分取得の方法、在職期間、職務の内容等公務員としての地位に制度上顕著な差異が存することなどからすれば、本条1項に違反するとはいえないとした判決（静岡地判平成8・6・25行集47巻6号475頁〔28020725〕）。地公法28条2項2号の起訴休職制度は、13条、本条、25、31条に違反しないとした判決（東京地判平成元・10・26判タ729号133頁〔27805764〕、東京高判昭和35・2・26行集11巻4号1059頁〔27602154〕、東京地判昭和32・10・4行集8巻10号1858頁〔27601618〕）。自衛官は、他の一般職の公務員にはみられ

ない防衛出動という任務に従事するものであり、陸士長等については、その職務内容からみて、若く壮健な者を常時確保しておくことが必要不可欠であるから、十分合理性があり、任用期間を2年と定める自衛隊法36条1項の規定は、9条、本条、27条に違反しないとした判決（東京地判平成元・1・26行集40巻1=2号36頁〔27804289〕）。地方公共団体が、定年制実施による退職者に対する退職手当支給に関し、定年制実施の日以後に定年を迎えた者に対しては割増退職手当を支給するが、それ以前に定年に達していた者に対しては、右割増退職手当を支給しないという内容の条例を制定したことが、合理的な根拠に基づくものとして、本条、地公法13条及び労基法3条に違反しないとされた事例（広島高岡山支判昭和63・9・22労働民例集39巻5号465頁〔27806344〕、岡山地判昭和62・2・25労働民例集38巻1号74頁〔27804228〕）。内閣総理大臣による靖国神社公式参拝は国家公務員の公権力の違法な行使であり、損害を被ったとして、国及び内閣総理大臣に損害賠償を請求した訴訟において、内閣総理大臣に損害賠償責任を認めなくても、本条、32条に違反しないとされた事例（福岡地判昭和63・2・1判タ658号252頁〔27801310〕）。賃金等請求権の消滅時効期間につき、国家公務員については会計法30条により5年、地方公務員については労基法115条により2年、という程度の差が生ずることになっても、本条に違反するものとはいえないとした判決（仙台地判昭和40・3・31行集16巻3号520頁〔27602919〕）。国家公務員と地方公務員との間に給与の消滅時効の期間が異なる結果が生じても、それは立法政策上の問題であって、そのために本条に違反しないとした判決（浦和地判昭和37・9・13行集13巻9号1565頁〔27602568〕）。

　刑法上の公務員の扱いが本条違反だとの争点については、比較的早い時期に解決済みである。すなわち、公務員の収賄を処罰することを定めた刑法197条は、本条に違反しない（最大判昭和34・12・9刑集13巻12号3186頁〔27670190〕）、刑法158条1項の偽造公文書行使罪の法定刑が同法161条1項の偽造私文書行使罪のそれより重いのは、その保護法益である公文書の信用度が私文書のそれより高いことに基づくものであって、文書作成名義者の身分による差別ではない（最三小決昭和34・9・22刑集13巻11号2985頁〔27760659〕）、刑法156条は信用度の高い公文書の無形偽造を、私文書と異なって特に処罰することにしたものであって、

その保護法益は公文書の信用性にあり、行為者が公務員であるか否かによってその保護に軽重を設けた規定ではない（最二小判昭和33・5・30刑集12巻8号1914頁〔27760619〕）、刑法95条は、公務員を特別に保護する規定ではなく、公務員によって執行される公務そのものを保護するものであって本条に違反しない（最二小判昭和28・10・2刑集7巻10号1883頁〔27760417〕、最三小判昭和32・2・12裁判集刑117号861頁〔27760576〕）といった判決がそれである。

　公務員を量刑上考慮することについて争われた例も、初期の頃に集中している。すなわち、量刑に当たり司法巡査であることを顧慮したとしても、本条に違反しない（最三小判昭和27・8・23裁判集刑67号193頁〔27760368〕）、判決理由中に被告人の職業として郵便局事務員であったことを掲げたのは、単に被告人の経歴を示したにすぎず、執行猶予をしなかった判決の前提又は背景としたものとは認められない（最二小判昭和26・11・16裁判集刑56号993頁〔27760316〕）、量刑の当否を判断するに当たり、諸般の事情とともに被告人の公務員としての地位に伴う社会的道義的責任を斟酌しても、本条に違反しない（最二小判昭和26・5・18刑集5巻6号1175頁〔27760284〕）、公務員の犯行として最も忌憚すべき性質のものと認めて、刑の執行を猶予しなかったとしても、本条に違反しない（最一小判昭和26・2・1裁判集刑40号1頁〔27760268〕）といった判決がそれである。

　その他に、裁判長が傍聴人である警察官に対してした退廷命令が、社会的身分・職業のみによって裁判傍聴の自由を奪う差別的待遇をしたものではないとされた事例（最二小決昭和35・7・11裁判集刑134号425頁〔27760683〕）がある。また、下級審判例には、無断で所定の帰隊時限後も帰隊せずに職務を離れるとともに、自衛官の制服を着用したうえで、国家政策としての自衛隊の沖縄配置及び立川移駐を公然と非難してその政策の転換ないし中止を求める行為を行った自衛官に対し、右行為が自衛隊法46条1号及び2号に該当するとしてした懲戒免職処分は、本条、21、19、31条に違反しないとした判決（東京地判平成9・3・27訟務月報44巻6号950頁〔28021793〕）、いわゆる省庁間配置転換職員の昇任・昇格に当たり、勤務経験等を考慮し、配転先の在来職員と区別して取り扱うなどした任命権者の判断に裁量権を濫用した違法はなく、本条に違反しないとした判決（長野地判平成8・2・29訟務月報43巻2号720頁〔28011139〕）、加入資格に制限を加えてい

る市教職員厚生協会に対する公金の支出は、自治法232条の2、地公法13、14条及び本条、19、28条に違反しないとした判決（神戸地判平成7・12・25判夕901号181頁〔28010289〕）、地元選出国会議員の大臣就任祝賀式典の町による開催は、19、21条、本条、92条に違反しないとした判決（大阪高判昭和61・3・28行集37巻3号528頁〔27803727〕）、地方公共団体の議会の議員は在職のまま衆議院議員候補として立候補できないとした衆議院議員選挙法67条5項は、合理的立法であって本条、44、11、13条等に違反しないとした判決（東京地判昭和24・7・18行裁月報20号153頁〔27760135〕）がある。

(2) 地主・小作人及び農地関係

かつての農地改革との関係では、自作農創設特別措置法による農地の買収・売渡しにおいて、地主と小作人との間で本条違反の差別処遇がなされたとして争われた訴訟がいくつか提起されたが、裁判所は、違憲の主張をすべて斥けている（宇都宮地判昭和23・9・28行裁月報8号45頁〔27700025〕、静岡地判昭和28・3・21行集4巻3号422頁〔27600730〕、東京高判昭和29・1・19行集5巻1号20頁〔27600871〕、東京高判昭和29・1・29高裁民集7巻1号14頁〔27440139〕、東京高判昭和29・8・7行集5巻8号1769頁〔27600898〕、東京高判昭和30・4・25民集11巻10号1734頁〔27204509〕）。この列記中最後の判決は、さらに、農地委員会の構成が、農地改革の結果、従前の小作農で新たに自作農となった者の増加により、委員の大多数が農地改革前の小作的階層から選出されることとなったとしても、このことから地主的階層が不利に差別待遇を受け、本条1項の規定に違反するものということはできないこと、及び、在村地主に保有小作地を認め不在地主にこれを認めないことは、本条1項に違反しないことも判示している。また、自作農創設特別措置法の実施により、実質的には利益を受け又は不利益を被る者が生じることになっても、本条に定める平等原則に違反しないとした判決（東京高判昭和35・10・11東高民時報11巻10号250頁〔27621259〕、東京地判昭和36・11・9行集12巻11号2197頁〔27602496〕）もある。

最高裁判所は、農地等の賃貸借の解約等の制限を規定する農地法20条は、本条に違反しないと判決している（最大判昭和35・2・10民集14巻2号137頁〔27002500〕）。また、下級審でも、農地法3条が小作農及びその世帯員とそれ以外の者とを同等に扱っていないとしても、その差別扱いは、公共の福祉に適合した合理的な

制限というべきであるから、本条に違反しないと判決されている（長野地判昭和36・2・28行集12巻2号250頁〔27602418〕）。さらに、国有農地等の売払いに関する特別措置法2条の規制も本条に反しないとされている（最大判昭和53・7・12民集32巻5号946頁〔27000233〕）。

(3) 営業規制

営業規制は、主として22条の問題であるが、本条違反の主張がなされることもある。

最高裁判例として、公衆浴場の配置基準を規定する公衆浴場法2条及び昭和24年奈良県条例2号公衆浴場法施行条例1条の2は、22条、本条に違反しないとした判決（最一小判昭和35・2・11刑集14巻2号119頁〔27670195〕、その原審判決・大阪高判昭和33・3・6高裁刑特報5巻3号85頁〔27680885〕）があり、医師に、ある範囲において調剤につき薬剤師と同等の取扱いが認められており、しかも薬剤師の薬局に対する規制と病院、診療所等における調剤所に対する規制とに差異があるとしても、このような措置は、薬剤師を不合理に差別する措置ではないから、本条に違反しないとした判決（最大判昭和41・7・20民集20巻6号1217頁〔27001176〕）がある。また、独禁法89条から91条までの罪に係る訴訟の第1審の裁判権を東京高等裁判所に専属させ、右各罪につき2審制を定めている同法85条3号の規定は、本条、31、32条に違反しないとした判決（最二小判昭和59・2・24刑集38巻4号1287頁〔27801091〕、その原判決・東京高判昭和55・9・26高裁刑集33巻5号511頁〔27486763〕）もここに掲げておく。

他に、下級審判決として、風俗営業取締法による規制について（東京地判昭和25・7・19民集7巻11号1195頁〔27205459〕）、風俗営業等取締法の風俗営業許可について（福岡地判昭和41・6・7行集17巻6号634頁〔27451272〕）、同法4条の4第3項の適用について（名古屋高判昭和56・5・27行集32巻5号845頁〔27603929〕）いずれも本条違反の主張が斥けられている。また、薬事法の許可基準についても、違憲の主張が認められていない（東京地判昭和37・10・24民集20巻6号1227頁〔27602586〕、広島高判昭和43・11・13訟務月報14巻12号1364頁〔27661373〕）。

さらに、廃棄物の処理及び清掃に関する法律15条1項によって許可を得ている事業者を町水道水源保護条例所定の規制対象事業場に認定することは、両規

定におけるその目的と趣旨を異にするものであるから、本条1項に違反しないとした判決（名古屋高判平成12・2・29民集58巻9号2621頁〔28052562〕）がある。

(4) その他

裁判所の司法記者の扱いなどとの関係で、いくつかの判例がある。まず、最高裁判所は、レペタ訴訟の判決（最大判平成元・3・8民集43巻2号89頁〔27803181〕）で、法廷でメモをとることを司法記者クラブ所属の報道機関の記者に対してのみ許可し、一般傍聴人に対して禁止した裁判長の措置は、本条1項に違反しないと判示している（その第1審判決・東京地判昭和62・2・12民集43巻2号145頁〔27803592〕も同趣旨）。また、下級審判例として次のものがある。東京地方裁判所による記者席の確保は、国民に対する裁判の迅速かつ正確な報道に資するための司法行政上の便宜供与として行われており、同確保を行うか否か及びその対象者の範囲は、裁判所の裁量に委ねられているところ、同地裁の職員が、同確保について、東京記者クラブ加盟の報道機関の記者とフリーのジャーナリストである原告とを区別し、原告に対して本刑事事件公判の審理の傍聴を認めなかった措置には、合理的な理由があり本条1項に違反せず、国賠法上違法でないとした判決（東京地判平成18・1・25判タ1229号234頁〔28130504〕）、及び、札幌地方裁判所による記者席の確保と判決要旨の交付は、国民に対する裁判の迅速かつ正確な報道に資するための司法行政上の便宜供与として行われており、同確保・交付を行うか否か及びその対象者の範囲は裁判所の裁量に委ねられているところ、同地裁の職員が、同確保・交付について、北海道記者クラブ加盟の報道機関の記者とフリーのジャーナリストである原告とを区別し、原告に対して不承認の取扱いを行ったことには合理的な理由があり、本条1項違反でないとした判決（前掲平成18年東京地判）がある。

また、判決要旨の公布について次の判示がある。判決要旨は、迅速で正確な報道に資するために裁判所が作成するが、無限定に何人にも流布されると、その内容によっては刑事訴訟記録の閲覧に係る制限を定めた法の目的を害することがあり得、そういう弊害が発生しないための客観的に明確な交付先の制限が必要だから、司法記者クラブ所属の報道機関の記者以外の者にはその交付を拒絶しても、司法行政上の措置として不合理なものということはできず、本条1

項に違反しない（東京高判平成13・6・28訟務月報49巻3号779頁〔28080784〕、その1審判決・東京地判平成12・10・5訟務月報49巻3号789頁〔28061214〕）。

　雇用関係の判例として、輸送会社が期間雇用の臨時社員運転士を正社員運転士と異なる賃金体系によって雇用することは、彼らに正社員運転士と同様の労働を求める場合であっても、同一労働同一賃金の原則が一般的な法規範として存在していない以上、契約の自由の範疇であり違法でなく、その賃金上の別異取扱いはそれ自体不合理なものとして違法とはならないから、本条、労基法3、4条に違反せず、不法行為に当たらないとした判決（大阪地判平成14・5・22労働判例830号22頁〔28071887〕）、一定期間以上勤務した女子臨時社員と同じ勤続年数の女性正社員との間に生じた賃金格差につき、公序良俗違反の差別があったとした判決（長野地上田支判平成8・3・15判タ905号276頁〔28010222〕）、就業規則が臨時労務者につき常雇の正社員と異なる就労時間を定めているとしても、社会的身分による不合理な差別的取扱いとはいえないとした判決（東京高判昭和48・12・13判時731号95頁〔27612413〕）、駐留軍労務者の雇用に関し米国軍と日本国政府との間に締結された日本人及びその他の日本国在住者の役務に関する基本契約及び同附属協定69号は、19、21条、本条及び労基法3条の保障を侵害せず、これに基づく解雇は無効でないとした決定（東京高決昭和33・8・7訟務月報4巻10号1243頁〔27611030〕）がある。

　他に、公訴提起に関連して、相続税法違反被告事件について、被告人が司法書士であることをもって不利益な差別的処遇をしたものでなく、また、検察官のした公訴提起が差別的意図に基づくものでないとして、13条、本条違反の主張が排斥された決定（最三小決昭和63・4・22税務訴訟資料167号837頁〔22003573〕）や、保育園において現実に園児らの神社参拝保育に際し発生した事故につき、同保育を企画しただけで現実に引率に当たっていなかった園長及び主任保母に業務上過失の刑事責任を問う公訴の提起をしたことは、本条に違反しないとした判決（東京高判平成7・6・28判時1573号142頁〔28015199〕）がある。また、司法書士会が設けた特別会費制度及び事件数割会費制度は、そこに合理性が認められ、本条1項及び民法90条に違反するとはいえないとした判決（名古屋高判平成12・2・29判タ1056号170頁〔28061218〕、その第1審・名古屋地判平成11・4・23判タ1027号107頁

〔28051451〕）がある。公金支出との関係では、市による私立大学医学部附属病院の誘致計画に基づいて取得した同病院建設用地の造成費用等に充てるために、市の公金を支出すること、及び右用地を右大学に無償で譲渡することは、合理的な理由が認められるので、本条に違反しないとした判決（千葉地判昭和61・5・28行集37巻4=5号690頁〔27803905〕）や、市が米国大学を誘致する目的でした助成・補助は、89条、本条に違反しないとした判決（福島地判平成2・10・16判タ751号107頁〔27807541〕）がある。

4　前科を有する者等

(1)　科刑その他刑事法関係

科刑等についての判例は、初期の頃にみられる。累犯加重に関する刑法56、57条は、本条に違反しないとした判決（最三小判昭25・1・24刑集4巻1号54頁〔27760166〕、同趣旨の札幌高判昭和28・6・11高裁刑特報32号31頁〔27760400〕、最三小判昭和35・4・5刑集14巻5号521頁〔27760676〕）、量刑上「前科者」であることを斟酌しても、本条に違反しないとした判決（最三小判昭和27・3・18裁判集刑62号527頁〔27760346〕、同趣旨の最一小判昭和29・3・11刑集8巻3号270頁〔27760448〕、最一小判昭和32・4・25刑集11巻4号1485頁〔27761252〕）、刑法25条1項が、執行猶予の言渡しをすることの条件として、同項1号又は2号に当たる者であることを必要とし、これとそうでない者との間に差異を設けても、本条1項に違反しないとした判決（最一小判昭和33・6・19刑集12巻10号2243頁〔27760622〕、同趣旨の札幌高判昭33・4・22高裁刑特報5巻5号184頁〔27760612〕）、刑の適用において犯人の性格、経歴、環境及び前科を考慮することは、13条、本条及び22条に違反しないとした判決（最三小判昭和39・2・4裁判集刑150号377頁〔27760756〕）がある。

また、裁判官在職中2件の刑事事件を犯して有罪判決を受けた者の弁護士登録の請求について、弁護士法12条1項前段に該当する事由があるとして進達を拒絶した日本弁護士連合会の裁決は、13条、本条、22、31条に違反しないとした判決（東京高判平成3・9・4行集42巻8=9号1431頁〔27811522〕）がある。

(2)　選挙権・被選挙権の停止

選挙に関する特定の犯罪について処断された者に対して、選挙権・被選挙権を停止する旨を公選法252条が定めているが、最高裁判所は、これを本条及び

その他の規定に違反しないと判決（最大判昭和30・2・9刑集9巻2号217頁〔27760502〕）、また、最三小判昭和36・11・21刑集15巻10号1742頁〔27760722〕、最二小判昭和30・5・13刑集9巻6号1023頁〔27760522〕）している。下級審においても同趣旨の判決がいくつかある（東京高判昭和28・8・5高裁刑集6巻8号1065頁〔27760411〕、東京高判昭和28・12・28高裁刑集6巻13号1918頁〔27760436〕、福岡高判昭和30・1・26行集6巻1号92頁〔27601251〕、仙台高判昭和29・9・1ジュリスト68号54頁〔27760480〕、大阪高判昭和29・12・9高裁刑特報1巻13号712頁〔27760493〕、東京高判昭和55・3・6東高刑時報31巻3号18頁〔27761120〕）。

(3) その他

他に、暴力団員による不当な行為の防止等に関する法律（平成5年法律41号改正前）による指定暴力団員の行為に対する規制は、合理的な理由に基づくものであり、また、同法3条2号による犯罪歴を有する者の結社の自由の制限は、合理的な理由のない差別的取扱いとはいえず、いずれも本条1項に違反しないとした判決（那覇地判平成7・5・17行集46巻4＝5号502頁〔27827823〕）がある。

5　その他

以上のほか、本条の禁ずる社会的身分による差別だとして争う訴訟例がいくつかみられるが、いずれも裁判所は違憲の主張を斥けている。

最高裁判例として、原判決は、聴覚障害者である被告人が健聴者であれば当然に保障される黙秘権や弁護人選任権等の告知が受けられなかったとしても、捜査官が告知の努力をしたのであるから捜査手続には違法があるとはいえないと判示したとの前提に立ち、かかる判示は、「聴覚障害者」という社会的身分により被告人を差別したものであって、本条に違反する、との主張がその前提を欠くとして排斥された事例がある（最三小決平成7・2・28刑集49巻2号481頁〔24006411〕）がある。

下級審判例として、児童扶養手当法4条3項3号は、同号にいう「公的年金給付」のうちに国民年金法別表の1種1級の障害者として受けている障害福祉年金給付を含む限度において、本条1項に違反すると判示した堀木訴訟の第1審判決（神戸地判昭和47・9・20民集36巻7号1444頁〔27200149〕）、私企業において、男子社員で正式の妻のある者及び女子社員で正式の夫のある者を対象とし、配

偶者の収入金額による支給制限のない配偶者手当支給規定は、独身者を不当に差別した不合理なものということはできず、労基法3条、本条、13、24、27条に反するとはいえず、民法90条に反し無効ということはできないとしたユナイテッド・エアー・ラインズ事件の判決（東京地判平成13・1・29労働判例805号71頁〔28060730〕）、中央労働委員会の労働者委員の任命については、任命権者である内閣総理大臣の広範な裁量に委ねられており、本件任命行為は、不合理な差別に当たるものではないとした中央労働委員会事件の判決（東京高判平成10・9・29高裁民集51巻3号111頁〔28040771〕）、所得税法が内縁の配偶者及び未認知の子に対して所得控除を不適用としていることには合理的理由が認められ、本条、25条に違反しないとした判決（名古屋高判平成7・12・26訟務月報44巻6号1025頁〔28021537〕）、衆議院予算委員会における被告人の証人喚問決定は、本条に違反しないとした判決（東京高判昭和59・4・27高裁刑集37巻2号153頁〔27761200〕）、弁護士登録の進達の拒否を定めた弁護士法12条は、本条、22条に違反しないとした判決（東京地判昭和24・3・23行裁月報20号135頁〔27660065〕）がある。

### 論点 5　本条にいう門地による差別とは何か

　門地とは、家柄を指し、明治憲法の下での華族がそれに当たるが、本条2項が定めるように、日本国憲法下では「華族その他の貴族の制度」が存在せず、判例もほとんど見当たらない。最高裁判例としては、すでにII論点4の1で挙げた、判決中に「被告人は土木請負業関根組の最高幹部であつた」と判示したからといって、それは本人の経歴を示したものにすぎず、直ちに被告人に対してその社会的身分又は門地によって差別的取扱いをしたものと解することはできないとした判決（最一小判昭和24・6・16刑集3巻7号1077頁〔27760123〕）があるのみである。また、下級審判例として、市が天皇の病気見舞いの記帳のための記帳所を設置したことは、社会通念上相当な範囲内のものであり、市が行う公共業務ということができるから、前文、本条、19、20、92条に違反するとはいえないとした判決（千葉地判平成2・4・23判タ756号185頁〔27808825〕）がある。

## III 本条に明示的に例示されていない差別事由

•••••• 論　　点 ••••••
1　国籍に基づく差別はどのような場合に許されないか
2　年齢に基づく差別はどのような場合に許されないか
3　地方公共団体間での異なった扱いは、本条違反といえるか
4　刑事法との関係で生じる差別は、どのような場合に許されないか
5　民事法との関係で生じる差別は、どのような場合に許されないか

【関連法令】
沖縄の復帰に伴う特別措置に関する法律、会社更生法、関税法、国の利害に関係のある訴訟についての法務大臣の権限等に関する法律、刑事訴訟費用等に関する法律、刑事訴訟法施行法、刑事補償法、刑訴法、刑法18、25、96、211、253条、公証人法、公選法、国税犯則取締法、国公法、裁判所法、自治法、借地法、住民基本台帳法、少年法、少年補償法、性同一性障害者の性別の取扱いの特例に関する法律、政令201号（正式名は、昭和23年7月22日付内閣総理大臣宛連合国最高司令官書簡に基く臨時措置に関する政令）、大麻取締法、地公法、日本国憲法の施行に伴う刑事訴訟法の応急的措置に関する法律、法人税法、未成年者飲酒禁止法、未成年者喫煙禁止法、民訴法、民法731、777、900条、労基法、労組法

**論点 ❶　国籍に基づく差別はどのような場合に許されないか**

　国籍に基づく差別の問題は、外国人に対する差別問題として登場することが多いが、これについては、すでに前述のIIの論点1における冒頭で示したように、判例上、人種差別の領域の延長線上で語られているので、ここでは改めて取り上げることはしない。前述の箇所の参照に委ねる。

**論点 ❷　年齢に基づく差別はどのような場合に許されないか**

1　年少者
　最高裁判所は、福岡県青少年保護育成条例が18歳未満の者に対する性行為を禁止処罰の対象とし、年齢による差別的取扱いをしているが、それは、青少年

の範囲をどのように定めるかという立法政策に属する問題であるから、本条に違反しないと判示している（最大判昭和60・10・23刑集39巻6号413頁〔27803700〕）。

　他に、少年法に関連したいくつかの最高裁の判断がある。まず、最高裁判所は、少年法23条2項による保護処分に付さない旨の決定に対しては、それが非行事実の認定を明示したものであっても、抗告が許されないと解することは、本条、31条に違反しないとの決定（最二小決平成2・10・30家裁月報43巻4号80頁〔27811674〕）や、少年審判の結果、成人事件の無罪判決に当たる不処分決定を受けた者が刑事補償を求めた事例で、補償を認めなくとも違憲ではないとの決定（最三小決平成3・3・29刑集45巻3号158頁〔24006227〕）を示していた。これを受けて、少年補償法が制定されたが、そこでは家庭裁判所の決定に対する抗告が認められていない。最高裁判所は、これについて、少年補償法5条1項の補償に関する決定は、刑事補償法上の裁判とは性質を異にするから、この決定に対する抗告を、刑事補償法19条1項の趣旨を準用ないし類推適用して行うことは許されず、そう解しても本条、32条に違反しないと判示している（最二小決平成13・12・7刑集55巻7号823頁〔28075017〕）。

　また、少年法27条の2第1項は、保護処分の決定が確定した後に処分の基礎とされた非行事実の不存在が明らかにされた少年を将来に向かって保護処分から解放する手続等を規定したものであって、同項による保護処分の取消しは、保護処分が現に継続中である場合に限り許され、少年の名誉を回復するものでなく、そのように解しても、13条、本条1項、31、32条に違反しないとの決定（最一小決平成3・5・8裁判集刑275号261頁〔27811680〕）がある。未成年者に罰金刑を科し、未納のときは労役場に留置するとする少年法54条は違憲ではないとする下級審判決もある（大阪高判昭和39・3・13下級刑集6巻3=4号162頁〔27760760〕）。

　労基法56条は、満15歳の3月末日までの就労を原則として禁じ、同法58条は親などの勝手な労働契約締結も禁じ、深夜業や危険業務についても制限を加える。他方、賃金減額の労働協約改訂における年齢による取扱いの差異を不合理とまではいえないとする判断もある（横浜地判平成12・7・17判タ1091号240頁（日本鋼管賃金減額事件）〔28060170〕）。

> **コメント**

　年少者の精神的・肉体的未熟さを前提として、特定の規制や保護を行うことがある。未成年者飲酒禁止法や未成年者喫煙禁止法がその代表例。成人年齢を設け、当該権利自由を享受し又は義務を負う年齢の下限を定めることは、合理的な線引きである限り、一般的には違憲とは言い難いとされている。選挙権取得年齢を20歳とし（公選法9条）、婚姻年齢を男18歳、女16歳とする（民法731条）のがその例。加えて、26条は、職業につかず（児童の酷使の禁止）、学習に励む「子ども」の存在を予定している。このように、年少者に対する法的扱いの差異については、立法政策的な要因が働いているといえる。

## 2　年長者

　年長者に対して、権利を制限する典型は定年制度である。憲法も79、80条に明文で裁判官の定年制を予定しており、裁判所法50条において、最高裁と簡易裁判所の裁判官は70歳、その他の裁判官は65歳を定年と定められている。国公法81条の2第2項は、定年を60歳とする（同項ただし書には、それと異なる定年年齢も定める）。地方公務員については、それを基礎として条例で定めることとなっている（地公法28条の2）。なお、最高裁判所は、地方公務員について、「高令であるということ」は「社会的身分」に該当しないと判示し、それの定年制を合憲と判断している（最大判昭和39・5・27民集18巻4号676頁〔27001913〕）。また、55歳以上であることを理由とする町長による待命処分も本条などに反しないとされた（前掲昭和39年最大判）。

　下級審では、公証人法が70歳に達したことを免職事由とする公証人法15条3号は、憲法の保障する平等権及び勤労権を侵害しないとした判決（東京地判昭和27・7・24行集3巻6号1328頁〔27600486〕）をはじめ、国立大学助手の60歳定年制（東京地判平成9・4・14判時1617号140頁〔28021274〕）や、民間企業の55歳定年制（アール・エフ・ラジオ日本事件に対する東京高判平成8・8・26労働民例集47巻4号378頁〔28011354〕）に関して本条に違反しないとした判断がある。

　なお、国立大学医学科の入試で、原告が年齢の高さを理由に不合格とされたかどうかは明白ではないとする判決がある（東京高判平成19・3・29判タ1273号310頁〔28132247〕）。

**論点 ③** 地方公共団体間での異なった扱いは、本条違反といえるか

　東京都売春等取締条例違反で罰金刑を受けた被告人が、その取締りについて地域ごとに規定が異なるのは憲法の平等原則に反すると主張した事件があるが、最高裁判所は、94条が地方公共団体に条例制定権を付与した以上、これを違憲とは言い難いとした（最大判昭和33・10・15刑集12巻14号3305頁〔27660590〕）。また、地方公共団体が青少年に対する淫行につき、規制上各別に条例を制定する結果、その取扱いに差異を生ずることがあっても、本条に違反しないとした福岡県青少年保護育成条例事件判決（最大判昭和60・10・23刑集39巻6号413頁〔27803700〕）も同趣旨。さらに、公安条例についても昭和33年の先例に従った下級審判決がある（広島県公安条例についての広島地判昭和39・3・19刑集24巻7号460頁〔27670315〕、東京都公安条例についての東京地判昭和41・6・23下級刑集8巻6号897頁〔27661200〕や東京地判昭和38・11・27刑集20巻3号93頁〔27661001〕、神奈川県公安条例についての東京高判昭和43・3・27高裁刑集21巻3号233頁〔27681543〕）。条例については、さらに、地域を異にする別個の地方公共団体（埼玉県、東京都及び愛知県）が制定した条例を、制定目的、保護法益、構成要件等に共通性、類似性があることから、全国共通の法令であると観念し、そのうえで、各条例違反の罪について、一個の常習一罪の成否を判断すべきだというのは、各地方公共団体に自治立法権を認め、それぞれ独自に条例を制定し得るという憲法及び自治法の趣旨に反する、などとして、刑訴法337条1号（「確定判決を経たとき」）を適用して免訴することなく有罪とした原判決に誤りがないとされた事例もある（東京高判平成17・7・7判タ1281号338頁〔28115400〕）。

　これらと異なり、住基ネット受信義務確認等請求事件では、自治体が本条違反を主張したが、これに対して、裁判所は、杉並区が、区民のうち通知希望者に係る本人確認情報のみを東京都に通知し、非通知希望者に係るそれは通知しない方式によって住民基本台帳ネットワークシステム（住基ネット）に参加することは、住民基本台帳法30条の5第1、2項に違反し許されないのであって、こうした住基ネット参加方式を正当化するための13条上のプライバシー権に基づく主張は採用できないし、同方式を横浜市には容認しながら杉並区には容認しない国の態度は本条に違反するとの主張も採用できない、と判示している

(東京地判平成18・3・24訟務月報53巻6号1769頁〔28111458〕)。

**論点 ④ 刑事法との関係で生じる差別は、どのような場合に許されないか**

　前科者等に対する差別については、社会的身分による差別のところですでに扱ったが、ここでは多少の重複をいとわず、刑事法との関係で生じる差別について争われた裁判例をみることにする。

1　共犯者・共同被告人

　共犯者や共同被告人との関係で、初期の頃の最高裁判決をみると、事実審裁判所が犯情により共同被告人の1人を他の被告人より重く処罰することについて（最大判昭和23・10・6刑集2巻11号1275頁〔27760060〕）、共犯者の1人に関税法上の追徴を命じ、他の者に命じなかったことについて（最大判昭和33・3・5刑集12巻3号384頁〔21009702〕）、共犯者中1人のみが起訴処罰されたことについて（最二小判昭和33・10・24刑集12巻14号3385頁〔27760630〕）、犯罪貨物の所有者である共犯者が訴追を免れたため、同人に追徴を科することができない場合に、犯人である被告人に没収に代わる追徴を科したことについて（最大判昭和39・7・1裁判集刑152号1頁〔21019351〕）、いずれも本条1項に違反しないと判示されている。その後は、これに関連した判例は、次のものがあるのみである。すなわち、東京地検検事正及び検事総長により共犯者に対する刑事免責がなされていても、被告人に対する公訴提起は、本条、31条に違反しないとした判決（東京高判昭61・5・14刑裁月報18巻5=6号490頁〔27803732〕）や、法人税法違反により被告会社及び被告人を起訴し、税理士を起訴していないことは、被告会社が本件における納税義務者であり、被告人がその法人税納税義務を誠実に履行すべき地位にあった者であって、これらの義務を負わない税理士とは基本的な立場を異にするから、本条に違反せず、また、訴追裁量の範囲を逸脱した違法なものであるとはいえないとした判決（東京高判平成7・10・25税務訴訟資料226号3182頁〔28045142〕、その第1審の東京地判平成5・3・12税務訴訟資料226号3281頁〔28045143〕も同趣旨）がそれである。

2　業務上の犯罪

業務上の犯罪について、業務上横領に関する刑法253条は本条に違反しないとした判決（最三小判昭和29・9・21刑集8巻9号1508頁〔27760482〕）、刑法253条の業務上他人の物を占有するということは、犯罪者の属性による刑法上の身分であるが、本条のいわゆる社会的身分と解することはできないとした判決（最一小判昭和30・8・18刑集9巻9号2031頁〔27760530〕）、業務上過失致死傷等の重罰を定めた刑法211条は、本条に違反しないとした判決（最三小判昭和32・3・26刑集11巻3号1108頁〔27760579〕）がある。

3　類似の犯罪

　類似の犯罪についての判例として次のものがある（最高裁判例を羅列する）。多数の同種の違反者が検挙されずあるいは起訴されなかった場合に、被告人らのみが起訴処罰されても、本条に違反しない（最二小判昭和26・9・14刑集5巻10号1933頁〔27760303〕、また、最二小判昭和44・11・21裁判集刑174号53頁〔27760889〕）。他の同種の犯罪行為の点を無罪とする場合があったとしても当該犯罪行為を有罪とすることは、本条に違反しない（最三小判昭和28・11・10刑集7巻11号2067頁〔27760425〕）。同種の犯行についてその行為の時期によって刑罰規定に差異を設けても、本条に違反しない（最大判昭和32・11・27刑集11巻12号3113頁〔21009402〕）。国家公務員又は地方公務員として等しく昭和23年政令201号（昭和23年7月22日付内閣総理大臣宛連合国最高司令官書簡に基く臨時措置に関する政令）の適用を受けていた国鉄職員と市電バス従業員の両者が、ある時期において、前者についてはその争議行為につき右政令201号の適用が排除されているのに、後者についてはなおその適用があることとなっても、本条に違反しない（最大判昭和33・7・16刑集12巻12号2591頁〔27670157〕）。強制執行行為妨害を罰するにつき、刑法96条2項が同条1項と異なる行為を対象としていても本条1項に違反しない（最二小判昭和37・1・19刑集16巻1号1頁〔27760725〕）。刑の適用において犯人の性格・経歴・環境及び前科を考慮することは、13条、本条及び22条に違反しない（最三小判昭和39・2・4裁判集刑150号377頁〔27760756〕）。国鉄と民間鉄道とで、業務妨害に対する法律上の保護に差異があるとしても、本条に違反しない（最大判昭和41・11・30刑集20巻9号1076頁〔27670403〕）。自動速度監視装置により速度違反車両の運転者及び同乗者の容貌を写真撮影することは、13条、本条、21、31、

35条に違反しない（最二小判昭和61・2・14刑集40巻1号48頁〔27803409〕）。

 4　審級制度

　審級制度についての争いも、初期の頃の判例で落ち着いているといってよく、最高裁判例のみを列記しておく。大審院に係属していた事件を下級裁判所の管轄としても、13条、本条に違反しない（最大判昭和23・7・8刑集2巻8号801頁〔27760035〕）。日本国憲法の施行に伴う刑事訴訟法の応急的措置に関する法律13条2項は、本条に違反しない（最大判昭和24・3・23刑集3巻3号369頁〔27760107〕）。日本国憲法の施行に伴う刑事訴訟法の応急的措置に関する法律附則4項は、本条に違反しない（最二小判昭和24・4・16刑集3巻5号557頁〔27760114〕）。簡易裁判所の事物管轄を定めた裁判所法33条1項1号、2項ただし書は、本条に違反しない（最大判昭和25・4・26刑集4巻4号716頁〔27760188〕）。刑事訴訟法施行法2条は、すべて同類型の事件に同様の取扱いをなすものであって、本条に違反しない（最大判昭和25・7・19刑集4巻8号1429頁〔27760217〕）。刑事訴訟法施行法3条の2は、本条に違反しない（最二小判昭和26・11・16刑集5巻12号2405頁〔27760314〕）。刑事訴訟法施行法3条の2並びに旧刑事訴訟法事件の控訴審及び上告審における審判の特例に関する規則（昭和25年最高裁判所規則30号）は、本条に違反しない（最二小判昭和27・2・29刑集6巻2号321頁〔27760343〕）。裁判所法33条2項の規定が窃盗犯罪等につき例外的に簡易裁判所の管轄を認めていても、本条1項に違反しない（最三小判昭和35・4・5刑集14巻5号521頁〔27760676〕）。刑事訴訟法施行法2条が新法施行前に公訴の提起があった事件について新法を適用しないと定めたのは、本条に違反しない（最大決昭和37・10・30刑集16巻10号1467頁〔27760731〕）。

 5　訴訟手続

　訴訟手続に関しては、いわゆる百日裁判について定めた公選法253条の2の規定は、本条に違反しないとした判決（最大判昭和36・6・28刑集15巻6号1015頁〔27760712〕）があるほか、公訴権濫用との主張を斥けた下級審判決（東京高判昭和56・6・18判タ454号160頁〔27761146〕、福岡地判昭和58・3・18刑事裁判資料246号642頁〔27761182〕）がある。また、検察官が別件の審理中、本件につき追起訴しないと明言した後、改めて本件を起訴しても、公訴の提起は、本条1項、31条に違反し無効なものとはいえないとした判決（東京高判昭和58・3・16高刑速報（昭58）

76頁〔27761180〕）がある。

## 6　執行猶予・刑の執行

執行猶予に関しては、刑の執行を猶予しない理由が、人種・信条・性別・社会的身分又は門地により被告人を差別するものでない限り、本条の規定の趣旨に反する判決ということはできないとした判決（最大判昭和23・5・26刑集2巻5号517頁〔27760021〕、同趣旨の最二小判昭和24・7・2裁判集刑12号23頁〔27760127〕、最一小判昭和24・7・14裁判集刑12号563頁〔27760133〕、最三小判昭和24・10・18裁判集刑14号245頁〔27760148〕も参照）があり、また、数個の犯罪が併合罪の関係にあるか否かを明らかにする必要上、判決理由の冒頭に被告人が執行猶予の判決を受けたこと及びその判決の確定した日時を記載したからといって、右確定判決に判示された犯行につき再び審理裁判したものでない以上、39条に違反するものではなく、13条、本条にも違反しないとした判決（最大判昭和25・3・15刑集4巻3号366頁〔27760173〕）がある。さらに、執行猶予の対象から外すことを定めた刑法25条2項ただし書は、39条後段及び本条1項に違反しないとした判決（最二小判昭和37・11・16刑集16巻11号1562頁〔27760732〕）がある。

刑の執行について、金1000円の罰金不完納の場合の労役場留置期間の割合を1日金20円と定めたことは、11、13条、本条に違反しないとした判決（最大判昭和24・10・5刑集3巻10号1646頁〔27760147〕）や換刑処分を定めた刑法18条は、本条に違反しないとした判決（最大判昭和25・6・7刑集4巻6号956頁〔27660155〕）は、初期の判例。その後、沖縄復帰との関係で、次の判決が登場している。すなわち、沖縄の法令の下で行われた第1審及び上告審の審判に関する事項及び効力につき、沖縄復帰後これを本土の法令の下で行われた相当の事項及び効力と「みなす」こととし、その場合、沖縄の刑訴法の上告に関する規定は、本土の同法の控訴に関する規定に相当するものとする旨定めた沖縄の復帰に伴う特別措置に関する法律27条1、2項の規定は、実質において、沖縄の法制下にあった者に対し本土の法制下にあった者と同一の刑事手続上の地位を保障する点で欠けるところがあるとは認められず、本条、31条に違反しないとした判決（最大判昭和48・9・12刑集27巻8号1379頁〔27761013〕）がそれである。

他に、刑務所内での処遇を本条違反として争った事件があるが、違憲の主張

をすべて斥けている判決（東京地判昭和39・8・15行集15巻8号1595頁〔27602843〕）、横浜地判昭和47・12・25訟務月報19巻2号35頁〔27661642〕）、札幌地判平成12・8・25訟務月報47巻9号2699頁〔28062186〕）がある。

7　その他

通告処分に公訴の時効中断の効力を認めた国税犯則取締法15条は、本条及び31条に違反しないとした判決（最大判昭和39・11・25刑集18巻9号669頁〔21020141〕）がある。また、大麻の輸入等を禁止、処罰する大麻取締法は、13条、本条、31、36条に違反しないとした決定（最一小決昭60・9・10裁判集刑240号275頁〔27803849〕）や、死刑制度は、9条、13条、本条、36条に違反しないとした判決（最三小判平成2・4・17裁判集刑254号357頁〔27809456〕）がある（なお、死刑制度に関する他の判決については36条参照）。

**論点 5　民事法との関係で生じる差別は、どのような場合に許されないか**

再婚禁止期間を定める民法733条や非嫡出子の相続分を定める民法900条4号ただし書が本条違反となるか否かについては、すでに扱った（それぞれⅡ論点3の2、論点4の2(3)ア参照）。そのようにすでに触れたことの他に、民事法との関係で生じる差別問題が存在しており、以下はその裁判例である。

借地法8条ノ2は、事情変更による借地条件の変更や増改築の許可について定めるが、これが本条や29条に違反するとした主張を最高裁決定（最二小決昭和54・2・16裁判集民126号101頁〔27761097〕）は、斥けている。

また、性同一性障害者の性別の取扱いの特例に関する法律3条1項1ないし5号に定める要件は13条、本条1項に違反しないとして、申立人に子がいることを理由として性別の取扱いの変更申立てを却下した原審判を維持した事例がある（東京高決平成17・5・17家裁月報57巻10号99頁〔28102095〕）。

次に、民訴法関係の最高裁判例を列記しておく。

民事訴訟規則50条の定める上告理由書提出期間の遵守の有無を到達主義によって決しても、本条に違反しない（最大決昭和34・7・8民集13巻7号955頁〔27002554〕）。会社更生法240条2項は、本条に違反しない（最大判昭和45・6・10

民集24巻6号499頁〔27000722〕)。会社更生法(昭和42年法律88号改正前)244条が、更生債権者又は更生担保権者の権利と株主の権利とを別異に扱っているのは、事柄の性質に即応した合理的な差別というべきであり、本条1項に違反しない(最大決昭和45・12・16民集24巻13号2099頁〔27000662〕)。嫡出否認の訴え及びその訴えについて出訴期間を定めた民法777条は、13条、本条1項に違反しない(最一小判昭和55・3・27裁判集民129号353頁〔27452454〕)。原審の適法に確定した事実関係の下において、信用組合が、預託金返還請求権につき取立命令を受けた者からの支払請求に対し、同組合の債務者に対する貸金債権を自働債権とする相殺をもって対抗することができるとした原審の判断は正当で、本条1項に違反しない(最一小判昭和56・3・26金融法務961号31頁〔27405495〕)。国選弁護人に支給すべき報酬額の決定は、刑事訴訟費用等に関する法律8条2項の規定に基づく裁判であって刑訴法上の裁判ではないから、これに対しては刑訴法に準拠する不服申立てをすることは許されず、そのように解しても、13条、本条、32条、37条3項、98条1項に違反しない(最三小決昭和63・11・29刑集42巻9号1389頁〔27809176〕)。

　他に、下級審判例として、国の利害に関係のある訴訟についての法務大臣の権限等に関する法律が、国・公共団体については法曹資格のない部所職員にも訴訟代理を認めていることは、本条に違反しないとした判決(京都地判昭和49・1・25行集25巻1=2号36頁〔21045060〕)がある。また、上告受理申立制度を定める民訴法318条1項は、上告審として事件を受理するか否かを最高裁判所の裁量に委ねるものであり、そう解したとしても裁判を受ける権利を保障する32条に違反せず、また、当該事件が同規定の「法令の解釈に関する重要な事項を含むものと認められる事件」に該当するか否かについて、決定の時期や判断の対象たる事実等が異なる別件等の上告が受理されたことをもって、本件上告不受理決定が本条に違反するとはいえないとして、国家賠償請求が棄却された事例(岐阜地判平成18・1・25判時1928号113頁〔28111469〕)がある。さらに、競売裁判所が競売不動産に対する担保権者又は執行力ある正本による債権者以外の者についてのみ特別の売却条件を定めたことは、本条に違反しないとした決定(東京高決昭和34・10・8下級民集10巻10号2112頁〔27710323〕)がある。

労働法関係についてもすでに扱っているが（II論点2の2、論点3の3参照）、さらに以下のような下級審判例がある。

労働組合が保全要員と争議要員との争議中の収入差が甚だしいため組合員の収入に応じ臨時組合費の負担に適度の差等を設けても、組合員は人種・信条・門地・身分・年令・性別・職種・熟練の程度等によって差別待遇をされないことを定めた組合規約に違反せず、また本条にも違反しないとした判決（福岡高判昭和32・7・18高裁民集10巻5号299頁〔27610929〕）。同一企業内に併存するに至った2組合のうち1つの組合にのみ組合事務所等を貸与したことは、本条の禁ずる不合理な差別に当たらず労組法7条3号所定の不当労働行為に当たらないとした判決（東京高判昭和57・1・20労働民例集33巻1号47頁〔27613092〕）。満65歳に達した競輪場の従事員で、離職勧奨に応じた者には離職特別慰労金を支給し、応じない者には、それ以後の賃金引上げも行われず、かつ、一時金も著しく低額とする旨の労働協約の定めは、不合理な差別的取扱いとはいえないとした判決（東京地判昭和60・5・13判タ593号96頁〔27803684〕）。警備保障会社において、警務職と一般職労働者との間に休日日数の差異を設けたことは、本条1項、労基法3条に違反する差別的取扱いとは認められないとした判決（東京地判平成6・2・25労働判例655号72頁〔27828181〕）。

## Ⅳ　行政法規による差別的扱い

•••••• 論　点 ••••••
1　投票価値の不平等は、いかなる較差までが許容されるのか
2　福祉関係立法の下での差別は、いかなる場合に許容されるのか
3　租税関係立法の下での差別は、いかなる場合に許容されるのか

【関連法令】
公選法、国税犯則取締法、国民健康保険法、国民年金法、児童手当法、児童扶養手当法、児童扶養手当法施行令、消費税法、所得税法、生活保護法、船員保険法、租税特別措置法、地方税法、労働者災害補償保険法

### 論点 ❶　投票価値の不平等は、いかなる較差までが許容されるのか

1　衆議院議員選挙

　いわゆる中選挙区制の時期の昭和47年12月に行われた衆議院議員選挙について、各選挙区間の議員1人当たりの較差が最大4.99対1に及んでおり、本条1項に違反し、それゆえ当該選挙も無効であると主張して、千葉県第1区の選挙人が公選法204条に基づく選挙無効の訴えを提起した。これに対して、最高裁判所は、次のような理由の下に、その較差を憲法に違反する不平等だと判断した（最大判昭和51・4・14民集30巻3号223頁〔27000326〕）。各選挙人の投票価値の平等も憲法の要求するところであるが、その投票価値の平等は、各投票が選挙の結果に及ぼす影響力が数字的に完全に同一であることまでも要求するものではない。「衆議院議員の選挙における選挙区割と議員定数の配分の決定には、極めて多種多様で、複雑微妙な政策的及び技術的考慮要素が含まれており、それらの諸要素のそれぞれをどの程度考慮し、これを具体的決定にどこまで反映させることができるかについては、もとより厳密に一定された客観的基準が存在するわけのものではないから、結局は、国会の具体的に決定したところがその裁量権の合理的な行使として是認されるかどうかによつて決するほかはなく、しかも事の性質上、その判断にあたつては特に慎重であることを要し、限られた

資料に基づき、限られた観点からたやすくその決定の適否を判断すべきものでないことは、いうまでもない。しかしながら、このような見地に立つて考えても、具体的に決定された選挙区割と議員定数の配分の下における選挙人の投票価値の不平等が、国会において通常考慮しうる諸般の要素をしんしやくしてもなお、一般的に合理性を有するものとはとうてい考えられない程度に達しているときは、もはや国会の合理的裁量の限界を超えているものと推定されるべきものであり、このような不平等を正当化すべき特段の理由が示されない限り、憲法違反と判断するほかはないというべきである」。そして、当該選挙についてみると、定数表は、昭和39年の改正後本件選挙のときまで8年余にわたって改正が一度もなされず合理的期間を徒過しており、また、定数規定は不可分一体のものとみるべきであるから、それは全体として違憲の瑕疵を帯びていると解すべきである。ただし、事情判決の法理に依拠して、当該選挙の無効の請求を棄却し、当該選挙が違法である旨を主文で宣言する。このように判示した。

この判示するところは、それ以降たびたび提起されるいわゆる衆議院の議員定数不均衡訴訟（平成6年の小選挙区比例代表並立制の導入後は、選挙区割再配分訴訟といった方がよい）に対する基本的考え方であり、その骨子は、今日まで維持されている。以下、その展開をたどる。

昭和55年実施の衆議院議員選挙については、最大較差3.94倍であったところ、昭和50年の定数規定改正により2.92倍となって不平等状態が一時的に解消された後のことであり、違憲状態となってから合理的期間を徒過しているとはいえないとして、合憲の判断が示された（最大判昭和58・11・7民集37巻9号1243頁〔27000032〕）。ただし、速やかな改正への要望が傍論として付された。しかし、最大較差4.40倍の昭和58年の衆議院議員選挙について、合理的期間内に是正されたとはいえないとして違憲の判断が下された（最大判昭和60・7・17民集39巻5号1100頁〔27100015〕）。昭和61年の衆議院議員選挙については、最大較差2.92倍であったため合憲判決が下され（最二小判昭和63・10・21民集42巻8号644頁〔27100079〕）、平成2年の衆議院議員選挙での3.18倍は、違憲状態だが合理的期間内とする判断が下された（最大判平成5・1・20民集47巻1号67頁〔25000033〕）。以上を背景として、最高裁判所は、最大較差が3倍を超えると違憲状態と認識し、

4倍超にまで放置すれば、合理的期間も経過したとして違憲判決を下していると受け取られた。

　その後、衆議院の選挙制度は小選挙区比例代表並立制に改められ、選挙区間の較差も改善され、平成8年の衆議院議員選挙の時点では、小選挙区の最大較差は2.309倍であった。そこで、合憲の司法判断が続くこととなった（最大判平成11・11・10民集53巻8号1441頁〔28042663〕と最大判平成11・11・10民集53巻8号1704頁〔28042637〕、これを先例とする最三小判平成13・12・18民集55巻7号1647頁〔28070024〕や、最大判平成19・6・13民集61巻4号1617頁〔28131449〕）。これに対して、2倍を超える較差は、依然として憲法の容認するところでなく、各都道府県に定数1ずつを割り振ったことが1対1に近づけさせない、不均衡を持続させる原因だとして、平成21年の衆議院議員選挙について、先例を見直す判断を求める訴訟が、全高等裁判所に提起された。これに対する高裁判決は、考え方が分かれ（違憲判断＝大阪高判平成21・12・28判タ1324号94頁〔28161783〕、広島高判平成22・1・25判タ1343号112頁〔28160366〕、東京高判平成22・2・24民集65巻2号875頁〔28170426〕、福岡高那覇支判平成22・3・9判タ1320号46頁〔28160725〕、福岡高判平成22・3・12公刊物未登載、名古屋高判平成22・3・18平成21年（行ケ）1号裁判所HP〔28161076〕、高松高判平成22・4・8平成21年（行ケ）1号公刊物未登載〔28171527〕、仙台高判平成22・12・24公刊物未登載、合憲判断＝東京高判平成22・3・11判時2077号29頁〔28161882〕、札幌高判平成22・4・28公刊物未登載）、それらの上告審において、小選挙区間の最大較差2.30倍が違憲状態だとする判断が示された（最大判平成23・3・23民集65巻2号755頁〔28170718〕）。すなわち、「本件選挙時において、本件区割基準規定の定める本件区割基準のうち1人別枠方式に係る部分は、憲法の投票価値の平等の要求に反するに至っており、同基準に従って改定された本件区割規定の定める本件選挙区割りも、憲法の投票価値の平等の要求に反するに至っていたものではあるが、いずれも憲法上要求される合理的期間内における是正がされなかったとはいえず、本件区割基準規定及び本件区割規定が憲法14条1項等の憲法の規定に違反するものということはできない」と。このように、区割基準のうち一人別枠方式について判断が加えられたところに、判例の進展をみることができる。

　2　参議院議員選挙

参議院の議員定数不均衡訴訟に対する最高裁判所の判断は、衆議院議員のそれより一足早く昭和39年の判決（最大判昭39・2・5民集18巻2号270頁〔27001940〕）を出発点としている。そこでは、「議員定数、選挙区および各選挙区に対する議員数の配分の決定に関し立法府である国会が裁量的権限を有する以上、選挙区の議員数について、選挙人の選挙権の享有に極端な不平等を生じさせるような場合は格別、各選挙区に如何なる割合で議員数を配分するかは、立法府である国会の権限に属する立法政策の問題であって、議員数の配分が選挙人の人口に比例していないという一事だけで、憲法14条1項に反し無効であると断ずることはできない」と説かれた。この判示するところは、それ以降たびたび提起されるいわゆる参議院の議員定数不均衡訴訟に対する基本的考え方であり、今日まで維持されている。以下、その展開をたどる。

昭和52年の参議院議員選挙について、最高裁判所は、地方選挙区の最大較差が5.26倍であったことに対し、違憲の問題が生じる程度の著しい不平等状態が生じていたといえないと判示し（最大判昭58・4・27民集37巻3号345頁〔27000047〕）、昭和61年選挙の5.85倍についても、同様の判断を下した（最二小判昭63・10・21訟務月報35巻4号716頁〔27804684〕）。その後、最大較差が6.59倍となった平成4年選挙について、初めてこれを違憲状態と解し、違憲と明言する6裁判官の反対意見が付された（最大判平8・9・11民集50巻8号2283頁〔28011240〕）。また、4増4減の定数是正で、最大較差が4.81倍に減少した平成7年選挙についても、違憲の判断は下されなかった（最大判平成10・9・2民集52巻6号1373頁〔28032541〕）。

最高裁判所は、参議院の議員定数不均衡については衆議院議員の場合よりも一段と国会の裁量の範囲を広く認めているが、その理由は、全国一区の比例区（以前の全国区）の存在、参議院の地域代表的性格、憲法の明示的な要求である半数改選方式による障害といったことにあるようだ。これに対して、投票価値の平等を超えてまで、二院制の存在を根拠にした正当化ができるかという学説上の批判がみられる。特に、選挙区（以前の地方区）を都道府県単位とすることに拘泥する理由が容認できるのか否かにつき懐疑的見解がみられる。これらの批判的見解を基に訴訟が提起されているが、最高裁判所も、平成19年の選挙で、最大較差4.86倍であったのを合憲としつつ、「選挙制度の仕組みの見直

し」を含む国会における速やかで適切な検討を求め（最大判平成21・9・30民集63巻7号1520頁〔28153141〕）、さらに、平成22年の選挙で、最大較差が5.00倍であったことについて、違憲状態であることを認めたうえで、「都道府県を単位」とする「現行の選挙制度の仕組み自体の見直しを内容とする立法的措置を講じ」ることを国会に要請するとの判示をするに至っている（最大判平成24・10・17平成23年（行ツ）64号裁判所HP〔28182189〕）。なお、この判決には、選挙無効とする3裁判官の反対意見がある。

また、参議院議員選挙については、選挙区選挙の定数が1、2、3以上という種類が存在するが、人口の少ない定数1の選挙区の結果が選挙全体に大きな影響を与えている点についても問題とされている（以上の1、2に関連して、15条Ⅲにおける各論点参照）。

## 3　都道府県議会議員選挙

都道府県議会議員選挙における投票価値の平等の問題は、原則として衆議院総選挙に関する上述の判例を基盤として展開している。最高裁判所は、最大較差7.45倍、特別区内の最大較差5.15倍の東京都議会選挙について違法の判断を下し（最一小判昭和59・5・17民集38巻7号721頁〔27000016〕）、選挙区で人口規模の小さいものに「当分の間、（中略）条例で」設けられる特例選挙区（公選法271条2項）を除き3.09倍の東京都議会議員選挙についても同じく違法としている（最三小判平成3・4・23民集45巻4号554頁〔27808495〕）。しかし、特例選挙区を除き2.81倍、全体では3.98倍の千葉県議会選挙については、合憲の判断を下している（最一小判平成元・12・18民集43巻12号2139頁〔27805327〕）。ただし、最高裁判所は、愛知県議会選挙における特例選挙区について、当該区域の人口が議員1人当たりの人口の半数を著しく下回る場合のみ違憲の問題が生ずるにとどまるとしており（最二小判平成5・10・22判タ838号71頁〔25000061〕。特例選挙区を含む最大較差5.02倍も合憲）、兵庫県議会選挙について、特例選挙区の設置には、島しょや隔絶された山間部であるなどの特別の事情を要しないと判示し（最一小判平成元・12・21民集43巻12号2297頁〔27805394〕）、東京都議会議員選挙について、都心の千代田区を特例選挙区としたことまでも合憲としている（最二小判平成11・1・22裁判集民191号219頁〔28040191〕。さらに詳しくは、93条論点9、10参照）。

**論点 ❷** 福祉関係立法の下での差別は、いかなる場合に許容されるのか

1 児童扶養手当法

　社会保障給付についても、平等の問題として論じられることが多い。最高裁が朝日訴訟判決（最大判昭和42・5・24民集21巻5号1043頁〔27001071〕）の傍論で、25条1項が「具体的権利を賦与したものではない」ことを確認し、国の裁量を広範に認めたが、そのことが起因となり、本条違反の争点が福祉関係立法の合憲性を争う訴訟に登場しているのかもしれない。

　実際に、「公的年金給付を受けることができるとき」には児童扶養手当の受給資格がないと定める児童扶養手当法4条3項3号（昭和48年法律93号改正前）のいわゆる併給禁止規定のため、離婚後に子どもを養育していた全盲の女性が同手当の受給を拒否され、それに係る処分の取消しを求めた堀木訴訟に対して、1審裁判所は、併給禁止規定を本条違反と判決した（神戸地判昭和47・9・20民集36巻7号1444頁〔27200149〕）。その後、当該併給禁止規定は改正されたが、上訴され、控訴審判決（大阪高判昭和50・11・10民集36巻7号1452頁〔27200150〕）も、最高裁判所判決（最大判昭和57・7・7民集36巻7号1235頁〔27000077〕）も、25条違反の争点について判断を下し、請求を斥けている（これについては、25条論点3～6参照）。なお、その最高裁判決においては、判決理由の末尾で、「憲法25条の規定の要請にこたえて制定された法令において、受給者の範囲、支給要件、支給金額等につきなんら合理的理由のない不当な差別的取扱をしたり、あるいは個人の尊厳を毀損するような内容の定めを設けているときは、別に所論指摘の憲法14条及び13条違反の問題を生じうることは否定しえないところである」と述べているが、立ち入った審査をすることなく、当該併給禁止規定が不合理な立法とはいえないと結論している。

2 児童扶養手当法施行令

　最高裁判所が違憲ではなく違法で無効と判断した例がある。すなわち、児童扶養手当法施行令（平成10年政令224号改正前）1条の2第3号が、その本文で、同法4条1項1号ないし4号に準ずる状態にある婚姻外懐胎児童を支給対象児童としながら、その末尾のかっこ書で、父から認知された婚姻外懐胎児童を除

外することは、同法の趣旨、目的に照らし両者の間の均衡を欠き、同法4条1項5号の委任の趣旨に反しており、そのかっこ書は法の委任の範囲を逸脱した違法な規定として無効であるとした判決（最一小判平成14・1・31民集56巻1号246頁〔28070264〕）がそれである。その下級審判決においては、1審が本条違反とし（奈良地判平成6・9・28民集56巻1号313頁〔27828072〕）、控訴審が立法裁量の範囲内で本条に違反しないと判決（大阪高判平成7・11・21民集56巻1号323頁〔28010303〕）していた。また、同様の争点について、別の訴訟でも下級審の結論が分かれていた（広島高判平成12・11・16訟務月報48巻1号109頁〔28060003〕）が違法判断、広島地判平成11・3・31訟務月報48巻1号129頁〔28050489〕が合憲判断。なお、大阪高判平成12・5・16訟務月報47巻4号917頁〔28061433〕は合憲判断）。

3　健康保険、介護保険

　福祉関係分野の最高裁大法廷判決として、もう1点、旭川市国民健康保険条例訴訟に対するものがある（最大判平成18・3・1民集60巻2号587頁〔28110487〕）。その判決で、最高裁判所は、旭川市国民健康保険条例19条1項が、当該年において生じた事情の変更に伴い一時的に保険料負担能力の全部又は一部を喪失した者に対して保険料を減免するにとどめ、恒常的に生活が困窮している状態にある者を保険料の減免の対象としないことは、国民健康保険法77条の委任の範囲を超えるものでなく、また、著しく合理性を欠くとも、経済的弱者について合理的な理由のない差別をしたともいえないから、25条、本条に違反しないと判示している。

　健康保険に関わる下級審判決として、西宮市健康保険条例について、国民健康保険法と同法施行令の下で、平成11年に西宮市健康保険条例は改正され、国民健康保険料の所得割額が市県民税額方式から旧ただし書方式に改められたが、同法又は現行健康保険制度は、本条1項に違反せず、本件条例又はその運用は84条、29条1項、31条、本条1項、13、25条に違反しないなどと判示した判決（神戸地判平成16・6・29判例地方自治265号54頁〔28101258〕）や、国民健康保険料の所得割を、前年の所得を基に算出される当該年度の住民税額等を基に算定することを定める国民健康保険法施行令29条の5、特別区国民健康保険事業調整条例10条、東京都世田谷区国民健康保険条例14条は、本条に違反しないとした判

決（東京地判平成11・2・24判例地方自治192号82頁〔28042884〕）がある。

旭川市については、その介護保険条例についても争われ、最高裁判所の判断が次のように下されている。旭川市介護保険条例（平成12年旭川市条例27号、平成15年旭川市条例20号改正前）が、介護保険の第１号被保険者のうち、生活保護法６条２項に規定する要保護者で地方税法（平成16年法律17号改正前）295条により市町村税が非課税とされる者について、一律に保険料を賦課しない又は保険料を全額免除する旨の規定を設けていないことは、関係諸法令が低所得者に配慮した規定を置いていること、また介護保険制度が国民の共同連帯の理念に基づき設けられたものであることに鑑みると、著しく合理性を欠くとはいえないし、また、経済的弱者について合理的な理由のない差別をしたといえず、本条、25条に違反しない（最三小判平成18・3・28裁判所時報1409号3頁〔28110843〕）。また、他の自治体の事例として、堺市介護保険条例は、５段階の介護保険料を設定し、生活保護受給者や低所得者である第１段階及び第２段階に属する被保険者にも介護保険料を賦課するが、それが著しく合理性を欠くとはいえないし、また、経済的弱者について合理的な理由のない差別をしたものともいえないから、本条に違反せず、また、介護保険法、同法施行令及び本件条例が租税法律主義にも違反しないことは原判決の説示するとおりであるとの判決（大阪高判平成18・5・11判例地方自治283号87頁〔28112320〕）がある。

4　国民年金法

国民年金法との関係でもいくつかの注目すべき判例がある。

(1)　学生無年金訴訟

最高裁判所判例として、まず、国民年金法（平成元年法律86号改正前）が20歳以上の学生について国民年金の強制加入者とせずに任意加入を認めるにとどめた措置は、著しく合理性を欠くとはいえないので25条に違反せず、また同法の下で保険料負担能力のない20歳以上60歳未満の者のうち20歳以上の学生とそれ以外の者との間の、国民年金への加入に関する取扱いの区別及びこれに伴う保険料免除規定の適用に関する区別は、両者の間に障害基礎年金等の受給に関する差異を生じさせてはいたが、前記区別が何ら合理的理由のない不当な差別的取扱いであるとはいえないので、本条１項に違反しないとした判決（最二小判

平成19・9・28民集61巻6号2345頁〔28132153〕）がある。このいわゆる学生無年金訴訟は、全国各地で提起されており、障害基礎年金不支給決定の取消請求を認容し、国家賠償請求を認容した判決（広島地判平成17・3・3判タ1187号165頁〔28101029〕、東京地判平成16・3・24民集61巻6号2389頁〔28091224〕）があるものの、その控訴審では請求棄却となっていた（広島高判平成18・2・22判タ1208号104頁〔28111355〕、東京高判平成17・3・25民集61巻6号2463頁〔28101708〕）。また、名古屋地判平成17・1・27判タ1199号200頁〔28100604〕は、請求棄却判決であり、初診日が20歳前であったとして救済した判決（東京地判平成17・10・27平成13年（行ウ）201号公刊物未登載〔28102365〕）も控訴審で覆されている（東京高判平成18・10・26平成17年（行コ）307号公刊物未登載〔28112328〕）。

(2) 老齢福祉年金

最高裁判所は、国民年金法20条の規定の適用により、障害福祉年金を受ける地位にある者と戦争公務による公的年金を受けることができる地位にある者との間に、老齢福祉年金の受給に関して取扱いの差異を生ずることになるとしても、戦争公務による公的年金の法的性格に照らすと合理的理由によるものであって、立法府に許容された裁量の範囲にあり、本条1項に違反しないとする判決（最二小判昭和57・12・17裁判集民137号635頁〔27682430〕、その下級審判決＝大阪高判昭和54・5・23訟務月報25巻10号2633頁〔27682214〕、京都地判昭和53・9・29訟務月報24巻12号2670頁〔27682176〕）、及び、国民年金法（昭和41年法律67号改正前）79条の2第6項、65条1、3、6項の規定の適用により、増加非公死扶助料を受けることができる地位にある者と戦争公務扶助料を受けることができる地位にある者との間に、老齢福祉年金の受給に関して差別を生ずるとしても、戦争公務扶助料の法的性格に照らすと、右差別が著しく不合理とはいえず、本条1項に違反しないとする判決（最二小判昭和57・12・17裁判集民137号601頁〔27682431〕、その下級審判決＝札幌高判昭和54・4・27行集30巻4号800頁〔27603746〕、札幌地判昭和50・4・22行集26巻4号530頁〔27603513〕）を示している。

下級審判決で違憲判断がなされた例として、牧野訴訟に対するものがある。裁判所は、老齢福祉年金における夫婦受給制限を規定する国民年金法79条の2第5項は、右年金の性格、老齢者の生活実態から差別すべき合理的理由が認め

られないのに夫婦者の老齢者を差別するものであって、本条1項に違反し無効であると判示した（東京地判昭和43・7・15行集19巻7号1196頁〔27603180〕）。しかし、老齢福祉年金の夫婦受給制限を規定する国民年金法79条の2第5項（昭和44年法律86号削除前）は、本条、13条に違反しないとした判決（大阪高判昭和51・12・17行集27巻11=12号1836頁〔27603588〕）もある。また、老齢福祉年金の受給権者が公的年金給付を受けることができるときは、その支給を停止する旨の国民年金法の規定及びこれに基づく老齢福祉年金支給停止処分は、25条、本条に違反しないとした判決（東京地判昭和49・4・24行集25巻4号274頁〔27603471〕）、及び、老齢福祉年金の受給権者が公的年金給付を受けることができるときはその支給を停止する旨の国民年金法の規定及びこれに基づく老齢福祉年金支給停止処分は、本条1項、25条に違反しないとした宮訴訟に対する判決（東京高判昭和56・4・22行集32巻4号593頁〔27603918〕）もある。

(3) その他

最高裁判所は、国民年金法におけるいわゆる第2号被保険者による保険料納付について、昭和60年法律34号附則8条4項は、その人が60歳に達した月以後の期間を、老齢基礎年金の年金額算定の基礎となる保険料納付済期間に算入しない、という取扱いを規定するが、この取扱いと、60歳以上になってから国民年金に任意加入した者に対する取扱いとの違いは、合理的な理由のない不当な差別には当たらず、本条に違反しないと判示している（最一小判平成13・7・19金融法務1627号51頁〔28062461〕）。

5 労働者災害補償保険法

この法律に関する下級審判決がいくつか存在するので列記する。

労働者災害補償保険法（昭和61年法律59号改正後、平成2年法律40号改正前）8条の2第2項は、年金たる保険給付の給付基礎日額について労働者の年齢階層ごとに労働省令による最高限度額の定めを置いたが、この規定及びそれに基づく本件労働省告示は、「同法施行日以降に新規に年金を受ける本件改正法対象者」と「同日の時点で既に年金たる保険給付を受ける権利を有している経過措置対象者」とを別異に処遇することには合理的理由があるので、本条に違反せず、また、25条にも違反しないとした判決（名古屋地判平成14・7・9判夕1148号195

頁〔28080026〕)。労働者災害補償保険法の一部を改正する法律（昭和40年法律130号）附則15条2項（昭和51年法律32号による削除前）及び労働者災害補償保険法施行規則の一部を改正する省令（昭和41年労働省令2号）附則5項（昭和55年労働省令32号による削除前）は、本条、25条、27条に違反しないとした判決（札幌地判昭和59・3・16労働民例集35巻2号99頁〔27682519〕、札幌高判昭和59・12・25労働民例集35巻6号690頁〔27682690〕)。労働者災害補償保険法に基づき支給する傷病補償年金と、厚生年金保険法に基づき支給する障害年金との間の併給調整を定めた労働者災害補償保険法別表第1第1号及び同法施行令（昭和52年政令33号）2条、3条1項は、29条、25条、本条に違反しないとした判決（札幌地判平成元・12・27労働民例集40巻6号743頁〔27806570〕）。労働者災害補償保険法に基づく再審査手続において、再審査請求人には審査関係書類等の閲覧申請権ないし閲覧請求権が認められないが、そのことは、31条、13条、本条、32条に違反しないとした判決（東京地判平成7・12・13判タ915号83頁〔28010142〕)。

6　その他

以上のほか、次の下級審判例がある。

児童手当法に基づく児童手当の特例給付と名古屋市乳幼児医療費助成条例に基づく乳幼児医療費助成の受給資格にはいずれも所得制限規定がついており、居住用土地が都市計画区域内に所在するためいずれ収用されると考え、やむなく市に売却した代金を前記各所得制限規定の基準所得額から控除する解釈はとり得ないが、このような本件各所得制限規定は25、13条、本条に違反しないとして、前記各受給資格の喪失・消滅を内容とする各処分が適法であるとされた事例（名古屋地判平成16・9・9判タ1196号50頁〔28092873〕）。旧船員保険法が、脱退手当金について老齢年金等とは異なった支給要件、支給金額を定め、その限度で老後の所得に関する保障を行うこととしたことは、本条、29条に違反しないとした判決（東京地判平成4・7・14労働判例622号30頁〔27818814〕)。

**論点 ③**　租税関係立法の下での差別は、いかなる場合に許容されるのか

1　サラリーマン税金訴訟（大島訴訟）判決

本論点については、初期の頃の最高裁判所大法廷判決である、国税犯則の通告処分につき、履行する資力がないと認めるときは通告を要しないで直ちに告発する旨を定めた国税犯則取締法14条は、本条に違反しないとした判決（最大判昭和28・11・25刑集7巻11号2288頁〔21005603〕）をはじめとし、多くの判例が存在する。そして、今日では、いわゆるサラリーマン税金訴訟（大島訴訟とも呼ばれる）に対する最高裁判決が先例を形成し、それの影響が大である。

その訴訟は要するに、大学教授であった原告が、所得税法（昭和40年法律33号改正前）中の給与所得に係る課税規定が全体として本条1項に違反し無効であるとし、その課税規定を根拠とする当該課税処分は違法であるとして、その取消しを求めて訴えを提起したものである。その違憲の理由として、サラリーマンに対しては、給与所得控除について必要経費の実額控除を認めず、一律に定額を控除するのみで、その収入額に対する割合が、他の事業所得に比べて低いこと、また、給与所得の捕捉率が他の事業所得よりも高いこと、さらに、他の事業所得には租税特別措置により優遇措置がなされていること等を挙げたが、第1審判決（京都地判昭和49・5・30民集39巻2号272頁〔21046500〕）は、これらの理由を認めず、請求を棄却した。そこで控訴したところ、控訴審裁判所も、すべて理由なしとして請求を棄却した（大阪高判昭和54・11・7民集39巻2号310頁〔21067500〕）ので上告した。最高裁大法廷は、このような租税法規を争う訴訟に対する司法審査の基本的あり方を次のように説いた（最大判昭和60・3・27民集39巻2号247頁〔22000380〕）。「租税は、今日では、国家の財政需要を充足するという本来の機能に加え、所得の再分配、資源の適正配分、景気の調整等の諸機能をも有しており、国民の租税負担を定めるについて、財政・経済・社会政策等の国政全般からの総合的な政策判断を必要とするばかりでなく、課税要件等を定めるについて、極めて専門技術的な判断を必要とすることも明らかである。したがつて、租税法の定立については、国家財政、社会経済、国民所得、国民生活等の実態についての正確な資料を基礎とする立法府の政策的、技術的な判断にゆだねるほかはなく、裁判所は、基本的にはその裁量的判断を尊重せざるを得ないものというべきである。そうであるとすれば、租税法の分野における所得の性質の違い等を理由とする取扱いの区別は、その立法目的が正当なもの

であり、かつ、当該立法において具体的に採用された区別の態様が右目的との関連で著しく不合理であることが明らかでない限り、その合理性を否定することができず、これを憲法14条1項の規定に違反するものということはできないものと解するのが相当である」。最高裁判所は、この判断基準に基づいて、当該事件において、サラリーマンに対する取扱いが正当であり、著しい不合理性を認めることができないとし、棄却の判断を下している。

ここで問題とされた源泉徴収制度については、すでに合憲の判断が下されていた（最大判昭和37・2・28刑集16巻2号212頁〔21015890〕）が、このサラリーマン税金訴訟判決は、以後、租税関係立法に対する合憲性判断をする際に、主導的役割を果たす先例となった。いわゆる総評サラリーマン税金訴訟に対しても、この先例の下に棄却の判決がなされている（最三小判平成元・2・7裁判集民156号87頁〔22002507〕）（なお、昭和62年9月の所得税法の改正で、給与所得者の特定支出のうち、給与所得控除額を超える部分の金額について、実額控除を選択することが認められるようになるなど、この訴訟による法制上の変革がみられるようになっている）。

2 先例の踏襲

サラリーマン税金訴訟判決（以下、「先例」という）以前においても、最高裁判所は、租税関係法規の合憲性の争いに立ち入った憲法判断を加えることをしていない。例えば、所得税法の資産所得合算課税に関する規定は、本条1項、13条、29条1項に違反しないとの判決（最一小判昭和59・7・5税務訴訟資料139号1頁〔21080585〕）、租税特別措置法（昭和50年法律16号改正前）65条の2第3項の規定は、本条及び29条3項に違反しないとの判決（最一小判昭和57・4・22税務訴訟資料123号154頁〔21076250〕）、譲渡所得に係る課税が平等原則に反する旨の納税者の主張を排斥した事例（最二小判昭和56・1・19税務訴訟資料116号1頁〔21072050〕）、医療費控除を定める所得税法（昭和45年法律36号改正前）73条の規定が本条1項、25条に違反する旨の主張は、その前提を欠くとした判決（最一小判昭和53・10・26訟務月報25巻2号524頁〔21063470〕）などがそれを示している。

この先例登場後に、その傾向が変わったわけではないが、「先例の趣旨に徴し、明らかである」との論述が目立つようになったことが特徴である。例えば、扶養控除の対象となる扶養親族の範囲を定める所得税法（昭和56年法律11号改正

前）2条1項34号及びこれが引用する限りでの同項33号は、本条1項、25条に違反しないとした判決（最三小判昭和60・12・17裁判集民146号291頁〔22001010〕）、土地の譲渡等がある場合の特別税率を定める租税特別措置法（昭和57年法律8号改正前）63条1項は、本条に違反しないとした判決（最三小判昭和61・2・18税務訴訟資料150号325頁〔22001848〕）、所得税法（昭和47年法律31号改正前）が、必要経費の控除について事業所得者と給与所得者との間に設けた区別は、合理的なものであり、本条1項に違反しないし、給与者に係る源泉徴収制度を定める国税通則法及び所得税法（昭和47年法律31号改正前）の規定も、本条1項に違反しないとした判決（前掲平成元年最三小判）、さらには、消費税法は、本条、22、25、29、30、84条に違反しないとした判決（最二小判平成5・9・10税務訴訟資料198号813頁〔22007950〕）などにそれが表れている。そこでは、判断手法に変化がみられるわけではないようなので、もう1点、事業を営む居住者と生計を一にする配偶者その他の親族が居住者と別に事業を営む場合であっても、そのことを理由に所得税法56条の適用を否定することはできないが、他方で同法が57条の定める場合に限って56条の例外を認めていることについて、それが著しく不合理であることが明らかであるとはいえないから、同法56条を適用してなされた本件更正処分及び過少申告加算税賦課決定処分は、本条1項に違反しないとした判決（最三小判平成16・11・2訟務月報51巻10号2615頁〔28092814〕）を挙げるにとどめる。

　なお、下級審においても、租税関係立法についての合憲性判断には、この先例に依拠したものが支配的である。例えば、租税法の定立について、裁判所は、基本的には立法府の裁量的判断を尊重せざるを得なく、租税法の分野における所得の性質の違い等を理由とする取扱いの区分は、その立法目的が正当なものであり、かつ、当該立法において具体的に採用された区別の態様が右目的との関連で著しく不合理であることが明らかでない限り、その合理性を否定することができず、本条1項に違反するものということはできないとした判決（福岡地判平成6・12・26税務訴訟資料206号850頁〔22007655〕）にそれがよく表れている。

3　東京都銀行税条例事件判決

　最後に、本論点においては、裁判所が憲法論議に至らないで訴えを処理する場合に注目させられるので、その代表例である東京都銀行税条例事件を挙げて

おく。

　東京都は、平成12年4月1日に、「東京都における銀行業等に対する事業税の課税標準等の特例に関する条例」（以下、「本件条例」という）を制定し、税収減による財源を回復するため課税標準を、各事業年度の「所得」（地方税法72条の12）から「業務粗利益」といういわゆる外形標準に変更し、その税率を原則として3パーセントとして課税をすること等を内容とする政策を実施したところ、本件条例の適用を受ける大手銀行が原告となって東京都を相手として訴えを提起し、本件条例が本条、31条、94条、地方税法72条の19、72条の22、6条2項に違反し無効であるとの主張の下に、本件条例の無効確認、納付した事業税の返還、損害賠償等を請求した。このいわゆる東京都銀行税条例事件に対して、第1審判決（東京地判平成14・3・26判タ1099号103頁〔28071568〕）は、本件条例の処分性を否定し、その無効確認請求を却下したが、銀行業等については、所得が当該事業の担税力を適切に反映するものであるから、所得を課税標準とすべきであって、この場合に外形標準課税を導入することは許されず、地方税法72条の19が外形標準課税を許す「事業の情況」があるとも認められないから、銀行業等につき外形標準による法人事業税の課税を定める条例は同条に違反し無効であると判断し、納付した事業税の返還を認容した。これに対し、原告・被告の双方が控訴したところ、控訴審裁判所は、原告の本件条例無効確認請求に係る訴えについては不適法却下としたが、「本件条例は、地方税法72条の19には違反しないが、同法72条の22第9項には違反するものであり、憲法違反の主張等一審原告らのその余の主張について判断するまでもなく、違法なものである。そして、地方税法72条の22第9項の歯止め的な機能から見て、本件条例は、地方税法上与えられた条例制定権を超えて制定されたものであって、無効であるといわざるを得ない」（東京高判平成15・1・30判タ1124号103頁〔28080770〕）と結論した。その後、平成15年10月8日に和解が成立したため最高裁判所の判断がなされないで終わった。それゆえ、上記下級審裁判所の判断において正面から説かれることのなかった本条をはじめとする違憲の主張に係る司法判断の行方は、未解決のままとなっている。

【参考文献】
阿部照哉=野中俊彦『平等の権利（現代憲法大系3）』法律文化社（1984年）、君塚正臣『性差別司法審査基準論』信山社（1996年）、木村草太『平等なき平等条項論』東京大学出版会（2008年）、辻村みよ子『憲法とジェンダー』有斐閣（2009年）、戸松秀典『平等原則と司法審査』有斐閣（1990年）、植木淳『障害ある人の権利と法』日本評論社（2011年）

(戸松秀典・君塚正臣)

## ◆第15条

〔公務員の選定罷免権、公務員の本質、普通選挙の保障及び投票秘密の保障〕
第15条　公務員を選定し、及びこれを罷免することは、国民固有の権利である。
②　すべて公務員は、全体の奉仕者であつて、一部の奉仕者ではない。
③　公務員の選挙については、成年者による普通選挙を保障する。
④　すべて選挙における投票の秘密は、これを侵してはならない。選挙人は、その選択に関し公的にも私的にも責任を問はれない。

【条文の概要】
　本条は、1項で公務員の選定罷免を国民の固有の権利であるとして、国民主権の原理から、衆議院・参議院の国会議員、地方自治体の首長、地方議会議員等を直接選出する権利を保障する。しかしながら、実際に行政に携わる公務員を直接、投票で選定・罷免する権利を保障するものではない。これには、全公務員を選挙で選出することが、大量の人員を確保する必要性から現実に不可能であること、選挙によって選出されることは公務の中立性と緊張関係を生じさせることへの配慮がみられる。一方、全体の奉仕者であることは、公務員にも当然に保障される政治活動の自由、労働基本権との間で緊張関係を生む要因ともなっている。また、3項と4項は、近代選挙の基本原則である、①普通選挙、②平等選挙、③自由選挙、④秘密選挙、⑤直接選挙を要請し、選挙権行使に係る障害の除去、投票価値の平等の保障、選挙犯罪捜査のための投票の秘密の制約等が問題となる。

〔細目次〕
Ⅰ　公務員の選定罷免権
Ⅱ　全体の奉仕者
Ⅲ　選挙
Ⅳ　投票の秘密

## I　公務員の選定罷免権

•••••• 論　点 ••••••

1　本条 1 項は、公務員を直接、選定罷免する権利を保障するか
2　選挙権の法的性質とはいかなるものか
3　選挙権が全く行使できない場合の違憲審査基準はどのようなものか
4　選挙権が全く行使できない場合は、それが違法であることの確認又は選挙権を行使できる権利を有することの確認を請求できるか
5　選挙権が全く行使できないことは、立法不作為として国賠法 1 条 1 項の適用上、違法の評価を受けるか
6　投票が困難な者の選挙権はどこまで保障されるか
7　公選法上選挙権を行使できない事由は、選挙権剥奪の「やむを得ない事由」に該当するか
8　短期間に住所を移転した者が選挙権を行使できないことは選挙権を侵害するか、また、選挙権を行使できない旨を定めた法律の改正を怠ったことは国賠法上の違法となるか
9　永久選挙人名簿方式は、選挙権を侵害するか
10　外国人には国会議員選挙の選挙権が保障されるか
11　外国人には国会議員選挙の被選挙権が保障されるか
12　外国人には地方議会議員選挙の選挙権が保障されるか
13　外国人には公務就任権が保障されるか
14　選挙公報登載の申請期間を制限することは、選挙権を侵害するか
15　法人の政治献金は参政権を侵害するか
16　立候補の自由（被選挙権）の法的性質はいかなるものか
17　重複立候補制度は政党に所属しない候補者の立候補の自由を制約するか
18　連座制は立候補の自由を制限するか

【関連法令】
刑事施設及び受刑者の処遇等に関する法律、公選法、国賠法、自治法、住民基本台帳法、民法 7、9、90 条、労基法

**論点 ①** 本条1項は、公務員を直接、選定罷免する権利を保障するか

本論点について明示された最高裁判決はないが、下級審の判決では、次のように、本条から公務員を直接、選定罷免する権利の保障を導くことを、消極に解するものがある。

職務怠慢等の公務員としてふさわしからぬ行為をしたとして、本条に基づいて税務署員の罷免を求めた例がある。広島地判昭和26・10・30行集2巻11号1934頁〔21003640〕は、行政事件訴訟の裁判において、裁判所は行政処分の適否の判断をなし得るだけであり、行政庁に対し作為、不作為を命じ、又は行政庁のなすべき行為を代替するに等しい裁判をすることは、司法権の範囲を逸脱するものであって、特にこれを認める明文の規定の存しない限り、これをなし得ないと解すべきところ、本条の規定は、国民主権主義の原則の公務員制度における1つの表現にほかならず、直接国民に各公務員を罷免する権利を設定したものでない、とする。このことは国民が直接選挙した公務員についてさえも、いわゆるリコール制を採用していること（自治法80、81、86条）と国公法第3章第6節及び地公法第3章第5節にその地位の保障に関する規定のあることによっても明らかである、とする。東京高判昭和28・7・8高裁刑集6巻7号864頁〔27670062〕も、本条1項の規定は、公務員を選定し、及びこれを罷免することが、国民の固有の権利であることを宣明したまでのものであって、16条の規定に基づいて訴願をすることは格別であるが、各国民がすべての公務員を直接かつ自由に選定し、又は罷免し得ることを定めたものではない、とする。

**論点 ②** 選挙権の法的性質とはいかなるものか

選挙権の法的性質をめぐっては、学説上、権利説と二元説（権利性と公務性を兼ね備える）とが対立しているが、判例は、その対立を意識した理論を特に展開するものではなく、初期の判決から選挙権の重要性と、その制約要因としての選挙の公正を示していた。公選法221条1項の買収罪に係る選挙権・被選挙権の停止が、14、44条及び参政権を侵害すると主張された訴訟に対する最大判昭和30・2・9刑集9巻2号217頁〔27760502〕は、国民主権を宣言する憲法の下に

おいて、公職の選挙権が国民の最も重要な基本的権利の1つであり、それだけに選挙の公正はあくまでも厳粛に保持されなければならないことから、いったんこの公正を阻害し、選挙に関与せしめることが不適当と認められるものは、しばらく、被選挙権、選挙権の行使から遠ざけて選挙の公正を確保するとともに、本人の反省を促すことは相当であるとし、それは不当に国民の参政権を奪うものではないとした。

### 論点 3 選挙権が全く行使できない場合の違憲審査基準はどのようなものか

　在外国民は、平成10年の公選法改正によって、在外選挙制度が創設されるまで、選挙権が全く行使できない状態に置かれていた。また、この改正によっても、在外国民は衆議院と参議院の比例代表選出選挙の投票ができるだけで、衆議院の小選挙区選出議員の選挙及び参議院の選挙区選出議員の選挙については、投票ができなかった。そこで、①平成8年10月施行の選挙の際に、国外に居住していた者が、改正前の公選法が衆議院と参議院の選挙権の行使を認めていないことは、14条1項、本条1、3項、43、44条に違反するとして、違憲・違法であることの確認を求め、また、②国会が公選法の改正を怠ったために本件選挙において投票することができず損害を被ったとして、立法不作為を理由とする国家賠償を請求した。なお、1審係属中に上述の平成10年公選法改正がなされたので、1審では、③改正公選法が、衆議院の小選挙区選出議員の選挙及び参議院の選挙区選出議員の選挙に係る投票権を認めていないことが違憲・違法であることの確認を追加請求した。また、2審では、④原告が衆議院の小選挙区選出議員の選挙及び参議院の選挙区選出議員の選挙において、選挙権を行使する権利を有することの確認請求を追加した。最大判平成17・9・14民集59巻7号2087頁〔28101810〕は、以上の4つの争点につき、①③の違法確認請求を却下し、②④を認容する判決を下した。本論点では、②④の請求の前提として、本件のように選挙権の行使が全くできない場合の違憲審査基準を取り上げる。なお、①③④の請求については、論点3で、②については、論点4で取り上げる。

1 やむを得ない事由

同判決は、在外国民の選挙権の制約に対して、次のように、厳格な違憲審査基準を示した。まず、選挙権は、「国民の国政への参加の機会を保障する基本的権利として、議会制民主主義の根幹を成すものであり、民主国家においては、一定の年齢に達した国民のすべてに平等に与えられるべきもの」と判示して、本条等の趣旨に鑑みれば、「自ら選挙の公正を害する行為をした者等の選挙権について一定の制限をすることは別として、国民の選挙権又はその行使を制限することは原則として許されず、国民の選挙権又はその行使を制限するためには、そのような制限をすることがやむを得ないと認められる事由がなければならないというべきである」とし、「そして、そのような制限をすることなしには選挙の公正を確保しつつ選挙権の行使を認めることが事実上不能ないし著しく困難であると認められる場合でない限り、上記のやむを得ない事由があるとはいえ」ないとする。続けて、在外国民も憲法によって選挙権を保障されていることに変わりはなく、選挙権又はその行使の制限には、国内在住の国民と同様に、「やむを得ない事由」の存在が求められるとしたうえで、公選法の改正前と改正後について、以下の理由から「やむを得ない事由」が存在しない、とする。

2 改正前の公選法の憲法適合性

同判決は、①世界各地に散在する多数の在外国民に選挙権の行使を認めるに当たり、在外公館の人的、物的態勢を整えるなど、公正な選挙の実施や候補者に関する情報の適正な伝達等に関して解決されるべき問題があったとしても、②すでに昭和59年の時点で、選挙の執行について責任を負う内閣がその解決が可能であることを前提に同年に在外選挙制度の創設を内容とする「公職選挙法の一部を改正する法律案」を国会に提出していることを考慮すると、③同法律案が廃案となった後、国会が、10年以上の長きにわたって在外選挙制度を何ら創設しないまま放置し、本件選挙において在外国民が投票をすることを認めなかったことについては、やむを得ない事由があったとは到底いうことができない、とする。そうすると、本件改正前の公選法が、本件選挙当時、在外国民であった上告人らの投票を全く認めていなかったことは、本条1項及び3項、43

条1項並びに44条ただし書に違反するものであったというべきである、とする。

このように、同判決は、改正前の「やむを得ない事由」の判断に当たって、①選挙権行使の障害となる事由の存在、②内閣が自ら制度創設のための法案を提出していること、③国会が10年以上制度創設のための立法行為を行っていなかったことの3点を考慮する。

3　改正後の公選法の憲法適合性

同判決は、①投票日前に選挙公報を在外国民に届けるのは実際上困難であり、在外国民に候補者個人に関する情報を適正に伝達するのが困難であるという状況があったことから、初めて在外選挙制度を設けるに当たり、まず問題の比較的少ない比例代表選出議員の選挙についてだけ在外国民の投票を認めることには、相応の理由があった、②しかしながら、本件改正後に在外選挙が繰り返し実施されてきていること、通信手段が地球規模で目覚ましい発達を遂げていることなどによれば、在外国民に候補者個人に関する情報を適正に伝達することが著しく困難であるとはいえなくなったものというべきであり、③また、参議院比例代表選出議員の選挙制度が非拘束名簿式に改正され、参議院名簿登載者の氏名を自書することが原則とされたところ、すでに平成13年及び同16年に、在外国民についてもこの制度に基づく選挙権の行使がされている、とする。そうすると、本判決言渡し後に初めて行われる衆議院議員の総選挙又は参議院議員の通常選挙の時点においては、衆議院小選挙区選出議員の選挙及び参議院選挙区選出議員の選挙について在外国民に投票をすることを認めないことについて、やむを得ない事由があるということはできず、公選法附則8項の規定のうち、在外選挙制度の対象となる選挙を当分の間両議院の比例代表選出議員の選挙に限定する部分は、本条1項及び3項、43条1項並びに44条ただし書に違反するものといわざるを得ない、とする。

このように、同判決は、改正後の「やむを得ない事由」を判断するに当たって、①比例代表選挙の実施を先行させる必要性、②衆議院の小選挙区選挙及び参議院の選挙区選挙の実現の障害となる事由の解消、③自書式の投票の実施の3点を考慮する。

次に、この「やむを得ない事由」という厳格な審査基準の適用がどこまで拡

大できるかが問題となる（論点6、論点7参照）。

**論点 ④** 選挙権が全く行使できない場合は、それが違法であることの確認又は選挙権を行使できる権利を有することの確認を請求できるか

論点3で述べたように、在外国民は、平成10年の公選法改正によって、在外選挙制度が創設されるまで、選挙権が全く行使できない状態に置かれていた。また、この改正によっても、在外国民は衆議院と参議院の比例代表選出選挙の投票ができるだけで、衆議院の小選挙区選出議員の選挙及び参議院の選挙区選出議員の選挙については、投票ができなかった。そこで、最大判平成17・9・14民集59巻7号2087頁〔28101810〕では、在外国民によって、次のような3つの確認請求がなされた。

在外国民である上告人（原告）らは、国に対して在外国民であることを理由として選挙権の行使の機会を保障しないことは、14条1項、本条1項及び3項、43条並びに44条並びに国際人権B規約（市民的及び政治的権利に関する国際規約（昭和54年条約7号））25条に違反すると主張して、主位的に、①改正前の公選法は、衆議院議員の選挙及び参議院議員の選挙における選挙権の行使を認めていない点において、違法（上記の憲法の規定及び条約違反）であることの確認（主張①）、並びに②本件改正後の公選法は、上告人らに衆議院小選挙区選出議員の選挙及び参議院選挙区選出議員の選挙における選挙権の行使を認めていない点において、違法（上記の憲法の規定及び条約違反）であることの確認を求める（主張②）とともに、予備的に③同上告人らが衆議院小選挙区選出議員の選挙及び参議院選挙区選出議員の選挙において選挙権を行使する権利を有することの確認を請求している（主張③）。これに対して、同判決は、①②を不適法とし、③を認容した。

1　改正前に選挙権行使ができないことの違法性（主張①）

同判決は、改正前の公選法が上告人らに衆議院議員の選挙及び参議院議員の選挙における選挙権の行使を認めていない点において違法であることの確認を求める訴えは、過去の法律関係の確認を求めるものであり、この確認を求める

ことが現に存する法律上の紛争の直接かつ抜本的な解決のために適切かつ必要な場合であるとはいえないから、確認の利益が認められず、不適法である、とする。

2 改正後に選挙権行使ができないことの違法性（主張②）

改正後の公選法が上告人らに衆議院小選挙区選出議員の選挙及び参議院選挙区選出議員の選挙における選挙権の行使を認めていない点において違法であることの確認を求める訴えについては、他により適切な訴えによってその目的を達成することができる場合には、確認の利益を欠き不適法であるというべきところ、主張③の予備的確認請求に係る訴えの方がより適切な訴えであるということができるから、主張②の主位的確認請求に係る訴えは不適法であるといわざるを得ない。

3 選挙権を行使する権利を有することの確認（主張③）

同判決は、本件の予備的確認請求に係る訴え（主張③）については、「選挙権は、これを行使することができなければ意味がないものといわざるを得ず、侵害を受けた後に争うことによっては権利行使の実質を回復することができない性質のものであるから、その権利の重要性にかんがみると、具体的な選挙につき選挙権を行使する権利の有無につき争いがある場合にこれを有することの確認を求める訴えについては、それが有効適切な手段であると認められる限り、確認の利益を肯定すべきものである」とする。そして、「本件の予備的確認請求に係る訴えは、公法上の法律関係に関する確認の訴えとして、上記の内容に照らし、確認の利益を肯定することができるものに当たるというべきである。なお、この訴えが法律上の争訟に当たることは論をまたない」とした。

そして、公選法附則8項の規定のうち、在外選挙制度の対象となる選挙を当分の間両議院の比例代表選出議員の選挙に限定する部分は、本条1項及び3項、43条1項並びに44条ただし書に違反するもので無効であって（論点3参照）、上告人らは、次回の衆議院議員の総選挙における小選挙区選出議員の選挙及び参議院議員の通常選挙における選挙区選出議員の選挙において、在外選挙人名簿に登録されていることに基づいて投票をすることができる地位にあるというべきであるから、本件の予備的確認請求には理由があり、さらに弁論をするまで

もなく、これを認容すべきものである、とする。

**論点 5** 選挙権が全く行使できないことは、立法不作為として国賠法1条1項の適用上、違法の評価を受けるか

　論点3で述べたように、在外国民は、平成10年の公選法改正によって、在外選挙制度が創設されるまで、選挙権が全く行使できない状態に置かれていた。また、この改正によっても、在外国民は衆議院と参議院の比例代表選出議員の選挙の投票ができるだけで、衆議院の小選挙区選出議員の選挙及び参議院の選挙区選出議員の選挙については、投票ができなかった。そこで、最大判平成17・9・14民集59巻7号2087頁〔28101810〕では、選挙権の侵害（論点3参照）、選挙権が行使できないことの違法性の確認等（論点4参照）に加えて、国会が公選法の改正を怠ったために本件選挙において投票することができず損害を被ったとして、立法不作為を理由とする国家賠償が請求された。

　同判決は、国会議員の立法行為又は立法不作為が国賠法1条1項の適用上違法となるかどうかは、国会議員の立法過程における行動が個別の国民に対して負う職務上の法的義務に違背したかどうかの問題であって、当該立法の内容又は立法不作為の違憲性の問題とは区別されるべきであり、仮に当該立法の内容又は立法不作為が憲法の規定に違反するものであるとしても、そのゆえに国会議員の立法行為又は立法不作為が直ちに違法の評価を受けるものではない、とする。「しかしながら、立法の内容又は立法不作為が国民に憲法上保障されている権利を違法に侵害するものであることが明白な場合や、国民に憲法上保障されている権利行使の機会を確保するために所要の立法措置を執ることが必要不可欠であり、それが明白であるにもかかわらず、国会が正当な理由なく長期にわたってこれを怠る場合などには、例外的に、国会議員の立法行為又は立法不作為は、国家賠償法1条1項の規定の適用上、違法の評価を受けるものというべきである」とし、最一小判昭和60・11・21民集39巻7号1512頁（在宅投票制上告審）〔27100020〕は、以上と異なる趣旨をいうものではない、とする。

　同判決は、上記の説示のうち、①憲法上保障されている権利であること、②権利行使の機会確保のための立法措置が必要不可欠であること、③正当な理由

がなく長期にわたって立法を怠ることを本件に当てはめ、①在外国民であった上告人（原告）らも国政選挙において投票をする機会を与えられることを憲法上保障されていたのであり、②この権利行使の機会を確保するためには、在外選挙制度を設けるなどの立法措置をとることが必要不可欠であったにもかかわらず、③昭和59年に在外国民の投票を可能にするための法律案が閣議決定されて国会に提出されたものの、同法律案が廃案となった後本件選挙の実施に至るまで10年以上の長きにわたって何らの立法措置もとられなかったのであるから、このような著しい不作為は上記の例外的な場合に当たり、過失の存在を否定することはできない、とする。このような立法不作為の結果、上告人らは本件選挙において投票をすることができず、これによる精神的苦痛を被ったものというべきであり、本件においては、上記の違法な立法不作為を理由とする国家賠償請求はこれを認容すべきである、とする。

### 論点 ❻　投票が困難な者の選挙権はどこまで保障されるか

　論点 3、4、5 は、選挙権の行使そのものが制約された場合であるが、選挙権が形式的には保障されていても、その行使が困難な場合、すなわち実質的に保障されない場合が問題となる。

1　在宅投票制度の廃止

　病気等で投票所に出かけることができない有権者に対して、在宅投票制度が存在したが、不正な投票が行われたことから昭和27年に廃止された。そして、在宅投票制度を廃止して復活しない立法行為は、在宅選挙人の選挙権の行使を妨げ、本条等に違反するものであり、精神的損害を受けたとして、国賠法 1 条 1 項により損害の賠償を請求した例がある。第 1 審の札幌地小樽支判昭和49・12・9民集39巻7号1550頁〔27661806〕は、原告のような身体障害者の投票を不可能あるいは著しく困難にした国会の立法措置は、前記立法目的達成の手段としてその裁量の限度を超え、これをやむを得ないとする合理的理由を欠くものであって、本条等に違反するとし、国会の過失を認定した。

　第 2 審の札幌高判昭和53・5・24民集39巻7号1590頁〔27662107〕は、「投票は、選挙権の行使にほかならないから、選挙権の保障の中には、当然に投票の機会

の保障を含むものというべきであり、投票の機会の保障なくして選挙権の保障などあり得ない」とし、選挙の公正の要請は、選挙権の保障があって初めて実現するものであり、選挙の公正を理由にして選挙権を制限してはならないとして、立法不作為が憲法の規定に違反する、とした。ただし、同判決は、国会議員の故意・過失は否定した。

　上告審である最一小判昭和60・11・21民集39巻7号1512頁（在宅投票制上告審）〔27100020〕は、「国会議員は、立法に関しては、原則として、国民全体に対する関係で政治的責任を負うにとどまり、個別の国民の権利に対応した関係での法的義務を負うものではないというべきであつて、国会議員の立法行為は、立法の内容が憲法の一義的な文言に違反しているにもかかわらず国会があえて当該立法を行うというごとき、容易に想定し難いような例外的な場合でない限り、国家賠償法1条1項の規定の適用上、違法の評価を受けないものといわなければならない」としたうえで、「憲法には在宅投票制度の設置を積極的に命ずる明文の規定が存しないばかりでなく、かえつて、その47条は『選挙区、投票の方法その他両議院の議員の選挙に関する事項は、法律でこれを定める。』と規定しているのであつて、これが投票の方法その他選挙に関する事項の具体的決定を原則として立法府である国会の裁量的権限に任せる趣旨である」から、「在宅投票制度を廃止しその後前記8回の選挙までにこれを復活しなかつた本件立法行為につき、これが前示の例外的場合に当たると解すべき余地はなく、結局、本件立法行為は国家賠償法1条1項の適用上違法の評価を受けるものではないといわざるを得ない」とする。

　このように同判決は、47条は、投票その他選挙に係る事項についての国会の立法裁量を認める趣旨であるから、在宅投票制度の廃止と復活しない立法行為は国会の立法裁量の範囲内であり、立法不作為を認定する要件である「例外的な場合」に該当しない、としている。

　論点3で述べた最大判平成17・9・14民集59巻7号2087頁（在外選挙権上告審）〔28101810〕では、前掲昭和60年最一小判（在宅投票制度上告審）が維持されているが、精神的障害を理由とする選挙権行使の困難性が問題となった最一小判平成18・7・13裁判所時報1415号10頁〔28111519〕ではこの判決は引用されてい

ない。2で述べるとおり、前掲平成17年最大判（在外選挙権上告審）及び前掲平成18年最一小判の論旨に照らすと、少なくとも、在宅投票制度の廃止によって現在の郵便投票制度でも投票できない、疾病又は精神的障害がある者については、選挙権の侵害が認められる可能性がある。

2　疾病・精神的障害等が原因である場合

　前掲平成17年最大判（在外選挙権上告審）の前に、疾病等の原因によって選挙権が侵害されていると争われた例がある。同判決とほぼ同じ厳格な審査基準を示した、東京地判平成14・11・28訟務月報49巻8号2213頁〔28080507〕では、ALS（筋萎縮性側索硬化症）患者が投票を行うことが不可能であるにもかかわらず、当時の公職選挙法施行令が自書を要求していること、郵便投票で代理投票を可能とするために本施行令を改正しなかったこと等が国賠法上の違法行為に該当すると主張されたところ、同判決は、投票行為の性質に伴う必然的な制約や、投票の秘密や選挙の公正の要請から選挙権行使の機会を奪う結果となってもやむを得ないと判断されない限り、投票所等に行くことも自書することも不可能な選挙人が存在すれば、それらの選挙人に選挙権行使の機会を保障するための制度を設けることが憲法上、保障されている、とする。同判決は、本件には、投票行為の性質に伴う必然的な制約や、投票の秘密や選挙の公正の要請から選挙権行使の機会を奪う結果となってもやむを得ない事情は存しないとして、本条等に違反する状態であることを認めたが、国賠法上の違法性は否定した。

　前掲平成18年最一小判は、精神的な原因で引きこもり状態にあることから投票所に行くことが困難な者の選挙権については、選挙権行使のための国家の責務を認定する。同判決は、前掲平成17年最大判（在外選挙権上告審）を引用しつつ、「選挙の公正の確保に留意しつつ選挙権の行使を認めることが事実上不可能ないし著しく困難であると認められるときでない限り、国民の選挙権の行使を可能にするための所要の措置を執るべき責務がある」とし、「このことは、国民が精神的原因によって投票所において選挙権を行使することができない場合についても当てはまる」という。ただし、精神的原因による投票困難者については、その精神的原因が多種多様であり、身体に障害がある者のように、既存の公的な制度によって投票所に行くことの困難性に結びつくような判定を受

けているものではないこと、本件選挙までほとんど国会で議論されていないことから、本件の立法不作為は、国賠法1条1項の適用上、違法の評価を受けるものではないとした。

このように、前掲平成18年最一小判は、不正利用の防止等の選挙の公正を選挙権制約の要因としながらも、前掲平成17年最大判（在外選挙権上告審）の「選挙権行使を可能にすることが事実上不可能ないし著しく困難であると認める場合でない限りやむを得ない事由」に、「国民の選挙権の行使を可能にするための所要の措置を執るべき責務がある」と加えることによって、審査基準を厳格化している。

**論点 7** 公選法上選挙権を行使できない事由は、選挙権剥奪の「やむを得ない事由」に該当するか

次の事例は、公選法上、選挙権の行使ができないものであるが、最一小判平成18・7・13訟務月報53巻5号1622頁〔28111519〕の論旨に照らしたときに、それらは、選挙権剥奪の「やむを得ない事由」に該当するかどうかが問題となる。

1　住所を確定できない者の選挙権

大阪地決平成19・4・3判例地方自治302号13頁〔28140856〕では、生活の本拠を持っているが住居を持たない建設労働者が、住民基本台帳法8条に基づく職権による消除によって住民票を消除されたところ、当該消除処分により、少なくとも市議会議員及び府議会議員の各一般選挙において選挙権を行使することがきわめて困難になったことから、当該消除処分は、本条に違反すると主張された。

同決定は、公選法21条1項（引き続き3か月以上登録市町村等の住民基本台帳に記録されていることを選挙人名簿の被登録資格の要件とする）及び27条1項（住所を有しなくなったことの表示）、28条2号（住所を有しなくなったことを理由とする登録の抹消）の規定の趣旨、目的が選挙の公正を確保する等の観点から直ちに不合理であるということができないとしつつも、前掲平成18年最一小判に従って、①一時的な滞在場所を次々と変えていく者や、短期間のうちに生活の本拠と評価するに足りる場所の移転を繰り返す者などは、選挙人名簿に登録することが

できず、選挙権ないしその行使が制限されていること、②憲法は、これらの者についても、選挙権を保障し、投票をする機会を平等に保障していることに鑑みると、選挙の公正を確保しつつこれらの者の選挙権の行使を認めることができるような制度を構築することが検討されるべきであり、そのために解決すべき問題が多く、立法技術上種々の困難が存することは容易に推認されるところであるとしても、当該制度の構築が事実上不可能ないし著しく困難であると直ちに断ずることはできない、とする。そして、上記のような者の選挙権ないしその行使が制限されることについて「やむを得ない事由」があると直ちにいうことができるかについては疑問なしとしない、とする。

しかし、同判決は、公選法21条1項により選挙権ないしその行使が制限されることとなる場合において、選挙権ないしその行使を確保するためにのみ、生活の本拠たる実体を欠く住所をもって住民基本台帳法にいう住所と認めることはできないというべきであり、本件消除処分が本条等に違反し違法になると解することはできないというべきである、とした。

2　受刑者の選挙権

公選法11条1項2号は、「禁錮以上の刑に処せられその執行を終わるまでの受刑者は、選挙権を行使できない」と規定する。具体的には、刑事施設及び受刑者の処遇等に関する法律3条（平成17年法律50号）が規定する、懲役受刑者（3号）、禁錮受刑者（4号）、死刑確定者（8号）は、選挙権及び被選挙権を行使できない。しかしながら、最大判昭和30・2・9刑集9巻2号217頁〔27760502〕が判示するように、選挙犯罪を犯した者の選挙権の制約には、選挙の公正を維持するという、規制目的を是認することができるとしても、選挙犯罪以外の一般の受刑者の選挙権の制約には、前掲平成18年最一小判の「選挙の公正の確保に留意しつつ選挙権の行使を認めることが事実上不可能ないし著しく困難であると認められるときでない限り、国民の選挙権の行使を可能にするための所要の措置を執るべき責務がある」に従って、「事実上不可能ないし著しく困難である」事情が求められる。仮に「現行法が、選挙権剥奪を実刑が内包する制裁の一種と位置づけている」（毛利透「選挙権制約の合憲性審査と立法行為の国家賠償法上の違法性判断」論究ジュリスト2012年春号、84頁）としても、同判決の厳格な

審査基準に照らす限り、その「制裁」や、隔離された集団生活に伴う困難などという、処遇上の理由を「事実上不可能ないし著しく困難である」事情と認めることは、できないものと解される。

3　成年被後見人の選挙権

公選法11条1項1号は、成年被後見人は、選挙権及び被選挙権を有しないと規定する。民法7条によれば、成年被後見人は、「精神上の障害により事理を弁識する能力を欠く常況にある者」であるところ、民法9条は、成年被後見人の法律行為は、取り消すことができるとしながら、「日用品の購入その他日常生活に関する行為については、この限りでない」と規定することから、①選挙は「日常生活に関する行為」に準じる行為であること、②選挙は契約行為と異なり一方的な意思表示であること、③事理を弁識する能力にも程度の差があり選挙をする判断能力を有する者も存在すること等に配慮する必要がある。そうすると、成年被後見人の選挙権を一律に剥奪することは、過度の制約である（毛利・前掲85頁）、という評価も可能である。前掲平成18年最一小判の論旨に照らす限り、個別の事例では、選挙権の剥奪が認められないケースが存することは明らかである。しかしながら、同判決が、精神的原因が多種多様であることを認定し、そのすべてが投票困難に直結するわけではない旨の判示をしていることからすると、成年被後見人の事理弁識能力にも程度の差がある以上、成年被後見人の選挙権の剥奪が、立法不作為又は違法な立法行為であると主張がなされる場合、判例は、消極の判断を示すものと予想される。

**論点 8**　短期間に住所を移転した者が選挙権を行使できないことは選挙権を侵害するか、また、選挙権を行使できない旨を定めた法律の改正を怠ったことは国賠法上の違法となるか

衆議院議員の選挙権及び最高裁判所裁判官の審査権を有する者が、衆議院議員総選挙及び最高裁判所裁判官国民審査の直前に短期間で市町村を異にして住所の移転を重ねていたため、公選法21条1項及び28条2号の各規定により、いずれの市町村の選挙人名簿にも登録されず、上記選挙権及び審査権を行使することができなかったことから、公選法のこれらの規定は、選挙権及び審査権を

侵害するもので違憲であり、これを立法し、あるいは選挙権及び審査権を侵害する結果を生ずることを防止する改正立法をしなかった国会議員の行為は違法であるとして、国賠法1条1項に基づき損害賠償を請求する例がある。

第1審の京都地判平成14・2・5判タ1115号171頁〔28071377〕は、「選挙権等の保障も絶対的なものではなく、一定の場合にはこれを奪うことも許されると考えられ、選挙権等の一部である投票の機会も与えないことが許される場合もある。そして、選挙権等の行使に関する仕組みを作るに当たっては、選挙権者の正確な把握、選挙の直前になると意図的に住所を変更するなどの方法による選挙権の不公正な行使の防止、二重投票の防止、関係する事務が著しく複雑、煩さなものではないこと（それによって、選挙に関する事務の過誤を防止し得る。）など、投票の正確性、円滑性を確保するという要求を満たすことが求められ、そのために事実上不可欠な選挙権行使の制限は憲法の許容するところというべきである」とする。

同判決は、続けて、「住民基本台帳と結びつけて選挙人名簿制度を採用し、選挙人名簿の登録事務は、市町村ごとに市町村の選挙管理委員会が行うこととし、選挙人名簿への登録の要件として住民基本台帳に3箇月以上記録されていることを求めることによって、正確性の確保と選挙直前の意図的な住民票の移動による不正投票の防止を図り、選挙人が他の市町村に住所を移転した場合には、いずれの市町村の選挙人名簿にも登録される事態をできる限り防止し、他方、いずれの市町村の選挙人名簿にも登録されないという事態をできる限り防止するため、新住所地の市町村に転入届をした後3箇月は移転先に居住し続けると想定し、前住所地からの転居に伴う移動期間、転入届提出の猶予期間等を考慮して、前住所地から転出後、4箇月が経過するまでには新住所地の市町村の選挙人名簿に登録される蓋然性が高いことを根拠に、新住所地の市町村に転入届を提出後4箇月時に自動的に選挙人の登録の抹消をする（引用者注：公選法28条2号）ことにしたもので、投票の正確性と円滑性という観点からは、一応の合理性を有するものということができる」とする。

同判決は、もっとも、選挙が代表民主制の根幹であり、憲法が普通選挙を保障していることを考慮すると、選挙権等の行使の機会を与えないことが許され

るのは、きわめて強度の必要性を満たすために事実上不可欠なものである場合に限られるというべきであり、上記の仕組みが必要で事実上不可欠なものといえるかに疑問がなくはないところ、この仕組みは、前述のとおり、投票の正確性、円滑性の確保の観点からは一応の合理性があるのであるから、最一小判昭和60・11・21民集39巻7号1512頁（在宅投票制上告審）〔27100020〕に照らして、憲法の一義的な文言に違反しているとはいえない、とする。同判決は、国会議員が、これらの規定を立法したこと及びその後公選法を改正して、短期間に転居を繰り返した結果どの市町村の選挙人名簿にも登録されず、選挙権の行使を制限される者が発生する事態を避ける立法を行わなかったことが国賠法1条1項の規定の適用上、違法の評価を受けるものということはできない、とする。

　第2審の大阪高判平成14・8・28判タ1115号170頁〔28081151〕もこれを支持し、さらに、住民基本台帳ネットワーク制度は、本件選挙実施当時導入されていた制度ではなかったから、同日時点における選挙人名簿からの抹消に関する公選法28条2号の違法性を論ずることはできないし、また、同制度の導入により控訴人主張のような選挙人名簿への登録確認が可能となるとしても、同制度が導入される時期に徴すれば、現時点ではいまだ控訴人主張の公選法の改正をすべき義務を怠ったとも認められない、という点を付け加える。

### 論点 9　永久選挙人名簿方式は、選挙権を侵害するか

　昭和41年の改正によって公選法42条1項は、いわゆる永久選挙人名簿方式を採用し、同名簿に登録されていない者は投票することができないと規定する。しかしながら、同法19条以下の規定により、この登録を毎年3月30日と9月30日の2回に限ると定めたことは、憲法に保障された国民の選挙権等の行使を不当に侵害し、14条、本条に違反すると主張された例がある。なお、現行公選法19条2項は、「市町村の選挙管理委員会は、選挙人名簿の調製及び保管の任に当たるものとし、毎年3月、6月、9月及び12月（第22条第1項及び第23条第1項において「登録月」という。）並びに選挙を行う場合に、選挙人名簿の登録を行うものとする」と規定する。

　東京地決昭和42・1・27行集18巻1＝2号44頁〔27603051〕は、公選法の改正に

よって選挙権等を取得しても、次に来るべき登録の日まで選挙人名簿の登録を受けられない結果、選挙権等を取得してから6か月間現実に投票することができないという場合も起こりうることになり、選挙権等の行使に制約を加えることになったが、このような制約を生じることも、立法裁量の範囲内である、とする。

同判決は、44、47条、79条4項が、衆参両議院議員の選挙人の資格、その投票の方法その他議員の選挙に関する事項及び最高裁判所裁判官の審査に関する事項は、いずれも法律で定めると規定し、これに関して立法府たる国会の裁量に委ねているから、国会は、選挙若しくは国民審査を混乱なく公正かつ能率的に執行するため、その裁量の範囲内において、国民の選挙権等の行使に必要な制約を加えることも当然許されるものというべきであり、公選法が、選挙人を確認する目的のために選挙人名簿制度を設け、選挙人名簿に登録された選挙人でなければ選挙権を行使し得ないとするいわゆる強制名簿主義を採用していることなどは、まさに右の要請に基づく必然の制限である、とする。

そして、「かような選挙人名簿制度をとる以上、選挙権の取得と選挙人名簿の登録を時間的に一致させることはとうてい望みえないところであるから、選挙権を有する者をいかなる時期にいかなる方法によつて選挙人名簿に登録するのが適当であるかは、決して選択をいれる余地のないほど明らかなことではなく、結局、選挙権を保障した憲法の趣旨と選挙制度全体の適正な運営の確保という観点から綜合的に判断し決定すべき立法政策の問題である」とする。したがって、改正公選法が年2回の登録方式を採用した結果、新たに選挙権を取得した者で投票できない者が生じるからといって、それだけで直ちに右立法が本条の選挙権の一般的保障に反するものということはできないし、また、等しく選挙権を有する者でありながら、登録の有無によって、選挙権を行使しうる者とし得ない者とが生じるとしても、14条の法の下の平等に反するとすることはできない、とする。

## 論点 ⑩ 外国人には国会議員選挙の選挙権が保障されるか

日本人と結婚し、かつ永住許可を得ているイギリス人が、平成元年施行の参

議院議員選挙に投票しようとしたところ、住所地を管理する選挙管理委員会から、日本国籍を有しない者は公選法9条及び21条により、当該選挙の投票を行うことができないと告げられたので、本条1項にいう「国民」とは、国籍保持者のみのことではなく、社会の構成員として日本の政治社会における政治決定に従わざるを得ない者をいうと解すべきであるから、選挙権が侵害され、精神的苦痛を受けたとして国賠法による損害賠償請求を求めた例がある。

　これに対して、第1審の大阪地判平成3・3・29訟務月報38巻1号1頁（ヒッグス・アラン事件第1審）〔27811131〕は、最大判昭和53・10・4民集32巻7号1223頁（マクリーン事件上告審）〔27000227〕が判示する外国人の人権に係る権利制約説に従って、本条1項の規定する公務員の選定罷免権が国民の最も重要な基本的権利の1つであるとしても、国家の存在を前提として初めて成立する国民の権利であり、その内容は国家のあり方を定めた憲法によって規定されるものと解するところ、前文及び1条は主権が日本国民に存することを宣言し、それを受けて本条は「公務員を選定し、罷免することは国民固有の権利である」と規定している、とする。したがって、公務員の選定罷免権は、国民主権原理に照らし、その権利の性質上日本国民のみをその対象としていることは明らかであるから、右の権利の保障は外国人には及ばないものと解する、とする。

　同判決は、続けて、仮に本条にいう「国民」に、外国人が含まれる余地があるとの原告の主張に立ったとしても、主権者イコール公務員の選定罷免権者でないことは明らかであって、公選法が選挙人の資格を日本国民に限定していることは、外国人が帰化の要件を満たさず、あるいは満たしても帰化を望まず他国に国籍を有しその国の対人高権に服している以上、不合理な区別とはいえないから、右法律が本条に違反しているとはいえない、とする。

　上告審である最二小判平成5・2・26判タ812号166頁（ヒッグス・アラン事件上告審）〔27814922〕は、国会議員の選挙権を有する者を日本国民に限っている公選法9条1項の規定が本条、14条の規定に違反するものでないことは、前掲昭和53年最大判（マクリーン事件上告審）の趣旨に徴して明らかであり、これと同旨の原審の判断は、正当として是認することができる、とする。同判決は、権利性質説を採用しているが、国民主権には直接触れていない。

論点 ⑪　外国人には国会議員選挙の被選挙権が保障されるか

　特別永住者である原告が在日党を結成し、参議院議員選挙に際し、立候補届出をしたところ、選挙長がこれを受理しなかったことにより、その候補者の立候補及び選挙運動ができなくなり、当該政党所属候補者の被選挙権及び当該政党の選挙活動の自由が侵害され、有形・無形の著しい損害を被ったこと、及び原告は、その被選挙権及び選挙活動の自由を侵害され、著しい精神的苦痛を被ったことに対して、国家賠償請求がなされた例がある。

　第1審の大阪地判平成6・12・9判タ892号167頁〔27828034〕では、原告は、近代民主主義の基本理念からは、政治社会における決定に従わざるを得ない構成員たるすべての市民が主権者であり、また納税者が主権者であることが必要であるから、本条1項の「国民」は必ずしも日本国籍保持者を指すものではなく、原告ら定住外国人は、主権者として選挙権及び被選挙権が保障されている、と主張した。

　これに対して、同判決は、①本条1項の「国民」とは、日本国籍を有する者のことであることは明らかであるから、国会議員についての選挙権及び被選挙権の保障は、外国人には及ばない、②外国人の日本国内における滞在期間が長くなることにより、日本法の適用を受ける期間が長くなるにしても、定住性の点をもって、他の外国人と殊更異別に解する憲法上の理由については、13、14条に照らしても、これを見いだし難いというほかはない、③原告は納税を選挙権保障の理由として挙げているが、国会における決議事項が租税に関わる事項に限られないことに照らしても、選挙権ないし被選挙権の保障に関し、定住外国人が他の外国人と異なるとは解されない、として請求を棄却した。

　第2審の大阪高判平成8・3・27訟務月報43巻5号1285頁〔28021318〕は、第1審と同様に請求を棄却したが、同判決では、原告（控訴人）は新たに、「在日朝鮮人は、我が国に在住する定住外国人の中でも特別の地位を占めるものであり、定住外国人に対して選挙権及び被選挙権を保障しない日本国における国籍条項や行政上の取り扱いは、控訴人（引用者注：控訴人名は略）ら旧植民地出身者及びその子孫に適用する限りにおいて明らかに違憲、違法というべきである」という適用違憲の主張を行った。

これに対して、同判決は、参政権はその国の政治に参加する権利であり、特に選挙権と被選挙権とは国家意志の形成に参与する国民固有のものであって、本条による権利の保障は我が国に在留する外国人に及ばないと解されること、世界人権宣言及び国際人権B規約（市民的及び政治的権利に関する国際規約）25条にいう「市民」は「国民」を意味するものと解するのが相当であること、諸外国においても地方選挙での例は別として国政選挙の被選挙権を定住外国人に与えているわけではないこと等を併せ考えると、控訴人らが主張する範囲の人々に対して必然的に国政選挙への参政権を認めなければならない決定的な理由となるものとも認め難い、として適用違憲を否定した。

上告審である最二小判平成10・3・13裁判集民187号409頁〔28030601〕は、国会議員の被選挙権を有する者を日本国民に限っている公選法10条1項、これを前提として立候補届出等に当たって戸籍の謄本又は抄本の添付を要求する公選法（平成6年法律2号改正前）86条4項、86条の2第2項7号、公職選挙法施行令（平成6年政令369号改正前）88条5項、89条の2第3項2号の各規定及びこれらの規定を上告人らに適用することが本条に違反するものでないことは、最大判昭和53・10・4民集32巻7号1223頁（マクリーン事件上告審）〔27000227〕の趣旨に徴して明らかである、とする。

### 論点 12　外国人には地方議会議員選挙の選挙権が保障されるか

韓国籍の永住者が居住地の選挙人名簿に登録されなかったことから、選挙人名簿の縦覧期間内に選挙人名簿に登録するよう異議の申出をした。これに対して選挙管理委員会は異議の申出を却下する決定をしたので、本条等の「国民」及び93条2項の「住民」には定住外国人も含まれるから、自治法11、18条、公選法9条2項における、地方公共団体に関する選挙権を有する者の要件の「日本国民」を、日本国籍を有する者と限定的に解したことは、14条、本条、92、93条等に違反するとして、却下の取消しを求める訴えを提起した例がある。

1　第1審

第1審の大阪地判平成5・6・29民集49巻2号670頁〔27816532〕は、次のように判示する。①前文の民主主義等の思想は、「人はどこか定住している地域の政

治に参加すべきである」という原則を導くものではなく、またそれが国際的に一般に承認されているものとも認められないから、本条の「国民」には、当然に日本国内における定住者が含まれることになるものではない。②93条2項が「住民」の文言を使用しているのは、地方公共団体の公務員については、特にその地域に居住する者により直接選出されるものであることを明らかにするためであると解するのが相当であって、93条2項の「住民」は、日本「国民」であることがその前提となっているというべきである。③したがって、①②より、日本国籍を有しない定住外国人については、少なくとも憲法上は定住外国人に対して参政権が保障されていないといわざるを得ない、とする。このように、同判決は、憲法上の権利としての外国人の地方議会の選挙権の保障を明確に否定する。ただし、後述の上告審と同様に、仮に定住者に参政権を付与することが憲法に違反しないとの立場をとり得るとしても、これを付与するか否かは立法政策の問題にすぎないというべきである、とする。

2 上告審

上告審である最三小判平成7・2・28民集49巻2号639頁〔27826692〕は、第1審を支持して、次のように判示する。

同判決は、まず、外国人の人権保障における権利性質説（最大判昭和53・10・4民集32巻7号1223頁（マクリーン事件上告審）〔27000227〕）を示したうえで、本条1項にいう公務員を選定罷免する権利は、国民主権の原理に基づき、公務員の終局的任免権が国民に存することを表明したものにほかならないところ、主権が「日本国民」に存するものとする前文及び1条の規定に照らせば、憲法の国民主権の原理における国民とは、日本国民すなわち我が国の国籍を有する者を意味することは明らかである、とする。したがって、公務員を選定罷免する権利を保障した本条1項の規定は、権利の性質上日本国民のみをその対象とし、右規定による権利の保障は、我が国に在留する外国人には及ばないものと解するのが相当である、とする。

また、国民主権の原理及びこれに基づく本条1項の規定の趣旨に鑑み、地方公共団体が我が国の統治機構の不可欠の要素をなすものであることをも併せ考えると、93条2項にいう「住民」とは、地方公共団体の区域内に住所を有する

日本国民を意味するものと解するのが相当であり、右規定は、我が国に在留する外国人に対して、地方公共団体の長、その議会の議員等の選挙の権利を保障したものということはできない、とする。

このように同判決は、国民主権の原則から、本条1項の国民・93条2項の住民が外国人を含むことを明確に否定し、「憲法上の権利」としての地方自治体の首長・地方議会の議員等に対する外国人の選挙権の保障を否定している。しかしながら、次のように述べて、法律による選挙権付与は、憲法上禁止されず、立法政策の問題である、とする。

①憲法の地方自治に関する規定は、民主主義社会における地方自治の重要性を示している。②住民の日常生活に密接な関連を有する公共的事務は、その地方の住民の意思に基づきその区域の地方公共団体が処理するという政治形態を憲法上の制度として保障しようとする趣旨に出たものと解される。③したがって、我が国に在留する外国人のうちでも永住者等であってその居住する区域の地方公共団体と特段に緊密な関係を持つに至ったと認められるものについて、その意思を日常生活に密接な関連を有する地方公共団体の公共的事務の処理に反映させるべく、法律をもって、地方公共団体の長、その議会の議員等に対する選挙権を付与する措置を講ずることは、憲法上禁止されているものではない。④しかしながら、右のような措置を講ずるか否かは、専ら国の立法政策に関わる事柄であって、このような措置を講じないからといって違憲の問題を生ずるものではない。

### 論点 ⑬ 外国人には公務就任権が保障されるか

東京都職員で韓国籍の特別永住者が、東京都の管理職選考試験を受験しようとしたところ、日本国籍を有しないことを理由に東京都が申込書の受取りを拒否したことなどから、同試験を受験することができなかったため、①判例上、外国人の地方参政権については何ら禁じておらず、立法政策の問題であることを明確にしているから、外国人の地方自治体の公務就任権についても法律上の制限がない以上、それを否定することは許されないこと、②「公務員に関する当然の法理」をもって、原告の管理職選考の受験を拒否することは、13、14条、

22条1項に違反すると主張し、同試験の受験資格の確認と慰謝料の支払を求めた例がある。

1　第1審

　第1審の東京地判平成8・5・16民集59巻1号184頁〔28010785〕は、原告の請求中、管理職選考受験資格の確認を求める部分は、不適法な訴えとして却下した。慰謝料請求については、次のように述べて、棄却する。

　国民主権の原理は、我が国の統治作用が主権者と同質的な存在である国民によって行われることをも要請していると考えられるから、統治作用に関わる職務に直接・間接的に従事する公務員は日本国民によって充足されるべきであり、外国人が右の職責を有する公務員に就任することが保障されているということはできないものというべきである、とする。そして、「本件の管理職選考は、決定権限の行使を通じて公の意思の形成に参画することによって我が国の統治作用にかかわる職への任用を目的とするものであり、実際に合格後にそのような職に任用されているということができるから、外国人である原告は、管理職選考の結果任用されることとなる職に就任することが憲法上保障されていない」とする。

2　第2審

　第2審の東京高判平成9・11・26高裁民集50巻3号459頁〔28030236〕も、管理職選考受験資格の確認を求める訴えは棄却した。しかしながら、以下のように述べて、慰謝料請求については、認容する。

　憲法の国民主権の原理の下では、我が国に在住する外国人も、憲法上、国又は地方公共団体の公務員に就任する権利が保障されているということはできないが、国民主権の原理に反しない限度において我が国に在住する外国人が公務員に就任することは、憲法上禁止されていない、とする。そして、地方公務員の管理職であっても、公権力を行使することなく、公の意思の形成に参画する蓋然性も少ない管理職については、我が国に在住する外国人をこれに任用することは、国民主権の原理に反するものではない、とする。控訴人（原告）が課長級の職に昇任するためには、管理職選考を受験する必要があるところ、課長級の管理職の中にも外国籍の職員に昇任を許しても差し支えのないものも存在

するというべきであるから、外国籍の職員から管理職選考の受験の機会を奪うことは、外国籍の職員の課長級の管理職への昇任の途を閉ざすものであり、22条1項、14条1項に違反する違法な措置であった、とする。

このように、第2審は、国民主権の原理の下では、公権力行使、公の意思の形成に参画する可能性のある管理職の就任は日本国民に限定すべきであるとしたうえで、それらの可能性の少ない管理職の昇任の否定につながる、本件の受験拒否が、22条1項、14条1項に違反するとした。

3　上告審

上告審である、最大判平成17・1・26民集59巻1号128頁〔28100274〕は、以下の理由から、第1審判決を支持した。

(1)　外国人の処遇

地公法は、外国人の任命を禁止せず、国籍を理由とする昇格について差別的取扱いをしてはならないと規定するところ、普通地方公共団体が職員に採用した在留外国人の処遇につき、合理的な理由に基づくものである限り、14条1項に違反するものでもない、とする。そして、管理職への昇任は、昇格等を伴うのが通例であるから、在留外国人を職員に採用するに当たって管理職への昇任を前提としない条件の下でのみ就任を認めることとする場合には、そのように取り扱うことにつき合理的な理由が存在することが必要である、とする。

(2)　公権力行使等地方公務員

住民の権利義務や法的地位の内容を定め、あるいはこれらに事実上大きな影響を及ぼすなど、住民の生活に直接間接に重大な関わりを有する公権力行使等地方公務員は、国民主権の原理に基づき、国及び普通地方公共団体による統治のあり方については日本国の統治者としての国民が最終的な責任を負うべきものであること（1条、本条1項参照）に照らし、原則として日本の国籍を有する者が就任することが想定されているとみるべきであり、外国人が公権力行使等地方公務員に就任することは、本来我が国の法体系の想定するところではないものというべきである、とする。

(3)　一体的管理職任用に係る区別の合理性

「普通地方公共団体が、公務員制度を構築するに当たって、公権力行使等地

方公務員の職とこれに昇任するのに必要な職務経験を積むために経るべき職とを包含する一体的な管理職の任用制度を構築して人事の適正な運用を図ることも、その判断により行うことができるものというべき」であり、普通地方公共団体が上記のような管理職の任用制度を構築したうえで、日本国民である職員に限って管理職に昇任することができることとする措置をとることは、合理的な理由に基づいて日本国民である職員と在留外国人である職員とを区別するものであり、上記の措置は、労基法3条にも、14条1項にも違反するものではないと解するのが相当である、とする。そして、この理は、特別永住者についても異なるものではない、とする。

(4) 本件区別の合理性

当時、管理職に昇任すれば、いずれは公権力行使等地方公務員に就任することのあることが当然の前提とされていたのであるから、東京都は、公権力行使等地方公務員の職に当たる管理職のほか、これに関連する職を包含する一体的な管理職の任用制度を設けているということができるから、職員が管理職に昇任するための資格要件として当該職員が日本の国籍を有する職員であることを定めたとしても、合理的な理由に基づいて日本の国籍を有する職員と在留外国人である職員とを区別するものであり、上記の措置は、労基法3条にも14条1項にも違反するものではない、とする。

## 論点 14　選挙公報登載の申請期間を制限することは、選挙権を侵害するか

東京高判昭和32・12・26行集8巻12号2122頁〔27601604〕では、公選法168条（旧規定）は、参議院全国選出議員の選挙において候補者が選挙公報に氏名、経歴、政見等の掲載を受けるには中央選挙管理会に対して選挙の期日前18日までに文書でその申請をしなければならない（当時の規定では立候補届出期日は15日前まで）と規定するところ、当該申請期限後に参議院全国に立候補したために、選挙公報に氏名等を掲載することができなかった者が、同条（旧規定）は、公務員を選定罷免する権利を侵害すると主張した。本論点における「選挙権」は、選挙公報という重要な情報を得て、公務員を選定罷免する権利という意味である。

同判決は、「選挙公報は候補者にとつて最重要な選挙運動であるばかりでなく、選挙人が適確にその選挙権を行使するについても重要な資料であるから、選挙公報につき、公職選挙法168条に定められた登載申請期限が著しく不当であるときは公務員を選定する国民固有の権利を害することになるのではないかとの疑も生ずる余地がある」ことから、選挙公報登載申請期限は立候補届出締切期限と一致させ、かつ、できるだけ選挙期日に切迫する日まで登載申請を許すことが理想的な方法である、とする。しかしながら、「全国区選出参議院議員の選挙にあつては全国に散在する選挙人所属世帯に選挙公報を配布しなければならないのであるから、選挙公報登載申請の期限を定めるについてはできるだけ候補者にこれを利用する機会を与えるよう考慮する一方、選挙公報について中央選挙管理会が登載申請書の整理、掲載文の整理、印刷、都道府県管理委員会への送付、更に同委員会での選挙公報の印刷、各有権者所属世帯への配布等に要する事務的時間について最少限度必要な余裕を置き、その公正、適確な配布を期さなければならないことになる」とする。

そして、同判決は、選挙前18日までを選挙公報登載の申請期間とすることは、当時の経済状況、交通事情からして不当であるということはできず、逆に、上記のとおり、必要最小限の時間的余裕が必要であるから、選挙公報をすべての立候補者に利用可能にするためには、立候補届出期日を遠ざける措置をとることになり、それは、立候補の自由を制限し国民の公務員選定罷免権を害するおそれがある、とした。

### 論点 15　法人の政治献金は参政権を侵害するか

大企業は政権与党等に対して政治献金を行うことによって、政治過程に強い影響力を行使し、そのために資金力の乏しい一般国民の政治過程への影響力が相対的に減少し、それが参政権を侵害する程度に達しているという主張がなされることがある。

東京高判昭和41・1・31民集24巻6号701頁（八幡製鉄事件控訴審）〔27201882〕は、会社のなす政治資金の寄附は、自然人たる日本国民にのみ認められた参政権を侵犯する、という主張に対して、選挙資金が一部選挙民の買収、饗応等に不

正に使用せられる例が少なくないことから、寄附に係る政治資金と得票数との因果関係を多少にかかわらず否定し得ないことはもとよりであるが、「現代政治における選挙の得票数の大部分が、政党の掲げる主義政策その他の諸因子に左右せられることも睹易いところであるから、政党の得票数の増減自体と寄附にかかる政治資金との関連を正確に判定することは、不可能であるばかりでなく、(中略)株式会社のなす大口の政治資金の寄附と個人のなすそれとの間には、一般的に、金額の多寡による程度の差がありうるに過ぎないものと認めるべきである」と判示した。

最大判昭和45・6・24民集24巻6号625頁（八幡製鉄事件上告審）〔27000715〕は、会社は政治的行為をなす自由を有するとしたうえで、「政治資金の寄附もまさにその自由の一環であり、会社によつてそれがなされた場合、政治の動向に影響を与えることがあつたとしても、これを自然人たる国民による寄附と別異に扱うべき憲法上の要請があるものではない」とする（基本的人権一般参照）。

同判決は、①政党への寄附は、国民の選挙権その他の参政権の行使そのものに直接影響を及ぼさないこと、②政治資金の一部が買収に当てられても、たまたま生じる病理的現象でありそれを抑制する制度もあること、③政治資金の寄附が国民の政治意思の形成に作用することがあっても、あながち異とするには足りないこと、を指摘する。また、④政治資金が引き起こすところの、金権政治・外国による政治干渉・政治腐敗の醸成といった弊害については、立法政策によって対処すべきである、とする。

その後、大阪地判平成13・7・18金融商事1145号36頁（日本生命事件第１審）〔28061974〕は、生命保険会社の政治献金が国民の参政権を侵害するから、公の秩序に反し民法90条に違反する旨の主張に対して、生命保険業を行うことを目的として設立され、政治的行為を行うことを本来の目的としない相互会社が、政治献金を行う自由は憲法上保障されていないとして、それを一律に禁止するか、量的・質的な制限を設けて許容するかは、立法政策の問題として、立法機関の判断に委ねられている、とする。また、相互会社が政治献金を行ったとしても、それが、参政権の自由な行使を不当に制約するなどして、これを直接的に侵害するものではないし、現在の政治資金規正法の範囲内で行う限りは、間

接的にも、参政権の自由な行使を侵害するものとは評価されない、とする。これは、前掲昭和45年最大判（八幡製鉄事件上告審）の論旨に従ったものである。第２審の大阪高判平成14・4・11判タ1120号115頁〔28081673〕も第１審判決を支持した。なお、最一小決平成15・2・27商事法務1662号118頁〔28081435〕は、適法な上告理由の主張がないとして上告を棄却した。

　一方で、政治資金の規制に係る立法府の裁量に、一定の限界を画するものもある。名古屋高金沢支判平成18・1・11判時1937号143頁（熊谷組事件控訴審）〔28110282〕は、法人の政治資金の寄附を含む政治活動の自由は、「憲法が主権者である国民に対して保障している参政権等の基本的な人権を侵害しない範囲において」保障されるとする。その範囲の決定は、国会の立法政策の問題であるとしたうえで、「仮にも会社による政治資金の寄附が無制限とされ、あるいは制限があるものの、その額が著しく巨額であるため、政治と産業界との不正な癒着を恒常的なものとし、かつ、その是正の方途が講じられないまま放置されるなど等により、制度的に、憲法が国民に保障する選挙権等の参政権を実質的に侵害する状態の程度に至っている場合には、国民に対して選挙権等の参政権を保障した憲法の趣旨に反するものとして、違憲、違法な状態となることもある」としたが、本件の政治資金の寄附は公選法199条１項に違反しないとした。なお、本件は上告不受理とされた。

## 論点 ⑯　立候補の自由（被選挙権）の法的性質はいかなるものか

### 1　立候補の自由の法的性質

　立候補の自由は、選挙権と異なり、明文の規定が存在しないことから、その法的性質が問題となるところ、最大判昭和43・12・4刑集22巻13号1425頁（三井美唄労組事件上告審）〔27611952〕は、次のように、この点を明らかにする。

　民主主義の基盤をなす選挙は、自由かつ公正に行う必要があるところ、「多数の選挙人の存する選挙においては、これを選挙人の完全な自由に放任したのでは選挙の目的を達成することが困難であるため、公職選挙法は、自ら代表者になろうとする者が自由な意思で立候補し、選挙人は立候補者の中から自己の希望する代表者を選ぶという立候補制度を採用しているわけである。したがつ

て、もし、被選挙権を有し、選挙に立候補しようとする者がその立候補について不当に制約を受けるようなことがあれば、そのことは、ひいては、選挙人の自由な意思の表明を阻害することとなり、自由かつ公正な選挙の本旨に反することとならざるを得ない。この意味において、立候補の自由は、選挙権の自由な行使と表裏の関係にあり、自由かつ公正な選挙を維持するうえで、きわめて重要である。このような見地からいえば、憲法15条1項には、被選挙権者、特にその立候補の自由について、直接には規定していないが、これもまた、同条同項の保障する重要な基本的人権の一つと解すべきである」とする。

2 立候補の自由と労働組合の統制権の関係

同判決は、立候補の自由と労働組合の統制権については、労働組合は、組合の政治活動の一環として、選挙における統一候補を決定し、立候補しようとする統一候補以外の組合員を立候補しないように、勧告又は説得することも、組合の組合員に対する妥当な範囲の統制権の行使にほかならず、別段、法の禁ずるところとはいえない、とする。しかし、組合の統制権の行使として、組合の勧告又は説得に応じないで個人的に立候補した組合員に対して、何らかの処分をすることには、限界があり、「殊に、公職選挙における立候補の自由は、憲法15条1項の趣旨に照らし、基本的人権の一つとして、憲法の保障する重要な権利であるから、これに対する制約は、特に慎重でなければならず、組合の団結を維持するための統制権の行使に基づく制約であつても、その必要性と立候補の自由の重要性とを比較衡量して、その許否を決すべきであり、その際、政治活動に対する組合の統制権のもつ前叙のごとき性格と立候補の自由の重要性とを十分考慮する必要がある」とする。

### 論点 17 重複立候補制度は政党に所属しない候補者の立候補の自由を制約するか

小選挙区比例代表並立制においては、重複立候補できる者とできない者が生じるところ、同制度によって後者の立候補の自由が制約されているかどうかが問題となる。最大判平成11・11・10民集53巻8号1704頁〔28042637〕は、選挙制度の仕組みを具体的に決定することは国会の広い裁量に委ねられているところ、

同時に行われる2つの選挙に同一の候補者が重複して立候補することを認めるか否かは、右の仕組みの1つとして、国会が裁量により決定することができる事項であるといわざるを得ないとして重複立候補制度を是認する。そして、重複して立候補することを認める制度においては、一の選挙において当選人とされなかった者が他の選挙において当選人とされることがあることは、当然の帰結であるとする。

続けて、同判決は、重複立候補をすることができる者は、改正公選法86条1項1号、2号所定の要件を充足する政党その他の政治団体に所属する者に限られており、これに所属しない者は重複立候補をすることができないものとされているところ、被選挙権又は立候補の自由が選挙権の自由な行使と表裏の関係にある重要な基本的人権であることに鑑みれば、合理的な理由なく立候補の自由を制限することは、憲法の要請に反するといわなければならない、とする。しかし、右のような候補者届出政党の要件は、国民の政治的意思を集約するための組織を有し、継続的に相当な活動を行い、国民の支持を受けていると認められる政党等が、小選挙区選挙において政策を掲げて争うにふさわしいものであるとの認識の下に、第8次選挙制度審議会の答申にあるとおり、選挙制度を政策本位、政党本位のものとするために設けられたものと解されるのであり、政党の果たしている国政上の重要な役割に鑑みれば、選挙制度を政策本位、政党本位のものとすることは、国会の裁量の範囲に属することが明らかであるといわなければならないとする。したがって、政党等に所属する者のみが重複して立候補することができることには、相応の合理性が認められるのであって、不当に立候補の自由や選挙権の行使を制限するとはいえず、これが国会の裁量権の限界を超えるものとは解されない、とする（47条論点1参照）。

## 論点 18　連座制は立候補の自由を制限するか

1　選挙運動の総括主宰者

選挙運動の責任者等が公選法所定の犯罪によって、候補者自身が立候補の自由の制約を受ける、いわゆる連座制が本条に違反すると主張された、最大判昭和37・3・14民集16巻3号537頁〔27002181〕は、公民権停止の合憲性が問題と

なった最大判昭和30・2・9刑集9巻2号217頁〔27760502〕と同様に、昭和29年の公選法の改正（「当選人が選挙運動を総括主宰した者の選任及び監督につき相当の注意をしたとき」等を免責事由から削除する）によって連座制の規定を強化したことの目的は、公明かつ適正な選挙運動の実現にある、とした。そして、選挙運動の総括主宰者は、選挙運動の中心となり運動全体を支配し、その者が公選法251条の2掲記のような犯罪を行う場合においては、候補者の当選に相当の影響を与えることから、そのような選挙結果は、選挙人の自由な意思によるものとは言い難いとし、当選人が総括主宰者の選任及び監督につき注意を怠ったかどうかに関わりなく、その当選を無効とすることは、選挙制度の本旨にもかない、本条等に反することはない、とした。

2 拡大連座制

平成6年の公選法改正によって、いわゆる拡大連座制が導入された。同法251条の3第1項は、組織的選挙運動管理者等が、買収等の選挙犯罪を犯し禁錮以上の刑に処せられた場合に、当該候補者等であった者の当選を無効とし、かつ、これらの者が同法251条の5に定める時から5年間当該選挙に係る選挙区（選挙区がないときは、選挙の行われる区域）に立候補することを禁止する旨を定めている。最一小判平成9・3・13民集51巻3号1453頁〔28020797〕は、従来の連座制ではその効果が乏しく選挙犯罪を十分抑制することができなかったことから、これらの規定が「公明かつ適正な公職選挙を実現するため、公職の候補者等に組織的選挙運動管理者等が選挙犯罪を犯すことを防止するための選挙浄化の義務を課し、公職の候補者等がこれを防止するための注意を尽くさず選挙浄化の努力を怠ったときは、当該候補者等個人を制裁し、選挙の公明、適正を回復するという趣旨で設けられたものと解するのが相当である」とする。

そして、本判決は、次のように緩やかな審査基準で、当該規定を本条等に反するものではないとする。公選法251条の3の規定の目的は、民主主義の根幹をなす公職選挙の公明、適正を厳粛に保持するというきわめて重要な法益を実現することであり、その立法目的は合理的である。また、当該規定は、組織的選挙運動管理者等が買収等の悪質な選挙犯罪を犯し禁錮以上の刑に処せられたときに限って連座の効果を生じさせることとして、連座制の適用範囲に相応の

限定を加え、立候補禁止の期間及びその対象となる選挙の範囲も前記のとおり限定し、さらに、選挙犯罪がいわゆるおとり行為又は寝返り行為によってされた場合には免責することとしているほか、当該候補者等が選挙犯罪行為の発生を防止するため相当の注意を尽くすことにより連座を免れることのできる途も新たに設けているのである。そうすると、このような規制は、これを全体としてみれば、前記立法目的を達成するための手段として必要かつ合理的なものというべきである。

なお、連座の対象者として公職の候補者等の秘書を加えたことにつき、前掲平成9年最一小判と同様の論理で、合憲としたものとして、最三小判平成10・11・17裁判所時報1232号17頁〔28033327〕がある。

## II　全体の奉仕者

•••••• 論　点 ••••••

1　全体の奉仕者であることは、公務員の具体的な行為の違法性を判断する理由となるか
2　政治家が地位を利用して知り得た情報に基づく法律行為は、公務員が全体の奉仕者であることに違反するから、公序良俗に反し無効となるか
3　全体の奉仕者であることは、公務員の退職に係る行政処分を制約する理由となるか
4　全体の奉仕者であることは、教員免許失効による当然失職を制約する根拠となるか
5　全体の奉仕者であることは、地方公務員の自動失職制の根拠となるか
6　労働組合員である町会議員が議会において組合の政治局の決定に反する行動をとったことを理由とする組合の制裁が、全体の奉仕者であることのゆえに許されないこととなるか
7　訴訟遅延を目的とする裁判官忌避申立ての却下を定めた旧刑訴法29条は、全体の奉仕者であることに反するか
8　全体の奉仕者であることは、地方議会が議員の議会外の非行を理由に除名処分を科すことの根拠となるか
9　公務員の政治活動を制約する理由はいかなるものか
10　公務員の労働基本権を制約する理由はいかなるものか

【関連法令】
国会法、自治法、人事院規則、地公法

### 論点 1　全体の奉仕者であることは、公務員の具体的な行為の違法性を判断する理由となるか

　判例は、以下のとおり、公務員が全体の奉仕者であることは、抽象的な指導原理であり、公務員の具体的行為の違法を判断する理由となるものではない、としている。
1　町会議員の議決権の行使
　町分立（ある地区を分離して新しい町にすること）の請求がなされ、住民投票を

経て県議会の承認を受けたところ、当該町分立は、町分立を支持する者からの物品贈与を受けた県会議員が分立承認の議決をしたのであるから、右議決権の行使は、公務員が全体の奉仕者であることに違反するものであり、かくしてなされた町分立承認の議決もまた違法である、と主張された例がある。

　岡山地判昭和26・6・29行集2巻8号1307頁〔27600353〕は、本条2項の規定の趣旨は、公務員の正しい心構えとしての根本理念を示したにとどまり、これによって公務員の公務における義務の具体的内容を規定したものとは解し難い、とする。そして、本件においては、県会議員等が分町を支持する者の意向を考え、それらの利益のためにのみ右議決権を行使したとの事実はこれを認め得べき証拠がないばかりでなく、仮に同議員等がそのような一部の者の奉仕者としての議決をなし、よって本条2項の規定に違反したとしても、それは単に同項の定める根本理念に反したというにとどまり、これをもって当該議決における違法問題の対象とはなし難い、とする。なお、議員の非行を理由とする除名処分の場合は、全体の奉仕者であることをその除名の根拠とすることができるとする例については、論点8参照。

2　内閣総理大臣・国会議員の立法行為

　消費税法は主権者である国民の意思に反するものであって、内閣総理大臣や国会議員が国会においてこれを提案、可決したことは、本条2項、99条に違反するとの主張がなされた例がある。広島高岡山支判平成3・12・5税務訴訟資料187号236頁〔22005860〕は、「全体の奉仕者」の意味については、直接、説示することがなく、前文、1条は主権が国民にあることを明定し、立法について、41条、43条1項は、いわゆる間接的民主制を採用しているから、消費税法が国民の意思に反する旨の政治的批判をすることはともかくとして、法律的には、本件消費税法が国会において可決された以上、それは国民の意思に基づくものと看做されるべきである。仮に、裁判所において本件消費税法が国民の意思に反するや否やにつき証拠調べができるとする考え方があるとすれば、それは間接的民主制を定めた憲法の前記規定を無視するものといわざるを得ない、とする。なお、本件の上告審である、最二小判平成5・9・10税務訴訟資料198号813頁〔22007950〕は、本件論点については触れずに、棄却する。

3 条例制定に係る地方公務員の職務

　地方自治体の当局者が、条例改正に当たり、当該自治体の運営協議会で間違った資料を提出して説明した行為は、本条2項に違反し、また、「普通地方公共団体の執行機関は、当該普通地方公共団体の条例、予算その他の議会の議決に基づく事務及び法令、規則その他の規程に基づく当該普通地方公共団体の事務を、自らの判断と責任において、誠実に管理し及び執行する義務を負う」と規定する自治法138条の2に違反する行為であると主張された例がある。これに対して、神戸地判平成16・6・29判例地方自治265号54頁〔28101258〕は、自治体当局者が、条例改正に当たり、当該運営協議会に提出した資料が、間違っていたものとは認められないし、自治体当局者が、運営協議会において、間違った説明をしたものとも認められないとしたうえで、本条2項が、公務員が全体の奉仕者であると定めているのは、国民主権下における公務員一般の職務遂行のあり方に関する抽象的な指導理念を定めたものであり、立法行為（条例改正を含む）によって何らかの不利益を受ける集団が存在するという一事によって、具体的な立法行為が違憲とされるものではない、とする。

**論点 ❷　政治家が地位を利用して知り得た情報に基づく法律行為は、公務員が全体の奉仕者であることに違反するから、公序良俗に反し無効となるか**

　現職の大蔵大臣であった政治家が、その地位を利用して築堤計画の存在を知ったことから、自己のダミー会社による河川敷の買収を企図し、土地所有者らに売却するよう誘導した結果なされた土地売買契約は、公序良俗に反し無効であると主張された例がある。

　新潟地長岡支判昭和63・6・15判タ671号100頁〔27801948〕は、国民主権の原理、国民代表制と、それらを具現する本条から、公務員（一般職、特別職を問わない）は、もともと主権者たる国民より発し国民に帰属すべき国家権力の行使を国民から信託されたにすぎないという地位に立つとともに、その権限と責務を常に国民全体の奉仕者として、民主的かつ能率的に遂行すべく全力を挙げて専念しなければならないという地位に置かれ、国民の一部、一階層、一党派の

私的利益に偏ることなく、国民全体の福祉に合致するように公務を遂行することを要求される、とする。

同判決は、国会法は、国会議員が政治倫理綱領及び行為規範を遵守する義務があることを定め、また、国公法は、特別職の国家公務員に適用されないが、同法が公務員に対し要求している公務員としての公正性、廉潔性等は、特別職の公務員にも求められるべきであるから、国会議員、国務大臣は、国民の信頼に応えるために公務の適正な処理をなすべく、その政治上の地位から特別に知り得た情報を他に漏らすことがあってはならず、ましてや、その情報を利用して、自己又は第三者の利益を図ることがあってはならない、とする。そして、「国会議員、或いは国務大臣が右義務に違反して、自己又は第三者の利益を図つた場合には、政治上の責任が生ずることは勿論、それが私法上の法律行為として生じた場合には、政治ないし行政の制度の基本的要請に反するものとして不法性を帯び、当該法律行為は公の秩序に反する無効な行為と言うべきである」とする。

なお、同判決は、本件は、政治家が職務上知り得た情報を利用して、利益を図るために自己の支配下にある企業に買収させたとは、認められないとした。控訴審である東京高判平成5・3・26判タ829号52頁〔27816921〕も同旨である。

論点 3 全体の奉仕者であることは、公務員の退職に係る行政処分を制約する理由となるか

小学校の講師であった者が、退職の勧奨に応じて退職願を提出したところ、退職の勧奨に応ずべき事情が存在しないことを知り、退職の辞令交付前に撤回を申し出たが、教育委員会が解職処分を行ったという事案に対して、仙台高判昭和33・2・26民集13巻6号859頁〔27601763〕は、「公務員は国家公務員であると、地方公務員であるとを問わず憲法上全体の奉仕者として義務づけられているものであるから、任意に辞職することは許されず、任命権者の承認を要するものといわねばならない」とする。同判決は、小学校講師として地方公務員たる地位にある者は、退職願を教育委員会に提出しただけでは当然に退職の効力を生ずるものではなく、私人の公法上の行為はそれに基づいて有効な行政行為がな

されるまでは一般にこれを撤回することができるものと解すべきであるから、当該退職の承認は辞令の交付その他の方法により表示されたとき効力を生ずるものと解すべきであり、当該解職処分は、違法であると判示する。なお、上告審である、最二小判昭和34・6・26民集13巻6号846頁〔27002560〕は、「全体の奉仕者」であることと退職願の撤回の関係については触れていない。

### 論点 4　全体の奉仕者であることは、教員免許失効による当然失職を制約する根拠となるか

　水戸地判昭和38・6・1行集14巻6号1227頁〔27602701〕では、有効期間3年間の小学校助教諭臨時免許状を取得して小学校に勤務していた者が、県教育委員会から同免許状が失効したので失職になった旨の通知を受けたことに対して、公務員は全体の奉仕者として、国民一般に比較して加重された公共的義務を負担しているところ、公務員はその職責にふさわしい待遇を受け、その身分を保障されなければならないから、教員免許の失効によって当然に失職するという解釈をとることは本条1、2項に違反する、と主張した。

　同判決は、本条1、2項は、国民主権の理念の下における公務員の本質を明らかにしたものであって、1項はあらゆる公務員の終局的任免権は国民にあり、すべての公務員の選任及び罷免は、直接間接に主権者たる国民の意思に依存するように、その手続が定められなければならないことを意味し、2項は公務員の職務の公共的性格を明らかにし、すべての公務員は国民全体の利益に奉仕すべき者であるとしているのであるが、原告の主張するようにすべての公務員の身分保障を直接の趣旨とするものではない、とする。

　同判決は、教育公務員については、その資格要件として免許状主義をとり、一般公務員と異なる資格要件の制限を設けたとしても、かかる制限はその職務の特殊性からして合理的なものとして是認されるのであり、右免許状主義の結果、教育職員としては、その資格を喪失することによりその地位をも当然に失うに至るとの、いわゆる当然失職の解釈をとられることになるとしても、本条1、2項の趣旨にもとることにはならない、とする。

**論点 5** 全体の奉仕者であることは、地方公務員の自動失職制の根拠となるか

　凶器準備集合罪等で執行猶予判決を受けたために、禁錮以上の刑に処せられた者は失職する旨規定する地公法16条2号、28条4項により、確定判決と同時に、自動的に失職した者が、同条の自動失職制は、14条に反するとして、雇用関係の存在の確認を求めた例がある。ここでは、全体の奉仕者であることが、自動失職制の根拠となりうるかが、問題となる。

　第1審の神戸地判昭59・2・1行集35巻2号101頁〔27604151〕は、公務員の地位の特殊性及び職務内容の公共性に照らすならば、禁錮以上の刑に処せられたということは、その職に対する信用を毀損し、さらには、地方公務員全体及び公務そのものに対する住民の信頼を損ない、明らかに住民全体の利益を害するおそれを生じさせたのであるから、自動失職制が、合理的根拠を欠き、地方公務員を一般私企業の労働者に比して不当に差別するものであると断ずることはできない、とする。

　第2審大阪高判昭62・7・8行集38巻6=7号532頁〔27801464〕は、1審の判断を支持し、①本条2項及び地公法30条は、公務員が全体の奉仕者として公共の利益のために勤務しなければならないと定めていること、②殊に原告のような非現業一般職地方公務員の勤務関係の法的性質は、その根幹をなす任用、分限、懲戒、服務等に鑑みると一般に公法上の特別権力関係として公法関係に属するものと解せられるのであって、かかる身分を有する地方公務員は、私企業労働者が使用者に対して負う労働関係上の義務の範囲を超えて、公務の適正な執行をなし、国民（住民）全体に対して不利益をもたらすような行為をしてはならないから、職員（一般職地方公務員）は、地公法33条が規定するように、その職の信用を傷つけ、又は職員全体の不名誉となるような行為をしてはならない義務を負うものといわなければならない、として、全体の奉仕者であることを、自動失職制の根拠として明示している。

　上告審である最三小判平成元・1・17判タ693号54頁〔27804073〕も、自動失職制には禁錮以上の刑に処せられた者を公務から排除して、公務に対する住民の信頼を確保する目的があり、地方公務員は全体の奉仕者として公共の利益のた

めに勤務しなければならず、その職の信用を傷つけたり、地方公務員の職全体の不名誉となったりするような行為をしてはならない義務があること、及び我が国の刑事訴追制度や刑事裁判制度の実情とに照らせば、地公法16条2号、28条4項の目的には合理性があり、地方公務員を私企業の労働者に比較して不当に差別したものということは、できないとした。このように、全体の奉仕者であることが、地方公務員の自動失職制の根拠となりうることを肯定している。

**論点 6** 労働組合員である町会議員が議会において組合の政治局の決定に反する行動をとったことを理由とする組合の制裁が、全体の奉仕者であることのゆえに許されないこととなるか

労働組合員である町会議員が、当該組合の政治局の決定に反し、炭鉱会社に対する鉱産税の賦課税率の軽減に係る条例案に賛成したところ、組合の決議に違反する等を理由として除名処分を受けたことから、同町会議員は、政治局が組合員の町議会における行動を指図し制約しようとする決議をしたとしても、全体の奉仕者である町議会議員を拘束することはできない、として、除名処分の無効確認を請求した例がある。

札幌地岩見沢支判昭和32・6・25労働民例集8巻3号265頁〔27670132〕は、本条2項の「全体の奉仕者」は、一般公務員に対し、常に国民全体の利益を念頭に置いて行動すべきであるという心構えを示したにとどまり、町議会議員のごとき政治的職員たる公務員が、その所属する政党、階級、団体などの政策や主張を通じて全体に奉仕しようとするのであるから、それらの政策や主張に従って行動することをも禁ずる趣旨ではないと解する、とする。自由を生命とする議会活動においても、組合の決議等による自己拘束を受けることは許されうるものと解しうるところ、本件においては、政治局の確認事項として「政治局の決定は全員一致して同一行動をもつて議会に反映せしめる」旨の確認事項があるから、政治局は、その局員である原告の町議員活動を制約し拘束する決定をなしうるものといわねばならない、とする。また、組合の政治局規定に「政治局員は政治局の決定を把握し全員結束して議会その他に反映する」とあり、かつ、原告ら政治局員は、組合に対し「組合規約に基く政治局の一員として行動す

る」旨確約しているから、原告のような組合員たる政治局員が、政治局決定に違反したときは、組合から政治局決定違反を理由に制裁を科せられても、やむを得ないところといわねばならない、とする。

このように本判決は、全体の奉仕者であることから、組合所属議員がその政治局の決定に反する行動をとることを保障するものではない、としているが、結論としては、当該町会議員を除名しなければ組合の団結を維持することができないものとは到底認め難いとして、除名処分は、社会通念による限界を逸脱しており、除名権の濫用に基づくもので無効であるといわなければならない、とする。

**論点 7　訴訟遅延を目的とする裁判官忌避申立ての却下を定めた旧刑訴法29条は、全体の奉仕者であることに反するか**

最大決昭和23・12・24刑集2巻14号1925頁〔27760090〕では、旧刑訴法29条が、裁判官が公務員として全体の奉仕者であるべき性格を無視し、訴訟遅延の目的をもってなされたとの理由を仮装して、正当な忌避の申立てを却下することを可能にする権限を付与したものであるから、本条2項に反すると主張された。

同決定は、旧刑訴法29条は訴訟を遅延させる目的が明白な忌避の申立てを却下すべきことを規定し、この場合においては、忌避せられた裁判官も、その裁判に関与し得ることを明らかに定めているところ、権利の濫用というべき忌避の申立ての却下の場合、忌避せられた裁判官を裁判に関与させたとしても、裁判の公正を疑う余地に乏しい、とする。したがって、裁判官忌避の申立てが訴訟遅延の目的のみでなされたことが明白でない場合には、忌避の申立てを却下し得ないのであるから、裁判所が理由を仮装して却下の裁判をすることは、ほとんどなし得ないのであって、仮に、かかる違法な裁判が観念上あり得るとしても、それはかかる違法をあえてする当該裁判所の責に帰すべきところであり、しかもそれに対しては不服申立てによる是正手段（旧刑訴法31条）も存するのであるから、旧刑訴法29条を本条2項の精神ないし前文の精神に違反するとはいえない、とする。

> **論点 8** 　全体の奉仕者であることは、地方議会が議員の議会外の非行を理由に除名処分を科すことの根拠となるか

　自治法134条1項は、普通地方公共団体の議会は、この法律並びに会議規則及び委員会に関する条例に違反した議員に対し、議決により懲罰を科することができる、と規定するところ、町会議員が、学校用地の買収に絡んで金員を不法に領得する等の行為を理由として除名されたという事案において、同議員の行為は、同条に違反する行為ではないとして、除名処分の無効確認を求めた例がある。

　京都地判昭和23・11・15行裁月報12号127頁〔27660030〕は、自治法は憲法附属の法典でその規定は憲法に基礎を置き、特に憲法の第8章及び第3章の条項は地方自治に密接な規定で自治法の根本精神として導入され、自治法の規定はこれら憲法の条項を当然のものとしてその上に冠して成立するから、自治法に明記されていないからといって、憲法の地方自治に関連する密接な規定を自治法の規定でないとしたり、あるいは自治法はかような憲法の規定を無視しそれを包含するものではないと解することは許されない、とする。また、本条2項の規定から、地方議会の議員は公務員たることから当然負担する責務即ち当該地方住民に対し住民全体の奉仕者として良心に従い、誠実に職務を行うべく自己はもとより一部特定の者の利益を図るべからざる義務を負い、このような義務の遵守が単に議場内においてのみ要求せらるべきものでないことは自明である、とする。そして、議会による懲罰の理由を規定した自治法134条1項の「この法律」には、本条2項の規定から当然生ずる議員に対する右法規範を当然に、包含するから、本件の不正行為は議員としての義務に背いた非行であり、自治法134条1項に該当する、とした。

> **論点 9** 　公務員の政治活動を制約する理由はいかなるものか

1　全体の奉仕者（初期の判例）

　最大判昭和33・3・12刑集12巻3号501頁〔27760605〕は、参議院議員選挙の立候補者を当選させるために、現金を供与するなどして政治的行為をした公務員を有罪とした際に、国公法102条が一般職に属する公務員の政治活動を制限す

る理由を、①公務員は全体の奉仕者であること、②行政の運営は政治に関わりなく、法規の下において民主的かつ能率的に行われるべきものであること、③そのため、その遂行に当たっては厳に政治的に中正の立場を堅持し、いやしくも一部の階級若しくは一派の政党又は政治団体に偏することを許されないことを挙げる。このように、初期の判例は、公務員の政治活動の自由の制約理由を、「全体の奉仕者」であることに求めていた。

2　職務の性質論（猿払事件1審）

現業国家公務員の政治活動の自由の制約が問題となった、いわゆる猿払事件では、第1審の旭川地判昭和43・3・25刑集28巻9号676頁（猿払事件1審）〔27670453〕は、「政治活動を行なう国民の権利の民主主義社会における重要性を考えれば国家公務員の政治活動の制約の程度は、必要最小限度のものでなければならない」としている。そして、非管理者である現業公務員でその職務内容が機械的労務の提供にとどまるものが勤務時間外に国の施設を利用することなく、かつ職務を利用し、若しくはその公正を害する意図なしで人事院規則14-7、6項13号の行為を行う場合、その弊害は著しく小さいものと考えられるのであり、懲戒処分ができる旨の規定に加え、刑事罰を加えることができる旨を法定することは、行為に対する制裁としては相当性を欠き、合理的にして必要最小限の域を超えているものとして、適用違憲の判決を下した。同判決は、公務員の政治活動を制約する理由を、職務の性質に求めている。第2審札幌高判昭和44・6・24刑集28巻9号688頁〔27670511〕もこれを支持した。

3　公務員の政治的中立性

(1)　猿払事件上告審

これに対して最大判昭和49・11・6刑集28巻9号393頁（猿払事件上告審）〔27670762〕は、刑罰を科して公務員の政治活動の制限を行う理由は、公務員の政治的中立性の維持にあるとして、次に示す論理によって合憲とした。まず、「公務員の政治的中立性を損うおそれのある公務員の政治的行為を禁止することは、それが合理的で必要やむをえない限度にとどまるものである限り、憲法の許容するところであるといわなければならない」と判示し、続いて、国公法102条1項及び規則による公務員に対する政治的行為の禁止が右の合理的で必

要やむを得ない限度にとどまるものか否かを判断するに当たっては、①禁止の目的、②この目的と禁止される政治的行為との関連性、③政治的行為を禁止することにより得られる利益と禁止することにより失われる利益との均衡の3点から検討することが必要である、という審査基準を示した。

同判決は、①については、政治活動を放任することは党派的偏向とそれに対する政治的介入を招き、政策遂行に支障を来すような、行政内部の深刻な政治的対立という弊害を発生させることから、「公務員の政治的中立性を損うおそれのある政治的行為を禁止することは、まさしく憲法の要請に応え、公務員を含む国民全体の共同利益を擁護するための措置にほかならないのであつて、その目的は正当なものというべきである」とする。

②については、このような弊害の発生を防止するため、公務員の政治的中立性を損なうおそれがあると認められる政治的行為を禁止することは、禁止目的との間に合理的な関連性があるものと認められる、とする。そして、「たとえその禁止が、公務員の職種・職務権限、勤務時間の内外、国の施設の利用の有無等を区別することなく、あるいは行政の中立的運営を直接、具体的に損う行為のみに限定されていないとしても、右の合理的な関連性が失われるものではない」として1審・2審判決で採用された制約理由としての「職務の性質論」を否定した。

③については、「公務員の政治的中立性を損うおそれのある行動類型に属する政治的行為を、これに内包される意見表明そのものの制約をねらいとしてではなく、その行動のもたらす弊害の防止をねらいとして禁止するときは、同時にそれにより意見表明の自由が制約されることにはなるが、それは、単に行動の禁止に伴う限度での間接的、付随的な制約に過ぎず、かつ、国公法102条1項及び規則の定める行動類型以外の行為により意見を表明する自由までをも制約するものではなく、他面、禁止により得られる利益は、公務員の政治的中立性を維持し、行政の中立的運営とこれに対する国民の信頼を確保するという国民全体の共同利益なのであるから、得られる利益は、失われる利益に比してさらに重要なものというべきであり、その禁止は利益の均衡を失するものではない」とする。

(2) 堀越事件控訴審

その後、社会保険庁に勤務する一般職国家公務員が、特定の政党を支持する目的で、政党の機関紙や政党を支持する政治的目的のある無署名の文書を配布した行為について、国公法102条1項並びに人事院規則14-7（政治的行為）6項7号及び13号に反するとして、刑事責任を問われた、いわゆる堀越事件において、第1審の東京地判平成18・6・29平成16年（特わ）973号公刊物未登載〔28175117〕は、本件罰則規定は21条1項、31条等に違反せず合憲であるとし、本件配布行為は本件罰則規定の構成要件に当たるとして、被告人を有罪と認めた。第2審の東京高判平成22・3・29判タ1340号105頁（堀越事件控訴審）〔28175116〕は、前掲昭和49年最大判（猿払事件上告審）に従って、次のように、国公法102条1項並びに人事院規則14-7第5項3号及び6項7号、13号を合憲と判断しながら、適用違憲という結論を示す。

「本件で問題となる本（引用者注：人事院）規則5項3号の政治的目的に基づく6項13号及び7号所定の各政治的行為についてみると、それらの行為は、特定の政党の機関紙等の刊行物やその政党を支持する政治的目的を有する文書や図画等を発行、編集又は配布するなどの行為であって、その態様によっては、政治的偏向の強い行為類型に属するといえるから、一般的な政治的行為の中でも、国民からみて、そのような行為をする公務員の政治的中立性に対する疑念を抱かせる可能性のあるものであることは否定できない」とし、過度に広範な制限であるとする面もないではないが、そのような問題が現実化する具体的事案において、適切に対処することは可能であるから、結論として、国公法102条1項並びに人事院規則14-7第5項3号及び6項7号、13号には、合理的関連性が認められ、公務員の表現の自由に合理的で必要やむを得ない限度を超える制約を加えるものではない、とする。

しかしながら、同判決は、被告人の本件各所為に関する具体的状況のほか、被告人の勤務先における言動や勤務態度に照らすと、被告人が単独で、かつ、勤務先や職務と全く無関係に行った本件配布行為の結果として、前掲昭和49年最大判（猿払事件上告審）が危惧するような事態を招き、ひいて本件罰則規定の保護法益である行政の中立的運営及びそれに対する国民の信頼を侵害する抽象

的危険性があることは想定し難く、このような行為まで処罰の対象とすることは、先の合理的関連性の基準に照らしても、やむを得ない限度にとどまるものとはいえない、として、結論として、本件被告人の行為を処罰の対象とするものといわざるを得ないから、21条1項及び31条に違反する、とする。

4 「政治的中立性を損なうおそれ」の実質的な検討

(1) 世田谷事件上告審

厚生労働省の課長補佐が政党の機関誌を配布したところ、国公法110条1項19号（平成19年法律108号改正前）、102条1項、人事院規則14-7（政治的行為）6項7号に当たるとして起訴され、被告は、本件罰則規定は21条1項、本条等に違反し、本件配布行為に本件罰則規定を適用することは21条1項等に違反する、と主張した例がある。第1審東京地判平成20・9・19平成17年（特わ）5633号公刊物未登載〔28175811〕、第2審の東京高判平成22・5・13判タ1351号123頁〔28175810〕は、ともに有罪とした。

上告審である最二小判平成24・12・7裁判所時報1569号9頁〔28182622〕は、国公法102条1項にいう「政治的行為」とは、「公務員の職務の遂行の政治的中立性を損なうおそれが、観念的なものにとどまらず、現実的に起こり得るものとして実質的に認められるものを指し、同項はそのような行為の類型の具体的な定めを人事院規則に委任したものと解するのが相当である」とする。そして、国公法102条1項の法の委任の趣旨及び人事院規則の性格に照らすと、人事院規則14-7第6項7号については、「同号が定める行為類型に文言上該当する行為であって、公務員の職務の遂行の政治的中立性を損なうおそれが実質的に認められるものを同号の禁止の対象となる政治的行為と規定したものと解するのが相当である」とする。

そして、同判決は、公務員の職務の遂行の政治的中立性を損なうおそれが実質的に認められるかどうかは、当該公務員の地位、その職務の内容や権限等、当該公務員がした行為の性質、態様、目的、内容等の諸般の事情を総合して判断するのが相当であり、具体的には、当該公務員につき、①指揮命令や指導監督等を通じて他の職員の職務の遂行に一定の影響を及ぼし得る地位（管理職的地位）の有無、②職務の内容や権限における裁量の有無、当該行為につき、③

勤務時間の内外、④国ないし職場の施設の利用の有無、⑤公務員の地位の利用の有無、⑥公務員により組織される団体の活動としての性格の有無、⑦公務員による行為と直接認識され得る態様の有無、⑧行政の中立的運営と直接相反する目的や内容の有無等が考慮の対象となるものと解される、とする。

同判決は、本件罰則規定が21条1項等に違反するかを検討するに当たっては、本件罰則規定による政治的行為に対する規制が必要かつ合理的なものとして是認されるかどうかによることになり、これは本件罰則規定の目的のために規制が必要とされる程度と、規制される自由の内容及び性質、具体的な規制の態様及び程度等を較量して決せられるべきものであるとする。そして、①本件罰則規定が公務員の職務遂行の政治的中立性を損なうおそれが実質的に認められる政治行為を禁止することは、合理的であり正当なものであり、②本件罰則規定により禁止されるのは、民主主義社会において重要な意義を有する表現の自由としての政治活動の自由ではあるものの、③禁止の対象とされるものは、公務員の職務の遂行の政治的中立性を損なうおそれが実質的に認められる政治的行為に限られるから、当該制限は必要やむを得ない限度にとどまり、前記の目的を達成するために必要かつ合理的な範囲のものというべきであり、21条1項等に違反するものではない、とする。

次に、同判決は、本件配布行為は、被告人が他の多数の職員の職務の遂行に影響を及ぼすことのできる地位にあり、勤務時間外に公務員としての地位を利用することなく行われた等の事情を考慮しても、政党を積極的に支援する行動を行うことは、公務員の職務の遂行の政治的中立性が損なわれるおそれが実質的に生ずるものということができ、本件配布行為は本件罰則規定の構成要件に該当するというべきである、とする。

(2) 堀越事件上告審

堀越事件の上告審である最二小判平成24・12・7裁判所時報1569号2頁〔28182621〕は、世田谷事件と同様に、本件罰則規定を合憲としたうえで、被告人は管理職的地位にはなく、その職務の内容や権限も、裁量の余地のないものであり、本件配布行為は、勤務時間外である休日に、国ないし職場の施設を利用せずに、公務員としての地位を利用することなく行われたものであるうえ、

公務員により組織される団体の活動としての性格もなく、公務員であることを明らかにすることなく、無言で郵便受けに文書を配布したにとどまるものであって、公務員による行為と認識し得る態様でもなかったものである、とする。これらの事情によれば、本件配布行為は、管理職的地位になく、その職務の内容や権限に裁量の余地のない公務員によって、職務と全く無関係に、公務員により組織される団体の活動としての性格もなく行われたものであり、公務員による行為と認識し得る態様で行われたものでもないから、公務員の職務の遂行の政治的中立性を損なうおそれが実質的に認められるものとはいえない、として、本件配布行為は本件罰則規定の構成要件に該当しないというべきである、とする。このように、同判決は、第2審の前掲平成22年東京高判（堀越事件控訴審）の適用違憲の判断を否定する。

## 論点 ⑩ 公務員の労働基本権を制約する理由はいかなるものか

本論点では、公務員の労働基本権に係る判例の主要な動向について取り上げる（詳細については28条参照）。

1　全体の奉仕者（初期の判例）

初期の判例である最大判昭和28・4・8刑集7巻4号775頁〔27660329〕において、公共の福祉と公務員が全体の奉仕者であることを労働基本権の制約理由として挙げて、政令201号（昭和23年7月22日附内閣総理大臣宛聯合国最高司令官書簡に基く臨時措置に関する政令）が公務員の争議を禁止しても、28条に違反しないとした。

2　職務の性質による制約（東京全逓中郵事件上告審）

その後、現業公務員の労働基本権の制約が問題となった、最大判昭和41・10・26刑集20巻8号901頁（全逓東京中郵事件上告審）〔27670400〕は、①労働基本権は、私企業の労働者だけではなく、公共企業体の職員、国家公務員や地方公務員も、28条にいう勤労者にほかならない以上、原則的には、その保障を受けるべきであること、②公務員が全体の奉仕者であることを根拠として、労働基本権をすべて否定するようなことは許されないこと、③公務員又はこれに準ずる者については、その担当する職務の内容に応じて、私企業における労働者と異

なる制約を内包しているにとどまると解すべきであることを示した。

このように、全体の奉仕者から制約を導くのではなく、職務の性質から制約を導いたうえで、公務員の労働基本権は、「国民生活全体の利益の保障」という見地からの制約を当然の内在的制約として内包しているものと解釈すべきであるとしながら、具体的にどのような制約が合憲とされるかについては、4つの条件を示す。この職務の性質による制約という考え方は、非現業地方公務員の労働基本権の制約に係る最大判昭和44・4・2刑集23巻5号305頁（都教組事件上告審）〔27670504〕、非現業国家公務員の労働基本権の制約に係る最大判昭和44・4・2刑集23巻5号685頁（全司法仙台事件上告審）〔27670505〕においても示され、論点9の公務員の政治活動に係る旭川地判昭和43・3・25刑集28巻9号676頁（猿払事件1審）〔27670453〕にも表れている。

3 公務員の地位の特殊性・職務の公共性

しかしながら、最高裁判所は、最大判昭和48・4・25刑集27巻4号547頁（全農林警職法事件上告審）〔27670688〕で、本条の示すとおり公務員の使用者は国民全体であり、公務員の労務提供義務は国民全体に対して負うものであるから、そのことだけを理由にして一切の労働基本権を制約することは許されないが、「公務員の地位の特殊性」と「職務の公共性」を根拠として公務員の労働基本権に対し必要やむを得ない限度の制限を加えることは、十分合理的な理由がある、とする。そして、「公務員は、公共の利益のために勤務するものであり、公務の円滑な運営のためには、その担当する職務内容の別なく、それぞれの職場においてその職責を果すことが必要不可欠であつて、公務員が争議行為に及ぶことは、その地位の特殊性および職務の公共性と相容れないばかりでなく、多かれ少なかれ公務の停廃をもたらし、その停廃は勤労者を含めた国民全体の共同利益に重大な影響を及ぼすか、またはその虞れがあるからである」とする。これは、前掲昭和41年最大判（全逓東京中郵事件上告審）の職務の性質による制約、という考え方を否定するものであり、保護すべき利益も、「国民生活全体の利益」から「勤労者を含めた国民全体の共同利益」へと変更された。

そして、公務員の地位の特殊性は、①公務員の勤務条件が国会によって決定されること、②争議行為に対して政府がロックアウトで対抗できないことに加

えて、争議行為が市場の圧力で抑制されないこと、③法律によりその主要な勤務条件が定められ、身分が保障されているほか、適切な代償措置が講じられていることにある、と説明される。

なお、本件は、非現業国家公務員の労働基本権の制約が問題となっているが、非現業地方公務員については、最大判昭和51・5・21刑集30巻5号1178頁（岩教組学テ事件上告審）〔27670811〕で、現業公務員については、最大判昭和52・5・4刑集31巻3号182頁（全逓名古屋中郵事件上告審）〔27670838〕で、前掲昭和48年最大判（全農林警職法事件上告審）の考え方が継承された。

現業公務員については、労働協約を締結することが可能であるから、上記①の理由付けが問題になる。この点について、前掲昭和52年最大判（全逓名古屋中郵事件上告審）は、五現業の職員及び三公社の職員も、勤務条件の決定に関するその憲法上の地位の点では右の非現業の国家公務員のそれと基本的に同一であり、三公社は、公法人として、その法人格こそ国とは別であるが、その資産はすべて国のものであって、83条に定める財政民主主義の原則上、その資産の処分、運用が国会の議決に基づいて行われなければならないことはいうまでもなく、その資金の支出を国会の議決を経た予算の定めるところにより行うことなどが法律によって義務づけられた場合には、当然これに服すべきものである、とする。そして、三公社の職員の勤務条件は、直接、間接の差はあっても、国の資産の処分、運用と密接に関わるものであるから、これを国会の意思とは無関係に労使間の団体交渉によって共同決定することは、憲法上許されないところといわなければならない、とした。

## III 選挙

###### 論　点 ######

1　投票価値の平等に係る立法裁量とはどのようなものか
2　衆議院の中選挙区制度における投票の価値において不平等とされる具体的な数値は何か
3　合理的期間とはいかなるものか
4　区画審設置法3条1項は投票価値の平等を侵害するか。また、本条項に反する選挙区割りは投票価値の平等を侵害するか
5　一人別枠方式における投票価値の平等に係る立法裁量はどのようなものか
6　参議院の投票価値の不平等はどのような基準で判断されるのか
7　参議院の投票価値の不平等に対する「実質的により厳格な評価」とは何か
8　地方議会の投票価値の平等はどのような基準で判断されるべきか
9　地方議会選挙における特例選挙区設置の合憲性はどのような基準で判断されるか。また、特例選挙区における投票価値の平等はどのような基準で判断されるか
10　同一氏名の候補者の投票を有効として按分する公選法68条の2は、選挙人の意思に反し選挙権を侵害するか
11　議員定数配分規定の違憲性が解消されないことを理由として、選挙の差止めを求めることができるか
12　議員定数配分規定が違憲の状態のまま選挙を実施したことによって、不平等な選挙権の行使を余儀なくされたとして、国家賠償を請求することはできるか
13　投票価値の不平等を理由として、自己の選挙区以外の選挙区の選挙結果について、異議を申し立てる権利が保障されるか

【関連法令】
行訴法、区画審設置法、公選法、裁判所法

### 論点 ❶　投票価値の平等に係る立法裁量とはどのようなものか

選挙権は1人1票の行使が保障されるだけではなく、1票が当選に与える影響、すなわち投票価値の平等も保障されなければならない（14条Ⅳ論点1参照）。

本論点では、国会に対して、裁判所が投票価値の平等に係る裁量権をどの程度与えているかを取り上げる。

1　初期の判例

　参議院の投票の価値の不平等が問題となった最大判昭和39・2・5民集18巻2号270頁〔27001940〕は、「議員数を選挙人の人口数に比例して、各選挙区に配分することは、法の下に平等の憲法の原則からいつて望ましいところであるが、議員数を選挙区に配分する要素の主要なものは、選挙人の人口比率であることは否定できないところであるとしても、他の幾多の要素を加えることを禁ずるものではない」と判示している。そして、「選挙人の選挙権の享有に極端な不平等を生じさせるような場合は格別、各選挙区に如何なる割合で議員数を配分するかは、立法府である国会の権限に属する立法政策の問題であつて、議員数の配分が選挙人の人口に比例していないという一事だけで、憲法14条1項に反し無効であると断ずることはできない」とする。

2　昭和51年大法廷判決

　しかしながら、衆議院議員の定数不均衡に係る最大判昭和51・4・14民集30巻3号223頁〔27000326〕は、前掲昭和39年最大判から一歩踏み出して、立法裁量論を採用しつつ、立法裁量の限界を超えて違憲となる場合を示す。

　(1)　選挙制度における投票価値の平等の意味

　同判決は、まず一般論として、単に選挙人資格における差別の禁止（形式的平等）だけにとどまらず、選挙権の内容、すなわち各選挙人の投票の実質的価値の平等もまた、憲法の要求するところであると解するのが相当である、とする。そうすると、実質的な価値の平等の保障が問題となる以上、「右の投票価値の平等は、各投票が選挙の結果に及ぼす影響力が数字的に完全に同一であることまでも要求するものと考えることはできな」くなる。その理由として、「投票価値は、選挙制度の仕組みと密接に関連し、その仕組みのいかんにより、結果的に右のような投票の影響力に何程かの差異を生ずることがあるのを免れない」ことを挙げる。代表民主制の下における選挙制度には、「論理的に要請される一定不変の形態が存在するわけのものではな」く、43条2項、47条により、両議院の議員の各選挙制度の仕組みの具体的決定を原則として国会の裁量

に委ねていて、投票価値の平等も、原則として、国会が正当に考慮することのできる他の政策的目的ないしは理由との関連において調和的に実現されるべきものと解されなければならない。ただし、投票価値の平等は、「国会がその裁量によって決定した具体的な選挙制度において現実に投票価値に不平等の結果が生じている場合には、それは、国会が正当に考慮することのできる重要な政策的目的ないしは理由に基づく結果として合理的に是認することができるものでなければならないと解される」とする。

(2) 中選挙区における考慮要素

同判決は、中選挙区制度を採用することも国会の裁量権の範囲に属するとしつつ、通常、各選挙区の選挙人数と議員定数との比率が必ずしも正確に一致せず、その間に多かれ少なかれいくらかの差異を生ずるところ、この差異が看過することのできない程度に達した場合には、選挙権の価値における不当な差別になる場合がある、とする。そして、その状態が立法裁量を逸脱しているかを判断する際の考慮要素を次のように挙げる。

まず、各選挙区の選挙人数又は人口数と配分議員定数との比率の平等（①）が「最も重要かつ基本的な基準とされるべきことは当然である」とし、それ以外の考慮要素は、選挙区割りの基礎をなすものとしての都道府県（②）、都道府県をさらに細分化する要素として、従来の選挙の実績（③）や、選挙区としてのまとまり具合（④）、市町村その他の行政区画（⑤）、面積の大小（⑥）、人口密度（⑦）、住民構成（⑧）、交通事情（⑨）、地理的状況等諸般の要素（⑩）を考慮し、配分されるべき議員数（⑪）との関連を勘案しつつ、具体的な決定がされるものと考えられるのである。さらに、政策的考慮要素として、社会の急激な変化（⑫）や、その1つの表れとしての人口の都市集中化の現象（⑬）などが生じた場合の評価、政治における安定の要請（⑭）を挙げる。まとめると、①が最も重要かつ基本的要素、②〜⑪は技術的要素、⑫〜⑭は政策的要素になる。

(3) 違憲審査基準

同判決は、衆議院議員の選挙における選挙区割りと議員定数の配分の決定には、きわめて多種多様で、複雑微妙な政策的及び技術的考慮要素が含まれてお

り、それらの諸要素のそれぞれをどの程度考慮し、これを具体的決定にどこまで反映させることができるかについては、もとより厳密に一定された客観的基準が存在するわけのものではないから、結局は、国会の具体的に決定したところがその裁量権の合理的な行使として是認されるかどうかによって決するほかはない、とする。

そして、違憲審査基準としては、「具体的に決定された選挙区割と議員定数の配分の下における選挙人の投票価値の不平等が、国会において通常考慮しうる諸般の要素をしんしゃくしてもなお、一般的に合理性を有するものとはとうてい考えられない程度に達しているときは、もはや国会の合理的裁量の限界を超えているものと推定される」べきものであるとし、このような不平等を正当化すべき特段の理由が示されない限り、憲法違反と判断されるとする。

同判決は、約5対1の投票価値の不平等は、諸般の事情、特に政策的要素を考慮しても、一般的な合理性を有するものとは到底考えられない程度に達しており、これを正当化する特段の理由を見いだすことができない、とする。

(4) 合理的期間論

同判決は、一般論として、漸次的な事情の変化により合憲から違憲となった場合において、当該法律が憲法に違反するに至った時点についての慎重な考慮を求めたうえで、「選挙区における人口数と議員定数との比率も絶えず変動するのに対し、選挙区割と議員定数の配分を頻繁に変更することは、必ずしも実際的ではなく、また、相当でもない」ことから、「人口の変動の状態をも考慮して合理的期間内における是正が憲法上要求されていると考えられるのにそれが行われない場合に始めて憲法違反と断ぜられるべき」であるとする。

同判決は、この見地に立って、①かなり以前から選挙権の平等の要求に反すると推定される程度に達していたと認められること、②昭和39年の公選法改正後選挙の時まで8年余にわたってこの点についての改正が何ら施されていないことから、前記規定は、憲法の要求するところに合致しない状態になっていたにもかかわらず、憲法上要求される合理的期間内における是正がされなかったものと、認定した（その後展開については論点4参照）。

(5) 事情判決の法理

同判決は、事情判決の法理（81条参照）を採用し、「本件においては、前記の法理にしたがい、本件選挙は憲法に違反する議員定数配分規定に基づいて行われた点において違法である旨を判示するにとどめ、選挙自体はこれを無効としないこととするのが、相当であり、そしてまた、このような場合においては、選挙を無効とする旨の判決を求める請求を棄却するとともに、当該選挙が違法である旨を主文で宣言するのが、相当である」とした。

**論点 2**　衆議院の中選挙区制度における投票の価値において不平等とされる具体的な数値は何か

論点1の2(3)のとおり、最大判昭和51・4・14民集30巻3号223頁〔27000326〕は、約5対1の投票価値の不平等は、違憲の状態であると判示するところ、その後の具体的な不平等の程度については、判例は、次のように、おおむね最大較差3倍を超えたものと示している。

1　昭和58年大法廷判決（昭和55年公選法改正の下で行われた選挙）

最大判昭和58・11・7民集37巻9号1243頁〔27000032〕は、まず、昭和50年の公選法改正後の議員定数配分規定の下においては、直近の昭和45年10月実施の国勢調査に基づく選挙区間における議員1人当たりの人口の較差が最大1対4.83から1対2.92に縮小することとなり、前掲昭和51年最大判によって違憲と判断された右改正前の議員定数配分規定の下における投票価値の不平等状態は、右改正によって一応解消されたものと評価することができる、としている。次に、昭和50年改正後行われた昭和55年の総選挙は、人口の較差最大1対2.92が本件選挙当時に議員1人当たりの選挙人数の較差最大1対3.94にまで拡大したのであるが、それがいかなる時点において憲法の選挙権の平等の要求に反する程度に達したのかは、事柄の性質上、判然と確定することはできないけれども、右較差の程度、推移からみて、昭和55年選挙を基準としてある程度以前において右状態に達していたものと推認せざるを得ない、とする。本判決の時点では、少なくとも、3倍以内であれば、投票価値の平等が侵害されたとは、みなすことはできない、としていることが理解できる。ただし、合理的期間による是正がなされなかったとはいえない、とした。

2　昭和60年大法廷判決（昭和55年公選法改正の下で行われた選挙）

　最大判昭和60・7・17民集39巻5号1100頁〔27100015〕は、昭和58年の衆議院選挙では、選挙区間における議員1人当たりの選挙人数の較差は最大1対4.40に拡大するに至ったことは、国会において通常考慮し得る諸般の要素を斟酌してもなお、一般に合理性を有するものとは考えられない程度に達していたものというべきであり、また、公選法制定後に行われた議員定数配分規定のいずれかの改正の際に、選挙制度の仕組みに変更を加え、その結果、投票価値の不平等が合理性を有するものと考えられるような改正が行われたものとみることができないことは、昭和58年大法廷判決の説示するとおりであって、他に、前記投票価値の不平等を正当化すべき特別の理由を見いだすことはできない。したがって、本件選挙当時において選挙区間に存した投票価値の不平等状態は、憲法の選挙権の平等の要求に反する程度に至っていたものというべきである、とする。そして、事情判決の法理を採用して、選挙は無効とはいえないとした。

3　昭和63年判決（昭和61年公選法改正の下で行われた選挙）

　最二小判昭和63・10・21民集42巻8号644頁〔27100079〕は、昭和61年公選法改正法によって、較差が最大1対2.99となったことは、「昭和58年大法廷判決及び昭和60年大法廷判決が、昭和50年法律第63号による公職選挙法の改正の結果、昭和45年10月実施の国勢調査による人口に基づく選挙区間における議員1人当たりの人口の較差が最大1対2.92に縮小することとなつたこと等を理由として、前記昭和51年大法廷判決により違憲と判断された右改正前の議員定数配分規定の下における投票価値の不平等状態は右改正により一応解消されたものと評価できる旨判示する趣旨に徴して、本件議員定数配分規定が憲法に反するものとはいえないことは明らかというべきである」とする。

4　平成5年大法廷判決（昭和61年公選法改正の下で行われた選挙）

　前掲昭和63年最二小判が是認した1対2.99という較差は、平成2年2月施行の選挙当時1対3.18に拡大するに至った。最大判平成5・1・20民集47巻1号67頁〔25000033〕は、この較差を違憲状態であると認定したが、合理的期間に是正されなかったものとはいえない、と判示した。

5　平成7年判決（平成4年公選法改正の下で行われた選挙）

国会は、平成2年施行の選挙当時の較差1対3.18を是正するために、9増10減等を内容とする平成4年改正公選法を成立させるに至ったのであり、この改正の結果、本件議員定数配分規定の下において、平成5年7月実施の選挙当時には最大較差1対2.82を生ずるに至った。最一小判平成7・6・8民集49巻6号1443頁〔27827251〕は、平成4年改正法の成立に至るまでの経緯に照らせば、選挙人数又は人口と配分議員数との比率の平等が最も重要かつ基本的な基準とされる衆議院議員の選挙制度の下で、国会において通常考慮し得る諸般の要素を斟酌してもなお、一般に合理性を有するものとは考えられない程度に達しているとまではいうことができず、そうすると、本件議員定数配分規定は憲法の選挙権の平等の要求に反するものではない、とする。

## 論点 3　合理的期間とはいかなるものか

1　時間的裁量としての合理的期間

投票価値の不平等を是正するためには、人口の動態等の多くの考慮要素を斟酌しなければならない以上、一定の時間が必要となる。合理的期間とは、国会に与えられた、投票価値の不平等を是正するための時間的裁量のことである。最大判昭和51・4・14民集30巻3号223頁〔27000326〕は、投票価値の不平等により、議員定数配分規定を違憲とするために、①投票価値の不平等が違憲状態であることに加えて、②合理的期間における是正が行われないとき、という条件を設定する。

2　昭和58年大法廷判決

最大判昭和58・11・7民集37巻9号1243頁〔27000032〕は、議員1人当たりの選挙人数の較差最大1対3.94が違憲の状態に達していたと認めたが、①選挙権の平等の要求に反する程度に達したとされる場合であっても、国会が速やかに適切な対応をすることは必ずしも期待し難いこと、②人口の異動は絶えず生ずるものであるから、議員定数配分規定を頻繁に改正することは、政治における安定の要請から考えて、実際的でも相当でもないこと、③昭和55年の選挙当時、選挙区間における議員1人当たりの選挙人数の較差の最大値が上記昭和51年大法廷判決の事案におけるそれを下回っていること、などを総合して考察すると、

「本件において、選挙区間における議員1人当たりの選挙人数の較差が憲法の選挙権の平等の要求に反する程度に達した時から本件選挙までの間に、その是正のための改正がされなかつたことにより、憲法上要求される合理的期間内における是正がされなかつたものと断定することは困難であるといわざるをえない」とする。

3　昭和60年大法廷判決

　一方、最大判昭和60・7・17民集39巻5号1100頁〔27100015〕は、①昭和55年6月の衆議院議員選挙当時における前記1対3.94の較差は選挙権の平等の要求に反する程度に至っていたものであり、右選挙時を基準としてある程度以前において右較差の拡大による投票価値の不平等状態が選挙権の平等の要求に反する程度に達していたと認められること、②右選挙当時から本件選挙当時まで右較差が漸次拡大の一途をたどっていたこと、③投票価値の不平等状態が違憲の程度に達したときから本件選挙までの間に右較差の是正が何ら行われることがなかったことは、国会の裁量権の行使として許容される範囲内のものであるかどうかという困難な点に係るものである等のことを考慮しても、合理的期間内の是正が行われなかったものと評価せざるを得ない、とした。

4　平成5年大法廷判決

　最大判平成5・1・20民集47巻1号67頁〔25000033〕は、①昭和61年公選法改正によって違憲状態が改正されたが、平成2年総選挙では、1対3.18の較差となり、憲法の選挙権の平等の要求に反する程度に達していたこと、②本件選挙の施行の日までの期間は、改正規定の施行日である昭和61年選挙の日からは約3年7か月、昭和60年国勢調査からは約3年3か月経過していること、③本件選挙当時の選挙区間における議員1人当たりの選挙人数の較差の最大値が昭和61年選挙当時の較差の最大値と比べて著しくかけ離れたものでないことなどを総合して考察すると、憲法上要求される合理的期間内における是正がされなかったものと断定することは困難であるといわざるを得ない、とする。

5　まとめ（合理的期間の考慮要素）

　以上のとおり、合理的期間の具体的な数字を示していないが、判例は、合理的期間に係る裁量の考慮要素としては、①当該選挙における不平等の状態、②

前回の違憲状態の指摘からの不平等の拡大及びその程度、③前回の違憲状態の指摘から経過した期間、④是正措置から経過した期間、⑤国勢調査による違憲状態確認から経過した期間等を総合的に判断している。一人別枠方式の下での投票価値の平等を違憲状態としながら、合理的期間内に是正がなされなかったとする最大判平成23・3・23民集65巻2号755頁〔28170718〕も、この考慮要素に従っている。

**論点 ④** 区画審設置法3条1項は投票価値の平等を侵害するか。また、本条項に反する選挙区割りは投票価値の平等を侵害するか

平成6年に公選法の改正と区画審設置法（平成24年法律95号改正前）の制定によって、衆議院の中選挙区制は小選挙区比例代表並立制に改められた。区画審設置法は、3条1項で「各選挙区の人口の均衡を図り、各選挙区の人口のうち、その最も多いものを最も少ないもので除して得た数が2以上とならないようにすることを基本とし、行政区画、地勢、交通等の事情を総合的に考慮して合理的に行わなければならない」とし、同条2項で「改定案の作成に当たっては、各都道府県の区域内の小選挙区選挙の選挙区の数は、一に、（中略）衆議院小選挙区選出議員の定数に相当する数から都道府県の数を控除した数を人口に比例して各都道府県に配当した数を加えた数とする」としている。すなわち、同法3条1項は、人口の最大較差を2倍未満にし、同条2項は、一人別枠方式を採用して、この2つの基準によって、選挙区割りを行うのであるが、①この同法3条1項が、投票価値の平等に反する規定であり、また、②人口較差2倍を超える選挙区があることは同条1項に反し投票価値の平等に反する、という主張がなされた例がある。なお、一人別枠方式については、論点5参照。

東京高判平成10・10・9民集53巻8号1523頁〔28042165〕は、主張①（2倍未満が違憲である）について、区画審設置法（平成24年法律95号改正前）3条1項が求める「1対2未満」という較差は、人口比例主義を唯一・絶対の原則とする制度の下においても、各選挙区間において完全な「1対1比率」を維持することには種々の制約があって通常は不可能であることに鑑みれば、1人1票という

原則を実質的に維持するという意味において、投票価値の不平等に対する許容限度として現実的かつ明確な基準である、とする。まして、国会が、その両議院の議員の選挙制度の仕組みを決定するには、人口比例主義のほかに他の重要な政策目的ないし理由をも斟酌することができるとする立場をとるならば、区画審設置法3条1項の「1対2未満」という思想は、優に憲法の選挙権の平等の要求に応えるものということができる、として主張①を消極に解する。

同判決は、主張②（2倍未満に反してはならない）については、「1対2未満」という思想は、あくまで制度の「基本」であって、具体的には行政区画、人口密度、地勢、交通事情などの諸事情を総合的に考慮して定めるものとされており、いわゆる区割り法案が国会で可決された平成6年の時点において判明していた国勢調査の結果は平成2年に実施されたものであり、これを基準とすると、本件選挙では、人口が最少の選挙区との人口の格差が2倍を超える選挙区の数は28であり、全選挙区300の10分の1弱に当たるものであり、かかる範囲においては、「1対2未満を基本」とする区画審設置法3条1項の趣旨に反しないというべきである、とする。そして、同条2項の一人別枠方式も、2倍を超える人口格差をもたらす要因となっているところ、以上のような諸般の事情を総合して考えると、新制度が小選挙区選挙の選挙区間における人口の最大較差が「1対2未満」であることを基本に据えた点においては十分な合理性を有するものと評価すべきであり、全体として、憲法の選挙権の平等の要求に違反する程度には至っていないものというべきである、として、主張②についても、消極に解する。

上告審である最大判平成11・11・10民集53巻8号1441頁〔28042663〕は、区画審設置法の2つの基準のうち、同法3条1項の基準は、行政区画、地勢、交通等の事情を考慮しつつも、人口比例原則を重視して区割りを行い選挙区間の人口較差を2倍未満とすることを基本とするよう定めるものであるが、同条2項の基準は、区割りに先立ち、まず各都道府県に議員の定数一を配分したうえで、残る定数を人口に比例して各都道府県に配分することを定めるものであり、このように、後者の基準は、都道府県間においては人口比例原則に例外を設けて一定程度の定数配分上の不均衡が必然的に生ずることを予定しているから、前

者の基準は、結局、その枠の中で全国的にできるだけ人口較差が２倍未満に収まるように区割りを行うべきことを定めるものと解される、とする。このように、同判決は、一人別枠方式を前提としてできる限り２倍未満にすべきであるとしていることから、当然に、主張①（２倍未満が違憲である）については、消極と解している。

　また、同判決は、「選挙区割りを決定するに当たっては、議員１人当たりの選挙人数又は人口ができる限り平等に保たれることが、最も重要かつ基本的な基準であるが、国会はそれ以外の諸般の要素をも考慮することができるのであって、都道府県は選挙区割りをするに際して無視することができない基礎的な要素の一つであり、人口密度や地理的状況等のほか、人口の都市集中化及びこれに伴う人口流出地域の過疎化の現象等にどのような配慮をし、選挙区割りや議員定数の配分にこれらをどのように反映させるかという点も、国会において考慮することができる要素というべきである」として、これらの要素を総合的に考慮して区画審設置法３条１、２項のとおり区割りの基準を定めたことが投票価値の平等との関係において国会の裁量の範囲を逸脱するということはできない、とする。

　そして、一人別枠方式を採用することが、43条の全国民の代表に反することもなく（43条論点２参照）、本件区割り規定が、区画審設置法３条１、２項に従って定められた以上、較差１対2.309になったとしても、「このように抜本的改正の当初から同条１項が基本とすべきものとしている２倍未満の人口較差を超えることとなる区割りが行われたことの当否については議論があり得るところであるが、右区割りが直ちに同項の基準に違反するとはいえないし、同条の定める基準自体に憲法に違反するところがないことは前記のとおりであることにかんがみれば、以上の較差が示す選挙区間における投票価値の不平等は、一般に合理性を有するとは考えられない程度に達しているとまではいうことができず、本件区割規定が憲法14条１項、15条１項、43条１項等に違反するとは認められない」として、主張②（２倍未満に反してはならない）についても、消極と判断する。

> **論点 ⑤** 一人別枠方式における投票価値の平等に係る立法裁量はどのようなものか

1　一人別枠方式の合憲性

　平成6年から衆議院の中選挙区制は、小選挙区比例代表並立制に改められた。この小選挙区比例代表並立制における投票価値の不平等が争われた、最大判平成11・11・10民集53巻8号1441頁〔28042663〕は、投票価値の平等に係る先例（最大判昭和51・4・14民集30巻3号223頁〔27000326〕等）の立法裁量論を踏襲し、区画審設置法（平成24年法律95号改正前）3条2項が、一人別枠方式で、人口の多寡にかかわらず各都道府県にあらかじめ少ない県に居住する国民の意見をも十分に国政に反映させることができるようにすることを目的とし、同条1項で、選挙区間の人口較差が2倍未満にして、投票価値の平等にも十分な配慮をしていると認められる、とする。そして、選挙区割りを決定するに当たっては、議員1人当たりの選挙人数又は人口ができる限り平等に保たれることが、「最も重要かつ基本的な基準である」が、同法3条が定める区割りの基準は、都道府県を、選挙区割りに際して無視することができない基礎的な要素の1つとして考慮し、人口密度や地理的状況等のほか、人口の都市集中化及びこれに伴う人口流出地域の過疎化の現象等を総合的に考慮して区割りをするものであって、投票価値の平等との関係において国会の裁量の範囲を逸脱するということはできない、とする。また、同法3条の基準に従って定められた本件区割りの結果、較差1対2.309であるとしても、投票価値が不平等であるとはいえないとする。

　最大判平成19・6・13民集61巻4号1617頁〔28131449〕もこれを踏襲して、一人別枠方式は合憲であるとし、平成17年施行の衆議院選挙当日における選挙区間の選挙人数の最大較差の1対2.171は、選挙区間の投票価値の不平等が、一般に合理性を有するものとは考えられない程度に達し、憲法の投票価値の平等の要求に反する程度に至っていたということもできない、とする。

2　一人別枠方式の違憲性

　しかし、最大判平成23・3・23民集65巻2号755頁〔28170718〕は、一人別枠方式を違憲・無効とした。まず、区画審設置法3条1項は、投票価値の平等に配慮した合理的な基準を定めているとしたが、同条2項については、「この選挙

制度によって選出される議員は、いずれの地域の選挙区から選出されたかを問わず、全国民を代表して国政に関与することが要請されているのであり、相対的に人口の少ない地域に対する配慮はそのような活動の中で全国的な視野から法律の制定等に当たって考慮されるべき事柄であって、地域性に係る問題のために、殊更にある地域（都道府県）の選挙人と他の地域（都道府県）の選挙人との間に投票価値の不平等を生じさせるだけの合理性があるとはいい難い」とし、一人別枠方式の合理性を否定し、それが「選挙区間の投票価値の較差を生じさせる主要な要因となっていたことは明らかである」とした。

続いて、一人別枠方式の立法目的を、「人口の少ない県における定数が急激かつ大幅に削減されることになるため、国政における安定性、連続性の確保を図る必要があると考えられたこと」と認め、激変緩和措置（長谷部恭男「1人別枠方式の非合理性—平成23年3月23日大法廷判決について」ジュリストNo.1428（2011年）52頁）である、とした。この措置には、「おのずからその合理性に時間的な限界があるものというべきであり、新しい選挙制度が定着し、安定した運用がされるようになった段階においては、その合理性は失われるものというほかはない」とした。この点、時間的合理性という点からみると、前掲平成19年最大判が、上記1のとおり、一人別枠方式を維持し続けることにある程度の合理性があったということができるので、これを憲法の投票価値の平等の要求に反するに至っているとはいえないとしたことは、首肯できる、とする。

一方、同判決は、平成21年選挙時においては、①一人別枠方式導入後最初の総選挙が平成8年に実施されてからすでに10年以上を経過していること、②その間に、区画審設置法所定の手続に従い、同12年の国勢調査の結果を踏まえて同14年の選挙区の改定が行われ、さらに同17年の国勢調査の結果を踏まえて見直しの検討がされたが選挙区の改定を行わないこと等の事情に鑑みると、本件選挙制度は定着し、安定した運用がされるようになっていたと評価することができ、もはや一人別枠方式の時間的合理性は失われていた、とする。加えて、本件選挙区割りの下で生じていた選挙区間の投票価値の較差は、最大で1対2.304倍に達し、較差2倍以上の選挙区の数も増加してきており、一人別枠方式がこのような選挙区間の投票価値の較差を生じさせる主要な要因となっていた

のであって、その不合理性が投票価値の較差としても現れてきていたものということができる、とする。「そうすると、本件区割基準のうち一人別枠方式に係る部分は、遅くとも本件選挙時においては、その立法時の合理性が失われたにもかかわらず、投票価値の平等と相容れない作用を及ぼすものとして、それ自体、憲法の投票価値の平等の要求に反する状態に至っていたものといわなければならない。そして、本件選挙区割りについては、本件選挙時において上記の状態にあった一人別枠方式を含む本件区割基準に基づいて定められたものである以上、これもまた、本件選挙時において、憲法の投票価値の平等の要求に反する状態に至っていたものというべきである」とする。

そして、同判決は、平成21年の選挙までの間に本件区割り基準中の一人別枠方式の廃止及びこれを前提とする本件区割り規定の是正がされなかったことをもって、憲法上要求される合理的期間内に是正がされなかったものということはできない、とする。また、「事柄の性質上必要とされる是正のための合理的期間内に、できるだけ速やかに本件区割基準中の一人別枠方式を廃止し、区画審設置法3条1項の趣旨に沿って本件区割規定を改正するなど、投票価値の平等の要請にかなう立法的措置を講ずる必要があるところである」とする。

## 論点 6 　参議院の投票価値の不平等はどのような基準で判断されるのか

### 1　参議院における投票価値の平等

昭和52年施行の参議院選挙における、選挙区選出議員に係る投票価値は、参議院議員選挙法制定時の1対2.62が1対5.26まで拡大された。最大判昭和58・4・27民集37巻3号345頁〔27000047〕は、衆議院の投票価値の平等に係る最大判昭和51・4・14民集30巻3号223頁〔27000326〕における立法裁量論（論点2参照）を踏襲し、参議院議員については、衆議院議員とは異なる選出方法をとることで、その代表の実質的内容ないし機能に独特の要素を持たせ、全国区は、事実上ある程度職能代表的な色彩が反映されることを図り、また、選挙区については、事実上都道府県代表的な意義ないし機能を有する要素を加味したからといって、これによって選出された議員が全国民の代表であるという性格と矛盾

抵触することにはならないとした。そして、これらの選挙制度の仕組みは、国民各自、各層の利害や意見を公正かつ効果的に国会に代表させるための方法として合理性を欠くものとはいえず、国会の有する裁量的権限の合理的な行使の範囲を逸脱するものではない、とした。

その結果として、選挙区間における選挙人の投票の価値の平等が損なわれることとなったとしても、これをもって直ちに右の議員定数の配分の定めが14条1項等の規定に違反して選挙権の平等を侵害したものとすることはできない、とする。そして、参議院議員選挙法制定当初の選挙制度の仕組みの下では、投票価値の平等の要求は、人口比例主義を基本とする選挙制度の場合と比較して一定の譲歩、後退を免れないと解せざるを得ないのであって、参議院議員定数配分規定は、その制定当初の人口状態の下においては、憲法に適合したものであった、とする。

2　違憲審査基準

同判決は、人口の急激な移動に対応して、適切な選挙制度の内容を決定することは国会の裁量に委ねられているところであり、投票の価値の不平等を違憲とするための基準としては、①投票価値の平等の有すべき重要性に照らして到底看過することができないと認められる程度の投票価値の著しい不平等状態があり、かつ、②当該不平等状態が相当期間継続し、これを是正する何らの措置も講じないことが国会の裁量的権限に係るものであることを考慮してもその許される限界を超えていたとき、初めて議員定数の配分の定めが憲法に違反する、とした。

同判決は、参議院地方選出議員については、選挙区割りや議員定数の配分をより長期にわたって固定し、国民の利害や意見を安定的に国会に反映させる機能をそれに持たせることは立法政策として許容され、また、2人を最小限として偶数の定数配分を基本として全体の定数を増減しないまま各選挙区の選挙人数又は人口に比例した議員定数の再配分を試みても、選挙区間における議員1人当たりの選挙人数の較差の是正を図るにもおのずから限度があるとして、昭和52年施行の参議院選挙の最大1対5.26の較差及び逆転現象が一部の選挙区においてみられたとしても、上記基準①を満たすものではないとした。また、最

二小判昭和63・10・21民集42巻8号644頁〔27100079〕は、1対5.85を合憲であると判断した。

3　平成8年大法廷判決以降の動向

しかし、最大判平成8・9・11民集50巻8号2283頁〔28011240〕は、平成4年施行の参議院選挙の較差1対6.59の不平等が問われた際に、上記の基準の①を満たす、違憲の問題が生じる程度の著しい違憲状態にあるとした。そして、参議院（選挙区選出）議員については、議員定数の配分をより長期にわたって固定し、国民の利害や意見を安定的に国会に反映させる機能をそれに持たせることとすることも立法政策として合理性を有すること、定数配分には政策的又は技術的な考慮要素を背景とした議論を経ることが必要となること、1対5.85の較差がいまだ違憲の問題が生ずる程度の著しい不平等状態が生じていたとするには足りないとした前掲昭和63年最二小判が示されていること、その前後を通じ、本件選挙当時まで当裁判所が参議院議員の定数配分規定につき投票価値の不平等が違憲状態にあるとの判断を示したことはなかったこと等の事情を総合して考察すると、本件において、選挙区間における議員1人当たりの選挙人数の較差が到底看過することができないと認められる程度に達した時から本件選挙までの間に国会が本件定数配分規定を是正する措置を講じなかったことをもって、その立法裁量権の限界を超えるものと断定することは困難である、として上記審査基準②に該当することを否定した。

これ以降、最大判平成10・9・2民集52巻6号1373頁〔28032541〕は、較差1対4.97を、最大判平成12・9・6民集54巻7号1997頁〔28051944〕は、較差1対4.98を、それぞれ合憲と判断した。

**論点 7　参議院の投票価値の不平等に対する「実質的により厳格な評価」とは何か**

1　投票価値の不平等に対する実質的により厳格な評価の開始

最大判平成16・1・14民集58巻1号56頁〔28090328〕以降の判例は、最大較差1対5が常態化する中で、最大判昭和58・4・27民集37巻3号345頁〔27000047〕の基本的な判断枠組み（論点6参照）を維持しながら、投票価値の不平等につい

て「実質的により厳格な評価」をするようになる。同判決では、平成13年施行の参議院選挙の最大較差1対5.06が、立法当初の状態からはあまりにもかけ離れた較差を生じている旨の指摘がなされている。続く、最大判平成18・10・4民集60巻8号2696頁〔28112116〕は、最大1対5.13の較差を憲法に違反するに至っていないとしながらも、「投票価値の平等の重要性を考慮すると、選挙区間における選挙人の投票価値の不平等の是正については、国会において不断の努力をすることが望まれる」と述べた。

2　実質的により厳格な評価の提示（平成21年大法廷判決）

平成18年に4増4減案が成立し、平成19年施行の参議院選挙では、1対4.86の最大較差となった。最大判平成21・9・30民集63巻7号1520頁〔28153141〕は、この較差が違憲であるとの主張に対して、投票価値の不平等を違憲と判断するための判断基準として、①著しい較差の存在、②較差是正のための不断の努力がなされたこと、③選挙制度の仕組みの見直しのための相応の時間の経過、の3点を示している。

本判決は、①を認定した後に、②については、第1に、平成18年の公選法改正（4増4減）によって、最大較差は、1対4.84に縮小することとなったこと、第2に、平成19年施行選挙は、平成18年改正の約1年2か月後に初めて行われた選挙で、較差は1対4.86であったところ、この較差は、本件改正前の参議院議員定数配分規定の下で施行された前回選挙当時の最大較差1対5.13に比べて縮小したものとなっていたこと、第3に、本件選挙の後には、参議院改革協議会が設置され、同協議会の下に選挙制度に係る専門委員会が設置されるなど、定数較差の問題について今後も検討が行われることとされていることを認める。③については、現行の選挙制度の仕組みを大きく変更するには、相応の時間を要することは否定できないところであって、本件選挙までにそのような見直しを行うことはきわめて困難であったといわざるを得ないことを指摘する。結論として、本件選挙における投票価値の不平等は、国会の裁量権の限界を超えたものということはできず、本件選挙当時において、本件定数配分規定が憲法に違反するに至っていたものとすることはできない、とする。

3　実質的により厳格な評価の深化（平成24年大法廷判決）

上記平成18年公選法改正の下で行われた2回目の選挙である、平成22年参議院選挙では、最大較差が1対5.00になり、その投票価値の不平等が主張された最大判平成24・10・17裁判所時報1566号1頁〔28182188〕では前掲平成21年最大判の基準をさらに詳しく展開する。

　①（著しい較差の存在）については、前掲平成21年最大判よりもさらに踏み込んで、従来の参議院の投票価値に係る立法裁量論の基本的判断枠組みを維持しつつも、本件の投票価値の不均衡は、投票価値の平等の重要性に照らしてもはや看過し得ない程度に達しており、これを正当化すべき特別の理由も見いだせない以上、違憲の問題が生ずる程度の著しい不平等状態に至っていたというほかはない、とする。その理由は、第1に、衆参いずれも、選挙区選挙と比例代表選挙との組合せという類似した選出方法がとられ、その結果として同質的な選挙制度となってきていること、議員の長い任期を背景に国政の運営における参議院の役割は増大していること、衆議院については選挙区間の人口較差が2倍未満となることを基本とする旨の区割りの基準が定められていることから、「参議院議員の選挙であること自体から、直ちに投票価値の平等の要請が後退してよいと解すべき理由は見いだし難い」。第2に、都道府県を参議院議員の選挙区の単位としなければならないという憲法上の要請はなく、それを見直す必要がある。第3に、議員定数配分を衆議院より長期にわたって固定することが数十年間にもわたり投票価値の大きな較差が継続することを正当化する理由としては十分なものとはいえなくなっている。第4に、参議院議員の選挙制度の仕組みの下では、選挙区間の較差の是正には一定の限度がある点も、短期的な改善の努力の限界を説明する根拠としては成り立ち得るとしても、数十年間の長期にわたり大きな較差が継続することが許容される根拠になるとは言い難い。

　②（不断の努力がなされたこと）については、平成21年大法廷判決においてこうした参議院議員の選挙制度の構造的問題及びその仕組み自体の見直しの必要性を指摘したのは本件選挙の約9か月前のことであり、参議院において、同判決の趣旨を踏まえ、参議院改革協議会の下に設置された専門委員会における協議がされるなど、選挙制度の仕組み自体の見直しを含む制度改革に向けての検

討が行われていたこと(なお、本件選挙後に国会に提出された法律案は、単に4選挙区で定数を4増4減するものにとどまるが、その附則には選挙制度の抜本的な見直しについて引き続き検討を行う旨の規定が置かれている)を指摘して、一定の評価をしている。

③(見直しのための相応の時間の経過)については、選挙制度の仕組み自体の見直しには、参議院のあり方をも踏まえた高度に政治的な判断が求められるなど、事柄の性質上課題も多いためその検討に相応の時間を要することは認めざるを得ない、とする。

同判決は、①を前提として、②③を総合的に考慮すると、本件選挙までの間に本件定数配分規定を改正しなかったことが国会の裁量権の限界を超えるものとはいえず、本件定数配分規定が憲法に違反するに至っていたということはできない、とする。

### 論点 8 　地方議会の投票価値の平等はどのような基準で判断されるべきか

昭和56年施行の東京都議会選挙では、全選挙区間で最大7.45倍、特別区間で最大5.15倍の較差が生じ、投票価値の平等に反するという主張がなされ、これに対して、最一小判昭和59・5・17民集38巻7号721頁〔27000016〕は、衆議院議員の投票価値の平等に係る最大判昭和51・4・14民集30巻3号223頁〔27000326〕の趣旨は、地方公共団体の議会の議員の選挙にも及ぶとして、「当該地方公共団体の住民が選挙権行使の資格において平等に取り扱われるべきであるにとどまらず、その選挙権の内容、すなわち投票価値においても平等に取り扱われるべきであることは、憲法の要求するところであると解すべきであ」るとする。また、公選法15条7項(当時)は、憲法の右要請を受け、地方公共団体の議会の議員の定数配分につき、人口比例を最も重要かつ基本的な基準とし、各選挙人の投票価値が平等であるべきことを強く要求していることが明らかであるとして、同法に違反する2つの基準を前掲昭和51年最大判に従って、次のように示す。

①投票価値の不平等が、地方公共団体の議会において地域間の均衡を図るた

め通常考慮し得る諸般の要素を斟酌してもなお一般的に合理性を有するものとは考えられない程度に達しているときは、もはや地方公共団体の議会の合理的裁量の限界を超えているものと推定され、これを正当化すべき特別の理由が示されない限り、公選法15条7項違反と判断される、とする。②公選法15条7項に違反する不平等に至ったとしても、そのことによって直ちに当該定数配分規定の同項違反までもたらすものと解すべきではなく、人口の変動の状態をも考慮して合理的期間内における是正が同項の規定上要求されているにもかかわらずそれが行われないときに、初めて当該定数配分規定が同項の規定に違反するものと断定すべきである、とする。本判決は、基準①と②をともに満たすと判断した。

同判決に従った例として、①昭和60年施行の東京都議会議員選挙が、選挙区間の議員1人当たりの人口の較差が最大1対3.40に達し、人口の多い選挙区の定数が人口の少ない選挙区の定数より少ないといういわゆる逆転現象も数多くの選挙区間でみられた、として、公選法15条7項の選挙権の平等の要求に反する程度に至ったとする最三小判昭和62・2・17裁判集民150号199頁〔27802305〕、同じく、②平成元年施行の東京都議会議員選挙で全選挙区間で最大1対3.09に達し、人口の多い選挙区の定数が人口の少ない選挙区の定数より少ないといういわゆる逆転現象が依然として全選挙区間において52通りも存在し、定数2人の差のある顕著な逆転現象も6通りあったとして、同法15条7項に違反するとした、最三小判平成3・4・23民集45巻4号554頁〔27808495〕がある（特例選挙区については、論点9及び93条論点10参照）。

**論点 9** 地方議会選挙における特例選挙区設置の合憲性はどのような基準で判断されるか。また、特例選挙区における投票価値の平等はどのような基準で判断されるか

公選法は、郡市を選挙区とする旨の規定（公選法15条1項）があることから、人口の少ない郡市は隣接する郡市と合区することによって、1つの選挙区をつくることになる（公選法15条2、3項）。また、議員定数配分条例で各選挙区の議員定数を定めるに際しては、人口比例原則によるべきとする（公選法15条8項）。

しかし、公選法15条8項は、特別の事情があるときは、おおむね人口を基準とし、地域間の均衡を考慮することを認め、同法271条2項は、「昭和41年1月1日現在において設けられている都道府県の議会の議員の選挙区については、当該区域の人口が当該都道府県の人口を当該都道府県の議会の議員の定数をもつて除して得た数の半数に達しなくなつた場合においても、当分の間、第15条第2項の規定にかかわらず、条例で当該区域をもつて一選挙区を設けることができる」と規定して、人口比例原則の例外として条例で特例選挙区を設けることを認めている（特例選挙区については93条論点10参照）。

昭和62年に行われた千葉県議会議員選挙は、特例選挙区を含む最大格差は、1対3.98であり、それを除いた場合は1対2.81であり、投票価値の不平等であると主張された例がある。

最一小判平成元・12・18民集43巻12号2139頁〔27805327〕は、①特例選挙区の適法性、②投票価値の較差の適法性という2段階の判断を行う。

1　特例選挙区の適法性

特例選挙区の趣旨を、農村部から都市部への人口の急激な変動が現れ始めた状況に対応したものであり、都道府県議会議員の選挙区制は、歴史的に形成され存在してきた地域的まとまりを尊重した地域的代表の意味があるとし、具体的にいかなる場合に特例選挙区の設置が認められるかについては、客観的な基準が定められているわけではなく、公選法271条2項の制定の趣旨に照らして、当該都道府県の行政施策の遂行上当該地域からの代表確保の必要性の有無・程度、隣接の郡市との合区の困難性の有無・程度等を総合判断して決することにならざるを得ない、とする。また、特例選挙区設置の合理性の有無は、この点に関する都道府県議会の判断がその裁量権の合理的な行使として是認されるかどうかによって決するほかはなく、都道府県議会において、特例選挙区設置の必要性を判断し、かつ、地域間の均衡を図るための諸般の要素を考慮したうえでその設置を決定したときは、それは原則的には裁量権の合理的な行使として是認され、その設置には合理性があるものと解すべきであるとする。

同判決は、具体的には、特例選挙区の区域の人口が議員1人当たりの人口の半数を著しく下回る場合、換言すれば、配当基数（すなわち、各選挙区の人口を

議員1人当たりの人口で除して得た数）が0.5よりも著しく下回る場合には、特例選挙区の設置を認めない趣旨であるとする。本件では、配当基数が最大0.35であることをもって、千葉県議会が、本件条例において、3選挙区を特例選挙区として存置したことは適法であるとする。

2 投票価値の較差の適法性

次に、同判決は、都道府県議会の議員の選挙に関し、当該都道府県の住民が、その選挙権の内容、すなわち投票価値においても平等に取り扱われるべきものであることは憲法の要求するところであると解すべきであり、公選法15条7項は、憲法の右要請を受け、都道府県議会の議員の定数配分につき、人口比例を最も重要かつ基本的な基準とし、各選挙人の投票価値が平等であるべきことを強く要求しているものと解される、とする。もっとも、公選法は、人口比例の原則に修正を認め、特別の事情があるときは、おおむね人口を基準とし、地域間の均衡を考慮して定めることができるとしているところ（同法15条7項ただし書）、右ただし書の規定を適用して、いかなる事情の存するときに右の修正を加えるべきか、また、どの程度の修正を加えるべきかについて客観的基準が存するものでもないので、議員定数の配分を定めた条例の規定が公選法15条7項の規定に適合するかどうかについては、都道府県議会の具体的に定めるところがその裁量権の合理的な行使として是認されるかどうかによって決するほかはない、とする。

したがって、定数配分規定の制定又はその改正により具体的に決定された定数配分の下における選挙人の投票の有する価値に不平等が存し、あるいはその後の人口の変動により右不平等が生じ、それが都道府県の議会において地域間の均衡を図るため通常考慮しうる諸般の要素を斟酌してもなお、一般的に合理性を有するものとは考えられない程度に達しているときは、右のような不平等は、もはや都道府県の議会の合理的裁量の限界を超えているものと推定され、これを正当化すべき特別の理由が示されない限り、公選法15条7項違反と判断されざるを得ないものというべきである、とする。

同判決は、本件選挙に係る投票価値の最大較差は、右のとおり特例選挙区を含めた場合には1対3.98、特例選挙区を除いた場合には1対2.81になっており、

いずれも較差が縮小されているということになる。本件選挙当時において右のような議員1人当たりの人口の較差が示す投票価値の不平等は、千葉県議会において地域間の均衡を図るため通常考慮しうる諸般の要素を斟酌してもなお、一般的に合理性を有するものとは考えられない程度に達していたものとはいえず、同議会に与えられた裁量権の合理的な行使として是認することができ、したがって、本件条例に係る定数配分規定は公選法15条7項に違反するものではなく、適法というべきである、とする。

この2段階の審査の手法においては、次の一連の判決例にみるように、第1段階の特例選挙区の適法性の審査において違法と判断されたものは存在しないし、第2段階においても違法であるとの判断は下されていない。

① 最一小判平成元・12・21民集43巻12号2297頁〔27805394〕は、昭和62年施行兵庫県議会選挙において、配当基数0.42、特例選挙区を含めた場合には1対4.52、特例選挙区を除いた場合には1対3.81を適法とする。

② 最一小判平成元・12・21裁判集民158号695頁〔27805752〕は、昭和62年施行岡山県議会選挙について、配当基数0.474、特例選挙区を含めた場合には1対3.445、特例選挙区を除いた場合には1対2.834を適法とする。

③ 最二小判平成5・10・22民集47巻8号5147頁〔27816626〕は、平成3年愛知県議会選挙について、配当基数0.3116、右人口比定数による特例選挙区を除くその他の選挙区間における議員1人に対する人口の最大較差は1対2.84となり、特例選挙区とその他の選挙区間の議員1人に対する人口の最大較差は1対5.02を適法とする。

④ 最二小判平成5・10・22裁判所時報1109号9頁〔27816625〕は、平成3年施行千葉県議会選挙において、配当基数0.36、特例選挙区を除いた場合には1対2.45、特例選挙区を含めた場合には1対3.48となり適法であるとする。

⑤ 最二小判平成7・3・24判夕875号63頁（第1次千代田区特例選挙区事件上告審）〔27827161〕は、平成5年施行東京都議会選挙において、配当基数0.426、特例選挙区を除いたその他の選挙区間における議員1人に対する人口の最大較差は1対2.04、特例選挙区とその他の選挙区間における最大較差1対3.52を適法であるとする。

⑥ 最二小判平成11・1・22裁判集民191号219頁（第2次千代田区特例選挙区事件上告審）〔28040191〕は、平成9年施行東京都議会選挙において、配当基数0.375、特例選挙区を除いたその他の選挙区間における議員1人当たりの人口の最大較差1対2.15、特例選挙区とその他の選挙区間における右最大較差1対3.95を適法であるとする。

⑦ 最二小判平成12・4・21裁判所時報1266号2頁〔28050783〕は、平成11年4月施行千葉県議会選挙において、配当基数0.374、特例選挙区を除いたその他の選挙区間における最大較差1対2.758、特例選挙区とその他の選挙区間における最大較差1対3.73を適法であるとする。

なお、判例は、投票価値の平等については、特例選挙区がある場合とない場合を区別し、特例選挙区がない場合の最三小判平成3・4・23民集45巻4号554頁〔27808495〕は、最大較差3.09倍で違憲状態と判断したが、前掲平成5年最二小判（上記③判決）は、特例選挙区を含めた最大較差が5.02倍であっても、それを除いた最大較差が2.89倍の場合は、違憲状態であることを否定している。

### 論点 ⑩ 同一氏名の候補者の投票を有効として按分する公選法68条の2は、選挙人の意思に反し選挙権を侵害するか

市議会議員選挙に際しては、開票された投票中に「A」と氏だけを記載した投票が33票あり、候補者中には「A」を氏とする者が2人あったので、右投票はいずれの候補者に投票されたのか不明のところ、開票区では公選法68条の2により右投票を有効としA両名のその他の有効投票数に按分して加算した。これに対して、投票者の意思は、いずれかの特定した候補者に向けて投票したものであるから、これを候補者の有効投票数に比例配分することは選挙人の意思を無視するものであり、公選法68条の2は、11条、本条に違反し無効であると主張された例がある。この本条違反の主張における選挙権は、選挙人の意思を正確に反映する権利という意味である。

第1審の東京高判昭和35・3・11民集14巻14号3053頁〔27602160〕は、「同一の氏名、氏又は名の候補者が2人以上ある場合において、その氏名、氏又は名のみを記載した投票は、その候補者のいずれかに投票する意思が明かなものと解

するのがむしろ相当といえるのであつて、これを候補者の何人を記載したかを確認し難いものとするのは必ずしも相当といい得ないから、このような投票を有効とし、開票区ごとに当該候補者のその他の有効投票数に応じて按分しこれに加えることは、むしろ選挙人の意思を尊重しその投票を有効とすることに努める所以であるといわなければならない」とし、公選法68条の2の規定は右のような趣旨で定められたものであるから憲法の規定に違反する無効なものということはできない、とする。

　上告審である最大判昭和35・12・14民集14巻14号3037頁〔27002366〕は、公選法68条の2規定について、「所論憲法の規定（引用者注：11、15条）は、公務員を選挙する権利を国民固有の基本的人権として保障したものであるが、本件のごとく、同一の氏名、氏又は名の公職の候補者が2人以上ある場合において、その氏名、氏又は名のみを記載した投票を公職の候補者の何人を記載したものか確認し難いものとして無効とすることなく、これを有効として当該候補者のその他の有効投票数に応じ按分して加算しても、それは立法政策上の問題であつて所論憲法の規定に違反するものとはいえない」とする。

論点 ⑪ 議員定数配分規定の違憲性が解消されないことを理由として、選挙の差止めを求めることができるか

　昭和58年総選挙及び昭和61年総選挙当時、公選法の衆議院議員定数配分規定は、いずれも選挙区の議員1人当たり人口の最大値と最小値の較差が2対1を超え、かつ、選挙区の人口と定数配分との間にいわゆる逆転現象があったもので、前文1段、14条1項、本条、41条ないし44、47条に違反し、全選挙区にわたって無効であるから、衆議院議員定数配分規定の違憲性が解消されない限り、選挙を施行してはならないことについて拘束力が生じたとして、原告らの人格権と基本的人権としての選挙権の侵害のおそれを防止することを目的とする無名抗告訴訟としての、衆議院議員総選挙の差止めを求めた例がある。

　東京地判昭和62・10・7訟務月報34巻4号684頁〔27800330〕は、「右の訴えは、その実質において、選挙権を有する国民全体に共通する利益にかかわるものであり、原告らの権利又は法律上保護された利益に基づくものとはいえないから

（なお、原告らが挙げている人格権については、ただそれが抽象的に挙げられているだけで、その侵害のおそれの具体的な態様、程度等につき、主張も立証もないから、原告らの権利利益を基礎づけることはできない。）、結局、選挙人たる資格で提起するもので、民衆訴訟に該当するものというべきであり（行訴法5条）、民衆訴訟は、法律に定める場合において、法律に定める者に限り、提起することができるものである（同法42条）。しかるに、右の訴えのように選挙人たる資格で衆議院議員総選挙の差止めを求める訴訟を提起することができる旨定めた法律は存在しない」として、訴えを却下した。

なお、東京都議会の議員定数が公選法15条7項に違反するとして、施行予定の都議会議員選挙につき、都知事を被告として、選挙費用の支払差止めを求めたところ、棄却された例として、東京地判昭和60・6・25行集36巻6号830頁〔27803691〕がある。

**論点 ⑫** 議員定数配分規定が違憲の状態のまま選挙を実施したことによって、不平等な選挙権の行使を余儀なくされたとして、国家賠償を請求することはできるか

国会議員の立法行為又は行政府の立法行為の違法性が問題となった場合が3例あるが、判例はすべて消極に解する。

1　国会議員の故意過失を否定した例

昭和51年の衆議院選挙の際に、公選法の衆議院議員定数配分規定により、東京7区と兵庫5区は1対3を超え、投票価値に著しく不合理な差別を設けていたとし、東京7区の選挙人が、右規定を改正するための法律案を国会に発案すべき法的義務を負う内閣総理大臣及び国会議員及び国が改正を怠ったことにより、投票価値に不平等な選挙権の行使を余儀なくされ、憲法上の平等な選挙権の行使を侵害されて著しい精神的苦痛を被ったとして、損害賠償請求をした例がある。

東京地判昭和53・10・19訟務月報24巻12号2544頁〔27662146〕は、原告は、国の公権力の行使に当たる公務員たる国会議員らがその職務を行うについて故意又は過失により違法に原告らに損害を与えたとして、その国並びに内閣総理大

臣個人及び国会議員個人4名に損害賠償を請求しているものであるところ、そのような場合には国のみが国賠法1条1項に基づいてその賠償の責を負うものであり、当該公務員個人は、被害者に対し、直接に損害賠償責任を負うものではないと解するのが相当であるとする。そして、国の責任が肯定されるときには、その前提として当該公務員の職務義務違反が確定され、これによって公務執行の適正を担保する機能も果たされることが明らかであるから、被告総理大臣及び国会議員らが、内閣の代表者ないし国会議員としてこれを改正するための法律案を発案する義務があったのに故意又は過失によりこれを怠ったかを、検討する。

同判決は、議員定数配分規定によって国民の選挙権の投票価値の不平等が憲法上許容される限度を超えていると判断される場合には、国会は合理的期間内にその是正措置を講ずべき義務を負うものであるところ、右の判断はもとより国会の自律的判断によるべきであり、裁判所の終局的判断を待ってなされるべき事柄でないことはもとよりである。しかしながら、①本件議員定数配分規定が違憲の状態にあるかどうかについては、相当な根拠を持った相反する見解が存しうるところであり、②その判断は必ずしも即座に明快には決し難いところであり、しかも、③本件議員定数配分規定は本件選挙の実施される前年に改正されたものであり、④その後に行われた国勢調査の結果新たな人口較差が明らかとなった時点より本件選挙までには1年に満たない期間しか存しなかったことが推認され、かつ、⑤その間に右規定の再改正を求める請願もなかったことなどを総合して考えると、昭和50年法律63号による公選法の改正当時から本件選挙までの間、被告総理大臣らを含む国会議員の多数が、本件議員定数配分規定が違憲の状態にあるものと判断せず、これを是正するために立法権の行使をしなかったとしても無理からぬところであり、したがって、原告らの選挙権が違憲、違法に侵害されたとしても、これらにつき被告総理大臣らを含む国会議員に故意又は過失があったものとはいえない、とする。

2 内閣及び国会議員の故意・過失を否定した例

昭和54年10月施行の衆議院選挙では、兵庫県5区と千葉県4区との投票価値は1対3.88であり、当該議員定数配分は違憲無効であったとして、千葉県4区

の選挙人が当該議員定数配分の改正を怠ったために、憲法上平等な参政権を侵害されて、精神的苦痛を被ったとして、国に対して国賠法1条1項に基づき、損害賠償を請求した例がある。

東京地判昭和56・11・30訟務月報28巻3号524頁〔27662508〕は、投票価値の不平等が一般的に合理性を有するものとは考えられない程度に達したときには、その議員定数規定は憲法の規定に反することとなるから、内閣及び国会議員としては是正するための法案を提出又は発議すべき法的義務を負うものといわなければならない、とする。

しかしながら、①すべての選挙人の投票価値を全く同一ないしはそれに近い状態とすることは選挙制度のあり方と関連して至難なことであること、②そもそも内閣又は国会議員が法律案を提出又は発議するかどうかはその時期、内容を含めて、その時点のあらゆる諸状況を踏まえたうえ、高度の政治的、政策的判断の下に決定されるべき事柄であること、③議員定数の配分決定に当たっても選挙制度としてどのような制度をとるのかの問題が根本的に存在すること、④現行の中選挙区制を前提とする限り、地域的一体性、行政区画、選挙区の面積、住民構成、交通事情、人口数変動のすう勢等諸般の状況を総合検討しなければならないこと、⑤議員定数配分規定が憲法の規定に反するとした最大判昭和51・4・14民集30巻3号223頁〔27000326〕においても、その較差がどの程度に達すれば憲法の規定に反することになるかの点については明示しておらず、その基準は必ずしも明確ではないこと、⑥本件議員定数配分規定は昭和45年に実施された国勢調査の結果を基にして昭和50年7月に改正されていることの諸点を考慮するならば、本件総選挙当時千葉県4区の選挙人の投票の価値において、他の選挙区の選挙人のそれとの間に前記のような較差があったとしても、内閣又は国会議員においてこれを是正するための法案を提出、発議しなかったからといって、当時の内閣の構成員及び国会議員に故意又は過失があったものとみることはできない、とする。

3 立法行為が違法とされる「例外的な場合」に該当しないとする例

昭和58年総選挙及び昭和61年総選挙当時、公選法の衆議院議員定数配分規定は、いずれも選挙区の議員1人当たり人口の最大値と最小値の較差が2対1を

超え、かつ、選挙区の人口と定数配分との間にいわゆる逆転現象があった。衆議院議員総選挙の施行に当たる内閣、自治大臣等行政部門に属する各機関は、昭和58年総選挙及び昭和61年総選挙を通じ、衆議院議員定数配分規定の違憲無効状態の解消のため努力すべきところ、これを怠り、有機的組織体としての国の権限の行使として、違法な右各総選挙を施行し、原告らに対し不平等な選挙権の行使を余儀なくさせたことによって、精神的苦痛を被ったとして、国家賠償を請求した例がある。

東京地判昭和62・10・7訟務月報34巻4号684頁〔27800330〕は、行政部門の違憲無効状態の解消のための努力とは、公選法の定数配分規定を合憲の規定に改める改正案を国会に提出しない不作為を国賠法上違法であるとしているものということができる、として、当該不作為が違法とされる場合を、以下のように例外的な場合に限定する。

同判決は、①法律の改正の権限は立法府にあり、行政府に認められているのは、それに付随する法律の改正案の提出権であること、②行政府は立法府が制定した法律を誠実に執行しなければならず（73条1号）、裁判所による違憲判断が確定した場合は格別、それが憲法に適合しないとの理由で執行を拒否しうる立場にないこと、③最一小判昭和60・11・21民集39巻7号1512頁（在宅投票制上告審）〔27100020〕が示すとおり、立法行為は、立法の内容が憲法の一義的な文言に違反しているにもかかわらず国会があえて当該立法を行うというごとき、容易に想定し難いような例外的な場合でない限り、国賠法上違法の評価を受けないと解されることなどを考え合わせると、行政府（そこに属する公務員）は、法律の改正案の提出に関し、原則として、国民全体に対する関係で政治責任を負うことはあっても、個別の国民に対応した関係で法的義務を負うものではなく、右の提出行為（提出不作為も含む）は、立法行為について同様の容易に想定し難いような例外的な場合でない限り、国賠法上違法の評価を受けるものではないと解するのが相当である、とする。

同判決は、最大判昭和60・7・17民集39巻5号1100頁〔27100015〕が、昭和58年総選挙の広島県1区における選挙を違法としたとしても、昭和58年総選挙当時、旧公選法の定数配分規定を違憲とする確定した裁判所の判断がなかったこと、

昭和61年総選挙当時、現行公選法の定数配分規定を違憲とする確定した裁判所の判断がなかったことはいずれも当裁判所に顕著であること、及び前述の行政府としては、裁判所による違憲判断が確定した場合は格別、それが憲法に適合しないとの理由で執行を拒否しうる立場にないことに照らすと、本件不作為はいまだ前述の例外的場合に当たるとは解し難い、とする。

なお、地方議会選挙における投票価値の平等に関しては、条例による地方議会の配分規定が、14条あるいは公選法15条7項に違反しているか否かは一義的に明らかでないから、定数配分規定の制定につき、国賠法を適用する余地はないというべきである、とする、東京高判昭和62・5・25東高民時報38巻4=6号32頁〔27805144〕がある。

**論点 13** 投票価値の不平等を理由として、自己の選挙区以外の選挙区の選挙結果について、異議を申し立てる権利が保障されるか

青森県在住の有権者が、同県の有権者は投票価値において差別されていることから、公選法204条により昭和37年施行の山形県、福島県、宮城県の各選挙区における参議院地方選出議員選挙はいずれも無効であることの確認を求めた例がある。また、原告は、他の選挙区の無効を公選法204条によって申し立てることができないのは、32条に違反すると主張した。

1 第1審判決

第1審の仙台高判昭和38・6・17民集18巻2号364頁〔27202688〕は、参議院議員は選挙区のみの代表者たるにとどまらず全国民を代表するものといわなければならないとすると、所属選挙区のいかんを問わず、全選挙人は、右選挙に関し訴訟を提起しうる適格を認めるに足る理由があるということもできる。しかしながら、公選法が右選挙区の制度を設けて各選挙区ごとに個別的に選挙を行わせることとした以上、選挙人が具体的にその選挙権を行使しうるのはその所属選挙区に限られているのであるから、その所属選挙区における選挙の効力を争うために選挙訴訟を提起しうべき権利を認める必要があると同時に、それだけで十分であり、それ以上に自ら参加することができない他の選挙区の選挙の

効力についてまで容喙する権利を認める必要はないといわなければならない、とする。

　また、32条については、「選挙訴訟なるものは特定人の権利又は利益の保護が目的でなく、広く選挙人一般に訴訟提起の資格を認める所謂民衆訴訟であつて、かゝる民衆訴訟は右憲法第32条の要請に基づくものではなく、法律に特別の規定が存する場合に限り認められるのであり（行政事件訴訟法第42条）、従つて選挙訴訟を提起しうる選挙人を全選挙人とするか、これを前記のように当該選挙区に所属する選挙人に限るとするかは、立法政策上もしくは公職選挙法の解釈上の問題であつて、憲法上の問題ではない」として、訴えを却下する。

2　上告審判決

　上告審である最大判昭和39・2・26民集18巻2号353頁〔27001936〕は、公選法204条の規定がいわゆる選挙訴訟の制度を認めたゆえんは、選挙が選挙区ごとに行われるものであることに鑑み、その選挙区の選挙に参加しうる権利を有する者にその結果の違法を主張する途を与え、もって選挙に関する法規の適用の客観的適正を期している法意であると解するのが相当であるからであり、かつ右規定は、47条が両議院の議員の選挙に関し、選挙区その他選挙に関する事項を法律に委ねて、各選挙区を1個の単位として議員を選出せしめることにし、その選挙の実施、管理等の手続は法律をもって規定しうることにしていることに由来するものである、とする。なお、本条が、選挙人が所属選挙区以外の他の選挙区の選挙の結果についてまで異議を主張しうる権利を保障しているものでないことはいうまでもない。とする。

　同判決は、上告人（原告）の提起した本訴の趣旨は、上告人の所属選挙区以外の他の3選挙区の選挙の結果について異議を主張するものであって、上告人自身の具体的権利義務に影響のある場合にその権利義務について争うものではない。そして、かかる具体的権利義務には直接関係のない事項については、特別の規定のない限り（裁判所法3条1項後段参照）、上告人に出訴の権利、言い換えれば裁判を受ける権利を認めなくとも32条に違反しない、として、上告を棄却する。

## IV 投票の秘密

•••••• 論 点 ••••••

1 投票所の設備が公職選挙法施行令32条に違反する場合は、投票の秘密を侵害し、その設備の下で実施された選挙は無効となるか
2 最高裁判所裁判官国民審査法所定の投票方法は、投票の秘密を侵害するか
3 最高裁判所裁判官国民審査法所定の投票方法は、棄権の自由及び棄権に係る投票の秘密を侵害するか
4 選挙犯罪の捜査において投票の秘密を明らかにできるか
5 投票用紙の差押えは投票の秘密を侵害することになるか

**論点 ①** 投票所の設備が公職選挙法施行令32条に違反する場合は、投票の秘密を侵害し、その設備の下で実施された選挙は無効となるか

公職選挙法施行令32条は、「市町村の選挙管理委員会は、投票所において選挙人が投票の記載をする場所について、他人がその選挙人の投票の記載を見ること又は投票用紙の交換その他の不正の手段が用いられることがないようにするために、相当の設備をしなければならない」と規定するところ、投票所の設備が、同条に違反するものであるから、その設備の下で実施された選挙は、無効であると主張された例がある。

高松高判昭和35・6・15民集15巻1号27頁〔27203375〕は、本件投票所の設備が、①投票者が隣席で投票記載中の他の投票者の記載をのぞき見ようとすれば、容易にこれをなし得る状況にあったこと、②代理投票の声が漏れる状況にあったことを認めたが、それらの状況によって、本件選挙の自由公正が害されたとは認められないから、本件各選挙を無効とすべき理由はないものといわなければならない、とする。

上告審の最二小判昭和36・1・20民集15巻1号18頁〔27002356〕は、上記①②の状況によって、本件選挙の自由公正が害されたとは認められない、としたうえで、公職選挙法施行令32条が秘密投票の趣旨に沿うための規定であることは明

白であるが、同条違反が直ちに投票の秘密を害するものではない、とした。すなわち、仮に同条違反は認められるとしても、選挙の自由公正が害されない限りは、投票の秘密が広く損なわれた、と認めることはできない、とする。

**論点 ②** 最高裁判所裁判官国民審査法所定の投票方法は、投票の秘密を侵害するか

　最高裁判所裁判官国民審査法が規定する投票方法が、投票の秘密を侵害する等の理由から、同法36条に基づいて本件国民審査の効力に関し異議の訴えが提起された例がある。

1　消極に解する例

　東京高判昭和29・11・9高裁民集7巻11号943頁〔27600905〕は、最高裁判所裁判官国民審査法15、16条は、罷免を可としない投票については投票用紙の記号記載欄に何らの記載をしないでこれを投票箱に入れるという投票の方式をとっているのであるから、罷免を可としない投票をしようとする審査人は、格別記載台に立ち寄る必要がなく、少なくとも記載台に立ち寄らないでそのまま投票した審査人はたぶん罷免を可としない投票をしたらしいという事実をうかがうことができる、とする。しかし、投票記載台に立ち寄った審査人でも何らの記載をせず、又は他事を記載することができ、また、どの裁判官について×の記号を記載したかはわからないし、一方、記載台に立ち寄らず直接投票箱に行って投票した審査人でもひそかに×の記号を記載し又は他事を記載することが不可能ではないのであるから、同法15、16条の定めたとおりの施設と方法で投票を行ったとしてもそれで投票の秘密が侵されたものとは言い難いとして、同法所定の投票方法による投票の秘密の侵害を消極に解する。

2　積極に解する例

　東京高判昭和32・11・7高裁民集10巻9号500頁〔27601595〕は、まず、投票所の設備を、審査人が投票前投票用紙に×の記載をしたのかしなかったのかを他人からうかがい知り得ないように施すならば、同法所定の方式によったからといって、投票の秘密が侵されるものではないとし、次に、選挙の投票用紙と審査の投票用紙とを同時に交付し、両方の投票の記入台を同一箇所にして、審査

の投票に×の記載をしようと思う審査人は選挙の投票記載と同時に記載し得るようにするとか、その他投票所の設備について工夫を凝らすことによって、投票の秘密を保護することはできるから、同法15条1項所定の投票の方式によれば、常に、投票の秘密が侵されると断ずることはできない、とする。

しかし、同判決は、投票の秘密が侵害される可能性のあることを認めている。投票所の設備において、特に審査の投票のみのために記入台を設け、×を記載しようとする者は記入台を用うるも、×の記入をしないで投票箱へ入れようとする者は、記入台には関係なく、ただ投票箱へ入れることができる状況である場合には、記入台へ立ち寄った審査人は×を記入したもの、記入台へ立ち寄らないものは、×の記入をしないものと推測されることは、免れ得ないところである。また、審査人が記入台のところへ行くには行ったが、考え直して、何も記入しないで投票するということも絶対にないとは断言し得ないけれども、かような場合には、×の記載をしないのに記載をしたと反対の推測をされる、とする。

同判決は、「投票の秘密は、投票者が完全に自由な意思決定にしたがつて、投票をすることのできるために絶対に必要なことであるとして、憲法において、これを侵し得ないものとするほどのものであ」り、「投票所の設備は、投票者が、その設備にしたがつてすなおに行動する場合に投票の内容が他人から、いちおうの推測も受けないようにされなければならない。もしこれと反対に、投票者がすなおに行動した場合に投票の内容について推測を受けることを免れないような設備のもとに投票させるならば、投票の秘密は完全に保護されているとは認めがたい」とする。

同判決の事案では、審査人が、投票に×を記載したかしなかったかを推測し得る状況であったことが認められ、当該国民審査は、憲法及び最高裁判所裁判官国民審査法に違反するところがあるものというべきであるが、本件国民審査の結果に異動を及ぼすおそれがあるとは、到底認められないので、これによって本件国民審査を無効とすることはできない、とした。

## 論点 ❸ 最高裁判所裁判官国民審査法所定の投票方法は、棄権の自由及び棄権に係る投票の秘密を侵害するか

　国民審査における単なる投票の秘密だけではなく、「棄権する」という審査人（投票者）の意思も投票の秘密に含まれ、それが最高裁判所裁判官国民審査法所定の投票方法では、侵害されると主張された例がある。

　最大判昭和27・2・20民集6巻2号122頁〔27003428〕は、最高裁判所裁判官に対する国民審査を解職制度であると解したうえで、解職に×をつける方式が解職の制度趣旨に合致するものであり、「裁判官国民審査の場合は、投票者が直接裁判官を選ぶのではなく、内閣がこれを選定するのであり、国民は只或る裁判官が罷免されなければならないと思う場合にその裁判官に罷免の投票をするだけで、その他については内閣の選定に任かす建前であるから、通常の選挙の場合における所謂良心的棄権という様なことも考慮しないでいいわけである」として、現行の方式で棄権の自由が侵害されたという主張を消極に解する。その趣旨は、最一小判昭和38・9・5裁判所時報385号2頁〔27760743〕でも確認されている。

　東京高判昭和39・10・28行集15巻10号2077頁〔27602865〕では、国民審査に当たってその投票所が最高裁判所裁判官国民審査法13条の定めに従って設備された結果、衆議院議員選挙の投票所と裁判官国民審査の投票所との出入口を1つにし、その入口に棄権を望む者は投票用紙を受け取らなくてよい旨の貼紙をしたこと、投票用紙の持ち帰りを禁じていたことによって、審査人があえて棄権を行おうとすれば、当該行為が何人によってもたやすく認識されることから、棄権の自由と棄権に係る投票の秘密が侵されることになる、と主張された。同判決は、投票の秘密が保障されているのは、「誰に投票したか」の事実についてであって、「誰が棄権したか否か」についてではないとして、原告の主張を斥けた。

　東京高判昭和56・4・14判タ452号146頁〔27761142〕では、現行方式においては、「白票」による棄権が認められていないので、あえて棄権を行うのであれば、①投票用紙を受け取らないか、②受け取った投票用紙を返すか、③受け取った投票用紙を破棄してこれを投げ捨てるか、④受け取った投票用紙を投票

函以外のところに置くか、⑤投票用紙に余事記入を行うか、であって、その他に方法はなく、①ないし④の方法による棄権は、棄権をすることが何人によっても容易に認識され、著しく棄権の自由と、その秘密が侵されている、と主張された。

同判決は、最高裁判所裁判官国民審査法14、15、22、32条によれば、×印を記載することなく投票すれば、罷免を可としない投票として取り扱われるため、白票による棄権の方法が認められないことは所論のとおりであるが、棄権する方法は、原告の主張する⑤の方法によっても可能であり、この場合棄権の有無は何人にも判明しないものであるから、白票による棄権が認められていないからといって、棄権の自由及びその秘密が侵害されたものということはできない、とする。

### 論点 4　選挙犯罪の捜査において投票の秘密を明らかにできるか

#### 1　初期の判例

秘密投票の原則は、選挙犯罪の捜査の場合に制約を受けざるを得ないかどうか、が問題となる。初期の判例は、選挙犯罪捜査において、投票の秘密を原則として保障する姿勢を示す。最三小判昭和23・6・1民集2巻7号125頁〔27003616〕は、選挙権のない者が何人に対して投票したかを証拠調べによって明らかにすることは法律が許さないものであるとした。また、最大判昭和24・4・6刑集3巻4号456頁〔27760111〕は、旧刑法の公職選挙投票賄賂罪の適用に当たっては、何人が何人に投票したかの審理をすることは許されないものと解すべきであるが、当該規定の適用については、賄賂の授受及び投票の事実を明らかにすれば足りるのであって、必ずしも何人が何人に投票したかを明らかにすることを要するものではないから、右の規定は憲法の条規に反するものではないとする。一方、最一小判昭和25・11・9民集4巻11号523頁〔27003507〕は、選挙権のない者又はいわゆる代理投票をした者の投票についても、その投票が何人に対しなされたかは、議員の当選の効力を定める手続において、取り調べてはならないとする。

また、最一小決昭和30・2・17刑集9巻2号310頁〔27760505〕は、投票偽造罪の

取調べに際して、被疑者にあらかじめ供述を拒むことができる旨を告げ、検察官が求めたものではないにもかかわらず、自ら進んで、正規に投票した1票及び不正に投票した1票の被選挙人の氏名を表示し、投票した2票を指示したにすぎないものである場合は、投票の秘密を侵したことにならない、とする。これは、自発性・任意性を重視して、それを認定できる場合は、投票の秘密の保障が後退する場合があることを示した例である。

## 2 投票用紙の差押えと投票の秘密

最二小判平成9・3・28訟務月報44巻5号647頁〔28020806〕では、居住の実態のない転入届を出して行われた詐偽投票（公選法237条2項）の捜査において、投票済みの投票用紙が差し押さえられ、指紋照合されたことは、投票の秘密を侵害する、と主張された。本件で差し押さえられた投票用紙は、詐偽投票の被疑者が投票したとされる市会議員の名前が記載されたものであり、差押え後に、当該被疑者の指紋と照合された。当該市会議員ら（被疑者でも指紋照合の対象でもない）は、本件の選挙人として、投票の秘密が害されたとして、国家賠償を請求した。

この事件では、投票の秘密については、第1に、詐偽登録、詐偽投票等の選挙犯罪の被疑者にも、投票用紙の差押えに係る投票の秘密は保障されるのか、第2に、上記の犯罪捜査の対象となった投票済み投票用紙に係る選挙人の投票の秘密は保障されるのか、が争点となったが、同判決は、第1の論点については触れず、第2の論点については、次のように判示する。①本件差押え等の一連の捜査により当該市会議員らの投票内容が外部に知られたとの事実はうかがえないこと、②本件差押え等の一連の捜査は詐偽投票罪の被疑者らが投票をした事実を裏づけるためにされたものであって、当該市会議員らの投票内容を探索する目的でされたものではないこと、また、③押収した投票用紙の指紋との照合に使用された指紋には当該市会議員らの指紋は含まれておらず、当該市会議員らの投票内容が外部に知られるおそれもなかったのであるから、本件差押え等の一連の捜査が上告人らの投票の秘密を侵害したとも、これを侵害する現実的、具体的な危険を生じさせたともいうことはできない。したがって、上告人らは、投票の秘密に係る自己の法的利益を侵害されたということはできない。

なお、福田博裁判官の補足意見は、次のように、第1の論点に言及する。選挙犯罪の捜査においては、「選挙の公正の確保」と「投票の秘密の保障」という2つの利益が対立しているのであり、選挙犯罪の捜査は、選挙の公正の確保を図ることを本来の目的とするものであって、代表民主制を支える役割はより間接的なものであるから、投票の秘密の保持の要請の方が選挙犯罪の捜査の要請より一般的には優越した価値を有するというべきである。「選挙犯罪の捜査において投票の秘密を侵害するような捜査方法を採ることが許されるのは極めて例外的な場合に限られるというべきであって、当該選挙犯罪が選挙の公正を実質的に損なう重大なものである場合において、投票の秘密を侵害するような捜査方法を採らなければ当該犯罪の立証が不可能ないし著しく困難であるという高度な捜査の必要性があり、かつ、投票の秘密を侵害する程度の最も少ない捜査方法が採られるときに限って、これが許されると解すべきである」。

### 論点 ⑤ 投票用紙の差押えは投票の秘密を侵害することになるか

居住の実態のない転入届を出して行われた詐偽投票（公選法237条2項）の捜査において、投票済みの投票用紙が差し押さえられ、指紋照合された事案（論点4の2の事案）で、大阪地堺支決昭和61・10・20判タ621号233頁〔27761234〕は、投票用紙の差押えは、本条4項に違反するとした。

同判決は、「秘密投票は、民主政治の根幹をなすものであつて、秘密投票なくして民主政治はあり得ないのである。さればこそ、憲法は、同法15条4項において投票の秘密を定め、同法99条において、公務員にその尊重擁護を義務づけ、公職選挙法も同法52条において、秘密保持を定め、同法226条2項において、公務員等が投票者に対し被選挙人の氏名の表示を求めることを刑罰をもつて禁止し、同法228条1項において、投票所又は開票所において被選挙人の氏名を認知する方法を行なうことを刑罰をもつて禁止するなどして投票の秘密を強く保障しているのである」とする。

また、本件で行った司法警察員の本件投票済み投票用紙の差押えを含む一連の所為は、詐偽投票における投票の事実の立証を目的とするものではあるけれども、客観的には被疑者ほかの26名がA候補に投票したか否かを強制捜査によ

り探知しようとし、その一部の者についてはこれを探知したものであるから、まさに、右の投票の秘密を侵そうとし、これを侵したものといわなければならない、とする。そもそも、本件公正証書原本不実記載、同行使、公選法違反（詐偽登録）の被疑事実立証のためにはかような所為に出る必要はなく、公選法違反（詐偽投票）の被疑事実立証のためにもその必要は少ない反面、秘密投票の有する意義、重大性及び本件のごとき意図による投票済み投票用紙の捜索差押えを容認するとこれが次々拡大されて結局は、約5万票の投票用紙全部について警察の保有する指紋との対照による被投票者の探知がなされるおそれなしとしないというその弊害のあまりにも重大であることから考えると、本件のごとき投票済み投票用紙の差押えは、15条4項に違反する違法なものというほかなく、到底容認することはできない、とする。

(福井康佐)

## ◆第16条

> （請願権）
> 第16条　何人も、損害の救済、公務員の罷免、法律、命令又は規則の制定、廃止又は改正その他の事項に関し、平穏に請願する権利を有し、何人も、かかる請願をしたためにいかなる差別待遇も受けない。

【条文の概要】

　本条は、いわゆる請願権を保障するものである。国民が国政に参加できなかった絶対君主制の時代において、請願は、国民が為政者に対して自らの意思を伝えるほとんど唯一の手段であった。しかし、今日では、普通選挙制度の確立と言論の自由の拡大によって、国民は、自らの意思を選挙権の行使を通じて国政に反映させることができ、また、国政を自由に批判したり自らの主張を積極的に行うことができるので、請願権は、かつてそれが有していたほどの重要な機能を有するものとはいえなくなった。

　本条を具体化するものとして、請願法（昭和22年法律13号）がある。また、国会法（79〜82条）、衆規（171〜180条）、参規（162〜172条）、自治法（124〜125条）にも、請願権行使の手続について規定が設けられている。

・・・・・・論　　点・・・・・・

1　請願の意義は何か。また、請願は、これを受理又は採用した官公署に対し特別の法律上の拘束を課するものか
2　本条の保障する請願権の行使とはいかなる場合を指すか
3　請願を受けた官公庁がその受理を拒むことは、本条違反となるか
4　本条及び請願法で認められる請願は、行訴法3条5項にいう「法令に基づく申請」といえるか
5　立法不作為の違憲性・違法性を争う際に、過去に国会等に対して請願がなされたことを援用することはできるか
6　請願が署名活動による署名簿の提出という方法で行われた場合、官公署等による署名簿の調査は、請願権の侵害となるか

【関連法令】
国会法、参規、自治法、衆規、請願法

**論点 ①** 請願の意義は何か。また、請願は、これを受理又は採用した官公署に対し特別の法律上の拘束を課するものか

請願の意義に関しては、最高裁判所の判例は存在しない。地方裁判所によるやや古いものであるが、請願の意義について、次のように判示する裁判例がある。「元来請願は個人若しくは団体が損害の救済、公務員の罷免、法律命令又は規則の制定、廃止又は改正その他の事項に関し、官公庁、議院又は地方議会に対して自己の希望を告げる行為であつて、法律に適合するものである限り、官公署はこれを受理して誠実に処理する義務を負うのであるが、請願を受理したものは、これを誠実に処理する以上の法律上の義務を負うものではなく、この意味において請願はこれを受理した官公署に対し法律上の拘束力を有するものではない」（東京地判昭和32・1・31行集8巻1号133頁〔27601606〕）。この事件は、地方議会が請願を不採択と決議したことにつき無効であることの確認を求めるものであり、裁判所は、上記引用部分を受けて、「官公署がその受理した請願を採択するか否かを決定しても、かゝる決定は当該官公署が当該請願を自己の事務処理の参考ないし方針とするか否かの態度を決するものに過ぎず、仮に採択しても請願の趣旨のとおり事務を執行しなければならないものではなく、まして請願者の権利義務その他の法律関係には何等の影響を及ぼすものでもないから、これを行政処分と解することはでき」ず、また、「請願者は採択決議の効力を争う法律上の利益を有しない」として、訴えを却下した。

不安神経症により外出不能状態にある者が現行の在宅投票制度によっては投票を行うことができなかったところ、投票制度の改善がなされなかったことにつき、過去に国会の各議院において改善を求める請願がなされていたことに関して、各議院から送付された請願について内閣には法案提出を含めた検討を行う義務があるとの原告の主張に対して、裁判所は、国会法81条2項に基づく請願の処理経過についての議院への報告のほかに、「内閣において、それ以上に法案提出を検討するなど一定の措置をとる法的義務はない」と判示した（大阪地判平成15・2・10訟務月報49巻8号2341頁〔28081035〕）。

また、県教育委員会が請願者たる原告によって行われた請願の要旨等を教育委員に配布する義務、本件請願を教育委員会の会議において議題として上程す

る義務及び同会議において採択又は不採択の議決をする義務を負うことの確認請求について、「請願をしたことにより、請願者と請願を受けた官公署との間に、特別な公法上の法律関係を生じさせるものではなく（請願者による官公署に対する希望、意見、提言等の陳述に過ぎない。）、また、請願者に対し、当該官公署に請願の内容について審理を求め、あるいは、その採否や結果の通知等を求める権利を生じさせるものではない」と判示して、原告に訴えの利益を認めず、また、原告は、「自己が行った請願について官公署に対し審理を求め、あるいはその処理結果の通知等を求める権利を有しておらず、また、請願法5条に規定する誠実処理義務は、官公署の事務処理上の行為規範に過ぎないから、官公署は、請願を受理した場合でも、請願者に対して請願処理手続上の義務を負うものではない」とする裁判例もある（東京高判平成23・6・8平成23年（行コ）30号裁判所HP〔28180337〕）。

請願権は、基本的には受益権（国務請求権）と分類されるが、これを参政権的な性格を有する、ないしは参政権的機能を有するとする見解も有力であり、学説の中には、端的に参政権と分類する見解もある。この点、地方公共団体が原告から送付された請願書を請願として受理せずに住民からの問い合わせとして取り扱い、それに対する回答を書面で行った以上、請願者には不受理処分の取消しを求める訴えの利益がないとの被告（請願を受けた地方公共団体の長）の主張を斥けて、「本件請願が『請願』として受理されること自体に参政権的な意義があると思われる」と判示したうえで、団体が請願として誠実な処理を義務づけられること自体に将来的に何らかの波及的効果を及ぼす可能性があることを理由に、訴えを認めたという裁判例がある（東京地判平成14・5・21判時1791号53頁〔28072068〕）。ただし、本判決は、控訴審で破棄された（東京高判平成14・10・31判時1810号52頁〔28080855〕）。

旧監獄法7条にいう情願を請願の一種と解したうえで、法務大臣が情願を処理するに当たっては、監獄に対し監督権を発動するなど適宜の措置を講ずれば足り、それ以上に、その採否の決定を情願者に表明すべき法律上の義務があるとは解されず、また、情願に対する法務大臣の決裁は、旧行政事件訴訟特例法1条の抗告訴訟及びこれに準ずる無効確認訴訟の対象たる行政処分に該当しな

いとする裁判例があった（東京地判昭和36・9・6行集12巻9号1841頁〔27602477〕）。

\コメント/

　旧監獄法7条は、「在監者監獄ノ処置ニ対シ不服アルトキハ法務省令ノ定ムル所ニ依リ法務大臣又ハ巡閲官吏ニ情願ヲ為スコトヲ得」とされていた（なお、現行の「刑事収容施設及び被収容者等の処遇に関する法律」は、情願の代わりに苦情の申出の手続を設けている（166、167条）。この情願について、本条にいう請願の一種と解すべきであり、受刑者であっても、本条に基づき請願権及び請願をしたために差別待遇を受けることのない権利を有すると判示したうえで、受刑者を他の刑務所に移送する処分が、情願等において刑務所の運営の不正・不当を指摘したことに対する報復として行われる場合には、もはや特別権力関係に基づく自由裁量の範囲を超え、本条の保障する基本的人権を侵害するものとして司法救済の対象となるとする裁判例があった（千葉地判昭和35・4・14行集11巻4号1114頁〔27602284〕）。

論点❷　本条の保障する請願権の行使とはいかなる場合を指すか

　請願法によれば、請願は、請願者の氏名・住所を記載した文書を、請願の事項を所管する官公署に提出するという方法で行わなければならない（2条、3条1項）。

　請願の内容に関して、「単なる行政庁への問い合わせに類するものであっても、『請願』であることが明示されている以上、これを法に定める請願と認めることは妨げられないというべきである」と判示する下級審裁判例がある（東京高判平成14・10・31判時1810号52頁〔28080855〕）。ただし、本事件は、自ら「大統領」と名乗る原告が地方公共団体に「請願書」と題する書面を郵送し、団体側が正しい氏名で書類を再提出するよう繰り返し求めても応じなかったので、同書面を原告へ返送したという事案である。第1審は、本条を受けた請願法2条は、請願権の実質的保障の見地から、請願を広く認めるとともに、請願として受理されるために必要な最低限の方式を明らかにする趣旨であり、同条の「氏名」は、他人と識別可能な程度の名称が付されている限り通称であっても（戸籍上の氏名でなくて）よいので、官公署は通称での受理を求める請願者に対しては、当該通称の記載によって請願者を特定しうるか否かを審査し、その結果に応じた補正を促す義務を負うとした（東京地判平成14・5・21判時1791号53頁

〔28072068〕)。しかし、控訴審では、本件請願書の提出行為は、請願法2条で記載することが要件とされている氏名の記載を欠くものとして、同法5条にいう「この法律に適合する請願」には当たらず、不受理は適法であると判示された(前掲平成14年東京高判)。

　国会に対する請願は、請願法・国会法及び両院規則の定める手続により行うべきものであり、これらの手続によらない希望の陳述は、これを拒んでも違憲・違法ではないとする裁判例がある(東京地判昭和36・12・22裁判所時報345号1頁〔27660830〕)。本件では、安保改定反対等を求める全学連が多数人を動員し、警察官の制止を振り切り、集団で国会に侵入したことについて、個々人が口頭によってするものや、多数人の集団がその代表者によってするものなども、平穏性を失わない限り、本条に定める請願として受理されなければならないと主張する被告人の主張に対して、法律・規則に定める手続に則った請願こそが、憲法の期待する平穏な請願に当たると判示されている。また、正規の手続による請願以外の希望陳述行為を本条にいう請願に当たると解しても、被告人らの行為は請願ではなく集団陳情であるという結論にかわりはないとした。

　現役の自衛隊員らが制服を着用し、あらかじめ報道関係者を集め記者会見を行い、防衛庁(当時)正門付近に同道し、自衛隊の沖縄配備・立川移駐に反対し、その他団結権を保障し、命令拒否権を認め、階級差別を廃止することなどを求める旨の防衛庁長官宛ての要求書を読み上げたうえで、同庁職員に手交したところ、懲戒免職とされたので、その処分の取消しを求めた事件において、裁判所は、このような行為は自衛官の制服及び官職を利用した対外的な宣伝行為ないし演出というほかはないから、本条の保障する請願権の行使とみることはできないと判示している(東京地判平成元・9・27行集40巻9号1263頁〔27805175〕、それを維持した東京高判平成5・9・6労働民例集44巻4=5号771頁〔25000052〕、最一小判平成7・7・6訟務月報42巻2号329頁〔27828239〕)。

　なお、住民による地方議会の委員会に対する陳情は、請願権の行使とは異なり、法律上の権利の行使ではなく事実上の行為にとどまり、また、市議会・議員による陳情の取扱いについても、誠実に処理しなかった違法はないとする裁判例もある(神戸地判平成5・3・17判夕848号166頁〔27818845〕)。

**論点 ③** 請願を受けた官公庁がその受理を拒むことは、本条違反となるか

　請願権は本条によって認められた権利であり、請願法5条は、「この法律に適合する請願は、官公署において、これを受理し誠実に処理しなければならない」と規定している。この点、「請願を受けた官公署が確定的にその受理自体を拒むことは、憲法及び法により認められた請願権を侵害するものとして、行政処分性を有すると解するのが相当である」とし、請願者にはその取消しを求める訴えの利益があるとした裁判例がある（東京高判平成14・10・31判時1810号52頁〔28080855〕）。

**論点 ④** 本条及び請願法で認められる請願は、行訴法3条5項にいう「法令に基づく申請」といえるか

　本条及び請願法で認められる請願が、国又は地方公共団体の機関に対し、その職務に関する事項について希望を述べるものにすぎないことを理由に、被告（税務署長）が請願者である原告に対して何らの応答をしないことは違法であることを確認する訴えが、行訴法3条5項にいう「法令に基づく申請」とはいえず、訴えの対象となる不作為を欠き、不適法であるとする裁判例がある（東京地判平成元・6・14税務訴訟資料175号1頁〔22004661〕、東京高判平成元・8・28税務訴訟資料175号11頁〔22004662〕）。

**論点 ⑤** 立法不作為の違憲性・違法性を争う際に、過去に国会等に対して請願がなされたことを援用することはできるか

　いわゆる在宅投票制度廃止違憲訴訟の控訴審判決（札幌高判昭和53・5・24民集39巻7号1590頁〔27662107〕）において、裁判所は、在宅投票制度の復活を求める請願が国会に対して行われていたか否かという事実を、立法不作為の違憲性・違法性の判断の際に活用した。本裁判例では、国会が憲法によって義務づけられた立法をただ単にしないというだけでは、国会の当該立法不作為の合憲性を判断すべきではないということを前提として、①国会が憲法によって義務づけられた立法をしない場合、それによって損害を被る者は、国会に立法を行うよう

請願することができるが、このような請願すらなされていないような段階では、損害を被る者に裁判所が救済の手を貸すのは時期尚早である一方で、②国会が、請願を受けながら、憲法によって義務づけられた立法をしないことにしたとき、又は立法を少なくとも当分の間はしないことにし、かつ、その後合理的期間内に立法をしなかったときは、国会は立法を故意に放置するに至ったものということができ、この場合の立法不作為は、それによって国会がすでに特定の消極的な立法判断を表明しているものということができるから、裁判所は、その憲法適合性を判断しうると解されるとした。具体的には、昭和42年に全国の多数の身体障害者から、衆議院と参議院とに対して、いったん廃止された在宅投票制度を速やかに復活してもらいたいという趣旨の請願が初めて行われたが、同年12月に衆・参両議院の委員会において、これを本会議に付するのを留保することに決定したところ、これは、国会がこの請願に係る立法を少なくとも当分の間はしないことに決定したものというべきであり、もし国会が立法を行うとすれば、その準備ないし審議等のために必要とする期間は１年もあれば十分であったと推認されるので、昭和44年以降の立法不作為は国会が立法を故意に放置したものといわざるを得ず、裁判所はその憲法適合性を判断しうる（それ以前の立法不作為は、国会が故意に立法を放置したとはいえないので、憲法適合性を判断し得ない）と判示した。もっとも、この控訴審判決に対して、原告が、憲法は違憲審査権の発動に関して請願を要件としていないなどと主張し上告したところ、最高裁判所は、請願を契機として一定期間における立法不作為があったか否かを判断する以前に、そもそも、立法の内容が憲法の一義的な文言に違反しているにもかかわらずあえて当該立法を行うというような例外的場合以外は、国会議員による立法行為（立法不作為を含む）が国賠法上違法の評価を受けるものに当たらず、本件在宅投票制度を復活させる立法の不作為はこのような例外的場面には当たらないとして、原告の請求を斥けている（最一小判昭和60・11・21民集39巻7号1512頁〔27100020〕）。

　その後、立法不作為に関して、判例は、いわゆる在外国民選挙権訴訟最高裁大法廷判決（最大判平成17・9・14民集59巻7号2087頁〔28101810〕）において、「立法の内容又は立法不作為が国民に憲法上保障されている権利を違法に侵害するも

のであることが明白な場合や、国民に憲法上保障されている権利行使の機会を確保するために所要の立法措置を執ることが必要不可欠であり、それが明白であるにもかかわらず、国会が正当な理由なく長期にわたってこれを怠る場合などには、例外的に、国会議員の立法行為又は立法不作為は、国家賠償法1条1項の規定の適用上、違法の評価を受けるものというべきである」とした。国民の側が国会に対して特定の立法の必要性を認識させる手段の1つとして、当該立法を求める請願を挙げうるが、過去に請願が行われていたこと(そして、にもかかわらず、国会が法律を制定せず、あるいは内閣が法律案を提出しなかったこと)は、国会の立法不作為の違憲性・違法性の根拠ともなりうるであろう(もっとも、この最高裁大法廷判決では、在外国民の投票を認める法律案が閣議決定され国会に提出されたものの廃案となり10年以上の長きにわたって何らの立法措置もとられなかったことを、違法性判断の根拠としており、請願の有無は判決理由中には挙げられていない)。

　立法不作為の違憲性・違法性を争う原告が、国側が立法の必要性を認識しながらも放置したということを示すために、過去に請願が行われたことを挙げ、その主張に対して判断が示された下級審の裁判例として、次のようなものがある。

　在学中に障害を負いながら障害福祉年金の支給を受けられなかったいわゆる学生無年金障害者に対して救済措置を講じず、また格差是正のために何らの是正措置をも講じなかったことが国賠法上違法な立法不作為に当たるとの判断に際して、国側が救済の必要性を認識していたことの根拠として、国会における附帯決議、陳情、新聞報道などとともに請願がなされていたことを挙げたものとして、東京地判平成16・3・24民集61巻6号2389頁〔28091224〕がある。もっとも、原告の請求を一部認めた同判決は、控訴審で取り消され(東京高判平成17・3・25民集61巻6号2463頁〔28101708〕)、原告による上告も棄却され確定している(最二小判平成19・9・28民集61巻6号2345頁〔28132153〕)。なお、過去の請願の存在を根拠に同様の判断を認めたものとして、広島地判平成17・3・3判タ1187号165頁〔28101029〕がある(ただし、同判決も、控訴審(広島高判平成18・2・22判タ1208号104頁〔28111355〕)段階で取り消され、原告の上告は認められなかった(最三小判平成19・10・9裁判所時報1445号4頁〔28132205〕))一方、過去の請願の存在を根拠とす

る原告の主張を認めなかったものとして、大阪地判平成18・1・20判タ1225号90頁〔28130181〕がある。

　旧らい予防法の隔離規定を改廃しなかった国会議員の立法不作為について、立法を求める請願が過去に行われたことを根拠として主張する原告に対して、（請願ではなく）国会での附帯決議、国際会議の決議、国際機関の報告、政府に対する要請書、国会議員や政府に対する陳情、政府の文書等を根拠に、国賠法上の違法性を認め、国会議員に過失を認めたものとして、熊本地判平成13・5・11訟務月報48巻4号881頁〔28061048〕がある。

**論点 6　請願が署名活動による署名簿の提出という方法で行われた場合、官公署等による署名簿の調査は、請願権の侵害となるか**

　請願が署名活動による署名簿の提出という方法で行われた場合には、その請願事項に関わる多数の国民又は住民が同一内容の請願を行うことに意味があり、請願を受けた官公署等は、提出された署名簿に偽造等、署名の真正を疑わしめる事情があったり、請願の趣旨が明瞭でないときに、その真正であることや請願の趣旨を確認する限度で、各署名者や署名活動者に対し、相当な調査を行うことは許されるが、その限度を超えて、戸別訪問調査を受けた署名者や署名活動者に対して不当に圧力を加えるものであったと認められるときは、表現の自由や本条により保障される請願権の侵害となるとする裁判例がある（岐阜地判平成22・11・10判時2100号119頁〔28170472〕、その判断を維持する名古屋高判平成22・4・27公刊物未登載、最三小決平成24・10・9公刊物未登載）。

**【参考文献】**
粕谷友介「憲法16条（請願権）について」上智法学論集28巻1～3号（1985年）155-174頁、池田政章「請願権の研究」立教法学36号（1992年）1-47頁、吉田栄司「請願権の現代的意義・再考」関西大学法学論集43巻1・2号（1993年）281-325頁、吉田栄司「請願権保障のあり方」ジュリスト1177号（2000年）175-181頁、田中嘉彦「請願制度の今日的意義と改革動向」レファレンス56巻6号（2006年）66-83頁

（柳瀬昇）

## ◆第17条

〔公務員の不法行為による損害の賠償〕
第17条 何人も、公務員の不法行為により、損害を受けたときは、法律の定めるところにより、国又は公共団体に、その賠償を求めることができる。

【条文の概要】
　本条は、公務員が公務の違法な執行によって私人に損害を与えた場合、公務員を使用する国や公共団体がその損害を賠償すべきことを定める。大日本帝国憲法には、国家賠償制度に関する規定はなく、法律でも「行政裁判所ハ損害要償ノ訴訟ヲ受理セス」(行政裁判法16条) とされていたため、公権力の行使によって私人に損害が発生しても、国も公務員も責任を負わなかった (主権無答責又は国家無答責の原則と呼ばれる。ただし、非権力的な行政活動によって生じた損害については、判例は、民法の不法行為の規定に基づいて被害者を救済した)。本条は、権力的・非権力的のいずれの国家活動についても、公務員の違法な公務執行から生じた損害を国が賠償する責任を負うことを明らかにしたのである。なお、本条に該当する規定は、マッカーサー草案にも政府草案にも存在せず、衆議院の修正で付加されたものである。

●●●●●● 論　点 ●●●●●●

1　本条が国家賠償請求権の具体的内容の定めを法律に委ねた趣旨は何か。また、国家賠償責任を定める国会の立法裁量に限界はあるか
2　本条は、プログラム規定か、裁判規範か。後者であるとすると、国の賠償責任を免除又は制限する規定の合憲性はどのように判断すべきか
3　相互保証主義を定める国賠法6条は、本条に違反しないか
4　国が賠償責任を負う場合、公務員個人は責任を負うか
5　本条(及び国賠法1条1項)は国会又は国会議員の行為にも適用されるか
6　本条(及び国賠法1条1項)は内閣又は国務大臣の行為にも適用されるか
7　本条(及び国賠法1条1項)は裁判所又は裁判官の行為にも適用されるか
8　本条(及び国賠法1条1項)は検察官の行為にも適用されるか
9　国賠法施行前の損害は従前の例によるとした同法附則6項は、本条に違反しないか

【関連法令】
行政裁判所法、国賠法、国公法、戦傷病者戦没者遺族等援護法、地公法、日本国との平和条約及び関係文書、法廷等の秩序維持に関する法律、民法709、715条、郵便法

### 論点 ❶ 本条が国家賠償請求権の具体的内容の定めを法律に委ねた趣旨は何か。また、国家賠償責任を定める国会の立法裁量に限界はあるか

　郵便法（平成14年改正前）は、国に対して損害賠償を請求できる場合及び賠償金額を限定ないし制限するとともに（同法68条）、賠償請求できるのは「当該郵便物の差出人又はその承諾を得た受取人」としていた（同法73条）。郵便法違憲訴訟では、これらの規定が本条に反しないか問題となった。もし本条の「法律の定めるところにより」が、国家賠償請求権の具体的内容を法律に白紙委任する趣旨だとすれば、国会には完全な立法裁量が認められ、本条を具体化した法律が違憲と判断されることはないことになる。第1審（神戸地尼崎支判平成11・3・11民集56巻7号1472頁〔28072700〕）は、17条の具体化は国の広い立法裁量に委ねられており、「憲法17条を受けて制定された法律の規定が公務員の不法行為についての国等に対する損害賠償請求権を無条件、無限定に否定する、ないしは殆ど否定するに等しいような著しく不合理な内容であって、国会に与えられた立法裁量の範囲を逸脱していることが明らかな場合を除き、当該規定が国等の損害賠償責任を制限する内容であるからといって、直ちに違憲無効の問題を生ずるものではない」として原告の違憲主張を斥け、第2審（大阪高判平成11・9・3民集56巻7号1478頁〔28072699〕）も控訴を棄却した。

　これに対して、最高裁判決（最大判平成14・9・11民集56巻7号1439頁〔28072380〕）はこう述べた。17条は「その保障する国又は公共団体に対し損害賠償を求める権利については、法律による具体化を予定している。これは、公務員の行為が権力的な作用に属するものから非権力的な作用に属するものにまで及び、公務員の行為の国民へのかかわり方には種々多様なものがあり得ることから、国又は公共団体が公務員の行為による不法行為責任を負うことを原則とした上、公務員のどのような行為によりいかなる要件で損害賠償責任を負うかを立法府の

政策判断にゆだねたものであって、立法府に無制限の裁量権を付与するといった法律に対する白紙委任を認めているものではない」。原則はあくまで、公務員の不法行為によって生じた損害を国や公共団体が賠償することであり、国会の立法裁量にも当然に限界がある。それゆえ、法律が国の損害賠償責任を制限した場合には、その合憲性が問題になる（論点2参照）。

**論点 ❷** 本条は、プログラム規定か、裁判規範か。後者であるとすると、国の賠償責任を免除又は制限する規定の合憲性はどのように判断すべきか

憲法制定当時、本条の法的性格をめぐって議論があった。当時の通説は、本条はプログラム規定であり、法律（国賠法）が制定されるまで国家賠償責任は認められないとした。判例（東京高判昭和29・9・30民集10巻12号1567頁〔27420185〕）にも、「憲法第17条は（中略）その具体的要件についてはこれを法律に譲ることを定めたものであるから、この要件を規律する法律が存しない限り、右の請求は実際上はこれをなしえないものと解すべきである」として、同趣旨のものがみられる（国賠法附則6項の合憲性について、論点9参照）。これに対して今日の学説では、立法を待って具体的請求権が認められるとしつつ、本条の法規範性を肯定する抽象的権利説が有力になりつつある。

このような、本条から直接国家賠償請求権を引き出せるかという議論とは別に、本条が裁判規範として本条に反する法律を無効とする効力を有するかどうか問題になる。もし本条が法的拘束力を一切持たないプログラムであれば、裁判規範ではあり得ないことになる。論点1でみたように、郵便法違憲訴訟（最大判平成14・9・11民集56巻7号1439頁〔28072380〕）で最高裁は、立法裁量の限界を肯定したことによって、同時に本条の裁判規範性を認めたことになる。同判決は、法律の違憲審査基準について、論点1での引用に続けてこう述べた。「そして、公務員の不法行為による国又は公共団体の損害賠償責任を免除し、又は制限する法律の規定が同条に適合するものとして是認されるものであるかどうかは、当該行為の態様、これによって侵害される法的利益の種類及び侵害の程度、免責又は責任制限の範囲及び程度等に応じ、当該規定の目的の正当性並びにその

目的達成の手段として免責又は責任制限を認めることの合理性及び必要性を総合的に考慮して判断すべきである」。このような判断基準に基づき、最高裁は、郵便法68条及び73条のうち、書留郵便物と特別送達郵便物について国の損害賠償責任を免除又は制限している部分を17条に違反するとした。

**論点 3** 相互保証主義を定める国賠法6条は、本条に違反しないか

　国の不法行為の被害者は国に損害賠償を請求できるのが原則であるとすると（論点1参照）、国賠法6条が「この法律は、外国人が被害者である場合には、相互の保証があるときに限り、これを適用する」と定めていることは、国の責任を不当に免除又は制限した規定ではないか問題となる。しかし、学説でも違憲説は少数である。最近の裁判例に次のような判決がある（東京地判平成14・6・28判タ1117号235頁〔28072162〕）。

　判決は、「外国人による国家賠償請求について、我が国の国民による国家賠償請求とは異なる事情が認められる場合に、法律により特別の定めを設けて制約を加えることも、その内容が不合理なものでない限り」、17条に違反しないとして、「国家賠償法6条が外国人による国家賠償請求を相互の保証のある場合に限定しているのは、我が国の国民に対して国家賠償による救済を認めない国の国民に対し、我が国が積極的に救済を与える必要がないという、衡平の観念に基づくものであり、外国人による国家賠償請求について相互の保証を必要とすることにより、外国における我が国の国民の救済を拡充することにも資するものということができる」から、同条の規定は、「外国人による国家賠償請求に関する特有の事情に基づくものであり、その趣旨及び内容には、一定の合理性が認められ」、「国家賠償法6条の規定が、憲法17条に違反するものということはできない」。また、14条1項に反するということもできない。判決は、このように述べて、アメリカ国籍を有する原告に対し革手錠を継続的に使用したことは違法であり、アメリカ合衆国との間に相互の保証が認められるとして、原告の損害賠償請求を認容した。

　特に問題が多いのは、在日朝鮮人の場合である。1952（昭和27）年発効の日本国との平和条約及び関係文書2条において、日本は、朝鮮の独立を承認し、

朝鮮に属すべき領土及び人に対する主権を放棄したので、これらの人々は日本国籍を喪失した。他方、朝鮮半島には大韓民国政府と朝鮮民主主義人民共和国政府が成立し、互いに朝鮮における正統政府であると主張している。そこで、朝鮮民主主義人民共和国の国籍を有する者からの国家賠償請求が認められるか問題となる。裁判所は、いずれか一方の法制度に相互保証が定められていればよいとし、大韓民国には相互保証主義を定めた国賠法が存在することを理由として、朝鮮国籍を有する者からの損害賠償請求を認容している（東京地判昭和32・5・14下級民集8巻5号931頁〔27420506〕、大阪地判昭和46・2・25判時643号74頁〔27661502〕、京都地判昭和48・7・12判タ299号338頁〔27424783〕）。

### 論点 4　国が賠償責任を負う場合、公務員個人は責任を負うか

　この点について、公務員個人は被害者に対して直接責任を負うことはないとするのが最高裁判所の確立した判例である（最三小判昭和30・4・19民集9巻5号534頁〔27003054〕、最二小判昭和46・9・3裁判集民103号491頁〔27661549〕、最三小判昭和47・3・21裁判集民105号309頁〔27424364〕）。後の判決では、「公権力の行使に当たる国の公務員が、その職務を行うについて、故意又は過失によつて違法に他人に損害を与えた場合には、国がその被害者に対して賠償の責に任ずるのであつて、公務員個人はその責を負わないものと解すべきことは、当裁判所の判例とするところである」と述べて、最高裁が判例であることを自認している（最二小判昭和53・10・20民集32巻7号1367頁（芦別国家賠償請求事件）〔27000225〕）。昭和30年判決とこの判決を引用するものとして、病院長自殺事件（最三小判平成9・9・9民集51巻8号3850頁〔28021761〕）、児童養護施設事故事件（最一小判平成19・1・25民集61巻1号1頁〔28130316〕）の各判決がある。前者は、仮に国会議員の発言が故意又は過失による違法な行為であるとしても、国が賠償責任を負うことがあるのは格別、公務員である国会議員個人は責任を負わないから、その発言が51条の「演説、討論又は表決」に該当するかどうかを論ずるまでもなく請求には理由がないとした判決であり、後者は、児童養護施設内での事故について、地方公共団体が損害賠償責任を負う場合には、公務員個人は民事上の損害賠償責任を負わないから、被用者個人も使用者も、民法709条、715条に基づく損害賠償責任を

負わない、としたものである。

**論点 5** 本条（及び国賠法1条1項）は国会又は国会議員の行為にも適用されるか

　本条の「公務員」は、国公法や地公法上の公務員だけでなく、国会議員、国務大臣、裁判官、地方公共団体の長、地方議会議員など、公権力を行使する者を広く含む。また、個々の国会議員が国会（又は両議院）を、個々の国務大臣が内閣を、個々の裁判官が裁判所を構成する場合は、これら合議制機関の行為も本条の対象になる。論点5～7はこのような問題である。

　国会議員も「公務員」であり、立法作用が公権力の行使に当たることは明らかである。国会が、違憲の法律を制定し、又は違憲の法律を改廃しないまま放置して、国民の権利を侵害した場合にも本条が適用されるかどうか問題となる。

　在宅投票制度を廃止したまま復活しなかったことが15条1項等に違反するかどうかが争われた在宅投票制度廃止違憲訴訟では、第1審判決・控訴審判決はともに適用を肯定した。まず、第1審判決（札幌地小樽支判昭49・12・9民集39巻7号1550頁〔27661806〕）は、「国会の立法行為も国家賠償法第1条第1項の適用を受け、同条項にいう『公務員の故意、過失』は、合議制機関の行為の場合、必ずしも、国会を構成する個々の国会議員の故意、過失を問題にする必要はなく、国会議員の統一的意思活動たる国会自体の故意、過失を論ずるをもつて足りるものと解すべきである」として、在宅投票制度の全面廃止という違憲の法改正を行ったことは、違憲の立法を行わないよう慎重に審議・検討すべき高度の注意義務に違反する過失があるものとした。この判決は、国会の立法行為に国賠法1条1項を適用した最初の判決である。

　次に、控訴審判決（札幌高判昭53・5・24民集39巻7号1590頁〔27662107〕）は、「国会議員が憲法上一定の立法をなすべき義務があるにも拘らず当該立法をしないときは、当該立法不作為については、国会議員の『その職務を行うについて』に当た」り、「国会の立法行為又は立法不作為における公務員としての国会議員の『故意又は過失』も、各個の国会議員の個別的、主観的な意思を前提とする必要はなく、結論的には国会の意思即各国会議員の意思と前提して、こ

れを判断すれば足りる」から、国会議員の立法行為又は立法不作為についても国賠法1条1項の適用があることを認めた。しかし、在宅投票制度を廃止されたままに放置した立法不作為は違法であるが、国会議員は本件不作為が違憲・違法なものであることをあらかじめ知ることはできなかったから、国会議員に故意又は過失があったということはできないとして、国家賠償を否定した。

　最高裁は次のように述べて上告を棄却した（最一小判昭和60・11・21民集39巻7号1512頁〔27100020〕）。まず最高裁は、立法内容の違憲性と立法行為の国賠法上の違法性を区別する。違憲な立法がなされたからといって直ちに国賠法上違法とされるわけではない。「国家賠償法1条1項は、国又は公共団体の公権力の行使に当たる公務員が個別の国民に対して負担する職務上の法的義務に違背して当該国民に損害を加えたときに、国又は公共団体がこれを賠償する責に任ずることを規定するものである。したがつて、国会議員の立法行為（立法不作為を含む。以下同じ。）が同項の適用上違法となるかどうかは、国会議員の立法過程における行動が個別の国民に対して負う職務上の法的義務に違背したかどうかの問題であつて、当該立法の内容の違憲性の問題とは区別されるべきであり、仮に当該立法の内容が憲法の規定に違反する廉があるとしても、その故に国会議員の立法行為が直ちに違法の評価を受けるものではない」。しかも、「国会議員の立法行為は、本質的に政治的なものであつて、その性質上法的規制の対象になじまず、特定個人に対する損害賠償責任の有無という観点から、あるべき立法行為を措定して具体的立法行為の適否を法的に評価するということは、原則的には許されない」。そうすると、「国会議員は、立法に関しては、原則として、国民全体に対する関係で政治的責任を負うにとどまり、個別の国民の権利に対応した関係での法的義務を負うものではないというべきであつて、国会議員の立法行為は、立法の内容が憲法の一義的な文言に違反しているにもかかわらず国会があえて当該立法を行うというごとき、容易に想定し難いような例外的な場合でない限り、国家賠償法1条1項の規定の適用上、違法の評価を受けないものといわなければならない」。在宅投票制度を廃止しそれを復活しなかった行為が「例外的な場合」に当たると解する余地はない。

　本判決（以下、「60年判決」という）は、それ以降の判決に大きな影響を与えた。

60年判決を引用して、立法行為又は立法不作為に対する国家賠償を否定した（「例外的な場合」に当たらないとした）最高裁判決として、旧軍人軍属について戦傷病者戦没者遺族等援護法が制定されているのに、一般民間人戦災者を対象とした援護立法を講じていない国会議員の不作為に違法性はないとしたもの（最二小判昭和62・6・26裁判集民151号147頁〔27801192〕）のほか、西陣ネクタイ訴訟（最三小判平成2・2・6訟務月報36巻12号2242頁〔27808362〕）、女性の再婚禁止期間違憲訴訟（最三小判平成7・12・5裁判所時報1160号2頁〔27828502〕）の各判決がある。

また、60年判決が立法行為について述べたところは国会議員が国会の質疑等の中でした発言にも妥当するとしたのが、病院長自殺国賠訴訟最高裁判決（最三小判平成9・9・9民集51巻8号3850頁〔28021761〕）である。「国会議員が国会で行った質疑等において、個別の国民の名誉や信用を低下させる発言があったとしても、これによって当然に国家賠償法1条1項の規定にいう違法な行為があったものとして国の賠償責任が生ずるものではなく、右責任が肯定されるためには、当該国会議員が、その職務とはかかわりなく違法又は不当な目的をもって事実を摘示し、あるいは、虚偽であることを知りながらあえてその事実を摘示するなど、国会議員がその付与された権限の趣旨に明らかに背いてこれを行使したものと認め得るような特別の事情があることを必要とすると解するのが相当である」。

最高裁の60年判決以降、立法不作為を理由とする国家賠償を認めた下級審判決として、①関釜元慰安婦訴訟第1審判決（山口地下関支判平成10・4・27判タ1081号137頁〔28033107〕）、②熊本ハンセン病訴訟第1審判決（熊本地判平成13・5・11訟務月報48巻4号881頁〔28061048〕）、③学生無年金障害者訴訟第1審判決（東京地判平成16・3・24民集61巻6号2389頁〔28091224〕）がある。②は、国が控訴せず、確定したが、①は控訴審判決が国に対する損害賠償請求を棄却し（広島高判平成13・3・29訟務月報49巻4号1101頁〔28062612〕）、③も控訴審判決で覆され（東京高判平成17・3・25民集61巻6号2463頁〔28101708〕）、最高裁も上告を棄却した（最二小判平成19・9・28民集61巻6号2345頁〔28132153〕）。

60年判決がいう「例外的な場合」は容易にあり得ないものと思われたが、その例外的場合を肯定したのが、在外日本人選挙権制限規定違憲判決（最大判平

成17・9・14民集59巻7号2087頁〔28101810〕）である。判決は、在外日本国民に国政選挙の投票機会を与えなかったことは違憲であるとしたうえで、国家賠償請求についてこう述べた。

「国会議員の立法行為又は立法不作為が同項（引用者注：国賠法１条１項）の適用上違法となるかどうかは、国会議員の立法過程における行動が個別の国民に対して負う職務上の法的義務に違背したかどうかの問題であって、当該立法の内容又は立法不作為の違憲性の問題とは区別されるべきであり、仮に当該立法の内容又は立法不作為が憲法の規定に違反するものであるとしても、そのゆえに国会議員の立法行為又は立法不作為が直ちに違法の評価を受けるものではない。しかしながら、立法の内容又は立法不作為が国民に憲法上保障されている権利を違法に侵害するものであることが明白な場合や、国民に憲法上保障されている権利行使の機会を確保するために所要の立法措置を執ることが必要不可欠であり、それが明白であるにもかかわらず、国会が正当な理由なく長期にわたってこれを怠る場合などには、例外的に、国会議員の立法行為又は立法不作為は、国家賠償法１条１項の規定の適用上、違法の評価を受けるものというべきである。最高裁昭和53年(オ)第1240号同60年11月21日第一小法廷判決・民集39巻7号1512頁は、以上と異なる趣旨をいうものではない」。在外国民は国政選挙の投票機会を与えられることを憲法上保障されており、「この権利行使の機会を確保するためには、在外選挙制度を設けるなどの立法措置を執ることが必要不可欠であったにもかかわらず」長期間「何らの立法措置も執られなかったのであるから、このような著しい不作為は上記の例外的な場合に当た」るとして、国家賠償請求を認容した。

この判決後、精神的原因による投票困難者の選挙権行使の機会を確保するための立法措置をとらなかったことの違法性が争われた事件では、最高裁はこの判決を引用しつつ、精神的原因が多種多様でその状態は固定的ではなく、既存の公的制度によって投票困難との判定を受けているものではないこと、精神的原因による投票困難者の投票制度の拡充が国会で立法課題として取り上げられる契機はなかったことを理由として、本件立法不作為は、国賠法１条１項の適用上、違法の評価を受けるものではないとした（最一小判平成18・7・13訟務月報53

巻5号1622頁〔28111519〕)。また、国会が在外国民に最高裁裁判官の国民審査に投票できる制度を創設する立法措置をとらなかったことの違憲性と違法性が争われた事件で、東京地裁は、いまだ合理的期間内に是正がなされなかったとまでは断定できないから、違憲・違法とはいえないとした(東京地判平成23・4・26判タ1377号60頁〔28180345〕)。

なお、立法不作為が国賠法1条1項の適用上違法といえないとされた判決例として、98条Ⅱ論点6を参照。

**論点 6** 本条(及び国賠法1条1項)は内閣又は国務大臣の行為にも適用されるか

本条は内閣の経済政策にも適用されるかが問題となったのが、郵便貯金目減り訴訟である。原告は、国の経済政策の失敗のため郵便貯金の実質的価値が減少したとして損害の請求を求めた。第1審(大阪地判昭和50・10・1訟務月報21巻10号2041頁〔27404443〕)は、「国政の運営に密接な関係をもつ経済政策の決定は(中略)政府の政治的専門的な自由裁量に委ねられて」おり、「政治に責任を負う立場にない裁判所の司法的判断には、本質的にも適しないもの」であるとして、請求を棄却した。第2審(大阪高判昭和54・2・26訟務月報25巻6号1554頁〔27405022〕)は、「本件経済政策の決定等はすべて政府の高度の政治的専門的判断に委ねられ、その当否のごときは司法審査の対象外にあるといわねばならない」として控訴を棄却した。最高裁(最一小判昭和57・7・15裁判集民136号571頁〔27662568〕)は、国の経済政策については、「事の性質上専ら政府の裁量的な政策判断に委ねられている事柄とみるべきものであつて、仮に政府においてその判断を誤り、ないしはその措置に適切を欠いたため右目標を達成することができず、又はこれに反する結果を招いたとしても、これについて政府の政治責任が問われることがあるのは格別、法律上の義務違反ないし違法行為として国家賠償法上の損害賠償責任の問題を生ずるものとすることはできない」とした。判決は、経済政策について政府のほぼ完全な裁量を認めたもので、国家賠請求が認容される可能性はほとんどないであろう。

### 論点 7  本条（及び国賠法1条1項）は裁判所又は裁判官の行為にも適用されるか

　裁判官も本条の「公務員」であり、司法権の行使が公権力の行使であることも明らかであるが、裁判官の裁判作用が本条及び国賠法1条1項の適用対象であるか、下級審の判例及び学説では対立があった。最高裁は適用を原則的に肯定した。

　①　弁護人が法廷等の秩序維持に関する法律2条1項により制裁として過料3万円にする決定を受けたことを違法として国家賠償を請求した事件において、最高裁はこう述べた。「裁判官のなす職務上の行為について、一般に国家賠償法の適用があることは所論のとおりであつて、裁判官の行う裁判についても、その本質に由来する制約はあるが、同法の適用が当然排除されるものではない」。しかし、原告の抗告と特別抗告はいずれも棄却され、本件決定が確定するに至ったのであるから、「他に特段の事情のない限り、右裁判官のした所論の行為には何らの違法もなかつたものと解するのが相当である」（最二小判昭和43・3・15裁判集民90号655頁〔27661335〕）。

　②　確定判決に関し国賠法1条1項の適用が求められた事件では、「裁判官がした争訟の裁判に上訴等の訴訟法上の救済方法によつて是正されるべき瑕疵が存在したとしても、これによつて当然に国家賠償法1条1項の規定にいう違法な行為があったものとして国の損害賠償責任の問題が生ずるわけのものではなく、右責任が肯定されるためには、当該裁判官が違法又は不当な目的をもつて裁判をしたなど、裁判官がその付与された権限の趣旨に明らかに背いてこれを行使したものと認めうるような特別の事情があることを必要とすると解するのが相当である。（中略）（引用者注：①判決）の趣旨とするところも結局右と同旨に帰するのであつて、判例抵触を生ずるものではない。したがつて、本件において仮に前記判決に所論のような法令の解釈・適用の誤りがあつたとしても、それが上訴による是正の原因となるのは格別、それだけでは未だ右特別の事情がある場合にあたるものとすることはできない」（最二小判昭和57・3・12民集36巻3号329頁〔27000099〕）とした。

　③　いわゆる法廷メモ訴訟（最大判平成元・3・8民集43巻2号89頁〔27803181〕）で

は、裁判官の法廷警察権の行使に対して損害賠償請求がなされた。判決はこう述べた。「それ（引用者注：法廷警察権）に基づく裁判長の措置は、それが法廷警察権の目的、範囲を著しく逸脱し、又はその方法が甚だしく不当であるなどの特段の事情のない限り、国家賠償法１条１項の規定にいう違法な公権力の行使ということはできないものと解するのが相当である。このことは（中略）傍聴人のメモを取る行為に対する法廷警察権の行使についても妥当するものといわなければならない」。「本件措置が配慮を欠いていたことが認められるにもかかわらず、これが国家賠償法１条１項の規定にいう違法な公権力の行使に当たるとまでは、断ずることはできない」。

**論点 8** 本条（及び国賠法１条１項）は検察官の行為にも適用されるか

芦別国家賠償請求事件では、検察官の公訴提起に対する本条の適用が問題となった。芦別事件とは、昭和27年に北海道で発生した国鉄の鉄道線路爆破事件である。同事件の犯人として火薬類取締法違反等の罪で起訴された被告人は、第２審（札幌高判昭和38・12・20判時365号6頁〔27915654〕）において、すべての罪について無罪とされた。検察官は上告せず、無罪が確定した。被告人らは、国及び当時の警察官、検察官らに対し、逮捕・勾留、公訴の提起・追行について故意又は重大な過失があったとして損害賠償を求めたのが、芦別国家賠償請求事件である。第１審（札幌地判昭46・12・24民集32巻7号1412頁〔27200444〕）は、重過失があったとして損害賠償を認めたのに対して、第２審（札幌高判昭48・8・10民集32巻7号1464頁〔27200445〕）は、逮捕・勾留にはそれぞれ理由があり、検察官が被告人に犯罪の嫌疑があると判断したことも違法であるということはできないとして請求を棄却した。

最高裁（最二小判昭和53・10・20民集32巻7号1367頁〔27000225〕）は、「刑事事件において無罪の判決が確定したというだけで直ちに起訴前の逮捕・勾留、公訴の提起・追行、起訴後の勾留が違法となるということはない。けだし、逮捕・勾留はその時点において犯罪の嫌疑について相当な理由があり、かつ、必要性が認められるかぎりでは適法であり、公訴の提起は、検察官が裁判所に対して犯

罪の成否、刑罰権の存否につき審判を求める意思表示にほかならないのであるから、起訴時あるいは公訴追行時における検察官の心証は、その性質上、判決時における裁判官の心証と異なり、起訴時あるいは公訴追行時における各種の証拠資料を総合勘案して合理的な判断過程により有罪と認められる嫌疑があれば足りるものと解するのが相当であるからである」とした。この判決は、検察官の行為にも国賠法の適用があることを肯定したうえで、違法性の判断基準として学説にいわゆる「職務行為基準説」をとったものと解される。

なお、第1審判決は、警察官・検察官ら個人の損害賠償責任も肯定したが、これは第2審で否定され、最高裁も公務員個人は責任を負わないことを明らかにした（論点4参照）。

**論点 ⑨** 国賠法施行前の損害は従前の例によるとした同法附則6項は、本条に違反しないか

国賠法附則6項は、「この法律施行前の行為に基づく損害については、なお従前の例による」と規定している。国賠法は、昭和22年10月27日に施行されたが、日本国憲法はそれ以前、同年5月3日に施行されている。そこで、憲法施行後で国賠法施行前に発生した損害については「なお従前の例による」ことになる。大日本帝国憲法には、国家賠償制度に関する規定はなく、法律でも「行政裁判所ハ損害要償ノ訴訟ヲ受理セス」（行政裁判所法16条）とされていたため、公権力の行使によって私人に損害が発生しても、国も公務員も責任を負わなかった。そこで、国賠法附則6項は17条に違反し無効ではないか問題となる。

17条の法的性格について、憲法制定当初、学説上プログラム規定説が有力であり、裁判例の中にも同趣旨のものがあることは、論点2でみたとおりである。国賠法附則6項の合憲性については、日本国憲法施行後は公務員の不法行為についても民法の規定を適用することができることになったものであり、国賠法は、民法の特別法として制定されたのであるから、同法施行後は同法が民法に優先して適用され、民法はこれについで適用される。そう解すると、国賠法附則6項がその施行前の行為にまで同法を遡及適用しなかったことは17条に反するものではない、とした裁判例がある（東京高判昭和32・10・26高裁民集10巻12号

671頁〔27420605〕)。この判決は、17条から直接賠償請求権を引き出すことは認めないが、国の不法行為について民法を適用して賠償請求することができるから国賠法附則6項は違憲ではないというのである。

　また、憲法施行前の損害に国賠法が適用されなくても憲法上問題がないことは、判例でも学説でも当然視されていたが、最近この点を争う訴訟がみられるようになった。第2次世界大戦中、日本軍兵士から暴行・監禁等の被害を受けたことを理由として、フィリピン女性らが国家賠償を請求した事件において、裁判所〔東京高判平成12・12・6訟務月報47巻11号3301頁〔28061320〕〕は、「憲法はその施行前に行われた公務員の不法行為について国等に対し遡及的に賠償責任を負わせるか否かについて立法府の裁量に任せる趣旨であったと解される上、憲法施行前に行われた公務員の不法行為について遡及的に国等の賠償責任を認めることが憲法上要請されていたとする格別の根拠はないことからすれば、『行為』の時を基準として国家賠償法を適用し、同法施行前に行われた公務員の不法行為について遡及的な適用をしないことを規定した同法附則6項に違憲の点は認められない」と述べて請求を棄却した。

【参考文献】
樋口陽一=佐藤幸治=中村睦男=浦部法穂『注解法律学全集1・憲法Ⅰ』青林書院（1994年）〔浦部法穂〕356-365頁、西埜章『国家賠償法コンメンタール』勁草書房（2012年）

（工藤達朗）

## ◆第18条

〔奴隷的拘束及び苦役からの自由〕
第18条　何人も、いかなる奴隷的拘束も受けない。又、犯罪に因る処罰の場合を除いては、その意に反する苦役に服させられない。

【条文の概要】
　本条の前段は、奴隷的拘束からの自由を、後段は、意に反する苦役からの自由を保障する。多くの裁判例が判示するように、本条は、アメリカ合衆国憲法修正13条1節の「奴隷および本人の意に反する労役は、犯罪に対する刑罰として適法に宣告を受けた場合を除いては、合衆国内もしくはその管轄に属するいずれの地にも存在してはならない」という規定に由来している。この規定は、米国において、南北戦争の終結後、それまで存在していた奴隷制度を廃止するために設けられたものである。一方、我が国では、明治憲法下においても、奴隷制度は存在しなかったものの、それに同視しうるような人格を無視した身体の自由の拘束があったので、そのような個人の尊厳に反する身体的拘束を禁止するため、本条が設けられた。

〔細目次〕
Ⅰ　奴隷的拘束
Ⅱ　苦役

## Ⅰ　奴隷的拘束

****** 論　点 ******

1　シベリア抑留者が、長期にわたり抑留され、強制労働を課せられたことにつき、本条を基に、国に対して損害賠償や補償の請求ができるか
2　本条は、奴隷的拘束からの解放のみならず、自由意思による労働関係の場合において、労務の不提供を刑罰の対象とすることを禁止する趣旨を含むものと解すべきか
3　刑事施設・労役場における身柄の拘束等は、本条前段にいう「奴隷的拘束」に当たるか

4　罰金・科料等の不完納の場合に労役場に留置することを定める刑法18条は、本条に違反するか
　5　単純逃走罪を定めた刑法97条は、本条に違反するか
　6　出入国管理及び難民認定法に基づく退去強制処分を受けた外国人を送還可能のときまで入国管理事務所へ収容することは、本条に違反するか

【関連法令】
刑法193〜196、226〜228条、「拷問及び他の残虐な、非人道的な又は品位を傷つける取扱い又は刑罰に関する条約」、児童福祉法、労基法

**論点 ①** シベリア抑留者が、長期にわたり抑留され、強制労働を課せられたことにつき、本条を基に、国に対して損害賠償や補償の請求ができるか

　第2次世界大戦後長期間にわたって旧ソヴィエト社会主義共和国連邦によってシベリアの収容所に抑留され強制労働を課せられた軍人・軍属は、「日本国とソヴィエト社会主義共和国連邦との共同宣言」6条後段に定める請求権放棄によって、旧ソ連に対して損害賠償を求めることができなくなった。そこで、このようなシベリア抑留者が、日本国に対して、29条3項等に基づき補償を請求するとともに、国が南方地域から帰還した日本人捕虜に対して抑留期間中の労働賃金を決済する措置を講じてきたことを参照し、14条に基づき抑留期間中の労働賃金の支払を請求した。抑留され強制労働を課されたことによって生じた損害は、国による戦争の開始・遂行及び終戦処理に起因する特別な損害であり、この損害について、本条のほか、11、13、14、17、29条3項及び40条に基づき補償がされるべきであると主張した原告に対して、最高裁判所は、戦争中から戦後にかけての国の存亡に関わる非常事態にあっては、国民のすべてが、多かれ少なかれ、その生命、身体、財産の犠牲を堪え忍ぶことを余儀なくされていたのだから、これらの犠牲は、いずれも戦争犠牲・戦争損害として、国民の等しく受忍しなければならなかったところであり、戦争損害に対する補償はこれらの条項の予想しないところというべきであると述べたうえで、シベリア抑留者が長期間にわたる抑留と強制労働によって受けた損害が深刻かつ甚大な

ものであったことを考慮しても、他の戦争損害と区別して補償を認めることはできないと判示し、原告の請求を斥けた（最一小判平成9・3・13民集51巻3号1233頁〔28020796〕）。

**論点 2**　本条は、奴隷的拘束からの解放のみならず、自由意思による労働関係の場合において、労務の不提供を刑罰の対象とすることを禁止する趣旨を含むものと解すべきか

　大阪高判昭和43・3・29下級刑集10巻3号254頁〔27670458〕は、本条がアメリカ合衆国憲法修正13条に由来することを示したうえで、その意義を示しつつ、本条も「その理念とするところは、これと別異に考える理由はないのであつて、奴隷的拘束からの解放のみならず、自由意思による労働関係の場合においても、労務の不提供を刑罰の対象とすることを禁止したものと解するのが相当である」と判示する。同様に判断する下級審裁判例として、東京地判昭和37・4・18下級刑集4巻3=4号303頁〔27670263〕、福岡地判昭和37・12・21刑集25巻2号27頁〔27670280〕、東京地判昭和38・4・19刑集27巻4号1047頁〔27670291〕、和歌山地判昭和38・10・25下級刑集5巻9=10号910頁〔27670306〕、大阪地判昭和39・3・30下級刑集6巻3=4号309頁〔27670317〕、高知地判昭和39・11・28下級刑集6巻11=12号131頁〔27670341〕、高松地判昭和41・3・31労働民例集17巻2号405頁〔27670382〕、長崎地判昭和41・7・1下級刑集8巻7号975頁〔27670392〕、盛岡地判昭和41・7・22刑集30巻5号1508頁〔27670394〕、前橋地判昭和42・7・26教職員人事関係裁判例集5集525頁〔27760826〕、福岡高判昭和42・12・18刑集25巻2号173頁〔27670441〕、仙台高判昭和44・2・19刑集30巻5号1564頁〔27670495〕、東京高判昭和60・11・20高裁刑集38巻3号204頁〔27803706〕などがある。前掲昭和43年大阪高判は、上記引用部分に続き、「そのことは単に労働者個人の労働放棄に止まらず、その統一的、団体行動としての争議行為にも当てはまるところであり、したがつて争議行為に必要にして不可欠か、又は通常随伴する行為としてのその遂行等を共謀し、そそのかし、もしくはあおつたりする行為も、一般的には争議行為自体と同様、これに刑罰を科することは許されないとしなければならない」と判示する。なお、争議行為を禁止し、違反に対する罰則を設ける国公法・地公法

の規定が本条に違反するか否かについては、II論点1及び論点3を参照。

また、辞令に抗して転勤を拒否した従業員に対して民間企業が転勤先での就労を求めた事件では、被告従業員の主張を認容して、就労義務の履行を雇用契約に基づき直接に強制することはもちろん、間接強制（旧民訴法734条）によって履行を強制することも、本条及び労基法5条の法理から許されないとする下級審裁判例がある（長野地諏訪支判昭和39・8・10労働民例集15巻4号915頁〔27621685〕）。

**論点 ❸ 刑事施設・労役場における身柄の拘束等は、本条前段にいう「奴隷的拘束」に当たるか**

刑事施設や労役場における被収容者の処遇は、本条前段にいう「奴隷的拘束」であってはならない。

まず、通常の処遇に関して、奴隷的拘束に該当するか否かが争われた下級審の裁判例として、刑事施設内での受刑者の頭髪をめぐる問題がある（その他に、II論点4も参照）。受刑者の頭髪を丸坊主刈りにすべきものとする旧監獄法36条・同法施行規則103条及びこれに基づく刑務所長の取扱い（翦剃の強制）について、裁判所は、丸坊主刈りであるからといって、それだけで生活上格別の不利をもたらし、又は精神的・肉体的に格別の苦痛を生ずるものとは考えられないので、本条及び25条に違反しないとした（東京地判昭和38・7・29行集14巻7号1316頁〔27602713〕）。

次に、受刑者等に対する処分が本条前段にいう奴隷的拘束に該当するか否かが問題となる。この点、下級審の裁判例に次のようなものがある。

懲役9年の受刑者が、主として保安上の理由による独居拘禁の期間更新という形に加え、懲罰事犯取調べのための独居拘禁、軽屏禁の懲罰執行のためのそれ、休養処遇としてのそれが重なって、およそ7年半の長期間にわたり独居拘禁に付されたことにつき、これが自由な人格者であるとはいえない程度まで身体的自由を剥奪するものであるとして本条に違反するとの訴えに対して、裁判所は、本件独居拘禁が法律に基づいて必要と認められる合理的な範囲内にあるとして、本条に違反しないと判示した。また、本件独居拘禁は、旧監獄法及び

同法施行規則の各規定に照らし違法とはいえないとされ、また、13、14、31、36条にも違反しないとされた（札幌地判平成12・8・25訟務月報47巻9号2699頁〔28062186〕）。

旧監獄法60条に定める在監者に対する懲罰のうち、重屏禁ないし減食罰、戸外運動の禁止等の懲罰は、自由な人格者であることの否定ないし健康と生命を脅かすものとして、憲法上許されないと解すべきであるとする裁判例がある（大阪地判昭和33・8・20行集9巻8号1662頁〔27911453〕）。なお、本件は、日本国憲法制定直後に、死刑囚が拘置所長を相手に所内での処遇について争った事件であり、原告の主張が一部認容されて、文書図画閲読禁止処分等が無効とされた。

未決被拘禁者に対する軽屏禁及び文書図画閲読禁止処分が、一定の姿勢を長期間固定させ、一切の精神的慰安を奪う点で生活面における自由、権利の全面的剥奪ともいうべきものであり、一切の社会生活を全面的に奪い、肉体的疾患や精神的疾患の原因ともなる危険性を有しているから、13、21、31、36条とともに、本条に違反すると主張された国家賠償請求訴訟において、裁判所は、懲罰が受罰者に反省、改悛を促すことを目的とすることにあり、その目的を達成するために必要にして合理的なものであるとして、本条及び他の条項に違反しないと判示した（東京地判平成元・2・23判夕713号136頁〔27805344〕）。

**論点 ④** 　罰金・科料等の不完納の場合に労役場に留置することを定める刑法18条は、本条に違反するか

刑法18条は、「罰金を完納することができない者は、1日以上2年以下の期間、労役場に留置する」（1項）、「科料を完納することができない者は、1日以上30日以下の期間、労役場に留置する」（2項）と規定している。同条の規定について、判例は、最大判昭和24・10・5刑集3巻10号1646頁〔27760147〕及び最大判昭和25・6・7刑集4巻6号956頁〔27660155〕の趣旨に照らして、本条及び11、13条に違反しないとする（最三小判昭和33・5・6刑集12巻7号1351頁〔27760614〕）。同じく、同条が本条に違反しないとする判例として、最三小判昭和32・9・17新聞72号6頁〔27760590〕がある。

**論点 ❺　単純逃走罪を定めた刑法97条は、本条に違反するか**

　刑法97条は、「裁判の執行により拘禁された既決又は未決の者が逃走したときは、1年以下の懲役に処する」と規定している。同条の規定について、犯罪による処罰の場合には刑事施設の被収容者をその意に反して拘束し、苦役に服せしめることは憲法が是認するところであるから、刑法がその身柄の拘束を排除し、苦役を免れようとする者に対し刑罰をもって臨むことはむしろ当然のことといわなければならないのであり、また苦役を前提とする身柄の拘束は奴隷的拘束には当たらないとして、本条に違反しないとする裁判例がある（東京高判昭和28・11・5高裁刑集6巻11号1572頁〔27760423〕）。

**論点 ❻　出入国管理及び難民認定法に基づく退去強制処分を受けた外国人を送還可能のときまで入国管理事務所へ収容することは、本条に違反するか**

　旧出入国管理令24条4号(ヘ)に該当するものとして、退去強制処分を受けた外国人について、送還可能のときまで入国者管理事務所に収容することは、3か月という収容期間が基本的人権を無視する程度に長期にわたるものとはいえず、また、収容による拘束が続けられているのは、被拘束者が自ら申し立てた行政処分執行停止の裁判により送還の執行が停止されているためであるから、本条に反しないとする裁判例がある（大阪地決昭和42・12・28訟務月報13巻13号1691頁〔27661321〕）。

## II 苦　役

•••••• 論　点 ••••••

1　本条後段の「その意に反する苦役」とは、何を指すか
2　裁判員制度の下で、一般の国民が裁判員としての職務に従事し、又は裁判員候補者として裁判所に出頭しなければならないとされることは、本条後段に違反するか
3　公務員の争議行為を禁止する法規定は、本条に違反するか
4　刑事施設・労役場における身柄の拘束等は、本条後段にいう「意に反する苦役」に当たるか
5　船員が外国において脱船した場合に処罰する旨を定めた船員法128条4号は、本条に違反するか

【関連法令】
労基法

### 論点 1　本条後段の「その意に反する苦役」とは、何を指すか

　最高裁判所の判例は存在しないが、いくつかの下級審裁判例において、本条が、自由意思による一般の労働関係において、労務の不提供を刑罰の対象とすることを禁止したものである旨を判示するものがある。例えば、福岡高判昭和42・12・18刑集25巻2号173頁〔27670441〕は、本条後段の「その意に反する苦役」とは、単に苦役を伴う労役のみと解すべきではなく、本人の意思に反して他人のため強制される労役も含むと解すべきであるから、労働者が単に労働契約に違反して就労しなかったとの理由だけで処罰することは、本条に違反すると判示する（Ⅰ論点2参照）。東京地判昭和37・4・18下級刑集4巻3=4号303頁〔27670263〕、福岡地判昭和37・12・21刑集25巻2号27頁〔27670280〕、東京地判昭和38・4・19刑集27巻4号1047頁〔27670291〕、和歌山地判昭和38・10・25下級刑集5巻9=10号910頁〔27670306〕、大阪地判昭和39・3・30下級刑集6巻3=4号309頁〔27670317〕、高知地判昭和39・11・28下級刑集6巻11=12号131頁〔27670341〕、高松地判昭和41・3・31労働民例集17巻2号405頁〔27670382〕、長崎地判昭和41・

7・1下級刑集8巻7号975頁〔27670392〕、盛岡地判昭和41・7・22刑集30巻5号1508頁〔27670394〕、前橋地判昭和42・7・26教職員人事関係裁判例集5集525頁〔27760826〕、大阪高判昭和43・3・29下級刑集10巻3号254頁〔27670458〕、仙台高判昭和44・2・19刑集30巻5号1564頁〔27670495〕も同趣旨。

　これらの裁判例は、このような本条の解釈を前提に、さらに公務員の争議行為について検討を進めているが、本条は単純不就労を超える争議行為や特殊の地位にある者の争議行為までを保障するところではないとするものとして、東京高判昭和60・11・20高裁刑集38巻3号204頁〔27803706〕がある。また、本条に基づく労働者個人の労働放棄の自由の集積と、その集団的行使たる28条による争議行為とは本質的に異なるとする地裁裁判例として、高松地判昭和41・3・31労働民例集17巻2号405頁〔27670382〕がある（詳しくは、論点3参照）。

**論点 2**　裁判員制度の下で、一般の国民が裁判員としての職務に従事し、又は裁判員候補者として裁判所に出頭しなければならないとされることは、本条後段に違反するか

　裁判員制度の合憲性に関する最高裁大法廷判決（最大判平成23・11・16刑集65巻8号1285頁〔28175864〕）は、裁判員の職務等により国民に一定の負担が生ずることは否定できないものの、裁判員法1条に定める制度導入の趣旨を国民主権の理念に沿って司法の国民的基盤の強化を図るものであると解したうえで、裁判員の職務等が、司法権の行使に対する国民の参加という点で参政権と同様の権限を国民に付与するものであり、これを苦役ということは必ずしも適切ではないと判示した。また、裁判員法16条が、国民の負担を過重にしないよう、裁判員となることを辞退できる者を類型的に規定し、さらに同条8号及び同号に基づく政令において、個々人の事情を踏まえて辞退を認めるなど、辞退に関し柔軟な制度を設けているほか、同法11条、29条2項が、出頭した裁判員・裁判員候補者に対する旅費、日当等の支給により負担を軽減するための経済的措置を講じていることを考慮すれば、裁判員の職務等は、本条後段にいう苦役に当たらないと判示した。

**論点 3** 公務員の争議行為を禁止する法規定は、本条に違反するか

　国公法・地公法などの法規定は、一律に公務員の争議行為を禁じているが、これが28条の労働基本権保障規定に違反すると争うとともに（詳しくは、28条参照、併せて98条II論点1も参照）、本条違反であると主張する訴訟が多く登場している。主たる争点の28条違反か否かについては、最高裁判所の合憲判決が定着しており、本条違反の争点が容認される余地はないといってもよい。そこで、ここでは、合憲判決の概要を示しておくこととする。

　日本国憲法制定直後の判例として、政令201号事件最高裁大法廷判決（最大判昭和28・4・8刑集7巻4号775頁〔27660329〕）がある。これは、国公法及び地公法等が制定される以前に、国家公務員及び地方公務員による争議行為を一律に禁止し、違反者に対して刑罰を科する「昭和23年7月22日付内閣総理大臣宛連合国最高司令官書簡に基く臨時措置に関する政令」（昭和23年政令201号）が本条に違反するか否かが争われた事件である。同政令によって、公務員は、争議行為を禁止されたが、人格を無視してその意思にかかわらず束縛する状態に置かれるのではなく、所定の手続を経ればいつでも自由意思によってその雇用関係を脱することもできるので、同政令が奴隷的拘束を公務員に加え、その意に反して苦役を強いるものであるということはできないと、最高裁判所は判示した。この判例を引用し、同様の理由から、争議行為を禁止する国公法ないし地公法の規定を合憲とする下級審裁判例として、熊本地判昭和37・4・3行集13巻4号709頁〔27602533〕、福岡地判昭和37・12・21刑集25巻2号27頁〔27670280〕、和歌山地判昭和38・10・25下級刑集5巻9=10号910頁〔27670306〕、長崎地判昭和41・7・1下級刑集8巻7号975頁〔27670392〕、岩教組学力テスト事件の第1審判決である盛岡地判昭和41・7・22刑集30巻5号1508頁〔27670394〕がある（この判例を引用しないものの、公務員たる地位にあるか否かは自由意思による選択に委ねられていることを理由に、意に反する苦役を強いられている状態ではないとする裁判例として、東京高判昭和60・11・20高裁刑集38巻3号204頁〔27803706〕）。一方、全農林事件の第1審判決の東京地判昭和38・4・19刑集27巻4号1047頁〔27670291〕や大阪地判昭和39・3・30下級刑集6巻3=4号309頁〔27670317〕は、自由意思による退職が可能であることを理由として地公法61条4号が本条に違反しないという見解は、終身雇用

という（その当時の）我が国の雇用関係の実態を前提とすれば採用できないと否定し、さらに後者（前掲昭和39年大阪地判）は、正面から同法61条4号が本条に違反するとした（なお、この裁判例と同趣旨の主張を争議行為違反による処分の取消請求訴訟で原告が行ったところ、これを認めなかった裁判例として、京都地判昭和55・6・6労働民例集31巻3号682頁〔27670891〕）。また、前橋地判昭和42・7・26教職員人事関係裁判例集5集525頁〔27760826〕は、当該事件の被告人に対して同法61条4号を適用することが、本条及び28、31条に違反し、無効であると判示した。このように公務員法の規定を違憲とする下級審裁判例が散見されていた中で、政令201号事件最高裁大法廷判決は、後述する全司法仙台事件及び都教組事件に対する最高裁大法廷の各判決によって判例変更され、さらに全農林事件及び岩教組学テ事件に対する最高裁大法廷の各判決によって、それらも再度変更されるという展開となった。

1 争議行為を禁止する国公法の規定が本条に違反しないとした判決

全司法仙台事件に対する最高裁大法廷判決（最大判昭和44・4・2刑集23巻5号685頁〔27670505〕）は、いわゆるあおり罪についての合憲限定解釈を行い、国公法（昭和40年法律69号改正前）98条5項、110条1項17号（現98条2項及び110条17号）が、本条及び28条、前文、11、97条に違反しないと判示した。その後、最高裁判所は、同法の規定が、合憲限定解釈をせずとも28条に違反しないとしたうえで、違法な争議行為に原動力を与える者は単なる争議参加者に比べて社会的責任が重く、争議行為の開始ないしはその遂行の原因をつくるものであるから、あおり等の行為者の責任を問い、かつ、違法な争議行為の防遏を図るため、その者に対し特に処罰の必要性を認めて罰則を設けることは、十分に合理性があるとして、同法旧110条1項17号は本条及び28条に違反しないと判示した（全農林事件最高裁大法廷判決（最大判昭和48・4・25刑集27巻4号547頁〔27670688〕））。

同様に同法110条17号が本条に違反しないとする地方裁判所の裁判例として、全司法仙台事件の第1審の福島地判昭和38・3・27下級刑集5巻3=4号309頁〔27670290〕、特に合憲限定解釈をして本条に違反しないとするものとして、全農林事件第1審の前掲昭和38年東京地判がある。

2 争議行為を禁止する地公法の規定が本条に違反しないとした判決

都教組事件第1審判決である東京地判昭和37・4・18下級刑集4巻3=4号303頁〔27670263〕は、争議行為遂行の扇動を処罰することは意に反する就業の放棄を使用者が処罰することと同じであるとはいえず、その他刑罰の威嚇によってその意に反する苦役を服させることにならないのは明らかであって、争議行為遂行の扇動に刑罰を科するかどうかは、本条とは関係ないとした。これに対して、控訴審判決(東京高判昭和40・11・16高裁刑集18巻7号742頁〔27670369〕)及び上告審たる最高裁大法廷判決(最大判昭和44・4・2刑集23巻5号305頁〔27670504〕)は、いわゆるあおり罪についての合憲限定解釈を行い、地公法37条1項が28条に違反することを前提として、被告人の主張(同法61条4号が本条及び28、31条、98条2項に違反する)を斥けた。同判決を引用して、同様の判断をしたものとして、最三小判昭和46・3・23刑集25巻2号110頁〔27670574〕(その控訴審である福岡高判昭和42・12・18刑集25巻2号173頁〔27670441〕、岩教組事件の控訴審判決である仙台高判昭和44・2・19刑集30巻5号1564頁〔27670495〕、高知地判昭和39・11・28下級刑集6巻11=12号131頁〔27670341〕は、都教組事件最高裁判決より先行してなされたものであるが、同様の合憲限定解釈により合憲と判示した)。その後、最高裁判所は、全農林事件最高裁大法廷判決を引用し、同法の規定が、合憲限定解釈をせずとも28条に違反しないとしたうえで、同判決と同様の理由から、本条及び28条に違反しないと判示した(岩教組学テ事件最高裁大法廷判決(最大判昭和51・5・21刑集30巻5号1178頁〔27670811〕))。

東京高判昭和60・11・20高裁刑集38巻3号204頁〔27803706〕は、同法の規定が本条に違反しない理由として、次のように詳述する。すなわち、一般労働者が単に労働契約に反して就労しないという理由だけでこれに刑罰を科することは、刑罰の威嚇によって人を意に反する苦役に服させることになるから、集団的不就労を実体とするストライキに対する刑罰規定が存するとしたならば、それは本条に違背する違憲の規定であると考えられるとしても、単純不就労を超える争議行為や特殊の地位にある者の争議行為までも本条の保障するところとは考え難く、特に公務員については、①争議行為を禁止し、その違反に対しては強い制裁を科すべき妥当性があり、また、②公務員たる地位にあるか否かは自らの自由意思による選択に委ねられているのでもあるから、その制裁のゆえに意

に反する苦役を強いられている状態にあるとはいえず、さらに③地公法61条4号が、争議行為それ自体に対し刑罰をもって臨んでいるのではなく、さらに違法性の強いあおり等の行為に出た者のみに科罰するのであるから、刑罰の威嚇によって労働＝苦役を強制している場合でもなく、また、ストライキ参加行為に対し刑罰という強制労働を科している場合とも思料されない。同様に、③を挙げるものとして、東京高判昭和63・5・26刑集44巻3号247頁〔27806334〕がある（これらの上告審では、岩教組学テ事件最高裁大法廷判決及び全農林事件最高裁大法廷判決を引用して、本条違反等の主張を斥けている（最一小判平成元・12・18刑集43巻13号882頁〔27808027〕、最三小判平成2・4・17刑集44巻3号1頁〔27809887〕））。

3　争議行為を禁止する公共企業体等労働関係法の規定が本条に違反しないとした判決

いわゆる三公社五現業における労働関係に関しては、公共企業体等労働関係法が制定されていた（制定当初は、公共企業体労働関係法、その後の国営企業労働関係法、現在は、特定独立行政法人等の労働関係に関する法律）。同法は、17条において、「職員及びその組合は、同盟罷業、怠業、その他業務の正常な運営を阻害する一切の行為をすることができない。又職員は、このような禁止された行為を共謀し、そそのかし、若しくはあおつてはならない」（1項）、「公共企業体は、作業所閉鎖をしてはならない」（2項）と規定しており、そして、18条で「前条の規定に違反する行為をした職員は、この法律によつて有する一切の権利を失い、且つ、解雇されるものとする」と規定していた。

この点、同法18条が本条及び28条に違反するか否かが争われたいわゆる電々公社丸亀電報電話局解雇事件において、裁判所は、本条が「本来所謂自由権的基本権に関する規定であり、近代的社会における不可欠の観念としての人格の自由とその独立を確保するため、それとは相容れない奴隷的拘束や意に反する苦役を禁止したものであつて、そこに保障されているのは（中略）人身の自由であり、労働者個人の労働放棄の自由に外なら」ず、一方、「同盟罷業その他の争議行為は、その実体において、個々の労働者のもつ労働力を売らない自由や、さらにその根拠としての憲法第18条の人身の自由によつて基礎づけられる労働者個人の労働放棄の自由の単なる集積乃至はその集団的行使とは本質的に

異なるものであり、またこれを保障する争議権は、使用者に対する関係においても労働者相互の関係においても自由権としての労働放棄の自由の集積を超える積極的な意味と内容をもつ社会権的基本権であり、むしろ市民法的な秩序の基底をなす一般的抽象的な意味における右のような人格の『自由』の観念、換言すればすべての社会関係を個人の自由な意思を基礎とした契約関係として理解しようとする近代市民法的原理に対し、直接間接に拘束を加え、本質的にはこれを否定する原理に立脚するもの」であって、「強制労働禁止規定の存在によって争議行為の正当性乃至争議権の存在を主張しようとすることは当を得ないものである」として、同法18条が本条及び28条に違反しないと判示した（高松地判昭和41・3・31労働民例集17巻2号405頁〔27670382〕）。同様に、公共企業体等労働関係法違反の争議行為に対して懲戒処分を課することが本条及び28条に違反しないと判示するものとして、熊本地判昭和63・7・18労働判例523号27頁〔27806081〕がある。

**論点 ④　刑事施設・労役場における身柄の拘束等は、本条後段にいう「意に反する苦役」に当たるか**

　刑務所内での喫煙を禁止する旧監獄法96条について、禁煙による苦痛と拘禁が相まって本条にいう苦役に当たるとする未決拘禁者の訴えに対して、裁判所は、「いわゆる苦役とは一の強制労役を指称するもので、(中略)禁煙処分とは自らその性質を異にする」と判示した裁判例がある（高知地判昭和40・3・31民集24巻10号1413頁〔27201891〕）。

　刑事施設・労役場における身柄の拘束等が、本条前段にいう「奴隷的拘束」に当たるか否かについては、Ⅰ論点3参照。

**論点 ⑤　船員が外国において脱船した場合に処罰する旨を定めた船員法128条4号は、本条に違反するか**

　船員が外国において脱船した場合に処罰する旨を定めた船員法128条4号は、海員労働が船舶という特殊な場所における特異な労働関係であることから、船内紀律、航海の安全等の公益上の必要に基づき設けられた規定であり、このよ

うな公共の福祉のための必要から特に海員の補充困難な外国において、正当な理由なく脱船した場合に限り処罰することは、外国においても正当な理由に基づく下船等は制限していないから、本条及び13条、22条1項に違反しないとする裁判例がある（福岡高判昭和33・11・5高裁刑特報5巻11号444頁〔27486403〕）。

【参考文献】
片岡曻「『意に反する苦役』の禁止と労働者の権利」季刊労働法9巻3号（1959年）4-21頁、樋口陽一=佐藤幸治=中村睦男=浦部法穂『注解法律学全集1・憲法Ⅰ』青林書院（1994年）〔浦部法穂〕366-373頁

（柳瀬昇）

## ◆第19条

> （思想及び良心の自由）
> 第19条　思想及び良心の自由は、これを侵してはならない。

【条文の概要】

　日本国憲法は、＜精神活動の自由＞を保障するための条文として、本条と20条（信教の自由）と21条（表現の自由）と23条（学問の自由）の4か条を持っている。本条と21条はそれぞれ、＜内面的な精神活動の自由＞と＜外面的な精神活動の自由＞を、一般法的に保障しており、20条と23条はそれぞれ、宗教と学問という特定主題に関する内面・外面双方にわたる精神活動の自由を、特別法的に保障している。

　＜内面的な精神活動の自由＞の保障は、＜外面的な精神活動の自由＞が広く保障される社会では、独立して問題とされる必要が少ない。しかるに戦前の日本では、＜外面的な精神活動の自由＞保障が破壊され、＜内面的な精神活動の自由＞保障まで損なわれた。その経験を踏まえて、日本国憲法はあえて本条で＜内面的な精神活動の自由＞を一般法的に保障する。ゆえに本条は、それ自体独自の「思想及び良心の自由」という個別人権（以下、本稿では「内心の自由」とも表現する）の保障規定としての意義のみならず、精神的自由の原理的な保障規定としての意義も持つと解されている。

　また、本条が設けられた前記経緯からすると、次のような基本的構えで、日本国憲法の＜精神活動の自由＞保障の諸規定を解釈することが求められる。すなわち、一方で、21条等による＜外面的な精神活動の自由＞保障をできるだけ分厚くすることで、本条による＜内面的な精神活動の自由＞保障の出番が少なくてすむようにすること。同時に他方で、＜外面的な精神活動の自由＞保障の解釈論ではどうしてもこぼれ落ちる場面を、＜内面的な精神活動の自由＞保障に関する本条の解釈論ですくい上げることである。

　「思想及び良心の自由」という個別人権の保障に関して、本条にいう「思想及び良心」とは何か、及びその自由を「侵してはならない」とはどういうことか、が解釈上問題となる（ドイツの3段階審査の用語でいえば、前者が「保護範囲」、後者が「制約」及び「正当化」の問題）。この2つの論点は本来、相互に関連している——内心の自由に対する制約（「侵してはならない」）の具体的ありように応じて、そこで保護されるべき「思想及び良心」の内容も違っている——。それゆえ、この自由に対する制約類型にどのようなものがあると考えられるのか、またそれら複数の制約類型の1つひとつについて個別的に、どんな仕方の制約によりどんな「思想及び良心」が違憲に侵害されるのか、当該制約類型に対応する憲法解釈論はそれにより内心の自由の憲法的価値のどんな

側面を守っているのか、を説明せねばならない。
　以上のような視角から、各論点に即して判例の現状を検討するのが、本稿の課題である。

〔細目次〕
I　内心の自由の直接的制約・間接的制約——＜特定思想の強制の禁止＞法理
II　謝罪にかかる内心の自由の問題——＜特定思想の強制の禁止＞法理
III　＜内心に基づく不利益処遇の禁止＞法理
IV　内心の自由のいかなる法理によるのかが不分明な先例


# I　内心の自由の直接的制約・間接的制約——＜特定思想の強制の禁止＞法理

•••••• 論　　点 ••••••
1　公立学校の式典における国歌斉唱の際に音楽専科の教員に対してピアノ伴奏行為を命じる職務命令は、本条違反か
2　公立学校の式典における国歌斉唱の際に教職員全員に対して起立斉唱行為を命じる職務命令は、本条違反か
3　内心の自由に対する直接的制約とは、どんな場合か。その場合にその制約は、どんな合憲性判断枠組みで判断されるか
4　内心の自由に対する間接的制約とは、どんな場合か。その場合にその制約は、どんな合憲性判断枠組みで判断されるか
5　公立学校の式典における国歌斉唱の際に起立斉唱行為を命じる職務命令に違反したことを理由とした懲戒処分は、本条違反か

【関連法令】
学教法、国賠法、国旗及び国家に関する法律、地公法


**論点 ①　公立学校の式典における国歌斉唱の際に音楽専科の教員に対してピアノ伴奏行為を命じる職務命令は、本条違反か**

　本論点に対する判断を行ったのは、ピアノ伴奏命令事件に関する最三小判平

成19・2・27民集61巻1号291頁〔28130624〕である。この事件は、都内の市立小学校の音楽専科の教諭Xが、入学式の国歌斉唱の際に「君が代」のピアノ伴奏を行うことを内容とする校長の職務命令に従わなかったことを理由に東京都教育委員会（以下、「都教委」という）から戒告処分を受けたため、本件職務命令は本条に違反するとして、本件戒告処分の取消しを求めた事案である（なお本件は、国旗及び国歌に関する法律が平成11年に制定・施行される前に生じた）。最高裁は4対1で合憲と判断した。

　まず、本件で問題となる内心は何か。Xは、「『君が代』が過去の日本のアジア侵略と結び付いており、これを公然と歌ったり、伴奏することはできない」などの「思想及び良心」を有すると主張した。こうした考えを本判決は、「『君が代』が過去の我が国において果たした役割に係わるX自身の歴史観ないし世界観及びこれに由来する社会生活上の信念等」であるとした。次に、本件職務命令は、その内心を制約しているか。本判決はこう論じた。本件ピアノ伴奏拒否行為は、「Xにとっては、上記の歴史観ないし世界観に基づく一つの選択ではあろうが、<u>一般的には、これと不可分に結び付くものということはでき〔ない〕</u>」（下線は引用者）。それゆえ国歌斉唱時のピアノ伴奏行為を命じる本件職務命令は、「直ちにXの有する上記の歴史観ないし世界観それ自体を否定するものと認めることはできない」。

　「他方において、本件職務命令当時、公立小学校における入学式や卒業式において、国歌斉唱として『君が代』が斉唱されることが広く行われていたことは周知の事実であ」る。この文脈に鑑みると、「<u>客観的に見て、＜入学式の国歌斉唱の際に『君が代』のピアノ伴奏をするという行為＞自体は、音楽専科の教諭等にとって通常想定され期待されるものであって、上記伴奏を行う教諭等が特定の思想を有するということを外部に表明する行為であると評価することは困難なもの</u>」（下線と＜＞は引用者）である。「特に、職務上の命令に従ってこのような行為が行われる場合には、上記のように評価することは一層困難である」。ゆえに「本件職務命令は、(中略) Xに対して、(p)特定の思想を持つことを強制したり、あるいはこれを禁止したりするものではなく、(q)特定の思想の有無について告白することを強要するものでもな」い（(p)(q)の記号は引用者）。

基本的には以上の論理により、本判決は本件職務命令を本条に違反しないと判断した。

> **論点 ❷** 公立学校の式典における国歌斉唱の際に教職員全員に対して起立斉唱行為を命じる職務命令は、本条違反か

1　事案

　本論点に対する判断を行ったのが、ピアノ伴奏命令事件判決（論点1を参照）から4年後の、起立斉唱命令事件に関する、①最二小判平成23・5・30民集65巻4号1780頁〔28172544〕、②最一小判平成23・6・6民集65巻4号1855頁〔28172941〕、及び③最三小判平成23・6・14民集65巻4号2148頁〔28173230〕、の各判決である。およそ2週間のうちに3つの小法廷が別々に、だがほぼ同文の法廷意見により、合憲の判断を示した（①判決は4対0、②判決は4対1、③判決は4対1）。上告人らは、①事件では都立高等学校の教諭1名、②事件では都立高等学校の教諭12名と学校司書1名、③事件では都内の市立中学校の教諭3名である。上告人らは、卒業式等の式典における国歌斉唱の際に国旗に向かって起立し国歌を斉唱すること（以下、「起立斉唱行為」という）を命ずる旨の校長の職務命令に従わず、前記国歌斉唱の際に起立しなかった。全事件で上告人らは、前記職務命令が本条に違反すると主張した。①事件・②事件では、上告人らは、定年退職又は定年前の勧奨退職に先立ち申し込んだ非常勤の嘱託員等の採用選考において、東京都教育委員会（以下、「都教委」という）から、前記不起立行為が職務命令違反等に当たることを理由に不合格とされたため、上告人らを不合格としたことは違法だと主張して、東京都に対して国賠法1条1項に基づく損害賠償等を求めた。③事件では、上告人らは、都教委から、前記不起立行為が職務命令違反等に当たることを理由に、事情聴取をされ、戒告処分を受け、服務事故再発防止研修を受講させられ、また東京都人事委員会から、前記戒告処分の取消しを求める審査請求を棄却する旨の裁決を受けたため、東京都に対し、上記戒告処分及び裁決の各取消し並びに国賠法1条1項に基づく損害賠償を求めた。以下では便宜上、③判決の法廷意見に即して、その合憲判断の論理をたどる（③判決は、ピアノ伴奏命令事件判決と同じ第三小法廷による。①・②判決と比べると、判旨

を分節化すると同時に説明をやや詳しくしている点、ピアノ伴奏命令事件判決をより意識した書き方になっている点、また那須弘平裁判官の「心理的葛藤」論——ピアノ伴奏命令事件判決の補足意見以来の所説——を取り入れた叙述になっている点、などに特色がある)。

2 直接的制約論

まず、本件で問題となる内心は何か。上告人らは、「天皇主権と統帥権が暴威を振るい、侵略戦争と植民地支配によって内外に多大な惨禍をもたらした歴史的事実から、『君が代』や『日の丸』に対し、戦前の軍国主義と天皇主義を象徴するという否定的評価を有しているので、『君が代』や『日の丸』に対する尊崇、敬意の念の表明にほかならない国歌斉唱の際の起立斉唱行為をすることはできない」と主張した。こうした考えを本判決は、「我が国において『日の丸』や『君が代』が戦前の軍国主義や国家体制等との関係で果たした役割に関わる上告人ら自身の歴史観ないし世界観及びこれに由来する社会生活上ないし教育上の信念等」であるとした。

次に、本件各職務命令は、その内心を制約しているか。本判決はこう論じた。「本件各職務命令当時、公立中学校における卒業式等の式典において、国旗としての『日の丸』の掲揚及び国歌としての『君が代』の斉唱が広く行われていたことは周知の事実であ」る。この文脈に鑑みると、第1に、(イ)「＜学校の儀式的行事である卒業式等の式典における国歌斉唱の際の起立斉唱行為＞(引用者注：以下ではこれを略して単に＜起立斉唱行為＞と記す) は、一般的、客観的に見て、これらの式典における慣例上の儀礼的な所作としての<u>性質を有するもの</u>というべきであって、上記の歴史観ないし世界観を否定することと不可分に結び付くものということはできない」(＜＞と下線は引用者、以下同じ)。それゆえ＜起立斉唱行為＞を求める「本件各職務命令は、直ちに上記の歴史観ないし世界観それ自体を否定するものということはできない」。また、前記文脈に鑑みると、第2に、(ウ)＜起立斉唱行為＞は、「一般的、客観的に見て」、「これらの式典における慣例上の儀礼的な所作として<u>外部から認識されるもの</u>」であり、「それ自体が特定の思想又はこれに反する思想の表明として外部から認識されるものと評価することは困難である」。「職務上の命令に従ってこのような行為

が行われる場合には、上記のように評価することは一層困難である」。ゆえに「本件各職務命令は、上告人らに対して、(p)特定の思想を持つことを強制したり、これに反する思想を持つことを禁止したりするものではなく、(q)特定の思想の有無について告白することを強要するものともいえない」((p)(q)の記号は引用者)。

ここまでの論理構造は、ピアノ伴奏命令事件判決とほぼ同一である。本判決は、以上の論述に続けて、「そうすると、本件各職務命令は、上記イ及びウの観点において、個人の思想及び良心の自由を直ちに制約するものと認めることはできない」(下線は引用者)と述べる。これは、以上の論述を、思想及び良心の自由に対する——後の論述で「間接的な制約」の観念が登場するため、それと対比されるところの——直接的な制約に関する分析として位置づけたうえで、本件では直接的制約が生じていないと論じるものだと理解される。

3　間接的制約論

ただし、本判決は、ピアノ伴奏命令事件判決と異なり、問題の検討をここで終えず、さらに次のように論じて、思想及び良心の自由に対する間接的制約に関する分析に踏み込む点に特色を有する。

「もっとも」、＜起立斉唱行為＞は、「教員が日常担当する教科等や日常従事する事務の内容それ自体には含まれないものであって、一般的、客観的に見ても、(イ)国旗及び国歌に対する敬意の表明の要素を含む行為であり、(ウ)そのように外部から認識されるものである」((イ)(ウ)の記号は引用者、以下同じ。なお(ウ)部分の記述は③判決のみにあり、①・②判決にはない)。この点 (①・②判決には次の論述はない)、ピアノ伴奏命令事件で問題となったピアノ伴奏行為が、「音楽専科の教諭としての教科指導に準ずる性質を有するものであって、(イ)敬意の表明としての要素の希薄な行為であり、(ウ)そのように外部から認識されるものである」のと対照的である。そうすると、「自らの歴史観ないし世界観との関係で否定的な評価の対象となる『日の丸』や『君が代』に対して敬意を表明することには応じ難いと考える者」が＜起立斉唱行為＞を命じられることは、「その行為が個人の歴史観ないし世界観に反する特定の思想の表明に係る行為そのものではないとはいえ、個人の歴史観ないし世界観に由来する行動 (敬意の表明の拒

否）と異なる外部的行動（敬意の表明の要素を含む行為）を求められることとなり、それが心理的葛藤を生じさせ、ひいては個人の歴史観ないし世界観に影響を及ぼすものと考えられる」。ゆえに「これを求められる限りにおいて、その者の思想及び良心の自由についての間接的な制約となる」（なお、①・②判決には、「それが心理的葛藤を生じさせ、ひいては個人の歴史観ないし世界観に影響を及ぼすものと考えられる」との論述がなく、その前後の記述は、「〜を求められることとなり、その限りにおいて、その者の思想及び良心の自由についての〜」、などと接続されている）。

　こうした内心の自由に対する間接的制約は、はたして、またどんな場合に、憲法上許されると考えられるか。「個人の歴史観ないし世界観には多種多様なものがあり得るのであり、それが内心にとどまらず、それに由来する行動の実行又は拒否という外部的行動として現れ、当該外部的行動が社会一般の規範等と抵触する場面において制限を受けることがあるところ、その制限が必要かつ合理的なものである場合には、その制限を介して生ずる上記の間接的な制約も許容され得る」（下線は引用者）。つまり、「歴史観ないし世界観」に由来する外部的行動に対する制限が、必要かつ合理的なものであれば、その制限に伴う内心の自由に対する間接的制約は、憲法上許容される。

　では、内心の自由に対する間接的制約の合憲性は、どんな判断枠組みで判断すべきか。この点、職務命令による外部的行動の制限が、内心の自由に対する間接的制約を伴う場合、「このような間接的な制約が許容されるか否かは、(m)職務命令の目的及び内容並びに(n)上記の制限を介して生ずる制約の態様等を総合的に較量して、当該職務命令に上記の制約を許容し得る程度の必要性及び合理性が認められるか否かという観点から判断するのが相当である」((m)(n)の記号は引用者）、とした。

　この判断枠組みに従った当てはめ判断は、どう行われたか。本判決はそれを、3つの段落からなる、「第1」の「3(3)イ」で行う。まずその第1段落で、本件各職務命令がXの内心の自由に対する間接的制約に当たることを確認した。続いてその第2段落で、専ら(m)に関わる検討を行い、「本件各職務命令は、中学校教育の目標や卒業式等の儀式的行事の意義、在り方等を定めた関係法令等の

諸規定の趣旨に沿って、地方公務員の地位の性質及びその職務の公共性を踏まえ、生徒等への配慮を含め、教育上の行事にふさわしい秩序の確保とともに当該式典の円滑な進行を図るものである」との判断に到達した。このうち、「中学校教育の目標」・「儀式的行事の意義、在り方」に関して、学教法36条1号、18条2号、中学校学習指導要領の国旗国歌条項、国旗及び国歌に関する法律、を参照し、また「地方公務員の地位の性質及びその職務の公共性」に関して、15条2項、地公法30、32条、を参照した。そして結論的にその第3段落で、本件各職務命令には内心の自由に対する間接的制約を許容し得る程度の必要性及び合理性が認められる、と判断した。

以上の論理により、本判決は本件各職務命令を本条に違反しないと判断した。

論点 ③ 内心の自由に対する直接的制約とは、どんな場合か。その場合にその制約は、どんな合憲性判断枠組みで判断されるか

内心の自由に関する直接的制約と間接的制約との2分類を、最高裁は平成23年の起立斉唱命令事件の諸判決（論点2における①～③の判決）において初めて提示した。そして、そこで展開した直接的制約に関する議論は、平成19年のピアノ伴奏命令事件判決（論点1参照）の論理をほぼ忠実になぞるものだった。

まず、各事件で問題となる内心について、ピアノ伴奏命令事件判決はXの「歴史観ないし世界観」と「これに由来する社会生活上の信念等」がこれに当たるとし、起立斉唱命令事件の諸判決はXの「歴史観ないし世界観」と「これに由来する社会生活上ないし教育上の信念等」がこれに当たるとした（ただし①判決だけは後者のみ）。しかしピアノ伴奏命令事件判決も起立斉唱命令事件の諸判決も、続く内心の制約を検討するところでは、「歴史観ないし世界観」の制約があるかどうかだけを問題としており、「これに由来する社会生活上（ないし教育上）の信念等」については問題としていない。ゆえに最高裁は、少なくとも直接的制約との関係では、本条が保護する「思想及び良心」として、「歴史観ないし世界観」だけを考えているといえる。

次に、どのような場合に内心の自由に対する直接的制約があるとされるのか。

この点に関して、ピアノ伴奏命令事件では、「一般的には」と「客観的には」の二本立てで論じていた。起立斉唱命令事件では、その言い回しについては「一般的、客観的に見て」と一本化した上で、実質的に同じ内容を持つ二本立てを、(イ)職務命令の対象となる行為（以下、「対象行為」という）の性質論と、(ウ)対象行為が外部からどう認識されるかの議論、というふうに整理した。まず(イ)対象行為の性質だが、一般的・客観的に見て、対象行為が特定の「歴史観ないし世界観」を否定することと「不可分に結び付く」性質のものである場合に、職務命令は内心の自由に対する直接的制約に当たるとされる。次に(ウ)対象行為の外部からの認識論だが、一般的・客観的に見て、対象行為が「それ自体が特定の思想又はこれに反する思想の表明として外部から認識されるもの」である場合に、職務命令は内心の自由に対する直接的制約に当たるとされる。そして起立斉唱行為もピアノ伴奏行為も、(イ)(ウ)いずれの点でも直接的制約の対象行為には当たらないとされた。まず起立斉唱行為は、一般的・客観的に見て、(イ)については、「学校の儀式的行事である卒業式等の式典（中略）における慣例上の儀礼的な所作」としての「性質を有するもの」であるし、(ウ)については、そのように「外部から認識されるもの」である。ピアノ伴奏行為は、(イ)については、積極的な性質規定を行っていないが、(ウ)については、「音楽専科の教諭等にとって通常想定され期待されるもの」と（外部から）評価されるとした。

(イ)は、対象行為が特定の「歴史観ないし世界観」を否定することと「不可分に結び付く」性質のものかどうかを問題とする。このアプローチは、すぐ後に言及する、学説上の(p')＜特定思想の強制の禁止＞法理の発想に立つものだと思われる。だが、特定の「歴史観ないし世界観」（を否定すること）と「不可分に結び付く」性質の行為が、具体的にはどんな行為のことなのか定かでなく、この点の説明を最高裁も行っていない。ただ、議論の流れからすると、最高裁は少なくとも、(ウ)の「特定の思想又はこれに反する思想の表明」行為は、これに当たると考えているようである。

(ウ)では要するに、対象行為が「特定の思想又はこれに反する思想の表明」行為であるかどうかを問題としている。つまり、「特定の思想又はこれに反する思想」の表現行為を命じる（強制する）ことが、内心の自由の直接的制約に当

たるとされている。しかし、まず、表現行為の強制は、「表現しない自由」に対する表現内容規制であり、21条の「表現の自由」論によってすでに、よほど強い公共目的を実現するためでなければ、違憲とされるはずである。次に、たとえ公務員の勤務関係であれ、「特定の思想又はこれに反する思想の表明」行為を強制しなければならないどんな理由がありうるのか、非常に想定が困難である。その意味で、最高裁の「内心の自由」論がその保障内容の中核に据えるのは、すでに「表現の自由」論でカバーされており、かつ、ほとんど現実に起こりそうにない場面である。

　最高裁は、(ウ)に関する叙述の最後に、「本件各職務命令は、上告人らに対して、(p)特定の思想を持つことを強制したり、これに反する思想を持つことを禁止したりするものではなく、(q)特定の思想の有無について告白することを強要するものともいえない」((p)(q)の記号は引用者)、という2類型を提示している（以下、起立斉唱命令事件の諸判決に即して述べるが、若干の文言等の違いがあるもののピアノ伴奏命令事件判決についても同じことがいえる）。

　このうち、(p)については一見、その前段と後段とで、公権力行為に関する2つの別々の類型を述べるもののようにも読める（＜(Aという)特定思想の強制＞という類型と、＜(反Aという)特定思想の禁止＞という類型。丸かっこ内を読まなければ、両者は正反対の類型をいうもののようにみえる）。だが少し前のところで、＜起立斉唱行為＞の強制は「特定の思想又はこれに反する思想の表明」行為の強制であるとは外部から認識されない、との趣旨を述べている。そこからすると、本判決は、＜起立斉唱行為＞の強制という1つの事柄が、同時に＜Aという特定思想の強制＞であり＜反Aという特定思想の禁止＞でもあるような制約類型、に当たるかどうかを検討し、それに当たらない、と判断したのだと解される。つまり最高裁の頭では、(p)の前段と後段は、内心の自由に対する制約の1つの類型の持つ2つの側面を語るものである。そして(p)は、学説が内心の自由の保障内容として通説的に説く、(p')＜特定思想の強制の禁止＞という規範に対応するのだと理解される。

　(q)については、その定式は、学説が内心の自由の保障内容として通説的に説く、(q')＜内心の告白を強制することの禁止＞という規範そのものである（以

下、本稿ではこの定式ないし規範を指して「沈黙の自由」保障と表現する。Ⅲ論点1を参照)。ただし、(q')の規範は本来、人の内心を公権力が強制的に外部へと引き出すことを禁止し、もって、引き出された内心を理由として公権力がその人を不利益に処遇するのを未然に防止することをねらいとする。それに対して本件はむしろ、上告人らの内心に反する内容の「告白」を公権力が強制する、という事例であり、内心の自由の侵害類型としては、(q')の規範が想定するそれとはまた別の類型のものである。それゆえに本来であれば、本件は(q)に当たるかどうかを検討せねばならない事例ではなく、＜本件は(q)に当たらぬ＞との趣旨を最高裁がわざわざ述べた理由を理解するのは難しい。この点を、ピアノ伴奏命令事件判決に関する調査官解説は（森英明「判例解説」『最高裁判所判例解説民事篇平成19年度（上）』法曹会（2010年）139頁以下、154-155頁、165-166頁）、「沈黙の自由」保障が「内心の思想及び良心を告白するよう強制されない自由」だけでなく「内心の思想及び良心に反したことを告白するよう強制されない自由」も含むとの立場から、最高裁の態度に理解を示している。もっとも最高裁は、(q)を前記のように定式化しており、「沈黙の自由」を保障するなどと述べているのではないのであり、その定式の指示する内容は、調査官解説が、「沈黙の自由」の2つの保障内容だとするもののうちの前者（のみ）に当たると解される。

　さて、ピアノ伴奏命令事件判決も起立斉唱命令事件の諸判決も、各事件の（各）職務命令が、内心の自由に対する直接的制約に当たらないとした。ゆえに、それに当たるとされた場合に、その合憲性判断がどのようになされるのか、正確なところは不明である。ただ、少なくとも内心の自由に対する間接的制約に当たる場合よりは、違憲判断に傾く厳しめの審査密度で、合憲性審査が行われるとみられる。

**論点 ❹** 内心の自由に対する間接的制約とは、どんな場合か。その場合にその制約は、どんな合憲性判断枠組みで判断されるか

　まず、どのような場合に内心の自由に対する間接的制約があるとされるのか。

起立斉唱命令事件の諸判決（論点2における①〜③の判決）は、ここでもおそらく直接的制約における場合と同様に、(イ)職務命令の対象となる行為（以下、「対象行為」という）の性質と、(ウ)対象行為が外部からどう認識されるか、との2点から判断するアプローチをとっている。③判決によると、起立斉唱行為を命じる職務命令については、同行為が、一般的・客観的に見て、(イ)「国旗及び国歌に対する敬意の表明の要素を含む行為」であり、(ウ)「そのように外部から認識される」ゆえに、同命令は内心の自由に対する間接的制約に当たる。③判決によると、それに対してピアノ伴奏行為は、(イ)「敬意の表明としての要素の希薄な行為」であり、(ウ)「そのように外部から認識される」。かく述べることで③判決は、それゆえ同行為を命じる職務命令は内心の自由に対する間接的制約に当たらない、と示唆したのだと思われる（ただし、＜間接的制約には当たるものの起立斉唱命令ほど強い制約でない＞、との示唆を読み取ることも、③判決のテクスト読解としてはありうるが、最高裁の真意はそうではなかろう。後述する）。要するに、対象行為が、（その行為の性質として、またその行為に対する外部からの認識として）何かに対する「敬意の表明の要素を含む」行為であることが、その職務命令を内心の自由に対する間接的制約であると評価するための決め手である。

そのことの特徴は、内心の自由に対する直接的制約の場合——その対象行為は、（その行為の性質として、またその行為に対する外部からの認識として）特定思想の表明行為である——と比較対照することで、明らかになる。間接的制約の場合の対象行為は、第1に、表明行為そのものではなく、「表明の要素を含む行為」である。第2に、表明される内容は、特定思想（「歴史観ないし世界観」）そのものではなく、「歴史観ないし世界観との関係で否定的な評価の対象となる」何か（本件の場合には「『日の丸』や『君が代』」）に対する「敬意」である。要するに、直接的制約の場合の対象行為は、＜(i)特定思想そのものを、(ii)まさに表明する行為＞であるのに対し、間接的制約の場合の対象行為は、＜(i)特定思想に関係する何かを、自らの思想に反して肯定的又は否定的に評価する内容を、(ii)表明する要素を含む行為＞である。間接的制約の場合の対象行為を標語的にいえば、＜二重に薄められた「特定思想の表明行為」＞、となろう。つまり、ここでも最高裁は、学説上の(p')＜特定思想の強制の禁止＞法理の発想の下で、

ものを考えていると思われる。

　起立斉唱命令事件の諸判決は、こういう対象行為を強制することがなぜ内心の自由の間接的制約に当たるのかの説明を行っている（直接的制約については、それに当たらぬとしたため、そうした説明を行っていない）。問題とするのは、「自らの歴史観ないし世界観との関係で否定的な評価の対象となる『日の丸』や『君が代』に対して敬意を表明することには応じ難いと考える者」が＜起立斉唱行為＞を命じられる場合である。この場合、「個人の歴史観ないし世界観に反する特定の思想の表明に係る行為そのもの（中略）を求められる」のではないから、それは直接的制約には当たらない。だが、「個人の歴史観ないし世界観に由来する行動（敬意の表明の拒否）と異なる外部的行動（敬意の表明の要素を含む行為）を求められること」となるから（③判決のみはこの記述に続けてさらに、「それが心理的葛藤を生じさせ、ひいては個人の歴史観ないし世界観に影響を及ぼす」から、という説明を加えている）、それは内心の自由に対する間接的制約に当たるのだとする。

　以上の説明部分について、3つの点を指摘する。

　第1に、この説明部分に関する最高裁の真意は、次のようなものだと思われる（この部分をテクストとして別様に読み替えることが可能だとしても）。すなわち、ここで「行動」とか「外部的行動」とか述べるのは、あくまで各語の直後にかっこ書きで記した事柄（＝敬意の表明に関わる諸行為）の別表現であり、「行動」一般や「外部的行動」一般を問題とするのではない（また③判決が「心理的葛藤」に言及するのは、＜「敬意の表明の要素を含む行為」を強制されると「心理的葛藤」が生じるものだ＞という一般論であり、生身の個々人の内心において現実にどれだけ強い「心理的葛藤」が生じているかをおよそ問題としない。ゆえに、たとえ人の内心に激しい「心理的葛藤」が生じていても、対象行為の性質とその外部からの評価が＜二重に薄められた「特定思想の表明行為」＞に当たらぬ限り、そこに内心の自由に対する間接的制約は存在しないとされよう）。そうでなく、もし対象行為が「外部的行動」一般に及ぶのだとすると、その「外部的行動」が「個人の歴史観ないし世界観に由来する行動（中略）と異なる外部的行動」であると説明できる場合には――大多数の「行動」はその人の「歴史観ないし世界観」「<u>に由来する</u>」と

説明することが可能であろう――、(③判決の論理によると「それが心理的葛藤を生じさせ〔る〕(中略)と考えられる」ことになり、したがって)そこに内心の自由に対する間接的制約があると認定されることになる。このように、「外部的行動」の制約に関わる、おびただしい数に上る諸事件をすべて本条の問題としてとらえることを、最高裁が意図したとは考えにくい。

第2に、この説明部分において最高裁は、本条が保護する内心として「歴史観ないし世界観」だけを考えるという姿勢を、間接的制約についても維持している。だが事柄の実質に即するならば、「歴史観ないし世界観に由来する行動(中略)と異なる外部的行動」というのは、＜「歴史観ないし世界観(中略)に由来する社会生活上ないし教育上の信念等」「と異なる外部的行動」＞と同一である。要するに最高裁は、間接的制約との関係でも、本条が保護する「思想及び良心」として、「歴史観ないし世界観」だけを考える姿勢を維持しているが、ここでは機能的には「これに由来する社会生活上ないし教育上の信念等」まで保護しているのと同然であるといえる。

第3に、この説明部分は、「自らの歴史観ないし世界観との関係で否定的な評価の対象となる『日の丸』や『君が代』に対して敬意を表明することには応じ難いと考える者」との関係でのみ、(間接的)制約の存在を認めるもののように読める(この点、別様の理解も可能ではある)。それに対して、特定思想の表明行為の強制は、その特定思想(又はこれに反対の特定思想)の持ち主であるか否かにかかわらず、その強制の対象となるすべての人との関係で、(直接的)制約の存在を認めるものだったように思われる(この点も別様の理解が可能ではある)。

次に、内心の自由に対する間接的制約の合憲性は、どんな判断枠組みで判断すべきか。起立斉唱命令事件の諸判決はこう述べた。職務命令による外部的行動の制限が、内心の自由に対する間接的制約を伴う場合、「このような間接的な制約が許容されるか否かは、(m)職務命令の目的及び内容並びに(n)上記の制限を介して生ずる制約の態様等を総合的に較量して、当該職務命令に上記の制約を許容し得る程度の必要性及び合理性が認められるか否かという観点から判断するのが相当である」((m)(n)の記号は引用者)。つまり、(m)「職務命令の目的及び内容」、(n)内心の自由に対して生じている「制約の態様等」、を「総合的に較

量」することを通じて、内心の自由に対する間接的制約を許容し得る程度の「必要性及び合理性」が当該職務命令にあるかどうかを判断すべし、というのである。

ただし本件諸判決は、この判断枠組みに従って当てはめ判断を行う部分（③判決においては「第１」の「3(3)イ」）で、本件各職務命令がＸの内心の自由に対する間接的制約に当たることを確認した後、専ら(m)に関わる検討を行うのみで、(n)に関わる検討を行っていない（論点２の３参照）。この点、本件諸判決は、判断枠組みを提示する部分で、(n)について、「〔〔内心の自由に対する間接的〕制約の態様等」（〔　〕内は引用者）は「(1)職務命令の対象となる行為の内容及び性質並びに(2)これが個人の内心に及ぼす影響その他の諸事情に応じて様々である」（(1)(2)の記号は引用者）、と述べていたから、(n)に関する検討は、主に(1)・(2)の検討となるもののようである。そして本件諸判決は、本件各職務命令が間接的制約に当たることを確認する部分で、起立斉唱行為が「上告人らの歴史観ないし世界観との関係で否定的な評価の対象となるものに対する敬意の表明の要素を含〔む〕」こと、及び同行為が上告人らにとっては「その歴史観ないし世界観に由来する行動（敬意の表明の拒否）と異なる外部的行動とな〔り、心理的葛藤を生じさせる〕」（〔　〕内の記述は③判決のみにあり、①・②判決にはない）ことを述べており、これらがそれぞれ(1)と(2)の検討だ、というつもりなのかもしれない。そうだとしても、内心の自由に対する間接的制約に当たるかどうかではなく、それに当たるとされた後の、その間接的制約がはたして合憲かどうかを判断する枠組みとその当てはめ判断のありようとがどうなっているのかをここでは問題としているのであり、(n)は、その判断枠組みの定式には存在するものの、その判断枠組みの実際の当てはめ判断においては独立した検討項目となっていない。そして、「総合的に較量して」とはいうものの、専ら(m)に関する一応の説明をつけることで、当該職務命令に「必要性及び合理性」を認め、合憲判断に到達している。要するに、本件諸判決が判断枠組みを提示する直前の文から引くと、「外部的行動（中略）の制限が必要かつ合理的なものである場合には、（中略）許容され（中略）る」、というに尽きる。間接的であれ、仮にも＜内面的な精神活動の自由＞に対する制約に当たると認定されたからには、それなり

に厳しくその合憲性を審査してくれるのではないか、という期待は満たされない。ここではただ、「憲法上の権利」でない一般的行為の自由に対する制約の「必要性及び合理性」を審査するのと同じ調子で、規制する側に一応の理由があるかどうかの審査が行われるのみである（ゆえに、「間接的制約」の対象行為が、「敬意の表明の要素を含む行為」に限定されず「外部的行為」一般へと拡大しても、内心の自由が受ける恩恵は大変小さい）。

**論点 5**　公立学校の式典における国歌斉唱の際に起立斉唱行為を命じる職務命令に違反したことを理由とした懲戒処分は、本条違反か

1　前置き

　本論点における基本的考え方は、＜職務命令が本条違反である場合には、同職務命令違反を理由とする懲戒処分は違憲・違法となる＞、というものである。本条からする職務命令の憲法的評価とは独立に、懲戒処分それ自体が本条違反となるかどうかは、基本的には問題にならない。この点を確認したうえで、本論点に関する判例の紹介・検討に入る。

2　判例

　本論点に対する判断を行ったのが、起立斉唱命令事件の諸判決（論点2参照）からほぼ半年後の、不起立懲戒処分事件に関する、①最一小判平成24・1・16裁判所時報1547号10頁〔28180113〕、及び②最一小判平成24・1・16裁判所時報1547号3頁〔28180111〕、の2つの第一小法廷判決である。①事件では、上告人ら（東京都立高等学校又は東京都立養護学校の教職員168名）が、各所属校の卒業式、入学式又は記念式典において国歌斉唱の際に国旗に向かって起立して斉唱すること（以下、「起立斉唱行為」という）又は国歌のピアノ伴奏を行うこと（以下、「伴奏行為」という）を命ずる旨の各校長の職務命令に従わなかったため（2名が伴奏拒否行為、その他は不起立行為。以下、不起立行為と伴奏拒否行為の両者を指して「不起立行為等」という）、東京都教育委員会（以下、「都教委」という）からそれぞれ懲戒処分（不起立行為の1名が減給処分、その他は戒告処分）を受けた。②事件では、上告人ら（東京都の市立中学校の教員1名及び東京都立養護学校の教員1

名)が、各所属校の卒業式又は記念式典において起立斉唱行為を命ずる旨の各校長の職務命令に従わなかったため、都教委からそれぞれ停職処分を受けた。そこで両事件の上告人らは、上記職務命令は違憲、違法であり上記各処分は違法であるなどとして、上記各処分の取消し及び国賠法1条1項に基づく損害賠償を求めた（以下、両事件を指して「本件」という）。

　①②判決（両判決とも4対1）はいずれも、憲法論を、「本件職務命令が憲法19条に違反するものでないことは、当裁判所大法廷判決（中略）の趣旨に徴して明らか」とだけ述べてすませた。そのうえで、行政法論として、①判決は、戒告処分167つすべてを適法、減給処分1つを違法だと判断し、②判決は、2つの停職処分のうち1つを適法、もう1つを違法だと判断した（両判決は同一の説示を多く持つので、以下では基本的には両者を区別せずただ両判決といい、その一方から引用して適宜説明を補う）。最高裁の議論の特徴は、第1に、それに違反した場合の制裁がどうであるかと切断した本件職務命令それ自体との関係でのみ、本条適合性の憲法問題を検討していること、第2に、職務命令違反に対する制裁（本件では懲戒処分）については、専ら行政法上の適法性の問題として検討していることである。そこでまず第2の点につき、この行政法論が、はたして、またどのように、憲法的価値を踏まえているかを検討し、次に第1の点につき、そのことの意義を検討する。

　両判決はまず、神戸税関事件に関する最三小判昭和52・12・20民集31巻7号1101頁〔27000261〕と伝習館事件に関する最一小判平成2・1・18民集44巻1号1号〔27805441〕の2つを先例に引いて、公務員に対する懲戒処分の適法性について次のような一般的判断枠組みを提示した。「公務員に対する懲戒処分について、懲戒権者は、(1)懲戒事由に該当すると認められる行為の(a)原因、動機、(b)性質、態様、(c)結果、影響等のほか、(2)当該公務員の(d)上記行為の前後における態度、(e)懲戒処分等の処分歴、(3)選択する処分が他の公務員及び社会に与える影響等、諸般の事情を考慮して、懲戒処分をすべきかどうか、また、懲戒処分をする場合にいかなる処分を選択すべきかを決定する裁量権を有しており、その判断は、それが社会観念上著しく妥当を欠いて裁量権の範囲を逸脱し、又はこれを濫用したと認められる場合に、違法となる」((1)～(3)と(a)～(e)の記号及

び下線は引用者)、と。つまり、まず、懲戒権者は、(1)・(2)・(3)等の「諸般の事情を考慮して」裁量権を行使すべきであり、次に、そうであることをわきまえつつ裁判所は、懲戒処分の適法性審査を、懲戒権者による判断に裁量権の逸脱・濫用があったかどうかの審査として行うものとしている。

　両判決は、この一般的判断枠組みを本件に即して具体化するに当たり、まず(1)の事情に注目する。そして、一方で、ア．＜本件不起立行為（等）の悪性が強いことを示す事情＞として、(b)「全校の生徒等の出席する重要な学校行事である卒業式等の式典において行われた教職員による職務命令違反」である点、及び、(c)「学校の儀式的行事としての式典の秩序や雰囲気を一定程度損なう作用をもたらすものであって、それにより式典に参列する生徒への影響も伴う」点、を指摘する。だが他方で、イ．＜本件不起立行為（等）の悪性が強くないことを示す事情＞として、(b)「積極的な妨害等の作為ではなく、物理的に式次第の遂行を妨げるものではない」点、それゆえ、(c)「当該式典の進行に具体的にどの程度の支障や混乱をもたらしたかは客観的な評価の困難な事柄」である点、さらに、(a)その「動機、原因は、当該教職員の歴史観ないし世界観等に由来する『君が代』や『日の丸』に対する否定的評価等のゆえに、本件職務命令により求められる行為と自らの歴史観ないし世界観等に由来する外部的行動とが相違することであり、個人の歴史観ないし世界観等に起因するものである」点、を指摘する。

　そのうえで、両判決は、第１に、戒告処分について、本件職務命令に「その遵守を確保する必要性がある」こと、不起立行為（等）の悪性の強さを示す前記アの事情、及び戒告処分が「法律上、処分それ自体によって教職員の法的地位に直接の職務上ないし給与上の不利益を及ぼすものではないこと」、の３点に鑑みると、「本件職務命令の違反に対し（中略）戒告処分をすることは、学校の規律や秩序の保持等の見地からその相当性が基礎付けられるものであって、（中略）基本的に懲戒権者の裁量権の範囲内に属する事柄ということができる」とした。不起立行為（等）の悪性が強くないことを示す前記イの事情については、「このことを勘案しても、本件職務命令の違反に対し懲戒処分の中で最も軽い戒告処分をすることが裁量権の範囲の逸脱又はその濫用に当たるとは

解し難い」とした。両判決は、第2に、減給処分・停職処分について、前記イの事情により、「懲戒において戒告を超えてより重い減給以上の処分を選択することについては、本件事案の性質等を踏まえた慎重な考慮が必要となる」とした。そして、(α)減給処分・停職処分は「処分それ自体によって教職員の法的地位に一定の期間における（中略）直接の職務上及び給与上の不利益〔停職処分の場合。減給処分の場合には「職務上及び」の語が不在〕が及び、将来の昇給等にも相応の影響が及ぶ」（〔　〕内は引用者。以下同じ）こと、また、(β)「本件〔各〕通達を踏まえて毎年度2回以上の卒業式や入学式等の式典のたびに懲戒処分が累積して加重されると短期間で反復継続的に不利益が拡大していくこと」、の2点「等を勘案すると」、減給処分・停職処分を「選択することが許容されるのは、(e)過去の非違行為による懲戒処分等の処分歴や(d)不起立行為〔等〕の前後における態度等（中略）に鑑み、学校の規律や秩序の保持等の必要性と処分による不利益の内容との権衡の観点から当該処分を選択することの相当性を基礎付ける具体的な事情が認められる場合であることを要する」（(d)・(e)の記号は引用者）、とした。そして、「上記の相当性を基礎付ける具体的な事情が認められるためには、例えば過去の1、2年度に数回の卒業式等における不起立行為〔等〕による懲戒処分の処分歴がある場合に、これのみをもって直ちにその相当性を基礎付けるには足りず、上記の場合に比べて過去の処分歴に係る非違行為がその内容や頻度等において規律や秩序を害する程度の相応に大きいものであるなど、過去の処分歴等が〔減給処分・〕停職処分による不利益の内容との権衡を勘案してもなお規律や秩序の保持等の必要性の高さを十分に基礎付けるものであることを要する」、とした。本件に即したこのような具体的判断枠組みの下で、①判決の減給処分と②判決の1つの停職処分が違法と判断され、②判決のもう1つの停職処分が適法と判断された。

3　判例の憲法的観点からの検討

以上に紹介した両判決は、公務員に対する懲戒処分の適法性に関する一般的判断枠組みを、本件に即した具体的判断枠組みへと具体化する過程で、どんな推論過程を経たか。次のように理解される。まず、一般的判断枠組みにおける(1)の「懲戒事由に該当すると認められる行為」、すなわち不起立行為（等）、に

注目した。そのうちのイの事情中の(a)の記述は、起立斉唱命令事件の諸判決が間接的制約論のところで行った記述を、明らかに下敷きとしている。((b)・(c)・(a)の3点の指摘からなる) イの事情は、一方で、戒告処分の適法性の判断枠組みを形成するのには影響力を持っていない。だが他方で、「減給以上の処分」の適法性の判断枠組みを形成するのには影響力を発揮し、イの事情に鑑みると「減給以上の処分を選択することについては（中略）慎重な考慮が必要となる」、とした。ここでは、高等専門学校の学生に対する退学処分を違法と判断した剣道受講拒否事件に関する最二小判平成8・3・8民集50巻3号469頁〔28010410〕とは異なり、重い処分そのことが「特に慎重な配慮」（退学処分の場合）及び「〔退学処分の場合と〕同様に慎重な配慮」（原級留置処分の場合。〔　〕内は引用者）の要請を導くのではない。そうでなく＜不起立行為（等）のイの事情中の諸要素（(a)〜(c)）＞と＜処分の重さ＞の両者がセットになって、「減給以上の処分」について「慎重な考慮」審査を裁判所が行うことの要請を導いている。そのうえで、（α）・（β）の2点「等を勘案」し（このうち（α）は＜処分の重さ＞の再確認であるが）、その結果、一般的判断枠組みにおける(2)（「当該公務員」に関わる事情）の(d)と(e)の事情が、当該処分の重さと釣り合うほどの悪性を持つ、ということが、当該処分の選択を正当化するには必要である、との具体的判断枠組みを形成した。

　ここでもし、イの事情中の(a)の記述を憲法論だと評価できるならば、この憲法論は「減給以上の処分」の適法性審査の審査密度を高める働きをしたことになる。その点、前記の剣道受講拒否事件判決では、信教の自由の憲法論が、すでに別の要因（＝処分の重さ）がその審査密度を高めたところの審査それ自体において、3つの考慮要因のうちの1つとされ、実体論の次元で違法の結論へと導くのに寄与する働きをしたのと異なる。問題は、イの事情中の(a)の記述を、はたして、またどんな意味で、本条に関する憲法論だと評価できるかである。(a)の記述は、不起立行為（等）が個人の「歴史観ないし世界観等」に起因する、と述べており、本条の保護する内心に言及する。ゆえにその限りで憲法論を行っている。だがこの記述の憲法論的な特徴は、その点に尽きている。起立斉唱命令事件の諸判決は、起立行為を命じる職務命令が、内心の自由に対する間

接的制約に当たるとした。しかし(a)の記述は、その間接的制約に当たることの最大のポイントである、職務命令の対象行為が「国旗及び国歌に対する敬意の表明の要素を含む行為」であるという点について、言及していない。また、①判決における(a)の記述は、内心の自由の間接的制約に当たる場合（起立斉唱行為）と当たらぬ場合（伴奏行為）とを区別せず、その両者についてのものとなっている。要するに(a)の記述は、＜憲法上保護された内心（の自由）に対する間接的制約——その制約が憲法的に正当化されるとしても——が生じている＞ことを述べるのではなく、＜憲法上保護された内心（の自由）に関連する事態が生じている＞ことを——それに対する制約が生じているかどうかに立ち入ることなく——述べるにすぎない。そうだとすると、(a)の記述が持つ憲法論としての重みは、さほど大きなものではない。(a)の記述が持つ重みは、同じくイの事情中の(b)・(c)の記述と同様に、常識的に斟酌すべき一要素としての重みに、限りなく近い。

　ところで、両判決が、「減給以上の処分」の適法性を「慎重な考慮」審査として行うとした後、具体的判断枠組みを構成するに際して「勘案」したのは、主として($\alpha$)・($\beta$)の2点だった。両判決は、本件職務命令の目的から出発しこれを所与として、それに照らして「減給以上の処分」——本件職務命令に違反した場合の制裁のありよう——を検討する。そして、「教育上の行事にふさわしい秩序の確保とともに式典の円滑な進行を図る」ことを目的とする本件職務命令「の遵守を確保する必要性」との関係では、本件職務命令に違反した場合の制裁のありように関わるこの2点——特に($\beta$)——は、過酷にすぎる、と判断した。しかし逆に、この過酷にすぎる制裁のありようから出発して、それに照らして本件職務命令の目的を検討すると、前記目的は表向きのものにすぎず、前記制裁の過酷さに見合った真の目的——違憲の目的——が別にあるのではないかが問題となりうるはずである。現に起立斉唱命令事件に関する第一小法廷判決（論点2の②判決）の宮川光治裁判官反対意見は、本件各職務命令がそれに基づくところの本件通達につき、「その意図するところは、前記歴史観及び教育上の信念を有する教職員を念頭に置き、その歴史観等に対する否定的評価を背景に、不利益処分をもってその歴史観等に反する行為を強制しようとす

ることにある」とみている。これは、本件事実関係が、内心の自由の保障内容として学説上も判例上も（Ⅲ論点2参照）認められている、＜内心に基づく不利益処遇の禁止＞法理の要件に該当する、という判断にほかならない。そしてこの法理は、起立斉唱命令事件の諸判決が、直接的制約や間接的制約を論じるときに下敷きとした＜特定思想の強制の禁止＞法理とはまた別個の、内心の自由に対する制約類型に関するものである点に、注意が必要である。最高裁は、公権力が表立って内心に基づく不利益処遇を行う場合にこの法理を適用するのは無論のこと、公権力が表向きはそれを行っていないと主張するものの実はそれを行っていることが疑われる場合にも、この法理を適用すべき場合でないかどうかを事実関係に照らして検討し、適用すべき場合であると判断される場合にはこの法理を適用することが求められるはずである。だが両判決も、また宮川反対意見の存在にもかかわらず起立斉唱命令事件に関する第一小法廷判決も、その検討には一切踏み込まなかった。その点で、それに違反した場合の制裁がどうであるかと切断した本件職務命令それ自体との関係でのみ、本条適合性の憲法問題を検討する、という最高裁のアプローチは、本条の射程を狭くする機能を営んでいる。

## Ⅱ　謝罪にかかる内心の自由の問題——＜特定思想の強制の禁止＞法理

•••••• 論　　点 ••••••
1　裁判所による謝罪広告命令は、本条違反か
2　労働委員会による陳謝誓約型のポストノーティス命令は、本条違反か

【関連法令】
民事執行法、民訴法、民法723条、労組法

### 論点 ❶　裁判所による謝罪広告命令は、本条違反か

　他人の名誉を毀損した不法行為の加害者に対して、被害者の名誉回復のために民法723条に基づいて謝罪広告を新聞紙等に掲載するよう命ずる裁判所の判決は、本条に違反しないか。この論点に対する判断を行ったのが、謝罪広告事件に関する最大判昭和31・7・4民集10巻7号785頁〔27002906〕である。最高裁は13対2（又は12対3）で合憲と判断した（入江俊郎裁判官の意見は、謝罪広告命令は合憲だがそれを強制するのは違憲だとした）。

　本判決はこう論じた。「謝罪広告を命ずる判決にも①その内容上、これを新聞紙に掲載することが謝罪者の意思決定に委ねるを相当とし、これを命ずる場合の執行も債務者の意思のみに係る不代替作為として民訴734条〔現民事執行法172条〕に基き間接強制によるを相当とするものもあるべく、時にはこれを強制することが債務者の人格を無視し著しくその名誉を毀損し意思決定の自由乃至良心の自由を不当に制限することとなり、いわゆる強制執行に適さない場合に該当することもありうるであろうけれど、②単に事態の真相を告白し陳謝の意を表明するに止まる程度のものにあつては、これが強制執行も代替作為として民訴733条〔現民事執行法171条〕の手続によることを得るものといわなければならない」（①②の記号及び〔　〕内は引用者）。

　要するに本判決は、判決の命ずる「謝罪広告」について、①「その内容」に

よっては「これを強制することが（中略）良心の自由を不当に制限する」場合がありうるが、②「単に事態の真相を告白し陳謝の意を表明するに止まる程度のもの」は強制してよい、としたうえで、本件広告は後者に当たる、としている。ここで鍵となるのは広告の表現内容であり、それが穏当なものである限り、謝罪広告命令判決の強制は憲法上許される。ここで内心の自由の問題は、強制される表現内容が穏当なものか屈辱的なものかという、表現内容上の「程度」問題に還元されている。最高裁がすでにこの時点から、内心の自由に対する制約を、表明行為ないし表現行為の強制としてとらえていること——そういう形で、学説上の＜特定思想の強制の禁止＞法理の発想に立っていること——を確認できる（Ⅰ論点3参照）。

なお、本論点については今日でも、本判決を先例に援用し次のように述べて、簡単に違憲主張を斥ける裁判が続いている（大分県別府遺跡捏造報道事件に関する最一小判平成16・7・15平成16年(オ)911号公刊物未登載〔28092064〕・メディア百選71事件参照）。「謝罪広告を掲載することを命ずる判決は、その広告の内容が単に事態の真相を告白し陳謝の意を表明するにとどまる程度のものである場合には、憲法19条に違反しないことは当裁判所の判例とするところ」、と（さらに参照、週刊現代大相撲八百長関連記事事件に関する最一小判平成22・10・21公刊物未登載・学習院法務研究3号（2011年）140頁）。

### 論点 2　労働委員会による陳謝誓約型のポストノーティス命令は、本条違反か

労働委員会が労組法上の不当労働行為に対する救済として出すポストノーティス命令——使用者に対して労働委員会が決めた内容の文書を従業員がみやすい場所に掲示することを命ずるもの——にも、同様の「陳謝」文言を用いる慣行が存在する。このいわゆる陳謝誓約型のポストノーティス命令についても、裁判所による謝罪広告命令についてと同様に、本条に違反しないかが問題となる。この論点に対する判断を行ったのが、医療法人亮正会事件に関する最三小判平成2・3・6判タ734号103頁〔27807124〕である。最高裁は4名全員一致で合憲と判断した（オリエンタルモーター事件に関する最二小判平成3・2・22判タ765号174

頁〔27809281〕、ネスレ日本・日高乳業（第2）事件に関する最一小判平成7・2・23民集49巻2号393頁〔27826574〕、も同旨）。

本判決はこう論じた。「右ポストノーティス命令が、労働委員会によって上告人〔＝使用者〕の行為が不当労働行為と認定されたことを関係者に周知徹底させ、同種行為の再発を抑制しようとする趣旨のものであることは明らかである。右掲示文には『深く反省する』、『誓約します』などの文言が用いられているが、同種行為を繰り返さない旨の約束文言を強調する意味を有するにすぎないものであり、上告人に対し反省等の意思表明を要求することは、右命令の本旨とするところではないと解される。してみると、右命令は上告人に対し反省等の意思表明を強制するものであるとの見解を前提とする憲法19条違反の主張は、その前提を欠く」（〔　〕内は引用者）、と。

以上の論理を謝罪広告事件判決（論点1参照）のそれと比較すると、その特徴として次の点を指摘できる。第1に、謝罪広告事件判決では謝罪広告の内容に焦点を当てていた。それに対して本判決（ないし本論点についての定型的説示。以下同じ）では、ポストノーティス命令による掲示文の内容よりもむしろ、同命令の「趣旨」・「本旨」に焦点を当てている。同命令の「趣旨」・「本旨」が使用者に対して「反省等の意思表明を要求すること」にはない点が、本条違反の主張が「その前提を欠く」ことの決め手である。第2に、掲示文の内容については、文言どおりの意味でなく「同種行為を繰り返さない旨の約束文言を強調する意味を有するにすぎない」ことが述べられており、その意味内容の穏当さを前面に押し出す点で、謝罪広告事件判決と基調を同じくする。もっとも、謝罪広告事件判決が「陳謝の意を表明するに止まる」としていたのを（いわば「謝罪」内部での程度問題）、本判決は「同種行為を繰り返さない旨の約束文言を強調」としている点に（いわば「謝罪」性の消去）、違いを見いだすことはできる。だが最高裁は、謝罪広告命令の合憲性の論点については前者の説示を今日でも維持しており（論点1参照）、この違いから、最高裁の立場に大きな変化を読み取ることはできまい。

なお学説は、本件のように使用者が自然人ではなく法人である場合、それは自然人に固有の「内心」の自由の享有主体たりえない（からポストノーティス命

令は本条に違反しない)、という趣旨を説く。だが最高裁は、本論点についてその趣旨を説いていない。

## III ＜内心に基づく不利益処遇の禁止＞法理

###### 論　点 ######

1　私人の労使関係において、本条による＜内心に基づく不利益処遇の禁止＞法理とその派生法理としての「沈黙の自由」保障は、はたして、またどのように、通用するか
2　＜内心に基づく不利益処遇の禁止＞法理は、本条の規範内容を構成するか
3　外部的行為を理由とした不利益処遇が、本条による＜内心に基づく不利益処遇の禁止＞法理に抵触するとされるのは、どんな場合か

【関連法令】
学校教育法施行規則、教基法、破壊活動防止法、民法1、90条、労基法

### 論点 ❶　私人の労使関係において、本条による＜内心に基づく不利益処遇の禁止＞法理とその派生法理としての「沈黙の自由」保障は、はたして、またどのように、通用するか

1　三菱樹脂事件判決――その一般的判断枠組み

　平成23年の起立斉唱命令事件の諸判決は、内心の自由に対する直接的制約に当たるものとして、2つの制約類型を示唆した（I論点3でみた(p)と(q)）。そのうちの1つである「特定の思想の有無について告白することを強要するもの」という制約類型が公権力に対して禁止されると、その反面として、個人に、本論点にいう「沈黙の自由」保障が認められる。

　さて、本論点に対する判断を行ったリーディング・ケースが、三菱樹脂事件に関する最大判昭和48・12・12民集27巻11号1536頁〔27000458〕である。本件は、企業Yが、大学卒業と同時に3か月の試用期間を設けて採用した労働者Xを、採用試験時の身上書と面接において自らの学生運動参加の事実等につき秘匿したり虚偽の回答を行ったり（以下、「秘匿等」という）したことを理由に、試用期間満了後に本採用拒否することが許されるかが問題となった事案であり、XがYに対して労働契約関係が存在することの確認を請求した事件である。

本判決は「憲法上の権利」規定の私人間効力という論点に関する重要先例であるが、この点について以下のように説示した。「憲法の右各規定〔本条及び14条〕は、同法第3章のその他の自由権的基本権の保障規定と同じく、国または公共団体の統治行動に対して個人の基本的な自由と平等を保障する目的に出たもので、もつぱら国または公共団体と個人との関係を規律するものであり、私人相互の関係を直接規律することを予定するものではない」。「これらの規定の定める個人の自由や平等は、国や公共団体の統治行動に対する関係においてこそ、侵されることのない権利として保障されるべき性質のものであるけれども、私人間の関係においては、各人の有する自由と平等の権利自体が具体的場合に相互に矛盾、対立する可能性があり、このような場合におけるその対立の調整は、近代自由社会においては、原則として私的自治に委ねられ、ただ、一方の他方に対する侵害の態様、程度が社会的に許容しうる一定の限界を超える場合にのみ、法がこれに介入しその間の調整をはかるという建前がとられている」。「もつとも、私人間の関係においても、相互の社会的力関係の相違から、一方が他方に優越し、事実上後者が前者の意思に服従せざるをえない場合があり、このような場合に私的自治の名の下に優位者の支配力を無制限に認めるときは、劣位者の自由や平等を著しく侵害または制限することとなるおそれがあることは否み難い」。だが、こうした「私的支配関係においては、個人の基本的な自由や平等に対する具体的な侵害またはそのおそれがあり、その態様、程度が社会的に許容しうる限度を超えるときは、(y)これに対する立法措置によってその是正を図ることが可能であるし、(z)また、場合によつては、私的自治に対する一般的制限規定である民法1条、90条や不法行為に関する諸規定等の適切な運用によって、一面で私的自治の原則を尊重しながら、他面で社会的許容性の限度を超える侵害に対し基本的な自由や平等の利益を保護し、その間の適切な調整を図る方途も存する」(〔 〕内、下線、(y)・(z)の記号は引用者)、と。

(z)の場合の一般的判断枠組みを内心の自由に引きつけて述べると、こうなる。私的支配関係における個人の内心の自由に対する具体的侵害の態様、程度が社会的に許容し得る限度を超えるときには、その侵害行為は、「私的自治に対する一般的制限規定」に照らして違法である、と。

## 2 三菱樹脂事件判決――その具体的事案解決

 以上の判断枠組みの下で、最高裁はまず、企業者が労働者を雇い入れる場面に照準する。それは、原判決（東京高判昭和43・6・12民集27巻11号1580頁〔27201023〕参照）がこの場面に照準した議論でXを勝訴させたからである。最高裁は、この場面での、双方の「自由と平等の権利」相互の「矛盾、対立」は、現時点では「法〔の〕介入」を受けておらず、したがって「私的自治」により次のように「調整」されていると述べた。「憲法は、思想、信条の自由や法の下の平等を保障すると同時に、他方、22条、29条等において、財産権の行使、営業その他広く経済活動の自由をも基本的人権として保障している。それゆえ、企業者は、かような経済活動の一環としてする契約締結の自由を有し、自己の営業のために労働者を雇傭するにあたり、いかなる者を雇い入れるか、いかなる条件でこれを雇うかについて、法律その他による特別の制限がない限り、原則として自由にこれを決定することができるのであつて、企業者が特定の思想、信条を有する者をそのゆえをもつて雇い入れることを拒んでも、それを当然に違法とすることはできないのである。(x)憲法14条の規定が私人のこのような行為を直接禁止するものでないことは前記のとおりであり、(y)また、労基法3条は労働者の信条によつて賃金その他の労働条件につき差別することを禁じているが、これは、雇入れ後における労働条件についての制限であつて、雇入れそのものを制約する規定ではない。(z)また、思想、信条を理由とする雇入れの拒否を直ちに民法上の不法行為とすることができないことは明らかであり、その他これを公序良俗違反と解すべき根拠も見出すことはできない」。「右のように、企業者が雇傭の自由を有し、思想、信条を理由として雇入れを拒んでもこれを目して違法とすることができない以上、企業者が、労働者の採否決定にあたり、労働者の思想、信条を調査し、そのためその者からこれに関連する事項についての申告を求めることも、これを法律上禁止された違法行為とすべき理由はない」((x)～(z)の記号は引用者)、と。このように論じて最高裁は、採用時に企業YがXに対して内心調査を行ったことを違法とした原判決の判断を、法令の解釈・適用を誤ったものだとした。

 以上を要するに、企業者が労働者を雇い入れる場面では、企業者に対して

＜内心に基づく不利益処遇の禁止＞法理は通用せず、企業者は労働者の内心ゆえにその者を不採用としてよい。そうである以上、この場面で、企業者は労働者の内心調査を行ってよく、その内心調査を違法とするだけの通用力を、労働者の「沈黙の自由」は持たない。

　ただし、本件の具体的事案は、この地平では決着がつかない。最高裁いわく、企業は「労働者の雇入れそのもの」については「広い範囲の自由を有する」。だが、「いったん労働者を雇い入れ、その者に雇傭関係上の一定の地位を与えた後」はそうでなく、「労働者の労働条件について信条による差別取扱を禁じている」労基法3条の適用を受け（つまり(Y)の場合に当たり）、「特定の信条を有することを解雇の理由として定めることも（中略）右規定に違反する」。そして本件本採用拒否は、「雇入れ後における解雇にあた」るとした。以上の議論が含意するのは、不採用決定の適法性ではなく本採用拒否決定の適法性が問題となっている本件の具体的事案の解決のためには、企業者が労働者を雇い入れる場面ではなく、あくまで企業者が「いったん労働者を雇い入れ（中略）た後」の場面に照準せねばならぬ、ということである。したがって、採用時に内心調査を行いその結果を理由に不採用とすることが適法だとしても、採用時の内心調査における秘匿等の行為を理由に本採用拒否できるかについては、労基法3条の適用を受けることを踏まえた法的考察が必要になる。

　最高裁は続いてこう述べる。なるほど、本件本採用拒否は「留保解約権に基づく解雇」であるから「通常の解雇」よりも「広い範囲における解雇の自由が認められ」るが、「留保解約権の行使は、（中略）解約権留保の趣旨、目的〔本件の場合、管理職要員として適格だとの最終的判断を留保する、という趣旨〕に照らして、客観的に合理的な理由が存し社会通念上相当として是認されうる場合にのみ許される」（〔　〕内は引用者）。そして、採用時の内心調査においてXが秘匿等を行ったという一事のみでは、その合理的理由があるとはいえないのであり、秘匿等に関する諸々の事実関係を明らかにしたうえで、それに照らして「Xの秘匿等の行為および秘匿等にかかる事実が同人の入社後における行動、態度の予測やその人物評価等に及ぼす影響を検討し、それが企業者の採否決定につき有する意義と重要性を勘案し、これらを総合して上記の合理的理由の有

無を判断しなければならない」、と述べて留保解約権の行使を枠づけたうえで、原判決破棄・差戻しとした。その後本件は、本採用拒否の撤回とXの職場復帰を内容とする和解で決着した。

このように本判決は、企業者が労働者を雇い入れる場面では、企業に対して＜内心に基づく不利益処遇の禁止＞法理も「沈黙の自由」保障も通用しない、としたものの、具体的事案解決としては、一方で本件に即して前記場面の事実関係を考慮に入れつつ、他方で本件本採用拒否を雇入れ後の場面のものだとすることでそれを労基法3条の適用範囲内に取り込み、その限りで本件の解決を＜内心に基づく不利益処遇の禁止＞法理の通用力の下で行っている。

3　その後の主な判例・その1——＜調査協力義務の不在＞論

まず、富士重工原水禁事情聴取事件に関する最三小判昭和52・12・13民集31巻7号1037頁〔27000263〕を見る。富士重工業株式会社（Y）は、従業員Aが就業時間中に無断で職場を離脱し、就業中の他の従業員に対して原水爆禁止の署名を求めたり、原水禁運動の資金調達のため販売するハンカチの作成依頼を行ったりその購買を求めたりする等の就業規則違反行為を行ったとして、その事実関係の調査に乗り出し、従業員Xにも事情聴取（以下、「本件調査」という）を行った。その場でXは、Aの就業規則違反行為に関連する事実のほか、「第15回原水爆禁止世界大会富士重工本社内実行委員会のメンバー、資金カンパと署名の集計状況について尋ねられたが、Aに頼まれてハンカチを作成した旨を答えたほか、『何枚、作りましたか。』との問いに対しては『わかりません。』と述べ、『原水禁富士重工内実行委員会とはどういうものですか。』との質問に対しては、『どうして、そういうことを聞くのですか。』『答える必要がありません。』と、反問し、あるいは返答を拒否し、その後は、答えるように説得されても、ほとんど答えなかつた」。そこでYは、Xが本件調査に協力しなかったことが上長の指示に従う義務などを定めた就業規則に違反するとして、Xを懲戒譴責処分（以下、「本件処分」という）に付した。これに対してXがYに本件処分の無効確認を請求して出訴した。最高裁は5名全員一致で本件処分を違法無効と判断した。

本判決は、Xが本件調査に協力義務を負うかどうかの判断枠組みを、次のよ

うに構成する。「そもそも、企業秩序は、企業の存立と事業の円滑な運営の維持のために必要不可欠なものであり、企業は、(中略)企業秩序に違反する行為があつた場合には、その違反行為の内容、態様、程度等を明らかにして、乱された企業秩序の回復に必要な業務上の指示、命令を発し、又は違反者に対し制裁として懲戒処分を行うため、事実関係の調査をすることができる(中略)。しかしながら、企業が右のように企業秩序違反事件について調査をすることができるということから直ちに、労働者が、これに対応して、いつ、いかなる場合にも、当然に、企業の行う右調査に協力すべき義務を負つているものと解することはできない。けだし、労働者は、労働契約を締結して企業に雇用されることによつて、企業に対し、労務提供義務を負うとともに、これに付随して、企業秩序遵守義務その他の義務を負うが、企業の一般的な支配に服するものということはできないからである。そして、右の観点に立つて考えれば、(A)当該労働者が他の労働者に対する指導、監督ないし企業秩序の維持などを職責とする者であつて、右調査に協力することがその職務の内容となつている場合には、右調査に協力することは労働契約上の基本的義務である労務提供義務の履行そのものであるから、右調査に協力すべき義務を負うものといわなければならないが、(B)右以外の場合には、(1)調査対象である違反行為の性質、内容、(2)当該労働者の右違反行為見聞の機会と職務執行との関連性、(3)より適切な調査方法の有無等諸般の事情から総合的に判断して、右調査に協力することが労務提供義務を履行する上で必要かつ合理的であると認められない限り、右調査協力義務を負うことはないものと解するのが、相当である」((A)(B)、(1)(2)(3)の記号と下線は引用者)。以上のような判断枠組みの下、本判決は、次のように当てはめ判断を行う。まず、本件は(B)の場合に当たると認定する。そのうえで、「右調査は主としてAの就業規則違反〔(1)〕の事実関係を更に明確に把握することを目的としてされたものであるというのであるが、Xに対する具体的な質問事項の内容、殊に上告人が返答を拒んだ質問事項のうち主要な部分は、Aが就業中のXに対しハンカチの作成を依頼したり、原水爆禁止の署名を求めたりしてXの職務執行を妨害しなかつたかどうか等Xの職務執行との関連においてAの就業規則違反の事実を具体的に聞き出そうとする〔(2)〕のではなく、Xその他Yの

従業員の一部が行つていた原水爆禁止運動の組織、活動状況等を聞き出そうとしたものであり、(中略) Xが右調査に協力することがXの労務提供義務の履行にとつて必要かつ合理的であつたとはいまだ認めがたい」(〔 〕内及び下線は引用者)。ゆえに結論として、Xには本件調査に協力義務がなく、同義務のあることを前提としてされた本件処分は違法無効である。

要するに最高裁は、企業が労働者に対して企業秩序違反行為の事実関係の調査への協力を義務づけることができるのは、当該労働者がその労務提供義務を履行するうえで前記調査に協力することが必要かつ合理的だと認められる限りであるとし、本件ではXはその協力義務を負わないとした。これは、労働者との関係で企業が持つ権限（労働契約上の権利）に限界を画す論理であり、企業の（一応は）正当な権限行使に対してその外からそれを押し戻す人権論の論理ではない。また、本判決は、判決理由の中で、「思想」・「信条」・「精神的自由」・「憲法」等々、およそ憲法問題を示唆するような言葉遣いを一切しなかった。つまり、そこに表立った憲法論は不在である。

ただ、Xは訴訟の当初から、Yが本件処分を行った理由は、原水爆禁止運動を支持・拡大しようとするXの思想・信条にあるのだと主張していた。一般に政治運動への参加は特定政治思想の保有と密接に関連しており、この点に鑑みると、「Xその他Yの従業員の一部が行つていた原水爆禁止運動の組織、活動状況等を聞き出そうとした」本件調査、及びそれに強制的効果を与えるところの本件処分は、両者相まって「沈黙の自由」保障に抵触し、さらに本件処分は、それが実は行為でなく内心を理由とするものだとすれば、＜内心に基づく不利益処遇の禁止＞法理に抵触する可能性がある。そして本件訴訟は、この問題を明示的に争点とすることはなかったものの、常にこの問題を意識しながら進行したといえる。そこで内心の自由の保障という見地から本判決をみるならば、それは、あえて正面から内心の自由の憲法論を論じることなく、内心の自由の保障に資する法的解決を導いたものだ、ととらえうる。本判決は、労働者の内心の自由論ではなく、労働者の調査協力義務の不在論（という形をとった、企業の権限の不在論）を論じて、労働者の「沈黙の自由」を保護したのである。

4　その後の主な判例・その２——＜社会的な許容限度を超えるか＞の基準

次に、東京電力塩山営業所事件に関する最二小判昭和63・2・5労働判例512号12頁〔27803803〕をみる。東京電力株式会社（$Y_2$）の塩山営業所（以下、「本件営業所」という）の部外秘情報が日本共産党機関紙「赤旗」に報道されたことから、その取材源を調査するため、本件営業所の所長$Y_1$は、本件営業所の従業員でかねてから共産党の党員又は同調者であるとのうわさの高かったXを呼び、2人だけで約1時間の話し合い（本件話し合い）をし、その早い段階でXが共産党員であるかどうかを尋ね（本件質問）、Xが否定の返答を行ったので、さらにその旨を書面に認める要求（本件書面交付の要求）を、Xの拒否にもかかわらず様々に話題を変えては繰り返したが、Xはその要求に応じないまま退室した。その後Xが$Y_1$と$Y_2$に対して不法行為に基づく慰謝料請求を行ったのが本件である。最高裁は5名全員一致でXの上告を棄却し、前記請求を棄却する判断を支持した。

　最高裁はこう論じた。「本件話合いは企業秘密の漏えいという企業秩序違反行為の調査をするために行われたことが明らかであるから、$Y_1$が本件話合いを持つに至ったことの必要性、合理性は、これを肯認することができる。（中略）本件質問〔については〕（中略）、右調査目的との関連性を明らかにしないで、Xに対して共産党員であるか否かを尋ねたことは、調査の方法として、その相当性に欠ける面があるものの、前記赤旗の記事の取材源ではないかと疑われていたXに対し、共産党との係わりの有無を尋ねることには、その必要性、合理性を肯認することができないわけではなく、また、本件質問の態様は、返答を強要するものではなかったというのであるから、本件質問は、社会的に許容し得る限界を超えてXの精神的自由を侵害した違法行為であるとはいえない。さらに（中略）本件書面交付の要求〔については〕（中略）、企業内においても労働者の思想、信条等の精神的自由は十分尊重されるべきであることにかんがみると、$Y_1$が、本件書面交付の要求と右調査目的との関連性を明らかにしないで、右要求を繰り返したことは、このような調査に当たる者として慎重な配慮を欠いたものというべきであり、調査方法として不相当な面があるといわざるを得ない。しかしながら、前記事実関係によれば、本件書面交付の要求は、Xが共産党員ではない旨の返答をしたことから、$Y_1$がその旨を書面にするように説

得するに至ったものであり、右要求は強要にわたるものではなく、また、本件話合いの中で、Y₁が、Xに対し、Xが本件書面交付の要求を拒否することによって不利益な取扱いを受ける虞のあることを示唆したり、右要求に応じることによって有利な取扱いを受け得る旨の発言をした事実はなく、さらに、Xは右要求を拒否した、というのであって、右事実関係に照らすと、Y₁がした<u>本件書面交付の要求は、社会的に許容し得る限界を超えてXの精神的自由を侵害した違法行為であるということはできない</u>」（下線及び〔　〕内は引用者）、と。

　下線部の言い回しから明らかなように、本判決は、「社会的に許容しうる限度を超える」かどうかを問題とする三菱樹脂事件判決の示した枠組みによって（ただし同判決を明示的に先例として引用せずに）、本件質問と本件書面交付の要求とを審査し、いずれもXの精神的自由を侵害する違法行為とはいえないと結論した。まず、本件質問と本件書面交付の要求の目的は、「企業秘密の漏えいという企業秩序違反行為の調査」であり、「必要性、合理性」が認められる。次に本件質問は、「前記赤旗の記事の取材源ではないかと疑われていたXに対し、共産党との係わりの有無を尋ねる」ものであり、目的達成の手段としての「必要性、合理性」を一応認めることができる。さらに、本件質問と一続きのものとしての本件書面交付の要求は、本件質問と同様に「強要」にわたるものでなく、また、要求に応じるか否かを利益供与・不利益処遇と結びつけることもしなかった。ゆえに本件質問も本件書面交付の要求も、Xの精神的自由を侵害するものとして違法であるとはいえない。

　以上の論理は、「沈黙の自由」保障（起立斉唱命令事件判決はその制約類型を「特定の思想の有無について告白することを強要するもの」と定式化した）を意識したものとなっており、その限りで「沈黙の自由」保障の規範は本件の紛争解決に対して通用力を及ぼしている。そして、この規範との関係で、第1に、本件質問と本件書面交付の要求が「特定の思想の有無について告白すること」を求めるものだとしても（政党所属は、「特定の思想」そのものではないとしてもその重要な指標だと一般に考えられている）、「強要」ではないこと、第2に、その目的は、告白により明らかになる特定政党への所属のみを理由とした不利益処遇（≒＜内心に基づく不利益処遇＞）を行うことではなく、企業秘密漏洩という企

業秩序違反行為に関する調査を行うことであること、以上２点から、違法性なしとの結論に到達したものである。

5　その後の主な判例・その３──＜人格的利益の侵害＞論

最後に、関西電力職場八分事件に関する最三小判平成7・9・5裁判所時報1154号1頁〔27827852〕を見よう。本件は、関西電力株式会社（Y）に対してその従業員$X_1$〜$X_4$の４名（以下、４名全員を指すときには、「Xら」という）が不法行為責任を追及した訴訟である。本判決は５名全員一致でYによる上告を棄却し、不法行為責任ありとした原判決（大阪高判平成3・9・24労働民例集42巻5号752頁〔27811204〕）の判断を是認した。

本判決は一文で本件の事実関係を叙述した。こうである。「Yは、Xらにおいて現実には企業秩序を破壊し混乱させるなどのおそれがあるとは認められないにもかかわらず、Xらが共産党員又はその同調者であることのみを理由とし、(1)その職制等を通じて、職場の内外でXらを継続的に監視する態勢を採った上、(2)Xらが極左分子であるとか、Yの経営方針に非協力的な者であるなどとその思想を非難して、Xらとの接触、交際をしないよう他の従業員に働き掛け、種々の方法を用いてXらを職場で孤立させるなどしたというのであり、(1)' 更にその過程の中で、①$X_2$及び$X_3$については、退社後同人らを尾行したりし、②特に$X_3$については、ロッカーを無断で開けて私物である『民青手帳』を写真に撮影したりしたというのである」（(1)(2)(1)'、①②の記号及び下線は引用者）、と。第１審判決（神戸地判昭和59・5・18労働民例集35巻3＝4号301頁〔27802659〕）及び原判決は、(1)を「監視」、(2)を「孤立化」、と表現している（なお、(1)'の①・②の諸行為は、(1)の過程で行われた）。

続けて本判決は、また一文で、不法行為の成否に関する法的判断を示した。こうである。「そうであれば、(a)これらの行為は、Xらの職場における自由な人間関係を形成する自由を不当に侵害するとともに、その名誉を毀損するものであり、(b)また、$X_3$らに対する行為はそのプライバシーを侵害するものでもあって、同人らの人格的利益を侵害するものというべく、(c)これら一連の行為がYの会社としての方針に基づいて行われたというのであるから、それらは、それぞれYの各Xらに対する不法行為を構成するものといわざるを得ない」（(a) (b)(c)の記号及び下線は引用者)、と。このうち(a)は、Xら4名全員についての事実関係の叙述部分である(1)・(2)に対応すると解される。「思想を非難」する行為が名誉毀損に当たり、また「監視」と「孤立化」(特に後者)を組織的に行うことが「職場における自由な人間関係を形成する自由」の侵害に当たる、との判断だと思われる。(b)は、$X_3$・$X_2$についての事実関係の叙述部分である(1)'に対応すると解される。①・②の諸行為は、プライバシー侵害として人格的利益の侵害に当たるとしている(なお、最高裁が「プライバシー」の語を判決理由の中で用いたのは、本判決が最初だといわれている(個別意見中で使用された例はそれ以前にもある))。

　本判決の特徴は、第1に、本件事実関係の叙述において、本稿が下線を施した部分で、＜内心に基づく不利益処遇の禁止＞法理の要件に該当するような事実関係の存在を明示的に認めていることである。第2に、けれども、同法理を提示しそれを適用することで不法行為責任ありとの結論を導くのではなく、名誉毀損や人格的利益の侵害といった、民法（不法行為法）判例法理上の手堅い論理で、その結論を導いていることである。この点に関連して、Yによる上告理由は、Yの各行為がXらの内心の自由の侵害に当たると論じた原判決を、次のように批判していた。「思想信条の自由が侵害されたと認められるためには、加害者に目的意思（意欲）が存在するだけでは足りず、かかる目的意思の発現として被害者に向けられた外形的行為が存在し、かつそれが悪質であって、被害者に威圧を加え、被害者がこれを受けて圧迫を受ける程度のものでなければならない」、と。要は、憲法的観点からは＜内心に基づく不利益処遇＞の前段の＜内心に基づく＞の部分にアクセントがあるところ、民法的観点からはむしろその後段の＜不利益処遇＞を明確化することが重要であり、それに成功しない限り不法行為責任ありとの結論を導けないのである。反面、それに成功すればその前段を特に論じなくてもそれで不法行為責任ありとの結論に至ることにもなる。そこで、本判決が事実関係の叙述部分でその前段への該当性を明示的に認めたことは、本件の民事事件に尽きぬ憲法事件としての性格を明確にする意味を持つ説示として重要である。また、そのようにして本件の解決は＜内心に基づく不利益処遇の禁止＞法理の通用力の下で行われたといえる。

論点 ❷　＜内心に基づく不利益処遇の禁止＞法理は、本条の規範内容を構成するか

　三菱樹脂事件に関する最大判昭和48・12・12民集27巻11号1536頁〔27000458〕（論点1参照）は、企業者が労働者を雇い入れる場面に照準して、次のように述べた。「企業者が特定の思想、信条を有する者をそのゆえをもつて雇い入れることを拒んでも、それを当然に違法とすることはできないのである。憲法14条の規定が私人のこのような行為を直接禁止するものでないことは前記のとおりであり」、と（以上の引用部分を、以下では「本叙述」という）。ここで「前記のとおり」とは、「憲法の右各規定〔本条及び14条〕は、（中略）もっぱら国または公共団体と個人との関係を規律するものであり、私人相互の関係を直接規律することを予定するものではない」（〔　〕内は引用者）、と説く部分を指す。ゆえに最高裁は、本叙述を行う前提として、「憲法14条の規定」が、「国または公共団体」の「このような行為」――すなわち「特定の思想、信条を有する者をそのゆえをもつて雇い入れることを拒」む行為――は「直接禁止する」、との理解を有するものと解される。つまり最高裁は、＜内心に基づく不利益処遇の禁止＞法理を憲法規範として認めている。

　ただ、本叙述は、この＜内心に基づく不利益処遇の禁止＞法理を、本条と関連づけずただ14条とのみ関連づけて論じている（14条1項は「信条」に基づく差別の禁止を規定している）。それがなぜなのかが問題となる（もっとも、これを問題とする意義自体が問題となりうる。というのは、最高裁は、本条の「思想及び良心」という文言と14条の「信条」という文言を混ぜこぜにしたような、「思想、信条」という言い方を多用しており、このことは本判決に限られない。これは最高裁が、本条と14条それぞれの守備範囲いかん、という問題意識を持っていないことの表れなのかもしれないからである）。二様の解釈がありうる。第1の解釈によるとそれは、最高裁がこの法理を本条ではなく専ら14条の規範内容だと理解しているためである。この解釈の根拠は、本叙述が、本判決において本条と14条の2つの規定を主題とする叙述部分（「第二」の「二」）の中のものなのに、あえて14条のみに言及している点にある。それに対して第2の解釈によると、最高裁はこの法理を本条の規範内容でもあると考えているがただ本叙述ではそれに言及しなかっただけで

ある。まず、本叙述が14条に特に言及したのは、本叙述の直後に本判決が言及する労基法３条と関連の深い憲法条文が本条ではなく14条だからであるにすぎない。次に、本判決は本叙述を含む段落の次の段落で、「右のように、企業者が雇傭の自由を有し、思想、信条を理由として雇入れを拒んでもこれを目して違法とすることができない以上、企業者が、労働者の採否決定にあたり、労働者の思想、信条を調査し、そのためその者からこれに関連する事項についての申告を求めることも、これを法律上禁止された違法行為とすべき理由はない」、と述べた。ここで本判決は、企業者に対して＜内心に基づく不利益処遇の禁止＞法理が通用しないことから、企業者が労働者の内心調査を行うことが許される――企業者に対して労働者は「沈黙の自由」を有さない――ことを、導き出している。ところで最高裁は一般に、「沈黙の自由」保障が本条の規範内容であることは認めており（論点１の１参照）、本判決もその点は前提としていると解される（さもないと、本判決の「第二」の「二」は、本条と14条の２つの規定を主題としながら、そのどこにも本条に関する論述がないことになる）。そうだとすると、「沈黙の自由」保障と前記のような論理的連関を持つ＜内心に基づく不利益処遇の禁止＞法理は、14条のみならず本条の規範内容でもある、と考えないわけにはいかない。

　渋谷暴動事件に関する最二小判平成２・９・28刑集44巻６号463頁〔27809319〕は、「破壊活動防止法39条及び40条は政治思想を処罰するものであり、憲法19条に違反する」との上告趣意を、４名全員一致で次のように述べて斥けた。「しかしながら、破壊活動防止法39条及び40条のせん動罪は、政治上の主義若しくは施策を推進し、支持し、又はこれに反対する目的（以下「政治目的」という。）をもって、各条所定の犯罪のせん動をすることを処罰するものであるが、せん動として外形に現れた客観的な行為を処罰の対象とするものであって、行為の基礎となった思想、信条を処罰するものでないことは、各条の規定自体から明らかであるから、所論は前提を欠き、適法な上告理由に当たらない」、と。

　以上の判示からすると、本判決は、「せん動として外形に現れた客観的な行為を処罰の対象とする」のではなく「行為の基礎となった思想、信条を処罰する」場合には、本条の問題となることを承認していると解される。もっとも、

そうであると断言することはできない。なぜならば、以上の判示は形式的には、「所論は前提を欠き」との説示だから、そのことを承認も不承認もしていない、という読み方が可能だからである。だが、最高裁の頭としてはそのことを承認しているものの、本事案の解決としては「所論は前提を欠き」という処理で十分だからそう書いたのだ、という読み方も可能であり、ここで俎上に置いている命題の実質ないし中身からして、こちらの方が最高裁の真意に即していると思われる。そして、この「思想、信条を処罰する」場合とは、学説のいう＜内心に基づく不利益処遇＞を行う場合にほかならない。ゆえに最高裁は、＜内心に基づく不利益処遇の禁止＞法理を、本条の規範内容だととらえていると理解してよいと思われる。

**論点 3** 外部的行為を理由とした不利益処遇が、本条による＜内心に基づく不利益処遇の禁止＞法理に抵触するとされるのは、どんな場合か

1 三菱樹脂事件判決──学生運動に従事する諸行為

本論点に関する判断を、三菱樹脂事件に関する最大判昭和48・12・12民集27巻11号1536頁〔27000458〕（論点１参照）は、次のように示した。「①労働者を雇い入れようとする企業者が、労働者に対し、その者の在学中における右のような団体加入〔「東北大学（中略）内の学生自治会としては最も尖鋭な活動を行ない、しかも学校当局の承認を得ていない同大学川内分校学生自治会（全学連所属）に所属」した事実を指す〕や学生運動参加の事実の有無について申告を求めることは、（中略）その者の従業員としての適格性の判断資料となるべき過去の行動に関する事実を知るためのものであつて、直接その思想、信条そのものの開示を求めるものではないが、さればといつて、その事実がその者の思想、信条と全く関係のないものであるとすることは相当でない。②元来、人の思想、信条とその者の外部的行動との間には密接な関係があり、ことに本件において問題とされている学生運動への参加のごとき行動は、必ずしも常に特定の思想、信条に結びつくものとはいえないとしても、多くの場合、なんらかの思想、信条とのつながりをもっていることを否定することができないのである。③企業者が労働者

について過去における学生運動参加の有無を調査するのは、その者の過去の行動から推して雇入れ後における行動、態度を予測し、その者を採用することが企業の運営上適当かどうかを判断する資料とするためであるが、このような予測自体が、当該労働者の過去の行動から推測されるその者の気質、性格、道徳観念等のほか、社会的、政治的思想傾向に基づいてされる場合もあるといわざるをえない。④本件においてYがXの団体加入や学生運動参加の事実の有無についてした上記調査も、そのような意味では、必ずしも（中略）Xの政治的思想、信条に全く関係のないものということはできない」（〔　〕内、及び各文頭の①～④の記号は引用者）、と。

　以上を要するに、本判決は、まず一般論として、「元来、人の思想、信条とその者の外部的行動との間には密接な関係があ」る（②）との認識を正当に示す。次に、本件で特定的に問題となった「右のような団体加入や学生運動参加の事実」（以下、「本件事実」という）については、それが「その思想、信条そのもの」ではないという当然の事理を述べたうえで、「さればといつて、その事実がその者の思想、信条と全く関係のないものであるとすることは相当でない」、と正当に述べた（①）。すなわち、本件事実のような学生運動に関わる事実は、「特定の思想、信条」と常に結びつくのでないにしても、「多くの場合、なんらかの思想、信条とのつながりをもつ」（②）。ここで「なんらかの思想、信条」とは、「特定の思想、信条」ほど特定的ではない「その者の（中略）政治的思想傾向」（③）、というほどの意味合いだと解される。結論的に、本件事実は、Xの内心（「政治的思想、信条」、④）がどのようなものであるかを「推測」（③）させうる事実だと判断した。

　なお本判決は、以上の判断のうえ、企業者が労働者を雇い入れる場面では、「企業者が特定の思想、信条を有する者をそのゆえをもつて雇い入れることを拒んでも、それを当然に違法とすることはできない」、そうである以上、「企業者が、労働者の採否決定にあたり、労働者の思想、信条を調査し、そのためその者からこれに関連する事項についての申告を求めることも、これを法律上禁止された違法行為とすべき理由はない」、と議論を進めている。

　以下では、本判決に照らしてその後の2つの判例を検討する。

2 麹町中学内申書事件判決——学生運動に従事する諸行為

　同じく本論点に関する判断を行ったのが、麹町中学内申書事件に関する最二小判昭和63・7・15判タ675号59頁〔27802443〕である。Xは東京都千代田区立麹町中学校の卒業にあたり都立及び私立の高等学校計5校を受験し、すべて不合格となった。高校入学者の選抜は学力検査といわゆる内申書（学校教育法施行規則54条の4〔当時。現行78条〕に基づき中学校長がその生徒の進学希望先の高等学校長宛てに送付する調査書）を資料として行う（同規則59条〔当時。現行90条〕）のだが、Xは、高校不合格の原因が、後日判明した内申書の記載内容にあるとして、国賠法に基づき千代田区と東京都を相手に損害賠償請求を行った。最高裁は5名全員一致でXの上告を棄却し、Xの請求を棄却した原判決（東京高判昭和57・5・19高裁民集35巻2号105頁〔27662559〕）を支持した。

　Xは上告理由として、こう主張した。「原判決が（中略）本件調査書には、上告人の思想、信条にわたる事項又はそれと密接な関連を有する上告人の外部的行動を記載し、思想、信条を高等学校の入学者選抜の資料に供したことを違法でないとしたのは、教育基本法3条1項〔当時。現行4条1項〕、憲法19条に違反する」（〔　〕内は引用者）、と。

　これに対して本判決は、まず事実関係をこう整理する。「原審の適法に認定したところによると、(1)本件調査書の備考欄及び特記事項欄にはおおむね『校内において麹町中全共闘を名乗り、機関紙『砦』を発行した。学校文化祭の際、文化祭粉砕を叫んで他校生徒と共に校内に乱入し、ビラまきを行つた。大学生ML派の集会に参加している。学校側の指導説得をきかないで、ビラを配つたり、落書をした。』との記載が、(2)欠席の主な理由欄には『風邪、発熱、集会又はデモに参加して疲労のため』という趣旨の記載がされていたというのである」（(1)(2)の記号は引用者）、と。

　そのうえで本判決は次のように判断した。「(a)右のいずれの記載もXの思想、信条そのものを記載したものでないことは明らかであり、(b)右の記載に係る外部的行為によつてはXの思想、信条を了知し得るものではないし、(c)また、Xの思想、信条自体を高等学校の入学者選抜の資料に供したものとは到底解することができないから、所論違憲の主張は、その前提を欠き、採用できない」

((a)(b)(c)の記号は引用者)、と。この短い説示の後、新たに段落を起こして、本判決は次のように述べる。「なお、調査書は、学校教育法施行規則59条1項の規定により学力検査の成績等と共に入学者の選抜の資料とされ、その選抜に基づいて高等学校の入学が許可されるものであることにかんがみれば、その選抜の資料の一とされる目的に適合するよう生徒の学力はもちろんその性格、行動に関しても、それを把握し得る客観的事実を公正に調査書に記載すべきであつて、本件調査書の備考欄等の記載も右の客観的事実を記載したものであることは、原判決の適法に確定したところであるから、所論の理由のないことは明らかである」、と。これは主に(c)に関わる補足説明であると解される。

以上の説示の読解を試みるに、まず(a)については、確かに(1)の「備考欄及び特記事項欄」の記載も、(2)の「欠席の主な理由欄」の記載も、すべて基本的にはXの「外部的行為」に関する記述であり、Xの「思想、信条そのもの」の記載ではない。本判決のこの判断は、前記した三菱樹脂事件判決の①における判断と同趣旨のものである。だが三菱樹脂事件判決はそれにすぐ続けて、「さればといつて、その事実がその者の思想、信条と全く関係のないものであるとすることは相当でない」、「元来、人の思想、信条とその者の外部的行為との間には密接な関係があ」る、と述べたうえで、特に「学生運動への参加のごとき行動」に関する事実は、その者の「政治的思想、信条」を「推測」させうる事実である、という正当な判断を行っていた。本判決の(b)の判断は、この先例に反している。「右の記載に係る外部的行為」はほぼすべて、「学生運動への参加のごとき行動」に関する事実だから、そこからは「Xの思想、信条を了知し得る」、というのが先例の判断であった。

その点は脇に置いて、(c)に進もう。ここで最高裁は、(1)(2)の記載を調査書に行うことが「Xの思想、信条自体を高等学校の入学者選抜の資料に供したものと（中略）解することができ」るかどうかを問題とし、そうは「到底」解せない、と答えている。なぜか。最高裁によればこうである。すなわち、調査書は高校入学者の「選抜の資料」とされる。その「目的に適合するよう」、調査書には生徒の学力のみならず「生徒（中略）の性格、行動」に関しても「それを把握し得る客観的事実を公正に（中略）記載すべき」である。そして(1)(2)の記

載は、「右の客観的事実を記載したもの」だからだ、と。つまり、(1)(2)の記載は、Xの「性格、行動（中略）を把握し得る客観的事実」であり、中学校長はそれを——「Xの思想、信条自体」ではなく——「高等学校の入学者選抜の資料に供した」のであり、しかも高校入学者選抜という目的からしてそうした事実はもともと調査書に「記載すべき」事項だ、というのである。

　以上の(c)の推論も、先例との整合性が問題となる。すなわち、前記した三菱樹脂事件判決の③の文を、企業者と労働者の関係から高校と入学志願者との関係に置き換えて書き直すと、次のようになる。「高等学校が入学志願者について過去における学生運動参加の有無を調査するのは、その者の過去の行動から推して入学後における行動、態度を予測し、その者を入学させることが高等学校の運営上適当かどうかを判断する資料とするためであるが、このような予測自体が、当該入学志願者の過去の行動から推測されるその者の気質、性格、道徳観念等のほか、社会的、政治的思想傾向に基づいてされる場合もあるといわざるをえない」、と。つまり、学生運動に関する事実は、入学志願者の「社会的、政治的思想傾向」を「把握し得る客観的事実」であることを免れないから、＜同事実を、ただ「その者の気質、性格」を「把握し得る客観的事実」としてのみ入学者選抜の判断資料としたのだ＞という主張は通らない、と先例は述べていたのである。これに対して本判決は、(b)で、学生運動に関する事実から「Xの思想、信条を了知し得（中略）ない」としているのだが、これ自体が先例及び良識に反することはすでに述べた。

3　渋谷暴動事件判決——政治目的による重大犯罪のせん動行為

　渋谷暴動事件に関する最二小判平成2・9・28刑集44巻6号463頁〔27809319〕（論点2参照）も、本論点に関する判断を含んでいる。

　上告趣意は次のように主張した（刑集44巻6号474-475頁）。「破防法39・40条『せん動』罪は、『政治目的』を構成要件の一つとしており、『政治目的』がある場合にはじめて可罰的とされている。（中略）したがって破防法39・40条『せん動』罪は、その文理上からも政治思想を侵害するものである」、と。本判決はこの主張を斥けたが、煩をいとわずその説示部分の全文を再び引くところである。「しかしながら、破壊活動防止法39条及び40条のせん動罪は、政治

上の主義若しくは施策を推進し、支持し、又はこれに反対する目的（以下「政治目的」という。）をもって、各条所定の犯罪のせん動をすることを処罰するものであるが、せん動として外形に現れた客観的な行為を処罰の対象とするものであって、行為の基礎となった思想、信条を処罰するものでないことは、各条の規定自体から明らかであるから、所論は前提を欠き、適法な上告理由に当たらない」、と（なお本判決は、破壊活動防止法39、40条のせん動罪規定が21条1項にも違反しないと判示した。本判決は上告を棄却し、被告人を有罪としている）。

　これは、内心の「思想、信条」を「基礎」として「客観的な行為」（＝「せん動」行為）がなされるという連関があることを前提としながら、その「客観的な行為」（＝「せん動」行為）を処罰することは、「思想、信条」を処罰することにならない、と述べるものである。

　だが、「客観的な行為」（＝「せん動」行為）を処罰するからといって、「思想、信条」を処罰することにならない、とは必ずしもいえない。例えば、三菱樹脂事件判決の趣旨を踏まえると、「客観的な行為」（＝「せん動」行為）を処罰すること（同行為を理由に行為者を不利益に処遇すること）が、その行為から推測される「思想、信条」を理由とするのであれば、それは「思想、信条」を処罰することになる。そこで、破壊活動防止法39、40条による「客観的な行為」（＝「せん動」行為）の処罰が、その行為のどんな側面に着目してなされるのかが問題となる。

　その点に関する手がかりとなる説示を、本判決が21条論を論じる部分に見いだすことができる。こうである。「右のようなせん動〔「破壊活動防止法39条及び40条のせん動」を指す〕は、公共の安全を脅かす現住建造物等放火罪、騒擾罪等の重大犯罪をひき起こす可能性のある社会的に危険な行為であるから、公共の福祉に反し、表現の自由の保護を受けるに値しない」（〔　〕内は引用者）、と。これによると、破壊活動防止法39、40条による「客観的な行為」（＝「せん動」行為）の処罰は、同行為が「社会的に危険な行為」であることを理由とする。それだから、その処罰は、その行為から推測される「思想、信条」を理由とするものでない、と理解される。

　だが同行為はいったいどのように「社会的に危険な行為」なのか。本判決に

よると、同行為は「公共の安全を脅かす現住建造物等放火罪、騒擾罪等の重大犯罪をひき起こす可能性のある」という意味で「社会的に危険な行為」である。ここでもし、「現住建造物等放火罪、騒擾罪等の重大犯罪」一般を「ひき起こす可能性」が問題とされているのであれば、確かにそれは外部的な「客観的な行為」（＝「せん動」行為）の害悪性を理由とする処罰であり、同行為の「基礎」となる内心の「思想、信条」（の害悪性）を理由とする処罰ではない。だがここで問題とされているのは、前記「重大犯罪」一般ではなく、そのうちの「公共の安全を脅かす」ものに限られている。この「公共の安全」は、破壊活動防止法1条が掲げる同法の保護法益であり、それは「重大犯罪」一般により脅かされるものではなく、「政治上の主義若しくは施策を推進し、支持し、又はこれに反対する目的をもって」なされる「重大犯罪」（同法4条2号の「暴力主義的破壊活動」の定義を参照）により脅かされるものと観念されている。そしてまさにこの点に対応して、上告趣意が指摘するように、本判決が判断対象とする同法39、40条の「せん動」罪規定も「政治目的」を構成要件とするのである。

　そうだとすると、本件は、三菱樹脂事件的な、＜「客観的な行為」（＝「せん動」行為）を処罰することが、その行為から推測される「思想、信条」を理由とするかどうか＞、というのとはまた異なる次元の、まさに破壊活動防止法の仕組みに特有の問題を提起する。すなわち、確かに本判決のいうように、破壊活動防止法39、40条の「せん動」罪規定は、「せん動として外形に現れた客観的な行為を処罰の対象とする」。だが同規定は、あらゆる＜「重大犯罪」の「せん動」行為＞ではなく、「政治目的」をもってなされる＜「重大犯罪」の「せん動」行為＞のみを、処罰の対象とする。内心の自由論的に問題提起をすれば、これはいったい、＜「重大犯罪」の「せん動」行為＞という外部的な「客観的な行為」のみならず、同行為の「基礎」となった内心の「思想、信条」（＝「政治目的」）をも、処罰するものとなっていないのか（同規定は、そうなっていないから合憲なのか、そうなっているにもかかわらず合憲なのか）。あるいは平等論的に問題提起をすれば、＜「重大犯罪」の「せん動」行為＞のうち、ある種の「思想、信条」（＝「政治目的」）に基づくものだけを処罰の対象とする同規定は、信条に基づく差別に当たらないのか。本件は、本論点について、以上のよ

うな問題を提起するのだが、残念ながら本判決はこの問題に対して何ら答えていない。

## IV　内心の自由のいかなる法理によるのかが不分明な先例

•••••• 論　　点 ••••••
1　最高裁判所裁判官の国民審査の制度は、本条違反か
2　強制加入団体が政治資金規正法上の政治団体に対する金員の寄附を行うためにその構成員から会費を強制的に徴収することは、本条違反か

【関連法令】
最高裁判所裁判官国民審査法、司法書士法、政治資金規正法、税理士法、民法34、90条

### 論点 ❶　最高裁判所裁判官の国民審査の制度は、本条違反か

　国民審査の制度は、本条との関係で、はたして、またどんな、問題を提起するのか。

　これが論点とされるのは、昭和24年1月の衆議院議員選挙と同時に行われた初の最高裁判所裁判官国民審査（以下、「国民審査」という）について提起された、最高裁判所裁判官国民審査法（以下、「法」という）36条の審査無効の訴訟を契機とする。最大判昭和27・2・20民集6巻2号122頁〔27003428〕は11名の裁判官全員一致で上告棄却の判決を行い、原審の東京高判昭和24・12・5民集6巻2号177頁〔27205544〕による請求棄却の判決を支持した。

　この昭和27年大法廷判決は上告理由に答える形で議論を展開しており、その説示を理解するには上告理由の理解が不可欠である。そこで上告理由をやや立ち入ってみておく。

　上告理由は、本条（及び21条1項）に関して、法とその下での運用につき以下のような違憲主張を行っていた。法15条1項は「審査人は、投票所において、罷免を可とする裁判官については、投票用紙の当該裁判官に対する記載欄に自ら×の記号を記載し、罷免を可としない裁判官については、投票用紙の当該裁判官に対する記載欄に何等の記載をしないで、これを投票箱に入れなければならない」と規定し、法32条は「罷免を可とする投票の数が罷免を可としない投票の数より多い裁判官は、罷免を可とされたものとする」と規定する。ここで

法の用意する選択肢は「×」か「無記載」の２つのみであり、「無記載」の場合には「罷免を可としない投票」として数えられてしまう。しかし国民の大多数は、最高裁裁判官についてよく知らず罷免の可否がわからない人々である。ところが本件衆議院議員選挙投票所では、国民審査の投票用紙を交付され、かつ持ち帰りを禁止された。そのため前記の国民大多数は、事実上国民審査の投票を強制され（棄権の自由を行使できず）、やむなく「無記載」の投票を行った。そこで第１に、棄権の自由を認めない運用は違憲である。第２に、法が、罷免の可否がわからないという意見を表明する選択肢──別言すれば、「×」でも「○」でもない「白票」という選択肢──を用意していないのは違憲である。第３に、法が、罷免の可否がわからないため「無記載」の投票を行った者に対して、「罷免を可としない投票」という法的効果を持たせたのは、違憲である。さらに第４に、投票用紙には裁判官の全員が連記されているため（法14条１項）、１人又は数人の裁判官についてのみ投票を行いたい審査人は、その他の裁判官についての投票に関して、前記第１・第２・第３と同じ問題点に遭遇する（ただし第１の点については運用でなく法（＝法14条の法規定）の違憲の問題となる）。なお上告理由は、前記第３の点に関連して、本条の保障内容には「思想及び良心が曲げて取り上げられることがない。（中略）即ち本人の意思に添わないような法律上の取扱いを受けないということ」が含まれるという憲法解釈論を提示した。ただ、前記第２の点は、意見表明の問題であり、本条の問題というより21条の問題ではないか、また前記第１の点は、棄権の自由の問題であり、本条の問題というより15条１項の問題ではないか、の疑問がある。このように本条固有の問題領域が不明確であるという上告理由の特徴は、それに回答するところの最高裁判決に引き継がれている。

　以上の上告理由に対して最高裁は、「国民審査の制度はその実質において所謂解職の制度」であるという点から、その論理的帰結として、以上４点の違憲主張をすべて斥ける。まず第２・第３の点についてこう説く。「かくの如く解職の制度であるから、積極的に罷免を可とするものと、そうでないものとの二つに分かれるのであつて、前者が後者より多数であるか否かを知らんとするものである。論旨にいう様な罷免する方がいいか悪いかわからない者は、積極的

に『罷免を可とするもの』に属しないこと勿論だから、そういう者の投票は前記後者の方に入るのが当然である。(中略)罷免する方がいいか悪いかわからない者は、積極的に『罷免を可とする』という意思を持たないこと勿論だから、かかる者の投票に対し『罷免を可とするものではない』との効果を発生せしめることは、何等意思に反する効果を発生せしめるものではない。解職制度の精神からいえば寧ろ意思に合する効果を生ぜしめるものといつて差支えないのである。それ故論旨のいう様に思想の自由や良心の自由を制限するものでないこと勿論である」(下線は引用者、以下同じ)、と。次に第1の点についてこう説く。「裁判官は内閣が全責任を以て適当の人物を選任して、指名又は任命すべきものであるが、若し内閣が不適当な人物を選任した場合には、国民がその審査権によつて罷免をするのである。(中略)それ故何等かの理由で罷免をしようと思う者が罷免の投票をするので、特に右の様な理由を持たない者は総て(罷免した方がいいか悪いかわからない者でも)内閣が全責任を以てする選定に信頼して前記白票を投ずればいいのであり、又そうすべきものなのである。(中略)普通の選挙制度においては、投票者が何人を選出すべきかを決するのであるから、誰を選んでいいかわからない者は良心的に棄権せざるを得なくなるということも考えられるのであるが、裁判官国民審査の場合は、投票者が直接裁判官を選ぶのではなく、内閣がこれを選定するのであり、国民は只或る裁判官が罷免されなければならないと思う場合にその裁判官の罷免の投票をするだけで、その他については内閣の選定に任かす建前であるから、通常の選挙の場合における所謂良心的棄権という様なことも考慮しないでいい」、と。

　以上の昭和27年大法廷判決は、本条の保障内容についてほとんど論じることなく(人権論)、専ら、国民審査に関する法とその下での運用が解職(リコール)制度として首尾一貫していると論じることで(制度論)、上告理由による本条(及び21条1項)に関する違憲論を斥けたと理解される。まず、上告理由の第2・第3の点(特に後者)について、国民審査の制度は解職制度であり、「積極的に罷免を可とするものと、そうでないもの」との二者択一で審査人の意思を聞いているのだから、仮に本条の保障内容に上告理由の主張するものが含まれるとしても、それに違反しない、と説く。また、上告理由の第1の点について、

棄権の自由が本条の問題となるかどうかに立ち入ることなく、選挙制度はともかく解職制度については棄権の自由を認めなくても違憲とならない、と説く。

なお、第1回（昭和24年）と第2回（昭和27年）の国民審査においては、事実上、棄権の自由を行使しにくい運用であったのが、第3回（昭和30年）以降は中央選挙管理委員会から各都道府県選挙管理委員会宛ての通達により、総選挙の投票所において国民は国民審査の投票用紙を受け取らなくてよいことを明確にする運用になっている（高見勝利『芦部憲法学を読む』有斐閣（2004年）292-298頁）。

また、最大判平成16・1・14民集58巻1号1頁〔28090327〕は、本条ではなく15条を根拠に行われた、本件上告理由第3の点と類似の違憲主張──「改正公選法が採用した非拘束名簿式比例代表制の制度（中略）は、参議院名簿登載者個人には投票したいが、その者の所属する参議院名簿届出政党等には投票したくないという投票意思を認めず、選挙人の真意にかかわらず参議院名簿登載者個人に対する投票をその者の所属する参議院名簿届出政党等に対する投票と評価し、比例代表選出議員が辞職した場合等には、当該議員の所属する参議院名簿届出政党等に対する投票意思のみが残る結果となる点において、国民の選挙権を侵害し、憲法15条に違反する」との主張──を、やはり（選挙）制度論により斥けて合憲判断を示している。

**論点 ②** 強制加入団体が政治資金規正法上の政治団体に対する金員の寄附を行うためにその構成員から会費を強制的に徴収することは、本条違反か

1 南九州税理士会事件判決──「目的の範囲外」

本論点に対する判断を行ったのが、南九州税理士会事件に関する最三小判平成8・3・19民集50巻3号615頁〔28010412〕である。南九州税理士会（Y）は、税理士法（昭和55年法律26号改正前。以下、「法」という）49条に基づき、熊本国税局の管轄する熊本県、大分県、宮崎県及び鹿児島県の税理士を構成員として設立された法人である。一方、南九州税理士政治連盟（以下、「南九税政」という）は、税理士の社会的、経済的地位の向上を図り、納税者のための民主的税理士制度

及び租税制度を確立するため必要な政治活動を行うことを目的として設立された、Yに対応する政治資金規正法（以下、「規正法」という）上の政治団体であり、そして熊本県税理士政治連盟、大分県税理士政治連盟、宮崎県税理士政治連盟及び鹿児島県税理士政治連盟（以下、一括して「南九各県税政」という）は、南九税政の傘下の、各県別の独立した税理士政治連盟として設立された、規正法上の政治団体である。さて、Yは定期総会において、税理士法改正運動に要する特別資金とするため、各会員から本件特別会費5000円を徴収し、その全額を南九各県税政へ会員数を考慮して寄附する、という趣旨の本件決議を行った。Yの会員である税理士Xは、本件特別会費を納入しなかったため、Yの役員選任規則に従って、その滞納を理由に、その後2年ごとの役員選挙7回において、選挙人名簿に登載されなかった。そこでXはYに対して、Xが本件特別会費の納入義務を負わないことの確認を求めるとともに、各役員選挙においてXの選挙権・被選挙権を停止された不法行為による損害賠償を求める訴えを提起した。最高裁は5名全員一致で原判決（福岡高判平成4・4・24民集50巻3号955頁〔22005021〕）を破棄し自判。Xの確認請求を認容し、Xの損害賠償請求については原審に差し戻す内容の判決を行った。

　本判決は、まずその基本的論理を提示したうえで——「税理士会が政党など規正法上の政治団体に金員の寄付をすることは、たとい税理士に係る法令の制定改廃に関する政治的要求を実現するためのものであっても、法49条2項で定められた税理士会の目的の範囲外の行為であり、右寄付をするために会員から特別会費を徴収する旨の決議は無効であると解すべきである」——、それを敷えんするという構成をとる。

　本判決はまず、ここで「目的の範囲外」というのが、「民法上の法人は、法令の規定に従い定款又は寄付行為で定められた目的の範囲内において権利を有し、義務を負う（民法43条〔当時。現行34条〕）」（〔　〕内は引用者、以下同じ）、との法規範に即した判断であることに注意を促す。それに続けて、会社に関する判例法理を次のようにまとめる。「この理は、会社についても基本的に妥当するが、会社における目的の範囲内の行為とは、定款に明示された目的自体に限局されるものではなく、その目的を遂行する上に直接又は間接に必要な行為で

あればすべてこれに包含され（中略）、さらには、会社が政党に政治資金を寄付することも、客観的、抽象的に観察して、会社の社会的役割を果たすためにされたものと認められる限りにおいては、会社の定款所定の目的の範囲内の行為とするに妨げないとされる」。そのうえで、「しかしながら、税理士会は、会社とはその法的性格を異にする法人であって、その目的の範囲については会社と同一に論ずることはできない」、と述べて、税理士法の諸規定を概観し、税理士会について次のようにまとめる。「以上のとおり、(x)税理士会は、税理士の使命及び職責にかんがみ、税理士の義務の遵守及び税理士業務の改善進歩に資するため、会員の指導、連絡及び監督に関する事務を行うことを目的として〔法49条2項〕、法が、あらかじめ、税理士にその設立を義務付け、その結果設立されたもので〔法49条1項〕、その決議や役員の行為が法令や会則に反したりすることがないように、大蔵大臣の前記のような監督に服する〔法49条の11、49条の18、49条の19第1項〕法人である〔法49条3項〕。また、(y)税理士会は、強制加入団体であって、その会員には、実質的には脱退の自由が保障されていない〔法52条〕」((x)(y)の記号は引用者)、と（なお、「強制加入団体」という点については、先立つ叙述部分でこう説明している。「さらに、税理士会は、税理士の入会が間接的に強制されるいわゆる強制加入団体であり、法に別段の定めがある場合を除く外、税理士であって、かつ、税理士会に入会している者でなければ税理士業務を行ってはならないとされている（法52条）」、と）。結論的にこう述べる。「税理士会は、以上のように、会社とはその法的性格を異にする法人であり、その目的の範囲についても、これを会社のように広範なものと解するならば、法の要請する公的な目的の達成を阻害して法の趣旨を没却する結果となることが明らかである」、と。こうして、先例上「目的の範囲」を広く承認されてきた会社との違いを、(x)の公的な性格と、(y)の強制加入性との2点において強調することで、税理士会の「目的の範囲」を限定する方向性が示された。

　では、税理士会の「目的の範囲」はどのように限定されるべきか。本判決はこう述べる。「そして、税理士会が前記のとおり(y)強制加入の団体であり、その会員である税理士に実質的には脱退の自由が保障されていないことからすると、その目的の範囲を判断するに当たっては、会員の<u>思想・信条の自由</u>との関

係で、次のような考慮が必要である」((y)の記号及び下線は引用者)。ここで「思想・信条の自由」に言及があるので、本稿の問題関心からはその後の行論でこれがどんな役割を果たすのかに注意が向く。「次のような考慮」は、以下に全文を引く２つの段落で説かれている（以下、段落ごとにまとめて引用する。下線、各文冒頭の①〜⑤の記号、(a)(b)の記号、及び(y)の記号は引用者）。

「①(a)税理士会は、法人として、法及び会則所定の方式による多数決原理により決定された団体の意思に基づいて活動し、(b)その構成員である会員は、これに従い協力する義務を負い、その一つとして会則に従って税理士会の経済的基礎を成す会費を納入する義務を負う。②しかし、法が税理士会を(y)強制加入の法人としている以上、その構成員である会員には、様々な思想・信条及び主義・主張を有する者が存在することが当然に予定されている。③したがって、(a)税理士会が右の方式により決定した意思に基づいてする活動にも、(b)そのために会員に要請される協力義務にも、おのずから限界がある」。「④特に、政党など規正法上の政治団体に対して金員の寄付をするかどうかは、選挙における投票の自由と表裏を成すものとして、会員各人が市民としての個人的な政治的思想、見解、判断等に基づいて自主的に決定すべき事柄であるというべきである。⑤なぜなら、政党など規正法上の政治団体は、政治上の主義若しくは施策の推進、特定の公職の候補者の推薦等のため、金員の寄付を含む広範囲な政治活動をすることが当然に予定された政治団体であり（規正法３条等）、これらの団体に金員の寄付をすることは、選挙においてどの政党又はどの候補者を支持するかに密接につながる問題だからである」。

以上の「考慮」を踏まえ、本判決は次のように結論する。「(1)そうすると、前記のような(x)公的な性格を有する税理士会が、(b)このような事柄を多数決原理によって団体の意思として決定し、構成員にその協力を義務付けることはできないというべきであり（最高裁昭和48年(オ)第499号同50年11月28日第三小法廷判決・民集29巻10号1698頁〔国労広島地本事件〕参照）、(a)税理士会がそのような活動をすることは、法の全く予定していないところである。(2)税理士会が政党など規正法上の政治団体に対して金員の寄付をすることは、たとい税理士に係る法令の制定改廃に関する要求を実現するためであっても、(a)法49条２項所定の税

理士会の目的の範囲外の行為といわざるを得ない」(下線、各文冒頭の(1)(2)の記号、(x)の記号、(a)(b)の記号、及び〔　〕内は引用者)、と。

2　南九州税理士会事件判決——「思想・信条の自由」論の読解

　本判決は、前示引用の判決理由中に引用者が(a)(b)の記号を付した箇所からも明らかなように、(a)法人のある活動が当該法人の「目的の範囲内」(現行民法34条)のものとして当該法人の権利義務の範囲内のものかどうかと、仮にある活動が当該法人の権利義務の範囲内のものだとしても、(b)当該法人は、その活動への協力義務を、その構成員に課すことができるか、という2つの問題があることを意識している。憲法的思考にとって不可欠の＜団体・対・個人＞という二項対立軸に従っていうと、(a)は、団体そのものについて、それがどんな活動を行うことができるかを問題とするのに対して、(b)は、団体とその構成員たる諸個人との関係において、団体がどこまでの義務を個人に課しうるか、逆に個人は団体からの自由をどこまで主張できるか、を問題とする。この点、本判決も先例として引く国労広島地本事件判決(最三小判昭和50・11・28民集29巻10号1634頁〔27000344〕)がすでに、「労働組合がその目的の範囲内においてするすべての活動につき当然かつ一様に組合員に対して統制力を及ぼし、組合員の協力を強制することができるものと速断することはできない」、と述べて、この区別を説いていた。

　本判決の基本的論理は(a)に関するものであり、「規正法上の政治団体に金員の寄付をすること」は税理士会の目的の範囲外の行為だとする。本判決は、税理士会の「目的の範囲」の画定に当たって、会員の「思想・信条の自由」に関する考慮を要する、としている。その考慮はどのようになされているか。一方で、②③において、税理士会の加入「強制」性((y))が、諸会員の有する様々な「思想・信条及び主義・主張」への配慮を促している(ここに、＜法による強制・対・「憲法上の権利」＞の対抗を読み取りうる。参照、高橋和之『立憲主義と日本国憲法〈第2版〉』有斐閣(2010年)164頁)。他方で、⑤において、金員を寄附する対象である「規正法上の政治団体」が、「政治上の主義若しくは施策の推進、特定の公職の候補者の推薦等のため、金員の寄付を含む広範囲な政治活動をすることが当然に予定された政治団体」(下線は引用者)であることに、規正法3

条の参照を求めながら、注意を促している。⑤は、それゆえ「これらの団体に金員の寄付をすること」は、「選挙においてどの政党又はどの候補者を支持するか」——④のいう「選挙における投票の自由」の行使の際に人が判断する事項——に、「密接につながる問題」だ、とする。以上の、一方の論理と他方の論理が合流して、本判決のいう「思想・信条の自由」の保障内容が、④において示される。すなわち、「規正法上の政治団体に対して金員の寄付をする」ことは、「会員各人が（中略）自主的に決定すべき事柄である」、というのがそれである。

本判決の「思想・信条の自由」論について、2点を指摘する。

第1に、本判決のいう「思想・信条の自由」の中身は、結局のところ、「規正法上の政治団体に対して金員の寄附をする」ことの自由（寄附しない自由を含む）、である。どの政治団体に対してどの額の寄付をいつ行うか（そもそも行わないか）を決めて実行する自由が、ここで説かれている。これは、お金によって政治的な影響力を及ぼす自由であり、政治目的でお金を出すという外部的行為の自由である。そういうものとして、本来は21条や15条1項などに基礎づけられてしかるべき自由が、「思想・信条の自由」の名の下に語られている（国労広島地本事件判決は、そういう自由を表現するのに「政治的自由」（民集29巻10号1707頁）の語を用いていた）。確かにこの自由は、会員の「市民としての個人的な政治的思想、見解、判断等に基づいて」行使されるが、政治に関するあらゆる外面的な精神活動の自由もまたそうなのである。

第2に、本判決における「思想・信条の自由」の働き方だが、(1)の前段において、(b)に関する会員の協力義務を否定する働きを演じた後、(1)の後段と(2)において、(a)に関する法人の「目的の範囲」外だとの判断を導く働きをしている。つまり、個人の団体からの自由に関する(b)を論じてから、団体そのものに関する(a)を論じる、という順番になっている。この順番は示唆的である。仮に税理士会に、「規正法上の政治団体に対して金員の寄付をする」権限があるとしても、税理士会の加入「強制」性((y))ゆえに、会員個々人の「思想・信条の自由」が力を発揮し、その力に阻まれて、「公的な性格」((x))を有する税理士会は、前記権限行使に対する協力を会員個々人に義務づけることができない、と

の判断が先行した後、税理士会にはそもそも前記権限そのものがない、との判断が示されるのである。確かに本判決の基本的論理は(a)に関するものである。だが、税理士会の「目的の範囲外」だとの判断は、税理士会の目的規定をにらんで、この目的がどこまでしか拡張し得ないかを検討する作業（団体の権限が立脚する論理に内在的にその権限の外延を画する作業）から導かれたのではない。そうではなく、本件決議が会員個人の「思想・信条の自由」を侵すことになる、との洞察（人権論）から導かれた（Ⅲ論点１の３でみた富士重工原水禁事情聴取事件判決（最三小判昭和52・12・13民集31巻7号1037頁〔27000263〕）の論理と比較せよ。その基本的論理は(b)に関するもので、労働者に協力義務なしとするのだが、そこで人権論は働いていなかった）。このように本判決の推論上、「思想・信条の自由」は目にみえる働きを演じている。

3　群馬司法書士会事件判決──「目的の範囲内」＋協力義務あり

　南九州税理士会事件判決の射程を理解するため、群馬司法書士会事件に関する最一小判平成14・4・25裁判所時報1314号1頁〔28070836〕をみる。群馬司法書士会（Y）は、阪神・淡路大震災により被災した兵庫県司法書士会に3000万円の復興支援拠出金（以下、「本件拠出金」という）を寄附することとし、その資金に、役員手当の減額等による一般会計からの繰入金と、Yの会員から登記申請事件１件当たり50円の復興支援特別負担金（以下、「本件負担金」という）の徴収による収入をもって充てる旨の総会決議（以下、「本件決議」という）を行った。これに対してYの会員であるXらが、本件決議は無効であり会員には本件負担金の支払義務がないと主張して、債務不存在確認を求めて提訴した。最高裁は3対2で上告を棄却し、Xの請求を棄却した原判決（東京高判平成11・3・10判時1677号22頁〔28041699〕）を支持した。ここでも先の、(a)法人のある活動が当該法人の「目的の範囲内」（現行民法34条）のものかどうかと、(b)当該法人はその活動への協力義務をその構成員に課すことができるか、という２つの問題の区別を念頭に置いて、判旨をたどる。

　まず(a)につき、本判決はこう論じた。「司法書士会は、司法書士の品位を保持し、その業務の改善進歩を図るため、会員の指導及び連絡に関する事務を行うことを目的とするものであるが（司法書士法14条２項）、その目的を遂行する

上で直接又は間接に必要な範囲で、他の司法書士会との間で業務その他について提携、協力、援助等をすることもその活動範囲に含まれるというべきである」。「本件拠出金は、被災した兵庫県司法書士会及び同会所属の司法書士の個人的ないし物理的被害に対する直接的な金銭補てん又は見舞金という趣旨のものではなく、被災者の相談活動等を行う同司法書士会ないしこれに従事する司法書士への経済的支援を通じて司法書士の業務の円滑な遂行による公的機能の回復に資することを目的とする趣旨のものであった」。「したがって、兵庫県司法書士会に本件拠出金を寄付することは、Yの権利能力の範囲内にある」。

続いて(b)につき、本判決はまず判断枠組みをこう示す。「そうすると、Yは、本件拠出金の調達方法についても、それが公序良俗に反するなど会員の協力義務を否定すべき特段の事情がある場合を除き、多数決原理に基づき自ら決定することができるものというべきである」。これは、典型例として公序良俗違反という民法90条の規範を引き合いに出しつつ、「特段の事情」があるかどうかを問うという判断枠組みである。続いて本判決はその当てはめ判断を行う。「これを本件についてみると、Yがいわゆる強制加入団体であること（同法〔司法書士法〕19条）を考慮しても、本件負担金の徴収は、会員の政治的又は宗教的立場や思想信条の自由を害するものではな〔い〕（中略）から、本件負担金の徴収について、公序良俗に反するなど会員の協力義務を否定すべき特段の事情があるとは認められない。したがって、本件決議の効力はYの会員であるXらに対して及ぶ」（〔　〕内及び下線は引用者）。

以上のように、本判決は、まず(a)の、団体そのものの活動範囲の問題を論ずるに当たり、司法書士会の目的規定をにらんで、この目的がどこまで及ぶかを検討し、「兵庫県司法書士会に本件拠出金を寄付すること」はその範囲内にあると結論する。次に(b)の、個人の団体からの自由の問題を論ずるに当たり、「思想信条の自由」に言及を行うが、それはただ、同自由を「害するものでな」いという消極的文脈においてのことであり、結論的には「本件負担金の徴収」に対する会員の協力義務が肯定されている。このように、司法書士会が税理士会と同じく強制加入団体であるにもかかわらず、本判決の推論過程では、「思想信条の自由」はただ消極的文脈において言及されること以上の働きを何

ら演じていない。先例の南九州税理士会事件判決のいう「思想・信条の自由」の内実は、政治的自由であった。本判決もまた、「思想信条の自由」に対する言及を、「政治的又は宗教的立場」と並べて行っている。最高裁流の「思想信条の自由」がそういう内実のものなのであれば、「兵庫県司法書士会に本件拠出金を寄付すること」に関する本件負担金の徴収を、その「思想信条の自由」が阻み得ないのは、まことに無理もない。

**【参考文献】**
渡辺康行「『日の丸・君が代訴訟』を振り返る——最高裁諸判決の意義と課題」論究ジュリスト1号（2012年）108頁、芹沢斉=市川正人=阪口正二郎編『新基本法コンメンタール　憲法』日本評論社（2011年）〔佐々木弘通〕145頁

（佐々木弘通）

## ◆第20条

> （信教の自由、政教分離）
> 第20条　信教の自由は、何人に対してもこれを保障する。いかなる宗教団体も、国から特権を受け、又は政治上の権力を行使してはならない。
> ②　何人も、宗教上の行為、祝典、儀式又は行事に参加することを強制されない。
> ③　国及びその機関は、宗教教育その他いかなる宗教的活動もしてはならない。

【条文の概要】
　信教の自由とは、宗教的な自由を意味する。人類の歴史の中で、これまで様々な宗教弾圧が繰り返し行われてきた。しかし、何を信じるかは本人が決めることであり、誰からも強制されることではない。こうした強い姿勢が宗教弾圧に対する抵抗となり、やがて近代における自由主義の出発点となっていった。信教の自由は人権保障の歴史で重要な役割を果たし、それゆえ各国の憲法において保障されているのである。
　日本国憲法は、個人が信仰に対して持つ敬虔な気持ちを尊重するために、本条1項で信教の自由を保障した。この自由の保障は、社会における宗教の意義の「積極的承認」であるとも理解されている。したがって、宗教が社会一般に違和感・嫌悪感を与えるからといって、排斥されてはならない。宗教に対する寛容な対応が、社会には求められる。
　憲法はさらに宗教団体への特権付与・財政支援（本条1項後段、89条前段）、政府の宗教教育・宗教活動を禁止し（本条3項）、併せて宗教団体に政治上の権力行使を禁じている（本条1項後段）。これらの規定から、憲法は政教分離原則を宗教制度として採用していると理解される。

〔細目次〕
Ⅰ　信教の自由
　1　信仰の自由とその限界
　2　宗教活動の自由とその限界
　3　宗教結社の自由とその限界
　4　宗教に対する配慮
Ⅱ　政教分離原則
　1　政教分離原則の性質
　2　宗教団体に対する特権付与

3　政府の宗教活動と判断基準
4　宗教教育
Ⅲ　宗教団体の自律権と司法審査

# I　信教の自由

•••••• 論　点 ••••••

1　信教の自由侵害の要件は、どのようなものか
2　信教の自由は私人間においても効力を持つか
3　信仰を理由として、自らの法的利益を主張することはできるか
4　信教の自由は外国人にも保障されるか
5　宗教的人格権は、法的権利として認められているか
6　信仰の自由を理由としてある治療を受けることを拒否することは保障されるか
7　信仰を理由とした差別は許されるのか
8　社寺の拝観に対する課税は、信教の自由に違反するか
9　異教徒であることを理由に、社寺がその墓地での埋葬を拒否することは許されるか
10　家族が信者を教団から強制的に脱会させることは、許されるか
11　宗教活動に対する制約とその判断基準は、どのようなものか
12　布教や献金を勧誘する活動はどの程度まで認められるのか
13　宗教活動は不正競争防止法の規制対象となるか
14　宗教結社の自由とは、どのようなものか
15　宗教法人の解散命令は、その後の当該宗教団体の活動を制限するか
16　無差別大量殺人行為をした宗教団体に対する監視は、許されるのか
17　新宗教法人が既存の宗教法人と類似の名称を用いることは、許されるか
18　宗教団体の所属宗派変更の自由は、認められるか
19　宗教法人設立あるいは規則変更の際の所轄庁の認証は、形式審査であるべきか
20　信教の自由に基づき、信者の宗教活動を容易にする特別の免除を与えることは可能か
21　公有地に建立された宗教施設を政教分離違反として撤去解体することは、信教の自由への侵害となるか

【関連法令】
医師法、刑事収容施設及び被収容者等の処遇に関する法律、刑法205条、社寺等に無償で貸し付けてある国有財産の処分に関する法律、宗教法人法、宗教法人令、住民基本台帳法、法人税法、「墓地、埋葬等に関する法律」、民法90、834条の2、無差別大量殺人行為を行った団体の規制に関する法律

## 1 信仰の自由とその限界

**論点 ①** 信教の自由侵害の要件は、どのようなものか

　本条1項前段は信教の自由を保障し、かつ同条2項は「何人も、宗教上の行為、祝典、儀式又は行事に参加することを強制されない」と定めて宗教強制を禁止している。

　一般に信教の自由には、信仰の自由、宗教活動の自由、宗教結社の自由があるといわれる。信仰の自由は、宗教を信仰し、又は信仰しないこと、信仰する宗教を選択し変更することについて各人が任意に決定することができる自由をいう。どのような宗教を信仰するのか、あるいは信じないのかは、個人の内心の問題であって、その領域に強制を加えることは、自由主義社会においては認められない。したがって、「信仰の自由」は絶対的に保障され、公権力による干渉は許されない。

　信仰の自由からは、信仰告白の自由、信仰を理由とした不利益取扱いの禁止、自らの子どもに対する宗教的養育の権利が導き出される。信仰告白の自由とは、自分がどのような信仰を抱いているのか、あるいは信仰の結果自分の内心にどのような変化が生じたのかを他者に伝える自由をいう。この自由は、当然に信仰を伝えないという消極的自由を含むものであり、したがって、公権力が個人に対して信仰告白を強制することや、信仰に反する行為を強制することが禁止される。ここから、かつてアメリカの州で行われた公務就任の際の宗教審査は禁止されることになる。

　宗教活動の自由とは、信仰や教義に基づいて祈りや読経、礼拝などをする自由、また宗教的行事を行う自由を意味する。多くの宗教では、その信仰がもた

らす救済に至るための様々な戒律や行為を定めている。信者はその信仰を抱く限り戒律などに従わなければならず、そのため宗教活動の自由は信仰の自由に付随するものといわなければならない。宗教活動には個人的に行うものと集団的に行うものとがある。他の信仰を抱く者に対して、自らの信仰の魅力を説き改宗を促す布教活動、そして信仰についての理解が浅い者に対して深く信仰の意義を教化する宗教教育活動は、いずれも宗教集団の保持する活動の自由と理解されており、憲法上の保護を受ける（宗教結社の自由については論点14において触れる）。

　上記のような自由を政府が侵害し、さらには宗教強制を求めたならば、信教の自由は制約されることになる。これに加えて、裁判所は信教の自由の侵害が成立する要件を認定している。これは、主に政府の宗教的活動が国民の信教の自由を侵害したのかが争われた裁判で判示された論点である。

　中曽根内閣総理大臣（当時）の靖国神社公式参拝が国民の信教の自由を侵害したのかが問われた訴訟（大阪高判平成5・3・18訟務月報40巻3号544頁（首相靖国神社公式参拝訴訟）〔27815493〕）において、裁判所は、信教の自由とは個人の内心における宗教的信条の自由及びその信条に従った行事等の宗教的行為を行い、又はその信条に反する宗教的行事等を行わない自由を意味するところ、信教の自由に対する侵害があったというには、直接私人に対して信教の自由に対する強制的干渉が行われたことを必要とすると判示した。

　昭和天皇崩御、新天皇即位の際に挙行された即位の礼、大嘗祭に国費を支出することをめぐる裁判（大阪高判平成7・3・9行集46巻2=3号250頁（即位の礼・大嘗祭国費支出差止事件）〔27828893〕）で、大阪高裁は、国家の政策決定やその実施が信仰の自由の侵害行為と評価されるには、その政策が個人の思想等の形成、維持に、抽象的、間接的ではなく、具体的かつ直接に影響を与えるものであることを要すると述べ、政府の政策決定やその実施が引き起こす信仰上の不快などは現代社会においては不可避の事象であり、憲法上の保護対象にはならないとした。

　また小泉内閣総理大臣（当時）の靖国神社参拝をめぐる訴訟（大阪高判平成17・9・30訟務月報52巻9号2979頁〔28102413〕）において、大阪高裁は「信教の自由

に関する憲法20条1項は、単に同条2項に例示された強制的行為のみならず、国家による宗教的活動がもたらすべき個人に対する宗教上の圧迫、干渉をも禁止しているものというべきであるから、人は、信教の自由の内容として、公権力による強制のみならず、圧迫、干渉を受けない権利ないし利益をも有するものと解すべきである」と判示している。

　これらの判決から、裁判所は信教の自由の侵害の要件として、政府の具体的直接的な強制、圧迫、干渉を想定しているといえよう（私人間における信教の自由の侵害の要件も同様である。最大判昭和63・6・1民集42巻5号277頁（自衛官合祀訴訟）〔27801761〕参照）。他方で、具体性を欠く宗教上の不快感や憤りなどに対しては、信教の自由に対する侵害の発生を認定していないと思われる。

### 論点 ❷ 信教の自由は私人間においても効力を持つか

　憲法上の権利の1つである信教の自由は、原則として対国家的権利であり、私人間の関係には直接適用されないとされる。最高裁もこの原則を確認しており、最一小判昭42・5・25民集21巻4号937頁〔27001077〕は、宗教団体の主宰者である姉が養子縁組をしている妹に対して妹宅での祭祀をしないことを養子縁組継続の条件としたことに関連して、「憲法20条が同19条と相まって保障する信教の自由は、何人も自己の欲するところに従い、特定の宗教を信じまたは信じない自由を有し、この自由は国家その他の権力によって不当に侵害されないということで、本件のように特定の場所で布教または祭祀を行なわないことを私人間で約束することを禁ずるものではない」と判示した。

　もっとも、最高裁は「私人相互間において憲法20条1項前段及び同条2項によって保障される信教の自由の侵害があり、その態様、程度が社会的に許容し得る限度を超えるときは、場合によつては、私的自治に対する一般的制限規定である民法1条、90条や不法行為に関する諸規定等の適切な運用によって、法的保護が図られるべきである」（最大判昭和63・6・1民集42巻5号277頁（自衛官合祀訴訟）〔27801761〕）と述べ、私人による信教の自由侵害行為に対しては、憲法の間接適用などによる法的保護が図られるべきだとしている。こうした立場は、雑誌「フライデー」が宗教団体を批判したことがその信者の人格権を侵害した

として争われた裁判（名古屋高判平成5・12・24判夕846号221頁（フライデー幸福の科学事件）〔27821041〕）でも受け継がれている。

　下級審の中には、信教の自由を対国家的権利とは厳密には考えずに、その私法上の権利性を認めるものもある。宗教団体の内部対立により反執行部側が団体施設の利用を拒否されたことをめぐる事件（大阪地決平成9・9・17判タ968号254頁（霊友会講堂使用拒否事件）〔28030989〕）で、大阪地裁は私人による信教の自由に対する侵害には法的保護が与えられるべきとの立場から、信教の自由、宗教的活動の自由を民法上の権利と認定し、佐賀地裁も、神社関係費を控除した自治会費の納入をめぐる訴訟（佐賀地判平成14・4・12判時1789号113頁（自治会費納入拒否事件）〔28071992〕）において信教の自由の私法上の権利性を容認した。

**論点 ③　信仰を理由として、自らの法的利益を主張することはできるか**

　論点2で述べた、信教の自由と私人間効力の問題とも関連する論点である。一般に、信仰を理由として、自らの法的利益を主張することは認められており、宗教団体の内部対立により反執行部側が団体施設の利用を拒否されたことをめぐる事件（大阪地決平成9・9・17判タ968号254頁（霊友会講堂使用拒否事件）〔28030989〕）では、信教の自由を根拠に当該施設の利用が認められ、神社関係費を控除した自治会費の納入をめぐる訴訟（佐賀地判平成14・4・12判時1789号113頁（自治会費納入拒否事件）〔28071992〕）では、信仰上の理由から自治会費のうち神社関係費に相当する部分の支払を拒絶する原告の主張が容認された。後者の判決では、強制加入団体に準ずる団体である地域自治会において神社関連費用を含む自治会費を徴収することは事実上宗教上の行為への参加強制に当たるとみなされた。この他にも、名古屋地判昭和38・4・26労働民例集14巻2号668頁（三重宇部生コン懲戒解雇事件）〔27611443〕は、会社から求められた宗教的精神修養研修の参加を信仰を理由に拒否することは従業員の権利であり非難されるものではないから、参加拒否を理由とする懲戒解雇は解雇権の濫用に当たると判決した。

　他方、信仰を理由とする戸籍名の変更に関して、東京高決昭和27・12・27家裁

月報5巻5号171頁〔27483069〕は、宗教活動が本人の社会生活のわずかな部分しか占めていない場合には、自ら望む宗教名に戸籍名を変更する正当な理由はないと判示した。東京高裁は、名前は個人を識別するものであり社会にも大いに関係するのであるから、信仰上自由に戸籍名を変更する権利は認められないとしたのである。

　信仰を理由とした離婚請求は認められるか。この点をめぐる裁判例の多くが、エホバの証人を信仰する妻との離婚を求める事件に関するものである。名古屋地判昭和63・4・18判タ682号212頁〔27802843〕は、エホバの証人の信仰に多くの時間を費やし、夫の反対を押し切って子どもに教義を教え、他方で法事などに参加しないなど、婚姻関係における扶助協力義務の限度を超えて妻は宗教的行為をしているので、夫が妻と離婚することは認められるとした。

　婚姻の維持と信教の自由との関係について、裁判所は婚姻の維持のためには信教の自由は一定の制約を受けるとの立場を示している。大阪高判平成2・12・14家裁月報43巻11号73頁〔27808837〕は、結論として離婚を容認するが、「信仰の自由は夫婦といえども互いに尊重しなければならないことはいうまでもないが、(中略)信仰の自由といつても、夫婦として共同生活を営む以上自ずから節度があるべきものであり、相手方の意見や立場を尊重して夫婦及び家族間の関係が円満に行くように努力し、行き過ぎは慎むべきものである」と述べた。また夫の離婚請求を認めなかった名古屋高判平成3・11・27判タ789号219頁〔27811826〕は、「夫婦である以上、互いに協力扶助しあって共同生活を営むべきものであるから、信教の自由といつても、少なくとも夫婦間あるいは家庭内にあっては無限限のものではなく、信仰を異にする配偶者との婚姻生活の維持継続という面からそこでの信仰生活あるいは宗教活動には自ら一定の限度があると解すべきである」として、夫婦関係維持のため宗教活動に制約が加わることを認めた。

　信仰を理由とした婚約破棄について、京都地判昭和45・1・28判タ246号239頁〔27451634〕は、「信仰の自由は憲法にも保障されたところであつて、信仰の故をもつて、婚姻予約を破棄することは正当な理由ありと認め難い」と判示し、同棲中の被告の言動に不安を感じ信仰に救いを求めた原告がその信仰を捨てな

いことを理由に婚約を破棄した被告の責任を認めた。

### 論点 4　信教の自由は外国人にも保障されるか

　憲法上の権利は、その権利の性質に応じて外国人にも等しく保障が及ぶと理解されている（最大判昭和53・10・4民集32巻7号1223頁（マクリーン事件）〔27000227〕）。信教の自由は、その性質上国民にのみ保障すべき自由ではないので、外国人もその保障を受ける。大阪地判平成6・3・29訟務月報41巻4号741頁〔27827146〕は「宗教を布教宣伝する宣教活動の自由は憲法20条1項前段の信教の自由に含まれるものであり、右自由の保障は、外国人にも及ぶ」と述べて、上記の原則を確認した。もっとも同判決は、外国人の日本国内滞在の地位は憲法上保障されたものではないので、「外国人に対する憲法の基本的人権の保障は（中略）外国人在留制度の枠内で与えられているにすぎず（中略）在留期間中の憲法の基本的人権の保障を受ける行為を在留期間更新の際に消極的事由として斟酌されないことまでの保障が与えられているものと解することはできない」と判示して、信仰上の理由から指紋押なつを拒否した外国人に在留期間更新及び再入国許可を認めなかった法務大臣の処分を容認した。

　このように、外国人と信教の自由（及び憲法上の権利）の関係においては、上記マクリーン事件の判旨が有効であり、外国人在留制度の枠内でのみ信教の自由が認められているにすぎないのであって、真の意味で自由が保障されているとは言い難いといえよう（同旨、最一小判平成4・11・16裁判集民166号575頁（森川キャサリーン事件）〔25000029〕）。

### 論点 5　宗教的人格権は、法的権利として認められているか

　個人が自分や近親者の死に関して、他人からの干渉を受けずに自らの宗教感情に基づいて行為する利益を宗教的人格権という。この権利は憲法上の権利である信教の自由を私法上の権利として読み替えたものと理解することができる。このような権利、特に静謐な宗教的環境の下で信仰生活を送る権利は、退職自衛官の組織である隊友会による現職自衛官の殉職時の護国神社への合祀につきその妻が損害賠償請求をした訴訟の第1審において認められた（山口地判昭

54・3・22民集42巻5号336頁〔27423246〕)。しかし、最高裁はこれを宗教的感情として法的救済の枠外に置き、「信教の自由の保障は、何人も自己の信仰と相容れない信仰をもつ者の信仰に基づく行為に対して、それが強制や不利益の付与を伴うことにより自己の信教の自由を妨害するものでない限り寛容であることを要請しているものというべきである。このことは死去した配偶者の追慕、慰霊等に関する場合においても同様である。何人かをその信仰の対象とし、あるいは自己の信仰する宗教により何人かを追慕し、その魂の安らぎを求めるなどの宗教的行為をする自由は、誰にでも保障されているからである。原審が宗教上の人格権であるとする静謐な宗教的環境の下で信仰生活を送るべき利益なるものは、これを直ちに法的利益として認めることができない性質のものである」と判示して、宗教的人格権の法的権利性を全面的に否定した(最大判昭和63・6・1民集42巻5号277頁(殉職自衛官合祀事件)〔27801761〕)。そして信教の自由に関わる法的利益の侵害をいうためには、宗教行事への参加強制や自己の宗教行為に対する圧迫、干渉の事実がなければならないとした。なお、同判決伊藤正己裁判官反対意見は「宗教的な心の静穏は少なくとも不法行為法上の保護を受ける利益であると認めてよい」と述べ、合祀がもたらす様々な事態からの妻の自由を法的に保護しようとした。

　静謐な宗教的環境の下で信仰生活を送る権利としての宗教的人格権は、その後も裁判において主張されたが、そのいずれも認められていない(最一小判平成11・3・25裁判集民192号499頁(フライデー幸福の科学事件)〔28040618〕、最二小判平成18・6・23訟務月報53巻5号1615頁(小泉首相靖国参拝訴訟)〔28111345〕、大阪高判平成5・3・18訟務月報40巻3号544頁(首相靖国神社公式参拝訴訟)〔27815493〕、高松高判平成17・10・5訟務月報52巻9号3045頁〔28112185〕)。

　国家により一定の宗教的意味付けをされない権利として宗教的人格権が主張されることがある。だが東京地判平成17・4・26訟務月報52巻9号2895頁(靖国参拝差止訴訟)〔28112019〕は、内閣総理大臣と東京都知事による靖国神社参拝によって個人が国家によって宗教的意味付けをされない権利としての宗教的人格権を侵害されたとの主張に対して、そうした主張が実定法上の根拠を欠くきわめて漠然としたものであり、第三者の行為の差止めや、賠償責任を負わせるに

は、あまりにも抽象的かつ主観的にすぎるとして、その法的権利性を否定した。

　一方、宗教的人格権を故人を追悼・追慕する権利とする主張に対しては、これを認める判決もある。大阪地判平成元・12・27判時1341号53頁（エイズ・プライバシー訴訟）〔27806160〕は、故人のプライバシーを直接侵害する報道がある場合に、「このような報道により〔引用者注：故人〕の両親である原告らは、〔故人〕に対する敬愛追慕の情を著しく侵害されたものと認められる。したがって、本件報道は、原告らの右人格権を侵害するものである」と判示した。宗教法人が遺族の承諾なしに当初より小さい骨壺に遺骨を移し替え、入りきらなかった遺骨を遺族に返却せず合葬処分にしたことの違法性をめぐる裁判でも、「人の遺骨は、一般社会通念上、遺族等の故人に対する敬愛・追慕の情に基づく宗教的感情と密接に結び付いたものであり、このような心情は一種の人格的法益として保護されるべきものである」として、その法的権利性を認めて、遺骨の移替えと残余の遺骨の処理は遺骨の扱いとして適切ではなく不法行為に当たると判決した（横浜地判平成7・4・3判タ887号223頁（正継寺事件）〔27827925〕）。しかし、戦没者の靖国神社合祀取消訴訟においては、故人を追悼・追慕する権利の法的権利性は認められなかった（那覇地判平成22・10・26訟務月報57巻8号2133頁（靖国神社霊璽簿抹消沖縄訴訟）〔28163413〕、大阪高判平成22・12・21判時2104号48頁（靖国神社霊璽簿抹消訴訟）〔28171420〕）。

### 論点 6　信仰の自由を理由としてある治療を受けることを拒否することは保障されるか

　信仰の自由には、信仰についての自己決定権が認められる。この点につき、自己の信仰に基づいて医療行為を拒否するなど、身体生命の権利をどこまで主張することができるのかが問題となる。これは、患者の信仰の自由と医師の治療義務との対立問題と理解できる。医師は、診療や治療を通じて国民の病気・けがを治し生命を維持すること、つまり「国民の健康な生活を確保する」（医師法1条）ことが求められているのであって、「医療が患者の治療を目的とし救命することを第一の目標とする（中略）医師は患者に対し可能な限りの救命措置をとる義務がある」（東京地判平成9・3・12民集54巻2号690頁〔28030771〕）のであ

る。

　この問題は、患者が成人であるか、児童・生徒であるかにより区別して考える必要があろう。患者が成人である場合、裁判所は患者の意向を尊重する判断を示している。「エホバの証人」を信仰する成人男性が骨肉腫の手術を無輸血で施行するのを希望するのに対して、本人の両親が本人に代わって病院に輸血を含む手術その他の医療行為を委任する仮処分を求めた裁判である大分地決昭和60・12・2判タ570号30頁〔27426021〕は、「本件輸血拒否は、〔そ〕の属する宗派の宗教的教義、信念に基づくものであり、〔本人〕も右信念を真摯に貫徹することを希求し実践しているのである。このような〔本人〕にとって、輸血を強制されることは、信仰の自由を侵されることに等しいものと受止められることは否み難い」と述べて、親の要求を認めなかった。東大医科研病院事件判決（最三小判平成12・2・29民集54巻2号582頁〔28050437〕）において、最高裁は、信仰上一定の治療を拒否する患者の権利を人格権としてその法的権利性を認めたうえで、患者が「宗教上の信念からいかなる場合にも輸血を受けることは拒否するとの固い意思を有しており、輸血を伴わない手術を受けることができると期待して〔病院〕に入院したことを（中略）医師らが知っていたなど本件の事実関係の下では（中略）医師らは、手術の際に輸血以外には救命手段がない事態が生ずる可能性を否定し難いと判断した場合には、〔患者〕に対し〔病院〕としてはそのような事態に至ったときには輸血するとの方針を採っていることを説明して〔病院〕への入院を継続した上（中略）医師らの下で本件手術を受けるか否かを〔患者〕自身の意思決定にゆだねるべきであった」（〔　〕は引用者注）と述べて、エホバの証人の信者である患者の意向を知りながら、医師が輸血の可能性について説明することなく、救命行為の一環として手術中輸血を行ったことに対して損害賠償を認めた。同判決は、医師は命を救うためならば患者の意思を無視することができるという考えを明確に否定し、輸血を拒否することが（手術などの治療の回避により）最終的に自らの命の喪失となる場合でも患者の信仰を優先させたといえよう。その後いくつかの病院では、判断能力のある成人で意識障害もないなら、生命を保つため不可欠な場合でも輸血を行わない治療指針を定めるようになっている。

他方、自らの意向を独立に提示できない児童・生徒の場合、親がその信仰に基づき治療拒否の判断を医師に示すことがある。子どもを親の信仰に基づいて養育することは親の信仰の自由の1つと考えられているので、親の宗教的養育の権利と医師の治療義務あるいは子どもの生命権が対立することとなる。これについて、裁判所は信仰による親の「手術の同意拒否は、親権を濫用し、未成年者の福祉を著しく損なっているものと言うべきである」と述べ、親の親権を停止させる審判を下している（名古屋家審平成18・7・25家裁月報59巻4号127頁〔28130934〕）。このように、自らの子どもに対する親の宗教的養育の権利からでも、子どもに必要な治療を受けさせないのは医療ネグレクトと理解され、民法834条の2により親権停止の対象となる。したがって児童・生徒の場合、親の宗教的養育の権利よりも医師の治療義務や子どもの生命権が重視されるのである。医療サイドも、平成20年に信仰上の理由であっても15歳未満の患者には生命の危険があれば輸血する指針を打ち出している（宗教的輸血拒否に関する合同委員会「宗教的輸血拒否に関するガイドライン」平成20年2月28日）。

## 論点 ⑦ 信仰を理由とした差別は許されるのか

信仰の自由はまた、信仰を理由とした不利益取扱いの禁止を保障する。それゆえ、特定信仰集団の信者であることから不利益を被ることは許されないと考えなければならない。

オウム真理教（現アレフ）は、平成7年3月に地下鉄サリン事件を起こしてから、日本社会から排斥されている。その一例として、転入届不受理事件がある。同教団の信者たちは、事件を首謀した元教祖の強い影響下にいまだあると考えられており、彼らに対する人々の恐怖心は根強い。そのため、同信者たちが転入してきた場合、近隣の住民は激しい反対活動を行い、時に地方議会も彼らの撤退を求める決議をしている（群馬県藤岡市市議会や茨城県龍ケ崎市市議会など）。そのような中、平成13年に最高裁は、新規転入者である同教団信者の住民票消除を行った東京都世田谷区の処分に対して、区長は、住民票の作成が地域秩序を脅かし住民の生命や身体の安全が害されるか否かの審査権を持たず、また同処分が信者側に回復の困難な損害が生ずるおそれがあるとして、処分の

執行停止を認めた（最二小決平成13・6・14判例地方自治217号20頁〔28061412〕）。さらに最高裁は、名古屋市における転入不受理事件で「転入届があった場合には、その者に新たに当該市町村（指定都市にあっては区）の区域内に住所を定めた事実があれば、法定の届出事項に係る事由以外の事由を理由として転入届を受理しないことは許されず、住民票を作成しなければならない」と述べ、原則として自治体は転入届を受理する義務を負うことを明確にした（最一小判平成15・6・26裁判所時報1342号2頁〔28081679〕）。

　信仰を理由に移動の自由を制約することはできず、したがって住民基本台帳法22条の定める義務として転入者がなした届出に基づき、地方自治体は住民票を作成しなければならない。その作成に当たっては、信仰を理由に拒否することは当然できないだけでなく、地域住民の反対があろうとも作成されなければならない。これが最高裁の立場であろう。市町村の作成する住民基本台帳は、その区域の選挙権付与と直接関係する（同法15条）だけに、最高裁は、地方自治体による転入届不受理を厳格に否定したと思われる。

## 論点 8　社寺の拝観に対する課税は、信教の自由に違反するか

　宗教団体や宗教活動であることを理由に課税することは、その信仰の存在や活動を困難なものにすると考えられるので、信教の自由に違反すると理解されている。他方、信仰に関わらない収益事業に対して課税することは許されている（法人税法66条3項、法人税法施行令5条）。

　宗教とは無関係の目的により宗教活動に課税することは、許されるであろうか。地方公共団体は、その観光資源である社寺への観光客に対して、拝観料と併せて課税することがある。この問題について、奈良県が東大寺と法隆寺の拝観者に文化観光税を課税することをめぐり争われた裁判で奈良地裁は、拝観者が入場の際に支払う金員は文化財観賞の対価であるので、宗教活動を対象とする課税ではなく、課税額（1回につき大人10円、小人5円）もわずかなので、本条に違反しないと判決した（奈良地判昭和43・7・17行集19巻7号1221頁〔21028431〕）。もっとも東大寺や法隆寺を信仰の対象として訪れる者の宗教活動を困難にする可能性は残るが、同判決は「かかる者にとつては、本税を賦課されることは、

あたかも宗教的行為に対して課税されたのと同じような結果になるが、憲法第14条に『すべて国民は信条によつて差別されない』とあることは、特に宗教を対象としてこれに規制を加える法令をすべて違憲とする反面、何人も自己の信条を理由として宗教を対象としない一般的国法（例へば国民の納税義務を規定した税法）の適用を免れ得ないことを示すものと解すべきであるから、入場の本来の目的が参詣礼拝にある者といえども、同じく対価を支払つて入場する限り本件条例の適用を受けるのは当然である。もし、これを反対に解すると、同じく対価を支払つて入場するのに拘らずその者は信条を理由として免税の特権を与えられることになり、右憲法の規定に牴触すること明らかである」と判示し、宗教活動を容易にするための免税という考え（論点20参照）を斥けている。

　京都市が指定社寺の文化財観賞者に対して課税する条例を制定したことが問題となった事件において、京都地裁も課税対象者が宗教団体ではなく鑑賞者であること、税額（1回につき大人50円、小中学生は30円）が物価水準から僅少であり信仰をもって拝観する者に対しても萎縮効果を与えないことなどから、「本件条例は、文化財の観賞に伴う信仰行為、ひいては観賞者個人の宗教的信仰の自由を規律制限する趣旨や目的で本税を課すものでないことは明らかであり、また、右信仰行為に抑止効果を及ぼし、これを結果的に制限するものでもない」として、課税を容認した（京都地判昭和59・3・30行集35巻3号353頁（古都保存協力税条例事件）〔21080362〕）。

　いずれの判決も、課税対象が観光客であり信仰活動を狙い撃ちしていないこと、課税額が僅少であることを理由に合憲判決を下している。また信仰を目的として来訪者にも課税することについては、こうした偶発的な課税による制約に対して免除を設ける必要はない、あるいはその制約は信教の自由に対する萎縮効果をもたらさないとしている。課税に関しては、信仰に基づくものであっても裁判所は免除設定に消極的とみることができよう。

　なお、裁判で問われた奈良県条例は制定から5年後に期間満了として廃止され、京都市の条例は社寺の抵抗により満了期限前に廃止された。栃木県日光市、岩手県平泉町、宮城県松島町が文化観光税を設けたことがあり、福岡県太宰府市は「歴史と文化の環境税」を課している。

**論点 9** 異教徒であることを理由に、社寺がその墓地での埋葬を拒否することは許されるか

　墓地、埋葬等に関する法律は、10条1項において「墓地、納骨堂又は火葬場を経営しようとする者は、都道府県知事の許可を受けなければならない」と定め、厚生労働省は「経営主体は、市町村等の地方公共団体が原則であり、これによりがたい事情があっても宗教法人又は公益法人等に限られること」という方針を示している（厚生省生活衛生局長通知「墓地経営・管理の指針等について」平成12年12月6日生衛発第1764号）。市町村を原則とするのは、墓地の公共性や公益性を前提に住民サービスとして需要に応じて行政が計画的に供給することが望ましく、また将来にわたって安定かつ破綻の可能性がない運営を確保できるからである（同上）。他方、仏教寺院が徳川幕府の寺請制度により檀家の墓をその墓地に設置してきたことから、宗教法人による墓地経営も歴史的沿革から認めざるを得ないのである。

　かくして宗教法人は墓地を経営することができるが、その際に当該宗教法人の教義を信仰する者に限り墓地の使用を制限することが許されるのかが問題となる。墓地、埋葬等に関する法律13条は「墓地、納骨堂又は火葬場の管理者は、埋葬、埋蔵、収蔵又は火葬の求めを受けたときは、正当の理由がなければこれを拒んではならない」と規定しているので、信仰が異なることが埋葬拒否の「正当な理由」に該当するのかが具体的な争点となる（地方公共団体が経営する墓地は信仰を問わずその利用が認められるため、一般にはこうした問題は生じにくい）。

　津地判昭和38・6・21下級民集14巻6号1183頁〔27681221〕は、改宗離檀した異教徒からの埋葬依頼を拒絶することが墓地、埋葬等に関する法律13条の正当の理由に当たるかについて、以下のように判示した。すなわち、改宗者といえども伝統的祖先崇拝からその親族の遺体ないし焼骨を既成の仏教寺院の経営する墓地の先祖の墓に埋葬したいという希望は国民の宗教的感情と合致するのであり、異教徒からの埋葬依頼は拒んできたという当該寺院墓地の慣行から拒否することは公共の福祉に適合しないので、「従来から寺院墓地に先祖の墳墓を所有するものからの埋葬蔵の依頼に対しては寺院墓地管理者は、その者が改宗離檀したことを理由としては原則としてこれを拒むことができない」とした。当

判決は、寺院墓地の使用権は檀信徒加入契約に由来するが、墓の固定性と永久性から寺院は永代にわたり墓地使用を認める負担を内在的に引き受けなければならず、祖先の墓を当墓地に所有する者の使用権は改宗離壇によっても消滅しないと判断した。他方、埋葬に際して寺院は自派の典礼を行う権利があり、埋葬依頼者はこれを受忍しなければならないのであるから、異宗の典礼の施行を条件とする依頼や無典礼で埋葬蔵を行うことを条件とする依頼（異宗の典礼は施行しないが、当該寺院の典礼の施行も容認しない趣旨の依頼）に寺院は自派の典礼施行の権利が害されるということを理由にして拒むことができ、そのような理由による拒絶は「正当な理由」に当たるとした。

　墓地を管理する寺院の典礼を行う権利に、自派の様式の墓石を設置する権利が含まれることを認めたのが、最三小判平成14・1・22裁判所時報1308号5頁〔28070184〕である。最高裁は、津地裁が認めた寺院の典礼を行う権利を承認し、「寺院は、墓使用権を設定する契約に際し、使用権者が当該寺院の宗派の典礼の方式に従って墓石を設置する旨の合意をすることができる」と判示した。そして、墓の使用権者がする自派とは異なる様式の墓石設置の要請を拒否することができるとした。

　裁判所は、寺院墓地における墓の使用権を強く認める一方で、埋葬の際の寺院側の権利を承認することでもって、利益のバランスを図ろうとしたと理解できよう。そして寺院側の権利は、墓石を自派様式に設定する権利を含むことが確認された。これは、先祖代々の墓とはいえ異教徒が墓を使用する際に受忍すべき負担と考えられており、当該異教徒が他に墓を設置する自由が確保されていることから、この負担は本条2項のいう宗教強制には当たらないと理解されている。

　なお、墓地の管理者が別の宗派に変更した場合、従前どおり自己の宗派の方式によって典礼を行うことは認められている。最高裁は、宗派を問わず埋葬することが認められていた共同墓地において、自己の属する宗派の方式によって埋葬し典礼を行う内容の墓地使用権の設定を受けた場合に、墓地管理者の変更があり新たに管理者となった寺院は「右墓地使用権設定契約上の地位を承継したものというべきであるから、本件墓地が上告人の寺院墓地という性格を有す

るに至ったとしても、同被上告人らは、従前どおり本件墓地において自己の属する宗派の方式によって典礼を行うことを妨げられないものと解するのが相当である」と判決した（最三小判平成 8・10・29判タ926号159頁〔28020289〕）。

## 2 宗教活動の自由とその限界

**論点 ⑩** 家族が信者を教団から強制的に脱会させることは、許されるか

　日本では、個人が信仰を選択することが憲法上保障されている。ところが、過去に犯罪行為を行った宗教集団（カルト）に対しては、その信者でいることを妨げ、あるいは教団からの脱会を促す活動が、家族など周囲の者たちによって行われている。これは、こうした宗教集団が信者に家族や友人との接触を禁じたため、以前の家族関係や友人関係の回復を求めて行われるものであり、その際にカウンセラーなどが関与することが多い。このような家族及び第三者による信仰の否定（「強制棄教」）は許されるのかという問題が生じる。

　脱会活動は、対象となる者の身柄を強制的に拘束し、一定期間監禁に近い状態に置くことで教団から隔離し、その間に棄教を説得する形で行われていた（今日では、強制的な方法は採用されなくなっているようである）。

　徳島地判昭和58・12・12判時1110号120頁〔27490689〕は、大学入学後統一教会に入信して親との連絡が途絶えがちになった19歳の子どもを親が実家に強制的に連れて帰り拘束していたのに対して、教団側が人身保護法に基づき即時釈放を求めた事件について、19歳の未成年者は子どもを心身ともに健全な社会人として育成するためその全生活にわたり監護教育を施す権利を含む親権に服するのであり、子どもの幸福に明らかに反するなどの濫用にわたらない限り、子どもの信教の自由に対する干渉も許されると判示し、教団側の釈放請求を認めなかった。東京高判平成16・8・31消費者法ニュース61号80頁〔28211154〕も、統一教会の信者である成人の子どもを親たちがキリスト教の牧師とともに数か月間逃げ出せないようにして、危害を加えることなく脱会の話し合いをしたことは、社会通念に照らして相当な範囲を逸脱したとはいえず、娘に賠償しなければならないほど違法性を帯びた逮捕、監禁に当たるとはいえないと判決した。

　他方で、信者の信仰の自由や身体の自由の侵害を認め、賠償責任を認めた判決がある（広島高判平成14・2・22公刊物未登載、大阪高判平成14・8・7公刊物未登載、大

阪高判平成16・7・22公刊物未登載)。さらに、統一教会からの脱会のために親が未成年の子どもを精神病院に入院させたことについて、旧精神衛生法20条が保護義務者による入院の同意を要求しているところ、家庭裁判所から保護義務者として選任されていない親が子どもを入院させたのは違法であるとした判決もある(東京地判昭和61・2・28家裁月報39巻6号69頁〔27801395〕)。

　その教義や活動がエキセントリックであり、社会や家庭とあつれきを生むからこそ、その教団はカルトなのである。信教の自由が保障する宗教結社の自由は、憲法上どのような教団に対しても保障されなければならない。当然ながら、カルト教団に対しても、信教の自由は保障されなければならない。しかし、犯罪を誘発するような、そして親や配偶者、子ども、さらには本人までもが不幸になるような宗教活動は、憲法が許容するものといえるのだろうか。日本社会は、カルト教団の存在に対して懐疑的であり、また罪を犯した教団に対してはきわめて否定的である。その一例として、オウム真理教(現アレフ)の元教祖の子どもだという理由で私立大学への入学が拒否された事例がある。裁判所は大学の入学拒否は「安易」な判断だとして不法行為と認定し、損害賠償を認めた(東京地判平成18・2・20判タ1236号268頁〔28131126〕)。

### 論点 ⑪ 宗教活動に対する制約とその判断基準は、どのようなものか

　信仰に関する個人の内心の自由は、絶対に保障されなければならない。だが、礼拝や宗教行事など外的な活動には、他人の生命・安全・財産・権利などを侵害してはならないという制約が加えられる。信仰に基づくものであっても、社会の安全を脅かすような活動は認められない(国際人権B規約(市民的及び政治的権利に関する国際規約)18条は「宗教又は信念を表明する自由」が「公共の安全、公の秩序、公衆の健康若しくは道徳又は他の者の基本的な権利及び自由を保護するために必要な」制限に服することを定める)。この内心・行為の二分論は広く受け入れられており、宗教活動に対する制約は広く認められている。

　最高裁は、効能がないにもかかわらず祈祷師が効があるとかたって金員を受け取ったことは詐欺罪に当たるとし(最三小決昭和31・11・20刑集10巻11号1542頁

〔24002704〕)、「加持祈祷事件」においては、信教の自由の保障は絶対無制限のものではなく公共の福祉による制限を受けることを確認し、病気平癒のための加持祈祷の際に被害者を殴り護摩壇の線香の火にあたらせる等の暴行を加えたことは、宗教行為としてなされたものであっても、医療上一般に承認された治療行為とは認められない違法な有形力の行使に当たり、被害者を死亡させた以上、当該行為は著しく反社会的なものであって、本条1項の信教の自由の保障の限界を逸脱したものであり、刑法205条により処罰できると判決した（最大判昭和38・5・15刑集17巻4号302頁〔27681213〕）。

こうして、宗教行為であっても他人の生命・安全・財産・権利などに危害を及ぼしてはならないという法理が確立した。その後の判決でも、当時の外国人登録制度における指紋押なつを宗教上の理由から拒否した外国人に対する不利益処分を合憲とした判決（大阪地判平成6・3・29訟務月報41巻4号741頁〔27827146〕）や、霊感商法など宗教感情における錯誤に基づいて法外な金員を詐取する行為を詐欺罪に認定した判決（東京高判平成18・12・1東高刑時報57巻1=12号74頁〔「法の華三法行」事件〕〔28145036〕など）において、この法理は確認されている。

宗教活動に対する制約の判断基準について、最高裁は明示してはいないものの、下級審では比較衡量の手法が用いられている。例えば東京地判平成13・6・13訟務月報48巻12号2916頁（宗教法人アレフ観察処分事件）〔28062000〕は、宗教団体やその信者の公共の利益を害する行為を規制することは信教の自由に対する内在的制約として認められうるが、その「右の制限も、その目的及び規制手段については様々な態様のものが想定し得るものであるところ、当該制限が必要かつ合理的なものとして是認されるかどうかは、その制限が必要とされる程度と、制限される自由の内容及び性質、これに加えられる具体的制限の態様及び程度等を較量して決せられるべきものである」と説示した。学説ではやむを得ない公益を達成する目的と必要最小限の規制手段の有無を問う厳格な審査基準の採用が提唱されているが、裁判所は規制が「必要かつ合理的」であるのかを検討するために比較衡量するのであるから、審査レベルは厳格ではないといえよう。なお、無差別大量殺人行為をした宗教団体に対する監視に関する東京地判平成23・12・8平成21年（行ウ）341号裁判所HP〔28211155〕は「比較較量

に際しては、『必要最小限度の基準』についての観点から規制手段を検討すべき」であるとして、審査レベルの厳格度を高める姿勢を示している。

### 論点 ⑫　布教や献金を勧誘する活動はどの程度まで認められるのか

　宗教団体やその信者が自らの信仰を広めるために信者でない者に対して布教することは、重要な宗教活動の1つとして、憲法上保障されなければならない。しかし、布教活動の方法いかんでは、他人の平穏な生活を妨げることとなるので制約を受ける。そこで、憲法上保護に値する布教の範囲はどのようなものかが問われることとなる。

　いわゆるマインドコントロールを受けた状態で宗教団体へ勧誘され、多額の献金をしたことにつき損害賠償を求めた事件において、広島高裁は、布教や献金勧誘が社会通念上正当な目的に基づきその方法や結果が相当である限り正当な宗教活動の範囲内にあるとしつつも、「宗教団体の行う行為が、専ら利益獲得等の不当な目的である場合、あるいは宗教団体であることをことさらに秘して勧誘し、徒らに害悪を告知して、相手方の不安を煽り、困惑させるなどして、相手方の自由意思を制約し、宗教選択の自由を奪い、相手方の財産に比較して不当に高額な財貨を献金させる等、その目的、方法、結果が、社会的に相当な範囲を逸脱している場合には、もはや、正当な行為とは言えず、民法が規定する不法行為との関連において違法であるとの評価を受けるものというべきである」として、欺罔等により正常な判断を制約した状態での布教・献金勧誘は違法であるとの判断を示した。そして宗教団体の信者組織が計画的に虚言を弄して欺罔し、相手方の不安をあおり、困惑させるなどして自由意思を制約して多額の金員を献金させ、入信させて信者活動に多くの時間を充てさせたことは「宗教的行為と評価しうるとしても、その目的、方法、結果が社会的に相当と認められる範囲を逸脱しており、教義の実践の名のもとに他人の法益を侵害するものであって、違法なものというべく、故意による一体的な一連の不法行為と評価されることとなる」とした（広島高岡山支判平成12・9・14判時1755号93頁〔28062106〕）。

　他にも違法な布教活動に対する法的責任を認めたものに札幌地判平成13・6・

29判タ1121号202頁〔28081952〕、東京高判平成22・8・4消費者法ニュース86号249頁〔28211156〕、福岡高判平成24・3・16平成23年(ネ)382号公刊物未登載などがある。これらの判決に共通するのは、相手方の不安や恐怖心をあおることで正常な思考を制約するような手法の勧誘を違法と評価する姿勢である。その意味では、いわゆる霊感商法に似た手口による布教、献金勧誘は認められないといえよう。

### 論点 13 宗教活動は不正競争防止法の規制対象となるか

　既存の宗教法人ときわめて類似する法人名を掲げる新宗教法人に対して、その名称使用が不正競争防止法違反に問われた裁判で、最高裁は、不正競争防止法の適用対象は競争秩序を維持すべき分野であり社会通念上営利事業といえないものにも及ぶことがあるが、「宗教儀礼の執行や教義の普及伝道活動等の本来的な宗教活動に関しては、営業の自由の保障の下で自由競争が行われる取引社会を前提とするものではなく、不正競争防止法の対象とする競争秩序の維持を観念することはできないものである」として、同法の適用外と判示した。そして宗教法人の収益活動もその宗教活動と密接不可分な関係にある事業は適用外であるが、宗教活動と密接不可分ではなく「取引社会における競争関係という観点からみた場合に他の主体が行う事業と変わりがないものについては、不正競争防止法の適用の対象となり得るというべきである」として、宗教法人の活動においても、同法の適用対象となりうるものがあることを示した。そこで類似の法人名を掲げることが同法の適用対象となるのかについては、新宗教法人が現在も将来にわたっても収益事業をしないことから、対象外であると判断した（最二小判平成18・1・20民集60巻1号137頁（天理教名称使用事件）〔28110343〕）。

## 3 宗教結社の自由とその限界

**論点 14** 宗教結社の自由とは、どのようなものか

　信教の自由には、宗教結社の自由が含まれる。霊的な何かを感じ、それを敬うといった信仰的感情は個人的なものだが、信仰を共有し宗教活動をともに行う仲間がいるということはその信仰を深化させるのに役立つ。ゆえに、宗教活動は集団的に行われることが多い。このような同じ信仰を共有する人々を組織し維持していく自由が、宗教結社の自由である。宗教結社の自由は、個人が宗教団体を結成・維持する自由、又は結成しない自由、宗教団体に加入し若しくは加入しない自由、宗教団体の信者としてとどまる自由あるいはそこから脱退する自由を含むと理解されている。宗教団体は信教の自由とともに結社の自由（21条）の下でも保護されるので、他の結社が有する内部問題の自律的な決定権を宗教団体も当然保持する（宗教団体の自律権と司法審査については、Ⅲにて論ずる）。信教の自由により保障される宗教団体には、宗教法人法が定義する「宗教団体」には該当しない団体も含まれる。

　裁判所は、宗教団体は組織としての団体の権利のみならず、その構成員である信者の宗教活動に対して政府が制約を及ぼす場合にも、訴訟当事者として権利を主張することができると判示する。無差別大量殺人行為を行った団体の規制に関する法律に基づき、サリン事件を起こしたオウム真理教の後継団体アレフに対する観察処分を合憲とした判決において、東京地裁は、「宗教団体は（中略）宗教的結社の自由を享受し得るのであるから、これが侵害された場合には、自己固有の権利が侵害されたものとして憲法違反の主張をし得ることは当然である。さらに、宗教的結社においては、一般に、信者と団体が宗教を通じて密接に結びつき、信者の宗教活動が団体活動として行われるものであることにかんがみると、宗教団体は、その構成員の私生活の自由の宗教的側面に公権力が干渉する場合や、宗教団体に対する規制を通じてその構成員の信教の自由が侵害された場合には、当該規制の違憲性を主張する適格を有すると解するのが相当である」と判決した（東京地判平成13・6・13訟務月報48巻12号2916頁（宗教

法人アレフ観察処分事件〕〔28062000〕)。

**論点 15** 宗教法人の解散命令は、その後の当該宗教団体の活動を制限するか

　宗教団体も、一般の団体と同じく財産を所有することができる。この宗教団体の財産管理や、取引の安全といった世俗的活動を容易にする目的で、宗教団体に法人格を付与する制度が設けられている（宗教法人法）。

　宗教法人法は「宗教の教義をひろめ、儀式行事を行い、及び信者を教化育成することを主たる目的とする」団体で、「礼拝の施設を備える神社、寺院、教会、修道院その他これらに類する団体」（単位宗教団体）と単位団体を「包括する教派、宗派、教団、教会、修道会、司教区その他これらに類する団体」（包括宗教団体）を「宗教団体」と定義し（同法2条）、宗教法人の設立には所轄庁（都道府県あるいは文部科学大臣）の認証を受けることを定めた（同法12条）。そして名称や目的、基本財産など事項を定める規則について、あるいはその変更について所轄庁の認証を受けなければならず（同法12条1項、26条1項）、役員名簿、財産目録、収支計算書等を毎年所轄庁に提出することが義務づけられている（同法25条4項）。さらに、「法令に違反して、著しく公共の福祉を害すると明らかに認められる行為をした」場合や「宗教団体の目的を著しく逸脱した行為をした」場合、さらに宗教法人としての実体を欠くに至ったような場合において、裁判所は宗教法人の解散を命ずることができる（同法81条1項）。

　宗教法人法に基づく所轄庁の宗教法人に対する関与が、宗教法人の宗教活動を制限することにならないのかが問題となる。この点、同法84条は「国及び公共団体の機関は（中略）法令の規定による正当の権限に基く調査、検査その他の行為をする場合においては、宗教法人の宗教上の特性及び慣習を尊重し、信教の自由を妨げることがないように特に留意しなければならない」と定め、宗教法人の世俗的活動に対する調査や検査においても、信教の自由保護の面からの慎重な対応を求めている。

　宗教法人の解散命令がそのまま宗教団体の実体の消滅につながるのかにつき、東京地判昭和35・4・27行集11巻4号1195頁〔27602297〕は肯定したが、最高裁は

「解散命令によって宗教法人が解散しても、信者は、法人格を有しない宗教団体を存続させ」ることができるとして、そのつながりを否定した（最一小決平成8・1・30民集50巻1号199頁（オウム真理教解散命令事件）〔27828991〕）。

当決定では、サリン事件を起こしたオウム真理教に対して宗教法人の解散を命ずる裁判所の決定が争われ、最高裁は、解散命令制度が世俗的で合理的であること、オウム真理教がサリン事件により「著しく公共の福祉を害すると明らかに認められ、宗教団体の目的を著しく逸脱した行為をしたことが明らか」であり法人格を失わせることが必要かつ適切であること、解散命令に伴うオウム真理教やその信者らの宗教活動への支障が間接的で事実上のものにすぎないこと、手続の適正も担保されていることを理由に、解散命令は「必要でやむを得ない法的規制である」と合憲の判断を下した。この後、宗教法人の解散命令が認められた事例として、僧侶らが組織的に宗教活動をかたり詐欺行為を行ったことを理由に解散を命じた和歌山地決平成14・1・24訟務月報48巻9号2154頁（明覚寺事件）〔28070703〕がある。

**論点 16** 無差別大量殺人行為をした宗教団体に対する監視は、許されるのか

オウム真理教サリン事件以降、「無差別大量殺人行為を行った団体の規制に関する法律」が定められ、オウム真理教の後継団体アレフに対する継続的な観察が認められることとなった。同法は、無差別大量殺人行為の首謀者の影響下にある団体、若しくはその行為に関与した者が構成員である団体等に対して3年間公安調査庁長官の観察に付し（同法5条1項）、当該団体の構成員の氏名と住所等の情報の報告を義務づけ（同法5条2、3項）、土地建物の新規取得、借受け、使用を禁止（同法8条2項）する権限を公安審査委員会に与えた。また処分に際して、警察が当該団体の土地建物に立ち入り設備、帳簿書類等を検査することを認めている（同法14条2項）。そして継続の必要があるときには、観察の期間を更新することができる（同法5条4項）。

事実上の監視に近い、こうした観察はアレフの活動を制約することになるが、それは宗教活動の自由の制約に当たらないかが問われることとなる。この問題

に対して東京地裁は、観察処分による報告義務や立入検査が信者の信仰告白をしない自由や団体の自律的な活動に関わる情報を開示しない自由を害し、報告内容の公開により信者の信教の自由に対する事実上の障害がもたらされることを認めたが、信者の宗教上の活動を直接的に禁止制限するものではなく「いわば憲法が保障する自由権の中核を侵すものではない点において、制限の程度の低い規制」とする一方で、同法の果たす公益は人々が無差別大量殺人行為の対象とされないというものであり、当該行為を事前に防止するためにアレフの活動状況を明らかにする処分の目的には合理性があるとした。ただし抽象的危険の存在だけで自由を制限することは憲法に反するとの立場から、具体的危険の存在と、観察処分による制限の程度が具体的危険の発生の防止のために必要かつ合理的な範囲にとどまるべきものであることを要求した。アレフの組織、構成員、綱領、教義、活動状況などの具体的な事情を勘案した結果、当該団体がいまだ元教祖の強い影響下にあることから「本件処分時の段階においても、〔引用者注：元教祖〕の意向次第では、例えば、被害弁償等に使用するとしている金員を再び武装化に振り向け、無差別大量殺人行為の準備行為に着手する可能性があると通常人をして思料せしめるに足りる状態にあったというべきである」と具体的危険を認定して、観察処分を合憲とする判決を下した（東京地判平成13・6・13訟務月報48巻12号2916頁（宗教法人アレフ観察処分事件）〔28062000〕）。

　無差別大量殺人行為を行った団体の規制に関する法律5条3項6号に基づき公安審査委員会が「特に必要と認める事項」としてアレフの構成員に関する出家信徒及び在家信徒の別並びに出家信徒の位階、及び当該団体作成のインターネット上のホームページに係る接続業者名、契約名義人の氏名及び掲載の管理・運営責任者の氏名についての報告を求めた処分をめぐる事件においても、東京地裁は、同法の観察処分は信者の宗教活動それ自体を規制する性質のものではなく、かつ処分手続が適正であることから、「当該団体及びその構成員について、過去の無差別大量殺人行為に関係しなかった構成員も含めて、観察処分によって上記のような制約が及ぶことはやむを得ないものであり、本法の目的を達成するという公共の福祉の観点からの必要かつ合理的な範囲内の制約というべきであって、これらの制約が生じることをもって、本法が憲法20条に違

反するということはできない」と判決した（東京地判平成16・10・29訟務月報51巻11号2921頁〔28092907〕）。

　公安審査委員会は平成21年1月23日に3回目の観察処分の期間更新を決定した際に、無差別大量殺人行為を行った団体の規制に関する法律5条3項6号に基づく報告事項として新規にアレフの収益事業の種類・概要・事業所の名称と所在地等を加えた。この報告事項の新規追加の適法性につき、東京地判平成23・12・8平成21年（行ウ）341号裁判所HP〔28211155〕は、観察処分の期間更新決定は同処分の同一性・継続性を保って更新するものと解されるので、新たな報告事項の追加は法律の予定外であり、さらに当該追加がアレフ構成員個人のプライバシー権や間接的にアレフの宗教的結社の自由や構成員個人の宗教的活動の自由にも制約を生ずることがあり得るとして、その違法性を認定した。

**論点 17　新宗教法人が既存の宗教法人と類似の名称を用いることは、許されるか**

　既存の宗教法人ときわめて類似する法人名を掲げる新宗教法人に対して、その名称使用が既存の法人の宗教活動を制約するのかが争われた事件において、東京高裁は、「名称自体の類似性はもちろん、その名称を使用する宗教団体の所在地の遠近（中略）代表者の異別、宗派の異同等諸般の事情を総合的に勘案し、社会的にみて類似の名称を一般人が識別することが可能であるかどうかという観点に立って判断すべき」として、宗教界では宗派、宗教団体等を指す用語が限られているので、宗教団体等において類似の名称を使用する例がかなり多いことを指摘し、名称の類似性のみに着目してその使用の許否を決定すると、宗教団体の宗教活動を不当に制限し、信教の自由に対する過度の制約となりかねず、きわめて妥当性を欠く結果をもたらすとの立場から、社会的にみて識別が不可能又は著しく困難であるような場合を除き、類似の名称を採択使用することは許されると判決した（東京高決平成2・5・9東高民時報41巻5=8号25頁〔27814311〕）。

　同様に最高裁も、類似の名称使用が宗教法人間で争われた事件で、宗教法人に人格的利益を認め、個人の氏名と同じように「その名称を他の宗教法人等に

冒用されない権利を有し、これを違法に侵害されたときは、加害者に対し、侵害行為の差止めを求めることができる」として、その教義を簡潔に示す語を冠した名称を使用することも宗教法人の名称使用の自由に含まれるとの前提に立ちながらも、ある宗教法人の名称の保護は他の宗教法人の名称使用の自由を制約することになるので、「甲宗教法人の名称と同一又は類似の名称を乙宗教法人が使用している場合において、当該行為が甲宗教法人の名称を冒用されない権利を違法に侵害するものであるか否かは、乙宗教法人の名称使用の自由に配慮し、両者の名称の同一性又は類似性だけでなく、甲宗教法人の名称の周知性の有無、程度、双方の名称の識別可能性、乙宗教法人において当該名称を使用するに至った経緯、その使用態様等の諸事情を総合考慮して判断」する基準を示した。そして類似の名称が紛らわしいものであることを認めつつも、後発宗教法人がその名称を約50年も使用してきたことや改称しても似たような名称にならざるを得ないこと、先発宗教法人と同じ教義を信仰するため名称が似るのは不可避であること等から、後発法人が類似の名称を使用することに相当性があるとして、先発宗教法人に権利侵害を認めない判決を下した（最二小判平成18・1・20民集60巻1号137頁（天理教名称使用事件）〔28110343〕）。

　最高裁も判示するように、教義を簡潔に示す語を冠した名称を使用することが権利として認められるならば、同一の、あるいは類似の教義を信仰する宗教法人が似たような名称を使用することになるのは避けられないといえよう。その際に既存の、若しくは社会的存在の大きい宗教法人の権利のみを認めるならば、後発の宗教法人の宗教活動の自由が阻まれることを容認することとなり、憲法上疑義が生じる。これを緩やかにとらえる最高裁の姿勢は、妥当であるといえよう。宗教法人法26条1項が被包括宗教法人に被包括関係解消の自由を認め、そして単位宗教団体が教義名を冠する名称を使用する以上、類似名称の使用問題は尽きない思われる。

### 論点 18　宗教団体の所属宗派変更の自由は、認められるか

　仏教界における本山末寺関係のように、上位団体（包括宗教団体）が下位団体（単位宗教団体）を包括する関係（包括関係）が存在する。単位宗教団体が包

括宗教団体に新たに所属することを「被包括関係の設定」といい、逆に単位宗教団体が包括団体から離脱することを「被包括関係の廃止」という。宗教法人法は、いずれの場合でも所轄庁の認証を要する規則の変更を求めているが（同法26条1項前段）、被包括関係の設定の場合には包括団体の承認を必要とし（同条3項）、その廃止の場合には認証申請の少なくとも2月前に包括団体に通知することを求めている。包括宗教団体にとって、単位宗教団体の離脱はその規模や宗教活動の内容に影響を与えるものであるため、その離脱を阻止することがありうるが、同法26条1項後段は包括宗教団体の規定によることなく単位宗教団体が離脱のための規則変更の認証申請をすることを認め、さらに同法78条1項は包括団体による離脱防止の目的からの、あるいは離脱を企てたことを理由とする単位宗教団体の役員の解任等の不利益取扱いを禁止して、単位宗教団体の所属宗派変更の自由を認めている。

　この単位宗教団体の自由は、宗教法人法の制定により明文化されたのであるが、その前身の宗教法人令の下でも裁判所はこの自由を信教の自由に基づくものとして容認していた（松江地判昭和26・3・9下級民集2巻3号361頁〔27680149〕、大阪地判昭和33・5・9行集9巻5号1047頁〔27601876〕）。宗教法人法施行後も、大阪高判昭和57・7・27民集40巻6号1036頁〔27651172〕はこの自由を信教の自由の1つと理解し、さらにこれを個人の宗教団体からの脱退の自由と同一視すべきだとした。

## 論点 ⑲ 宗教法人設立あるいは規則変更の際の所轄庁の認証は、形式審査であるべきか

　論点15でも述べたように宗教法人設立には所轄庁の認証が必要であり、この認証は論点18で触れたように宗教法人の規則を変更するときにも求められる。その際に所轄庁は準則主義に相当するような形式的審査にとどまるべきか、実質的内容にまで審査することができるかについて、見解が分かれている。宗教法人の宗教活動の自由を尊重するならば、所轄庁の関与が少ない形式審査が適切であると思われる。

　この点につき、最高裁は当初「旧宗教法人が宗教法人法の規定による宗教法人となるために規則の認証申請をした場合において、所轄庁は、その受理した

規則およびその添付書類の記載によつて、当該申請にかかる事案が同法14条1項各号に掲げる要件を備えているかどうかについての審査をすれば足るのであつて、それ以上のいわゆる実質的審査権限を有するものでないことは、宗教法人法（中略）14条の規定に徴し明らかである」として、形式的審査主義に立っていたが（最三小判昭和37・6・26裁判集民61号409頁〔28198262〕）、その後「規則認証のためにする所轄庁の審査は、認証申請書の添附書類の記載によって申請にかかる事案が宗教法人法14条1項各号にかかげる要件を充しているか否かを審査すべきものではあるが、それにしても、その審査事項を証するために提出を要する添附書類は、証明事実の真実の存在を首肯させるに足りる適切な文書であることを必要とし、単に形式的に証明文言の記載ある文書が調つているだけで足りるものではない。また証明書類は存するにしても、証明事実の虚偽であることが所轄庁に知れているときはもちろん、所轄庁において証明事実の存否に理由ある疑をもつ場合には、その疑を解明するためにその事実の存否につき審査をしたからといつて、これをその権限の逸脱とはなしがたい。このことは、右規則の認証を、宗教団体の実体を具えないものあるいは法令違背の規則をもつもの、その他組織不備のものの宗教法人格取得を抑止するためのものと解する以上、当然といわなければならない」と判示し、単純な形式審査主義を変更して、形式主義を基本としながらも提出書類の記載内容に合理的な疑いがある場合には実質的な審査を容認した（最一小判昭和41・3・31裁判集民82号819頁〔27621876〕）。この判決を受けて、文部省（現文部科学省）も例外的に実質審査を許容する「認証のためにする所轄庁の審査について」（昭和41年4月21日41調宗6都道府県宗教法人事務所管部長あて宗務課長通知）を通知した。

　近年の下級審では、規則変更の理由が信仰上、教義上のものであるか否かについての実質的審査権はなく、規則変更（被包括関係の廃止）の理由が信教の自由の範囲内のものである場合かそうでない場合かで認証の要件を異にする必要はないとした判決（さいたま地判平成14・1・23判例地方自治236号83頁〔寺院規則変更認証処分事件〕〔28080774〕）や「規則変更に関して所轄庁が行う認証は、変更しようとする事項が法その他の法令の規定に適合しているかどうか及びその変更の手続が法（引用者注：宗教法人法）26条に従ってなされているかどうかを審査

する確認行為であり、これらの要件を具備することは申請者が本来立証すべき事項であることからすると、所轄庁が、受理した規則及び添付書類に基づく形式審査の範囲をこえて実質審査をするべき義務を負うとまでは解することができない」とする判決（大津地判平成16・7・26判例地方自治270号38頁〔28102310〕)、「証明しようとする事実が虚偽であることを所轄庁が知っていた場合や証明しようとする事実の存在に所轄庁が理由ある疑いを持つ場合には、単に形式的に証明文言の記載のある文書が調っているだけでは足りないというべきであり、所轄庁としては、当該申請に係る事案が同法（引用者注：宗教法人法）28条1項各号に掲げる要件を備えているかどうかを判断するのに必要な限度で、添付書類の記載内容を超えて実質的な審査をすることは可能ではあるが、そのような特別な事情がない限り、所轄庁には、受理した規則及びその添付書類の記載以外の事項までも審査する義務まではないというべきである」と判示する判決（東京高判平成17・4・28平成16年（行コ）388号裁判所HP〔28151601〕）がある。

## 4 宗教に対する配慮

**論点 20** 信教の自由に基づき、信者の宗教活動を容易にする特別の免除を与えることは可能か

　信教の自由に基づき、信者の宗教活動を容易にする特別の免除を与えることを「宗教への配慮（あるいは宗教への便宜供与）」という。政府が法律や政策の実施を通じて宗教に対して意図せず与える負担（宗教活動上の障害）を除去・軽減することにより、信者の信教の自由を促すことを意味する。信者は信仰上の義務が法律や政府の規則に反した場合、世俗の義務（あるいは利益）か信仰上の義務のいずれかを選択しなければならない。これは信者に対して大きな心の負担を与えることであり、信教の自由をめぐる問題と考えられてきた。通常は法律などによって禁止制約される行為を、それは宗教活動に不可欠だという理由から例外的に認めることによって、信者が抱く心の負担を取り除き信教の自由の価値を高めようとするところに、宗教への配慮の意義がある。もっとも、宗教への配慮によって生じる社会的害悪（不公平感や社会制度への打撃等）が著しい場合（例えば重婚など）には配慮は認められない。

　裁判所が、信者の信教の自由による主張に基づき宗教活動の負担や妨げになる法令からの免除を認めることを「憲法による（要請的）配慮」という。また法律や条例の制定の際にあらかじめ信者に対する配慮・適用免除規定を設けている場合がある。これを「立法による（許容的）配慮」という。日本でもいくつかの法律でこうした規定が設けられており、例えば、刑事収容施設及び被収容者等の処遇に関する法律は刑務所などで信仰者の要望に基づき宗教的書籍・物品の所持や宗教教誨の機会を認めている（同法41、68条）。

　宗教への配慮に関して、裁判所は、配慮によって得られる信教の自由の価値（若しくは負担が与える不利益の程度）と、負担を課す法令が具体化する社会的義務との比較衡量を行い、配慮（あるいは免除）の認否を決定しているといえよう。配慮を認めた判決例として、牧会活動事件（神戸簡判昭和50・2・20刑裁月報7巻2号104頁〔27681946〕）を挙げることができる。神戸簡裁は、キリスト教の牧

師のする牧会活動は、公共の福祉に奉仕する宗教活動であり、目的において相当な範囲にとどまり、手段方法において相当である限り正当業務行為として違法性が阻却されると判示して、建造物侵入などの嫌疑がかかる高校生をかくまった牧師に対する犯人蔵匿罪の成立を否定した。公立の高等専門学校での剣道実技の履修を信仰上の理由から拒否したために最終的に退学処分を受けたことを争った神戸高専剣道受講拒否事件（最二小判平成8・3・8民集50巻3号469頁〔28010410〕）において、最高裁は、退学処分そのものが信教の自由への直接的な制約ではないにしろ、「被上告人がそれらによる重大な不利益を避けるためには剣道実技の履修という自己の信仰上の教義に反する行動を採ることを余儀なくさせられるという性質を有するものであったことは明白である。（中略）本件各処分が右のとおりの性質を有するものであった以上、上告人は、前記裁量権の行使に当たり、当然そのことに相応の考慮を払う必要があったというべきである」として、信仰か科目受講かという選択を求めないような配慮を学校はとるべきであったと判示した。そして剣道履修の代わりにレポートを課すなどの代替措置をとることが可能であったと指摘し、当該措置をとるなどの特別扱いは政教分離原則に違反しないと判決した。

　他方、負担が信者に与える不利益の程度が少ない場合には、配慮は認められていない。日曜日授業参観事件（東京地判昭和61・3・20行集37巻3号347頁〔27803442〕）は、信仰を理由に日曜に実施された授業参観日に出席しなかった児童に欠席をつけた行為は、当該児童に具体的な不利益を及ぼすものではなく、また当日の出席免除といった「配慮」は公教育に要請される宗教的中立性と抵触する可能性があると述べ、特別扱いを認めなかった。

　また宗教への配慮によって生じる社会的害悪が著しい場合にも、配慮は認められていない。奈良地判昭和43・7・17行集19巻7号1221頁〔21028431〕は、東大寺と法隆寺への拝観の際に観光客に課税することをめぐり、参詣礼拝を目的とする者に限り税を免除することは平等原則に反すると判決した（この判決には14条から宗教への配慮は認められないとする判示部分がある）。東京高判平成3・9・17判タ771号116頁〔22004601〕も、自衛隊関係費への支出が信教の自由に反するとの訴えに対して、「国費の支出と租税の賦課、徴収は法的根拠及び手続を異

にするものであり、また、そのことから当然に右賦課、徴収が右原告らの良心、信教の自由の侵害となることはないものというべきであり、したがって、右原告らに、税収の使途を理由に所得税の納税を拒む自由ないし権利はないものといわざるを得ない」と述べて、歳出の一部が自己の信仰と一致しない場合でも納税の義務は及ぶとした。

### 論点 21 公有地に建立された宗教施設を政教分離違反として撤去解体することは、信教の自由への侵害となるか

　宗教への配慮の問題は、日本では信教の自由と政教分離の緊張関係ととらえられることがある。概して信教の自由を犠牲にしてまで厳格な政教分離を主張する見解はわずかであり、信教の自由を優先し、それだけ政教分離の厳格性を緩和する見解が一般的と思われる。

　最高裁は、富士山頂譲与事件（最三小判昭和49・4・9裁判集民111号537頁〔27681894〕）において、社寺等に無償で貸し付けてある国有財産の処分に関する法律（89条論点2参照）に関連して、政教分離原則と宗教団体の信教の自由との合理的な調整を図る立場を示していた。そして砂川空知太神社事件（最大判平成22・1・20民集64巻1号1頁〔28160142〕）では、市が市有地を神社施設の敷地として無償で使用させていることは違憲であるが、違憲状態の解消のために神社施設を撤去することは「地域住民らによって守り伝えられてきた宗教的活動を著しく困難なものにし、氏子集団の構成員の信教の自由に重大な不利益を及ぼすものとなる」と述べ、「上告人において他に選択することのできる合理的で現実的な手段が存在する場合には、上告人が本件神社物件の撤去及び土地明渡請求という手段を講じていないことは、財産管理上直ちに違法との評価を受けるものではない」と判決した。そして、このような違憲状態の解消として、市が市有地を神社管理者に無償で譲与することは、「社寺等の財産権及び信教の自由を尊重しつつ国と宗教との結び付きを是正解消する」という理念にかなうので合憲と判決し（最大判平成22・1・20民集64巻1号128頁（富平神社事件）〔28160143〕）、有償で氏子総代に賃貸することは、氏子集団に従前と同様の祭事等を行うことを可能とならしめるものであり、宗教的活動に対する影響を相当程度抑えるも

のであると判決した(最一小判平成24・2・16民集66巻2号673頁(砂川空知太神社事件第2次訴訟)〔28180301〕)。このように最高裁は、歴史的経緯などにかかわらず、政教分離原則と宗教団体の信教の自由との合理的な調整を図る立場から、公有地に建立された宗教施設を政教分離違反として直ちに撤去解体することは信教の自由に反するとの理解を示したといえよう。

## II　政教分離原則

###### 論　点 ･･････

1　憲法が規定する政教分離原則の法的性質はどのようなものか
2　政教分離原則は人権であり、裁判を提起する根拠となるか
3　宗教団体に対する特権付与には、どのようなものがあるか
4　政府の宗教的活動に対する合憲判断基準は、どのようなものか
5　習俗的行為や社会的儀礼は、憲法の禁止する政府の宗教的活動に当たるか
6　政府が戦没者慰霊の目的で靖国神社あるいは護国神社に公金を支出すること、若しくは内閣総理大臣が公式に参拝することは、政教分離原則に違反するか
7　戦没者慰霊祭や忠魂碑の維持等に政府が公金を支出し、式典に地方公共団体の職員が参列することは、政教分離原則に違反するか
8　天皇の皇位継承に関連する行事に政府が公金を支出し、若しくは知事が参列することは、政教分離原則に違反するか
9　政府による公葬は政教分離原則に違反しないか
10　観光目的で宗教施設を政府が建立し、あるいは宗教施設に公金を支出することは、許されるのか
11　政教分離原則に違反しないとされた政府の宗教的活動には、どのようなものがあるか
12　政府は、宗教に関連する一切の教育をしてはならないのか

【関連法令】
教基法、国賠法

## 1　政教分離原則の性質

**論点 1**　憲法が規定する政教分離原則の法的性質はどのようなものか

　近代国家は、宗教の優位性を否定する国家の世俗性を基礎に、様々な宗教制

度を採用している。その中で、政教分離制とは、政府が宗教と特別な関係を持たない宗教制度を指す。

　憲法の規定する政教分離原則の法的性質をめぐり見解が分かれている。ある立場は、政教分離原則は人権の1つであり、したがって国民は政府の政教分離違反の活動に対してその是正を求める出訴権が認められるとする（この問題については、論点2で扱う）。これに対して同原則は人権ではなく、憲法上の客観的法規範と理解する見解がある。この見解も制度的保障とする説と個人の信教の自由を完全なものにするために向けられた制度と理解する説（制度説）とに分かれる。

　最高裁は、当初政教分離原則を制度的保障であると理解していたが（最大判昭和52・7・13民集31巻4号533頁（津地鎮祭事件）〔27000278〕）、平成22年の砂川空知太神社事件では「政教分離の原則〔は〕、信教の自由の保障を一層確実なものにしようとしたものである」（〔　〕は引用者注）と述べて、制度説に近い立場を示したと思われる（最大判平成22・1・20民集64巻1号1頁〔28160142〕）。

　他方、憲法が政教分離規定を定めた意図に関して、特定の宗教との分離を特に目的とするのかについて、上記津地鎮祭事件は、戦前に国家神道が事実上の国教的地位にあったことを指摘しつつも、「わが国においては、キリスト教諸国や回教諸国等と異なり、各種の宗教が多元的、重層的に発達、併存してきているのであつて、このような宗教事情のもとで信教の自由を確実に実現するためには、単に信教の自由を無条件に保障するのみでは足りず、国家といかなる宗教との結びつきをも排除するため、政教分離規定を設ける必要性が大であつた」として、すべての宗教との分離を目的としたものであるとの見解をとる。だが下級審の中には、「日本国憲法の制定の経緯、すなわち、日本国憲法が、明治憲法下で神社神道が事実上国教化されたことを反省し、政教分離の制度をとった上、少数者の信教の自由の保障を徹底させようとしたことに照らすと、憲法20条、89条でいう宗教とは、第一には神社神道そのものを念頭に置いたものと言わざるを得」ないと判示する判決（佐賀地判平成14・4・12判時1789号113頁（自治会費納入拒否事件）〔28071992〕）や、「憲法の政教分離規定は、明治維新以来国家と神道が密接に結びついて種々の弊害が生じたことへの反省の観点から

設けられたものであって、神道を念頭においた規定である」とみる判決（福岡地判平成16・4・7訟務月報51巻2号412頁〔28092058〕）があり、政教分離原則を解釈する際には明治期以降の宗教事情を勘案することを求めている。

### 論点 ❷　政教分離原則は人権であり、裁判を提起する根拠となるか

　論点1で触れたように、政教分離原則は人権の1つであり、したがって国民は政府の政教分離違反の活動に対してその是正を求める出訴権が認められるとする見解がある。実際にこの立場から提起された訴訟も多いが、裁判所はこの見解を否定し、政教分離原則の人権該当性を認めなかった。

　例えば、業務中に死亡した自衛官を護国神社に合祀した隊友会（退職自衛官の組織）の行為が争われた殉職自衛官合祀事件（最大判昭和63・6・1民集42巻5号277頁〔27801761〕）は、「憲法20条3項の政教分離規定（中略）に違反する国又はその機関の宗教的活動も、それが同条1項前段に違反して私人の信教の自由を制限し、あるいは同条2項に違反して私人に対し宗教上の行為等への参加を強制するなど、憲法が保障している信教の自由を直接侵害するに至らない限り、私人に対する関係で当然には違法と評価されるものではない」と説示して、政教分離原則が私人の法的利益を直接保障するものではないことを明らかにすることにより、その人権該当性を否定した。

　内閣総理大臣の靖国神社公式参拝が国民の権利を侵害するのかが争われた裁判においても、最高裁は「人が神社に参拝する行為自体は、他人の信仰生活等に対して圧迫、干渉を加えるような性質のものではないから、他人が特定の神社に参拝することによって、自己の心情ないし宗教上の感情が害されたとし、不快の念を抱いたとしても、これを被侵害利益として、直ちに損害賠償を求めることはできないと解するのが相当である。上告人らの主張する権利ないし利益も、上記のような心情ないし宗教上の感情と異なるものではないというべきである。このことは、内閣総理大臣の地位にある者が靖國神社を参拝した場合においても異なるものではないから、本件参拝によって上告人らに損害賠償の対象となり得るような法的利益の侵害があったとはいえない」と判決して、政教分離違反が私人の法的利益侵害に直接結びつくものではないことを確認して

いる（最二小判平成18・6・23訟務月報53巻5号1615頁（小泉首相靖国参拝訴訟）〔28111345〕）。

　政教分離原則の人権該当性が否定されるならば、政教分離違反に関する憲法判断は「必要性の原則」から行われるべきではないといえよう。ところが下級審の中には、内閣総理大臣の靖国神社公式参拝訴訟等において、原告の請求を斥けつつも国の行為を憲法違反（あるいはその疑いがある）と判断した判決がある（大阪高判平成4・7・30訟務月報39巻5号827頁（首相靖国神社公式参拝訴訟）〔27811812〕、大阪高判平成7・3・9行集46巻2=3号250頁（即位の礼・大嘗祭国費支出差止事件）〔27828893〕、福岡地判平成16・4・7訟務月報51巻2号412頁〔28092058〕、大阪高判平成17・9・30訟務月報52巻9号2979頁〔28102413〕）。なお、内閣総理大臣の靖国神社参拝行為が国賠法1条の定める「職務を行うについて」に該当するかどうかについて、判決は分かれている（該当するとした事例として大阪地判平成16・2・27訟務月報51巻2号255頁〔28090960〕、福岡地判平成16・4・7訟務月報51巻2号412頁〔28092058〕、千葉地判平成16・11・25訟務月報52巻9号2801頁〔28100204〕、大阪高判平成17・9・30訟務月報52巻9号2979頁〔28102413〕、該当しないとした事例として大阪地判平成16・5・13訟務月報51巻2号436頁〔28091626〕、東京高判平成17・9・29訟務月報52巻9号2970頁〔28102003〕）。

　政府の政教分離違反の活動に対してその是正を求める国民の出訴権につき、当該活動が地方公共団体によるものであり公金の支出あるいは公の財産の管理に関するものである場合、それは住民監査請求を経た後に住民訴訟の対象となるので（自治法242条の2）、住民は出訴権を持つ。ただし、それ以外の地方公共団体の政教分離違反の活動及び国の政教分離違反の活動は裁判所の審査対象とはならない。このように、政教分離問題を争う事件は、不可避的に公金の支出あるいは公の財産の管理に関するものに限られる。

## 2　宗教団体に対する特権付与

**論点 ③**　宗教団体に対する特権付与には、どのようなものがあるか

　本条1項は宗教団体に対する政府の特権付与を禁止する。この規定から、憲法は他国が採用する宗教制度のうち、国教制を否定したと理解される。

　政府からの特権付与には様々な形態がありうるが、論点2で述べたように、裁判所での実質的審理は法律上公金支出あるいは公の財産提供を伴う特権付与に限定される。それゆえ、裁判例において特権付与と認定されたものは、地方公共団体の公金支出・公の財産提供に関する事例となる。そして、裁判所は本条1項の「特権付与」の内容を89条前段の禁止する公金その他の公の財産の「宗教上の組織若しくは団体の使用、便益若しくは維持のため」の支出又はその利用と結びつけて理解するので、特権付与の対象となる「宗教団体」は89条前段のいう「宗教上の組織若しくは団体」と同視されることとなる（「宗教上の組織若しくは団体」の定義については89条参照。ここでは89条前段に関連する判決も扱う）。

　毛越寺事件（盛岡地判昭和46・12・28判時655号20頁〔27670621〕）は、特にその理由を示すことなく、町有財産である土地及び立木をきわめて低廉な価格で宗教法人たる毛越寺に売却したことが89条に明白に違反すると判決した。村が社殿修復費を神社に補助したことが政教分離原則違反に問われた事件で、高知地裁は、神社が「宗教団体」に該当するとしたうえで、文化財保護の目的がないにもかかわらず、神社社殿の修復等への補助金支出は、神社維持のための支出であり特権の付与に当たるとして本条1項後段、89条に違反すると判決した（高知地判平成10・7・17判時1699号67頁〔十和村社殿修復事件〕〔28050681〕）。国立大学の構内にある神社の存在が89条前段に違反すると主張された事件で、東京高裁は「神社を信州大学構内に存置させたままにしてきている国ないし同大学の姿勢は、憲法89条の精神に明らかに反する不相当な行為である」と説示する一方で、このことは控訴人の信教の自由を侵害せず、神社の構外移設を要求する権利を認めるものでもないと判決した（東京高判平成16・7・14判夕1179号190頁（信州大

キャンパス神社移転事件）〔28100621〕）。市が市有地を神社施設の敷地として無償で使用させていることについて争われた砂川空知太神社事件（最大判平成22・1・20民集64巻1号1頁〔28160142〕）では、最高裁は、神社で祭事を行う氏子集団を宗教団体と認定し、無償の市有地利用提供行為に氏子集団の神社を利用した宗教的活動を容易にするという直接的効果があるので、本件神社を特別に保護、援助するという目的がなくとも、市が特定の宗教に対して特別の便益を提供し、これを援助していると評価できるとして、本件利用提供行為は89条の禁止する公の財産の利用提供に当たり、ひいては本条1項後段の禁止する宗教団体に対する特権の付与にも該当すると判決した。裁判所は本条1項と89条前段とを組として理解し、上記のように「宗教団体」と同視される「宗教上の組織若しくは団体」への公金支出、公の財産提供を「特権付与」とみなしているのである。

　他方、公金その他の公の財産の支出先あるいは利用の相手方が宗教団体ではない場合、本条1項と89条前段に対する違反はないとみなされる。第2次世界大戦戦没者の遺族からなる遺族会に市が補助金を支出したことをめぐる裁判で、最高裁は、遺族会が宗教団体ではないことを理由に補助金支出の本条1項該当性を否定した（最一小判平成11・10・21裁判集民194号51頁（箕面市遺族会補助金訴訟）〔28042451〕）。89条前段の定める要件事実への該当性が、本条1項に関する判断にも影響を与えているといえよう。

　最高裁はまた、宗教団体に対する公の財産の利用提供行為であっても、それが「特権付与」に当たらないのであるならば、本条1項のみならず89条にも違反しないと判決した。砂川空知太神社事件第2次訴訟（最一小判平成24・2・16民集66巻2号673頁〔28180301〕）は、市が神社施設の敷地として市有地を有償で宗教団体の代表である氏子総代に賃貸することは、その土地で年に数回程度の祭事等を今後も継続して行うことになるとしても、市が本件神社ないし神道に対して特別の便益を提供し援助しているとは評価できないので、89条、本条1項後段に違反しないと判示した（最大判平成22・1・20民集64巻1号128頁（富平神社事件）〔28160143〕も参照）。Ⅰ論点21で記述したように、この判決は氏子集団の信教の自由を確保しつつ、違憲状態の解消のために採用された手段の合憲性を判断したものであり、「宗教団体への特権付与」全般に当てはまるものではないと

解するのが相当であろう。

地域のごみを処理するための一部事務組合が、地元住民の要請により神社の参道としても利用されている道路の改良工事を行いその工事代金の支払のため公金を支出したことが争われた事件（最二小判昭和63・12・16裁判集民155号365頁（吉見町参道事件）〔27807446〕）において、最高裁は、改良された道路が参詣のためにも利用されていることから、この工事により同神社が利益を受けることとなるとしても、これをもって公金支出を同神社に対する特別な財政的援助とすることはできず、89条に違反しないと判決した。加えて、法隆寺の参道を整備する事業は観光資源としての法隆寺周辺の環境整備を目的とするのであるから、世界文化遺産である同寺に観光目的で訪れる者を含む拝観者のための事業への公金の支出を直ちに宗教団体への公金の支出と評価することはできないとして、89条前段、本条1項後段に違反しないとした判決（奈良地判平成16・5・26訟務月報51巻5号1292頁（法隆寺参道整備事件）〔28091808〕）、生活文化財として神社によって保護され、かつ地方公共団体によって文化財と指定されている古民家は観光資源としての価値があるので、その茅葺屋根の葺替工事の代金に対する公金支出は住民に神社への特別援助の印象を与えないから、89条に違反しないとした判決がある（さいたま地判平成21・7・22平成19年（行ウ）19号裁判所HP（三峯神領民家事件）〔28161158〕）。

## 3　政府の宗教活動と判断基準

**論点 4**　政府の宗教的活動に対する合憲判断基準は、どのようなものか

　政教分離原則は、政府と宗教団体との一切の関係を排除することを意味しない。宗教系私立学校を含むすべての私立学校に助成金を提供し、あるいは社寺の建築物や仏像等の文化財の維持保存のために政府が宗教団体に補助金を支出することは政府と宗教団体との許される関係と考えられている（限定分離説、後出・津地鎮祭事件判決）。さらには個人や宗教団体の宗教活動の自由を容易にするために政教分離原則を緩和する場合にも、両者の接触は起こりうる（Ⅰ論点20参照）。他方で、本条3項は政府の宗教的活動を禁止する。そうすると、憲法に違反しない許される政府と宗教団体との関係と、政教分離原則に反する両者の関わり合いとを区別する判断基準が必要となる。

　最高裁は昭和52年の「津地鎮祭事件」（最大判昭和52・7・13民集31巻4号533頁〔27000278〕）において、初めて政教分離原則に関する判断基準を示した。この基準は「行為の目的が宗教的意義をもち、その効果が宗教に対する援助、助長、促進又は圧迫、干渉等になるような行為」を憲法が禁止する宗教的活動とするものであり、「目的効果基準」と呼ばれる。判断に際して、裁判所は当該行為の外形的側面のみにとらわれてはならず、当該行為の行われる場所、当該行為に対する一般人の宗教的評価、当該行為者が当該行為を行うについての意図・目的及び宗教的意識の有無・程度、当該行為の一般人に与える効果・影響などの4つの要素を考慮し、社会通念に従って、客観的に判断することが求められる。

　目的効果基準は、政府行為の宗教的活動該当性判断において、社会一般がそれをどのように評価するのかを重視する基準であるが、ハードルの低い基準であり、実際多くの裁判で合憲判決が下されてきた。また目的・効果の要件と4つの考慮要素との関係も不明確であり、それゆえ「目盛りのない物差し」だと批判されている（「愛媛玉串料訴訟」（後出）高橋久子裁判官意見）。

その後、最高裁は、目的効果基準の適用において、「一般人に対して、県が当該特定の宗教団体を特別に支援しており、それらの宗教団体が他の宗教団体とは異なる特別のものであるとの印象を与え、特定の宗教への関心を呼び起こす」かどうかを考慮要素に含めて政府行為の合憲性を判断した。そして県職員が靖国神社又は護国神社に対して、宗教上の祭祀である例大祭、みたま祭又は慰霊大祭に際して、玉串料、献灯料又は供物料として県の公金から支出したことは、県が特定の宗教団体の挙行する重要な宗教上の祭祀に関わり合いを持ったということであり、政教分離原則に違反すると判決した（最大判平成9・4・2民集51巻4号1673頁（愛媛玉串料訴訟）〔28020801〕）。なお新たに付加された考慮要素は、アメリカで提唱された、政府行為が「宗教に対する政府の是認あるいは否認のメッセージを伝える」かどうかを審査するエンドースメント・テストに該当すると理解されているが、これについては異論も多い。

　目的効果基準は、当初問題の政府行為が本条3項の禁止する宗教的活動に該当するのかを判断する基準として提起されたものだが、「愛媛玉串料訴訟」において最高裁は、89条違反を判断する基準でもあると明確に判示した。

　ところが、最高裁は砂川空知太神社事件（最大判平成22・1・20民集64巻1号1頁〔28160142〕）において、目的効果基準とは異なると理解される基準を提示して、市が市有地を神社施設の敷地として無償で使用させていることは違憲であると判決した。同判決は、89条に反する行為は原則として憲法違反と目されるとしつつも、援助対象となる宗教施設の歴史的文化財的性質やその観光資源、国際親善などの意義により合憲となる場合を示唆して、厳格な限定分離説に立った。そして目的効果基準とは異なる判断基準を提示した。この基準（総合的判断基準）は、宗教団体への財政支援行為（本件では市有地の無償提供を指す）又はその状態の目的及び効果の宗教性を問わずに、対象である宗教的施設の性格、当該支援行為をするに至った経緯、当該支援行為の態様、これらに対する一般人の評価など4つの要素を考慮して、社会通念に照らして総合的に判断する。

　政府行為の目的及び効果を基準として検討しない点、考慮要素の判断に際し外形的側面のみにとらわれてはならないとの警句が削除された点、考慮要素の内容を変更した点などで、総合的判断基準は目的効果基準と異なると理解され

る。また、目的効果基準が合憲の領域から違憲の範囲を確定する基準であるのに対して、総合的判断基準は違憲の領域から合憲の範囲を確定する基準である点に違いがある。ここから、世俗性のほとんどない事案に適用される基準である（藤田宙靖裁判官補足意見）、公有地の無償提供の事案に限り適用される基準である、原則違憲の中で例外的に合憲となる財政支援の範囲を確定する基準である、また89条が本条1項と関連する場合に適用される基準であるなど、総合的判断基準の独自性を強調する見解が示された。

　だが、上記の考慮要素を具体的に判断する際に、本判決は本件行為の目的と効果を検討しており、目的効果基準との差は大きくないといえよう。ただ、目的要件で世俗性を認定しながらも、当該施設が明らかに神社であること、土地提供行為に宗教助長効果があることから違憲判断を下しており、最高裁の判断手法が異なっていることに留意が必要であろう。

　砂川空知太神社事件の後、最高裁は市長の行為の社会的儀礼適合性などを判断するに当たり、当該行為の目的と効果を考慮要素として検討したうえで、総合的に判断し判決を下した（最一小判平成22・7・22裁判所時報1512号8頁（白山比咩神社事件）〔28161889〕）。これをもって目的効果基準の継続性を主張する見解もあるが、目的・効果を総合的判断の考慮要素に組み込む手法は、砂川空知太神社事件のそれと同様だと評することもできる。この点については、今後の判例の展開を待つほかないであろう。また砂川空知太神社事件以降、最高裁はあらかじめ判断基準を定立せずに、認定された諸要素を総合的に考慮し判決を下している（最大判平成22・1・20民集64巻1号128頁（富平神社事件）〔28160143〕、前出・白山比咩神社事件）。従来、最高裁は政教分離原則の判断基準を定立あるいは確認したうえで、事案を検討する判断様式をとることが多かった。上記2判決は従来の判断様式から逸脱しており、今後最高裁が基準や考慮要素の定立をすることなく、ケースに応じて判決を下していく可能性がある。

### 論点 5　習俗的行為や社会的儀礼は、憲法の禁止する政府の宗教的活動に当たるか

　本条3項が政府に禁止する宗教的活動とは、政府が特定宗教を布教・宣伝・

教化し又はその儀式・行事を行うこと、宗教団体が行う宗教的行為に関与し支援することを意味すると理解されている。他方、日曜を休日にする暦を採用するなど宗教的起源を持つがその意義が失われた行為を「習俗的行為」と呼び、宗教的行為には当たらないと考えられている。さらに市長の葬儀への参列など、公的地位にある者がその地位に随伴する社交の一環として宗教的儀式に参加することは、禁止される宗教的行為に該当しない「社会的儀礼」であるとみなされている。

　最高裁は、市が体育館を建設する際に行った地鎮祭などの起工式は、今日ほとんど宗教的意義が認められない建設上の儀式であり、世俗的行事だとした（最大判昭和52・7・13民集31巻4号533頁（津地鎮祭事件）〔27000278〕）。加えて、市営住宅の建替事業を行うに当たり、地元の協力と理解を得て右事業の円滑な進行を図るとともに地域住民の融和を促進するという宗教的意義を帯びない意図・目的の下、地域住民の生活の中で習俗化した寺院外に存する地蔵像に対する儀礼行事の宗教性は希薄なものであるから宗教を援助助長する目的・効果がないとした判決（最一小判平成4・11・16判夕802号89頁（大阪地蔵像事件）〔25000030〕）、市教育長が戦没者慰霊のための忠魂碑の前で行われる神式・仏式の慰霊祭に参列した行為が社会的儀礼に当たるとして政教分離原則に違反しないとした判決（最三小判平成5・2・16民集47巻3号1687頁（箕面忠魂碑事件）〔27814472〕）、観光資源としての側面もある神社大祭の奉賛会発会に市長が出席し祝辞を述べたことは社会的儀礼であるとして合憲とした判決（最一小判平成22・7・22裁判所時報1512号8頁（白山比咩神社事件）〔28161889〕）がある。裁判所は、問題の政府行為が習俗的行為あるいは社会的儀礼と評価した場合に直ちに合憲と判断しているわけではないが、論点4で述べた目的効果基準に照らしてその合憲性を判断する際に、実質判断を行っていないと評されている。

　下級審では、東京都知事が天皇の皇位継承に伴う公的私的な儀式に参列したことは、皇位継承に敬意と祝意を示す社会的儀礼であり、憲法の禁止する宗教的活動に当たらないとした判決（東京高判平成16・4・16平成11年（行コ）92号裁判所HP（即位の礼・大嘗祭違憲訴訟）〔28092253〕）、県立高校の武道場に神棚にも転用可能な棚を設置したことで柔道又は剣道の授業などの前後に指導者と生徒たち

がその前で黙想するようになったが、これらは宗教行為よりむしろ武道の作法として長年月の間行われてきた伝統的な習俗とするべきで、それが強制にわたらない限り合憲であるとした判決（千葉地判平成4・11・30判タ814号151頁〔県立高校神棚事件〕〔25000037〕）、東京都知事が皇太子結婚の儀に参列したことは知事の地位にある者の社交儀礼としてその結婚に祝意を表する目的でなされた行為であり憲法に違反しないとした判決（東京地判平成16・4・23平成6年（行ウ）289号裁判所HP〔皇太子結婚の儀事件〕〔28091688〕）がある。

　他方、愛媛玉串料訴訟（最大判平成9・4・2民集51巻4号1673頁〔28020801〕）は、愛媛県が靖国神社の境内で行われる例大祭に玉串料を奉納することは「時代の推移によって既にその宗教的意義が希薄化し、慣習化した社会的儀礼にすぎないものになっているとまでは到底いうことが」できないとした。また、町が戦没者慰霊のために添状とともに線香又はろうそくを配布し、その購入代金として公金を支出したことは、戦没者に対する感謝と追悼の意を捧げるための社会的儀礼としての側面が強いものということができるとしながらも、配布物が宗教儀式用の供物であり、配布時期がお盆であること、添状に宗教に縁の深い文言が用いられており宗教的な印象を与えることなどから、本条3項にいう宗教的活動に該当し憲法に違反すると判示した判決もある（大阪高判平成14・9・13平成13年（行コ）71号裁判所HP〔篠山町線香配布事件〕〔28080367〕）。

**論点 6**　政府が戦没者慰霊の目的で靖国神社あるいは護国神社に公金を支出すること、若しくは内閣総理大臣が公式に参拝することは、政教分離原則に違反するか

　靖国神社とは、明治維新直後に、討幕側若しくは官軍として戦死した者を祀る施設として建立されたものであり、護国神社とは靖国神社と同趣旨で各道府県に建立された神社である。その後大日本帝国陸海軍兵士の戦死者が祀られることにより、靖国神社には、国のために戦死した者を祀る施設としての性質を帯びることとなった。

　他国において、国家が無名戦士の墓を維持管理し、若しくは国家元首がそこに参ることを疑問視することはない。日本でも、8月15日に行われる全国戦没

者追悼式や千鳥ケ淵戦没者墓苑を疑問視する見解は多くないといえよう。靖国神社も前述のように戦死者のための施設ではあるが、宗教法人であることから、その国家管理や公人の参拝に疑義が提起された（他に、戦前は陸軍の管理下にあったため、軍国主義との関連から、戦争責任や歴史認識の面から問題視される）。他方で、国家管理化を目指し「靖国神社法案」が昭和40年代前半から数度にわたり国会に提案されたこともあった。

昭和60年中曽根内閣総理大臣が8月15日に靖国神社に公式参拝したことを契機に、数多くの訴訟が提起されることとなる。また小泉内閣総理大臣の8月参拝（平成13年、平成18年）も、多数の裁判を引き起こした。加えて、地方公共団体が同神社にした玉串料の支出をめぐる裁判もある。

論点2で述べたように、訴訟法上の制約から、権利侵害を伴わない政府の宗教的活動については公金支出あるいは公の財産の管理に関する地方公共団体の活動のみが裁判の対象となる。そのような制約の中で、県による靖国神社への公金支出は政教分離原則に反すると判決したのが愛媛玉串料訴訟（最大判平成9・4・2民集51巻4号1673頁〔28020801〕）である。最高裁は、県職員が戦没者慰霊の目的で靖国神社又は護国神社に対して、宗教上の祭祀である例大祭、みたま祭又は慰霊大祭に際して、玉串料、献灯料又は供物料として県の公金から支出したことは、県が特定の宗教団体の挙行する重要な宗教上の祭祀に関わり合いを持ったということであって社会的儀礼とはいえず、一般人に対して、県が当該特定の宗教団体を特別に支援しており、それらの宗教団体が他の宗教団体とは異なる特別のものであるとの印象を与え、特定の宗教への関心を呼び起こしたのであるから、憲法に反すると判決した。そして、県知事の過失を認定して賠償責任を認めた。他方、下級審では同様に県の靖国神社への公金支出を憲法違反としながら、県知事の故意あるいは職務上の怠慢を認めず、賠償責任を否定した岩手県靖国訴訟（仙台高判平成3・1・10行集42巻1号1頁〔27807941〕）がある。両判決における賠償責任についての結論の違いは、昭和57年頃に地方公共団体の靖国神社への公金支出が社会問題になり、自治省（当時）がそれは憲法に反するとして行政指導をしたのに対して、岩手県が支出をとりやめ、愛媛県が継続したという対応の差がもたらしたものといえよう。なお仙台高裁のように、政

教分離違反を認定しながらも地方公共団体職員の責任を認めずに原告敗訴の判決を下したものに、近江八幡市献穀祭訴訟（大阪高判平成10・12・15判時1671号19頁〔28040107〕）、篠山町線香配布事件（大阪高判平成14・9・13平成13年（行コ）71号裁判所HP〔28080367〕）がある。

　内閣総理大臣の靖国神社公式参拝の合憲性については、それが国の活動であるため、訴訟法上裁判所の審査の対象とならない。そこで、原告は公式参拝が権利侵害に当たるとして国家賠償請求訴訟を提起した。これに対して最高裁は、「内閣総理大臣の地位にある者が靖國神社を参拝した場合に（中略）上告人らに損害賠償の対象となり得るような法的利益の侵害があったとはいえない」と判示して、公式参拝の憲法適合性については、判断を示さなかった（最二小判平成18・6・23訟務月報53巻5号1615頁〔小泉首相靖国参拝訴訟〕〔28111345〕）。下級審の中には、原告の国家賠償請求を斥けつつも、総理大臣の公式参拝を違憲とする判決を下すものがある（大阪高判平成4・7・30訟務月報39巻5号827頁〔首相靖国神社公式参拝訴訟〕〔27811812〕、福岡地判平成16・4・7訟務月報51巻2号412頁〔28092058〕、大阪高判平成17・9・30訟務月報52巻9号2979頁〔28102413〕）。これらの判決には、憲法判断における「必要性の原則」から疑義がある、あるいは上級審の判断を実質的に奪う「ねじれ判決」であって許されないといった批判がある。

　靖国神社に関連する判決として、靖国神社が戦没者を合祀するために必要な情報を厚生省（当時）が提供していたことをめぐり、政教分離原則に違反しないとした判決（東京高判平成21・10・29公刊物未登載〔韓国人戦没者通知撤回請求事件〕）、原告に法的権利の侵害はないとして請求を棄却した判決（那覇地判平成22・10・26訟務月報57巻8号2133頁〔28163413〕）、原告の法的権利の侵害はないとしながらも、政教分離原則に違反するとした判決（大阪高判平成22・12・21判時2104号48頁〔靖国神社霊璽簿抹消訴訟〕〔28171420〕）がある。

**論点 7**　戦没者慰霊祭や忠魂碑の維持等に政府が公金を支出し、式典に地方公共団体の職員が参列することは、政教分離原則に違反するか

　忠魂碑とは、明治政府成立以降の戦争で戦死した者を慰霊する碑として各地

に建立されたものである。戦後GHQの指導の下でその多くが廃棄、解体されたが、独立後に復元修復されたといわれる。地元の戦没者の遺族会が管理し、慰霊祭を行うことが多い。そして、戦没者慰霊祭や忠魂碑の維持等に政府が公金を支出する事例は多い。こうした公金支出若しくは慰霊祭への公務員の参列の合憲性が問われるが、一般に裁判所はそれらを合憲とみなしている。最高裁は、箕面忠魂碑事件（最三小判平成5・2・16民集47巻3号1687頁〔27814472〕）で、市が公立小学校の校舎建替えのために忠魂碑を市有地に移転しその土地を遺族会に無償提供したことは、小学校の校舎の建替え等のため、公有地上にある戦没者記念碑的な性格を有する施設を他の場所に移設し、その敷地を学校用地として利用することを目的とした行為であり、宗教を援助助長する目的・効果がないので憲法に違反しないと判決した。加えて、市教育長が戦没者慰霊祭に参列したのは社会的儀礼であり、政教分離原則に反しないとした。

　市が遺族会に補助金を支出し、市職員を遺族会の書記として事務に従事させていたことをめぐる裁判で、最高裁は、遺族会が本条1項、89条のいう「宗教団体」あるいは「宗教上の組織若しくは団体」ではないことを前提に、本件補助金支出及び市職員の事務従事の目的は遺族の福祉増進にあり、結果として遺族会の宗教性を帯びた活動に対する間接的な援助となる面があるがその効果は間接的付随的なものにとどまるので、憲法に違反しないと判決した（最一小判平成11・10・21裁判集民194号51頁（箕面市遺族会補助金訴訟）〔28042451〕）。

　下級審においても、市が忠魂碑の維持管理のために、遺族会等に補助金を支出することは合憲であるとした判決（福岡高判平成4・12・18行集43巻11=12号1537頁（長崎忠魂碑訴訟）〔27814299〕）がある。

### 論点 8　天皇の皇位継承に関連する行事に政府が公金を支出し、若しくは知事が参列することは、政教分離原則に違反するか

　天皇は、歴史的に神道と結びつきが深い。そのため、天皇の即位や葬儀は神道的な儀式で行われる。こうした現状に対して、政教分離原則から天皇の行為も非宗教的であるべきとする学説は多い。

　この問題に対して、裁判所は、天皇制に伴う伝統的宗教儀式を容認している

ように思われる。例えば、天皇の即位に伴う皇室の伝統儀式である主基斎田抜穂の儀へ参列した県知事の行為が天皇に対する社会的儀礼であるとして政教分離原則に違反しないとされた判決（最三小判平成14・7・9裁判所時報1319号1頁（抜穂の儀違憲訴訟）〔28071915〕）、県知事の大嘗祭への参列の目的は、天皇の即位に伴う皇室の伝統儀式に際して天皇に対する社会的儀礼を尽くすものであり合憲であるとした判決（最一小判平成14・7・11民集56巻6号1204頁（大嘗祭違憲訴訟）〔28071916〕）、県知事が皇室典範24条の規定する即位の礼のうち伝統的な皇位継承儀式である即位礼正殿の儀及び大嘗祭の一部を構成する大嘗宮の儀に参列した行為は本条3項により禁止される宗教的活動には当たらないとした判決（最二小判平成16・6・28裁判所時報1366号4頁（即位礼正殿の儀参列事件）〔28091849〕）がある。これらの判決の特徴は、天皇の伝統的宗教儀式の合憲性を直接審理してはいないが、その合憲性を前提に県知事の参列を容認している点であろう。他方、下級審では天皇の即位に際して行われた公的行事を挙行し公金を支出したことに憲法違反の疑いがあるとした判決（大阪高判平成7・3・9行集46巻2=3号250頁（即位の礼・大嘗祭国費支出差止事件）〔27828893〕）や、市が新天皇即位後に行われる新嘗祭に公金を支出したことが許されない政府の宗教的活動に当たるとした判決もある（大阪高判平成10・12・15判時1671号19頁（近江八幡市献穀祭訴訟）〔28040107〕）。

　結局のところ、天皇制に伴う宗教的儀式の認否は、天皇を伝統的な存在として認めるのかどうかによって決まることになろう。この点につき、「我が国の歴史の中で連綿として維持されてきた天皇制の伝統の重みは（中略）我が国の精神文化の中に脈々と生き続けており、この点は戦後象徴天皇制への変革がされ、天皇の地位が法的には全く新しいものになったといっても、なお変化しないものがあるといってよい」と述べる下級審判決が注目される（東京高判平成16・4・16平成11年（行コ）92号裁判所HP（即位の礼・大嘗祭違憲訴訟）〔28092253〕）。

　また、皇太子の結婚の儀に県議会議長や都知事が参列したことに関する裁判でも、結婚の儀とそれへの参列の合憲性が確認されている（東京高判平成12・3・15平成11年（行コ）242号裁判所HP（皇太子結婚の儀参列事件）〔28152015〕、東京地判平成16・4・23平成6年（行ウ）289号裁判所HP（皇太子結婚の儀事件）〔28091688〕）。

**論点 ⑨　政府による公葬は政教分離原則に違反しないか**

　天皇の葬儀である「大喪の礼」とは別に、国が国葬を行うこと（昭和42年吉田茂の例）や、地方公共団体が公葬を行うことについて、憲法上疑問視されることがある。この問題につき、行政機関は「公葬等について」（昭和21年11月1日発宗第51地方長官あて内務、文部次官通達）の中で、「地方公共団体は、公葬その他の宗教的儀式及び行事（慰霊祭、追弔会等）は、その対象の如何を問はず、今後挙行しないこと」として、地方公共団体が公葬を行うことに否定的見解を示し、例外的に「文民としての功労者、殉職者に対し、個人又は民間団体が行う葬儀、慰霊祭、追弔会等に、弔慰金、花環等を贈ること、並びに官公吏が公の資格で列席し又は弔辞を読むこと」を許容する解釈を示した（この通達は、「公葬の効力について」（昭和48年6月5日雑総9号名古屋弁護士会会長あて文部省大臣官房総務課長回答）により、その効力が確認されている）。

　他方、裁判所は、元町長の仏式の町民葬に町が補助金を支出し公民館を使用させ職員を多数動員して積極的に支持援助したことについて、町民葬の目的が元町長の功績を顕彰することにあり、また現代において葬儀は一般の習俗又は慣習に従い宗教の方式をとっている場合も多いので、葬儀に対する一般人の宗教的評価ないし宗教的関心は稀薄化してきているのだから、宗教を援助助長する効果はなく、憲法に違反しないと判決した（東京高判平成2・9・26行集41巻9号1528頁（町民葬違憲訴訟）〔27808784〕）。

　東京高裁は、地方公共団体の葬儀への関与の程度について、上記行政解釈よりも強く認めているようである。また、葬儀を習俗的行為に類するものとみなしているようでもある。この点につき、葬儀を「死者の弔い」ととらえ、東日本大震災等の自然災害の犠牲者に対する慰霊祭や身元不明者の遺体への読経ボランティア活動を習俗的行為として地方公共団体が承認し関与できるとする理解が可能かを検討する必要があろう。

**論点 ⑩　観光目的で宗教施設を政府が建立し、あるいは宗教施設に公金を支出することは、許されるのか**

　観光客を呼び込むために、各地で大仏や観音像が建立されてきた。こうした

仏像や宗教施設は、民間人が建立する限り憲法上の問題を引き起こさないが、村おこし、町おこしの一環として地方公共団体が関与する場合、政教分離原則との抵触が問われることとなる。なお、この点につき、観光施設として地方公共団体が観音像や稲荷社を建立することは宗教行事を伴わない限り本条3項、89条に抵触しない旨の自治省（当時）による行政解釈（昭和32年12月23日自丁行発第225号長野県総務部長宛行政課長回答、昭和43年2月15日自治行第13号広島県総務部長宛行政課長回答）がある（これ以降、旧自治省、総務省では同種の回答を出していない）。

　これらの行政解釈の合憲性が争われたことはないが、「観光仏像」等の施設が純粋に観光目的であるのか、あるいは宗教的要素が多分に含まれているのかをめぐり、村の観音像建立の合憲性が問われた事件がある。松山地裁は、日本の観音信仰の長い歴史を前提に、主要な意図が観光客誘致であっても、周囲にその信仰を促進する関連施設とともに設置されていることで観音像をみる者に対し観音信仰の世界を実感させ宗教的影響を与えるとして、本件観音像の設置は憲法の禁止する宗教的活動に当たると判決した（松山地判平成13・4・27判夕1058号290頁（新宮村観音像訴訟）〔28061208〕）。

　県も関与した地方博覧会の催し物の1つに「お砂踏み」という四国霊場八十八か所巡礼を模擬的に行うための施設を設置したことが政教分離原則違反に問われた裁判で、徳島地裁は、四国らしさを演出し、それに幅広い年齢層の来場者を獲得するとともに四国霊場八十八か所を四国の主要な観光資源として紹介するという世俗的な目的を持つ「お砂踏み」の設置の効果は、それが四国霊場八十八か所を簡易に模したもので地方博覧会の一催し物として行われたものであること、開催期間は34日間にすぎないこと、四国霊場八十八か所が観光資源としての側面が大きくなっていることなどから、仏教各派や弘法大師信仰を援助助長するものと認められないとして合憲判決を下した（徳島地判平成6・5・13判例地方自治141号29頁（四国霊場八十八か所お砂踏み館訴訟）〔28011587〕）。法隆寺の参道を整備する事業は観光資源としての法隆寺周辺の環境整備を目的とするのであるから、世界文化遺産である同寺に観光目的で訪れる者を含む拝観者のための事業への公金の支出が直ちに宗教団体への公金の支出と評価することはで

きないとして、89条前段、本条1項後段に違反しないとした判決もある（奈良地判平成16・5・26訟務月報51巻5号1292頁〔法隆寺参道整備事件〕〔28091808〕）。

　市長が長を務める観光協会が近隣の社寺の例祭に祝金を支出していたところ、その観光協会に市が補助金を支出することが憲法違反に問われた裁判において、横浜地裁は、観光協会の祭事費の支出は市内の観光事業の振興を主たる目的としてされたものであるから、市が観光協会に祭事費を含む補助金を交付していることは、一般人に対して市が特定の宗教団体を特別に支援しており、それらの宗教団体が他の宗教団体とは異なる特別のものであるとの印象を与えたり、特定の宗教への関心を呼び起こすようなものとはいえないので、政教分離原則に違反しないと判決した（横浜地判平成18・5・17判例地方自治285号66頁〔伊勢原市補助金支出事件〕〔28130244〕）。他に、生活文化財として神社によって保護され、かつ地方公共団体によって文化財と指定されている古民家は観光資源としての価値があるので、その茅葺屋根の葺替工事の代金に対する公金支出は住民に神社への特別援助の印象を与えず、89条に違反しないとした判決がある（さいたま地判平成21・7・22平成19年（行ウ）19号裁判所HP〔三峯神領民家事件〕〔28161158〕）。

### 論点⑪　政教分離原則に違反しないとされた政府の宗教的活動には、どのようなものがあるか

　他に政教分離原則に違反しないとされた判決には、以下のものがある。

　公営企業が事務所に神棚を飾り、従業員に黙とうさせることは合憲とした判決（福岡高宮崎支判昭和55・5・30判時979号120頁〔27682277〕）、業務中に死亡した自衛官を護国神社に合祀した隊友会（退職自衛官の組織）の行為に協力した自衛隊の行為が宗教的活動とまではいうことはできないとした殉職自衛官合祀事件（最大判昭和63・6・1民集42巻5号277頁〔27801761〕）、町が遺族会の靖国神社参拝旅行に町職員を同行させた行為を政教分離原則に反しないとした篠山町靖国参拝旅行事件（神戸地判平成5・10・25判夕846号180頁〔27821035〕）、剣道実技の履修を拒む生徒に代替的措置を公立学校がとることは政教分離原則に反しないとした神戸高専剣道受講拒否事件（最二小判平成8・3・8民集50巻3号469頁〔28010410〕）、町による宗教団体の推奨する土壌改良・堆肥製造法に基づく堆肥プラントの設備工

事請負契約の締結と代金支出が政教分離違反ではないとした船穂町堆肥プラント事件（岡山地判平成12・1・26判例地方自治214号59頁〔28061603〕）、市立小学校を神社祭事の参加者の休憩場として使用させ、使用料を免除したことを合憲とした三田小学校事件（神戸地判平成12・2・29判例地方自治207号72頁〔28060309〕）、長崎市が市立平和公園内の一角に被爆50周年記念事業碑として「母子像」を建立したことを政教分離原則に違反しないと判決した長崎母子像設置事件（福岡高判平成16・3・15平成13年（行コ）34号裁判所HP〔28091157〕）、市有地を無償で神社敷地として利用されたという政教分離原則違反の状態を解消するために、市が町内会に当該市有地を無償で譲与したことは政教分離原則に反しないとした富平神社事件（最大判平成22・1・20民集64巻1号128頁〔28160143〕）、有償で氏子総代に賃貸することを合憲とした砂川空知太神社事件第2次訴訟（最一小判平成24・2・16民集66巻2号673頁〔28180301〕）がある。

## 4　宗教教育

**論点 12**　政府は、宗教に関連する一切の教育をしてはならないのか

　本条3項が政府に禁止する宗教教育とは、特定の宗教の布教・宣伝を目的とする教育を意味し、信仰の深化や特定宗教の排斥を目的とする教育も含むと理解されている。こうした教育は公立学校で行われてはならない（教基法15条2項）。他方、公立学校で社会における宗教の重要性を教えることや、宗教宗派についての知識教育、宗教的な情操教育は許される（同法15条1項）。実際、学習指導要領は「人間の力を超えたものに対する畏敬の念をもつ」（小学校学習指導要領・第3章道徳、中学校学習指導要領・第3章道徳）ことを教育内容として掲げ、「人生における哲学、宗教、芸術のもつ意義などについて」の理解の際に「キリスト教、イスラム教、仏教、儒教など」を取り上げること、また「日本人にみられる人間観、自然観、宗教観などの特質について」の理解で「罪やけがれの考え方、それを禊、祓いによって清めるという考え方」を取り上げることを認めている（高等学校学習指導要領・第2章第3節公民第2倫理及び同解説）。この他にも、特定の宗教への差別を防ぐ宗教的寛容教育や、反社会的カルトや霊感商法などに対抗する知識を提供する対宗教安全教育なども公立学校では許されるとする意見もある。

　他方、矯正教育として、受刑者に対する刑事施設内での宗教説話の聴取は許されるか。この点につき、刑事施設が収容者に対して本人の意思とは関係なく宗教的説話を施設内にて聴取させることは、政教分離原則に反する宗教活動とは理解されていない。大阪地判昭和33・8・20行集9巻8号1662頁〔27911453〕は、拘置所内において死刑囚に宗教説話の録音放送を聴取させたことは憲法の禁止する宗教教育や宗教的活動に当たらないと判示し、東京地判昭和36・9・6行集12巻9号1841頁〔27602477〕も、刑務所において数年間全収容者を対象にキリスト教と仏教の宗教説話の録音テープを聴取させたことに関連して、「宗教信仰の宣伝にならない限度で、国及びその機関が、必要な場合宗教に関する一般的知識の理解、増進をはかることまで禁じられているものではない。人格の改善

を主要な目的の一とする刑政の場においては、宗教信仰がこの目的達成のために、大きな役割を果すことがあることは明らかであるから、受刑者に対し、宗教の社会的機能について理解させることは、必要なことといわなければならない。この意味において、(引用者注：旧)教育基本法第９条第１項の『宗教に関する寛容の態度及び宗教の社会生活における地位は、教育上これを尊重しなければならない』との規定の趣旨は、受刑者の教化に当つても、十分に参考とされるべきである。そして右教化方法として、宗教団体の提供する録音テープを使用し、宗教家の講演を聴かせても、その内容が宗教信仰の宣伝に亘らない限り憲法に違反するといいえないことは勿論である」と説示して、憲法違反の主張を斥けた。

## Ⅲ　宗教団体の自律権と司法審査

•••••• 論　点 ••••••

1　信仰の対象物の真偽をめぐる寄附金の返還請求は、裁判所が審査対象となるか
2　宗教法人の代表者の地位をめぐる紛争について、裁判所が審査権を行使することは許されるか
3　宗教法人の信者がその地位を確認する裁判に、裁判所は審査権を行使することができるか

【関連法令】
裁判所法、宗教法人法

### 論点 ❶　信仰の対象物の真偽をめぐる寄附金の返還請求は、裁判所が審査対象となるか

　裁判所は、相争う当事者間の権利義務に関する紛争を、法令を適用して解決する司法権を行使する。そして、法令の適用により最終的に解決可能な紛争のみを裁判の対象とし、それ以外の争いには司法権を行使できないと理解されている。

　創価学会の信者が戒壇の本尊を安置する正本堂の建立のために金員を寄附したところ、後に本尊の「板まんだら」が偽物であることが判明したとして、創価学会に対して寄附行為の錯誤無効を理由とする寄附金返還を請求した裁判で、最高裁は、要素の錯誤があったのかについての判断に際して、宗教上の価値や教義に関する判断が必要であり、事柄の性質上法令を適用することによっては解決することのできない問題であると説示し、本件訴訟は、具体的な権利義務ないし法律関係に関する紛争の形式をとり、信仰の対象の価値又は教義に関する判断は、その前提問題であるにとどまるものとされてはいるが、本件訴訟の帰すうを左右する必要不可欠のものと認められ、また本件訴訟の争点及び当事者の主張立証も右の判断に関するものがその核心となっていることから、その

実質において法令の適用による終局的な解決の不可能なものであって、裁判所法3条にいう法律上の争訟に当たらないと判決した（最三小判昭和56・4・7民集35巻3号443頁〔板まんだら事件〕〔27000141〕）。

この「板まんだら事件」判決は、信仰問題に対する司法権不行使のリーディングケースとなっており、論点2で触れる蓮華寺事件とも相まって、強い影響力を及ぼしている。

**論点 ❷** 宗教法人の代表者の地位をめぐる紛争について、裁判所が審査権を行使することは許されるか

　宗教法人法18条1項は、代表役員1名を含む3名の責任役員を宗教法人は置くと定める。そして、代表役員及び責任役員は宗教上の権限を含まないとして（同条6項）、その地位が世俗的なものであることを規定する。他方、多くの宗教法人では代表役員の地位は住職など宗教上の地位にある者が就任することとなっているため、代表役員の地位が純粋に世俗的なものか、宗教的なものかをめぐり、争いが生じる。また代表役員の地位が当該宗教法人の土地建物等の占有権原となっていることも多く、紛争の原因となっている。

　銀閣寺事件（最一小判昭和44・7・10民集23巻8号1423頁〔27000799〕）において、最高裁は、寺院の代表役員は同寺の住職の職にある者をもって充てるとする寺院規則の下、住職の地位の確認を請求することは宗教上の地位の確認を求めるにすぎず、法律上の権利関係の確認を求めるものとはいえないので、訴えの利益を欠くと判示した。

　ところが種徳寺事件（最三小判昭和55・1・11民集34巻1号1頁〔27000187〕）では、宗教上の地位であるとはいえ、住職の地位にあるかどうかは寺院の不動産引渡等請求の当否を判断する前提問題となっているので、その判断の内容が宗教上の教義の解釈にわたるものでない限り、その選任ないし罷免の適否について裁判所が審判権を有するとした。本門寺事件（最一小判昭和55・4・10裁判集民129号439頁〔27650912〕）も、裁判所は宗教活動上の自由ないし自治に対する介入にわたらない限り、特定人が宗教法人の代表役員等であるかどうかを審理判断する前提として、その者が寺院規則に定める宗教活動上の地位を有する者であるか

どうかを審理判断することができると判決した。このように、最高裁は住職という宗教上の地位の存否が代表役員の地位確認の前提となっている場合には、教義解釈にわたらない限り本案審査をするとの姿勢を示した（教義問題にわたらずに本案審査をした近年の判決に、最三小判平成10・3・10裁判集民187号269頁（宝光坊事件）〔28030597〕、最二小判平成12・1・31裁判集民196号427頁（正福寺事件）〔28050209〕、最一小判平成12・9・7民集54巻7号2349頁（法布院事件）〔28051939〕がある）。

他方、論点1でみた板まんだら事件（最三小判昭和56・4・7民集35巻3号443頁〔27000141〕）が、宗教上の価値や教義の問題が法律上の紛争の前提問題であっても、訴訟の帰すうを左右する必要不可欠であり、訴訟の核心となっている場合には裁判所法3条にいう法律上の争訟に当たらないと判決したことにより、宗教法人の代表者の地位をめぐる紛争においても、教義等の問題が訴訟の帰すうを左右するのか、あるいは訴訟の核心となっているのかが問われることとなった。それを明らかにしたのが「蓮華寺事件」である。

昭和55年頃に、創価学会の扱いをめぐり、それを受け入れる日蓮正宗管長側と反対する派閥との対立から、管長が反対派の僧侶に擯斥処分（僧籍剥奪の処分）を下したことを契機に、日蓮正宗寺院の代表役員の地位確認若しくは建物明渡しを求める多数の裁判が提起された。最高裁は、これらの裁判において、一貫して裁判所の審判権を認めない立場をとった。「蓮華寺事件」（最二小判平成元・9・8民集43巻8号889頁〔27804829〕）では、住職の地位を喪失した場合には代表役員の地位を喪失する関係を前提に、当事者間の具体的な権利義務ないし法律関係に関する訴訟であっても、宗教団体内部においてされた懲戒処分の効力が請求の当否を決する前提問題となっており、その効力の有無が当事者間の紛争の本質的争点をなすとともに、それが宗教上の教義信仰の内容に深く関わっているため、右教義信仰の内容に立ち入ることなくしてその効力の有無を判断することができず、しかも、その判断が訴訟の帰すうを左右する必要不可欠のものである場合には、右訴訟は、その実質において法令の適用による終局的解決に適しないものとして、裁判所法3条にいう「法律上の争訟」に当たらないと説示した。そして擯斥処分の効力を判断する際に、懲戒事由の存否、すなわ

ち被処分者の言説が日蓮正宗の本尊観及び血脈相承に関する教義及び信仰を否定する異説に当たるかどうかの判断が不可欠であり、教義信仰の内容に立ち入ることなくして判断することのできない性質のものであるから、本件擯斥処分の効力の有無については裁判所の審理判断が許されないと判決した。その後も、寺院建物明渡し請求事件（最三小判平成5・7・20裁判所時報1103号2頁（白蓮院事件）〔27815733〕、最二小判平成5・9・10裁判所時報1107号1頁（妙真寺事件）〔27816371〕）、包括宗教団体の代表者の地位確認訴訟（最三小判平成5・9・7民集47巻7号4667頁（日蓮正宗管長事件）〔27815981〕）、寺院の代表役員の地位確認訴訟（最一小判平成5・11・25裁判所時報1111号1頁（日蓮正宗小田原教会事件）〔27816822〕、最三小判平成11・9・28裁判集民193号739頁（仏世寺事件）〔28042212〕）において、最高裁は法律上の争訟に当たらないと述べている。また日蓮正宗と創価学会との対立に起因する住職に対する懲戒・罷免処分の効力を争う裁判でも、法律上の問題を決定するための前提問題が宗教上の教義信仰の内容に深く関わり、その内容に立ち入ることなくしてはその問題の結論を下すことができないので、法令の適用による終局的解決に適しないと判決した（最三小判平成14・1・29判タ1087号103頁（常説寺事件）〔28071070〕、最二小判平成14・2・22裁判所時報1310号1頁（大経寺事件）〔28070377〕）。

　こうした最高裁の判断に対して、裁判を受ける権利（32条）に基づき信仰に関わる事件であっても可能な限り本案審査をすべきであるとの主張が、反対意見として最高裁で提示されている。「板まんだら事件」（前出）寺田治郎裁判官意見は、法律関係の前提問題として宗教上の判断を必要とするような場合、原告が錯誤の主張についての立証責任を尽くしていない場合と同視できるとして請求を棄却すべきとした。他方、「白蓮院事件」（前出）佐藤庄市郎、大野正男裁判官反対意見は、宗教上の教義信仰に関わる問題を裁判所は法律関係解決の前提問題としても審判することができないが、そのことから当該訴訟が法律上の争訟に当たらないということにはならず、教義信仰の問題は宗教団体の自律的決定を尊重することで解決して、法律関係の当否を判断すべきであると述べた。これは、代表役員の地位確認や建物の明渡しのような法律関係の紛争が、教義信仰問題への司法不介入により決着がつかず、第三者に対しても不安定な

状況をもたらすことを懸念し、部分社会論でみられるように団体の自律的決定に対する尊重に基づき法律問題の解決を図ろうとするものであろう。同様の見解を述べるものに、「日蓮正宗管長事件」(前出)大野正男裁判官反対意見、「日蓮正宗小田原教会事件」(前出)味村治裁判官反対意見(部分社会論に立脚)、「仏世寺事件」(前出)元原利文裁判官反対意見、「大経寺事件」(前出)河合伸一裁判官、亀山継夫裁判官反対意見がある。最高裁の司法不介入の姿勢のため、日蓮正宗から擯斥処分を受けた住職がそのまま寺院建物を占有し続ける事態も発生していることを鑑みると、上記反対意見の主張する判断手法は一考に値しよう。もっとも、宗教団体が大きく分裂し宗教団体の自律的決定そのものを確定できない場合には、この手法は採用できないであろう(「大経寺事件」(前出)河合伸一裁判官反対意見参照)。なお下級審には、これら反対意見の手法は政教分離原則の定める宗教的中立性に反すると説示するものもある(仙台高判平成4・4・23判夕798号125頁〔27813899〕)。

　最高裁はその後、こうした主張を意識して、従来の司法不介入という姿勢の変更を暗示するような判決を下した。宗制が管長以外の者による法階授与を禁ずるところ、在家僧侶養成講座の講師として受講者に法階を授与したことから擯斥処分を受けた者に対して、宗教法人が建物の明渡しを請求した裁判で、最高裁は、被処分者が「宗旨又は教義に異議を唱え宗門の秩序を紊した」という擯斥事由により処分されたことから、当該処分の効力の有無を判断するには宗教上の教義ないし信仰の内容に立ち入って審理、判断することを避けられないとして、包括宗教団体の訴えは法律上の争訟に当たらないと判決した(最三小判平成21・9・15裁判所時報1492号16頁(玉龍寺事件)〔28153142〕)。その際に、被処分者が「宗制に違反して甚だしく本派の秩序を紊した」ことを理由とする剥職処分に該当するかどうかが問題となっていたならば「必ずしも宗教上の教義ないし信仰の内容に立ち入って審理、判断する必要はなかった」と述べ、本案審査の可能性を示唆した(もっとも後述の「教覚寺事件」と抵触する可能性はある)。最高裁は、傍論であるが、宗教上の地位の確認に関する争いであっても、宗教団体内部の秩序維持に関する問題ならば裁判所の審判権は認められるとの立場を示したといえよう。これは、「本門寺事件」とも「蓮華寺事件」以降の系譜と

も異なる最高裁の立場とはいえまいか。最高裁は、さらに本件は「蓮華寺事件」「日蓮正宗管長事件」「日蓮正宗小田原教会事件」と事案を異にするとして、その先例性を否定した。その意味するところは明らかではないが、日蓮正宗の分裂に起因する判例を他の宗教団体における擯斥処分と区別する最高裁の意向を見いだすことはできないだろうか。

　他に最高裁は、宗教団体内部の規律違反を理由に下された懲戒処分が被処分者の宗教活動を制限し、あるいは当該宗教団体内部における宗教上の地位に関する不利益を与えるものにとどまる場合においては、当該処分の効力に関する紛争をもって具体的な権利又は法律関係に関する紛争ということはできないから、法律上の争訟には当たらないとした判決がある（最一小判平成4・1・23民集46巻1号1頁（教覚寺事件）〔27810691〕）。

　下級審の中には、宗教法人の人事に関する問題について、最高裁が示す法律上の争訟非該当性ではなく、部分社会論を用いて判断するものもある（大津地判昭和35・5・24下級民集11巻5号1145頁（圓光寺事件）〔27700215〕、京都地決昭和52・5・20下級民集28巻5=8号547頁（浄圓寺事件）〔27682087〕、京都地判平成元・3・20判タ707号252頁〔27804854〕、盛岡地判平成9・2・7判タ962号238頁（東光寺事件）〔28030652〕、東京地判平成18・10・12判タ1249号294頁（日本山妙法寺事件）〔28131498〕）。

### 論点 3　宗教法人の信者がその地位を確認する裁判に、裁判所は審査権を行使することができるか

　宗教法人に入会して信者になる、あるいは脱退して信者をやめることは信教の自由により保障されることには異論がない。また、宗教法人は、誰を信者として入会させ、あるいは入会させないか、又はどの信者を除名するのかについて、信教の自由に含まれる宗教結社の自由、若しくは結社の自由（21条）から、その自律的決定が保障されるといわれる。そうすると、信者の処遇に関する宗教法人の決定に対して、裁判所は審判権を持たないこととなろう。

　下級審は信者が献金や負担金などで宗教団体の財政を支えている構成分子であることと、宗教法人法が信者を利害関係人と同視して扱い特別の地位を認めている（例えば同法23条、25条3項、26条2項）ことを根拠に、信者が宗教法人に

おける宗教上の地位だけでなく法律上の地位も占めると説示し、その地位確認を求める訴訟を法律上の争訟としてきた（高松高判昭和43・2・22高裁民集21巻1号67頁（国分寺事件）〔27622066〕、名古屋高判昭和55・12・18下級民集34巻1=4号209頁（聖心布教会事件）〔27650982〕、大阪高判平成2・12・18判タ748号217頁（七松八幡神社事件）〔27808224〕、東京高判平成5・6・29判タ857号257頁（大和キリスト教会事件）〔27825472〕）。

　ところが最高裁は、上記の下級審のように宗教法人の構成要素及び宗教法人法上の特別な地位から信者の法的地位を承認せず、同法には宗教法人と信者との法律関係を直接明らかにする規定がないので、同法12条1項により宗教法人が規定する規則に信者をどのように位置づけているかによってその地位の性質を決定すると判示した（最三小判平成7・7・18民集49巻7号2717頁（満徳寺事件）〔27827574〕）。最高裁は、宗教法人法の規定から直接信者の地位を推認することはせず、むしろ同法が信者の地位については宗教法人の自律的決定に委ねたとの解釈を示し、その自律的決定を検討することにより同法人内の信者の地位を確定する判断枠組みを示したと理解されている。

## 【参考文献】

大石眞『憲法講義II＜第2版＞』有斐閣（2012年）160頁、田近肇「宗教の公益性と憲法」初宿正典=米沢広一=松井茂記=市川正人=土井真一編『国民主権と法の支配：佐藤幸治先生古稀記念　下巻』成文堂（2008年）349頁、新美育文「生命か信仰か」法学教室248号（2001年）11頁、石原明「エホバの証人と輸血拒否」産大法学32巻2=3号（1998年）39頁註(1)、註(3)、寺前秀一「観光・人流政策風土記(3)関西編」地域政策研究12巻3号（2009年）23頁、全国統一教会被害者家族の会編『自立への苦闘』教文館（2005年）253頁以下、紀藤正樹「宗教被害判例の最近の動向」宗教法25号（2006年）143頁註(10)、棚村政行「宗教の自由と家族」宗教法20号（2001年）270頁、大石眞『憲法と宗教制度』有斐閣（1996年）286頁、野口勇「宗教団体からの脱会強制」宗教法21号（2002年）116－118頁、石村耕治編著『宗教法人法制と税制のあり方』法律文化社（2006年）23頁、野坂泰司「公教育の宗教的中立性と信教の自由」立教法学37号（1992年）1頁、高畑英一郎「エンドースメント・テストと愛媛玉串料訴訟最高裁判決」日本法学66巻3号（2000年）351頁、安念潤司「信教の自由」樋口陽一編『講座憲法学3』日本評論社（1994年）189、197頁、田近肇「砂川政教分離訴訟とその影響」宗教法31号（2012年）142-143頁、大石眞「国有境内地処分問題の憲法史的展望」宗教法31号（2012年）188頁、佐藤幸治

『日本国憲法論』成文堂（2011年）233頁、大石眞=大沢秀介編『判例憲法＜第２版＞』有斐閣（2012年）〔田近肇〕139-140頁、戸波江二「政教分離の法的性格」芦部信喜先生還暦記念論文集刊行会編『憲法訴訟と人権の理論：芦部信喜先生還暦記念』有斐閣（1985年）525頁、林知更「政教分離の構造」高見勝利=岡田信弘=常本照樹編『日本国憲法解釈の再検討』有斐閣（2004年）114頁、宍戸常寿『憲法解釈論の応用と展開』日本評論社（2011年）116頁、「靖国神社公式参拝」ジュリスト臨時増刊848号（1985年）、山本龍彦「『板まんだら判決』再考」法学セミナー678号（2011年）74頁、片井輝雄「法律上の地位の前提たる宗教上の地位と裁判所の審判権」判例タイムズ829号（1994年）4頁、長谷部恭男『憲法＜第５版＞』新世社（2011年）392-393頁、『最高裁時の判例１公法編』ジュリスト増刊（2003年）〔田中豊〕122頁

（高畑英一郎）

## ◆第21条

〔集会、結社及び表現の自由、通信秘密の保護〕
第21条　集会、結社及び言論、出版その他一切の表現の自由は、これを保障する。
②　検閲は、これをしてはならない。通信の秘密は、これを侵してはならない。

【条文の概要】
　本条1項は、集会の自由、結社の自由とともに、言論・出版の自由を含む表現の自由を保障している。これらの自由は、人の外部的な精神活動の自由を保障するものである。本条の2項は、表現の自由に対する規制の一形態である検閲を特に禁止するとともに、コミュニケーション過程の保護に関わるものである通信の秘密を保障している。

〔細目次〕
Ⅰ　表現の自由の意義と範囲
Ⅱ　集会・結社の自由
　1　集会の自由の保障の意義・限界
　2　集会の自由を制限する法令
　3　結社の自由
Ⅲ　言論・出版・その他の表現の自由
　1　不明確な表現規制
　2　表現内容の規制
　3　表現の時、場所、方法の規制
　4　表現行為の主体
　5　取材の自由
Ⅳ　事前抑制・検閲の禁止
Ⅴ　通信の秘密

## Ⅰ　表現の自由の意義と範囲

•••••• 論　点 ••••••
1　表現の自由の保障にはいかなる機能が認められるか
2　表現の自由の保障が及ぶ範囲は、いかなるものか
3　国家による表現活動への補助を止めることが、表現の自由の侵害に当たるか

【関連法令】
行政機関の保有する情報の公開に関する法律、放送法

### 論点 ❶　表現の自由の保障にはいかなる機能が認められるか

　「およそ各人が、自由に、さまざまな意見、知識、情報に接し、これを摂取する機会をもつことは、その者が個人として自己の思想及び人格を形成・発展させ、社会生活の中にこれを反映させていくうえにおいて欠くことのできないものである」るので、表現の自由は、人格の実現ないし自己実現に資する（最大判昭和58・6・22民集37巻5号793頁〔27000042〕）。さらに、表現の自由は、民主主義過程の維持保全にとって不可欠な権利であることも指摘されている。すなわち、「主権が国民に属する民主制国家は、その構成員である国民がおよそ一切の主義主張等を表明するとともにこれらの情報を相互に受領することができ、その中から自由な意思をもって自己が正当と信ずるものを採用することにより多数意見が形成され、かかる過程を通じて国政が決定されることをその存立の基礎としているのであるから、表現の自由、とりわけ、公共的事項に関する表現の自由は、特に重要な憲法上の権利として尊重されなければならないものであり、憲法21条1項の規定は、その核心においてかかる趣旨を含むものと解される」
（最大判昭和61・6・11民集40巻4号872頁（北方ジャーナル事件）〔27100045〕）。最高裁は、こうした意義を有する表現の自由が「民主主義の基礎をなすきわめて重要なもの」（最大判昭和44・10・15刑集23巻10号1239頁〔27760887〕）であることをしばしば認めている。

**論点 ❷　表現の自由の保障が及ぶ範囲は、いかなるものか**

　本条1項が保障する表現の自由は、思想・信条・意見を伝える自由に限られず、事実を伝える自由（報道の自由）をも含んでいる。最高裁は、「報道機関の報道は、民主主義社会において、国民が国政に関与するにつき、重要な判断の資料を提供し、国民の『知る権利』に奉仕するものである」ことを指摘し、「事実の報道の自由は、表現の自由を規定した憲法21条の保障のもとにあることはいうまでもない」、とした（最大決昭和44・11・26刑集23巻11号1490頁〔博多駅テレビフィルム提出命令事件〕〔27760891〕）。

　さらに、最高裁は、新聞紙、図書等の閲読の自由や、情報等に接しこれを摂取する自由が、表現の自由を保障した本条の規定（及び思想及び良心の不可侵を定めた19条の規定）の趣旨、目的から、いわばその派生原理として当然に導かれるとしている（最大判昭和58・6・22民集37巻5号793頁〔27000042〕、最大判平成元・3・8民集43巻2号89頁（レペタ事件）〔27803181〕）。このように、最高裁は、情報受領の自由を表現の自由そのものではないが、本条等から派生的に導かれる憲法上の権利であるとしている。

　また、取材の自由については、当初、最高裁は、本条の保障は「公の福祉に反しない限り、いいたいことはいわせなければならないということである。未だいいたいことの内容も定まらず、これからその内容を作り出すための取材に関しその取材源について（中略）証言拒否の権利までも保障したものとは到底解することができない」と述べ、取材の自由を憲法上の権利として認めないがごときであった（最大判昭和27・8・6刑集6巻8号974頁（石井記者事件）〔27760367〕）。しかし、その後、最高裁は、報道のための「取材活動も認められなければならないことはいうまでもない」とし（最大決昭和33・2・17刑集12巻2号253頁（北海タイムス事件）〔27760603〕）、最終的には、「報道機関の報道が正しい内容をもつためには（中略）報道のための取材の自由も、憲法21条の精神に照らし、十分尊重に値いするものといわなければならない」とするに至った（前掲昭和44年最大決）。最高裁は、取材の自由を表現の自由に含まれるとはしていない（表現の自由に含まれるとする下級審判決として、東京高判昭和51・7・20高裁刑集29巻3号429頁〔27670815〕参照）が、報道の自由の保障のために憲法上の保護が及ぶ権利とと

らえている。なお、最高裁は、法廷でのメモに関わって、「さまざまな意見、知識、情報に接し、これを摂取することを補助するものとしてなされる限り、筆記行為の自由は、憲法21条1項の規定の精神に照らして尊重されるべきであるといわなければならない」としている（前掲平成元年最大判）。

　学説においては、表現の自由を情報の伝達に関する一切の活動の自由ととらえ、主権者である国民が政府が保有している情報を知る権利（政府情報開示請求権）も表現の自由に含まれるという立場が、有力である。それによれば、政府情報開示請求権は、法律による具体化が必要な抽象的権利であり、情報公開法（行政機関の保有する情報の公開に関する法律）は抽象的権利である知る権利を具体化するものであると位置づけられる。最高裁は、情報公開法が本条が保障する知る権利を具体化するものであると述べてはいないが、下級審判決にはそのような立場をとるものもある（大阪高判平成17・7・28平成16年（行コ）99号裁判所HP〔28151580〕、東京地判平成17・12・9平成16年（行ウ）290号裁判所HP〔28131609〕等）。

　現代社会においてはマス・メディアが圧倒的な情報の送り手として君臨しており、一般市民は相対的に情報の受け手としての地位にとどまっているので、市民がマス・メディアを利用して表現行為を行う自由（「マス・メディアへのアクセス権」）を認めることによって、市民を情報の送り手に復権させようという主張がある。それに対して、最高裁は、本条から直接、新聞に批判された者の反論権（無料での反論文掲載請求権）は導かれないとした（最二小判昭和62・4・24民集41巻3号490頁（サンケイ新聞事件）〔27100066〕）。ただ、この判決は、反論権の制度が、新聞を発行している者に「批判的記事、ことに公的事項に関する批判的記事の掲載をちゅうちょさせ、憲法の保障する表現の自由を間接的に侵す危険につながるおそれ」に言及しているが、反論権を認める法律が表現の自由を侵害するものであるかという点には言及していない。なお、放送法4条1項は、真実でない事項の放送について被害者から請求があった場合に、放送事業者に対して訂正放送等を義務づけているが、最高裁は、この規定は、被害者に対して訂正放送等を求める私法上の請求権を付与する趣旨のものではないとしている（最一小判平成16・11・25民集58巻8号2326頁〔28092954〕）。

また、「放送事業者又は制作業者（引用者注：放送事業者が制作に協力を依頼した関係業者）から素材収集のための取材を受けた取材対象者が、取材担当者の言動等によって、当該取材で得られた素材が一定の内容、方法により放送に使用されるものと期待し、あるいは信頼したとしても、その期待や信頼は原則として法的保護の対象とはならない」とされている（最一小判平成20・6・12民集62巻6号1656頁〔28141394〕）。それは、「法律（引用者注：放送法）上、放送事業者がどのような内容の放送をするか、すなわち、どのように番組の編集をするかは、表現の自由の保障の下、公共の福祉の適合性に配慮した放送事業者の自律的判断にゆだねられている」からである。

論点 3　国家による表現活動への補助を止めることが、表現の自由の侵害に当たるか

　この問題に関連する事例として、県立美術館がコラージュ作品を購入し一般展示していたところ、強い批判・抗議を受けて、当該作品の一般展示をやめ、図録を非売品とするとともに、特別観覧許可申請を不許可とし、最終的には、当該作品を売却し、図録を焼却したため、当該作品の作者や特別観覧を申請した者から損害賠償を請求されたという事例がある。この事例において、裁判所は、「表現の自由の保障とは（中略）情報提供の過程においては、情報提供に関わる国民の諸活動が公権力によって妨げられないことを意味し、公権力に対し、国民が自己の有する情報を提供するための作為を求めることができることまで意味しないものと解するのが相当である」から、「芸術家が作品を製作して発表することを公権力によって妨げられることはないが、公権力に対し、芸術家が自己の製作した作品を発表するための作為、たとえば、展覧会での展示、美術館による購入等を求めることはできないといわなければならない」と判示している（富山地判平成10・12・16判タ995号76頁〔28040878〕。控訴審判決である名古屋高金沢支判平成12・2・16判タ1056号188頁〔28052649〕も同旨）。

　それに対して、特別観覧については第1審判決と控訴審判決とで見解が分かれた。すなわち、第1審判決は、本条1項はいわゆる知る権利をも保障しているが、知る権利の、国民が公権力に対して情報の開示を求めるという積極的権

利の側面については、「法令による開示基準の設定と具体的開示請求権の根拠付けがあって初めて、裁判規範性を有するに至る」としたうえで、美術館条例が特別閲覧制度を定めているのは、「県立美術館に収蔵されている作品についての知る権利を具体化する趣旨のものであると解することができる」とした。それに対して、控訴審判決は、第1審判決のような条例が憲法上の知る権利を具体化しているという考え方を否定した（上告を受けた最高裁はほとんど理由を示すことなく上告を棄却している。最二小決平成12・10・27公刊物未登載）。

　他方、市が、市立総合市民交流センター内に設置している女性センターにおいて、「男女共生フェスティバル」を開催し、その一環として女性センター利用登録団体による活動交流パネル展を企画・実施したところ、ある団体の展示物が不適切であるとして撤去したことが争われた事例において、裁判所は、パネル展からの展示物の撤去を、公共施設の管理権行使による表現活動の制限の問題ととらえ、泉佐野市民会館事件判決（最三小判平成7・3・7民集49巻3号687頁〔27826693〕。Ⅱ論点2参照）の基準を適用して撤去を違法であるとしている（大阪地判平成13・1・23判時1755号101頁〔28062109〕）。

　さらに、図書館職員が勝手に図書を廃棄したことを理由に当該図書の著者が国家賠償請求訴訟を提起した事例において、最高裁は、住民に図書館資料を提供するための公的な場である図書館は、「そこで閲覧に供された図書の著作者にとって、その思想、意見等を公衆に伝達する公的な場でもあるということができる」ので、「公立図書館の図書館職員が閲覧に供されている図書を著作者の思想や信条を理由とするなど不公正な取扱いによって廃棄することは、当該著作者が著作物によってその思想、意見等を公衆に伝達する利益を不当に損なうものといわなければならない」としたうえで、「著作者の思想の自由、表現の自由が憲法により保障された基本的人権であることにもかんがみると、公立図書館において、その著作物が閲覧に供されている著作者が有する上記利益は、法的保護に値する人格的利益であると解するのが相当であり、公立図書館の図書館職員である公務員が、図書の廃棄について、基本的な職務上の義務に反し、著作者又は著作物に対する独断的な評価や個人的な好みによって不公正な取扱いをしたときは、当該図書の著作者の上記人格的利益を侵害するものとして国

家賠償法上違法となるというべきである」としている（最一小判平成17・7・14民集59巻6号1569頁〔28101470〕）。

## II　集会・結社の自由

・・・・・・ 論　点 ・・・・・・

1　市民の生命、身体、財産等を侵害する危険のある集会は禁止できるか
2　国や地方公共団体の施設を集会のために利用させることを拒否することは、集会の自由の侵害に当たるか
3　公安条例は集会の自由を侵害するものでないか
4　道路交通法による集団行進・集団示威運動の規制は集会の自由を侵害するものでないか
5　結社の自由の保障はどのようなものか
6　破壊活動防止法による団体規制は結社の自由を侵害するものでないか
7　無差別大量殺人行為を行った団体の規制に関する法律は本条1項に違反しないか

【関連法令】
国民公園管理規則、国有財産法、自治法、道路交通法、徳島市公安条例、成田国際空港の安全確保に関する緊急措置法、新潟県公安条例、破壊活動防止法、広島市暴走族追放条例、無差別大量殺人行為を行った団体の規制に関する法律

## 1　集会の自由の保障の意義・限界

**論点 ❶**　**市民の生命、身体、財産等を侵害する危険のある集会は禁止できるか**

　いわゆる成田新法（新東京国際空港の安全確保に関する緊急措置法、現在の成田国際空港の安全確保に関する緊急措置法）が、運輸大臣（現在は国土交通大臣）は、「多数の暴力主義的破壊活動者の集合の用」等に供され又は供されるおそれがあると認められる建築物等について、当該建築物等の所有者、管理者又は占有者に対して、期限を付して、その用に供することを禁止することができるとしていることについて、最高裁は、集会の「自由に対する制限が必要かつ合理的

なものとして是認されるかどうかは、制限が必要とされる程度と、制限される自由の内容及び性質、これに加えられる具体的制限の態様及び程度等を較量して決めるのが相当である」と述べ、利益衡量論を違憲審査の枠組みとして採用したうえで、本条１項に違反しないとした（最大判平成4・7・1民集46巻5号437頁〔25000011〕）。

確かに、集会が他人の生命、身体、財産を侵害する高いおそれがあり、その危険を回避するため他に手段がないのであれば、その集会の開催を禁止することが認められるべきであろう。しかし、最高裁が単純な利益衡量論を用いた点について、一定の者による集会をあらかじめ禁止することについては、規制の必要最小限度性を厳密に問題とする違憲審査基準を用いてその合憲性を判断すべきであった、という批判がある。最高裁は、妨害活動によって深刻な被害が生ずる可能性があり、また、対応策をとる緊急性があった一方で、暴力主義的破壊活動のための集会が制限されるにすぎないといった事情を踏まえて、単純な利益衡量論によったのではないかと推測されている。

また、最高裁は、「何人も」してはならない行為の１つとして「公共の場所において、当該場所の所有者又は管理者の承諾又は許可を得ないで、公衆に不安又は恐怖を覚えさせるような集又は集会を行うこと」を掲げ、さらに、それが「本市の管理する公共の場所において、特異な服装をし、顔面の全部若しくは一部を覆い隠し、円陣を組み、又は旗を立てる等威勢を示すことにより行われたときは、市長は、当該行為者に対し、当該行為の中止又は当該場所からの退去を命ずることができる」とし、この市長の命令に違反した者は刑罰が科されるとしていた広島市暴走族追放条例の諸規定について、中止・退去命令を発し得る対象は、本来的な意味における暴走族及びその類似集団による集会が、条例所定の場所及び態様で行われている場合に限定されると解釈したうえで、本条１項に違反しないとしている（最三小判平成19・9・18刑集61巻6号601頁〔28135434〕）。「このように限定的に解釈すれば、本条例16条１項１号、17条、19条の規定による規制は、広島市内の公共の場所における暴走族による集会等が公衆の平穏を害してきたこと、規制に係る集会であっても、これを行うことを直ちに犯罪として処罰するのではなく、市長による中止命令等の対象とする

にとどめ、この命令に違反した場合に初めて処罰すべきものとするという事後的かつ段階的規制によっていること等にかんがみると、その弊害を防止しようとする規制目的の正当性、弊害防止手段としての合理性、この規制により得られる利益と失われる利益との均衡の観点に照らし、いまだ憲法21条1項、31条に違反するとまではいえない」というのであった。

### 論点 2　国や地方公共団体の施設を集会のために利用させることを拒否することは、集会の自由の侵害に当たるか

　国や地方公共団体がその設置管理する市民に開かれた施設（地方公共団体の場合は自治法244条のいう「公の施設」）を集会のために利用することを拒否することは、集会の自由の侵害の問題を生ぜしめる。

　まず、最高裁は、メーデーのための皇居前広場使用が不許可となり、その不許可処分の取消しが求められた事例において、メーデーの日が経過したため訴えの利益が喪失したとした原審を支持したが、続けてかっこ書の中で「なお、念のため」として、当該不許可処分が違法でないとの判断を示した（最大判昭和28・12・23民集7巻13号1561頁〔27003243〕）。ただ、そこでは、「厚生大臣が（引用者注：公共の用に供される『公共用財産』（国有財産法3条2項2号）である皇居前広場に対する）管理権の行使として本件不許可処分をした場合でも、管理権に名を藉り、実質上表現の自由又は団体行動権を制限するの目的に出でた場合は勿論、管理権の適正な行使を誤り、ために実質上これらの基本的人権を侵害したと認められうるに至つた場合には、違憲の問題が生じうる」ことは認められている。ただ、「若し本件申請を許可すれば、立入禁止区域をも含めた外苑全域に約50万人が長時間充満することとなり、尨大な人数、長い使用時間からいつて、当然公園自体が著しい損壊を受けることを予想せねばならず、かくて公園の管理保存に著しい支障を蒙むるのみならず、長時間に亘り一般国民の公園としての本来の利用が全く阻害されることになる等を理由としてなされたことが認められ」るので、本件不許可処分は「管理権の適正な運用を誤つたものとは認められないし、また、管理権に名を藉りて実質上表現の自由又は団体行動権を制限することを目的としたものとも認められない」とした。

そこでは、メーデー集会の開催を認めれば「一般国民の公園としての本来の利用が全く阻害されることになる」こと等を理由に不許可処分がなされたのは適法であったとしている。「国民が同公園に集合しその広場を利用することは、一応同公園が公共の用に供せられている目的に副う使用の範囲内のことであ」るのに対して、「国民一般の散策、休息、観賞及び観光に供し、その休養慰楽、厚生に資」することこそが、公園の本来の利用と解されているようである。それゆえ、特に集会の自由が問題となっているということが重視されておらず、その結果、集会の自由に対する事前抑制であること、しかも、「国民公園内において、集会を催し又は示威行進を行おうとする者は、厚生大臣の許可を受けなければならない」とする国民公園管理規則4条に何ら許可基準が定められていないことが深刻に受け止められなかった。

しかし、最高裁は、後年、集会開催のために市民会館の使用許可を申請したところ、会館条例が使用を許可してはならない事由とする「公の秩序をみだすおそれがある場合」等に当たるとして不許可処分を受けたことが争われた泉佐野市民会館事件の判決において、集会の自由の重要性を踏まえ、前出の成田新法事件判決の単純な利益衡量論を一歩進めた（最三小判平成7・3・7民集49巻3号687頁〔27826693〕）。

まず、判決は、地方公共団体の公の施設として集会の用に供する施設が設けられている場合、「管理者が正当な理由なくその利用を拒否するときは、憲法の保障する集会の自由の不当な制限につながるおそれが生ずることになる」という観点から、集会の用に供される公共施設の管理者は、施設をその集会のために利用させることによって、他の基本的人権が侵害され、公共の福祉が損なわれる危険がある場合には、その利用を拒否することができるが、「制限が必要かつ合理的なものとして肯認されるかどうかは、基本的には、基本的人権としての集会の自由の重要性と、当該集会が開かれることによって侵害されることのある他の基本的人権の内容や侵害の発生の危険性の程度等を較量して決せられるべきものである」として、利益衡量論をとる。さらに、薬事法距離制限規定違憲判決（最大判昭和50・4・30民集29巻4号572頁〔27000373〕）を引いて、「このような較量をするに当たっては、集会の自由の制約は、基本的人権のうち精神

的自由を制約するものであるから、経済的自由の制約における以上に厳格な基準の下にされなければならない」として、本件条例が会館の使用を許可してはならない事由として規定している「公の秩序をみだすおそれがある場合」とは、「右のような趣旨からして、本件会館における集会の自由を保障することの重要性よりも、本件会館で集会が開かれることによって、人の生命、身体又は財産が侵害され、公共の安全が損なわれる危険を回避し、防止することの必要性が優越する場合をいうものと限定して解すべきであり、その危険性の程度としては（中略）単に危険な事態を生ずる蓋然性があるというだけでは足りず、明らかな差し迫った危険の発生が具体的に予見されることが必要であると解するのが相当である」と述べている。

このように、ここでは、公共施設の利用拒否による集会の自由の制限につき、利益衡量論に立ちつつ、集会の自由の重要性の認識から、利益衡量の基準として「明らかな差し迫った危険の発生の具体的な予見」――「明白かつ現在の危険」と同旨であろう――の存在を要求するという「2段階の判断基準」をとっている。

さらに、この判決は、「主催者が集会を平穏に行おうとしているのに、その集会の目的や主催者の思想、信条に反対する他のグループ等がこれを実力で阻止し、妨害しようとして紛争を起こすおそれがあることを理由に公の施設の利用を拒むことは、憲法21条の趣旨に反するところである」と、アメリカの判例のいうところの「敵意ある聴衆（hostile audience）の法理」を明確に採用している。敵意ある聴衆の法理は、これまで多くの下級審判決・決定において採用されており（大阪地決昭和63・9・14判夕684号187頁〔27803070〕、岡山地決平成2・2・19判夕730号74頁〔27806794〕、京都地決平成2・2・20判夕737号97頁〔27807270〕等）、最高裁も本判決においてそれを支持したのである。最高裁は、本判決の翌年、別の小法廷でこの敵意ある聴衆の法理を採用した（最二小判平成8・3・15民集50巻3号549頁〔28010411〕）。

以上、集会の用に供することが予定されている公共施設の集会のための利用についての判例をみてきた。他方、本来的に集会の場でないような公共施設であれば、国や地方公共団体にそこでの集会を認めるか否かについて広い裁量が

認められるであろう。例えば、県の庁舎での集団行動、集会を規制する県庁舎管理規則の規定は、労働組合等の行う集団行動も県庁舎の正常な管理に不当な支障を来すものでない限りこれを許容する趣旨と認められ、かつ、やむを得ない規制であるから、本条等に違反するものでない（東京高判昭和48・5・8高裁刑集26巻2号237頁〔27670692〕）。

　しかし、最高裁は、教職員組合が教育研究集会の会場として市立中学校の学校施設を使用することを不許可とした市教育委員会の処分が争われた事例において、学校施設の目的外使用を許可するか否かは、原則として、管理者の裁量に委ねられているとしつつ、「その裁量権の行使が逸脱濫用に当たるか否かの司法審査においては、その判断が裁量権の行使としてされたことを前提とした上で、その判断要素の選択や判断過程に合理性を欠くところがないかを検討し、その判断が、重要な事実の基礎を欠くか、又は社会通念に照らし著しく妥当性を欠くものと認められる場合に限って、裁量権の逸脱又は濫用として違法となるとすべきものと解するのが相当である」という判断基準の下で、不許可処分を違法であるとした（最三小判平成18・2・7民集60巻2号401頁〔28110353〕）。この判決においては集会の自由や本条への言及がないが、本来的に集会の用に供することが予定されている公共施設でなくても、それを集会のために利用させるかが管理者の恣意に委ねられてはならないとし、一定の司法審査を加えている点で注目される。

## 2　集会の自由を制限する法令

**論点 3**　公安条例は集会の自由を侵害するものでないか

　集団行進、集団示威運動（デモ行進）を行う自由は、「動く集会」として集会の自由、あるいは、「その他一切の表現の自由」に含まれ、本条によって保障されていると解されている。しかし、集団行進、集団示威運動といった集団行動は、公安条例の下で公安委員会の許可あるいは公安委員会への届出が要求されている。

　公安条例について初めて最高裁としての判断を示したのが、新潟県公安条例についての大法廷判決である（最大判昭和29・11・24刑集8巻11号1866頁〔27660396〕）。この判決は、公安条例の合憲性について、まず、①「行列行進又は公衆の集団示威運動（中略）は（中略）本来国民の自由とするところであるから、条例においてこれらの行動につき単なる届出制を定めることは格別、そうでなく一般的な許可制を定めてこれを事前に抑制することは、憲法の趣旨に反し許されない」とする。

　次に、この判決は、②「公共の秩序を保持し、又は公共の福祉が著しく侵されることを防止するため、特定の場所又は方法につき、合理的かつ明確な基準の下に、予め許可を受けしめ、又は届出をなさしめてこのような場合にはこれを禁止することができる旨の規定を条例に設け」ることは許されるとしており、ここには、表現の内容規制と内容中立的な時、場所、方法の規制の区別論、明確性の要件（Ⅲ1論点1参照）に連なるものがある。さらにまた、判決は、③「公共の安全に対し明らかな差迫つた危険を及ぼすことが予見されるときは、これを許可せず又は禁止することができる旨の規定を設けることも」許されるとしており、「明白かつ現在の危険」の基準が意識されている。

　このように本判決は、「公共の福祉」論全盛期において、最小限度の人権制約であるか否かを具体的に問題としようとする異色の判決であったが、それだけに下級審判決の中には、同判決の基準に依拠しつつ、公安条例を違憲とするものも現れた（東京地判昭和33・5・6刑集20巻3号68頁〔27660571〕、東京地判昭和34・8・

8刑集14巻9号1281頁〔27660660〕)。それに対して、最高裁は、東京都公安条例事件判決（最大判昭和35・7・20刑集14巻9号1243頁〔27681063〕）において、集団行動の危険性を強調する「集団行動＝潜在的暴徒」論に立って、実質上、新潟県公安条例事件判決の一般的基準を覆した。まず、この判決は、「集団行動による思想等の表現は（中略）現在する多数人の集合体自体の力、つまり潜在する一種の物理的力によつて支持されていることを特徴とする」が、こうした潜在的な力は「きわめて容易に動員され得る性質のもの」であり、「平穏静粛な集団であつても、時に昂奮、激昂の渦中に巻きこまれ、甚だしい場合には一瞬にして暴徒と化（引用者注：す）（中略）危険が存在する」と集団行動の性格を描いている（「集団行動＝潜在的暴徒」論）。そこから、地方公共団体が「公安条例」をもって不測の事態に備え、法と秩序を維持するに必要かつ最小限度の措置を事前に講ずることはやむを得ないとし、規制が「必要かつ最小限度」か否かを厳密に問題にはしない立場をとって、都条例を合憲とした。

　そこでは、都条例が「道路その他公共の場所」で集団行進を行おうとする場合、「場所のいかんを問わず」集団示威運動を行おうとする場合に、公安委員会の許可を要求している点につき、集団行動が行われ得るような場所をある程度包括的に掲げ、又はその行われる場所のいかんを問わないものとすることはやむを得ないと、場所の特定性の要件（前記の基準②）を廃棄している。また、判決は、「公共の安寧を保持する上に直接危険を及ぼすと明らかに認められる場合」という条例の不許可事由をやむを得ないものとしており、「公共の安全に対し明らかな差迫つた危険を及ぼすことが予見されるとき」とまで限定されている必要性は認識していない（前記の基準③の廃棄）。

　この東京都公安条例事件判決後、多くの下級審判決は、公安条例を正面から本条に違反するとすることなく（なお公安条例を違憲であるとした下級審判決として、京都地判昭和42・2・23下級刑集9巻2号141頁〔27661238〕)、公安条例が本条に違反しないことを前提に、条例の文言が不明確な点が31条に違反するとの明確性の要件、集会が開かれた場所が条例上許可が必要な「屋外の公共の場所」に当たらないとする限定解釈、当該無届けデモ行進は可罰的違法性を欠くとする可罰的違法性論といった論理によって公安条例違反の処罰範囲を限定しようとした

が、そのほとんどは最高裁によって認められることなく終わった。例えば、最高裁は、31条は刑罰法規が明確に定められていることを要求しているとしつつ、「交通秩序を維持すること」という、「抽象的であるとのそしりを免れない」徳島市公安条例の文言が31条に違反しないとした（最大判昭和50・9・10刑集29巻8号489頁〔27670784〕）。また、可罰的違法性論も最高裁によって否定されている（最二小判昭和50・10・24刑集29巻9号860頁〔27681998〕）。

なお、条件付許可処分に関する都公安委員会の運用が「総括的にみて手続及び内容において著しく取締の便宜に傾斜し、憲法の保障する集団行動としての表現の自由を事前に抑制するものとして最少限度の域を超えて」いるので、「かかる運用の一環として流出したともいうべき本件条件付許可処分は憲法第21条に違反」するとした下級審判決もあった（東京地判昭和42・5・10下級刑集9巻5号638頁〔27661261〕）が、控訴審において、「司法裁判所の違憲審査権は、一定の事件性（中略）を前提として、これに適用される特定の法令或は具体的処分が合憲か違憲かを判断すべきものであつて、法令の運用一般或はその運用の実態を憲法判断の対象とすべきではな」いとして、そうした「運用」違憲の手法が否定されている（東京高判昭和48・1・16刑裁月報5巻1号1頁〔27661643〕）。

### 論点 4　道路交通法による集団行進・集団示威運動の規制は集会の自由を侵害するものでないか

「一般交通に著しい影響を及ぼすような行為」で、公安委員会が定めたものをしようとする者は、所轄警察署長の許可を得なければならないと定める道路交通法77条1項4号を受けて、集団行進・集団示威運動が公安委員会規則によって要許可行為に指定されている。そして、警察署長は、「当該申請に係る行為が現に交通の妨害となるおそれがないと認められるとき」、「当該申請に係る行為が許可に付された条件に従つて行なわれることにより交通の妨害となるおそれがなくなると認められるとき」等には、許可をしなければならない（道路交通法77条2項）。最高裁は、この道路交通法による集団行動の許可制につき合憲限定解釈を加えている（最三小判昭和57・11・16刑集36巻11号908頁〔27662610〕）。

判決は、道路交通法「77条2項の規定は、道路使用の許可に関する明確かつ

合理的な基準を掲げて道路における集団行進が不許可とされる場合を厳格に制限しており、これによれば、道路における集団行進に対し同条1項の規定による許可が与えられない場合は、当該集団行進の予想される規模、態様、コース、時刻などに照らし、これが行われることにより一般交通の用に供せられるべき道路の機能を著しく害するものと認められ、しかも、同条3項の規定に基づき警察署長が条件を付与することによつても、かかる事態の発生を阻止することができないと予測される場合に限られる」との法律解釈を示している。そのうえで、「道路における危険を防止し、その他交通の安全と円滑を図り、及び道路の交通に起因する障害の防止に資する」という目的（道路交通法1条）の下に、道路における集団行進に対し右の程度の規制をする道路交通法77条1項4号は、表現の自由に対する公共の福祉による必要かつ合理的な制限として憲法上是認されるべきものであるとした。

## 3 結社の自由

**論点 5** 結社の自由の保障はどのようなものか

「結社」は、特定の多数人が共通の目的をもって継続的に結合することを意味し、継続的な結合である点で一時的な集合である「集会」と異なる。通説は、政治、経済、宗教、芸術、学術、社交などどのような目的のものでも本条1項の「結社」に当たるとしているが、広い意味での表現目的のものに限られるという説もある。

結社の自由は、第1に、個人が団体の結成・不結成、団体への加入・不加入、団体の構成員であることの継続・脱退について公権力から干渉を受けないことを意味する。このように結社の自由は消極的な結社の自由を含むので、一定の職業について職業団体（弁護士会、司法書士会、税理士会等）に加入することを義務づけられていること（強制加入団体）の合憲性が問題となる。最高裁は、弁護士の弁護士会加入強制制度（とその下での弁護士会による弁護士懲戒制度）につきほとんど理由を述べることなく、公共の福祉のため必要なものであるとして22条1項に違反しないとした（最一小判平成4・7・9判タ804号82頁〔27814244〕）。

結社の自由は、第2に、結社が団体としての意思を形成し、その意思実現のための活動について公権力による干渉を受けないことを意味する。しかし、団体の構成員の思想・良心の自由、表現の自由と団体の結社の自由とが衝突する場合には、裁判所により団体の種類・性格を踏まえて両者の調整がなされなければならない。

**論点 6** 破壊活動防止法による団体規制は結社の自由を侵害するものでないか

結社の自由も公共の福祉による制約に服するが、最も問題となるのが破壊活動防止法（以下、「破防法」という）による破壊的団体の規制である。破防法は、暴力主義的破壊活動（同法4条1項）を行った破壊的団体の団体活動の規制（団体活動の制限と解散の指定）につき定めている。まず、公安審査委員会は、「団

体の活動として暴力主義的破壊活動を行つた団体に対して、当該団体が継続又は反覆して将来さらに団体の活動として暴力主義的破壊活動を行う明らかなおそれがあると認めるに足りる十分な理由があるとき」、6か月以内の期間で、集団示威運動・集団行進・公開の集会の禁止、機関誌紙の印刷・頒布の禁止等を命ずることができる（同法5条1項）。さらに、公安審査委員会は、団体の活動として暴力主義的破壊活動を行った団体が「継続又は反覆して将来さらに団体の活動として暴力主義的破壊活動を行う明らかなおそれがあると認めるに足りる十分な理由があり、且つ、第5条第1項の処分によつては、そのおそれを有効に除去することができないと認められるとき」に、当該団体に対して解散の指定を行うことができる（同法7条）。

　サリン事件を引き起こしたオウム真理教に対して、公安調査庁長官が、破防法の解散指定をするよう公安審査委員会に請求したが、公安審査委員会は、解散指定の要件を満たさないとして請求を認めなかった。その他、これまで破防法に基づき団体活動の制限や解散指定処分がなされたことはない。それゆえ、破防法による団体規制が裁判によって争われることもなく、裁判所の判断は示されていない。

### 論点 7　無差別大量殺人行為を行った団体の規制に関する法律は本条1項に違反しないか

　平成11年に、オウム真理教を念頭に、法律の施行前10年間の間にその役職員又は構成員が当該団体の活動として無差別大量殺人行為を行った団体に対する観察処分（役職員と構成員の氏名・住所等や、当該団体の活動の用に供されている土地・建物・資産等の報告、立入検査）、一定の犯罪行為を行おうとしているときなどの再発防止処分（土地・建物の利用禁止、財産上の利益を受けることの禁止等）を規定した「無差別大量殺人行為を行った団体の規制に関する法律」が制定された。そして、同法に基づきオウム真理教（その後継団体とそこから分裂してつくられた団体）が3年間の観察処分の対象とされ、3年ごとに更新されてきている。

　この法律は、「当該無差別大量殺人行為の首謀者が当該団体の活動に影響力を有している」（同法5条1項1号）、「当該団体に無差別大量殺人行為に及ぶ危

険性があると認めるに足りる事実がある」(同項5号) といった場合だけでなく、「当該無差別大量殺人行為に関与した者の (中略) 一部が当該団体の (中略) 構成員である」(同項2号)、「当該無差別大量殺人行為が行われた時に当該団体の役員 (中略) であった者の (中略) 一部が当該団体の役員である」(同項3号) といった場合にも、観察処分の対象としうるとしており、オウム真理教の系譜を引く団体が永久に対象とされうる定めとなっている。しかし、観察処分が一般構成員の氏名・住所の報告をも求めるなど結社の自由、信教の自由に対する重大な制約を伴うものである以上、このような対象の要件には問題がある。

　これに対して、下級審判決は、観察処分の対象となる団体の要件についての定めを、「当該団体が再び無差別大量殺人行為の準備行為を開始するという具体的な危険が存在すること」を要求する趣旨の規定と解釈して運用する限りで、観察処分は信教の自由、プライバシー及び住居の平穏に関する憲法上の保障に反するものではないとするもの (東京地判平成13・6・13訟務月報48巻12号2916頁〔28062000〕) と、そのような限定解釈をするまでもなく、公共の福祉の観点からの必要かつ合理的な範囲内のものであり、同法は本条、21条に違反するとはいえないとするもの (東京地判平成16・10・29訟務月報51巻11号2921頁〔28092907〕) とに分かれている。

## III 言論・出版・その他の表現の自由

•••••• 論　点 ••••••

1　不明確な表現の自由規制立法は本条1項に違反しないか
2　違法行為の扇動の処罰は本条1項に違反しないか
3　わいせつ表現の禁止は本条1項に違反しないか
4　児童ポルノの禁止は本条1項に違反しないか
5　青少年保護条例による「有害図書」の規制は本条1項に違反しないか
6　どのような場合に名誉毀損の責任を問うことができるか
7　真実であると信じたことに相当の理由がある場合とはどのような場合か
8　いわゆる公正論評の法理は採用されているか
9　インターネット上の名誉毀損については異なった名誉毀損法理を採用すべきか
10　私生活の公表はどこまで保障されるか
11　営利的言論には表現の自由の保障が及ぶか、また、及ぶとして非営利的言論と同程度の保障が及ぶか
12　道路における街頭演説、ビラ配布等の規制は憲法上許されるか
13　ビラの戸別配布を住居侵入等の罪に問うことは憲法に違反しないか
14　屋外広告物条例によるビラ貼り規制は憲法上許されるか
15　軽犯罪法によるビラ貼り規制は憲法上許されるか
16　公選法による選挙運動の規制は憲法に違反しないか
17　選挙運動としての戸別訪問の禁止は憲法に違反しないか
18　公選法による選挙に関する報道・評論の規制は憲法に違反しないか
19　国公法による国家公務員の「政治的行為」の禁止・処罰は憲法に違反しないか
20　裁判官の「政治運動」を禁止する裁判所法の規定は憲法に違反しないか
21　取材の自由は国家に対する取材行為の積極的な保障の要求を含むか
22　法廷での取材活動としての写真撮影は認められなければならないか
23　取材行為として国家公務員に対し秘密漏えいをそそのかすことを処罰できるか
24　新聞記者等は取材源を秘匿することができるか
25　取材資料の提出強制や押収を拒否することが認められるか

【関連法令】
「あん摩師、はり師、きゅう師及び柔道整復師法」、屋外広告物条例、屋外広告物法、関税定率法、刑事訴訟規則、軽犯罪法、刑法35、130、175、230条、230条の2、公選法、国公法、裁判所法、「児童買春、児童ポルノに係る行為等の処罰及び児童の保護等に関する法律」、食糧緊急措置令、人事院規則14-7、鉄道営業法、道路交通取締法、民事訴訟規則、民法709条

## 1 不明確な表現規制

**論点 ①** 不明確な表現の自由規制立法は本条1項に違反しないか

　何が禁止される表現行為であるか法令から明らかにならなければ、自己の行おうとする表現行為が禁止対象でないとの確信を持てない者が、刑罰などの不利益を受けることを恐れて表現行為を自粛してしまう可能性が高い（規制の萎縮的効果［chilling effect］）。それゆえ、一般に、表現の自由を規制する法令は何が禁止される表現行為であるかを明確に示していなければならないと解されている（明確性の要件ないし漠然性のゆえに無効の法理）。

　最高裁は、徳島市公安条例事件判決（最大判昭和50・9・10刑集29巻8号489頁〔27670784〕）において、刑罰法規一般の明確性の要請（31条）を認めていたが、表現行為規制法令の明確性の要請についても、税関検査事件判決（最大判昭和59・12・12民集38巻12号1308頁〔21080910〕）において、「法律をもつて表現の自由を規制するについては、基準の広汎、不明確の故に当該規制が本来憲法上許容されるべき表現にまで及ぼされて表現の自由が不当に制限されるという結果を招くことがないように配慮する必要があり、事前規制的なものについては特に然りというべきである」と認めている。また、同判決は、「法律の解釈、特にその規定の文言を限定して解釈する場合においても、その要請は異なるところがな」く、「表現の自由を規制する法律の規定について限定解釈をすることが許されるのは、その解釈により、規制の対象となるものとそうでないものとが明確に区別され、かつ、合憲的に規制し得るもののみが規制の対象となることが明らかにされる場合でなければならず、また、一般国民の理解において、具体

的場合に当該表現物が規制の対象となるかどうかの判断を可能ならしめるような基準をその規定から読みとることができるものでなければならない」と述べ、表現の自由を規制する法律に合憲限定解釈を施すことに限界があることを明らかにしている。

　もっとも、税関検査事件判決は、関税定率法21条1項3号（現在の関税法69条の11第1項7号）が輸入できないと定める「風俗を害すべき」書籍、図画等について、意味内容がその文言自体から直ちに一義的に明らかであるとはいえないとしつつ、わいせつな表現物を意味すると限定解釈を行い、このように限定解釈をすれば不明確ではないとした。それに対して、伊藤正己裁判官ら4裁判官の反対意見は、表現の自由「を規制する法律の規定についての限定解釈には他の場合よりも厳しい枠があるべきであり、規制の目的、文理及び他の条規との関係から合理的に導き出し得る限定解釈のみが許される」とし、「風俗を害すべき書籍、図画」等をわいせつ表現物に限るとする解釈は、こうした限界を超えるものというべきであると批判している。

## 2　表現内容の規制

**論点 ②　違法行為の扇動の処罰は本条1項に違反しないか**

　扇動罪は、実際に扇動された行為がなされたか否かにかかわらず、扇動された行為がなされる危険を理由に処罰するものである（独立教唆犯）から、政治理論の表明や政府の政策批判までもが処罰される危険がある。それゆえ、扇動処罰は、表現の自由の保障と鋭い緊張関係に立つものである。

　しかし、最高裁は、早い時期に、主要食糧を政府に売り渡さないことの扇動を処罰する食糧緊急措置令の規定につき、「現今における貧困なる食糧事情の下に国家が国民全体の主要食糧を確保するために制定した食糧管理法所期の目的の遂行を期するために定められたる同法の規定に基く命令による主要食糧の政府に対する売渡に関し、これを為さゞることを煽動するが如きは、（中略）政府の政策を批判し、その失政を攻撃するに止るものではなく、国民として負担する法律上の重要な義務の不履行を慫慂し、公共の福祉を害するものである」から、「かゝる所為は、新憲法の保障する言論の自由の限界を逸脱し、社会生活において道義的に責むべきものであるから、これを犯罪として処罰する法規は新憲法第21条の条規に反するものではない」としていた（最大判昭和24・5・18刑集3巻6号839頁〔27680028〕）。さらに、納税義務者又は特別徴収義務者のなすべき税金の徴収若しくは納入金を納付しないこと等を扇動した者を処罰する旧地方税法の規定につき同旨の判断を示すものとして、最大判昭和37・2・21刑集16巻2号107頁〔21015861〕）。

　それに対して、下級審では、社会公共の利益に対する「明白かつ現在の危険」がなければ、破壊活動防止法上の扇動処罰規定によって処罰できないとするものもあった（京都地判昭和31・12・27判時112号1頁〔27680798〕、岐阜地判昭和34・1・27下級刑集1巻1号140頁〔27680954〕、東京地判昭和39・5・30下級刑集6巻5=6号694頁〔27681265〕）。また、扇動罪を抽象的危険犯としつつ、「唱道が差し迫った違法な行為をせん動または引き起こすことに向けられており、かつ、かかる行為を実際にせん動または引き起こす見込みのある場合」にのみ扇動を処罰しうる、とするブランデンバーグ判

決の基準と接合しようとするものとして、東京高判昭和62・3・16高裁刑集40巻1号11頁〔27803949〕）。

しかし、最高裁は、扇動が「特定の行為を実行させる目的をもって、文書若しくは図画又は言動により、人に対し、その行為を実行する決意を生ぜしめ又は既に生じている決意を助長させるような勢のある刺激を与えること」（破壊活動防止法4条2項）を意味することを前提に、破壊活動防止法39、40条（政治目的による現住建造物等放火罪、騒擾罪（当時）等の扇動の処罰）につき、「せん動は、公共の安全を脅かす現住建造物等放火罪、騒擾罪等の重大犯罪をひき起こす可能性のある社会的に危険な行為であるから、公共の福祉に反し、表現の自由の保護を受けるに値しないものとして、制限を受けるのはやむを得ない」としており、犯罪が引き起こされ公共の利益が害される「明白かつ現在の危険」の存在を要求していない（最二小判平成2・9・28刑集44巻6号463頁〔27809319〕）。

**論点 ❸　わいせつ表現の禁止は本条1項に違反しないか**

刑法175条は「わいせつな文書、図画、電磁的記録に係る記録媒体その他の物」の頒布、公然陳列、有償で頒布する目的での所持を処罰すると規定している。「頒布」とは不特定又は多数人に対し無償で交付することを、「公然陳列」とは不特定又は多数の人がみることができる状態におくことを意味するとされており、結局、わいせつ表現物の公表はほぼ全面的に禁止されている。

このように公表が禁圧されるわいせつ表現物とは、「徒らに性欲を興奮又は刺激せしめ、且つ普通人の正常な性的羞恥心を害し、善良な性的道義観念に反するもの」であるという（最大判昭和32・3・13刑集11巻3号997頁（「チャタレー夫人の恋人」事件）〔27760577〕等）。そして、ある表現物がこの定義に該当しわいせつであるか否かは、社会通念に従って判断される。しかし、こうしたかなり抽象的な定義や社会通念による判断というだけでは、具体的な場合に何がわいせつであるか明らかであるとはいえない。

そこで、最高裁も、「悪徳の栄え」事件判決（最大判昭和44・10・15刑集23巻10号1239頁〔27760887〕）を経て、「四畳半襖の下張」事件判決（最二小判昭和55・11・28刑集34巻6号433頁〔27761136〕）でわいせつの判断基準を明確化している。すなわ

ち、「文書のわいせつ性の判断にあたつては、当該文書の性に関する露骨で詳細な描写叙述の程度とその手法、右描写叙述の文書全体に占める比重、文書に表現された思想等と右描写叙述との関連性、文書の構成や展開、さらには芸術性・思想性等による性的刺激の緩和の程度、これらの観点から該文書を全体としてみたときに、主として、読者の好色的興味にうつたえるものと認められるか否かなどの諸点を検討することが必要であり、これらの事情を総合し、その時代の健全な社会通念に照らして、それが『徒らに性欲を興奮又は刺激せしめ、かつ、普通人の正常な性的羞恥心を害し、善良な性的道義観念に反するもの』（中略）といえるか否かを決すべきである」とされている。

　そこでは、まず第1に、表現物の露骨で詳細な性描写がなされている部分だけを取り出しわいせつ性を判定するのではなく、表現物が全体としてわいせつ性を有するか否かを検討する全体的考察方法がとられている。第2に、文書のわいせつ性と芸術性・思想性とは別とされ、「当該文書のわいせつ性はその芸術性・思想性との関連で相対的に判断されるべきである」という相対的わいせつ概念（「悪徳の栄え」事件判決の田中二郎裁判官の反対意見、横田正俊裁判官の意見などがとる立場）はとられておらず、「表現物のもつわいせつ性によって侵害される法益と芸術的・思想的表現物としてもつ公益性とを比較衡量してわいせつ罪の成否を決する」といった利益衡量論（「悪徳の栄え」事件判決の岩田誠裁判官の意見・奥野健一裁判官の反対意見・色川幸太郎裁判官の反対意見の立場）も拒否されている。しかし、表現物が芸術性・思想性を有するために、性的に露骨で詳細な部分の性的刺激が緩和されてわいせつ性を有さなくなる場合があることは、認められている。

　このように最高裁は、「わいせつ表現」を限定する方向に向かっているが、なおハード・コア・ポルノとはいえない写真誌がわいせつ表現に該当するとし、そう解しても本条に違反しないとしている（最三小判昭和58・3・8刑集37巻2号15頁〔27761179〕）。それでも、最近、最高裁は、男性性器を直接的、具体的に写し、これを画面の中央に目立つように配置した写真20枚を含む著名な芸術家の写真集の「風俗を害すべき」書籍、図画等該当性（＝わいせつ性）を否定するに至った（最三小判平成20・2・19民集62巻2号445頁〔28140566〕。この写真集収録の写真の

うち5点と同一の写真を掲載した写真集について、最高裁は、「風俗を害すべき書籍、図画」等に該当するとしていた。最三小判平成11・2・23裁判集民191号313頁〔28040414〕）。

最高裁は、「猥褻文書は（中略）人間の性に関する良心を麻痺させ、理性による制限を度外視し、奔放、無制限に振舞い、性道徳、性秩序を無視することを誘発する危険を包蔵している」とする立場から、わいせつ表現処罰を「性的秩序を守り、最少限度の性道徳を維持する」という公共の福祉のための表現活動の規制であり、本条に違反しないとしている（前掲昭和32年最大判（「チャタレー夫人の恋人」事件）。前掲昭和44年最大判（「悪徳の栄え」事件）は、「性生活に関する秩序および健全な風俗を維持するため」とするが、同旨であろう）。

**論点 4　児童ポルノの禁止は本条1項に違反しないか**

児童買春、児童ポルノに係る行為等の処罰及び児童の保護等に関する法律（以下、「児童買春・児童ポルノ処罰法」という）は、児童ポルノの提供、提供目的での児童ポルノの製造、所持、運搬、輸入、輸出等を処罰している（同法7条）。この児童ポルノとは、写真、ビデオテープその他の物であって、①児童（18歳に満たない者）を相手方とする又は児童による性交・性交類似行為に係る児童の姿態を視覚により認識することができる方法により描写したもの、②他人が児童の性器等を触る行為又は児童が他人の性器等を触る行為に係る児童の姿態であって、性欲を興奮させ又は刺激するものを視覚により認識することができる方法により描写したもの、③衣服の全部又は一部を着けない児童の姿態であって、性欲を興奮させ又は刺激するものを視覚により認識することができる方法により描写したもの、のいずれかに該当するものと定義されている（同法2条3項）。

最高裁は、理由を具体的に述べることなく、児童ポルノである当該ビデオテープにつき、（平成16年改正前の）児童買春・児童ポルノ処罰法7条2項（頒布・販売等の目的での児童ポルノの製造、所持等の処罰）を適用することが本条に違反するものでないことは、税関検査合憲判決（最大判昭和59・12・12民集38巻12号1308頁〔21080910〕）と福岡県青少年保護育成条例事件判決（最大判昭和60・10・23刑集39巻6号413頁〔27803700〕）の趣旨に徴して明らかであるとしている（最二

小判平成14・6・17平成12年(あ)1769号公判物未登載〔28085071〕)。

**論点 5**　青少年保護条例による「有害図書」の規制は本条1項に違反しないか

　「わいせつ」に至らない性表現であっても、青少年保護のために「有害図書」として規制される場合がある。都道府県の青少年保護育成条例は、有害図書、すなわち、知事によって「著しく性的感情を刺激し、又は著しく残忍性を助長する」ものと指定された文書、写真集、ビデオ等（個別指定による有害図書）や、「特に卑わいな姿態若しくは性行為を被写体とした写真」が紙面の半分以上を占める文書等（包括指定による有害図書）を青少年（18歳未満の者）に頒布販売することや自動販売機に収納することを禁じている。

　最高裁は、「本条例の定めるような有害図書が一般に思慮分別の未熟な青少年の性に関する価値観に悪い影響を及ぼし、性的な逸脱行為や残虐な行為を容認する風潮の助長につながるものであつて、青少年の健全な育成に有害であることは、既に社会共通の認識になつている」として、有害図書規制の必要性を認め、また、個別指定がなされるまでに当該図書の販売をすませるといった脱法的行為に有効に対処するためには包括指定方式が必要かつ合理的であるとして、包括指定制度は本条1項に違反しないとした（最三小判平成元・9・19刑集43巻8号785頁（岐阜県青少年保護育成条例事件）〔27807170〕)。それに対して、同判決の伊藤正己裁判官の補足意見は、青少年保護のために青少年の知る自由（情報受領権）に制限を加える場合には、表現の自由を制約する法令について違憲かどうかを判断するための基準が、成人の場合とは異なり、多少とも緩和した形で適用されるとの立場から、有害図書が青少年の非行を誘発するなどの害悪を生ぜしめることについて科学的な証明がなくても合憲性は認められるとしている。

　また、最高裁は、監視センターにおける操作により、客が18歳未満でないことを監視して確認できる自動販売機も、有害図書の収納が禁止される「自動販売機」に含まれるとしたうえで、監視機能付販売機は「自動販売機」に該当するのであるから、当該機器に有害図書収納禁止規制を適用しても本条1項等に違反しないことは明らか、としている（最二小判平成21・3・9刑集63巻3号27頁（福

島県青少年健全育成条例事件判決）〔28155301〕）。

**論点 ❻** どのような場合に名誉毀損の責任を問うことができるか

　名誉毀損（ある人について一定の事実を公表することによってその人の社会的評価を低下させること）は犯罪として刑事責任を問われる（刑法230条）とともに、不法行為（民法709条）として民事責任を問われる。名誉権（社会的評価をみだりに低下させられない権利）は人格権の1つであり、その根拠は究極的には個人としての尊重、幸福追求権につき定める13条に求めることができる。そこで、最高裁は、名誉を毀損する表現は、「言論の自由の乱用であつて、憲法の保障する言論の自由の範囲内に属するものと認めることができない」としている（最大判昭和31・7・4民集10巻7号785頁〔27002906〕、最一小判昭和33・4・10刑集12巻5号830頁〔27760609〕）。しかし、ある人物（あるいは団体）に関する事実の公表は表現の自由の行使であるので、そうした事実の公表による社会的評価の低下に対して常に刑事責任、民事責任を追及できるわけではなく、表現の自由と名誉権との調整が必要となる。そこで、刑法230条の2は、表現の自由と名誉権との調整を図る趣旨から、①公共の利害に関する事実を②専ら公益目的で公表した場合には、③その事実が真実だと証明できれば、名誉毀損罪は成立しない、と定めている（同条1項）。

　最高裁は、この刑法230条の2の趣旨が不法行為としての名誉毀損についても妥当するとする（最一小判昭和41・6・23民集20巻5号1118頁〔27001181〕等）だけでなく、さらに、同条項を緩やかに適用するなどして、表現の自由により有利に名誉権との調整を図ってきている。まず、最高裁は、私人の私生活上の行状であっても、その携わる社会的活動の性質及びこれを通じて社会に及ぼす影響力の程度などのいかんによっては「公共の利害に関する事実」といえる場合があるとしている（最一小判昭和56・4・16刑集35巻3号84頁（「月刊ペン」事件）〔27761143〕）。第2に、刑法230条の2第1項の文言は「その目的が専ら公益を図ることにあった」となっているが、主たる動機が公益を図るためであればよいと解されている。第3に、刑法230条の2第1項が挙げる第3の要件である公表された事実の真実性の証明についても、主要な部分又は重要な部分につい

ての証明で足りるとしている（最一小判昭和58・10・20裁判集民140号177頁〔27490415〕、最一小判平成元・12・21民集43巻12号2252頁〔27805393〕等）ばかりか、前記①②を満たす場合には、「摘示された事実が（中略）真実であることが証明されなくても、その行為者においてその事実を真実と信ずるについて相当の理由があるときには」、故意若しくは過失を欠き不法行為は成立せず、また、刑事責任も追及されないという、いわゆる「相当性の理論」をとっている（前掲昭和41年最一小判、最大判昭和44・6・25刑集23巻7号975頁（「夕刊和歌山時事」事件）〔24004915〕）。

アメリカでは、公職者の職務行為ないし公人の公的な行為についての事実の公表に関しては、原告（被害者）が、表現者に「現実的悪意」（actual malice）があったこと（当該事実が虚偽であると知っていたか、虚偽かどうかに全く関心を払わなかったこと）を証明しなければならないとされている（現実的悪意の法理）。我が国でも、政治家、公職者に関する報道についてはこうした、表現の自由にきわめて有利な法理を採用すべきとの意見もあるが、この法理を名誉毀損の一般的な免責要件として正面から採用した判決はない。もっとも、政党を批判する意見広告が名誉毀損に該当するかに関わって、政党の政策や政治的姿勢に対する論争批判等について現実的悪意の法理と同様の考え方を示している地裁決定がある（東京地決昭和49・5・14判タ308号108頁〔27424951〕）。

## 論点 7　真実であると信じたことに相当の理由がある場合とはどのような場合か

「相当性の理論」は、比較的厳しく適用されている。犯罪報道の場合、基本的に警察の正式の発表に依拠している場合には——その発表内容が不合理であるような場合を除き——真実であると信じたことに相当の理由があったといえるが、個々の警察官への取材に基づくだけでは不十分であり、さらに被疑者やその家族、弁護人などへの裏付け取材が必要であると解されている（最一小判昭和47・11・16民集26巻9号1633頁〔27000529〕、最一小判昭55・10・30裁判集民131号89頁〔27423565〕）。また、警察発表に基づく場合でも、マス・メディアがそれに脚色を加えたり、憶測を交えたり、警察発表以上に断定的に報道したりすれば、

その限りで裏付け取材が必要とされる（東京高判昭和46・9・22判時646号47頁〔27422544〕、大阪高判昭和60・6・12判タ561号85頁〔27425947〕）。

　地方紙の多くは通信社から配信された記事に基づき紙面を作成することが多いが、最高裁は、通信社から配信されたことをもっては相当の理由があるとはいえないとしており、いわゆる配信サービスの抗弁を否定している（最三小判平成14・1・29民集56巻1号185頁〔28070232〕、最二小判平成14・3・8裁判所時報1311号1頁〔28070494〕）。しかし、通信社が配信記事の摘示事実を真実と信ずるについて相当の理由があれば、配信記事を掲載した新聞社は、少なくとも通信社と報道主体としての一体性があるといえる場合には、特段の事情のない限り、名誉毀損の責任を負わないとされている（最一小判平成23・4・28民集65巻3号1499頁〔28171663〕）。

## 論点 8　いわゆる公正論評の法理は採用されているか

　ある人（団体）について事実が公表される場合には、当該事実についての論評が伴うのが普通である。こうした論評による社会的な評価の低下について、英米法においては、意見が公正であれば責任を負わないとする「公正論評（fair comment）の法理」という名誉毀損免責法理がある。我が国においても、最高裁は、公正論評の法理を我が国の判例法理と接合するような形で採用している（最三小判平成9・9・9民集51巻8号3804頁〔28021760〕）。この判決は、まず、「ある事実を基礎としての意見ないし論評の表明による名誉毀損にあっては、その行為が公共の利害に関する事実に係り、かつ、その目的が専ら公益を図ることにあった場合に、右意見ないし論評の前提としている事実が重要な部分について真実であることの証明があったときには、人身攻撃に及ぶなど意見ないし論評としての域を逸脱したものでない限り、右行為は違法性を欠くものというべきである」とする。そのうえで、「仮に右意見ないし論評の前提としている事実が真実であることの証明がないときにも、事実を摘示しての名誉毀損における場合と対比すると、行為者において右事実を真実と信ずるについて相当の理由があれば、その故意又は過失は否定されると解するのが相当である」としたのであった。

論評なのか事実の公表なのかの判断には難しいところがあるが、最高裁は、新聞記事中の名誉毀損的な部分がその語のみからすれば意見ないし論評の表明のように思えても、当該部分の前後の文脈や、記事の公表当時に一般の読者が有していた知識・経験等を考慮した結果、当該部分が間接的にあるいは黙示的に一定の事実を主張するものと理解される場合には事実の摘示に当たる、としている（前掲平成9年最三小判、最二小判平成10・1・30裁判集民187号1頁〔28030501〕）。

**論点 9** インターネット上の名誉毀損については異なった名誉毀損法理を採用すべきか

サイバースペースにおいては、「思想の自由市場」論、対抗言論の原則が機能しやすい側面もあるので、名誉毀損法理の適用に当たってはそうした特性を踏まえた慎重な配慮が必要ではないか、が問題となる。この点につき、個人がインターネット上に自己が開設したホームページにおいて、ある会社につきカルト教団と関係があるなどと記載し、その名誉を毀損したとして起訴された事例において、東京地裁は、インターネット上での名誉毀損的表現について通常の名誉毀損の免責要件が適用されないと判示した（東京地判平成20・2・29刑集64巻2号59頁〔28145402〕）。この判決は、「インターネット上での表現行為の被害者は、名誉毀損的表現行為を知り得る状況にあれば、インターネットを利用できる環境と能力がある限り、容易に加害者に対して反論することができる」ことなどを指摘し、「加害者が、摘示した事実が真実でないことを知りながら発信したか、あるいは、インターネットの個人利用者に対して要求される水準を満たす調査を行わず真実かどうか確かめないで発信したといえるときにはじめて同罪（引用者注：名誉毀損罪）に問擬するのが相当」であるとした。

これに対して、最高裁は、インターネット上に載せた情報は、不特定多数のインターネット利用者が瞬時に閲覧可能であり、これによる名誉毀損の被害は時として深刻なものとなり得ること、一度損なわれた名誉の回復は容易ではなく、インターネット上での反論によって十分にその回復が図られる保証があるわけでもないことなどを考慮して、インターネットの個人利用者による表現行為の場合においても、他の場合と同様に相当性の理論が妥当すると解するのが

相当であって、より緩やかな要件で同罪の成立を否定すべきものとは解されない、とした（最一小決平成22・3・15刑集64巻2号1頁〔28166369〕）。

### 論点 10　私生活の公表はどこまで保障されるか

　プライバシーの権利は、我が国ではまず、「私生活をみだりに公開されないという法的保障ないし権利」として定着したが、こうした意味でのプライバシーの権利の受容に大きく寄与したのが、三島由紀夫によるモデル小説である「宴のあと」がプライバシー侵害として争われた事件についての東京地裁判決（東京地判昭和39・9・28下級民集15巻9号2317頁〔27421273〕）である。同判決は、プライバシー侵害が不法行為として救済を受けることができるためには、「公開された内容が(イ)私生活上の事実または私生活上の事実らしく受け取られるおそれのあることがらであること、(ロ)一般人の感受性を基準にして当該私人の立場に立つた場合公開を欲しないであろうと認められることがらであること、換言すれば一般人の感覚を基準として公開されることによつて心理的な負担、不安を覚えるであろうと認められることがらであること、(ハ)一般の人々に未だ知られていないことがらであることを必要とし、このような公開によつて当該私人が実際に不快、不安の念を覚えたことを必要とする」とした。

　ただ、私生活の公表も表現活動としてなされるのであるから、プライバシーの権利と表現の自由との調整がなされなければならない。この点、同判決は、「元来、言論、表現等の自由の保障とプライバシーの保障とは一般的にはいずれが優先するという性質のものではなく、言論、表現等は他の法益すなわち名誉、信用などを侵害しないかぎりでその自由が保障されているものである。このことはプライバシーとの関係でも同様である」としつつ、「公共の秩序、利害に直接関係のある事柄の場合とか社会的に著名な存在である場合には、ことがらの公的性格から一定の合理的な限界内で私生活の側面でも報道、論評等が許されるにとどまり、たとえ報道の対象が公人、公職の候補者であつても、無差別、無制限に私生活を公開することが許されるわけではない」とした。

　刑事被告人であり有罪判決を受けたという事実は、裁判の当時は広く知られていても時の経過によって忘れられることも多い。最高裁は、プライバシーと

いう言葉は用いていないものの、そうした前科に関わる事実を公表されないことにつき、法的保護に値する利益を有する（最三小判昭和56・4・14民集35巻3号620頁〔27000139〕）としているが、「ある者の前科等にかかわる事実は、他面、それが刑事事件ないし刑事裁判という社会一般の関心あるいは批判の対象となるべき事項にかかわるものであるから、事件それ自体を公表することに歴史的又は社会的な意義が認められるような場合には、事件の当事者についても、その実名を明らかにすることが許されないとはいえない」という（最三小判平成6・2・8民集48巻2号149頁（「逆転」事件）〔27817761〕）。そこで、「ある者の前科等にかかわる事実を実名を使用して著作物で公表したことが不法行為を構成するか否かは、その者のその後の生活状況のみならず、事件それ自体の歴史的又は社会的な意義、その当事者の重要性、その者の社会的活動及びその影響力について、その著作物の目的、性格等に照らした実名使用の意義及び必要性をも併せて判断すべきもので、その結果、前科等にかかわる事実を公表されない法的利益が優越するとされる場合には、その公表によって被った精神的苦痛の賠償を求めることができるものといわなければならない」（前掲平成6年最三小判（「逆転」事件））。

### 論点 ⑪ 営利的言論には表現の自由の保障が及ぶか、また、及ぶとして非営利的言論と同程度の保障が及ぶか

商業広告（営利的言論）については、多くの法律において虚偽広告・誇大広告・誤解させるような広告が禁止されたり、必要的広告事項が定められたりしているだけでなく、場合によっては、基本的に広告を禁止し、特定内容の広告しか認められていないが、営利的言論が表現の自由によって保障されるか否か、保障されるとして他の表現と同等の保障を受けるか否かにつき争いがある。

この点、最高裁は、旧あん摩師、はり師、きゆう師及び柔道整復師法における広告原則禁止について、特に説明することなく商業広告が表現の自由の保障を受けることを前提としつつ、当該規制がなされているのは、もし広告を「無制限に許容するときは、患者を吸引しようとするためややもすれば虚偽誇大に流れ、一般大衆を惑わす虞があり、その結果適時適切な医療を受ける機会を失

わせるような結果を招来することをおそれたためであつて、このような弊害を未然に防止するため一定事項以外の広告を禁止することは、国民の保健衛生上の見地から、公共の福祉を維持するためやむをえない措置として是認されなければならない」のであるから、本条に違反しないとした（最大判昭和36・2・15刑集15巻2号347頁〔27681102〕）。当該法律はきゅうの適応症についての正確な広告であっても禁止していたが、この判決は、そうした正確な広告まで禁止することが必要なのか説明しておらず、かなり緩やかな合憲性の審査をし合憲の判断を示したものである。

　同判決は、営利的言論に表現の自由の保障が及ぶか否か、及ぶとして他の表現と同等の保障を受けるか否かについて明言していない。それに対して、垂水克己裁判官の補足意見は、営利的言論は、表現の自由の保障は受けず、経済的自由の対象となるとし、他方、奥野健一裁判官の少数意見は営利的言論にも他の表現と同等の保障が及ぶとしている。

## 3　表現の時、場所、方法の規制

**論点 ⑫**　道路における街頭演説、ビラ配布等の規制は憲法上許されるか

　道路交通法77条1項は、「道路に人が集まり一般交通に著しい影響を及ぼすような行為で、公安委員会が（中略）道路における危険を防止し、その他交通の安全と円滑を図るため必要と認めて定めたもの」を行おうとする者は、所轄警察署長の許可を得なければならないと規定しており、公安委員会規則によって道路における演説やビラ配布、デモ行進が要許可行為として指定されている。しかし、演説やビラ配布は、伝統的に広く用いられてきた安価で簡便な表現手段であり、とりわけ、マス・メディアを利用する財力のない人たちにとってきわめて効果的な表現手段であるし、また、道路は、広く公共の場として開かれており、表現活動に開かれた場（パブリック・フォーラム）でもある。こうした見地からすれば、道路における演説やビラ配布の規制は、交通安全維持などのために必要最小限度のものでなければならないであろう。

　しかし、最高裁は、「道路において演説その他の方法により人寄せをすることは、場合によっては道路交通の妨害となり、延いて、道路交通上の危険の発生、その他公共の安全を害するおそれがないでもないから」、旧道路交通取締法の下で街頭演説を警察署長の許可にかからしめることは本条に違反しないとした（最一小判昭和35・3・3刑集14巻3号253頁〔27681046〕）。

　この最高裁判決には、表現の自由の制約は必要最小限度でなければならないという姿勢が全くみられないが、それに対して、道路における無許可でのビラ配布が道路交通法77条1項違反に問われた有楽町駅前事件において、東京地裁は、ビラ配布に表現の自由の保障が及ぶことに配慮して、公安委員会規則が要許可行為としている「物を交付すること」を、「交通のひんぱんな道路において」、「一般交通に著しい影響を及ぼすような形態若しくは方法により物を交付すること」と限定して解釈した（東京地判昭和40・1・23下級刑集7巻1号76頁〔27661084〕）。

駅構内でのビラ配布が、「鉄道係員ノ許諾ヲ受ケスシテ（中略）鉄道地内ニ於テ旅客又ハ公衆ニ対シ（中略）物品ヲ配付シ其ノ他演説勧誘等ノ所為ヲ為シタル者」を科料に処するという鉄道営業法35条等に違反したとして起訴された事例において、最高裁は、表現の自由の行使であっても「その手段が他人の財産権、管理権を不当に害するごときものは許されない」として、鉄道営業法35条の適用の合憲性を簡単に認めた（最三小判昭和59・12・18刑集38巻12号3026頁〔27490428〕）。ここでは、駅長が有する駅の財産管理権が一方的に優位に扱われている。それに対して、同判決の伊藤正己裁判官の補足意見は、パブリック・フォーラム論をとり、「鉄道地」であっても「例えば駅前広場のごときは、その具体的状況によつてはパブリック・フオーラムたる性質を強くもつことがありうるのであり、このような場合に、そこでのビラ配布を同条違反として処罰することは、憲法に反する疑いが強い」と、場所の性格を考慮して表現の自由と財産権・管理権との調整を行うべきとしている。

### 論点 ⑬ ビラの戸別配布を住居侵入等の罪に問うことは憲法に違反しないか

最近、マンションやアパートといった集合住宅の共用部分（玄関、階段、廊下等）へのビラ戸別配布のための立入りが住居侵入等の罪（刑法130条）に問われる事例が出てきている。最高裁は、公務員宿舎の共用部分へのビラ戸別配布のための立入りについて刑法130条適用の違憲性を否定した（最二小判平成20・4・11刑集62巻5号1217頁〔立川テント村事件〕〔28145272〕）。すなわち、「たとえ表現の自由の行使のためとはいっても、このような場所（引用者注：防衛庁の職員及びその家族が私的生活を営む場所である集合住宅の共用部分及びその敷地であり、自衛隊・防衛庁当局がそのような場所として管理していたもの）に管理権者の意思に反して立ち入ることは、管理権者の管理権を侵害するのみならず、そこで私的生活を営む者の私生活の平穏を侵害するものといわざるを得ない」ので、「本件被告人らの行為をもって刑法130条前段の罪に問うことは、憲法21条1項に違反するものではない」というのである（同旨・最二小判平成21・11・30刑集63巻9号1765頁〔28155926〕）。

ビラの戸別配布は、確実にビラを渡すことができるという点で、道路でのビラ配布に比べて効果的な表現手段であるが、最高裁は、「本件では、表現そのものを処罰することの憲法適合性が問われているのではなく、表現の手段すなわちビラの配布のために『人の看守する邸宅』に管理権者の承諾なく立ち入ったことを処罰することの憲法適合性が問われている」として合憲判断を導いており、ビラ戸別配布という表現手段の特性、重要性を特に問題にしてはいない。

### 論点 14 屋外広告物条例によるビラ貼り規制は憲法上許されるか

　ビラ貼りは、何人でも利用できる大衆的な表現手段の1つであるが、少額の費用で「長時間にわたり広範囲の公衆の視覚に訴えることができ、労力、時間及び伝達しうる範囲即ち広報効果、の諸点において（引用者注：他の大衆的表現手段である）街頭演説、ビラ配り等に比し優れている」（枚方簡判昭和43・10・9下級刑集10巻10号981頁〔27670485〕）。しかし、ビラ貼りは、美観保持等のための屋外広告物法とその委任を受けた屋外広告物条例による規制（許可制、一定の地域・物件についての屋外広告物掲示禁止等）による規制を受けている。

　最高裁は、電柱へのビラ貼りをほぼ全面的に禁止していた大阪市屋外広告物条例が争われた事例において、「国民の文化的生活の向上を目途とする憲法の下においては、都市の美観風致を維持することは、公共の福祉を保持する所以であるから、この程度の規制は、公共の福祉のため、表現の自由に対し許された必要且つ合理的な制限と解することができる」として、簡単に屋外広告物条例の合憲性を認めている（最大判昭和43・12・18刑集22巻13号1549頁〔27670489〕）。

　しかし、電柱へのビラ貼りを地域やビラの形状、貼付の状況等にかかわらずすべて禁止することが街の美観を維持するうえで必要不可欠であるといえるか疑問がある。そこで、屋外広告物条例が本条に違反しないとしても、その適用に当たって必要最小限度を超える規制となる場合には適用違憲となるのではないかが問題となる。この点、最高裁も、屋外広告物条例の適用が違憲となる場合がありうることは認めているが、特に理由を説明することなく、適用の合憲性を認めている（最一小判昭和61・3・6裁判集刑242号249頁〔28202161〕、最三小判昭和62・3・3刑集41巻2号15頁（大分県屋外広告物条例事件判決）〔27803947〕、最二小判平成

4・6・15刑集46巻4号289頁〔24006256〕)。ただ、これらの判決は、「本条例は法令として違憲無効ではないことから、直ちにその構成要件に該当する行為にそれを適用しても違憲の問題を生ずること(引用者注：は)な」い(大分県屋外広告物条例事件判決の伊藤正己裁判官の補足意見)としているにすぎないようである。

　これに対して、大分県屋外広告物条例事件判決の伊藤補足意見は、「それぞれの事案の具体的な事情に照らし、広告物の貼付されている場所がどのような性質をもつものであるか、周囲がどのような状況であるか、貼付された広告物の数量・形状や、掲出のしかた等を総合的に考慮し、その地域の美観風致の侵害の程度と掲出された広告物にあらわれた表現のもつ価値とを比較衡量した結果、表現の価値の有する利益が美観風致の維持の利益に優越すると判断されるときに、本条例の定める刑事罰を科することは、適用において違憲となるのを免れないというべきである」とし、比較衡量の要素を具体的に示し、場合によっては適用違憲となることを具体的に示している。なお、下級審判決の中には、可罰的違法性論を用いて、当該事案の具体的事情に照らしての比較衡量によって被告人をビラ貼りに対する処罰から解放しようとするものもあった(高知簡判昭和42・9・29刑集4巻24号209頁〔27670432〕、高松高判昭和43・4・30高裁刑集21巻2号207頁〔27670460〕、堺簡判昭和62・5・20刑集46巻4号334頁〔24006257〕等)が、多くの下級審判決はこうした手法を否定している(大阪高判平成元・5・24刑集46巻4号347頁〔24006258〕、高松高判昭和44・3・28刑集24巻4号214頁〔27670502〕、大阪高判昭和49・5・17刑裁月報6巻5号549頁〔27682737〕)。

## 論点 15　軽犯罪法によるビラ貼り規制は憲法上許されるか

　ビラ貼りは、「みだりに他人の家屋その他の工作物にはり札をし」た者を拘留又は科料に処するという軽犯罪法1条33号前段による規制をも受けているが、最高裁は、「たとい思想を外部に発表するための手段であつても、その手段が他人の財産権、管理権を不当に害するごときものは、もとより許されないところである」から、「この程度の規制は、公共の福祉のため、表現の自由に対し許された必要かつ合理的な制限であって、右法条を憲法21条1項に違反するものということはでき」ない、とした(最大判昭和45・6・17刑集24巻6号280頁

〔27681679〕)。

　この最高裁判決は、軽犯罪法１条33号前段にいう「『みだりに』とは、他人の家屋その他の工作物にはり札をするにつき、社会通念上正当な理由があると認められない場合を指称するものと解するのが相当であ」るとしている。問題は、「他人の家屋その他の工作物にはり札をするにつき、社会通念上正当な理由があると認められない場合」とは何かであるが、多くの下級審判決は、工作物の所有者・管理者の許諾を得ていない場合が社会通念上正当な理由があると認められない場合に当たるという立場をとっている（東京高判昭和24・7・29高裁刑集2巻1号53頁〔27941130〕、東京高判昭和44・7・31高裁刑集22巻4号504頁〔27760877〕等参照）。しかし、下級審判決の中には、より表現の自由を重視して、「行為者の意識又は意図した行為の動機及び目的と、行為の手段、方法、態様、場所柄及び之によつて生じた公益又は私益の侵害度とを比較考量し、これら各般の事項を併せ観察して、それら各個の積極的ないし消極的価値の総合計において、わが民主主義憲法下の法治国として許容できない程度の消極的価値が明らかになつた場合において初めて」社会通念上是認しうる理由がないといえる、とするものもある（大森簡判昭和42・3・31下級刑集9巻3号366頁〔27940841〕。同旨のものとして高松高判昭和43・4・30高裁刑集21巻2号207頁〔27670460〕等参照）。

### 論点 16　公選法による選挙運動の規制は憲法に違反しないか

　公選法は、選挙運動の方法について厳密な細かな規制を加えている。選挙運動とは、「特定の選挙の施行が予測せられ或は確定的となつた場合、特定の人がその選挙に立候補することが確定して居るときは固より、その立候補が予測せられるときにおいても、その選挙につきその人に当選を得しめるため投票を得若くは得しめる目的を以つて、直接または間接に必要かつ有利な周旋、勧誘若くは誘導その他諸般の行為をなすこと」をいうものであるとされる（最三小決昭和38・10・22刑集17巻9号1755頁〔27760746〕）が、公選法は、例えば、選挙運動ができる期間を限定し、演説会や、頒布や掲示できる文書、ポスターを限定し（同法142、243条）、戸別訪問を禁止しており（同法138条1項）、さらに、選挙運動に用いることができる拡声機の数まで指定している。こうした公選法による

選挙運動に対する厳しい規制について、最高裁は一貫して合憲であるとの立場をとってきている。

まず、選挙運動ができる期間を選挙の候補者（又は候補者名簿）の届出のあった告示日から投票日前日までとし、事前運動を禁止する公選法129条につき、最高裁は、「公職の選挙につき、常時選挙運動を行なうことを許容するときは、その間、不当、無用な競争を招き、これが規制困難による不正行為の発生等により選挙の公正を害するにいたるおそれがあるのみならず、徒らに経費や労力がかさみ、経済力の差による不公平が生ずる結果となり、ひいては選挙の腐敗をも招来するおそれがあ」り、「このような弊害を防止して、選挙の公正を確保するためには、選挙運動の期間を長期に亘らない相当の期間に限定し、かつ、その始期を一定して、各候補者が能うかぎり同一の条件の下に選挙運動に従事し得こととする必要がある」ので、「選挙が公正に行なわれることを保障することは、公共の福祉を維持する所以であるから、選挙運動をすることができる期間を規制し事前運動を禁止することは、憲法の保障する表現の自由に対し許された必要かつ合理的な制限であるということができる」とした（最大判昭和44・4・23刑集23巻4号235頁〔27760868〕）。この大法廷判決は、その後の多くの最高裁小法廷判決において引用されている（最二小判昭和62・1・30裁判集刑245号495頁〔28202198〕、最三小判昭和63・2・23裁判集刑248号313頁〔28202234〕、最三小判平成14・9・10判タ1104号147頁〔28075744〕等）。

さらに、公選法は、選挙運動のために配布できる文書を選挙の種類ごとに定め（同法142条）、また、選挙運動のために掲示できる文書を細かく定め（同法143条）、それ以外の文書の配布、掲示を禁止している。さらに、そうした法定外文書の配布・掲示の禁止を免れる行為も禁止している（同法146条）。最高裁は、こうした法定外文書の配布・掲示の禁止について、「公職の選挙につき文書図画の無制限の頒布、掲示を認めるときは、選挙運動に不当の競争を招き、これが為、却つて選挙の自由公正を害し、その公明を保持し難い結果を来たすおそれがあると認めて、かかる弊害を防止する為、選挙運動期間中を限り、文書図画の頒布、掲示につき一定の規制をしたのであつて、この程度の規制は、公共の福祉のため、憲法上許された必要且つ合理的の制限と解することができ

る」として、簡単に公選法142、143、146条の合憲性を認めている（最大判昭和30・4・6刑集9巻4号819頁（法定外文書規制合憲判決）〔27760517〕）。ここでは、文書図画の無制限の頒布、掲示を認めた場合の弊害は述べられているものの、「一定の規制」は許されるのだから「この程度の規制」は「必要且つ合理的な制限」として許されるというだけで、問題の規制がどうして許される程度のものか、選挙の自由公正の保持にとってどの程度必要かは述べられていない。これに対して、公選法142条が本条1項に違反するとの下級審判決もある（長野地佐久支判昭和44・4・18判タ234号別冊32頁〔27760867〕）が、最高裁は昭和30年の大法廷判決を引用して公選法142、143、146条の合憲性を認め続けてきている（最大判昭和39・11・18刑集18巻9号561頁（法定外文書規制合憲判決）〔27760772〕、最大判昭和44・4・23刑集23巻4号235頁〔27760868〕、最三小判昭和57・3・23刑集36巻3号339頁〔27761160〕、最二小判平成7・7・7裁判集刑266号117頁〔28211153〕、最一小判平成14・9・9判タ1104号145頁〔28075743〕等）。

## 論点 17　選挙運動としての戸別訪問の禁止は憲法に違反しないか

　最高裁は、初期の判決において、選挙運動としての戸別訪問は「種々の弊害を伴う」ために禁止されているのであり、「憲法21条は絶対無制限の言論の自由を保障しているのではなく、公共の福祉のためにその時、所、方法等につき合理的制限のおのずから存することは、これを容認するものと考うべきであるから、選挙の公正を期するために戸別訪問を禁止した結果として、言論自由の制限をもたらすことがあるとしても、これ等の禁止規定を（中略）憲法に違反するものということはできない」と、選挙運動としての戸別訪問を禁止していた当時の衆議院議員選挙法98条の合憲性を簡単に認めている（最大判昭和25・9・27刑集4巻9号1799頁（戸別訪問禁止合憲判決）〔27760236〕）。しかし、戸別訪問に伴うとされる「種々の弊害」の中身は具体的に述べられておらず、戸別訪問がどのように選挙の公正を害するのか、戸別訪問を禁止することが選挙の公正を確保するのにどの程度必要なのかについては、全く述べられていない。この判決は、このように戸別訪問禁止の合憲性を十分説明しているものとは言い難いが、その後も先例として扱われてきた（最二小判昭和40・4・16刑集19巻3号154頁

〔24004465〕、最三小判昭和43・11・26刑集22巻12号1380頁〔24004844〕、最大判昭和44・4・23刑集23巻4号235頁〔27760868〕、最三小判昭和56・7・21刑集35巻5号568頁〔27761147〕等）。

　最高裁は、戸別訪問の禁止の目的について、戸別訪問が買収、利害誘導等の温床になりやすく、選挙人の生活の平穏を害するほか、これが放任されれば、候補者側も訪問回数等を競う煩に耐えられなくなるうえに多額の出費を余儀なくされ、投票も情実に支配されやすくなるなどの弊害を防止し、もって選挙の自由と公正を確保することを目的としている、と説明している（最二小判昭和43・11・1刑集22巻12号1319頁〔24004833〕、最二小判昭和56・6・15刑集35巻4号205頁〔27761145〕）。しかし、戸別訪問が買収などの弊害を生む危険があるとしても、そうした弊害が常に生ずるわけではない。そこで、戸別訪問によって買収、威迫、利害誘導などの重大な害悪を生ずる明白かつ現在の危険がある場合にのみ、戸別訪問罪の規定は合憲的に適用できるとの下級審判決もあった（東京地判昭和42・3・27判タ206号200頁〔27760816〕）が、最高裁は、公選法138条1項は「選挙に関し、同条所定の目的をもつて戸別訪問をすることを全面的に禁止しているのであつて、戸別訪問のうち、選挙人に対する買収、威迫、利益誘導等、選挙の公正を害する実質的違反行為を伴い、またはこのような害悪の生ずる明白にして現在の危険があると認められるもののみを禁止しているのではないと解すべきである」としつつ、同条は合憲であるとしている（最三小判昭和42・11・21刑集21巻9号1245頁〔27760834〕）。

　このように選挙運動のための戸別訪問が重大な弊害を生ぜしめる危険性のいかんにかかわらずすべて禁止・処罰されるのであれば、当然、それが不必要な規制なのではないか問題となる。実際、下級審判決の中には、戸別訪問を禁止する公選法138条1項は本条1項に違反するとしているものもある（妙寺簡判昭和43・3・12判時512号76頁〔27760845〕、松江地出雲支判昭和54・1・24刑集35巻4号405頁〔27761095〕、福岡地柳川支判昭和54・9・7刑集37巻9号1488頁〔27761110〕、盛岡地遠野支判昭和55・3・25判時962号130頁〔27761122〕、広島高松江支判昭和55・4・28刑集35巻4号418頁〔27761125〕）。

　それに対して、最高裁において戸別訪問禁止を正当化する新たな論理が模索

されている。まず、前掲昭和56年最二小判は、戸別訪問の禁止を「意見表明そのものの制約を目的とするものではなく、意見表明の手段方法のもたらす弊害（中略）を防止し、もつて選挙の自由と公正を確保することを目的としている」としたうえで、こうした「意見表明の手段方法を制限する立法について憲法21条との適合性に関する判断を示した」猿払事件判決（最大判昭和49・11・6刑集28巻9号393頁〔27670762〕）の判断基準（Ⅲ 4 参照）を用いて、合憲性を認めている。この判決と同じ論法を明示的にとる最高裁判決はないが、この判決はその後の多くの判決によって参照されている（最一小判昭和58・11・10刑集37巻9号1368頁〔24005924〕、最二小判昭和59・1・20刑集38巻1号1頁〔27761194〕、最一小判平成14・9・9判タ1104号145頁〔28075743〕、最三小判平成14・9・10判タ1104号147頁〔28075744〕）。

さらに、伊藤正己裁判官はいくつかの判決の補足意見（前掲昭和56年最三小判、最三小判昭和59・2・21刑集38巻3号387頁〔27761196〕、最三小判昭和60・11・12裁判集刑241号79頁〔27761222〕。さらに、法定外文書規制に関する最三小判昭和57・3・23刑集36巻3号339頁〔27761160〕）において、「選挙のルール」論を提示している。伊藤裁判官によれば、各候補者は選挙の公正を確保するために定められたルールに従って選挙運動をするのであって、このルールの内容をどのようなものとするかについては「選挙に関する事項」（47条）として立法政策に委ねられている範囲が広い。国会の定める選挙のルールは「合理的とは考えられないような特段の事情のない限り」各候補者の守るべきものとして尊重されなければならない、という。

なお、公選法138条2項は、「選挙運動のため、戸別に、演説会の開催若しくは演説を行うことについて告知をする行為又は特定の候補者の氏名若しくは政党その他の政治団体の名称を言いあるく行為」を同条1項において禁止される選挙運動のための戸別訪問に該当するものとみなしているが、この同法138条2項及びその適用についても、最高裁は本条1項に違反しないとしている（前掲昭和58年最一小判、前掲昭和59年最二小判、最二小判平成7・7・7裁判集刑266号117頁〔28211153〕）。

**論点 ⑱** 公選法による選挙に関する報道・評論の規制は憲法に違反しないか

　公選法は、選挙に関する報道・評論についても規制を加えている。まず、同法148条2項は、新聞紙又は雑誌の販売を業とする者は、選挙に関する報道・評論をする新聞紙又は雑誌を、「通常の方法」でのみ頒布することができるとしているが、最高裁は、「選挙の公正を期するに必要な限度において、新聞紙又は雑誌を選挙運動に使用する方法を規制するに過ぎない」ので、本条に違反するものではないとしている（最大判昭和30・2・16刑集9巻2号305頁（事前運動禁止合憲判決）〔27760504〕）。

　同条項は、「通常の方法」にかっこ書を付し、「選挙運動の期間中及選挙の当日において、定期購読者以外の者に対して頒布する新聞紙又は雑誌については、有償でする場合に限る」とし、無償配布を禁止している。そのため、通常定期購読者に対してのみ有償頒布し、その他の者に対しては無償頒布している新聞紙は、無償配布が通常の方法であるのに、それが認められないことになる。この点につき、後掲の最一小判昭和54・12・20刑集33巻7号1074頁〔27761114〕を引いて、「たとえ無償頒布であつてもその掲載記事の内容、頒布の方法、数量のいかんにより選挙の公正が害されるおそれがないと認められるときはその違法性を阻却されると解すべきであ」るとしつつ、「そう解する以上右かつこ書は選挙の適正公平を確保しようという合理的理由に基づく表現の自由に対する必要最小限の制限であるから、憲法21条に違反しないというべきである」とした下級審判決がある（大阪高判昭和60・4・5刑裁月報17巻3=4号65頁〔27761217〕）。

　同法148条3項は、「新聞紙にあつては毎月3回以上、雑誌にあつては毎月1回以上、号を逐つて定期に有償頒布するものであること」（1号イ）などといった、選挙に関する報道・評論が認められる「新聞紙又は雑誌」の要件を定めている。同条項の要件を満たさない新聞紙・雑誌が選挙に関して報道・評論をした場合には、新聞紙・雑誌の編集を実際に担当した者や新聞紙・雑誌の経営を担当した者に刑罰が科される（同法235条の2第2号）。これに対して、最高裁は、「いわゆる選挙目当ての新聞紙・雑誌が選挙の公正を害し特定の候補者と結びつく弊害を除去するためやむをえず設けられた規定であつて（中略）、公正な

選挙を確保するために脱法行為を防止する趣旨のものである」という同法148条３項の「立法の趣旨・目的からすると、同項に関する罰則規定である同法235条の２第２号のいう選挙に関する『報道又は評論』とは、当該選挙に関する一切の報道・評論を指すのではなく、特定の候補者の得票について有利又は不利に働くおそれがある報道・評論をいうものと解するのが相当である」との限定解釈をした。さらに、刑法35条を挙げ、「右規定の構成要件に形式的に該当する場合であつても、もしその新聞紙・雑誌が真に公正な報道・評論を掲載したものであれば、その行為の違法性が阻却されるものと解すべきである」という。そして、このように解する以上、公選法148条３項１号イの「新聞紙にあつては毎月３回以上」の部分が本条、14条に違反しないことは、最大判昭和25・9・27刑集4巻9号1799頁（戸別訪問禁止合憲判決）〔27760236〕、前掲昭和30年最大判（事前運動禁止合憲判決）、最大判昭和30・4・6刑集9巻4号819頁（法定外文書規制合憲判決）〔27760517〕、最大判昭和39・11・18刑集18巻9号561頁（法定外文書規制合憲判決）〔27760772〕、最大判昭和48・4・4刑集27巻3号265頁（尊属殺重罰規定違憲判決）〔27760999〕等の趣旨に徴し明らかである、と判示した（前掲昭和54年最一小判）。

また、新聞紙、雑誌の不法利用等を禁止する公選法148条の２と同条１、２項違反の罰則規定である同法223条の２について、最高裁は、それらが違憲でないことは、上記の前掲昭和30年最大判（事前運動禁止合憲判決）のほか前掲昭和25年最大判（戸別訪問禁止合憲判決）、前掲昭和30年最大判（法定外文書規制合憲判決）といった大法廷判決の趣旨に徴し明らかであるとしている（最一小判昭和31・2・16刑集10巻2号201頁〔27760552〕）。ここでは合憲と解される実質的な理由は全く説明されていない。ただし、同法223条の２が刑罰の対象としているのは、同法148条の２第1、２項が禁ずる「当選を得若しくは得しめ又は得しめない目的をもつて」新聞紙・雑誌の編集者等に対し金品を提供するなどして選挙に関する報道及び評論を掲載させること、及び、新聞紙・雑誌の編集者等がそうした金品の提供などを受け選挙に関する報道及び評論を掲載することであるから、この判決は同法148条の２第1、２項を合憲としたものであり、「当選を得若しくは得しめ又は得しめない目的をもつて新聞紙又は雑誌に対する編集その他経

営上の特殊の地位を利用して、これに選挙に関する報道及び評論を掲載し又は掲載させることができない」と定める同法148条の2第3項につき判断を加えたものとは解されない。

## 4　表現行為の主体

**論点 19**　国公法による国家公務員の「政治的行為」の禁止・処罰は憲法に違反しないか

　国公法102条1項は、一般職の国家公務員に対して、「政党又は政治的目的のために、寄附金その他の利益を求め、若しくは受領し、又は何らの方法を以てするを問わず、これらの行為に関与」することのほか、「人事院規則で定める政治的行為」を禁止しており（違反には刑罰が科される。同法110条1項19号）、この委任を受けて人事院規則14-7が禁止される「政治的行為」を広範囲に定めている。

　郵便職員が選挙候補者の選挙用ポスターを公営掲示場に掲示したほか、他の者に掲示を依頼して配布したことが、政治的目的を有する文書等の発行、回覧、掲示、配布、著作、編集などを禁止する人事院規則14-7第6項13号に該当するとして起訴されたいわゆる猿払事件において、下級審は、国公法110条1項19号につき適用違憲の判断を下した。すなわち、「非管理職である現業公務員で、その職務内容が機械的労務の提供に止まるものが、勤務時間外に、国の施設を利用することなく、かつ職務を利用し、若しくはその公正を害する意図なしで行つた人事院規則14-7、6項13号の行為で且つ労働組合活動の一環として行なわれたと認められる所為に刑事罰を加えることをその適用の範囲内に予定している国公法110条1項19号は、このような行為に適用される限度において、行為に対する制裁としては、合理的にして必要最小限の域を超えたものと断ぜざるを得ない」が、同号には制限解釈を加える余地は全く存しないとし、「本件被告人の所為に、国公法110条1項19号が適用される限度において、同号が憲法21条および31条に違反するもので、これを被告人に適用することができない」と判示した（旭川地判昭和43・3・25刑集28巻9号676頁〔27670453〕。控訴審判決である札幌高判昭和44・6・24刑集28巻9号688頁〔27670511〕も同旨）。

　それに対して、最高裁は、国家公務員に対する政治的行為の禁止が、行政の中立的運営の確保、行政の中立的運営に対する国民の信頼の維持にとって合理

的で必要やむを得ない限度にとどまるものか否かを判断するに当たっては、①禁止の目的、②この目的と禁止される政治的行為との関連性、③政治的行為を禁止することにより得られる利益と禁止することにより失われる利益との均衡の３点から検討することが必要である、という一般的な判断枠組みを提示したうえで、緩やかな合憲性の審査をして合憲であるとした（最大判昭和49・11・6刑集28巻9号393頁〔27670762〕。ただし、大隅健一郎裁判官ら４裁判官の反対意見は、国公法102条１項による政治的行為の禁止に関する人事院規則への委任は、同法110条１項19号による処罰の対象となる禁止規定の定めに関する限り、41条、本条などに違反し無効であるとする）。すなわち、公務員の職種や職務権限、勤務時間の内外、国の施設の利用の有無等といった諸事情を区別することなく、あるいは行政の中立的運営を直接、具体的に損なう行為のみに限定されていない包括的一般的な禁止であっても、禁止目的（行政の中立的運営とそれに対する国民の信頼の確保）との合理的な関連性は認められるとし、目的と手段との緩やかな関連性で満足しており、目的実現のために必要最小限度の手段でなければならないという立場をとっていない。また、国家公務員の政治的行為の禁止は、意見表明そのものの制約をねらいとしてではなく、その行動のもたらす弊害の防止をねらいとして禁止するものであり、意見表明の自由は単に行動の禁止に伴う限度での間接的、付随的な制約を受けるにすぎないとして、失われる利益の少なさを強調し、利益衡量の点でも問題はないとした。

　その後、最高裁は、国公法102条１項、人事院規則14-7第５項４号（特定の内閣への支持・反対という政治目的）、６項13号（政治目的を有する文書の掲示・配布等）違反を理由として懲戒処分を行うことが本条に違反するものでないことは猿払事件最高裁判決の趣旨に徴して明らかであるとした（最三小判昭和55・12・23民集34巻7号959頁（プラカード事件）〔27000155〕）。しかし、その翌年のいわゆる高松簡易保険局事件判決（最一小判昭和56・10・22刑集35巻7号696頁〔27662491〕）においては、猿払事件最高裁判決の反対意見を支持する２名の反対意見（団藤重光裁判官の反対意見、谷口正孝裁判官の反対意見）のほか、その性質上公務員の政治的中立性に強く抵触すると考えられるような行為のほかは、刑事制裁を科すためには具体的な危険が必要であるとする中村治朗裁判官の補足意見が付されてお

り、「政治的行為」を理由として処罰できる場合に関して猿払事件判決を限定して理解する裁判官が多数を占めていた。

そして最近、裁量の余地のない機械的な業務を担当する社会保険庁職員が、休日に、私服で外見上、公務員であることがわからないような態様で、職場から離れた自宅付近の集合住宅等の郵便受けに政党機関紙等を投函したことが国公法違反に問われた事例で、最高裁は、「政治的行為」を理由とする処罰の範囲を限定する判断を示した（最二小判平成24・12・7裁判所時報1569号2頁〔28182621〕）。この事件の原審は、本件罰則規定は、具体的危険まで求めるものではないが、ある程度の危険が想定されることが必要であると解釈すべきであるとの立場から、本件配布行為に対し本件罰則規定を適用することは本条1項及び31条に違反するとしていた（東京高判平成22・3・29判タ1340号105頁〔28175116〕）。

それに対して、最高裁は、「本（引用者注：国公）法102条1項の文言、趣旨、目的や規制される政治活動の自由の重要性に加え、同項の規定が刑罰法規の構成要件となることを考慮すると、同項にいう『政治的行為』とは、公務員の職務の遂行の政治的中立性を損なうおそれが、観念的なものにとどまらず、現実的に起こり得るものとして実質的に認められるものを指し、同項はそのような行為の類型の具体的な定めを人事院規則に委任したものと解するのが相当である」から、「その委任に基づいて定められた本規則も、このような同項の委任の範囲内において、公務員の職務の遂行の政治的中立性を損なうおそれが実質的に認められる行為の類型を規定したものと解すべきであ」り、「本件罰則規定に係る本規則6項7号（引用者注：政党その他の政治的団体の機関紙たる新聞その他の刊行物の配布等）、13号（中略）については、それぞれが定める行為類型に文言上該当する行為であって、公務員の職務の遂行の政治的中立性を損なうおそれが実質的に認められるものを当該各号の禁止の対象となる政治的行為と規定したものと解するのが相当である」との限定解釈を行った。そして、このような限定解釈を前提に、本件罰則規定は本条1項、31条に違反するものではないとした（本件被告人は無罪となったが、同日に下された別の最高裁判決は、本件被告人と同様の行為をした厚生労働省課長補佐に対して、その地位を理由に有罪とし

た)。

　こうして最高裁は、表現の自由としての政治活動の自由の重要性をも踏まえ、処罰される国家公務員の「政治的行為」の範囲を大幅に縮減する限定解釈を示している（なお、千葉勝美裁判官の補足意見は、これは合憲限定解釈ではなく、「国家公務員法自体の条文の丁寧な解釈」であると力説する）。

　なお、最高裁は、「反戦自衛官」に対する自衛隊批判を理由とする懲戒免職処分が争われた事例において、猿払事件最高裁判決に依拠して、自衛「隊員相互の信頼関係を保持し、厳正な規律の維持を図ることは、自衛隊の任務を適正に遂行するために必要不可欠であり、それによって、国民全体の共同の利益が確保されることになるというべきである」から、「このような国民全体の利益を守るために、隊員の表現の自由に対して必要かつ合理的な制限を加えることは、憲法21条の許容するところであるということができる」としている（最一小判平成7・7・6訟務月報42巻2号329頁〔27828239〕)。

### 論点 20　裁判官の「政治運動」を禁止する裁判所法の規定は憲法に違反しないか

　裁判所法52条1号は、裁判官に対して「積極的に政治運動をすること」を禁止している。裁判所法にはこの違反に対する刑罰規定がないが、「積極的に政治運動を」した裁判官は裁判所による懲戒処分の対象となりうる。実際、組織犯罪対策法案に反対する集会に参加し、「地方裁判所長より、集会に参加すれば懲戒処分もありうると警告を受けたので、パネリストとしての参加は取りやめた」旨の発言をした判事補が、裁判所法52条に違反したとして戒告の懲戒処分を受けた事例がある（寺西判事補事件）。この事例において最高裁は、猿払事件判決（最大判昭和49・11・6刑集28巻9号393頁〔27670762〕）の判断基準を用いて、「裁判官の独立及び中立・公正を確保し、裁判に対する国民の信頼を維持するとともに、三権分立主義の下における司法と立法、行政とのあるべき関係を規律する」という目的によって、裁判官が「積極的に政治運動をすること」を禁止することは、本条1項に違反するものではないとした。そのうえで、最高裁は、当該判事補の行為が「積極的に政治運動をすること」に当たるとした（最

大決平成10・12・1民集52巻9号1761頁〔28033415〕)。

　「積極的に政治運動をする」というその表現や、「国会若しくは地方公共団体の議会の議員となり、又は」として「積極的に政治運動をすること」が挙げられていることなどからして、「単なる意見表明の域を超え、一定の政治目的を標ぼうする運動の中に自らの意思で身を投じ、目的実現のために活発に活動」して初めて「積極的に政治運動を」したことになると解すべきである(元原利文裁判官の反対意見)、などとする5裁判官の反対意見がある。

## 5 取材の自由

**論点 21** 取材の自由は国家に対する取材行為の積極的な保障の要求を含むか

Ⅰ論点2でみたように、今日では、最高裁は、「報道機関の報道が正しい内容をもつためには（中略）報道のための取材の自由も、憲法21条の精神に照らし、十分尊重に値いするものといわなければならない」として、取材活動が憲法の保障又は保護を受けることを認めている（最大決昭和44・11・26刑集23巻11号1490頁（博多駅テレビフィルム提出命令事件）〔27760891〕等）。

取材の自由は、まず第1に、取材活動が国家によって妨害されないことを意味する。それゆえ、「本来一般人が自由に立ち入ることを許されていない施設である拘置所に在監中の被勾留者に報道関係者が直接面会して取材を行う自由」まで取材の自由として保障されているものではない（東京高判平成7・8・10訟務月報42巻7号1783頁〔27828431〕）。また、報道機関が裁判所に傍聴席の確保や判決要旨の交付を請求する権利までが取材の自由に含まれるわけではない（東京高判平成13・6・28訟務月報49巻3号779頁〔28080784〕、東京地判平成18・1・25判タ1229号234頁〔28130504〕）。また、取材の自由は、「取材を受ける側に法的義務を生ずるような取材の権利をも当然に含むものではな」く、「右の理は、取材対象が国、地方公共団体などの公的機関の場合も同様であり、取材の対象たる当該公的機関所属の公務員にその取材への応諾義務を課すという意味での取材の権利が、報道機関に対し、憲法上保障されているものではない」ので、「国、地方公共団体などの公的機関を対象とする取材活動に対し、その所属公務員が取材に協力しないこと、取材を拒否することを目して直ちに取材の自由を制約する違法なものと観念することはできない」とされている（大阪地堺支判平成9・11・28判時1640号148頁〔28032182〕）。

なお、地方議会の委員会については、「議案についての最終的な意思決定を行ういわゆる本会議における審議、表決の準備のために専門的、技術的な審査及び調査を行う内部機関として地方自治法及び条例の規定により設けられるも

のにすぎず、その会議の公開のみならず、その設置自体についても、憲法上制度的に保障されているものではないことに加えて、上記のような委員会の性質にかんがみると、委員会において自由かつ率直な審議の場を確保してその審査及び調査の充実を図ることは、報道機関の有する取材の自由と対比しても、それ自体尊重すべき重要な公益ということができる」として、条例が委員会の傍聴を委員長の許否の判断に委ねていることも本条1項に違反しない、とされている（大阪地判平成19・2・16判タ1250号87頁〔28130786〕）。

もっとも、取材の自由は国家に対する取材行為の積極的な保障の要求を含まないとしても、国や地方公共団体が、報道機関による報道の重要性を踏まえて、報道機関の取材活動を優遇することは許される。それゆえ、裁判長が「報道の公共性、ひいては報道のための取材の自由に対する配慮に基づき、司法記者クラブ所属の報道機関の記者に対してのみ法廷においてメモを取ることを許可することも、合理性を欠く（引用者注：14条1項違反の）措置ということはできない」（最大判平成元・3・8民集43巻2号89頁〔27803181〕）。

### 論点 22 法廷での取材活動としての写真撮影は認められなければならないか

対審と判決が公開でなされなければならない法廷（82条）は一般に開かれた場所であるから、そこでの取材活動は本来的に自由であるが、公正な裁判を実現し、また、裁判関係者の権利を守るために必要な規制には服する。

この点で、民事訴訟規則77条、刑事訴訟規則215条が法廷での写真撮影を裁判所・裁判長の許可がない限り許されないと──許可、不許可の判断基準に触れることなく──定めていることが問題となる。最高裁は、「公判廷における写真の撮影等は、その行われる時、場所等のいかんによつては、（中略）好ましくない結果を生ずる恐れがあるので」、刑事訴訟規則215条は憲法に違反するものではない、とした（最大決昭和33・2・17刑集12巻2号253頁（北海タイムス事件）〔27760603〕）。

**論点 23** 取材行為として国家公務員に対し秘密漏えいをそそのかすことを処罰できるか

　取材活動であるからといって、取材対象者に暴力を振るい傷害を負わせれば傷害罪の責任を問われるし（東京高判昭和63・11・30判時1303号60頁〔28211231〕）、暴行し暴言を吐けば不法行為責任を生ぜしめる（東京地判平成9・9・26判タ979号183頁〔28032991〕）。しかし、取材の自由が保障される結果、取材活動として行ったことを理由に犯罪の構成要件該当性が否定されたり、違法性が阻却されたりすることがあるとされている。この点が問題となったのが、取材活動として国家公務員を説得し秘密を漏えいさせたことにつき、秘密漏えいのそそのかし罪（国公法111条）に問えるかが争われた、外務省秘密電文漏えい事件である。

　この事例において、第1審判決（東京地判昭和49・1・31刑集32巻3号531頁〔27670740〕）は、「そそのかし」について最高裁決定と同様の定義をしたうえで、取材行為が国公法のそそのかしの構成要件に該当する場合であっても、取材の自由が本条の精神に照らして十分尊重されなければならないことから、そそのかし行為の目的、手段方法の相当性、そそのかしによって生ずる利益と秘密保護の利益との比較衡量を総合考慮して、当該行為が全体としてなお法秩序の精神に照らして是認できると認められる場合には、当該行為は正当行為として違法性が阻却される、という立場をとった。

　これに対して、控訴審判決（東京高判昭和51・7・20高裁刑集29巻3号429頁〔27670815〕）は、公務員に秘密の漏示をさせようとする取材活動をすべて一律に処罰の対象となるものと国公法111条を解釈するならば、同条は、取材の自由を保障する本条に反し、違憲無効のものとなることを免れないとし、同条に合憲限定解釈を加えた。すなわち、同条の「そそのかし」を「秘密漏示行為を実行させる目的をもつて、公務員に対し、右行為を実行する決意を新たに生じさせてその実行に出る高度の蓋然性のある手段方法を伴い、又は自ら加えた影響力によりそのような蓋然性の高度な状況になつているのを利用してなされるしょうよう行為を意味する」と限定解釈を加えた。

　そして、最高裁は、そそのかしが「秘密漏示行為を実行させる目的をもつて、公務員に対し、その行為を実行する決意を新に生じさせるに足りる慫慂行為を

することを意味する」ことを前提に、公務員に対する秘密漏えいのそそのかし罪につき、「報道機関が公務員に対し根気強く執拗に説得ないし要請を続けることは、それが真に報道の目的からでたものであり、その手段・方法が法秩序全体の精神に照らし相当なものとして社会観念上是認されるものである限りは、実質的に違法性を欠き正当な業務行為」に当たり、違法性が阻却されるとした（最一小決昭和53・5・31刑集32巻3号457頁〔27670854〕）。ここで最高裁は、報道機関に属する者による公務員に対する秘密漏えいのそそのかしが違法性を阻却されるためには、そのそそのかしが報道目的であることとともに手段・方法が相当であることを要するとしている。そして、取材の「手段・方法が一般の刑罰法令に触れないものであつても、取材対象者の個人としての人格の尊厳を著しく蹂躙する等法秩序全体の精神に照らし社会観念上是認することのできない態様のものである場合にも、正当な取材活動の範囲を逸脱し違法性を帯びるものといわなければならない」とした。

## 論点 24 新聞記者等は取材源を秘匿することができるか

　一般に、取材の自由の保障は、将来の取材活動を著しく困難にする措置を受けない権利の保障を含んでいると解されている。こうした保障としてまず挙げられるのは、報道機関の記者が裁判所に証人として喚問され取材源の開示を求められた場合に証言を拒む権利（取材源秘匿権）である。取材対象者は記者が取材源を明かさないということを信頼して取材に応じるので、裁判において取材源秘匿が認められないことになると、取材対象となった者の多くは、「取材源を明かさない」との記者の説明を信じてよいか確信が持てず、取材に応じることに躊躇するであろうから、将来の取材が妨げられるというのである。しかし、最高裁は、初期の判決で、証人に証言拒絶権を認める刑訴法の諸規定は限定列挙であって、医師等に証言拒絶権を認める刑訴法149条を新聞記者に類推適用することはできないとしたうえで、新聞記者の証言拒絶権を憲法から導くこともできないとした。すなわち、本条は、「未だいいたいことの内容も定まらず、これからその内容を作り出すための取材に関しその取材源について、公の福祉のため最も重大な司法権の公正な発動につき必要欠くべからざる証言の

義務をも犠牲にして、(引用者注:刑事訴訟における) 証言拒絶の権利までも保障したものとは到底解することができない」というのであった (最大判昭和27・8・6刑集6巻8号974頁 (石井記者事件)〔27760367〕)。

　他方、民訴法には「職業の秘密に関する事項」について証言拒否を認める規定 (同法197条1項3号) があり、最高裁は、最近、取材源の秘密が職業の秘密に当たることを認めた (最三小決平成18・10・3民集60巻8号2647頁〔28112117〕)。なお、比較的早い時期に民事訴訟において新聞記者に証言拒絶権を認めた下級審の決定として、札幌高決昭和54・8・31下級民集30巻5=8号403頁〔27650857〕)。そして、「当該取材源の秘密が (引用者注:証言拒絶が認められるべき) 保護に値する秘密であるかどうかは、当該報道の内容、性質、その持つ社会的な意義・価値、当該取材の態様、将来における同種の取材活動が妨げられることによって生ずる不利益の内容、程度等と、当該民事事件の内容、性質、その持つ社会的な意義・価値、当該民事事件において当該証言を必要とする程度、代替証拠の有無等の諸事情を比較衡量して決すべき」といった比較衡量論をとった。そして、結論としては、取材の自由の意義に照らして考えれば、「取材源の秘密は、取材の自由を確保するために必要なものとして、重要な社会的価値を有するというべきである」ので、「当該報道が公共の利益に関するものであって、その取材の手段、方法が一般の刑罰法令に触れるとか、取材源となった者が取材源の秘密の開示を承諾しているなどの事情がなく、しかも、当該民事事件が社会的意義や影響のある重大な民事事件であるため、当該取材源の秘密の社会的価値を考慮してもなお公正な裁判を実現すべき必要性が高く、そのために当該証言を得ることが必要不可欠であるといった事情が認められない場合には、当該取材源の秘密は保護に値すると解すべきであ」るとして、取材源に関する証言拒否を原則として認めている。

　なお、テレビ番組において「外務省も (引用者注:拉致被害者が) 生きていないことは分かっているわけ」などと発言した政治評論家に対して、当該拉致被害者の親族が、外務省が死亡していることを知っており、そのことを外務省幹部から聞いたという虚偽の発言によって当該拉致被害者の生存を願う感情を害されたとして、慰謝料の支払を求めたところ、政治評論家が、外務省幹部に対

して行った取材を録音したテープの一部を反訳した書面を証拠として提出して、不法行為の成立を争ったため、テープ自体の提出が求められたという事例がある。この事例において、大阪高裁は、報道機関の報道に関する取材源の秘匿の重要性等をも考慮して、政治評論家がテープの提出を拒んだからといって、それが直ちに訴訟手続において信義則に反し公平性を害するとまでいうことはできないから、テープは文書提出義務の対象である「当事者が訴訟において引用した文書」（民訴法220条1号）に該当しないとした。さらに、前掲平成18年最三小決の判断基準に依拠して、本件における諸事情を考慮すれば、取材源の秘密の社会的価値を考慮してもなお公正な裁判を実現すべき必要性が高く、そのために本件テープを提出させることが必要不可欠であるといった事情は認められないから、当該取材源の秘密は保護に値すると解されるとして、民訴法197条1項3号に規定する事項（技術又は職業の秘密に関する事項）で、黙秘の義務が免除されていないものが記載されている文書という提出義務の除外事由（民訴法220条4号ハ）に該当すると判示した（大阪高決平成23・1・20判時2113号107頁〔28173761〕）。

## 論点 25　取材資料の提出強制や押収を拒否することが認められるか

　取材資料が犯罪捜査や刑事裁判において利用されることになると、取材資料は報道にのみ用いられるという前提が崩れ、その結果、将来の取材活動への（積極的・消極的な）協力を得ることができなくなり、取材活動を円滑に行えなくなるおそれがある。そこで、報道機関は、取材の自由の一内容として、取材資料を刑事裁判のために提出することや捜査のために押収されることを拒否できるかが問題となる。

　この点について、最高裁は、学生集団を取り締まろうとした機動隊員につき特別公務員暴行陵虐罪等で付審判請求がなされた事件において、裁判所が、被疑者の罪責の有無を確認するため、放送各局に対して、事件の現場を録画したテレビフィルムの提出を命じた博多駅テレビフィルム提出命令事件において、そうした拒否権が認められうるとした（最大決昭和44・11・26刑集23巻11号1490頁〔27760891〕）。すなわち、最高裁は、本条の精神に照らし十分尊重に値する取

材の自由も「公正な裁判の実現というような憲法上の要請があるときは、ある程度の制約を受けることのあることも否定することができない」とし、テレビフィルムの提出命令が許されるか否かは、「審判の対象とされている犯罪の性質、態様、軽重および取材したものの証拠としての価値、ひいては、公正な刑事裁判を実現するにあたつての必要性の有無を考慮するとともに、他面において取材したものを証拠として提出させられることによつて報道機関の取材の自由が妨げられる程度およびこれが報道の自由に及ぼす影響の度合その他諸般の事情を比較衡量して決せられるべき」であるとしている。もっとも、比較衡量の結果、提出命令を認めた。

その後、最高裁は、捜査機関が捜査のために捜索差押え令状を得て放送局からビデオテープを押収した事例につき、公正な刑事裁判を実現するためには、適正迅速な捜査が不可欠の前提であるとし、比較衡量論を用いて押収の合憲性・合法性を認めている（最二小決平成元・1・30刑集43巻1号19頁（日本テレビ事件）〔27809178〕、最二小決平成2・7・9刑集44巻5号421頁（TBS事件）〔27809460〕）。

なお、捜査機関がテレビ番組を録画した「ビデオテープを（中略）犯罪事実立証のための証拠として使用することは、なんら報道機関の取材権を侵すものではなく、また、司法の廉直性の観点からの証拠排除にも該当しない」とされている（東京地決昭和55・3・26刑裁月報12巻3号327頁〔27761121〕。また、大阪高判平成17・6・28判タ1192号186頁〔28115007〕も参照）。

## IV　事前抑制・検閲の禁止

•••••• 論　　点 ••••••

1　本条2項が禁止する「検閲」とは何か
2　裁判所による名誉・プライバシー侵害表現の事前差止めは、どのような場合に許容されるか

### 論点 1　本条2項が禁止する「検閲」とは何か

　表現の自由に対する最も強力な規制が、事前のチェックを加えることによって「思想の自由市場」への登場を妨げる事前抑制ないし検閲であり、本条2項はこうした検閲を禁止している。伝統的な理解では、「検閲」とは、「公権力が外に発表されるべき思想の内容をあらかじめ審査し、不適当と認めるときは、その発表を禁止する行為」とされており、第2次家永教科書訴訟第1審判決（杉本判決：東京地判昭和45・7・17民集36巻4号616頁〔27200177〕）は、こうした検閲概念をとり、教科書検定制度は検閲ではないが、当該検定処分は教科書執筆者の思想内容を審査するものとなっており、検閲に該当するとした。しかし、最高裁は、「検閲」をきわめて狭く定義したうえで、本条2項は検閲を絶対的に禁止しているとしている（最大判昭和59・12・12民集38巻12号1308頁（税関検査事件）〔21080910〕）。すなわち、最高裁は、検閲とは、「行政権が主体となつて、思想内容等の表現物を対象とし、その全部又は一部の発表の禁止を目的として、対象とされる一定の表現物につき網羅的一般的に、発表前にその内容を審査した上、不適当と認めるものの発表を禁止することを、その特質として備えるもの」を指すとし、当時の関税定率法が定める税関検査を検閲に該当しないと判示した。

　こうした最高裁の検閲概念からすれば、日本放送協会（NHK）が政見放送から「差別用語」を削除することはもちろん（最三小判平成2・4・17民集44巻3号547頁〔27806235〕）、青少年保護条例による有害図書規制（最三小判平成元・9・19刑集43巻8号785頁（岐阜県青少年保護育成条例事件）〔27807170〕）や、教科書検定制度（最

三小判平成5・3・16民集47巻5号3483頁〔27814781〕)、さらには裁判所による名誉毀損表現の事前差止め(最大判昭和61・6・11民集40巻4号872頁(北方ジャーナル事件)〔27100045〕)も検閲には該当しない。

### 論点 ❷ 裁判所による名誉・プライバシー侵害表現の事前差止めは、どのような場合に許容されるか

　名誉権、プライバシーの権利の保護のためには、名誉・プライバシー侵害表現を裁判所によって事前に差し止めてもらうことが最も確実な方法であるが、裁判所による名誉・プライバシー侵害表現の事前差止めは絶対的に禁止される「検閲」には該当しないというのであるから、憲法上許容される余地がある。もっとも、最高裁は、知事選立候補予定者に厳しい人格的批判を行った雑誌記事の事前差止めを命ずる仮処分が下されたことが争われた事件において、「表現行為に対する事前抑制は、新聞、雑誌その他の出版物や放送等の表現物がその自由市場に出る前に抑止してその内容を読者ないし聴視者の側に到達させる途を閉ざし又はその到達を遅らせてその意義を失わせ、公の批判の機会を減少させるものであり、また、事前抑制たることの性質上、予測に基づくものとならざるをえないこと等から事後制裁の場合よりも広汎にわたり易く、濫用の虞があるうえ、実際上の抑止的効果が事後制裁の場合より大きいと考えられる」ことを理由に、「表現行為に対する事前抑制は、表現の自由を保障し検閲を禁止する憲法21条の趣旨に照らし、厳格かつ明確な要件のもとにおいてのみ許容されうるものといわなければならない」とした(最大判昭和61・6・11民集40巻4号872頁(北方ジャーナル事件)〔27100045〕)。そして、その対象が公務員又は公職選挙の候補者に対する評価、批判等の表現行為に関するものであるような出版物の頒布等を名誉権に基づき事前に差し止めることは、原則として許されないが、「①aその表現内容が真実でなく、又はbそれが専ら公益を図る目的のものではないことが明白であつて、かつ、②被害者が重大にして著しく回復困難な損害を被る虞があるとき」は、例外的に事前差止めが許されるとした(①②ａｂは引用者が付加)。これは、公務員又は公職選挙の候補者に対する評価、批判等の表現行為の事前差止めは、名誉毀損の成立が明白で、かつ、差止めの必要性

がある場合にのみ認められる、ということである。

　さらに、同判決は、裁判所が「事前差止めを命ずる仮処分命令を発するについては、口頭弁論又は債務者（引用者注：問題の表現行為を行おうとしている者）の審尋を行い、表現内容の真実性等の主張立証の機会を与えることを原則とすべき」であると、手続的な保障が必要であることを明らかにしている。もっとも、同判決は、口頭弁論を開き又は債務者の審尋を行うまでもなく、債権者（差止請求者）の提出した資料によって差止めの実体的要件を満たすと認められるときは、例外的に口頭弁論又は債務者の審尋を経ないで差止めの仮処分命令を発することも許されるとした。

　どのような場合に裁判所は名誉・プライバシー侵害表現の事前差止めを命ずることができるのか（事前差止めの実体的要件）について、従来、下級審では、表現行為による名誉・プライバシー侵害が高度の違法性を有する場合に差止めを認めるべきであるという「高度の違法性説」（東京地決昭和45・3・14高裁民集23巻2号189頁（「エロス＋虐殺」事件第1審）〔27422120〕）と、事件ごとに表現の自由と名誉権・プライバシー権との利益衡量を行うとする「個別的利益衡量説」（東京高決昭和45・4・13高裁民集23巻2号172頁（「エロス＋虐殺」事件抗告審）〔27422153〕）とに分かれていた。これに対して、北方ジャーナル事件判決における大橋進裁判官の補足意見は、同判決は、表現行為を類型化して類型ごとに利益衡量を行ったうえで、当該類型につき差止めが認められる要件を定式化すべきであるとする「類型別利益衡量説」をとったものと理解しているが、伊藤正己裁判官の補足意見はそのような理解を批判している。他方、同判決における谷口正孝裁判官の意見は、表現者が虚偽であることを知っているか、虚偽であることに全く不注意である場合に差止めが認められるという「『現実的悪意』の法理」を用いるべきであると提唱している。

　北方ジャーナル事件判決は、公務員又は公職選挙の候補者に対する評価、批判等の表現行為を名誉権侵害を理由に差し止めるための実体的要件（上記①②ａｂ）を示したものであるが、他の場合において表現行為を差し止めるための「厳格かつ明確な要件」が何であるかを示してはいない。その後、最高裁は、雑誌において公表された私人をモデルとした小説の名誉権侵害、名誉感情侵害、

プライバシー権侵害を根拠とした出版差止めに関して、個別的な利益衡量によって差止めを命じた控訴審判決（東京高判平成13・2・15判タ1061号289頁〔28060904〕）をほとんど理由を述べずに是認している（最三小判平成14・9・24裁判所時報1324号5頁（「石に泳ぐ魚」事件）〔28072521〕）。

また、有力な政治家の娘である私人の離婚を報じる週刊誌の記事がプライバシーの権利侵害を理由に差止めが求められた事例において、東京地裁は、北方ジャーナル事件判決の挙げる事前差止めの実体的要件を参考にしつつ、「プライバシー侵害を理由とする出版物の印刷、製本、販売、頒布等の事前差止めは、（中略）①a当該出版物が公共の利害に関する事項に係るものといえるかどうか、b『専ら公益を図る目的のものでないこと』が明白であって、かつ、②『被害者が重大にして著しく回復困難な損害を被るおそれがある』といえるかどうかを検討し、当該表現行為の価値が被害者のプライバシーに劣後することが明らかであるかを判断して、差止めの可否を決すべきである」、との差止めの実体的要件を設定し、差止めを命じた（①②ａｂは引用者が付加）（東京地決平成16・3・19判タ1157号145頁〔28092469〕）。それに対して、東京高裁は、地裁決定の基準を用いても、離婚の報道は②を満たさないとして、地裁の差止命令を破棄した（東京高決平成16・3・31判タ1157号138頁〔28092468〕）。

## V　通信の秘密

•••••• 論　点 ••••••

1　通信の秘密とは何を意味するか
2　通信の秘密はどのような場合に制限しうるか

【関連法令】
監獄法、監獄法施行規則、刑事収容施設及び被収容者等の処遇に関する法律、電気通信事業法、破産法、犯罪捜査のための通信傍受に関する法律、郵便法

### 論点 1　通信の秘密とは何を意味するか

　本条２項後段は、「通信の秘密は、これを侵してはならない」と定めている。「通信の秘密」のいう「通信」とは、手紙・葉書だけでなく、電報、電話、さらにはインターネットによるＥメールなども含まれる。「通信の秘密は、これを侵してはならない」とは、一般に、公権力によって、通信の内容及び通信の存在に関する事柄を調査されないこと（積極的知得行為の禁止）とともに、通信業務従事者により職務上知り得た通信に関する情報を漏えいされないこと（漏示行為の禁止）を意味するとされている。後者の漏示行為の禁止は、郵便法８条２項、電気通信事業法４条２項において法律上定められている。この点、郵便業務従事者に漏示行為を禁止する「郵便法の右の諸規定は、通信の秘密を侵してはならないという憲法21条の要求に基づいて設けられて」いるので、「郵便法上の信書の秘密は、この憲法の目的に適うよう解釈しなければならない」、としている下級審判決がある（大阪高判昭和41・２・26高裁刑集19巻１号58頁〔27670379〕）。

### 論点 2　通信の秘密はどのような場合に制限しうるか

　通信の秘密も一定の内在的な制約に服する。そこで、「たとえば、国家刑罰権の適正な実現のために、ある程度の制約を受けることは公共の福祉のため否

定することができない」ので、「犯人が差し出し、それが犯罪事実の一部を構成している電報及びこれに関する書類の如きは、憲法35条及びこれに由来する刑訴法上の強制処分の規定に準拠した方法による限り、(中略)これを押収し、後に裁判上証拠として使用することが憲法上も許容されていると解するのが相当である」とされている（東京高判昭和54・2・14判タ386号145頁〔27682198〕）。

　法律によって通信の秘密を制限しているものとしては、犯罪捜査のための通信傍受に関する法律（通信傍受法）による捜査のための電話盗聴のほか、刑訴法における被告人・被疑者に関する郵便物の差押え（同法100条、222条1項）、接見交通の際の書類その他の物の検閲（同法81条）、刑事収容施設被収容者に対する信書の授受、通信の制限（刑事収容施設及び被収容者等の処遇に関する法律127、135、140、144条等）、郵便法による郵便物の開示の求め（同法31、32条）、関税法における犯則嫌疑者から発した郵便物・犯則嫌疑者に対して発した郵便物の差押え（同法122条）、破産手続における破産者宛ての郵便物等の破産管財人への配達と破産管財人による開披（破産法81、82条1項）がある。

　このうち、在監者の信書の発受について検閲を行うべきこととしている当時の監獄法50条、監獄法施行規則130条について、最高裁は、それらが本条に違反するものでないことは、先例の趣旨に徴して明らかとした（最一小判平成6・10・27判タ865号127頁〔27826293〕、最二小判平成15・9・5判タ1146号218頁〔28082412〕）。そこで挙げられている大法廷判決は、未決拘禁者に対する喫煙の禁止についての最大判昭和45・9・16民集24巻10号1410頁〔27000690〕と未決拘禁者の新聞閲読制限についての最大判昭和58・6・22民集37巻5号793頁〔27000042〕であるが、それらは、「未決勾留は、刑事訴訟法に基づき、逃走または罪証隠滅の防止を目的として、被疑者または被告人の居住を監獄内に限定するものであるところ、監獄内においては、多数の被拘禁者を収容し、これを集団として管理するにあたり、その秩序を維持し、正常な状態を保持するよう配慮する必要がある」ので、「被拘禁者の身体の自由を拘束するだけでなく、右の目的に照らし、必要な限度において、被拘禁者のその他の自由に対し、合理的制限を加えることもやむをえないところである」としたものである。しかし、本判決は、在監者の信書の発受を検閲する仕組みが未決勾留の目的達成のための「必要な限度」の

「合理的な制限」とみることができる理由を説明していない。

　また、検証許可状によって電話盗聴が行われた事例において、最高裁は、31、35条に違反し、ひいては、13条、本条2項に違反するとの上告人の主張に対して、「電話傍受は、通信の秘密を侵害し、ひいては、個人のプライバシーを侵害する強制処分であるが、一定の要件の下では、捜査の手段として憲法上全く許されないものではない」とし、合憲の判断を下している（最三小決平成11・12・16刑集53巻9号1327頁〔28045259〕）。


**【参考文献】**
芦部信喜『憲法学Ⅲ　人権各論(1)〈増補版〉』有斐閣（2000年）、市川正人『表現の自由の法理』日本評論社（2003年）、松井茂記『マス・メディア法入門〈第4版〉』日本評論社（2008年）、山田隆司『名誉毀損―表現の自由をめぐる攻防』岩波書店（2009年）

　　　　　　　　　　　　　　　　　　　　　　　　　　　（市川正人）

# 事項索引
(五十音順)

## あ 行

アール・エフ・ラジオ日本事件………167
愛知県公安条例違反事件…………… 62
アイヌ民族………………………… 92
秋田相互銀行事件…………………142
朝日訴訟判決………………………181
新しい人権……………………80, 86
アファーマティヴ・アクション…123, 145
アメリカ独立宣言………………… 85
アレフ………………………………399
家制度……………………………… 81
違憲
　「運用」──…………………………457
違憲確認請求訴訟………………… 41
違憲状態………………177, 179, 180
違憲審査基準論……………………117
意見表明の手段方法の制限………485
伊豆シャボテン公園事件…………141
遺族会………………………………417
著しい較差の存在…………………258
著しい不合理性……………………188
著しい不平等状態…………………179
著しく不合理………184, 188, 189
著しく不合理な差別扱い…………150
一見極めて明白である…………… 33
一見極めて明白に違憲無効………33, 37
逸失利益……………………………130
　　　──の男女別算定…………148
一体的管理職任用…………………216
一般的行為の自由…………………333
一般的自由権説…………………… 86
意に反する苦役………………304, 310
委任に基づく臨時代行…………… 22

違法行為の扇動……………………465
イラク派遣………………………… 41
入会権……………………………… 67
入会権者…………………………… 66
入会権者資格差別事件……………139
遺留分減殺請求……………………152
岩手銀行事件………………………142
インターネット……………………106
インフォームド・コンセント………107
内山工業事件………………………143
永久選挙人名簿方式………………208
営　業………………………………346
永住者の在留資格…………………130
栄典の授与…………………………118
営利的言論…………………………475
閲読の自由…………………………444
恵庭事件…………………………… 38
エホバの証人………………………383
エンドースメント・テスト………420
オウム真理教………………388, 399
大島訴訟………………………186, 187
公の財産………………………415, 416
公の施設……………………………451
沖縄県知事署名等代行職務執行命令訴訟
　…………………………………… 34
おことば…………………………21, 24

## か 行

海外派遣行為……………………… 41
外形標準課税………………………190
外国人……………………………125, 384
外国人一律入浴拒否………………130
外国人公務員東京都管理職選考受験訴訟
　……………………………………129

外国人在留制度……………………50, 384
外国人による差別………………………126
外国人の公務就任権………………16, 214
外国人の公務就任権や参政権…………16
外国人の国会議員の選挙権……………209
外国人の国会議員の被選挙権…………211
外国人の地方議会議員選挙の選挙権…212
外国人の地方参政権………………17, 214
解雇の自由………………………………347
介護保険…………………………………182
介護保険制度……………………………183
介護保険料………………………………183
解散命令…………………………………400
解職（リコール）制度…………………367
解職制度としての国民審査……………276
解職の制度………………………………366
外貌醜状の労災認定……………………148
外面的な精神活動の自由…………318, 373
学生無年金訴訟……………………183, 184
拡大連座制……………………………7, 223
学問の自由………………………………318
過少包摂…………………………………121
過大包摂…………………………………121
株式会社コパル事件……………………144
株主代表訴訟……………………………52
カルト……………………………………394
簡易帰化の制度…………………………74
環境権………………………………47, 93
換刑処分…………………………………124
観光資源…………………………………422
観光施設…………………………………429
観光目的…………………………………428
韓国併合・元従軍慰安婦訴訟…………6
間接差別…………………………………123
間接的制約……………323, 325, 329, 337, 338
間接的、付随的な制約…………………490
間接適用…………………………………68, 381
関釜元慰安婦訴訟…………………………6, 45

官報…………………………………25, 26
カンボジアへの自衛隊派遣……………41
管理職選考受験資格事件………………17
議員定数不均衡訴訟………………177, 179
議員の議会外の非行……………………233
議員1人当たりの人口の較差…………246
棄権………………………………………367
棄権に係る投票の秘密…………………276
棄権の自由…………………………276, 366
起訴休職制度……………………………155
貴族制度の否認…………………………118
記帳所……………………………………164
基本権……………………………………118
基本的人権………………………………47
基本的人権一般………………47, 78, 79
基本的人権尊重主義…………………1, 3
基本的人権の享有………………………78
基本的人権の享有主体…………………78
基本的人権の制限………………………55
基本的人権の保障………………………64
基本的人権保障の意義…………………48
基本的人権保障の範囲と限界…………61
君が代……………………………………17
客観的法規範……………………………413
逆転現象…………………………………261
90億ドル支出……………………………41
90億ドル支出差止等請求事件………36, 42
宮廷費………………………………27, 28
給与所得の捕捉率………………………187
教育を受けさせる義務…………………47
教科書検定………………………………501
強制加入団体………53, 368, 370, 375, 459
強制棄教…………………………………394
矯正教育…………………………………432
強制名簿主義……………………………209
強制労働…………………………………305
協定永住許可者…………………………127
共同被告人………………………………169

共犯者……………………………169
業務上の犯罪……………………169
近代選挙の基本原則……………192
近代立憲主義……………………118
勤労者を含めた国民全体の共同利益…240
勤労の義務………………………47
苦　役……………………………304
具体的権利性……………………5
国の裁量…………………………181
軍人恩給停止……………………151
群馬司法書士会事件……………53
景観権……………………………95
経済活動の自由…………………346
経済政策…………………………299
経済的自由………………………47, 56
警察予備隊違憲訴訟……………36
形式的平等………………………120, 122
刑の執行…………………………172
契約締結の自由…………………346
結　婚……………………………141
結社の自由………………………459
結社の自由の制限………………163
血統主義…………………………74
検　閲……………………………501
嫌煙権……………………………92
健康保険…………………………182
現実的悪意の法理………………471, 503
元　首……………………………13
限定解釈…………………………450, 477, 491, 496
「憲法上の権利」規定の私人間効力…345
憲法上保障されている権利……200
憲法尊重擁護義務………………7
憲法による（要請的）配慮……408
権利行使の濫用…………………61
権利自体の内在的制約…………58
権利・自由の濫用………………61
権利制約説………………………210
権利説……………………………194

権利濫用行為……………………61
公安条例…………………………455
行　為……………………………20
皇位継承…………………………422
皇位継承者………………………19
後遺障害別等級表………………148
皇位の世襲………………………19
公共の福祉………………55-58, 79, 80, 112, 159
皇居前広場………………………451
公金の支出………………………415
合憲限定解釈……………………457
公権力行使等地方公務員………216
皇室自律主義……………………19, 29
皇室典範…………………………19, 22
公序良俗…………………………39, 53, 61, 134, 135, 139, 140, 145, 146
公序良俗違反……………………68, 134, 161
公正論評の法理…………………472
交戦権……………………………31
公　葬……………………………428
拘束力を有する請願の効果……282
公訴権濫用………………………171
皇太子……………………………427
公的行為…………………………21, 24
幸福追求権………………………56, 85
公布の時点………………………26
神戸高専剣道授業実技履修事件…138
公法・私法の二分論……………59
公法上の特別な関係……………58
公法上の法律関係に関する確認の訴え
　………………………………199
公民権の停止……………………7
公務員……………………………154, 290, 295
　――の政治活動…………………233
　――の政治的中立性……………234
　――の選定罷免権………………192, 210
　――の退職に係る行政処分……228
　――の本質………………………192

――の労働基本権…239, 306, 311, 312
　　　――を直接、選定罷免する………194
公務員選定罷免権……………………17
公務就任権…………………………111, 129
公有地………………………………410
合理的関連性………………………153
合理的期間…………………………177, 248
合理的期間内………………………178
合理的期間の考慮要素……………249
合理的根拠…………………………119, 124
合理的差別…………………………123, 124
合理的な関連性……………………490
合理的な根拠………………………123
合理的な理由………………………129
合理的理由…………………………184, 185
国際協調主義………………1, 6, 9, 10, 50
国　事………………………………20
国事行為……………………20, 21, 23, 24
国　籍…………………………………69, 70
　　　――に基づく差別………………165
　　　――の変更……………………70
国籍取得……………………………153
国籍取得権…………………………72
国籍条項……………………………127, 130
国籍法違憲判決……………………120
国籍要件……………………8, 127, 132
国籍離脱の事由……………………71
国　民…………………………………69
　　　――の参政……………………52
　　　15条1項の「――」……………210
国民主権……………………1, 6, 13, 16
国民主権原理………………………7, 16
国民主権主義………………………27
　　　――の原則……………………194
国民審査に係る投票の秘密………274
国民生活全体の利益………………57, 240
国務請求権…………………………47
国連社会権規約……………………92

護国神社……………………………423
個人情報……………………………104
　　　――の権利……………………47
個人情報保護条例…………………104
個人の尊重…………………………80
国　家
　　　――の世俗性…………………412
国　会
　　　――の合理的裁量……………177
　　　――の裁量……………………179
　　　――の裁量権の範囲…………147
国家公務員
　　　――に対する秘密漏えいのそそのか
　　　し……………………………496
　　　――の「政治的行為」の禁止・処罰
　　　…………………………………489
国家神道……………………………413
国家賠償請求訴訟…………………41
国家補償……………………………83, 109
国家無答責の原則…………………290
国教制………………………………416
個別的利益衡量説…………………503
戸別訪問禁止規定…………………6
戸別訪問の禁止……………………483
雇用関係……………………………134, 140
雇用の自由…………………………346
混合診療……………………………121

## さ　行

在外国民……………………………195, 297
在外選挙制度………………………199
在外日本人…………………………297
在監関係……………………………58
在監者の信書の発受の検閲………506
細菌兵器……………………………45
最高裁判所裁判官の国民審査……299, 365
再婚禁止期間………………………173
再婚制限規定………………………139

事項索引 513

財産権……………………………346
財政的援助………………………418
在宅投票制度………………201, 295
再入国不許可処分………………127
裁判員制度………………………311
裁判官の「政治運動」の禁止……492
裁判規範………………………1–4
裁判規範性……………………3, 4
裁判所による名誉・プライバシー侵害表
　　現の事前差止め………………502
裁判の公開………………………301
在留の権利……………………… 50
裁量権の逸脱……………………136
裁量権の逸脱・濫用……………335
裁量行為…………………………299
裁量的判断………………………187
差止請求訴訟…………………… 41
差　　別
　　外国人による――……………126
　　思想による――………………133
　　社会的身分による――………148
　　人種による――……125, 126, 130, 165
　　「信条」に基づく――の禁止……355
　　信条による――……132, 133, 138, 364
　　性的指向による――…………147
　　肉体的・生理的差異に基づく――
　　　……………………………139
　　年齢に基づく――……………165
　　夫婦間の――…………………139
　　民族――………………………126
　　門地による――………………164
差別禁止事由……………………118
差別的考課・査定………………136
サラリーマン税金訴訟………186, 187
サラリーマン税金訴訟判決……188
サリン事件………………………399
参議院……………………………368
　　――の議員定数不均衡訴訟…179

　　――の選挙区選出議員の選挙……195
　　――の地域代表的性格………179
　　――の投票価値の平等に係る違憲審
　　　査基準……………………256
　　――の投票価値の不平等……255
参議院議員選挙…………………178
参政権……………………………129
3段階審査………………………318
三里塚事件………………………134
自衛権………………………31, 32, 35, 36
自衛隊…………………………… 31
自衛隊イラク派遣…………………41–43
自衛隊掃海艇派遣……………… 42
自衛隊掃海艇ペルシャ湾派遣……41, 43
ジェンダー………………………139
時間的合理性……………………254
時間的裁量としての合理的期間……248
死刑制度………………………… 46
自己決定権………………………106
自己情報コントロール権………104
事情判決の法理……………177, 245
私人間……………………………381
私人間の人権保障……………… 60
私人間の法関係………………… 64
私人間の法的紛争…………131, 139
私生活上の自由………………86, 96, 105
私生活の公表……………………474
事前運動の禁止…………………482
事前抑制…………………………502
思　　想
　　――による差別………………133
　　――の自由……………………135
思想及び良心の自由……………318
思想・信条……………133, 136, 137
　　――の自由…………………… 52
思想・良心……………………132, 133
自治立法権………………………168
執行猶予…………………………172

## 事項索引

　　　──の言渡し……………………162
実質的関連性………………………………152
実質的な価値の平等の保障……………243
実質的により厳格な評価………………257
実質的平等…………………………………122
私的自治……………………………………345
自動失職制…………………………………230
自動失職制度………………………………154
自動速度監視装置…………………………170
児童手当……………………………………186
児童扶養手当………………………………181
児童扶養手当受給資格喪失処分………153
児童ポルノの禁止…………………………468
司法権………………………………………434
　　　──の限界……………………………299
私法上の特別な関係……………………… 60
司法審査…………………………………… 57
司法審査基準……………………………… 57
司法審査のあり方………………………… 57
司法審査の基本的あり方………………187
市民の生命、身体、財産等を侵害する危
　　険のある集会の禁止…………………449
氏　名……………………………………… 89
指　紋………………………………………102
指紋押なつ制度………………………126,127
社会権………………………………… 47,55
社会通念………………………65-67,121,164
社会的儀礼…………………………………422
社会的身分………… 120,149,154,161,
　　　　　　　　　　　163,164,169,172
　　　──による差別……………………148
　　　──の意味……………………………148
社会福祉立法………………………………127
謝罪広告事件………………………………132
社寺の拝観に対する課税………………389
集会開催のための市民会館の使用……452
集会の自由…………………………………449
衆議院

　　　──の解散…………………………24-26
　　　──の小選挙区選出議員の選挙…195
　　　──の中選挙区制度………………246
衆議院議員選挙……………………………176
住基ネット受信義務確認等請求事件…168
宗　教
　　　──への配慮…………………………408
　　　──への便宜供与……………………408
宗教活動の自由……………………………379
宗教教育………………………………377,432
宗教結社の自由………………………379,399
宗教上の人格権…………………………… 89
宗教上の信仰………………………………138
宗教上の地位………………………………435
宗教制度……………………………………412
宗教団体………………………………377,417
　　　──に対する監視…………………401
宗教的活動…………………………………377
宗教的人格権………………………………384
宗教的養育
　　親の──の権利………………………388
宗教法人………………………………53,400
住居侵入等の罪……………………………478
自由主義……………………………………… 2
住所を確定できない者の選挙権………204
自由診療……………………………………121
自由選挙……………………………………192
習俗的行為…………………………………422
「集団行動＝潜在的暴徒」論……………456
集団的自衛権……………………………… 32
住　民
　　93条2項の──………………………212
住民基本台帳ネットワークシステム
　　　　　　　　　　　　　　…105,168
住民訴訟
　　天皇を被告とする──……………… 15
受刑者の選挙権……………………………205
主権無答責…………………………………290

事項索引　515

取材源秘匿……………………497
取材行為の積極的な保障………494
取材資料の提出強制・押収……499
取材の自由……………………444, 494
出訴権…………………………414
準　正…………………………153
準正子……………………………76
障害基礎年金不支給決定………184
障害年金………………………186
障害福祉年金…………………127, 163
昇　格…………………………143
情　願…………………………283
上告受理申立制度……………174
常習累犯者……………………149
昇　進…………………………143
少数民族の文化享有権…………132
小選挙区制………………………7
小選挙区比例代表並立制……177, 178, 253
肖像権…………………………54, 96
　　　天皇の――………………14
象　徴……………………………13
傷病補償年金…………………186
情報公開請求権………………17, 47
情報受領の自由………………444
情報を摂取する自由…………444
条例制定権……………………168
昭和シェル女性賃金差別事件…143
昭和女子大事件…………………66
所轄庁の認証…………………405
職業選択の自由…………………58
職務の性質による制約…………239
職務の性質論…………………234
女系天皇…………………………19
女子若年定年制………………140
女性天皇…………………………19
所属宗派変更…………………404
知る権利………………47, 445, 446
人格権…………………………83, 87, 93

人格的利益……………………353, 354
人格的利益説……………………86
審級制度………………………171
信教の自由……………………318, 337, 377
人　権…………………………413
　　――の外在的制約…………57
　　――（の）享有主体………49, 51, 54
　　――の制限根拠………………55
　　――の内在的制約…………57
　　――の類型……………………47
人権享受主体……………………79
人権享有主体性…………………50
　　天皇の――……………………14
　　法人の――……………………52, 342
人権宣言…………………………47
人権相互間の調整原理…………58
人権尊重主義……………………2
人権保障の総則的規定…………78, 79
信仰上の信条…………………138
信仰の自由……………………133, 138, 379
人事考課………………………136
信者の法的地位………………440
人　種…………………………120, 172
　　――による差別……125, 126, 130, 165
信　条…………………………120, 172
　　――の意味…………………132
「信条」に基づく差別の禁止…355
信条による差別………132, 133, 138, 364
信条を理由とする差別課税……138
人身の自由………………………47
親族上の身分…………………149, 150
神　道…………………………413
人類普遍の原理……………………1
鈴鹿市女子職員差別事件………143
砂川事件…………………7, 8, 18, 33, 35-37
住友化学工業事件……………145
住友金属工業事件……………144
住友セメント事件……………141

生活保護受給者……………………183
請　願……………………………281
　　　──の意義………………282
　　　──の方法………………284
税関検査…………………463, 501
請願権の性格……………………283
請求権的性格……………………122
政教分離…………………………377
政教分離原則……………7, 27, 412
　　　──（制度説）……………413
　　　──（制度的保障）………413
政見放送…………………………501
生後認知……………………75, 153
性差別……………………………142
　　　──の意味………………139
　　　──禁止…………………142
政治資金の寄附…………………52
政治上の権力……………………377
性質説……………………………50
政治的意見………………………134
政治的思想・信条……………134, 135
政治的自由…………………373, 376
政治的信条………………………134
政治的中立性を損なうおそれ…237
精神活動の自由…………………318
精神的自由………………47, 54–56
精神的障害を理由とする選挙権行使の困
　難性……………………………202
生地主義…………………………74
性的指向による差別……………147
政　党……………368, 370, 371, 373
　　　──への寄附……………52
性同一性障害者…………………147
正当化……………………………318
正当な理由がなく長期にわたって立法を
　怠ること………………………200
成年被後見人の選挙権…………206
静謐のプライバシー……………91

性　別……………………120, 172
性別による差別…………………139
性別のみによる不合理な差別…139
生　命……………………………110
生命保険会社の政治献金………219
制　約……………………318, 329
積極的差別是正…………………145
積極的差別是正策………………123
摂　政……………………………22
前　科……………………100, 475
前科者……………………………169
選　挙……………………368, 371, 373
　　　──に関する報道・評論の規制…486
　　　──の公正……………194, 202
　　　──の差止め……………266
「選挙のルール」論………………485
選挙運動…………………………6
　　　──の規制………………481
　　　──の総括主宰者………222
選挙活動の自由…………………211
選挙区割再配分訴訟……………177
選挙権
　　　──が全く行使できないことの違法
　　　　確認請求……………195, 198
　　　──が全く行使できない場合の違憲
　　　　審査基準………………195
　　　──の自由………………52
　　　──の法的性質…………194
　　　──・被選挙権の停止…162
　　　──を行使する権利を有することの
　　　　確認請求……………195, 198
　　　投票が困難な者の──…201
選挙権取得年齢…………………167
選挙権剥奪の「やむを得ない事由」…204
選挙公報…………………………217
選挙公報登載申請期限…………218
選挙公報登載の申請期間………217
選挙制度…………………………367

選挙人資格における差別の禁止………243
選挙人名簿制度…………………………209
選挙無効…………………………………180
戦後補償…………………………44, 128
全司法仙台事件………………………… 10
戦　　争………………………………… 31
戦争公害訴訟…………………………… 38
戦争公務扶助料…………………………184
戦争の放棄……………………………… 31
全体の奉仕者……………………154, 225
全逓東京中郵事件……………………… 57
せん動罪…………………………356, 361
扇動的言論………………………………135
専門技術的な判断………………………187
戦　　力………………………31, 32, 35, 36
戦力及び交戦権の否認………………… 31
相応の時間の経過………………………258
増加非公死扶助料………………………184
争議権…………………………306, 311, 312
争議行為………………………306, 311, 312
総合的判断基準…………………………420
相互主義…………………………………129
相互保証主義……………………………293
葬場殿の儀……………………………… 27
相対的平等…………………………120-122
相対的わいせつ概念……………………467
相当性の理論……………………………471
相当な期間の継続………………………256
総評サラリーマン税金訴訟……………188
　→サラリーマン税金訴訟をみよ
即位の礼………………………………… 27
即位礼正殿の儀………………………… 17
訴訟遅延…………………………………232
租税関係立法……………………………186
租税法律主義……………………………183
損害賠償…………………………………414
尊属殺重罰規定違憲判決…………119, 121
尊属逮捕監禁罪…………………………150
尊属逮捕監禁致死傷罪…………………150
尊属に対する犯罪………………………150

### た　行

胎児認知…………………………………153
大赦令…………………………………… 15
大嘗祭……………………………7, 27, 28
退　　職…………………………………140
退職勧奨制度……………………………141
対人高権…………………………………210
大喪の礼………………………………… 27
代表役員…………………………………435
待命処分…………………………………148
脱退の自由………………………………370
脱法文書制限規定……………………… 6
単位宗教団体……………………………404
短期間に選挙権を移転した者の選挙権
　……………………………………………206
男女の本質的平等…………………140, 145
団体行動権……………………306, 311, 312
地域的代表………………………………262
嫡出子………………………………76, 154
嫡出否認の訴え…………………………174
チャタレー事件………………………… 55
中国人労働者強制移入………………… 45
忠魂碑……………………………………425
抽象的権利説……………………………292
抽象的な指導理念としての全体の奉仕者
　……………………………………………227
中選挙区における考慮要素……………244
駐留米軍………………………………… 32
重複立候補制度…………………………221
直接選挙…………………………………192
直接的制約………………322, 323, 325, 329, 344
直接適用………………………………… 68
治　　療
　――の拒否……………………………386
治療義務…………………………………386

518　事項索引

賃　金……………………………142
沈黙の自由………… 328, 344, 347, 348,
　　　　　　　　　 350, 352, 356
通信の秘密………………………505
通信の秘密の意味………………505
通信の秘密の制限………………505
津地鎮祭事件…………………… 40
抵抗権…………………………62, 63
訂正放送等………………………445
定　年……………………………140
定年制度…………………………167
定年年齢…………………………167
敵意ある聴衆の法理……………453
適正手続…………………………110
適用違憲………………211, 479, 480
天　皇……………………………422
天皇コラージュ事件…………14, 54
　——に対する名誉棄損罪……… 14
　——の肖像権………………… 14
　——の人権享有主体性……… 14
　——の地位…………………… 13
　——の任命権………………… 23
　——のプライバシーの権利… 14
天皇プラカード事件…………… 15
　——への不当利得返還請求事件… 54
　——への民事裁判権………… 15
　——を被告とする住民訴訟… 15
天賦の人権……………………… 49
電話盗聴…………………………506
統一教会…………………………394
同一労働同一賃金の原則………161
東急機関工業事件………………140
東京都銀行税条例事件…………189
同性愛者…………………………147
当然失職…………………………229
統治行為………………………… 38
統治行為論……………………… 34
投票が困難な者の選挙権………201

投票価値の平等……………176, 178, 180
　——に係る違憲審査基準……245
　——に係る立法裁量…………242
　——の不平等……………176, 177
投票の自由…………………371, 373
投票の秘密………………………273
　棄権に係る——………………276
　選挙犯罪捜査に係る——……277
投票用紙の差押え………………279
東朋学園事件……………………142
道路交通法による集団行進・集団示威運
　動の規制………………………457
道路における街頭演説、ビラ配布等の規
　制………………………………477
特定思想の強制…………………327
　——の禁止法理……326, 330, 339, 341
特定思想の禁止…………………327
特別永住者………………………211
特別権力関係論………………… 59
特別弔慰金の支給………………151
特例選挙区………………………180
　——設置の合憲性……………261
　——における投票価値………261
　——の投票価値の格差の適法性…262
特権付与…………………………416
都道府県議会議員選挙…………180
都道府県議会議員の選挙区制…262
賭博常習者………………………149
苫米地事件……………18, 25, 26, 34, 37
奴隷的拘束………………………304

　　　　　　な　行

内閣総理大臣………………380, 414
内閣総理大臣等の靖国神社参拝……… 45
内閣総理大臣の靖国神社公式参拝……380
内閣の「助言」と「承認」…… 20, 24, 25
内心に基づく不利益処遇………353
　——の禁止法理……… 339, 348, 350,

　　　　　　　　　　　354, 355, 357
内心の自由……………………133, 318
内面的な精神活動の自由…………318
長沼ナイキ基地……………………2
長沼ナイキ基地事件……………35, 37
長沼ナイキ基地訴訟……………3, 37
ナショナル・オリジン（祖先の出身国）
　　による差別……………………126
成田新法訴訟………………………56
二院制……………………………179
肉体的・生理的差異に基づく差別……139
二元説……………………………194
二重国籍……………………………75
二重の基準論……………………117
日曜参観授業……………………138
日産自動車事件……………67, 139-141
日中旅行社事件…………………134
二風谷ダム事件判決……………132
日本国籍……………………………69
日本国籍取得……………………153
日本国民……………………………69
入国する自由………………………50
認　知……………………………152
　　——の遡及効……………………75
年齢に基づく差別………………165
納税者……………………………211
納税者基本権………………………45
納税者訴訟…………………………7
納税の義務……………………47, 51
農地改革…………………………158

### は 行

ハード・コア・ポルノ……………467
拝観料……………………………389
バイク規制…………………………65
バイクに関する「三ない原則」………65
配信サービスの抗弁……………472
陪審による裁判……………………7

配当基数…………………………262
破壊的団体の規制………………459
罰金不完納………………………172
パブリシティ権……………………98
パブリック・フォーラム論………478
反論権……………………………445
ピアノ伴奏拒否事件………………17
BC級戦犯………………………5, 44
比較衡量……………114, 480, 496, 500
比較衡量論………………………500
非現業国家公務員
　　——の労働基本権……………241
非現業地方公務員………………241
非拘束名簿………………………368
被災者自立支援金制度…………146
非準正子……………………………76
非嫡出子………………76, 151, 152, 154
　　——の相続分……………………173
筆記行為の自由…………………445
必要かつ合理的…………………350
必要性及び合理性………………332
必要性、合理性…………………352
必要性の原則……………………425
一人別枠方式…………………178, 253
秘密選挙…………………………192
秘密投票の原則…………………277
百里基地訴訟………4, 36, 38, 41, 67, 68
表現活動への補助………………446
表現行為の強制……………327, 341
表現しない自由…………………327
表現内容…………………………341
表現内容の規制……………327, 465
表現の自由…………55, 318, 362, 443
　　——の機能……………………443
　　——の範囲……………………444
表現の時、場所、方法の規制……477
平　等……………………………345
平等権……………………………120

| | |
|---|---|
| 平等原則 | 120, 121, 146, 158, 168 |
| 平等選挙 | 192 |
| 平等の理念 | 118 |
| ビラの戸別配布 | 478 |
| ビラ貼り規制 | 479, 480 |
| ビラ貼り行為 | 56 |
| 比例原則 | 117 |
| 比例代表制 | 7, 368 |
| 比例代表選出議員選挙 | 7 |
| 夫婦間の差別 | 139 |
| 夫婦受給制限 | 184, 185 |
| 夫婦同一国籍主義 | 71 |
| 夫婦独立国籍主義 | 71 |
| 布教 | 397 |
| 福祉関係立法 | 181 |
| 不敬罪規定 | 14 |
| 父系優先血統主義 | 74, 148 |
| 不合理な差別 | 67, 130, 145, 146 |
| ——課税 | 138 |
| ——的取扱い | 161, 175 |
| 父性の推定 | 140 |
| 不断の努力 | 258 |
| 普通選挙 | 192 |
| ——の保障 | 192 |
| 部分社会論 | 438 |
| 父母両系血統主義 | 75 |
| プライバシー | 353, 354, 461 |
| プライバシー権 | 83, 86, 99, 168 |
| プライバシーの権利 | 47, 54, 474, 504 |
| 天皇の—— | 14 |
| ブランデンバーグ判決の基準 | 465 |
| 不利益効果の法理 | 122 |
| 武力行使と一体（化） | 32, 42 |
| 武力による威嚇 | 31 |
| 武力の行使 | 31 |
| プログラム規定 | 292 |
| 文化観光税 | 138 |
| 文化的性差 | 139 |
| 文書等頒布制限規定 | 6 |
| 併給禁止規定 | 181 |
| 平頂山事件 | 45 |
| 平和主義 | 1, 2, 6, 7, 9, 31, 40 |
| 平和主義の原則 | 3, 7 |
| 平和的生存権 | 2-5, 7, 40, 42-44, 46, 109 |
| 平和のうちに生存する権利 | 1, 3, 40 |
| 変型的統治行為論 | 34, 37 |
| 弁護人選任権 | 163 |
| 保安林の指定処分解除 | 2 |
| 包括関係 | 404 |
| 包括宗教団体 | 404 |
| 包括的人権 | 47, 56 |
| 法規範性 | 4 |
| 法人 | 51 |
| ——の政治献金 | 218 |
| 法定外文書の配布・掲示の禁止 | 482 |
| 法廷警察権 | 301 |
| 法定相続分 | 151 |
| 法廷での写真撮影 | 495 |
| 法的義務 | 2, 5 |
| 法的性質 | 1-3 |
| 法的利益 | 414 |
| 報道の自由 | 444 |
| 法の委任の範囲 | 182 |
| 法の欠缺 | 75 |
| 法の下の平等 | 118, 135, 346 |
| ——の意義 | 119 |
| ——の原則 | 123 |
| 法律上の争訟 | 435 |
| 法令の公布の時点 | 24, 25 |
| 法令の公布の方法 | 25 |
| 保険診療 | 121 |
| 保護範囲 | 318 |
| ポジティヴ・アクション | 123 |
| 補助金 | 419 |
| ポツダム宣言 | 14 |

## ま 行

マインドコントロール……………397
牧野訴訟………………………184
マクリーン事件………………50
マス・メディアへのアクセス権………445
身柄の拘束……………………316
三菱樹脂事件………39, 64-66, 68, 133, 137
南九州税理士会事件……………53
宮訴訟…………………………185
民事裁判権……………………54
民衆訴訟………………………41
民主主義………………………3
民族差別………………………126
無差別大量殺人行為を行った団体の規制
　　………………………………460
明確性の要件………………455, 456, 463
名称使用………………………403
明白かつ現在の危険………453, 465, 484
　　──の基準………………455
名　誉…………………88, 100, 353
名誉感情………………………88
名誉毀損…………340, 354, 470, 502
　　──の損害賠償訴訟…………54
　　　インターネット上の──……473
名誉棄損罪……………………15
　　天皇に対する──……………14
名誉権…………………………470
免　除…………………………408
免職処分………………………137
免責特権………………………294
免　訴…………………………168
目的効果基準………………27, 419
目的・手段審査………………116
黙秘権…………………………163
門　地……………120, 149, 164, 172
門地による差別………………164

## や 行

靖国神社………………………423
八幡製鉄所政治献金事件…………51
やむを得ない事由………………196
　　──の判断要素………………197
有害図書………………………469
　　──規制……………………501
郵便投票制度…………………203
悠紀殿供饌の儀…………………7
ユナイテッド・エアー・ラインズ事件
　　………………………………164
よど号ハイジャック記事墨塗り事件…59
予防接種………………………110

## ら 行

利益衡量論…………450, 452, 453, 467
リコール制……………………194
離職特別慰労金………………175
立憲君主制……………………20
立候補の自由
　　──と労働組合の統制権の関係…221
　　──（被選挙権）の法的性質……220
　　政党に所属しない候補者の──…221
立法行為…………………295, 296
立法裁量……………116, 153, 291
　　──の範囲内………………182
立法裁量論……………………128
立法事実………………………116
　　──の変化…………………152
立法政策…………………132, 166
　　──上の問題…………156, 179
立法措置が必要不可欠であること……200
立法による（許容的）配慮………408
立法不作為…………132, 200, 295, 296
　　──の違憲確認訴訟…………286
立法府の裁量………………129, 148
　　──の範囲………………127, 128

事項索引　521

──判断……………………127
留保解約権…………………… 64
良心的兵役拒絶権…………… 44
良心の自由……………………133
領土の変更…………………… 70
類型別利益衡量説……………503
霊感商法………………………398
歴史的経緯……………………411
レペタ訴訟……………………160
連座制…………………………222
労役場留置期間………………172

労働基本権…………………… 57
労働組合………………………372
労働賃金支払請求権…………122
老齢基礎年金…………………185
老齢福祉年金……………184, 185
老齢福祉年金支給停止処分…185

## わ 行

わいせつの判断基準…………466
わいせつ表現の禁止…………466
わいせつ表現の定義…………466

# 判 例 索 引

### (年月日順)

※判例情報データベース「D1-Law.com判例体系」の判例IDを〔 〕で記載

### 昭和21年～30年

東京刑事地判昭和21・11・2刑集2巻6号603頁〔24000167〕………………… 15, 54
東京高判昭和22・6・28刑集2巻6号607頁〔24000168〕………………………… 15, 54
最大判昭和23・3・12刑集2巻3号191頁〔27760012〕…………………………… 111
最大判昭和23・3・24裁判集刑1号535頁〔27760013〕………………………… 81, 112
最大判昭和23・5・26刑集2巻6号529頁〔24000166〕…………………………… 15, 54
最大判昭和23・5・26刑集2巻5号517頁〔27760021〕…………………………… 172
最三小判昭和23・6・1民集2巻7号125頁〔27003616〕………………………… 277
最大判昭和23・7・8刑集2巻8号801頁〔27760035〕…………………………… 171
宇都宮地判昭和23・9・28行裁月報8号45頁〔27700025〕…………………… 158
最大判昭和23・10・6刑集2巻11号1275頁〔27760060〕……………………… 121, 169
最三小判昭和23・11・9裁判集刑5号179頁〔28211152〕……………………… 111
京都地判昭和23・11・15行裁月報12号127頁〔27660030〕…………………… 233
最大決昭和23・12・24刑集2巻14号1925頁〔27760090〕……………………… 232
東京地判昭和24・3・23行裁月報20号135頁〔27660065〕…………………… 164
最大判昭和24・3・23刑集3巻3号369頁〔27760107〕………………………… 171
最大判昭和24・4・6刑集3巻4号456頁〔27760111〕………………………… 277
最二小判昭和24・4・16刑集3巻5号557頁〔27760114〕……………………… 171
最大判昭和24・5・18刑集3巻6号839頁〔27680028〕……………………… 112, 465
最一小判昭和24・6・16刑集3巻7号1077頁〔27760123〕…………………… 149, 164
最二小判昭和24・7・2裁判集刑12号23頁〔27760127〕……………………… 172
最一小判昭和24・7・14裁判集刑12号563頁〔27760133〕…………………… 172
東京地判昭和24・7・18行裁月報20号153頁〔27660135〕…………………… 158
東京高判昭和24・7・29高裁刑集2巻1号53頁〔27941130〕…………………… 481
最大判昭和24・10・5刑集3巻10号1646頁〔27760147〕…………………… 172, 308
最三小判昭和24・10・18裁判集刑14号245頁〔27760148〕…………………… 172
東京高判昭和24・12・5民集6巻2号177頁〔27205544〕……………………… 365
福岡地飯塚支判昭和25・1・9刑集4巻10号2070頁〔24001094〕…………… 150
最三小判昭和25・1・24刑集4巻1号54頁〔27760166〕……………………… 162
最大判昭和25・3・15刑集4巻3号366頁〔27760173〕………………………… 172
最大判昭和25・4・26刑集4巻4号716頁〔27760188〕………………………… 171
最大判昭和25・6・7刑集4巻6号956頁〔27660155〕……………………… 123, 172, 308
東京地判昭和25・7・19民集7巻11号1195頁〔27205459〕…………………… 159

最大判昭和25・7・19刑集4巻8号1429頁〔27760217〕……………………… 171
最大判昭和25・9・27刑集4巻9号1799頁〔27760236〕……………… 483, 487
最大判昭和25・10・11刑集4巻10号2029頁〔27760242〕………………… 108
最大判昭和25・10・11刑集4巻10号2037頁〔27760245〕…………… 120, 150
最大判昭和25・10・25刑集4巻10号2166頁〔27760247〕…………………… 7
最大判昭和25・10・25刑集4巻10号2126頁〔27760248〕………………… 150
最一小判昭和25・11・9民集4巻11号523頁〔27003507〕………………… 277
最大判昭和25・11・22刑集4巻11号2380頁〔27760254〕………………86, 108
名古屋地決昭和25・12・28裁判所時報75号7頁〔27760264〕…………… 133
最一小判昭和26・2・1裁判集刑40号1頁〔27760268〕…………………… 157
松江地判昭和26・3・9下級民集2巻3号361頁〔27680149〕……………… 405
最大決昭和26・4・4民集5巻5号214頁〔27003475〕……………………… 112
最大判昭和26・4・18刑集5巻5号923頁〔27760280〕………………………46
最二小判昭和26・5・18刑集5巻6号1175頁〔27760284〕………………… 157
岡山地判昭和26・6・29行集2巻8号1307頁〔27600353〕………………… 226
最大判昭和26・7・11刑集5巻8号1419頁〔27760293〕………………………49
最大判昭和26・8・1刑集5巻9号1709頁〔27760299〕…………………… 149
最二小判昭和26・9・14刑集5巻10号1933頁〔27760303〕……………… 170
広島地判昭和26・10・30行集2巻11号1934頁〔21003640〕……………… 194
最二小判昭和26・11・16刑集5巻12号2405頁〔27760314〕……………… 171
最二小判昭和26・11・16裁判集刑56号993頁〔27760316〕……………… 157
最大判昭和27・2・20民集6巻2号122頁〔27003428〕……………… 276, 365
最二小判昭和27・2・29刑集6巻2号321頁〔27760343〕………………… 171
最三小判昭和27・3・18裁判集刑62号527頁〔27760346〕……………… 162
東京地判昭和27・7・24行集3巻6号1328頁〔27600486〕………………… 167
最大判昭和27・8・6刑集6巻8号974頁〔27760367〕……………… 444, 498
最三小判昭和27・8・23裁判集刑67号193頁〔27760368〕……………… 157
最大判昭和27・10・8民集6巻9号783頁〔27003388〕………………………36
高松高判昭和27・12・23高裁刑特報17号65頁〔27760378〕…………… 150
東京高決昭和27・12・27家裁月報5巻5号171頁〔27483069〕………… 382
静岡地判昭和28・3・21行集4巻3号422頁〔27600730〕………………… 158
大阪高判昭和28・3・31高裁刑特報28号14頁〔27760386〕…………… 150
最大判昭和28・4・8刑集7巻4号775頁〔27660329〕…………… 112, 239, 312
最大判昭和28・4・15民集7巻4号305頁〔27003329〕………………………26
東京高判昭和28・5・13下級民集4巻5号695頁〔27400403〕………………61
大阪高判昭和28・6・8高裁刑特報28号37頁〔27680430〕…………………62
札幌高判昭和28・6・11高裁刑特報32号31頁〔27760400〕…………… 162
最大判昭和28・6・24刑集7巻6号1366頁〔27760403〕………………… 146

東京高判昭和28・7・8高裁刑集6巻7号864頁〔27670062〕……………… 194
東京高判昭和28・8・5高裁刑集6巻8号1065頁〔27760411〕……………… 163
最二小判昭和28・10・2刑集7巻10号1883頁〔27760417〕……………… 157
東京地判昭和28・10・19刑集14巻7号1251頁〔27203765〕………… 25, 26
東京高判昭和28・11・5高裁刑集6巻11号1572頁〔27760423〕…………… 309
最三小判昭和28・11・10刑集7巻11号2067頁〔27760425〕……………… 170
最大判昭和28・11・25刑集7巻11号2288頁〔21005603〕……………… 187
最大判昭和28・12・23民集7巻13号1561頁〔27003243〕……………… 451
東京高判昭和28・12・28高裁刑集6巻13号1918頁〔27760436〕………… 163
東京高判昭和29・1・19行集5巻1号20頁〔27600871〕……………… 158
最大判昭和29・1・20刑集8巻1号52頁〔27760438〕……………… 150
福岡高判昭和29・1・27高裁刑集7巻1号29頁〔27680514〕………………10
東京高判昭和29・1・29高裁民集7巻1号14頁〔27440139〕……………… 158
大阪高判昭和29・3・10高裁刑特報28号102頁〔27610591〕………… 135
最一小判昭和29・3・11刑集8巻3号270頁〔27760448〕……………… 162
最一小決昭和29・3・25裁判集刑93号805頁〔27760450〕………………25
最一小判昭和29・4・22刑集8巻4号526頁〔27760458〕………………25
名古屋高金沢支判昭和29・5・1高裁刑特報33号183頁〔27760461〕………25
東京高判昭和29・8・7行集5巻8号1769頁〔27600898〕……………… 158
仙台高判昭和29・9・1ジュリスト68号54頁〔27760480〕……………… 163
最三小判昭和29・9・21刑集8巻9号1508頁〔27760482〕……………… 170
東京高判昭和29・9・22民集14巻7号1265頁〔27203766〕………… 25, 26
東京高判昭和29・9・30民集10巻12号1567頁〔27420185〕……………… 292
東京高判昭和29・11・9高裁民集7巻11号943頁〔27600905〕…………… 274
最大判昭和29・11・24刑集8巻11号1866頁〔27660396〕……………… 455
大阪高判昭和29・12・9高裁刑特報1巻13号712頁〔27760493〕………… 163
福岡高判昭和30・1・26行集6巻1号92頁〔27601251〕……………… 163
最大判昭和30・2・9刑集9巻2号217頁〔27760502〕………… 163, 194, 205, 223
最大判昭和30・2・16刑集9巻2号305頁〔27760504〕……………… 486
最一小決昭和30・2・17刑集9巻2号310頁〔27760505〕……………… 277
最大判昭和30・4・6刑集9巻4号819頁〔27760517〕………… 483, 487
最三小判昭和30・4・19民集9巻5号534頁〔27003054〕……………… 294
東京高判昭和30・4・25民集11巻10号1734頁〔27204509〕……………… 158
最二小判昭和30・5・13民集9巻6号1023頁〔27760522〕……………… 163
最大判昭和30・6・8民集9巻7号888頁〔27003034〕………………66
最大判昭和30・7・20民集9巻9号1122頁〔27003019〕……………… 153
最一小判昭和30・8・18刑集9巻9号2031頁〔27760530〕………… 149, 170
東京高判昭和30・11・10高裁刑集8巻10号1202頁〔27486588〕………… 155

最三小判昭和30・11・22民集9巻12号1793頁〔27002975〕…………… 135
最大判昭和30・12・14刑集9巻13号2756頁〔27680714〕…………… 126

### 昭和31年～40年

最一小判昭和31・2・16刑集10巻2号201頁〔27760552〕…………… 487
千葉地判昭和31・2・21行集7巻2号238頁〔27450248〕…………… 140
金沢地判昭和31・2・24労働民例集7巻1号58頁〔27620693〕…………… 135
最大判昭和31・7・4民集10巻7号785頁〔27002906〕………… 133, 340, 470
東京地判昭和31・8・8行集7巻8号2034頁〔27601401〕…………… 151
最三小決昭和31・11・20刑集10巻11号1542頁〔24002704〕…………… 395
京都地判昭和31・12・27判時112号1頁〔27680798〕…………… 465
東京地判昭和32・1・31行集8巻1号133頁〔27601606〕…………… 282
最三小判昭和32・2・12裁判集刑117号861頁〔27760576〕…………… 157
最大判昭和32・3・13刑集11巻3号997頁〔27760577〕………55, 113, 466
最三小判昭和32・3・26刑集11巻3号1108頁〔27760579〕…………… 170
最一小判昭和32・4・25刑集11巻4号1485頁〔27761252〕…………… 162
東京地判昭和32・5・14下級民集8巻5号931頁〔27420506〕…………… 294
最二小決昭和32・6・8刑集11巻6号1638頁〔27670130〕…………… 147
札幌地岩見沢支判昭和32・6・25労働民例集8巻3号265頁〔27670132〕…… 231
福岡高判昭和32・7・18高裁民集10巻5号299頁〔27610929〕…………… 175
東京地決昭和32・7・20労働民例集8巻4号390頁〔27440324〕…………… 137
最三小判昭和32・9・17新聞72号6頁〔27760590〕…………… 308
東京地判昭和32・10・4行集8巻10号1858頁〔27601618〕…………… 155
東京高判昭和32・10・26高裁民集10巻12号671頁〔27420605〕…………… 302
東京高判昭和32・11・7高裁民集10巻9号500頁〔27601595〕…………… 274
最大判昭和32・11・27刑集11巻12号3113頁〔21009402〕…………… 170
東京高判昭和32・12・26行集8巻12号2122頁〔27601604〕…………… 217
最大判昭和32・12・28刑集11巻14号3461頁〔27660548〕…………… 26
最大決昭和33・2・17刑集12巻2号253頁〔27760603〕………… 444, 495
仙台高判昭和33・2・26民集13巻6号859頁〔27601763〕…………… 228
最大判昭和33・3・5刑集12巻3号384頁〔21009702〕…………… 169
大阪高判昭和33・3・6高裁刑特報5巻3号85頁〔27680885〕…………… 159
最大判昭和33・3・12刑集12巻3号501頁〔27760605〕……… 121, 123, 154, 233
最一小判昭和33・4・10刑集12巻5号830頁〔27760609〕…………… 470
最大判昭和33・4・16刑集12巻6号942頁〔27670150〕………… 112, 154
佐賀地判昭和33・4・2民集15巻12号3167頁〔27203645〕…………… 135
札幌高判昭和33・4・22高裁刑特報5巻5号184頁〔27760612〕…………… 162
東京地判昭和33・5・6刑集20巻3号68頁〔27660571〕…………… 455

最三小判昭和33・5・6刑集12巻7号1351頁〔27760614〕 308
大阪地判昭和33・5・9行集9巻5号1047頁〔27601876〕 405
最二小判昭和33・5・30刑集12巻8号1914頁〔27760619〕 157
最一小判昭和33・6・19刑集12巻10号2243頁〔27760622〕 162
最二小判昭和33・6・27刑集12巻10号2332頁〔27760623〕 46
最大判昭和33・7・16刑集12巻12号2591頁〔27670157〕 170
東京高決昭和33・8・7訟務月報4巻10号1243頁〔27611030〕 161
大阪地判昭和33・8・20行集9巻8号1662頁〔27911453〕 308, 432
最大判昭和33・9・10民集12巻13号1969頁〔27002632〕 86
最大判昭和33・10・15刑集12巻14号3305頁〔27660590〕 168
最大判昭和33・10・15刑集12巻14号3313頁〔27660591〕 26
最二小判昭和33・10・24刑集12巻14号3385頁〔27760630〕 169
最二小判昭和33・10・24刑集12巻14号3392頁〔27760631〕 150
福岡高判昭和33・11・5高裁刑特報5巻11号444頁〔27486403〕 317
松山地判昭和33・11・6第一審刑集1巻11号1800頁〔27660596〕 10
青森地判昭和33・12・24高裁刑集12巻4号452頁〔27660607〕 10
岐阜地判昭和34・1・27下級刑集1巻1号140頁〔27680954〕 465
山口地判昭和34・3・5労働民例集10巻2号316頁〔27401431〕 135
東京地判昭和34・3・30刑集13巻13号3305頁〔27760641〕 8, 33, 35
最二小判昭和34・6・26民集13巻6号846頁〔27002560〕 229
最大決昭和34・7・8民集13巻7号955頁〔27002554〕 173
最二小判昭和34・7・24刑集13巻8号1212頁〔27680997〕 126
東京地判昭和34・8・8刑集14巻9号1281頁〔27660660〕 455
最三小決昭和34・9・22刑集13巻11号2985頁〔27760659〕 156
東京高決昭和34・10・8下級民集10巻10号2112頁〔27710323〕 174
最大判昭和34・12・9刑集13巻12号3186頁〔27670190〕 156
最大判昭和34・12・16刑集13巻13号3225頁〔27660683〕 7, 18, 33, 35
最大判昭和35・2・10民集14巻2号137頁〔27002500〕 158
最一小判昭和35・2・11刑集14巻2号119頁〔27670195〕 159
名古屋高金沢支判昭和35・2・23下級刑集2巻2号144頁〔27670197〕 63
東京高判昭和35・2・26行集11巻4号1059頁〔27602154〕 155
最一小判昭和35・3・3刑集14巻3号253頁〔27681046〕 477
東京高判昭和35・3・11民集14巻14号3053頁〔27602160〕 265
最三小判昭和35・4・5刑集14巻5号521頁〔27760676〕 162, 171
千葉地判昭和35・4・14行集11巻4号1114頁〔27602284〕 284
富山地判昭和35・4・15行集11巻4号1146頁〔27602286〕 150
東京地判昭和35・4・27行集11巻4号1195頁〔27602297〕 400
大津地判昭和35・5・24下級民集11巻5号1145頁〔27700215〕 439

最大判昭和35・6・8民集14巻7号1206頁〔27002449〕 …………… 18, 25, 26, 34
高松高判昭和35・6・15民集15巻1号27頁〔27203375〕 …………………… 273
最二小決昭和35・7・11裁判集刑134号425頁〔27760683〕 ……………… 157
最大判昭和35・7・20刑集14巻9号1197頁〔27681062〕 ………………… 113
最大判昭和35・7・20刑集14巻9号1243頁〔27681063〕 ………………… 456
東京地判昭和35・9・19労働民例集11巻5号949頁〔27611220〕 ……… 137
東京高判昭和35・9・19東高刑時報11巻9号243頁〔27681071〕 …… 10, 126
高松高判昭和35・9・20高裁刑集13巻7号523頁〔27681072〕 …………… 11
東京高判昭和35・10・11東高民時報11巻10号250頁〔27621259〕 …… 158
最大判昭和35・12・14民集14巻14号3037頁〔27002366〕 …………… 266
最二小判昭和36・1・20民集15巻1号18頁〔27002356〕 ……………… 273
最大判昭和36・2・15民集15巻2号347頁〔27681102〕 …………… 57, 476
長野地判昭和36・2・28行集12巻2号250頁〔27602418〕 …………… 159
奈良地判昭和36・3・13下級刑集3巻3=4号245頁〔27681107〕 ……… 63
東京地判昭和36・3・27裁判所時報326号4頁〔27660762〕 …………… 63
最大判昭和36・4・5民集15巻4号657頁〔27002322〕 …………… 70, 131
最大判昭和36・6・28刑集15巻6号1015頁〔27760712〕 ……………… 171
最三小判昭和36・7・25刑集15巻7号1216頁〔27670236〕 …………… 155
東京地判昭和36・8・24民集23巻12号2615頁〔27201947〕 ………… 151
東京地判昭和36・9・6行集12巻9号1841頁〔27602477〕 ……… 284, 432
福島地判昭和36・11・4下級刑集3巻11=12号105頁〔27670244〕 …… 62
東京地判昭和36・11・9行集12巻11号2197頁〔27602496〕 ………… 158
最三小判昭和36・11・21刑集15巻10号1742頁〔27760722〕 ………… 163
東京地判昭和36・12・22裁判所時報345号1頁〔27660830〕 ………… 285
札幌地判昭和37・1・18下級刑集4巻1=2号69頁〔27670254〕 ……… 62
最二小判昭和37・1・19刑集16巻1号1頁〔27760725〕 ………………… 170
最大判昭和37・2・21刑集16巻2号107頁〔21015861〕 ………………… 465
最大判昭和37・2・28刑集16巻2号212頁〔21015890〕 ………………… 188
最大判昭和37・3・14民集16巻3号537頁〔27002181〕 ………………… 222
熊本地判昭和37・4・3行集13巻4号709頁〔27602533〕 ……………… 312
東京高判昭和37・4・18行集13巻4号514頁〔27602538〕 ……………… 11
東京地判昭和37・4・18下級刑集4巻3=4号303頁〔27670263〕 …… 306, 310, 314
大阪地判昭和37・5・31行集13巻5号954頁〔27602545〕 ………… 34, 63
最三小判昭和37・6・26裁判集民61号409頁〔28198262〕 …………… 406
浦和地判昭和37・9・13行集13巻9号1565頁〔27602568〕 ………… 156
最大判昭和37・10・24民集16巻10号2143頁〔27002086〕 ……………… 81
東京地判昭和37・10・24民集20巻6号1227頁〔27602586〕 ………… 159
最大決昭和37・10・30刑集16巻10号1467頁〔27760731〕 …………… 171

最二小判昭和37・11・16刑集16巻11号1562頁〔27760732〕………………… 172
最大判昭和37・12・5刑集16巻12号1661頁〔27770584〕 …………………70, 131
最三小決昭和37・12・18刑集16巻12号1713頁〔27660923〕………………… 147
福岡地判昭和37・12・21刑集25巻2号27頁〔27670280〕 ………… 306, 310, 312
最三小判昭和38・3・12民集17巻2号318頁〔21017231〕………………………… 7
福島地判昭和38・3・27下級刑集5巻3=4号309頁〔27670290〕………………… 313
東京地判昭和38・3・28行集14巻3号562頁〔27602675〕……………………… 34
東京地判昭和38・3・28判タ144号73頁〔27660953〕…………………………… 34
最二小判昭和38・4・5裁判集民65号437頁〔27770366〕……………………… 131
東京地判昭和38・4・19刑集27巻4号1047頁〔27670291〕……… 306, 310, 312
名古屋地判昭和38・4・26労働民例集14巻2号668頁〔27611443〕…………… 382
最大判昭和38・5・15刑集17巻4号302頁〔27681213〕………………………… 396
水戸地判昭和38・6・1行集14巻6号1227頁〔27602701〕……………………… 229
仙台高判昭和38・6・17民集18巻2号364頁〔27202688〕……………………… 271
津地判昭和38・6・21下級民集14巻6号1183頁〔27681221〕………………… 391
東京地判昭和38・7・29行集14巻7号1316頁〔27602713〕……………… 86, 307
最一小判昭和38・9・5裁判所時報385号2頁〔27760743〕…………………… 276
最三小判昭和38・9・17民集17巻8号968頁〔27002006〕……………………… 83
東京地判昭和38・9・18民集25巻7号1053頁〔27201276〕…………………… 110
最三小決昭和38・10・22刑集17巻9号1755頁〔27760746〕………………… 481
和歌山地判昭和38・10・25下級刑集5巻9=10号910頁〔27670306〕… 306, 310, 312
東京地判昭和38・11・27刑集20巻3号93頁〔27661001〕……………………… 168
最二小判昭和38・12・6裁判集刑149号209頁〔28210117〕…………………… 149
札幌高判昭和38・12・20判時365号6頁〔27915654〕………………………… 301
最二小決昭和38・12・25裁判集刑149号517頁〔27760754〕………………… 34
最三小判昭和39・2・4裁判集刑150号377頁〔27760756〕…………… 162, 170
最大判昭和39・2・5民集18巻2号270頁〔27001940〕………………… 179, 243
最大判昭和39・2・26民集18巻2号353頁〔27001936〕……………………… 272
大阪高判昭和39・3・13下級刑集6巻3=4号162頁〔27760760〕……………… 166
福岡地小倉支判昭和39・3・16下級刑集6巻3=4号241頁〔27670314〕……… 62
広島地判昭和39・3・19刑集24巻7号460頁〔27670315〕…………………… 168
大阪地判昭和39・3・30下級刑集6巻3=4号309頁〔27670317〕……… 306, 310, 312
東京地決昭和39・4・27労働民例集15巻2号383頁〔27611517〕…………… 137
最大判昭和39・5・27民集18巻4号676頁〔27001913〕…………… 121, 148, 167
東京地判昭和39・5・30下級刑集6巻5=6号694頁〔27681265〕…………… 465
最大判昭和39・7・1裁判集刑152号1頁〔21019351〕………………………… 169
長野地諏訪支判昭和39・8・10労働民例集15巻4号915頁〔27621685〕……… 307
東京地判昭和39・8・15行集15巻8号1595頁〔27602843〕…………………… 173

東京地判昭和39・9・28下級民集15巻9号2317頁〔27421273〕………86, 100, 474
東京高判昭和39・10・28行集15巻10号2077頁〔27602865〕…………… 276
最大判昭和39・11・18刑集18巻9号579頁〔21020111〕………… 121, 123, 126
最大判昭和39・11・18刑集18巻9号561頁〔27760772〕………………483, 487
最大判昭和39・11・25刑集18巻9号669頁〔21020141〕……………………… 173
高知地判昭和39・11・28下級刑集6巻11=12号131頁〔27670341〕… 306, 310, 314
東京地判昭和40・1・23下級刑集7巻1号76頁〔27661084〕………………… 477
高知地判昭和40・3・31民集24巻10号1413頁〔27201891〕………………… 316
仙台地判昭和40・3・31行集16巻3号520頁〔27602919〕…………………… 156
福岡地直方支判昭和40・4・14労働民例集16巻2号220頁〔27621772〕……… 135
最二小判昭和40・4・16刑集19巻3号154頁〔24004465〕…………………… 483
最大判昭和40・7・14民集19巻5号1198頁〔27001285〕……………………… 114
東京地判昭和40・8・9下級刑集7巻8号1603頁〔27681335〕………………8, 34
東京高判昭和40・11・16高裁刑集18巻7号742頁〔27670369〕……………… 314

### 昭和41年〜50年

東京高判昭和41・1・31民集24巻6号701頁〔27201882〕…………………… 218
大阪高判昭和41・2・26高裁刑集19巻1号58頁〔27670379〕……………… 505
最一小判昭和41・3・31裁判集民82号819頁〔27621876〕………………… 406
高松地判昭和41・3・31労働民例集17巻2号405頁〔27670382〕
　　　　　　　　　　　　　　　　　　　　　　　………………… 306, 310, 311, 316
福岡地判昭和41・6・7行集17巻6号634頁〔27451272〕…………………… 159
最一小判昭和41・6・23民集20巻5号1118頁〔27001181〕………………… 470
東京地判昭和41・6・23下級刑集8巻6号897頁〔27661200〕……………… 168
長崎地判昭和41・7・1下級刑集8巻7号975頁〔27670392〕……… 306, 310, 312
最大判昭和41・7・20民集20巻6号1217頁〔27001176〕…………………… 159
盛岡地判昭和41・7・22刑集30巻5号1508頁〔27670394〕………… 306, 311, 312
静岡地判昭和41・9・20行集17巻9号1060頁〔27603031〕………………… 137
最大判昭和41・10・26刑集20巻8号901頁〔27670400〕…………57, 114, 239
最大判昭和41・11・30刑集20巻9号1076頁〔27670403〕………………… 170
東京地判昭和41・12・20労働民例集17巻6号1407頁〔27440993〕………… 141
東京地決昭和42・1・27行集18巻1=2号44頁〔27603051〕………………… 208
京都地判昭和42・2・23下級刑集9巻2号141頁〔27661238〕……………… 456
東京地判昭和42・3・27判タ206号200頁〔27760816〕……………………… 484
札幌地判昭和42・3・29下級刑集9巻3号359頁〔27681462〕………………38
大森簡判昭和42・3・31下級刑集9巻3号366頁〔27940841〕……………… 481
東京高判昭和42・4・10民集28巻5号868頁〔27200841〕………………… 134
東京地判昭和42・4・24労働民例集18巻2号366頁〔27441028〕………… 134

東京地判昭和42・5・10下級刑集9巻5号638頁〔27661261〕……………………… 457
最大判昭和42・5・24民集21巻5号1043頁〔27001071〕……………………… 181
最一小判昭和42・5・25民集21巻4号937頁〔27001077〕……………………66, 381
東京高判昭和42・6・20判タ214号249頁〔27700293〕………………………………34
前橋地判昭和42・7・26教職員人事関係裁判例集5集525頁〔27760826〕
　………………………………………………………………………………… 306, 311, 313
東京地判昭和42・7・28労働民例集18巻4号846頁〔27611811〕……………… 135
神戸地判昭和42・9・26労働民例集18巻5号915頁〔27441056〕……………… 141
高知簡判昭和42・9・29刑集4集24号209頁〔27670432〕……………………… 480
最三小判昭和42・11・21刑集21巻9号1245頁〔27760834〕…………………… 484
東京地判昭和42・12・12行集18巻12号1592頁〔27603121〕………………………8
福岡高判昭和42・12・18刑集25巻2号173頁〔27670441〕…………… 306, 310, 314
大阪地決昭和42・12・28訟務月報13巻13号1691頁〔27661321〕……………… 309
高松高判昭和43・2・22高裁民集21巻1号67頁〔27622066〕………………… 440
尼崎簡判昭和43・2・29下級刑集10巻2号211頁〔27760844〕………………… 140
妙寺簡判昭和43・3・12判時512号76頁〔27760845〕…………………………… 484
最二小判昭和43・3・15裁判集民90号655頁〔27661335〕……………………… 300
旭川地判昭和43・3・25刑集28巻9号676頁〔27670453〕………… 234, 240, 489
東京高判昭和43・3・27高裁刑集21巻3号233頁〔27681543〕………………… 168
大阪高判昭和43・3・29下級刑集10巻3号254頁〔27670458〕………… 306, 311
神戸地判昭和43・3・29労働民例集19巻2号507頁〔27681547〕……………… 141
盛岡地一関支判昭和43・4・10労働民例集19巻2号522頁〔27441089〕……… 142
最三小決昭和43・4・23裁判集刑166号765頁〔28200291〕…………………… 149
高松高判昭和43・4・30高裁刑集21巻2号207頁〔27670460〕………… 480, 481
千葉地判昭和43・5・20行集19巻5号860頁〔27441100〕……………………… 142
大阪地判昭和43・5・23判時537号82頁〔27611896〕…………………………… 134
東京高判昭和43・6・12民集27巻11号1580頁〔27201023〕…………………… 346
最二小判昭和43・6・14刑集22巻6号477頁〔27760850〕……………………… 149
東京地判昭和43・7・15行集19巻7号1196頁〔27603180〕…………………… 185
奈良地判昭和43・7・17行集19巻7号1221頁〔21028431〕………… 138, 389, 409
枚方簡判昭和43・10・9下級刑集10巻10号981頁〔27670485〕……………… 479
最二小判昭和43・11・1刑集22巻12号1319頁〔24004833〕…………………… 484
広島高判昭和43・11・13訟務月報14巻12号1364頁〔27661373〕…………… 159
最三小判昭和43・11・26刑集22巻12号1380頁〔24004844〕………………… 484
最大判昭和43・11・27民集22巻12号2808頁〔27000883〕…………………… 110
最大判昭和43・12・4刑集22巻13号1425頁〔27611952〕…………………… 220
最大判昭和43・12・18刑集22巻13号1549頁〔27670489〕………………56, 479
仙台高判昭和44・2・19刑集30巻5号1564頁〔27670495〕………… 306, 311, 314

高松高判昭和44・3・28刑集24巻4号214頁〔27670502〕………………… 480
最大判昭和44・4・2刑集23巻5号305頁〔27670504〕………………… 240, 314
最大判昭和44・4・2刑集23巻5号685頁〔27670505〕………… 8, 11, 34, 240, 313
長野地佐久支判昭和44・4・18判タ234号別冊32頁〔27760867〕………………… 483
最大判昭和44・4・23刑集23巻4号235頁〔27760868〕………………… 482, 483, 484
宇都宮地判昭和44・5・29判タ237号266頁〔27760870〕………………… 150
東京地判昭和44・6・5労働民例集20巻3号504頁〔27612015〕………………… 137
札幌高判昭和44・6・24刑集28巻9号688頁〔27670511〕………………… 234, 489
最大判昭和44・6・25刑集23巻7号975頁〔24004915〕………………… 471
東京地判昭和44・7・1労働民例集20巻4号715頁〔27441208〕………………… 140
最一小判昭和44・7・10民集23巻8号1423頁〔27000799〕………………… 435
東京高判昭和44・7・31高裁刑集22巻4号504頁〔27760877〕………………… 481
最大判昭和44・10・15刑集23巻10号1239頁〔27760887〕………………… 443, 466
東京地判昭和44・11・15訟務月報16巻2号180頁〔27441234〕………………… 137
最二小判昭和44・11・21裁判集刑174号53頁〔27760889〕………………… 170
最大決昭和44・11・26刑集23巻11号1490頁〔27760891〕……… 115, 444, 494, 499
最大判昭和44・12・24民集23巻12号2595頁〔27000748〕………………… 81, 151
最大判昭和44・12・24刑集23巻12号1625頁〔27681653〕………………… 86, 96, 101
大阪地判昭和44・12・26労働民例集20巻6号1806頁〔27612060〕………………… 134
京都地判昭和45・1・28判タ246号239頁〔27451634〕………………… 383
東京地判昭和45・1・30労働民例集21巻1号127頁〔27612066〕………………… 135
東京地決昭和45・3・14高裁民集23巻2号189頁〔27422120〕………………… 503
東京地決昭和45・4・13高裁民集23巻2号172頁〔27422153〕………………… 101, 503
東京地判昭和45・5・29判タ256号170頁〔27612109〕………………… 135
最大判昭和45・6・10民集24巻6号499頁〔27000722〕………………… 173
最大判昭和45・6・17刑集24巻6号280頁〔27681679〕………………… 480
最大判昭和45・6・24民集24巻6号625頁〔27000715〕………………… 51, 219
東京地判昭和45・7・17民集36巻4号616頁〔27200177〕………………… 501
神戸地判昭和45・7・18判タ253号153頁〔27441308〕………………… 62
名古屋地判昭和45・8・26労働民例集21巻4号1205頁〔27441316〕………………… 142
最大判昭和45・9・16民集24巻10号1410頁〔27000690〕……… 59, 108, 506
大阪地判昭和45・10・22労働民例集21巻5号1381頁〔27612143〕………………… 136
前橋地判昭和45・11・5労働民例集21巻6号1475頁〔27612147〕………………… 142
最大決昭和45・12・16民集24巻13号2099頁〔27000662〕………………… 174
最二小判昭和45・12・18民集24巻13号2151頁〔27000660〕………………… 88
大阪地判昭和46・2・25判時643号74頁〔27661502〕………………… 294
盛岡地判昭和46・3・18労働民例集22巻2号291頁〔27441367〕………………… 140
最三小判昭和46・3・23刑集25巻2号110頁〔27670574〕………………… 314

最二小判昭和46・9・3裁判集民103号491頁〔27661549〕………………… 294
東京高判昭和46・9・22判時646号47頁〔27422544〕………………… 472
札幌地判昭和46・11・19行集22巻11=12号1842頁〔27603381〕……… 137
大阪地判昭和46・12・10労働民例集22巻6号1163頁〔27441438〕…… 142
札幌地判昭和46・12・24民集32巻7号1412頁〔27200444〕…………… 301
盛岡地判昭和46・12・28判時655号20頁〔27670621〕………………… 416
最二小決昭和47・2・16裁判集刑183号147頁〔28200943〕…………… 149
最三小判昭和47・3・21裁判集民105号309頁〔27424364〕…………… 294
最三小判昭和47・6・27民集26巻5号1067頁〔27000552〕……………… 95
神戸地判昭和47・9・20民集36巻7号1444頁〔27200149〕……… 163, 181
最一小判昭和47・11・16民集26巻9号1633頁〔27000529〕…………… 471
名古屋高判昭和47・12・5刑裁月報4巻12号1920頁〔27661635〕……… 62
横浜地判昭和47・12・25訟務月報19巻2号35頁〔27661642〕………… 173
東京高判昭和48・1・16刑裁月報5巻1号1頁〔27661643〕…………… 457
東京高判昭和48・3・12労働民例集24巻1=2号84頁〔27441538〕…… 141
東京地判昭和48・3・23民集35巻2号325頁〔27200282〕……………… 141
東京地判昭和48・3・27民集32巻7号1276頁〔27200448〕………… 10, 50
最大判昭和48・4・4刑集27巻3号265頁〔27760999〕……… 119, 121, 150, 487
最大判昭和48・4・25刑集27巻4号547頁〔27670688〕…………… 240, 313
名古屋地判昭和48・4・27労働民例集25巻6号476頁〔27441549〕…… 141
東京高判昭和48・5・8高裁民集26巻2号237頁〔27670692〕………… 454
京都地判昭和48・6・7判タ298号351頁〔27761007〕………………… 150
千葉地八日市場支判昭和48・6・26判時714号239頁〔27761008〕…… 150
京都地判昭和48・7・12判タ299号338頁〔27424783〕………………… 294
札幌高判昭和48・8・10民集32巻7号1464頁〔27200445〕…………… 301
札幌地判昭和48・9・7民集36巻9号1791頁〔27200135〕………… 2, 3, 35
最大判昭和48・9・12刑集27巻8号1379頁〔27761013〕……………… 172
佐賀地判昭和48・9・20判タ304号116頁〔27761015〕………………… 150
静岡地沼津支判昭和48・12・11労働民例集26巻1号77頁〔27441590〕……… 141
最大判昭和48・12・12民集27巻11号1536頁〔27000458〕
　………………………………………………… 39, 64, 133, 344, 355, 357
東京高判昭和48・12・13判時731号95頁〔27612413〕………………… 161
宮崎地判昭和48・12・13判タ304号118頁〔27921794〕……………… 150
和歌山地判昭和48・12・20判タ304号120頁〔27761021〕…………… 150
京都地判昭和49・1・25行集25巻1=2号36頁〔21045060〕…………… 174
東京地判昭和49・1・31刑集32巻3号531頁〔27670740〕……………… 496
最三小判昭和49・4・9裁判集民111号537頁〔27681894〕…………… 410
東京地判昭和49・4・24行集25巻4号274頁〔27603471〕……………… 185

東京地決昭和49・5・14判タ308号108頁〔27424951〕………………… 471
福岡高判昭和49・5・14刑裁月報6巻5号545頁〔27761032〕………… 151
大阪高判昭和49・5・17刑裁月報6巻5号549頁〔27682737〕………… 480
京都地判昭和49・5・30民集39巻2号272頁〔21046500〕…………… 187
東京高判昭和49・7・16東高刑時報25巻7号59頁〔27761036〕……… 150
最三小判昭和49・7・19民集28巻5号790頁〔27000427〕……………… 66
最一小判昭和49・9・26刑集28巻6号329頁〔27761038〕…………… 150
名古屋高判昭和49・9・30労働民例集25巻6号461頁〔27441635〕…… 141
名古屋地判昭和49・10・3判タ320号237頁〔21047931〕……………… 38
神戸地判昭和49・10・11行集25巻11号1395頁〔27603487〕………… 151
最大判昭和49・11・6民集28巻9号393頁〔27670762〕…… 116, 234, 485, 490, 492
札幌地小樽支判昭和49・12・9民集39巻7号1550頁〔27661806〕…… 201, 295
神戸簡判昭和50・2・20刑裁月報7巻2号104頁〔27681946〕………… 408
東京高判昭和50・2・26労働民例集26巻1号57頁〔27441661〕……… 141
秋田地判昭和50・4・10労働民例集26巻2号388頁〔27612549〕…… 142
札幌地判昭和50・4・22行集26巻4号530頁〔27603513〕…………… 184
最大判昭和50・4・30民集29巻4号572頁〔27000373〕…………… 116, 452
名古屋高判昭和50・7・16判時791号71頁〔21051201〕……………… 38
最大判昭和50・9・10刑集29巻8号489頁〔27670784〕………… 457, 463
東京地決昭和50・9・12判時789号18頁〔27441702〕………………… 144
大阪地判昭和50・10・1訟務月報21巻10号2041頁〔27404443〕…… 299
最二小判昭和50・10・24刑集29巻9号860頁〔27681998〕…………… 457
大阪高判昭和50・11・10民集36巻7号1452頁〔27200150〕………… 181
最一小判昭和50・11・20裁判集刑198号491頁〔27761056〕……… 150
大阪高判昭和50・11・27民集35巻10号1881頁〔27200218〕……… 88, 94
最三小判昭和50・11・28裁判集刑198号707頁〔27761057〕……… 150
最三小判昭和50・11・28民集29巻10号1634頁〔27000344〕……… 372
札幌地判昭和50・12・26判タ336号307頁〔27661925〕…………… 132

## 昭和51年～60年

最二小判昭和51・2・6刑集30巻1号1頁〔27761059〕……………… 150
最大判昭和51・4・14民集30巻3号223頁〔27000326〕
　…………………………………… 176, 243, 246, 248, 253, 255, 260, 269
最大判昭和51・5・21刑集30巻5号615頁〔27661956〕……………… 82
最大判昭和51・5・21刑集30巻5号1178頁〔27670811〕………… 241, 314
大阪地判昭和51・6・21行集27巻6号875頁〔27603572〕…………… 137
東京高判昭和51・7・20高裁刑集29巻3号429頁〔27670815〕…… 444, 496
札幌高判昭和51・8・5民集36巻9号1890頁〔27200136〕……………… 3, 37

東京高判昭和51・8・30労働民例集27巻3=4号445頁〔27612649〕……………… 142
東京高決昭和51・9・28東高民時報27巻9号217頁〔27761069〕………………16
大阪高判昭和51・12・17行集27巻11=12号1836頁〔27603588〕……………… 185
水戸地判昭和52・2・17民集43巻6号506頁〔27441813〕……………… 4, 36, 38
最三小判昭和52・4・19税務訴訟資料94号138頁〔21057680〕………………38
最大判昭和52・5・4刑集31巻3号182頁〔27670838〕……………… 241
京都地決昭和52・5・20下級民集28巻5=8号547頁〔27682087〕……………… 439
最大判昭和52・7・13民集31巻4号533頁〔27000278〕……………40, 413, 419, 422
広島地判昭和52・7・29行集28巻6=7号764頁〔27603620〕……………… 138
最三小判昭和52・12・13民集31巻7号1037頁〔27000263〕……………… 348, 374
最三小判昭和52・12・20民集31巻7号1101頁〔27000261〕……………… 334
札幌高判昭和53・5・24民集39巻7号1590頁〔27662107〕……………… 201, 286, 295
最一小決昭和53・5・31刑集32巻3号457頁〔27670854〕……………… 497
最大判昭和53・7・12民集32巻5号946頁〔27000233〕……………… 159
京都地判昭和53・9・29訟務月報24巻12号2670頁〔27682176〕……………… 184
最大判昭和53・10・4民集32巻7号1223頁〔27000227〕… 50, 73, 210, 212, 213, 384
東京地判昭和53・10・19訟務月報24巻12号2544頁〔27662146〕……………… 267
最二小判昭和53・10・20民集32巻7号1367頁〔27000225〕……………… 294, 301
最一小判昭和53・10・26訟務月報25巻2号524頁〔21063470〕……………… 188
松江地出雲支判昭和54・1・24刑集35巻4号405頁〔27761095〕……………… 484
神戸地判昭和54・1・31行集30巻1号122頁〔27603717〕……………… 151
東京高判昭和54・2・14判夕386号145頁〔27682198〕……………… 506
最二小決昭和54・2・16裁判集民126号101頁〔27761097〕……………… 173
大阪高判昭和54・2・26訟務月報25巻6号1554頁〔27405022〕……………… 299
山口地判昭和54・3・22民集42巻5号336頁〔27423246〕……………… 384
札幌高判昭和54・4・27行集30巻4号800頁〔27603746〕……………… 184
大阪高判昭和54・5・23訟務月報25巻10号2633頁〔27682214〕……………… 184
最一小判昭和54・6・21裁判集民127号117頁〔27452397〕……………… 153
福岡地小倉支判昭和54・8・31判夕395号45頁〔27423338〕………………94
札幌高決昭和54・8・31下級民集30巻5=8号403頁〔27650857〕……………… 498
福岡地柳川支判昭和54・9・7刑集37巻9号1488頁〔27761110〕……………… 484
大阪高判昭和54・11・7民集39巻2号310頁〔21067500〕……………… 187
最一小判昭和54・12・20刑集33巻7号1074頁〔27761114〕……………… 486
最三小判昭和55・1・11民集34巻1号1頁〔27000187〕……………… 435
津地判昭和55・2・21労働民例集31巻1号222頁〔27662312〕……………… 143
東京高判昭和55・3・6東高刑時報31巻3号18頁〔27761120〕……………… 163
大阪高判昭和55・3・18行集31巻3号460頁〔27603814〕……………… 151
大阪地判昭和55・3・24訟務月報26巻8号1301頁〔27662325〕………………49

盛岡地遠野支判昭和55・3・25判時962号130頁〔27761122〕……………… 484
東京地決昭和55・3・26刑裁月報12巻3号327頁〔27761121〕……………… 500
最一小判昭和55・3・27裁判集民129号353頁〔27452454〕……………… 174
最一小判昭和55・4・10裁判集民129号439頁〔27650912〕……………… 435
広島高松江支判昭和55・4・28刑集35巻4号418頁〔27761125〕……………… 484
東京地判昭和55・5・15刑事裁判資料246号6頁〔27761127〕………………63
福岡高宮崎支判昭和55・5・30判時979号120頁〔27682277〕……………… 430
京都地判昭和55・6・6労働民例集31巻3号682頁〔27670891〕……………… 313
東京高判昭和55・7・29高裁刑集33巻3号270頁〔27761132〕……………… 6
東京高判昭和55・9・26高裁刑集33巻5号511頁〔27486763〕……………… 159
札幌地判昭和55・10・14判タ428号145頁〔27405391〕………………95
最一小判昭和55・10・30裁判集民131号89頁〔27423565〕……………… 471
最二小判昭和55・11・28刑集34巻6号433頁〔27761136〕……………… 466
名古屋高判昭和55・12・18下級民集34巻1=4号209頁〔27650982〕……………… 440
最三小判昭和55・12・23民集34巻7号959頁〔27000155〕……………… 490
最二小判昭和56・1・19税務訴訟資料116号1頁〔21072050〕……………… 188
最三小判昭和56・3・24民集35巻2号300頁〔27000144〕………………67, 139
最一小判昭和56・3・26金融法務961号31頁〔27405495〕……………… 174
東京地判昭和56・3・30行集33巻6号1374頁〔27770527〕………………71, 72, 74
最三小判昭和56・4・7民集35巻3号443頁〔27000141〕……………… 435, 436
最三小判昭和56・4・14民集35巻3号620頁〔27000139〕……………… 102, 475
東京高判昭和56・4・14判タ452号146頁〔27761142〕……………… 276
最一小判昭和56・4・16刑集35巻3号84頁〔27761143〕……………… 470
東京高判昭和56・4・22行集32巻4号593頁〔27603918〕……………… 185
名古屋高判昭和56・5・27行集32巻5号845頁〔27603929〕……………… 159
最二小判昭和56・6・15刑集35巻4号205頁〔27761145〕……………… 484
東京高判昭和56・6・18判タ454号160頁〔27761146〕……………… 171
東京高判昭和56・7・7民集43巻6号590頁〔27431916〕………………4, 38
最三小判昭和56・7・21刑集35巻5号568頁〔27761147〕……………… 484
最一小判昭和56・10・22刑集35巻7号696頁〔27662491〕……………… 490
東京地判昭和56・11・30訟務月報28巻3号524頁〔27662508〕……………… 269
最大判昭和56・12・16民集35巻10号1369頁〔27000111〕………………94
東京高判昭和57・1・20労働民例集33巻1号47頁〔27613092〕……………… 175
最二小判昭和57・3・12民集36巻3号329頁〔27000099〕……………… 300
最三小判昭和57・3・23刑集36巻3号339頁〔27761160〕……………… 483, 485
札幌高判昭和57・4・13判タ471号197頁〔27613117〕……………… 136
最一小判昭和57・4・22税務訴訟資料123号154頁〔21076250〕……………… 188
東京高判昭和57・5・19高裁民集35巻2号105頁〔27662559〕……………… 359

判例索引　*537*

東京高判昭和57・6・23行集33巻6号1367頁〔27604039〕……………… 72, 74, 148
最大判昭和57・7・7民集36巻7号1235頁〔27000077〕…………………… 82, 181
最一小判昭和57・7・15裁判集民136号571頁〔27662568〕…………………… 299
大阪高判昭和57・7・27民集40巻6号1036頁〔27651172〕…………………… 405
最一小判昭和57・9・9民集36巻9号1679頁〔27000070〕………………………… 3, 37
最三小判昭和57・11・16刑集36巻11号908頁〔27662610〕………………… 457
最二小判昭和57・12・17裁判集民137号635頁〔27682430〕……………… 184
最二小判昭和57・12・17裁判集民137号601頁〔27682431〕……………… 184
最三小判昭和58・3・8刑集37巻2号15頁〔27761179〕……………………… 467
東京高判昭和58・3・16高刑速報（昭58）76頁〔27761180〕……………… 171
福岡地判昭和58・3・18刑事裁判資料246号642頁〔27761182〕………… 171
最大判昭和58・4・27民集37巻3号345頁〔27000047〕………………… 179, 255, 257
名古屋高判昭和58・4・28労働民例集34巻2号267頁〔27662656〕……… 143
最大判昭和58・6・22民集37巻5号793頁〔27000042〕… 59, 83, 115, 443, 444, 506
最一小判昭和58・7・14訟務月報30巻1号151頁〔21078441〕……………… 110
最一小決昭和58・10・13裁判集民140号109頁〔27483714〕………………… 89
最一小判昭和58・10・20裁判集民140号177頁〔27490415〕……………… 471
最大判昭和58・11・7民集37巻9号1243頁〔27000032〕…………… 177, 246, 248
最一小判昭和58・11・10刑集37巻9号1368頁〔24005924〕……………… 485
最二小判昭和58・11・25裁判集民140号527頁〔27682477〕……………… 10, 131
徳島地判昭和58・12・12判時1110号120頁〔27490689〕……………………… 394
仙台地判昭和58・12・28判タ516号195頁〔27490701〕……………………… 141
最二小判昭和59・1・20刑集38巻1号1頁〔27761194〕……………………… 485
最一小決昭和59・1・30裁判集民141号135頁〔27740066〕………………… 140
神戸地判昭和59・2・1行集35巻2号101頁〔27604151〕…………………… 230
最三小判昭和59・2・21刑集38巻3号387頁〔27761196〕…………………… 485
最二小判昭和59・2・24刑集38巻4号1287頁〔27801091〕………………… 159
札幌地判昭和59・3・16労働民例集35巻2号99頁〔27682519〕…………… 186
京都地判昭和59・3・30行集35巻3号353頁〔21080362〕…………………… 390
東京高判昭和59・4・27高裁刑集37巻2号153頁〔27761200〕…………… 164
最一小判昭和59・5・17民集38巻7号721頁〔27000016〕……………… 180, 260
東京地判昭和59・5・18訟務月報30巻11号2011頁〔27490027〕………… 110
神戸地判昭和59・5・18労働民例集35巻3=4号301頁〔27802659〕……… 353
水戸地判昭和59・6・19判タ528号143頁〔27662792〕……………………… 137
最一小判昭和59・7・5税務訴訟資料139号1頁〔21080585〕……………… 188
最大判昭和59・12・12民集38巻12号1308頁〔21080910〕………… 463, 468, 501
最三小判昭和59・12・18刑集38巻12号3026頁〔27490428〕……………… 478
大阪高判昭和59・12・19行集35巻12号2220頁〔27604186〕………………… 9

札幌高判昭和59・12・25労働民例集35巻6号690頁〔27682690〕………… 186
最大判昭和60・3・27民集39巻2号247頁〔22000380〕 …………………… 187
大阪高判昭和60・4・5刑裁月報17巻3=4号65頁〔27761217〕………… 486
名古屋高判昭和60・4・12下級民集34巻1=4号461頁〔27425899〕……… 95
東京地判昭和60・5・13判タ593号96頁〔27803684〕…………………… 175
大阪高判昭和60・6・12判タ561号85頁〔27425947〕…………………… 472
東京地判昭和60・6・25行集36巻6号830頁〔27803691〕……………… 267
最大判昭和60・7・17民集39巻5号1100頁〔27100015〕……… 177, 247, 249, 270
最一小決昭和60・9・10裁判集刑240号275頁〔27803849〕…………… 173
最大判昭和60・10・23刑集39巻6号413頁〔27803700〕………… 166, 168, 468
最三小判昭和60・11・12裁判集刑241号79頁〔27761222〕…………… 6, 485
熊本地判昭和60・11・13行集36巻11=12号1875頁〔27803367〕………… 107, 146
東京高判昭和60・11・20高裁刑集38巻3号204頁〔27803706〕… 306, 311, 312, 314
最一小判昭和60・11・21民集39巻7号1512頁〔27100020〕
　　　　　　　　　　　　　　　　　　　　　　　 200, 202, 208, 270, 287, 296
大分地決昭和60・12・2判タ570号30頁〔27426021〕…………………… 387
最三小判昭和60・12・17裁判集民146号291頁〔22001010〕…………… 189

### 昭和61年〜63年

最二小判昭和61・2・14刑集40巻1号48頁〔27803409〕………………… 96, 171
最三小判昭和61・2・18税務訴訟資料150号325頁〔22001848〕……… 189
東京地判昭和61・2・28家裁月報39巻6号69頁〔27801395〕…………… 395
最一小判昭和61・3・6裁判集刑242号249頁〔28202161〕…………… 479
東京地判昭和61・3・20行集37巻3号347頁〔27803442〕………… 138, 409
大阪高判昭和61・3・28行集37巻3号528頁〔27803727〕……………… 158
東京高判昭和61・5・14刑裁月報18巻5=6号490頁〔27803732〕……… 169
千葉地判昭和61・5・28行集37巻4=5号690頁〔27803905〕…………… 162
最大判昭和61・6・11民集40巻4号872頁〔27100045〕………… 87, 88, 443, 502
最二小判昭和61・7・7裁判集刑241号79頁〔27761230〕……………… 6
大阪高決昭和61・7・18訟務月報33巻4号1016頁〔27803920〕……… 10
東京高判昭和61・9・26判タ623号229頁〔27761233〕………………… 11
大阪地堺支決昭和61・10・20判タ621号233頁〔27761234〕………… 279
東京地判昭和61・12・4労働民例集37巻6号512頁〔27802173〕…… 144
横浜地判昭和62・1・29刑事裁判資料263号1062頁〔28019022〕…… 8, 34
最二小判昭和62・1・30裁判集刑245号495頁〔28202198〕…………… 482
東京地判昭和62・2・12民集43巻2号145頁〔27803592〕……………… 160
最三小判昭和62・2・17裁判集民150号199頁〔27802305〕…………… 261
岡山地判昭和62・2・25労働民例集38巻1号74頁〔27804228〕……… 156

判例索引 539

最三小判昭和62・3・3刑集41巻2号15頁〔27803947〕………………… 479
長崎地佐世保支判昭和62・3・11刑事裁判資料263号163頁〔28019023〕……… 8
東京高判昭和62・3・16高裁刑集40巻1号11頁〔27803949〕…………………… 466
東京地判昭和62・3・27判夕630号234頁〔27801515〕……………………………92
最二小判昭和62・4・24民集41巻3号490頁〔27100066〕………………… 445
堺簡判昭和62・5・20刑集46巻4号334頁〔24006257〕…………………… 480
東京高判昭和62・5・25東高民時報38巻4=6号32頁〔27805144〕……………… 271
広島高判昭和62・6・15判時1236号52頁〔27805281〕……………………… 141
最二小判昭和62・6・26裁判集民151号147頁〔27801192〕………………… 110, 297
大阪高判昭和62・7・8行集38巻6=7号532頁〔27801464〕…………………… 230
東京地判昭和62・10・7訟務月報34巻4号684頁〔27800330〕………… 266, 270
千葉地判昭和62・10・30判時1266号81頁〔27801472〕……………………………65
福岡地判昭和63・2・1判夕658号252頁〔27801310〕………………………… 156
最二小判昭和63・2・5労働判例512号12頁〔27803803〕…………………… 351
最三小判昭和63・2・16民集42巻2号27頁〔27801465〕……………………………89
最三小判昭和63・2・23裁判集刑248号313頁〔28202234〕………………… 482
東京高判昭和63・3・24判夕664号260頁〔27801488〕………………………… 104
大阪高判昭和63・3・29判時1309号43頁〔27809173〕………………………… 122
東京高判昭和63・4・1判夕681号228頁〔27804918〕………………………………97
名古屋地判昭和63・4・18判夕682号212頁〔27802843〕…………………… 383
最三小決昭和63・4・22税務訴訟資料167号837頁〔22003573〕…………… 161
東京高判昭和63・5・26刑集44巻3号247頁〔27806334〕…………………… 315
最大判昭和63・6・1民集42巻5号277頁〔27801761〕………90, 381, 385, 414, 430
高知地判昭和63・6・6行集39巻5=6号469頁〔27801985〕……………………65
東京地判昭和63・6・13判夕681号133頁〔27802616〕………………………………45
新潟地長岡支判昭和63・6・15判夕671号100頁〔27801948〕……………… 227
最二小判昭和63・7・15判夕675号59頁〔27802443〕………………………… 359
熊本地判昭和63・7・18労働判例523号27頁〔27806081〕…………………… 316
大阪地決昭和63・9・14判夕684号187頁〔27803070〕………………………… 453
広島高岡山支判昭和63・9・22労働民例集39巻5号465頁〔27806344〕……… 156
最二小判昭和63・10・21民集42巻8号644頁〔27100079〕………… 177, 247, 256
最二小判昭和63・10・21訟務月報35巻4号716頁〔27804684〕…………… 179
最三小決昭和63・11・29刑集42巻9号1389頁〔27809176〕………………… 174
東京高判昭和63・11・30判時1303号60頁〔28211231〕……………………… 496
最二小判昭和63・12・16裁判集民155号365頁〔27807446〕………………… 418
最三小判昭和63・12・20裁判集民155号377頁〔27806085〕……………………91

### 平成元年〜10年

最三小判平成元・1・17判タ693号54頁〔27804073〕……………………… 154, 230
東京地判平成元・1・26労働民例集40巻1号1頁〔27803642〕………………… 142
東京地判平成元・1・26行集40巻1=2号36頁〔27804289〕………………46, 156
最二小決平成元・1・30刑集43巻1号19頁〔27809178〕………………………… 500
最三小判平成元・2・7裁判集民156号87頁〔22002507〕……………………… 188
東京地判平成元・2・23判タ713号136頁〔27805344〕………………………… 308
東京高判平成元・3・1公刊物未登載……………………………………………… 65
最一小判平成元・3・2裁判集民156号271頁〔27805367〕…………………… 127
最大判平成元・3・8民集43巻2号89頁〔27803181〕…………… 160, 300, 444, 495
京都地判平成元・3・20判タ707号252頁〔27804854〕………………………… 439
最一小判平成元・4・13裁判集民156号549頁〔21090182〕…………………… 102
東京地判平成元・4・18訟務月報36巻11号1973頁〔27804711〕……………… 122
大阪高判平成元・5・24刑集46巻4号347頁〔24006258〕……………………… 480
東京地判平成元・6・14税務訴訟資料175号1頁〔22004661〕………………… 286
最三小判平成元・6・20民集43巻6号385頁〔27804472〕……………… 4, 38, 67
東京地判平成元・6・23行集40巻6号603頁〔27805041〕………………………… 9
岐阜家審平成元・6・23家裁月報41巻9号116頁〔27809227〕………………… 89
東京高判平成元・8・28税務訴訟資料175号11頁〔22004662〕………………… 286
最二小判平成元・9・8民集43巻8号889頁〔27804829〕……………………… 436
最三小判平成元・9・19刑集43巻8号785頁〔27807170〕………………… 469, 501
東京地判平成元・9・27行集40巻9号1263頁〔27805175〕…………………… 285
千葉地判平成元・10・24刑事裁判資料263号237頁〔28019576〕………… 63, 134
東京地判平成元・10・26判タ729号133頁〔27805764〕………………………… 155
最二小判平成元・11・20民集43巻10号1160頁〔27805172〕………………15, 54
最一小判平成元・12・14刑集43巻13号841頁〔22003501〕…………………… 108
最一小判平成元・12・18民集43巻12号2139頁〔27805327〕…………… 180, 262
最一小判平成元・12・18刑集43巻13号882頁〔27808027〕…………………… 315
最一小判平成元・12・21民集43巻12号2252頁〔27805393〕………………… 471
最一小判平成元・12・21民集43巻12号2297頁〔27805394〕…………… 180, 264
最一小判平成元・12・21裁判集民158号695頁〔27805752〕………………… 264
大阪地判平成元・12・27判時1341号53頁〔27806160〕………………………… 386
札幌地判平成元・12・27労働民例集40巻6号743頁〔27806570〕…………… 186
最一小判平成2・1・18民集44巻1号1号〔27805441〕……………………… 334
最三小判平成2・2・6訟務月報36巻12号2242頁〔27808362〕……………… 297
岡山地決平成2・2・19判タ730号74頁〔27806794〕………………………… 453
高松高判平成2・2・19判時1362号44頁〔27807447〕………………………… 65

判例索引 *541*

京都地決平成2・2・20判タ737号97頁〔27807270〕 ………………………… 453
最三小判平成2・3・6判タ734号103頁〔27807124〕 …………………… 341
大阪高判平成2・3・22判タ734号180頁〔27807131〕 …………………… 122
千葉地判平成2・3・22刑事裁判資料263号473頁〔28019577〕 ……………63
福岡地判平成2・3・23行集41巻3号748頁〔27807271〕 ………………… 121
最三小判平成2・4・17民集44巻3号547頁〔27806235〕 ………………… 501
最三小判平成2・4・17裁判集刑254号357頁〔27809456〕 …………46, 173
最三小判平成2・4・17刑集44巻3号1頁〔27809887〕 …………………… 315
千葉地判平成2・4・23判タ756号185頁〔27808825〕 ……………… 7, 164
東京高決平成2・5・9東高民時報41巻5=8号25頁〔27814311〕 ……… 403
最一小判平成2・5・28労経速報1394号3頁〔27809458〕 ……………… 141
那覇地判平成2・5・29行集41巻5号947頁〔27806665〕 ……………8, 34
最三小判平成2・6・5裁判集民160号135頁〔28211149〕 ……………… 108
東京地判平成2・7・4労働民例集41巻4号513頁〔27806864〕 ………… 143
最二小決平成2・7・9刑集44巻5号421頁〔27809460〕 ………………… 500
東京高判平成2・9・26行集41巻9号1528頁〔27808784〕 ……………… 428
最二小判平成2・9・28刑集44巻6号463頁〔27809319〕 ……46, 356, 361, 466
福島地判平成2・10・16判タ751号107頁〔27807541〕 …………………… 162
最二小決平成2・10・30家裁月報43巻4号80頁〔27811674〕 …………… 166
大阪高判平成2・12・14家裁月報43巻11号73頁〔27808837〕 ………… 383
大阪高判平成2・12・18判タ748号217頁〔27808224〕 ………………… 440
仙台高判平成3・1・10行集42巻1号1頁〔27807941〕 ………………… 424
広島地判平成3・1・28訟務月報37巻7号1166頁〔27808271〕 ………… 140
最二小判平成3・2・22判タ765号174頁〔27809281〕 …………………… 341
金沢地判平成3・3・13訟務月報37巻10号1789頁〔27808655〕 …………… 5
東京地判平成3・3・28判タ766号232頁〔27808736〕 …………………… 104
最三小決平成3・3・29刑集45巻3号158頁〔24006227〕 ………………… 166
大阪地判平成3・3・29訟務月報38巻1号1頁〔27811131〕 …………… 210
東京高決平成3・3・29民集49巻7号1822頁〔27811679〕 ……………… 152
最三小判平成3・4・23民集45巻4号554頁〔27808495〕 ……… 180, 261, 265
最一小決平成3・5・8裁判集刑275号261頁〔27811680〕 ……………… 166
東京地判平成3・5・23行集42巻5号688頁〔27811062〕 ……………… 154
東京地判平成3・5・27高裁民集45巻1号68頁〔27811183〕 ………………65
大阪高判平成3・7・12判タ827号56頁〔27816701〕 ……………………… 7
大阪高決平成3・8・2判タ764号279頁〔27811681〕 …………………… 138
最三小判平成3・9・3判タ770号157頁〔27814314〕 ………………65, 107
東京高判平成3・9・4行集42巻8=9号1431頁〔27811522〕 …………… 162
東京高判平成3・9・17判タ771号116頁〔22004601〕 ……………5, 45, 409

大阪高判平成3・9・24労働民例集42巻5号752頁〔27811204〕……………… 353
福岡高判平成3・9・30行集42巻8=9号1547頁〔27811513〕……………… 121
名古屋高判平成3・11・27判タ789号219頁〔27811826〕………………… 383
広島高判平成3・11・28訟務月報38巻6号1013頁〔27811193〕…………… 140
広島高岡山支判平成3・12・5税務訴訟資料187号236頁〔22005860〕……… 226
仙台高判平成4・1・10労働民例集43巻1号1頁〔27810971〕…………… 142
最一小判平成4・1・23民集46巻1号1頁〔27810691〕……………………… 439
仙台地決平成4・2・28判タ789号107頁〔27811813〕………………………95
福岡地判平成4・4・16判タ783号60頁〔25000004〕………………… 144
仙台高判平成4・4・23判タ798号125頁〔27813899〕………………… 438
福岡高判平成4・4・24民集50巻3号955頁〔22005021〕……………… 369
最三小判平成4・4・28訟務月報38巻12号2579頁〔27811622〕……… 110, 131
東京地判平成4・5・21判タ833号265頁〔27828171〕………………………63
最二小判平成4・6・15刑集46巻4号289頁〔24006256〕…………… 479
最大判平成4・7・1民集46巻5号437頁〔25000011〕…………56, 110, 450
最一小判平成4・7・9判タ804号82頁〔27814244〕………………… 459
東京地判平成4・7・14労働判例622号30頁〔27818814〕………………… 186
大阪高判平成4・7・30訟務月報39巻5号827頁〔27811812〕………… 415, 425
最一小判平成4・9・10税務訴訟資料192号442頁〔22007000〕…………… 110
東京地判平成4・9・24税務訴訟資料192号554頁〔22007006〕…………… 137
鹿児島地判平成4・10・2民集56巻6号1287頁〔27813865〕……………… 7
最一小判平成4・11・16裁判集民166号575頁〔25000029〕……………73, 384
最一小判平成4・11・16判タ802号89頁〔25000030〕………………… 422
千葉地判平成4・11・30判タ814号151頁〔25000037〕………………… 423
福岡高判平成4・12・18行集43巻11=12号1537頁〔27814299〕………… 426
東京高判平成4・12・18高裁民集45巻3号212頁〔27814481〕………… 110
最大判平成5・1・20民集47巻1号67頁〔25000033〕………… 120, 177, 247, 249
東京高判平成5・2・1判時1476号163頁〔27828176〕………………………63
最三小判平成5・2・16民集47巻3号1687頁〔27814472〕…………… 422
最三小判平成5・2・16民集47巻3号1687頁〔27814472〕)…………… 426
最一小判平成5・2・25民集47巻2号643頁〔27814477〕………………94
最一小判平成5・2・25裁判集民167号下359頁〔27814478〕………………94
最二小判平成5・2・26判タ812号166頁〔27814922〕……………129, 210, 73
東京地判平成5・3・12税務訴訟資料226号3281頁〔28045143〕………… 169
最三小判平成5・3・16民集47巻5号3483頁〔27814781〕………… 115, 501
神戸地判平成5・3・17判タ848号166頁〔27818845〕………………… 285
大阪高判平成5・3・18訟務月報40巻3号544頁〔27815493〕………… 380, 385
東京高判平成5・3・26判タ829号52頁〔27816921〕………………… 228

東京高決平成5・6・23高裁民集46巻2号43頁〔25000045〕……………… 152
大阪地判平成5・6・29民集49巻2号670頁〔27816532〕……………… 212
東京高判平成5・6・29判タ857号257頁〔27825472〕……………… 440
最三小判平成5・7・20裁判所時報1103号2頁〔27815733〕……………… 437
福岡地判平成5・8・31判タ854号195頁〔27825557〕………………51, 130
東京高判平成5・9・6労働民例集44巻4=5号771頁〔25000052〕……………… 285
最三小判平成5・9・7民集47巻7号4667頁〔27815981〕……………… 437
最二小判平成5・9・10税務訴訟資料198号813頁〔22007950〕……………… 189, 226
最二小判平成5・9・10裁判所時報1107号1頁〔27816371〕……………… 437
最二小判平成5・10・22平成4年（行ツ）17号公刊物未登載〔22007784〕………45
最二小判平成5・10・22判タ838号71頁〔25000061〕……………… 180
最二小判平成5・10・22裁判所時報1109号9頁〔27816625〕……………… 264
最二小判平成5・10・22民集47巻8号5147頁〔27816626〕……………… 264
神戸地判平成5・10・25判タ846号180頁〔27821035〕）……………… 430
東京地判平成5・11・19訟務月報40巻12号2879頁〔27818001〕………89
最一小判平成5・11・25裁判所時報1111号1頁〔27816822〕……………… 437
名古屋高判平成5・12・24判タ846号221頁〔27821041〕……………… 382
最一小判平成6・1・20訟務月報41巻4号523頁〔27825612〕………94
最三小判平成6・2・8民集48巻2号149頁〔27817761〕……………… 101, 475
東京地判平成6・2・25労働判例655号72頁〔27828181〕……………… 175
大阪地判平成6・3・29訟務月報41巻4号741頁〔27827146〕……………… 384, 396
大阪地判平成6・4・27判タ861号160頁〔27826141〕………97
徳島地判平成6・5・13判例地方自治141号29頁〔28011587〕……………… 429
奈良地判平成6・9・28民集56巻1号313頁〔27828072〕……………… 182
最一小判平成6・10・27判タ865号127頁〔27826293〕……………… 506
大阪地判平成6・12・9判タ892号167頁〔27828034〕……………… 211
福岡地判平成6・12・26税務訴訟資料206号850頁〔22007655〕……………… 189
名古屋高金沢支判平成6・12・26訟務月報42巻1号97頁〔27826961〕………5, 43
東京高判平成7・1・19判タ886号244頁〔27828126〕……………… 130
最一小判平成7・2・23民集49巻2号393頁〔27826574〕……………… 342
最三小決平成7・2・28刑集49巻2号481頁〔24006411〕……………… 163
最三小判平成7・2・28民集49巻2号639頁〔27826692〕……………… 17, 73, 213
最三小判平成7・3・7民集49巻3号687頁〔27826693〕……………… 116, 447, 452
大阪高判平成7・3・9行集46巻2=3号250頁〔27828893〕………27, 380, 415, 427
東京高判平成7・3・22判タ874号82頁〔27827061〕……………… 154
東京地判平成7・3・23判タ874号298頁〔27827080〕……………… 130
最二小判平成7・3・24判タ875号63頁〔27827161〕……………… 264
横浜地判平成7・4・3判タ887号223頁〔27827925〕……………… 386

那覇地判平成7・5・17行集46巻4=5号502頁〔27827823〕……………………… 163
最一小判平成7・6・8民集49巻6号1443頁〔27827251〕……………………… 248
東京高判平成7・6・28判時1573号142頁〔28015199〕………………………… 161
最大決平成7・7・5民集49巻7号1789頁〔27827501〕………………………… 151
最一小判平成7・7・6訟務月報42巻2号329頁〔27828239〕…………… 285, 492
最二小判平成7・7・7裁判集刑266号117頁〔28211153〕………………… 483, 485
最三小判平成7・7・18民集49巻7号2717頁〔27827574〕…………………… 440
東京高判平成7・8・10訟務月報42巻7号1783頁〔27828431〕……………… 494
最三小判平成7・9・5裁判所時報1154号1頁〔27827852〕……………… 99, 353
最三小決平成7・9・26裁判集刑266号1009頁〔28211151〕………………… 109
大阪地判平成7・10・25訟務月報42巻11号2653頁〔28010176〕……… 4, 41, 43
東京高判平成7・10・25税務訴訟資料226号3182頁〔28045142〕…………… 169
大阪高判平成7・11・21民集56巻1号323頁〔28010303〕…………………… 182
最三小判平成7・12・5裁判所時報1160号2頁〔27828502〕…………… 140, 297
東京地判平成7・12・13判夕915号83頁〔28010142〕………………………… 186
最三小判平成7・12・15刑集49巻10号842頁〔27828552〕…………… 102, 126
神戸地判平成7・12・25判夕901号181頁〔28010289〕……………………… 158
名古屋高判平成7・12・26訟務月報44巻6号1025頁〔28021537〕………… 164
最一小決平成8・1・30民集50巻1号199頁〔27828991〕…………………… 401
最一小判平成8・2・22訟務月報43巻2号754頁〔28010232〕………… 102, 127
長野地判平成8・2・29訟務月報43巻2号720頁〔28011139〕……………… 157
最二小判平成8・3・8民集50巻3号469頁〔28010410〕……… 138, 337, 409, 430
名古屋地判平成8・3・13判夕926号120頁〔28011480〕…………………… 136
長野地上田支判平成8・3・15判夕905号276頁〔28010222〕………………… 161
最二小判平成8・3・15民集50巻3号549頁〔28010411〕…………………… 453
最三小判平成8・3・19民集50巻3号615頁〔28010412〕…………………… 368
福岡高那覇支判平成8・3・25民集50巻7号2157頁〔28010640〕…………8, 35
大阪地判平成8・3・27判夕927号94頁〔28011360〕………………4, 36, 41, 45
大阪高判平成8・3・27訟務月報43巻5号1285頁〔28021318〕……………… 211
東京地判平成8・5・16民集59巻1号184頁〔28010785〕……………… 129, 215
大阪地判平成8・5・20訟務月報44巻2号125頁〔28020641〕…………… 4, 41
静岡地判平成8・6・25行集47巻6号475頁〔28020725〕…………………… 155
大阪地判平成8・6・28訟務月報43巻7号1591頁〔28020469〕……………… 153
最一小判平成8・7・18裁判所時報1176号1頁〔28010883〕……………65, 107
東京高判平成8・8・26労働民例集47巻4号378頁〔28011354〕…………… 167
最大判平成8・8・28民集50巻7号1952頁〔28011109〕……………8, 34, 109
東京地判平成8・9・9訟務月報44巻4号462頁〔28021067〕…………………45
最大判平成8・9・11民集50巻8号2283頁〔28011240〕………………… 179, 257

判例索引　*545*

最三小判平成8・10・29判タ926号159頁〔28020289〕　…………………… 393
東京地判平成8・11・22訟務月報44巻4号507頁〔28032467〕　…………… 132
東京地判平成8・11・27判時1588号3頁〔28020042〕　………………………… 143
盛岡地判平成9・2・7判タ962号238頁〔28030652〕　………………………… 439
東京地判平成9・3・12判時1619号45頁〔28030102〕　……………………… 4, 41
東京地判平成9・3・12民集54巻2号690頁〔28030771〕　…………………… 386
最一小判平成9・3・13民集51巻3号1233頁〔28020796〕　………………48, 110, 306
最一小判平成9・3・13民集51巻3号1453頁〔28020797〕　…………………7, 16, 223
札幌地判平成9・3・27訟務月報44巻10号1798頁〔28020976〕　……………92, 132
東京地判平成9・3・27訟務月報44巻6号950頁〔28021793〕　……………… 157
最二小判平成9・3・28訟務月報44巻5号647頁〔28020806〕　……………… 278
最大判平成9・4・2民集51巻4号1673頁〔28020801〕　……………… 420, 423, 424
東京地判平成9・4・14判時1617号140頁〔28021274〕　……………………… 167
最三小判平成9・8・29民集51巻7号2921頁〔28021646〕　…………………… 82
仙台高判平成9・8・29労働判例729号76頁〔28030354〕　…………………… 89
最三小判平成9・9・9民集51巻8号3804頁〔28021760〕　…………………… 472
最三小判平成9・9・9民集51巻8号3850頁〔28021761〕　………………… 294, 297
東京高判平成9・9・16判タ986号206頁〔28030702〕　……………………… 147
大阪地決平成9・9・17判タ968号254頁〔28030989〕　……………………… 382
東京地判平成9・9・26判タ979号183頁〔28032991〕　……………………… 496
最二小判平成9・10・17民集51巻9号3925頁〔28022227〕　………………… 76
東京地判平成9・10・31判タ1008号230頁〔28042477〕　…………………… 152
最一小判平成9・11・17刑集51巻10号855頁〔28035007〕　……………… 103, 127
東京高判平成9・11・26高裁民集50巻3号459頁〔28030236〕　…………… 129, 215
大阪地堺支判平成9・11・28判時1640号148頁〔28032182〕　……………… 494
大分地判平成9・12・16判例地方自治174号62頁〔28031572〕　……………… 17
最二小判平成10・1・30裁判集民187号1頁〔28030501〕　…………………… 473
大阪高判平成10・2・3平成7年（行コ）69号公刊物未登載〔28172647〕　……… 43
東京高判平成10・2・9高裁民集51巻1号1頁〔28030706〕　………………… 106
最三小判平成10・3・10裁判集民187号269頁〔28030597〕　………………… 436
最二小判平成10・3・13裁判集民187号409頁〔28030601〕　………………… 212
最二小判平成10・4・10民集52巻3号776頁〔28030786〕　………………… 127
山口地下関支判平成10・4・27判タ1081号137頁〔28033107〕　……………83, 297
東京高判平成10・7・13訟務月報45巻10号1803頁〔28033069〕　……………5, 44
高知地判平成10・7・17判時1699号67頁〔28050681〕　……………………… 416
最大判平成10・9・2民集52巻6号1373頁〔28032541〕　………………… 179, 257
東京高判平成10・9・29高裁民集51巻3号111頁〔28040771〕　……………… 164
東京高判平成10・10・9民集53巻8号1523頁〔28042165〕　………………… 7, 250

最三小判平成10・11・10判例地方自治187号96頁〔28041194〕………… 102, 127
最三小判平成10・11・17裁判所時報1232号17頁〔28033327〕…………… 224
最二小判平成10・11・20平成10年（行ツ）143号公刊物未登載〔28172646〕…43
最大決平成10・12・1民集52巻9号1761頁〔28033415〕………………… 492
大阪高判平成10・12・15判時1671号19頁〔28040107〕…………… 425, 427
富山地判平成10・12・16判タ995号76頁〔28040878〕………… 14, 54, 446
東京地判平成10・12・25判タ1006号146頁〔28042195〕……………………51

## 平成11年～20年

最一小判平成11・1・21裁判集民191号127頁〔28040189〕………… 103, 154
最二小判平成11・1・22裁判集民191号219頁〔28040191〕………… 180, 265
最三小判平成11・2・23裁判集民191号313頁〔28040414〕…………… 468
東京地判平成11・2・24判例地方自治192号82頁〔28042884〕…………… 183
東京高判平成11・3・10判時1677号22頁〔28041699〕………………… 374
神戸地尼崎支判平成11・3・11民集56巻7号1472頁〔28072700〕…… 291
最大判平成11・3・24民集53巻3号514頁〔28040615〕……………………59
東京地判平成11・3・24訟務月報45巻10号1842頁〔28050813〕……… 122
最一小判平成11・3・25裁判集民192号499頁〔28040618〕…………… 385
広島地判平成11・3・25訟務月報47巻7号1677頁〔28061996〕……… 129
広島地判平成11・3・31訟務月報48巻1号129頁〔28050489〕……… 182
名古屋地判平成11・4・23判タ1027号107頁〔28051451〕…………… 162
東京地判平成11・8・27判タ1060号228頁〔28061557〕………………87
東京高判平成11・8・30訟務月報46巻8号3449頁〔28051205〕……… 6, 84
大阪高判平成11・9・3民集56巻7号1478頁〔28072699〕…………… 291
横浜地判平成11・9・27判時1741号53頁〔28060117〕…………… 17, 27
最三小判平成11・9・28裁判集民193号739頁〔28042212〕…………… 437
最一小判平成11・10・21裁判集民194号51頁〔28042451〕……… 417, 426
最大判平成11・11・10民集53巻8号1704頁〔28042637〕……… 178, 221
最大判平成11・11・10民集53巻8号1441頁〔28042663〕…… 178, 251, 253
最三小決平成11・12・16刑集53巻9号1327頁〔28045259〕……………99, 507
最一小判平成11・12・20訟務月報47巻7号1787頁〔28061997〕………5, 44
岡山地判平成12・1・26判例地方自治214号59頁〔28061603〕……… 431
最一小判平成12・1・27裁判集民196号251頁〔28050200〕…………… 152
最一小判平成12・1・27家裁月報52巻7号78頁〔28051715〕………… 152
静岡地判平成12・1・27判タ1067号173頁〔28062128〕………………6, 45
最二小判平成12・1・31裁判集民196号427頁〔28050209〕…………… 436
名古屋高金沢支判平成12・2・16判タ1056号188頁〔28052649〕……14, 446
最三小判平成12・2・29民集54巻2号582頁〔28050437〕………88, 106, 387

名古屋高判平成12・2・29民集58巻9号2621頁〔28052562〕…………………… 160
神戸地判平成12・2・29判例地方自治207号72頁〔28060309〕……………… 431
名古屋高判平成12・2・29判タ1056号170頁〔28061218〕…………………… 161
東京高判平成12・3・15平成11年（行コ）242号裁判所HP〔28152015〕…… 427
大阪高判平成12・3・22訟務月報47巻7号1964頁〔28060182〕……………… 155
最二小判平成12・4・21裁判所時報1266号2頁〔28050783〕………………… 265
大阪高判平成12・5・16訟務月報47巻4号917頁〔28061433〕………………… 182
横浜地判平成12・7・17判タ1091号240頁〔28060170〕……………………… 166
札幌地判平成12・8・25訟務月報47巻9号2699頁〔28062186〕………… 173, 308
最大判平成12・9・6民集54巻7号1997頁〔28051944〕………………………… 257
最一小判平成12・9・7民集54巻7号2349頁〔28051939〕…………………… 436
広島高岡山支判平成12・9・14判時1755号93頁〔28062106〕………………… 397
津地判平成12・9・28労働判例800号61頁〔28060940〕……………………… 136
東京地判平成12・10・5訟務月報49巻3号789頁〔28061214〕……………… 161
東京高判平成12・10・25訟務月報49巻7号1895頁〔28052393〕…………… 103
最二小決平成12・10・27公刊物未登載…………………………………………… 447
広島地判平成12・11・16訟務月報48巻1号109頁〔28060003〕……………… 182
東京高判平成12・12・6訟務月報47巻11号3301頁〔28061320〕…………… 303
最三小判平成12・12・19裁判所時報1282号3頁〔28052609〕……………… 155
金沢地判平成13・1・15労働判例805号82頁〔28060915〕…………………… 141
大阪地判平成13・1・23判時1755号101頁〔28062109〕……………………… 447
東京地判平成13・1・29労働判例805号71頁〔28060730〕…………………… 164
東京地判平成13・2・6判時1748号144頁〔28061593〕……………………97, 104
東京高判平成13・2・15判タ1061号289頁〔28060904〕……………………… 504
最三小判平成13・3・13訟務月報48巻8号1961頁〔28060887〕……………… 127
大阪地判平成13・3・28判タ1101号121頁〔28061885〕……………………… 145
広島高判平成13・3・29訟務月報49巻4号1101頁〔28062612〕……… 6, 45, 84, 297
最三小判平成13・4・13訟務月報49巻5号1490頁〔28081559〕……………… 128
最三小判平成13・4・13訟務月報49巻5号1497頁〔28081560〕……………… 128
松山地判平成13・4・27判タ1058号290頁〔28061208〕……………………… 429
大津地判平成13・5・7判タ1087号117頁〔28061344〕………………………… 9
熊本地判平成13・5・11訟務月報48巻4号881頁〔28061048〕………93, 289, 297
東京地判平成13・5・30判タ1138号167頁〔28090353〕……………………9, 45
東京地判平成13・6・13訟務月報48巻12号2916頁〔28062000〕
　　　　　　　　　　　　　　　　　　　　　　……… 103, 121, 396, 399, 402, 461
最二小決平成13・6・14判例地方自治217号20頁〔28061412〕……………… 389
東京高判平成13・6・28訟務月報49巻3号779頁〔28080784〕…………… 161, 494
札幌地判平成13・6・29判タ1121号202頁〔28081952〕……………………… 397

大阪地判平成13・7・18金融商事1145号36頁〔28061974〕……………53, 219
最一小判平成13・7・19金融法務1627号51頁〔28062461〕………… 185
東京地判平成13・7・23判タ1131号142頁〔28082884〕…………… 122
東京高判平成13・8・20判タ1092号241頁〔28062156〕…………… 148
高松地判平成13・8・29判タ1116号175頁〔28081232〕…………… 146
最三小判平成13・9・25訟務月報49巻4号1273頁〔28062089〕…… 129
最二小判平成13・11・16裁判所時報1303号2頁〔28062384〕……… 128
最一小判平成13・11・22裁判集民203号613頁〔28062424〕……… 128
最三小判平成13・11・27民集55巻6号1154頁〔28062420〕……… 107
最二小決平成13・12・7刑集55巻7号823頁〔28075017〕………… 166
最三小判平成13・12・18民集55巻7号1647頁〔28070024〕……… 178
最三小判平成14・1・22裁判所時報1308号5頁〔28070184〕……… 392
さいたま地判平成14・1・23判例地方自治236号83頁〔28080774〕…… 406
和歌山地決平成14・1・24訟務月報48巻9号2154頁〔28070703〕…… 401
最三小判平成14・1・29民集56巻1号185頁〔28070232〕………… 472
最三小判平成14・1・29判タ1087号103頁〔28071070〕…………… 437
最一小判平成14・1・31民集56巻1号246頁〔28070264〕……… 153, 182
京都地判平成14・2・5判タ1115号171頁〔28071377〕…………… 207
東京地判平成14・2・20判タ1089号78頁〔28070909〕…………… 144
最二小判平成14・2・22裁判所時報1310号1頁〔28070377〕……… 437
広島高判平成14・2・22公刊物未登載 …………………………… 394
高松高判平成14・2・26判タ1116号172頁〔28081231〕…………… 146
金沢地判平成14・3・6訟務月報49巻1号1頁〔28071790〕………… 5
最二小判平成14・3・8裁判所時報1311号1頁〔28070494〕……… 472
東京地判平成14・3・26判タ1099号103頁〔28071568〕…………… 190
東京高判平成14・3・28判タ1131号139頁〔28082883〕…………… 122
東京高判平成14・3・28訟務月報49巻12号3041頁〔28090536〕…… 132
東京地判平成14・3・29判時1804号50頁〔28070778〕…………… 9, 45
大阪高判平成14・4・11判タ1120号115頁〔28081673〕………… 53, 220
佐賀地判平成14・4・12判時1789号113頁〔28071992〕………… 382, 413
最一小判平成14・4・25裁判所時報1314号1頁〔28070836〕……… 53, 374
東京地判平成14・5・21判時1791号53頁〔28072068〕………… 283, 284
大阪地判平成14・5・22労働判例830号22頁〔28071887〕………… 161
最二小判平成14・6・17平成12年(あ)1769号公刊物未登載〔28085071〕…… 468
東京地判平成14・6・28判タ1117号235頁〔28072162〕………… 130, 293
東京地判平成14・6・28訟務月報49巻11号3015頁〔28090293〕…… 9, 45
大阪高判平成14・7・3判時1801号38頁〔28080136〕…………… 146
最三小判平成14・7・9裁判所時報1319号1頁〔28071915〕……… 427

判例索引 549

名古屋地判平成14・7・9判タ1148号195頁〔28080026〕·························· 185
最一小判平成14・7・11民集56巻6号1204頁〔28071916〕······················ 427
最一小判平成14・7・18裁判所時報1319号6頁〔28071920〕··················· 128
大阪高判平成14・8・7公刊物未登載··············································· 394
大阪高判平成14・8・28判タ1115号170頁〔28081151〕························· 208
東京高判平成14・8・29金融商事1155号20頁〔28072997〕····················· 130
最一小判平成14・9・9判タ1104号145頁〔28075743〕····················· 483, 485
最三小判平成14・9・10判タ1104号147頁〔28075744〕··············6, 16, 482, 485
最大判平成14・9・11民集56巻7号1439頁〔28072380〕··················· 291, 292
大阪高判平成14・9・13平成13年（行コ）71号裁判所HP〔28080367〕
  ························································································· 423, 425
最三小判平成14・9・24裁判所時報1324号5頁〔28072521〕········ 87, 88, 101, 504
最二小判平成14・9・27裁判所時報1324号12頁〔28072525〕················· 129
東京地判平成14・10・15判タ1162号154頁〔28092921〕························· 9
東京高判平成14・10・31判時1810号52頁〔28080855〕················ 283, 284, 286
札幌地判平成14・11・11判タ1150号185頁〔28080559〕······················· 130
最二小判平成14・11・22裁判集民208号495頁〔28073012〕··········· 70, 76, 153
東京地判平成14・11・28訟務月報49巻8号2213頁〔28080507〕················ 203
東京高判平成15・1・30判タ1124号103頁〔28080770〕······················· 190
大阪地判平成15・2・10訟務月報49巻8号2341頁〔28081035〕················· 282
最一小決平成15・2・27商事法務1662号118頁〔28081435〕··················· 220
東京地判平成15・3・11訟務月報50巻2号439頁〔28081449〕················9, 45
最二小判平成15・3・14民集57巻3号229頁〔28080936〕······················· 101
東京地判平成15・3・26訟務月報51巻7号1669頁〔28081785〕·················· 6
最二小判平成15・3・28家裁月報55巻9号51頁〔28080944〕··················· 152
最一小判平成15・3・31家裁月報55巻9号53頁〔28081128〕··················· 152
大阪地判平成15・5・14労働判例859号69頁〔28082020〕······················ 136
東京地判平成15・5・28判タ1136号114頁〔28082310〕························ 103
最一小判平成15・6・26裁判所時報1342号2頁〔28081679〕···················· 389
最二小判平成15・9・5判タ1146号218頁〔28082412〕···················· 59, 506
最二小判平成15・9・12民集57巻8号973頁〔28082416〕······················· 105
東京地判平成15・9・16訟務月報50巻5号1580頁〔28091742〕·················· 17
那覇地判平成15・11・19民集60巻3号819頁〔28090397〕····················· 145
東京地判平成15・12・2税務訴訟資料253号順号9480〔28130751〕··············45
東京地判平成15・12・3民集61巻1号425頁〔28090736〕······················· 17
最一小判平成15・12・4訟務月報50巻10号2952頁〔28090090〕················ 110
最一小判平成15・12・4裁判所時報1353号3頁〔28090091〕··················· 142
最一小判平成15・12・11刑集57巻11号1147頁〔28095042〕··················· 109

最大判平成16・1・14民集58巻1号1頁〔28090327〕………………………… 368
最大判平成16・1・14民集58巻1号56頁〔28090328〕………………………… 257
東京高判平成16・2・25判時1860号70頁〔28091898〕………………………… 103
大阪地判平成16・2・27訟務月報51巻2号255頁〔28090960〕……………… 415
東京地判平成16・3・2訟務月報51巻3号549頁〔28092213〕……………… 154
福岡高判平成16・3・15平成13年（行コ）34号裁判所HP〔28091157〕…… 431
東京地決平成16・3・19判タ1157号145頁〔28092469〕…………………… 504
東京地判平成16・3・24民集61巻6号2389頁〔28091224〕………… 184, 288, 297
東京高決平成16・3・31判タ1157号138頁〔28092468〕…………… 101, 504
福岡地判平成16・4・7訟務月報51巻2号412頁〔28092058〕……5, 46, 414, 415, 425
東京高判平成16・4・16平成11年（行コ）92号裁判所HP〔28092253〕
　……………………………………………………………………… 422, 427
東京地判平成16・4・23平成6年（行ウ）289号裁判所HP〔28091688〕
　……………………………………………………………………… 423, 427
大阪地判平成16・5・13訟務月報51巻2号436頁〔28091626〕…………… 415
奈良地判平成16・5・26訟務月報51巻5号1292頁〔28091808〕………… 418, 430
最二小判平成16・6・28裁判所時報1366号4頁〔28091849〕…………27, 427
神戸地判平成16・6・29判例地方自治265号54頁〔28101258〕……… 182, 227
東京高判平成16・7・7民集61巻1号457頁〔28100618〕…………………17
東京高判平成16・7・14判タ1179号190頁〔28100621〕………………… 416
最一小判平成16・7・15平成16年(オ)911号公刊物未登載〔28092064〕………… 341
名古屋地判平成16・7・16判タ1195号191頁〔28092612〕………………98
大阪高判平成16・7・22公刊物未登載 ………………………………… 394
大津地判平成16・7・26判例地方自治270号38頁〔28102310〕………… 407
東京高判平成16・8・31消費者法ニュース61号80頁〔28211154〕……… 394
福岡高那覇支判平成16・9・7民集60巻3号842頁〔28092852〕………… 145
名古屋地判平成16・9・9判タ1196号50頁〔28092873〕………………… 186
最一小判平成16・10・14裁判集民215号253頁〔28092631〕…………… 152
東京地判平成16・10・15訟務月報52巻2号405頁〔28092909〕……………10
広島高岡山支判平成16・10・28労働判例884号13頁〔28100315〕……… 143
東京地判平成16・10・29訟務月報51巻11号2921頁〔28092907〕…… 403, 461
最三小判平成16・11・2訟務月報51巻10号2615頁〔28092814〕……… 189
最一小判平成16・11・25民集58巻8号2326頁〔28092954〕…………… 445
千葉地判平成16・11・25訟務月報52巻9号2801頁〔28100204〕………5, 46, 415
最二小判平成16・11・29裁判集民215号789頁〔28092957〕…………… 128
最三小判平成16・12・7裁判所時報1377号3頁〔28100083〕……………7, 16
東京高判平成16・12・15訟務月報51巻11号2813頁〔28101863〕………45
最大判平成17・1・26民集59巻1号128頁〔28100274〕………… 17, 73, 129, 216

名古屋地判平成17・1・27判夕1199号200頁〔28100604〕 ･･････････････････････ 184
那覇地判平成17・1・28訟務月報52巻9号2851頁〔28100378〕 ･･････････････････ 5
東京地判平成17・2・24判夕1186号175頁〔28101931〕 ･･････････････････････ 148
広島地判平成17・3・3判夕1187号165頁〔28101029〕 ･･････････････････ 184, 288
東京高判平成17・3・18訟務月報51巻11号2858頁〔28102028〕 ･･････････････ 45
東京高判平成17・3・24判時1899号101頁〔28101709〕 ･･････････････････････ 154
東京高判平成17・3・25民集61巻6号2463頁〔28101708〕 ･･････････ 184, 288, 297
大阪地判平成17・3・28判夕1189号98頁〔28100796〕 ･･････････････････････ 144
東京地判平成17・4・13民集62巻6号1449頁〔28100832〕 ････････････････････ 153
東京地判平成17・4・26訟務月報52巻9号2895頁〔28112019〕 ････････････5, 46, 385
東京高判平成17・4・28平成16年（行コ）388号裁判所HP〔28151601〕 ･････ 407
東京高判平成17・5・13訟務月報53巻1号75頁〔28112051〕 ･････････････････5, 45
東京高決平成17・5・17家裁月報57巻10号99頁〔28102095〕 ･････････････････ 173
名古屋地判平成17・5・26判夕1275号144頁〔28101446〕 ･････････････････････57
大阪高判平成17・6・28判夕1192号186頁〔28115007〕 ･･････････････････････ 500
東京高判平成17・7・7判夕1281号338頁〔28115400〕 ･･････････････････････ 168
最一小判平成17・7・14民集59巻6号1569頁〔28101470〕 ･･････････････ 88, 92, 448
東京高判平成17・7・19訟務月報53巻1号138頁〔28130859〕 ･･････････････････9, 45
大阪高判平成17・7・28平成16年（行コ）99号裁判所HP〔28151580〕 ･･････ 445
最大判平成17・9・14民集59巻7号2087頁〔28101810〕
･･････････････････････････････････････････ 195, 198, 200, 202, 287, 297
東京高判平成17・9・29訟務月報52巻9号2970頁〔28102003〕 ･････････････････ 415
大阪高判平成17・9・30訟務月報52巻9号2979頁〔28102413〕 ･･･････ 380, 415, 425
高松高判平成17・10・5訟務月報52巻9号3045頁〔28112185〕 ･････････････････ 385
甲府地判平成17・10・25判夕1194号117頁〔28102277〕 ･･････････････ 4, 41, 43
東京地判平成17・10・27平成13年（行ウ）201号公刊物未登載〔28102365〕
･･････････････････････････････････････････････････････････････････ 184
最一小判平成17・11・10民集59巻9号2428頁〔28102344〕 ･････････････････ 88, 98
東京高判平成17・12・9平成16年（行ウ）290号裁判所HP〔28131609〕 ･･････ 445
名古屋高金沢支判平成18・1・11判時1937号143頁〔28110282〕 ･･････････52, 220
最二小判平成18・1・20民集60巻1号137頁〔28110343〕 ･･････････89, 398, 404
大阪地判平成18・1・20判夕1225号90頁〔28130181〕 ･･････････････････････ 289
岐阜地判平成18・1・25判時1928号113頁〔28111469〕 ･･････････････････････ 174
大阪地決平成18・1・25判夕1221号229頁〔28112363〕 ･･････････････････････82
東京地判平成18・1・25判夕1229号234頁〔28130504〕 ･･････････････････ 160, 494
最三小判平成18・2・7民集60巻2号401頁〔28110353〕 ････････････････････ 454
東京地判平成18・2・20判夕1236号268頁〔28131126〕 ･･････････････････････ 395
広島高判平成18・2・22判夕1208号104頁〔28111355〕 ･･････････････････ 184, 288

東京高判平成18・2・28民集62巻6号1479頁〔28110679〕……………………… 153
最大判平成18・3・1民集60巻2号587頁〔28110487〕…………………… 182
最二小判平成18・3・17民集60巻3号773頁〔28110762〕………………66, 139
東京地判平成18・3・24訟務月報53巻6号1769頁〔28111458〕…………… 169
最三小判平成18・3・28裁判所時報1409号3頁〔28110843〕……………… 183
東京地判平成18・3・29判夕1221号87頁〔28111669〕…………………… 153
最一小判平成18・3・30民集60巻3号948頁〔28110839〕…………………95
名古屋地判平成18・4・14平成16年(ワ)695号等公刊物未登載〔28111181〕………41
大阪高判平成18・5・11判例地方自治283号87頁〔28112320〕…………… 183
横浜地判平成18・5・17判例地方自治285号66頁〔28130244〕…………… 430
東京地判平成18・5・25訟務月報54巻3号591頁〔28111614〕……………………10
最二小判平成18・6・23訟務月報53巻5号1615頁〔28111345〕……90, 385, 415, 425
東京地判平成18・6・29平成16年（特わ）973号公刊物未登載〔28175117〕… 236
最一小判平成18・7・13訟務月報53巻5号1622頁〔28111519〕………… 202, 205, 298
名古屋家審平成18・7・25家裁月報59巻4号127頁〔28130934〕………… 388
最三小決平成18・10・3民集60巻8号2647頁〔28112117〕……………… 498
最大判平成18・10・4民集60巻8号2696頁〔28112116〕………………… 258
東京地判平成18・10・12判夕1249号294頁〔28131498〕………………… 439
東京高判平成18・10・26平成17年（行コ）307号公刊物未登載〔28112328〕
…………………………………………………………………………………… 184
大阪高判平成18・11・30民集62巻3号777頁〔28130405〕……………… 105
東京高判平成18・12・1東高刑時報57巻1=12号74頁〔28145036〕……… 396
最一小判平成19・1・25民集61巻1号1頁〔28130316〕………………… 294
大阪地判平成19・2・16判夕1250号87頁〔28130786〕………………… 495
最三小判平成19・2・27民集61巻1号291頁〔28130624〕……………… 319
名古屋地判平成19・3・23判時1997号93頁〔28140906〕…………………41
東京高判平成19・3・29判夕1273号310頁〔28132247〕………………… 167
大阪地決平成19・4・3判例地方自治302号13頁〔28140856〕………… 204
最一小判平成19・4・27訟務月報54巻7号1511頁〔28131153〕……………45
大阪高決平成19・6・6平成19年(ラ)346号公刊物未登載〔28140802〕… 107
最大判平成19・6・13民集61巻4号1617頁〔28131449〕…………… 178, 253
東京高判平成19・6・21訟務月報53巻11号2995頁〔28140605〕……………49
東京高判平成19・6・28判夕1285号103頁〔28132417〕………………… 143
最三小判平成19・9・18刑集61巻6号601頁〔28135434〕……………… 450
最二小判平成19・9・28民集61巻6号2345頁〔28132153〕……… 183, 288, 297
最三小判平成19・10・9裁判所時報1445号4頁〔28132205〕…………… 288
最三小決平成19・10・19家裁月報60巻3号36頁〔28132476〕………… 107, 147
最一小決平成19・10・22家裁月報60巻3号37頁〔28132477〕…………… 147

最一小判平成19・12・13裁判所時報1450号6頁〔28140153〕 ………………… 155
最三小判平成20・2・19民集62巻2号445頁〔28140566〕 ………………… 467
東京地判平成20・2・29刑集64巻2号59頁〔28145402〕…………………… 473
最一小判平成20・3・6民集62巻3号665頁〔28140650〕…………………… 105
最二小判平成20・4・11刑集62巻5号1217頁〔28145272〕 ……………… 478
最二小決平成20・4・15刑集62巻5号1398頁〔28145280〕 ………………… 97
名古屋高判平成20・4・17判タ1313号137頁〔28141138〕 …………… 41, 43
最大判平成20・6・4民集62巻6号1367頁〔28141352〕 …… 70, 71, 73, 77, 120, 153
最一小判平成20・6・12民集62巻6号1656頁〔28141394〕 ………………… 446
最一小決平成20・7・17判タ1302号114頁〔28155803〕…………………… 109
東京地判平成20・9・19平成17年（特わ）5633号公判物未登載〔28175811〕
………………………………………………………………………………… 237

## 平成21年〜25年

岡山地判平成21・2・24判時2046号124頁〔28152643〕 ……………… 4, 41, 44
最二小判平成21・3・9刑集63巻3号27頁〔28155301〕 …………………… 469
大阪地判平成21・3・25判例地方自治324号10頁〔28153591〕……………… 82
さいたま地判平成21・7・22平成19年（行ウ）19号裁判所HP〔28161158〕
………………………………………………………………………… 418, 430
最三小判平成21・9・15裁判所時報1492号16頁〔28153142〕 …………… 438
最大判平成21・9・30民集63巻7号1520頁〔28153141〕 ……… 120, 180, 258
最二小決平成21・9・30家裁月報61巻12号55頁〔28153415〕 …………… 152
東京高判平成21・10・29公判物未登載……………………………………… 425
最二小判平成21・11・30刑集63巻9号1765頁〔28155926〕 ……………… 478
大阪高判平成21・12・28判タ1324号94頁〔28161783〕 …………………… 178
最大判平成22・1・20民集64巻1号1頁〔28160142〕）………… 410, 413, 417, 420
最大判平成22・1・20民集64巻1号128頁〔28160143〕 ……… 410, 417, 421, 431
広島高判平成22・1・25判タ1343号112頁〔28160366〕 …………………… 178
東京高判平成22・2・24民集65巻2号875頁〔28170426〕 ………………… 178
福岡高那覇支判平成22・3・9判タ1320号46頁〔28160725〕……………… 178
東京高判平成22・3・10判タ1324号210頁〔28161930〕…………………… 152
東京高判平成22・3・11判時2077号29頁〔28161882〕 …………………… 178
福岡高判平成22・3・12公判物未登載 ……………………………………… 178
最一小決平成22・3・15刑集64巻2号1頁〔28166369〕 …………………… 474
名古屋高判平成22・3・18平成21年（行ケ）1号裁判所HP〔28161076〕 …… 178
東京高判平成22・3・29判タ1340号105頁〔28175116〕 …………… 236, 491
高松高判平成22・4・8平成21年（行ケ）1号公判物未登載〔28171527〕 …… 178
名古屋高判平成22・4・27公判物未登載 …………………………………… 289

札幌高判平成22・4・28公刊物未登載 ……………………………………… 178
東京高判平成22・5・13判タ1351号123頁〔28175810〕……………… 237
京都地判平成22・5・27判タ1331号107頁〔28161654〕……………… 148
最三小判平成22・6・29裁判所時報1510号4頁〔28161754〕…………… 91
最一小判平成22・7・22裁判所時報1512号8頁〔28161889〕……… 421, 422
東京高判平成22・8・4消費者法ニュース86号249頁〔28211156〕…… 398
最一小判平成22・10・21公刊物未登載 ………………………………… 341
那覇地判平成22・10・26訟務月報57巻8号2133頁〔28163413〕… 386, 425
岐阜地判平成22・11・10判時2100号119頁〔28170472〕 …………… 289
秋田地判平成22・12・14平成21年(ワ)354号裁判所HP〔28170369〕……… 148
大阪高判平成22・12・21判時2104号48頁〔28171420〕………… 386, 425
仙台高判平成22・12・24公刊物未登載 ………………………………… 178
大阪高決平成23・1・20判時2113号107頁〔28173761〕 …………… 499
最三小決平成23・3・9民集65巻2号723頁〔28170500〕…………… 152
最大判平成23・3・23民集65巻2号755頁〔28170718〕…… 178, 250, 253
東京地判平成23・4・26判タ1377号60頁〔28180345〕……………… 299
最一小判平成23・4・28民集65巻3号1499頁〔28171663〕………… 472
最二小判平成23・5・30民集65巻4号1780頁〔28172544〕………… 321
最一小判平成23・6・6民集65巻4号1855頁〔28172941〕…………… 321
東京高判平成23・6・8平成23年（行コ）30号裁判所HP〔28180337〕……… 283
最三小判平成23・6・14民集65巻4号2148頁〔28173230〕………… 321
大阪高決平成23・8・24判時2140号19頁〔28174138〕 …………… 152
最三小判平成23・10・25民集65巻7号2923頁〔28174475〕…… 107, 122
最大判平成23・11・16刑集65巻8号1285頁〔28175864〕…………… 311
東京地判平成23・12・8平成21年（行ウ）341号裁判所HP〔28211155〕
 ………………………………………………………………………… 396, 403
名古屋高判平成23・12・21判時2150号41頁〔28180218〕 ………… 152
最一小判平成24・1・16裁判所時報1547号3頁〔28180111〕……… 333
最一小判平成24・1・16裁判所時報1547号10頁〔28180113〕……… 333
最一小判平成24・2・2民集66巻2号89頁〔28180258〕…………… 88, 99
最一小判平成24・2・16民集66巻2号673頁〔28180301〕…… 411, 417, 431
福岡高判平成24・3・16平成23年(ネ)382号公刊物未登載…………… 398
名古屋高判平成24・5・11判時2163号10頁〔28182514〕…………… 123
最二小決平成24・9・4平成22年(あ)1591号裁判所HP〔28182252〕…… 109
東京高判平成24・9・27公刊物未登載 …………………………………… 154
最三小決平成24・10・9公刊物未登載 …………………………………… 289
最大判平成24・10・17裁判所時報1566号1頁〔28182188〕………… 259
最大判平成24・10・17平成23年（行ツ）64号裁判所HP〔28182189〕……… 180

最二小判平成24・12・7裁判所時報1569号2頁〔28182621〕 ············ 116, 238, 491
最二小判平成24・12・7裁判所時報1569号9頁〔28182622〕 ······················ 237

# 法令索引
（五十音順）

※関連法令及び法令索引では、当時の法令名、条名を表示した。

## あ 行

アイヌ文化の振興並びにアイヌの伝統等に関する知識の普及及び啓発に関する法律……………………132
旭川市介護保険条例……………………183
旭川市国民健康保険条例………………182
尼崎市売春等取締条例…………………147
あん摩師、はり師、きゅう師及び柔道整復師法………………………………55, 475
あん摩マツサージ指圧師、はり師、きゆう師等に関する法律………………… 55
　──7条………………………………… 57
医師法1条………………………………386
イラクにおける人道復興支援活動及び安全確保支援活動の実施に関する特別措置法……………………… 4, 41, 42, 43
大阪市屋外広告物条例……………55, 56, 479
沖縄の復帰に伴う特別措置に関する法律27条………………………………172
屋外広告物条例…………………………479
屋外広告物法……………………55, 56, 479
恩給法
　──9条………………………… 128, 131
　──72条………………………………… 81

## か 行

会計法30条……………………………156
外国人登録法
　──11条………………………… 102, 127
　──14条………………………… 126, 127
　──18条………………………… 102, 126

外国人登録令……………………………126
介護保険条例……………………………183
介護保険法………………………………183
介護保険法施行令………………………183
会社更生法
　──240条……………………………173
　──244条……………………………174
貸金業等の取締に関する法律………… 61
学校教育法
　──18条……………………………325
　──36条……………………………325
学校教育法施行規則
　──54条の4…………………………359
　──59条………………………359, 360
　──78条……………………………359
　──90条……………………………359
神奈川県公安条例………………………168
火薬類取締法……………………………301
環境基本法……………………………… 96
関税定率法………………………………501
　──21条……………………………464
関税法……………………………………169
　──69条の11…………………………464
　──122条……………………………506
教育基本法………………………………137
　──3条………………………………359
　──4条………………………………359
　──9条…………………………138, 433
　──15条……………………………432
行政機関職員定員法……………………137
行政機関の保有する個人情報の保護に関する法律…………………………106

行政機関の保有する情報の公開に関する
　法律 ……………………………………445
行政裁判所法16条……………290, 302
行政事件訴訟法
　　──3条………………………281, 286
　　──4条………………………………59
　　──5条………………………41, 267
　　──15条……………………………432
　　──42条……………………267, 272
行政事件訴訟特例法1条………283
共通法 ………………………………………131
漁業法 ………………………………………108
漁業法施行規則47条…………………108
勤労婦人福祉法 ………………………145
国の利害に関係のある訴訟についての法
　務大臣の権限等に関する法律………174
景観法 …………………………………………95
警察官職務執行法 ………………………62
警察法 …………………………………………48
　　──2条………………………………49
刑事施設及び受刑者の処遇等に関する法
　律3条 …………………………………205
刑事施設ニ於ケル刑事被告人ノ収容等ニ
　関スル法律 ……………………………55
　　──7条………………………283, 284
　　──36条……………………………307
　　──50条………………………59, 506
　　──60条……………………………308
　　──96条……………………………316
刑事施設ニ於ケル刑事被告人ノ収容等ニ
　関スル法律施行規則 ……………308
　　──96条……………………………108
　　──103条…………………………307
　　──130条……………………59, 506
刑事収容施設及び被収容者等の処遇に関
　する法律 ………………………………55
　　──41条……………………………408
　　──68条……………………………408

　　──127条…………………………506
　　──135条…………………………506
　　──140条…………………………506
　　──144条…………………………506
　　──166条…………………………284
　　──167条…………………………284
刑事訴訟規則215条 …………………495
刑事訴訟費用等に関する法律8条……174
刑事訴訟法 ………………………172, 174
　　──29条………………………225, 232
　　──31条…………………………232
　　──81条…………………………506
　　──100条…………………………506
　　──149条…………………………497
　　──222条…………………………506
　　──337条…………………………168
刑事訴訟法施行法
　　──2条……………………………171
　　──3条の2 ………………………171
刑事補償法19条 ………………………166
軽犯罪法 ……………………………8, 462
　　──1条………………………480, 481
刑法 ……………………………………277
　　──18条……119, 124, 172, 305, 308
　　──25条…………………………162, 172
　　──35条……………………………487
　　──56条……………………………162
　　──57条……………………………162
　　──74条………………………………14
　　──95条……………………………157
　　──96条……………………………170
　　──97条………………………305, 309
　　──98条………………………………48
　　──102条……………………………49
　　──130条…………………………478
　　──156条…………………………156
　　──158条…………………………156
　　──161条…………………………156

——175条 ……………………55, 56, 466
　——177条 ………………………146, 147
　——186条 ………………108, 109, 149
　——197条 ………………………………156
　——199条 ………………………………150
　——200条 ………………………119, 150
　——205条 ……119, 120, 150, 151, 396
　——211条 ………………………………170
　——220条 ………………………150, 151
　——221条 ………………………………151
　——230条 ……………15, 54, 88, 470
　——230条の2 ……………………………470
　——232条 ………………………………15
　——253条 ………………………149, 170
健康保険法……………………………………107
公安委員会規則……………………………477
公共企業体等労働関係法
　——17条……………………………………315
　——18条…………………………315, 316
皇室経済法2条……………………………29
皇室典範
　——1条……………………………………19
　——16条……………………………………22
　——24条……………………………………427
公衆浴場法2条………………………………159
公衆浴場法施行条例1条の2 …………159
公証人法15条…………………………………167
公職選挙法…11, 25, 59, 129, 193, 195–200,
　　　　　246–250, 258, 268–270, 280,
　　　　　　　　　　　368, 462
　——9条 ……………17, 167, 210, 212
　——10条……………………………………212
　——11条………………………………205, 206
　——15条………………260–264, 267, 271
　——19条……………………………………208
　——21条………………………204–206, 210
　——22条……………………………………208
　——23条……………………………………208

　——27条……………………………………204
　——28条………………………204, 206, 208
　——42条……………………………………208
　——46条……………………………………7
　——52条……………………………………279
　——68条………………………………242, 265
　——68条の2 ……………………………265, 266
　——86条………………………………212, 222
　——86条の2 …………………………………212
　——110条 …………………………………489
　——129条 ……………………………16, 482
　——138条 ………6, 16, 481, 484, 485
　——142条 ………………………6, 481–483
　——143条 ……………………………482, 483
　——146条 ………………………6, 482, 483
　——148条 ……………………………486, 487
　——148条の2 ………………………487, 488
　——168条 ……………………………217, 218
　——199条 …………………………………220
　——204条 ………………………176, 271, 272
　——221条 …………………………………194
　——223条の2 ……………………………487
　——226条 …………………………………279
　——228条 …………………………………279
　——235条の2 …………………………486, 487
　——237条 ……………………………278, 279
　——239条 ……………………………………6, 16
　——243条 ……………………………………6, 481
　——251条 …………………………………7
　——251条の2 ……………………………223
　——251条の3 …………………………16, 223
　——251条の5 ……………………………223
　——252条 ……………………………………7, 163
　——253条の2 ……………………………171
　——271条 ……………………………180, 262
公職選挙法施行令………………………………203
　——32条 …………………………………273
　——88条 …………………………………212

──89条の2·····················212
厚生年金保険法··················186
公布令························25
国営企業労働関係法··············315
国事行為の臨時代行に関する法律······22
　　　──2条·····················21
国税徴収法······················45
国税通則法····················189
国税犯則取締法
　　　──14条····················187
　　　──15条····················173
国籍法···················70-72, 119, 148
　　　──2条······················75
　　　──3条······················69
　　　──2条···········69, 74-76, 153
　　　──3条················75-77, 153
　　　──4条····················159
国民金融公庫法17条················155
国民健康保険法··················176
　　　──77条····················182
国民健康保険法施行令29条の5·········182
国民公園管理規則4条·············452
国民徴用令····················132
国民年金法·················176, 183
　　　──3条····················153
　　　──18条····················127
　　　──20条····················184
　　　──56条··················8, 127
　　　──65条····················184
　　　──79条の2···········151, 184, 185
　　　──81条··················8, 127
　　　──附則4······················8
　　　──別表····················163
国有財産法3条··················451
国有農地等の売払いに関する特別措置法
　　　2条·······················159
個人情報の保護に関する法律·········106
　　　──3条······················83

戸籍法·························154
　　　──50条·····················89
戸籍法施行規則··················154
国会法······················228, 285
　　　──79～82条·················281
　　　──81条····················282
国家公務員法···228, 295, 306, 312, 462, 492
　　　──78条················137, 155
　　　──81条の2················167
　　　──98条·················10, 313
　　　──102条······154, 233-237, 489-491
　　　──110条······10, 237, 313, 489, 490
　　　──111条····················496
国家総動員法····················132
国家賠償法···49, 83, 92, 102, 130, 160, 203,
　　　　　　206, 210, 270, 271, 302, 359
　　　──1条······140, 143, 193, 200-202,
　　　　　　　　204, 207, 208, 268, 269,
　　　　　　　　288, 290, 295-301, 321,
　　　　　　　　334, 415
　　　──6条··············129, 290, 293
　　　──附則··············292, 302, 303
国旗及び国歌に関する法律········320, 325
雇用の分野における男女の均等な機会及
　び待遇の確保等に関する法律
　　　　　　　　　　·······119, 144, 145
　　　──7条····················123
　　　──8条·················123, 143
　　　──15条··················274, 275
雇用の分野における男女の均等な機会及
　び待遇の確保等女性労働者の福祉の増
　進に関する法律······················145

## さ 行

最高裁判所裁判官国民審査法
　　　　　　　　　　·······273, 275, 276
　　　──13条····················276
　　　──14条·················277, 366

——15条·················274, 277, 365
——16条·····························274
——22条·····························277
——32条·························277, 365
——36条·························274, 365
財産及び請求権に関する問題の解決並びに経済協力に関する日本国と大韓民国との間の協定·····················10, 128
財産及び請求権に関する問題の解決並びに経済協力に関する日本国と大韓民国との間の協定第2条の実施に伴う大韓民国等の財産権に対する措置に関する法律································10
裁判員の参加する刑事裁判に関する法律
——1条······························311
——11条·····························311
——16条·····························311
——29条·····························311
裁判所法·································462
——3条··················435, 436, 272
——33条·····························171
——50条·····························167
——52条·····························492
堺市介護保険条例······················183
札幌市公安条例··························62
参議院議員選挙法················255, 256
参議院規則162～172条············281
自衛隊法··································37
——3条······························41
——36条·························46, 156
——46条·····························157
——121条····························38
自作農創設特別措置法··················158
私的独占の禁止及び公正取引の確保に関する法律
——89条·····························159
——91条·····························159
自動車損害賠償保障法施行令········148

児童手当法······························186
児童買春、児童ポルノに係る行為等の処罰及び児童の保護等に関する法律
——2条·····························468
——7条·····························468
児童扶養手当法···················176, 181
——4条·············82, 163, 181, 182
児童扶養手当法施行令···············176
——1条の2·························181
司法書士法······························48
——14条·····························375
——19条·····························375
市民的及び政治的権利に関する国際規約
···················10, 130, 132, 198, 212, 395
借地法8条ノ2························173
社寺等に無償で貸し付けてある国有財産の処分に関する法律·················410
衆議院議員選挙区画定審議会設置法···254
——3条···············242, 250-253, 255
衆議院議員選挙法
——67条·····························158
——98条·····························483
衆議院規則171～180条············281
宗教法人法······························399
——2条·····························400
——12条························400, 440
——14条························401, 406
——18条·····························435
——23条·····························439
——25条························400, 439
——26条·······400, 404, 405, 407, 439
——28条·····························407
——78条·····························405
——81条·····························400
——84条·····························400
宗教法人令························66, 405
柔道整復師法·····························55
住民基本台帳法···············103, 105, 205

──8条……………………204
　　──15条…………………389
　　──22条…………………389
　　──30条の5………………168
酒税法
　　──7条……………………108
　　──54条…………………108
出入国管理及び難民認定法… 48, 305, 309
出入国管理令……………………126
　　──3条…………………… 10
　　──24条…………………309
　　──60条…………………… 10
循環型社会形成推進基本法………… 96
少年の保護事件に係る補償に関する法律
　　5条……………………………166
少年法……………………………166
　　──23条…………………166
　　──27条の2………………166
　　──54条…………………166
消費税法………………176, 189, 226
昭和23年7月22日附内閣総理大臣宛聯合
　国最高司令官書簡に基く臨時措置に関
　する政令………………170, 239, 312
食糧管理法………………………465
食糧緊急措置令…………………465
女子に対するあらゆる形態の差別の撤廃
　に関する条約………………19, 75
所得税法………………164, 176, 187
　　──2条…………………188
　　──56条…………………189
　　──57条…………………189
　　──63条…………………110
　　──73条…………………188
人事院規則14─7
　　…………154, 234, 236, 237, 489, 490
人事訴訟手続法1条………………140
人身保護法………………………394
新東京国際空港の安全確保に関する緊急
　措置法……………………………449
森林法
　　──25条……………………3
　　──26条………………… 2, 35
ストーカー行為等の規制等に関する法律
　　2条……………………………108
生活保護法………………129, 176
　　──6条…………………183
請願法……………………………281
　　──2条…………………284, 285
　　──3条…………………284
　　──5条……………283, 285, 286
政治資金規正法……219, 365, 368, 369, 372
　　──3条…………………371, 373
精神衛生法20条…………………395
性同一性障害者の性別の取扱いの特例に
　関する法律3条…………107, 147, 173
生物多様性基本法………………… 96
税理士法…………………………48, 53
　　──49条………………368-370, 372
　　──49条の11…………………370
　　──49条の19…………………370
　　──52条…………………370
　　──49条の18…………………370
世界人権宣言…………………… 10
船員法128条………………310, 316
船員保険法………………176, 186
戦傷病者戦没者遺族等援護法…………297
戦没者等の遺族に対する特別弔慰金支給
　法
　　──2条…………………151
　　──3条…………………151
相続税法…………………………161
租税特別措置法
　　──63条…………………189
　　──65条の2………………188

法令索引　563

## た　行

大麻取締法……………………………173
地方公務員法………………216, 295, 306
　　——13条………141, 148, 149, 156, 158
　　——14条……………………………158
　　——16条…………………154, 230, 231
　　——28条…………………154, 155, 230, 231
　　——28条の2………………………167
　　——30条……………………230, 325
　　——32条……………………………325
　　——33条……………………………230
　　——37条……………………………314
　　——61条…………………………312-315
地方自治法……………………………168
　　——11条…………………………17, 212
　　——18条…………………………17, 212
　　——80条……………………………194
　　——81条……………………………194
　　——86条……………………………194
　　——124条……………………………281
　　——125条……………………………281
　　——134条……………………………233
　　——138条の2………………………227
　　——232条の2………………………158
　　——242条の2………………………415
　　——244条……………………………451
地方税法……………………………176, 465
　　——6条……………………………190
　　——72条の12………………………190
　　——72条の19………………………190
　　——72条の22………………………190
　　——295条……………………………183
鉄道営業法35条………………………478
電気通信事業法4条…………………505
東京都公安条例………………………168
東京都世田谷区国民健康保険条例……182
東京都における銀行業等に対する事業税

の課税標準等の特例に関する条例…190
東京都売春等取締条例………………168
盗犯等ノ防止及処分ニ関スル法律3条
　　………………………………………149
道路交通取締法………………………477
道路交通法……………………………449
　　——1条……………………………458
　　——71条の2………………………108
　　——77条………………457, 458, 477
徳島市公安条例………………………457
特定独立行政法人等の労働関係に関する
　法律………………………………315
特別区国民健康保険事業調整条例……182
特別職の職員の給与に関する条例……155
都市公園法27条……………………… 82

## な　行

名古屋市乳幼児医療費助成条例………186
奈良県文化観光税条例………………138
成田国際空港の安全確保に関する緊急措
　置法………………………55, 56, 449
難民の地位に関する条約等への加入に伴
　う出入国管理令その他関係法律の整備
　に関する法律……………………… 8
新潟県公安条例………………………455
西宮市健康保険条例…………………182
日本国憲法の施行に伴う刑事訴訟法の応
　急的措置に関する法律………………171
日本国とアメリカ合衆国との間の安全保
　障条約第3条に基づく行政協定の実施
　に伴う関税法等の臨時特例に関する法
　律……………………………119, 123, 126
日本国とアメリカ合衆国との間の相互協
　力及び安全保障条約……7, 8, 18, 32-35
日本国とアメリカ合衆国との間の相互協
　力及び安全保障条約第6条に基づく施
　設及び区域並びに日本国における合衆
　国軍隊の地位に関する協定

............32, 33, 34, 35
日本国とアメリカ合衆国との間の相互協力及び安全保障条約第6条に基づく施設及び区域並びに日本国における合衆国軍隊の地位に関する協定の実施に伴う刑事特別法................ 8, 33
日本国とアメリカ合衆国との間の相互協力及び安全保障条約第6条に基づく施設及び区域並びに日本国における合衆国軍隊の地位に関する協定の実施に伴う土地等の使用等に関する特別措置法
............8, 34, 35, 109
日本国と中華民国との間の平和条約及び関係文書............ 10, 131
日本国との平和条約及び関係文書
............ 70, 293
農地法
　　──3条............158
　　──20条............158
農林漁業金融公庫法
　　──17条............155
　　──19条............155

## は 行

廃棄物の処理及び清掃に関する法律15条
............159
売春防止法5条............147
破壊活動防止法............449, 465
　　──1条............363
　　──4条............363, 459, 466
　　──5条............460
　　──7条............460
　　──39条........ 46, 356, 361-363, 466
　　──40条........ 46, 356, 361-363, 466
破産法
　　──81条............506
　　──82条............506
犯罪捜査のための通信傍受に関する法律

............506
広島県公安条例............168
広島市暴走族追放条例............450
風俗営業等の規制及び業務の適正化等に関する法律............ 57
風俗営業取締法............159
風俗営業等取締法
　　──85条............159
福岡県青少年保護育成条例........165, 168
福山市住宅資金貸付条例............138
不正競争防止法............378, 398
兵役法............132
弁護士法
　　──12条............162, 164
　　──23条の2 ............102
防衛庁設置法............37, 38
法人税法............169
　　──66条............389
法人税法施行令5条............389
放送法4条............445
法廷等の秩序維持に関する法律2条...300
暴力団員による不当な行為の防止等に関する法律3条............163
墓地、埋葬等に関する法律
　　──10条............391
　　──13条............391
北海道旧土人保護法............132

## ま 行

未成年者飲酒禁止法............167
未成年者喫煙禁止法............167
御嵩町における産業廃棄物処理施設の設置についての住民投票に関する条例
............129
民事執行法
　　──171条............340
　　──172条............340
民事訴訟規則

法令索引 565

――50条………………………173
――77条………………………495
民事訴訟法……………………173
　――197条…………………498, 499
　――220条…………………………499
　――318条…………………………174
　――733条…………………………340
　――734条………………………307, 340
民法………………302, 303, 346, 354, 382, 397
　――1条………………………39, 345, 381
　――1条ノ2………………………67, 139
　――2条……………………………83
　――7条……………………………206
　――9条……………………………206
　――34条……………………369, 372, 374
　――43条……………………………369
　――90条……39, 40, 67, 68, 135, 136,
　　　　　　　139, 141, 142, 144, 145,
　　　　　　　161, 164, 219, 345, 375,
　　　　　　　381
　――709条……………………294, 470
　――710条……………………………88
　――715条……………………………294
　――723条……………………………88, 340
　――731条……………………………167
　――733条……………………………139, 173
　――750条……………………………89
　――777条……………………………174
　――784条……………………………75
　――787条……………………………152
　――834条の2…………………………388
　――900条……………………151, 152, 173
無差別大量殺人行為を行った団体の規制

　に関する法律……103, 121, 399, 449, 460
　――5条…………………………401-403
　――8条………………………………401

や 行

薬事法…………………………………159
郵便法
　――8条………………………………505
　――31条………………………………506
　――32条………………………………506
　――68条……………………………291, 293
　――73条……………………………291, 293

ら 行

らい予防法…………………………92, 289
利息制限法……………………………48, 61
臨時金利調整法…………………………61
労働基準法……………………………65
　――3条……129, 134-137, 144, 156,
　　　　　　161, 164, 175, 217,
　　　　　　346-348, 356
　――4条……………………142, 144, 161
　――5条………………………………307
　――56条………………………………166
　――58条………………………………166
　――115条……………………………156
労働組合法……………………………341
　――5条………………………………135
　――7条………………………………175
労働者災害補償保険法………176, 185, 186
労働者災害補償保険法施行規則………148
労働者災害補償保険法施行令2条……186

```
┌─────────── サービス・インフォメーション ───────────┐
│                                          ── 通話無料 ──│
│ ①商品に関するご照会・お申込みのご依頼                    │
│           TEL 0120(203)694／FAX 0120(302)640          │
│ ②ご住所・ご名義等各種変更のご連絡                       │
│           TEL 0120(203)696／FAX 0120(202)974          │
│ ③請求・お支払いに関するご照会・ご要望                    │
│           TEL 0120(203)695／FAX 0120(202)973          │
└──────────────────────────────────────────────────────┘
●フリーダイヤル(TEL)の受付時間は、土・日・祝日を除く
  9:00～17:30です。
●FAXは24時間受け付けておりますので、あわせてご利用ください。
```

## 論点体系　判例憲法　1
～裁判に憲法を活かすために～

平成25年6月10日　初版発行

編　著　戸　松　秀　典

　　　　今　井　　　功

発行者　田　中　英　弥

発行所　第一法規株式会社
　　　　〒107-8560　東京都港区南青山2-11-17
　　　　ホームページ　http://www.daiichihoki.co.jp/

装　丁　篠　隆　二

論点判例憲法1価　　ISBN978-4-474-10309-2　C3332　(3)